计算力腾飞之路②

15级 ▸▸ 10级

爱棋道教研组 编著

山西出版传媒集团 书海出版社

图书在版编目（CIP）数据

计算力腾飞之路. 2 / 爱棋道教研组编著 . —太原：书海出版社，2024.6

ISBN 978-7-5571-0136-7

Ⅰ . ①计… Ⅱ . ①爱… Ⅲ . ①围棋—教材 Ⅳ . ① G891.3

中国国家版本馆 CIP 数据核字（2024）第 077635 号

计算力腾飞之路. 2

编　　著：爱棋道教研组
责任编辑：张　洁
助理编辑：王逸雪
复　　审：崔人杰
终　　审：梁晋华
装帧设计：刘凌宇

出 版 者：山西出版传媒集团 · 书海出版社
地　　址：太原市建设南路 21 号
邮　　编：030012
发行营销：0351 – 4922220　4955996　4956039　4922127（传真）
天猫官网：https://sxrmcbs.tmall.com　电话：0351 – 4922159
E — mail：sxskcb@163.com　发行部
sxskcb@126.com　总编室
网　　址：www.sxskcb.com

经 销 者：山西出版传媒集团 · 书海出版社
承 印 者：山西出版传媒集团 · 山西新华印业有限公司

开　　本：890mm × 1240mm　1/16
印　　张：11.25
字　　数：192 千字
版　　次：2024 年 6 月　第 1 版
印　　次：2024 年 6 月　第 1 次印刷
书　　号：ISBN 978-7-5571-0136-7
定　　价：26.00 元

序

教真围棋，用围棋成就孩子更好的人生!

仿佛只在一转眼间，爱棋道就已经成立近十年了，一路走来，爱棋道从无到有，创造了很多的第一。我们是第一家专业从事围棋线上教育的企业，围棋行业内第一个采用线上双师直播教学模式，第一个站立式在线课堂技术的研发和使用者，第一个线上线下相融合教学模式的开创者……

以上这些技术上的创新和突破引领了围棋教育行业的发展，这足以让我们自豪，但是，最让我们骄傲的，还是在这十年间，我们得到了数十万热爱围棋的学生们和家长们的认可。我想，爱棋道能建立起好口碑的原因不仅仅是以上提到的这些技术、内容、模式和数据，更是源自于我们对于围棋教育的深刻理解，还有对孩子发自内心的爱。

每一位新同事加入团队的第一课，是我为他们讲解爱棋道创业路上的历史故事，还有团队的文化价值观。其内容包括什么是真围棋，爱棋道对老师的要求都有哪些，正确的围棋教育理念应该怎么理解和传递等等。在我们看来，以上这些不仅是一家优秀围棋教育企业所必须要在内部形成的共识，更是一个组织的灵魂和信仰。可以这么说，如果对上面的问题没有足够深入的理解，不能让所有团队成员予以发自内心的重视，那么这家企业就会变成一个冷冰冰的机器，除了赚钱以外，不能给孩子和家长带来人生层面的价值，不能给国家和社会带来价值，更不能赢得从内到外的，所有人发自内心的尊重和喜爱。

在爱棋道看来，所教授的真围棋应具有六个层面，排在第一位的就是让孩子高效率地进步。在爱棋道刚刚创业之初，市面上充斥着大量的伪围棋教学机构，这样的机

构打着所谓“快乐围棋”的幌子，有意拖慢教学进度，把一节课能教的知识点拆分成两节甚至三节课来教，同时用“交钱越多课时费越便宜”的营销手法，忽悠家长一交就是两三年的学费，这样一来，机构赚得盆满钵满，而那些没有专业辨别能力的家长，在白白浪费了多年时间和金钱之后发现孩子一无所获，最终只能怀着对围棋的抵触甚至怨气而离开，这样的现象，让我看在眼里痛在心头。作为一名在围棋领域深耕近四十年、对围棋无比热爱的职业棋手，我立志要让这样的现象从围棋行业中彻底消失。

要达到这个目标没有别的办法，只有一步一个脚印地做好爱棋道，给孩子最好的教学效果，给家长传播正确的教育理念，让每一位学生都能在围棋的世界里收获到人生高度的价值，最终让爱棋道成为围棋教育行业的灯塔，让所有学围棋的家庭不再走弯路。怀着这样的理想和信念，在创业之初，我们就把爱棋道的使命定为了——“教真围棋，用围棋成就孩子更好的人生”。

爱棋道教育理念中，真围棋的第二至第六条分别是，帮助孩子了解围棋蕴含的文化和哲理；帮助孩子通过胜负磨练心性；帮助孩子建立全局思考意识；帮助孩子树立目标和目标感；帮助家长理解围棋对于孩子人生的意义。

在我们看来，当客观上有把握做到第一条之后，我们也要给予孩子更多正确的人生观和价值观的输入，围棋不仅仅只有胜负，我们既要让孩子拥有战胜对手的强大实力，也要让他们具有在内心中战胜自己的能力和意识，这既是古人所说的“胜人者有力，自胜者强”的道理，也是一家优秀的教育企业所应该承担的社会责任。

基于上述的理念，爱棋道十年磨一剑，推出这套适合启蒙棋童的练习册，其出发点正是希望孩子们可以在一开始就接触到真围棋，练好基本功，锻炼出强大的实力。

启蒙时期是孩子围棋学习中最重要的阶段，更是我们教育从业者工作的重中之重。让孩子“来之则喜，战之能胜”，则是启蒙教学的关键所在。得益于爱棋道教研团队十年以来的教学经验和技术数据的积累，我们做了许多创新。相较于其他同类型练习册，本书有几大优势如下：

1. 题型种类更丰富——本书中不止有传统的落子题，更有选择题、判断题等题型，这可以全方位、多角度地锻炼孩子们的观察分析、逻辑思维、对比归纳、想象创造、换位思考等能力，且不同类型的题目相结合，能营造出更合理的难度梯度，还可以让孩子做题的时候更有趣味性和成就感。

2. 知识点拆分更细致——例如本书把“征吃”这一章节拆分成了七个小节，将“征

吃”这个重要却难掌握的知识点一步步解构，帮助孩子由浅入深、全方位无死角地认识征吃，让学习的难度曲线更加平滑。

3.精编实战运用题——本书针对初学者常见的“会做题但实战运用难”的痛点，将每一章知识编入实战棋形，专设“实战运用”章节，助力孩子完成从做题到下棋的闭环。

4.严格的难度区隔——本书的每个知识点下，只保留最符合实战逻辑的题目，简化学习难度，以保证专项练习的效果。同时每个章节的难题都单独摘出，放入深度拓展环节中，供学有余力的孩子进行挑战性练习，这样既保证了最基本的训练效果，也让不同水平的孩子，其学习兴趣都可以得到更大程度的呵护。

5.配套答案及名师讲解视频——本书中的一千多道题目，都配套了爱棋道名师的讲解视频，家长扫一扫书中相匹配的二维码即可收看。这可以帮助家长随时随地陪孩子完成“即错、即学、即改”的学习闭环，让孩子知其然更知其所以然，进而避免没有反馈的低效学习。这个创新不仅极大提高孩子的学习效果，也能让陪伴的家长们更轻松，更放心。

相比较于我们星辰大海般的远大理想，本书只是爱棋道用爱和科技推动围棋教育进步的涓涓细流。在此衷心希望我们所秉持的教育理念，能得到更多家长和孩子的认可，能助力围棋的智慧之花开满神州大地，最终让每一位学生都能收获到可受益终生的一项爱好，让每一位孩子都能在围棋中成就自己更好的人生。

爱棋道创始人——职业七段王煜辉
2024年1月24日

爱棋道（北京）文化传播有限公司成立于2015年2月，是国内最早专注于围棋在线教育的企业，其首创12.5级围棋教学体系的专业训练模式，经过近10年的发展，目前爱棋道学员已经覆盖全国285个城市、有100余万人次的棋童曾在爱棋道平台学习。

爱棋道创始人王煜辉老师为职业七段，在其职业生涯中曾多次获得国内职业围棋比赛冠军，在世界围棋锦标赛上曾获得季军的优异成绩。

爱棋道总部位于首都北京，并于2022年荣膺北京市体育产业示范单位，2023年获得国家高新技术企业、北京市专精特新中小企业的荣誉称号。

爱棋道秉持“教真围棋，用围棋成就孩子更好的人生”的教育使命，以人工智能+素质教育为支点，超越传统围棋教学模式，助力中国围棋教育事业创新和发展。

目 录

一　对杀的概念

1.对杀判断

判断这两块棋是否正在对杀？是打√不是打×。

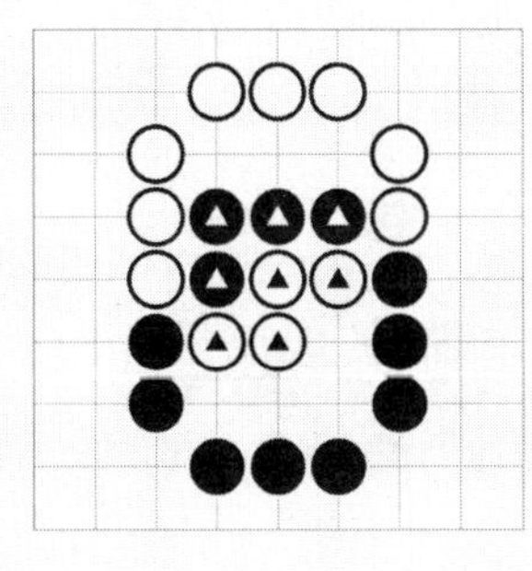

1 (　　)

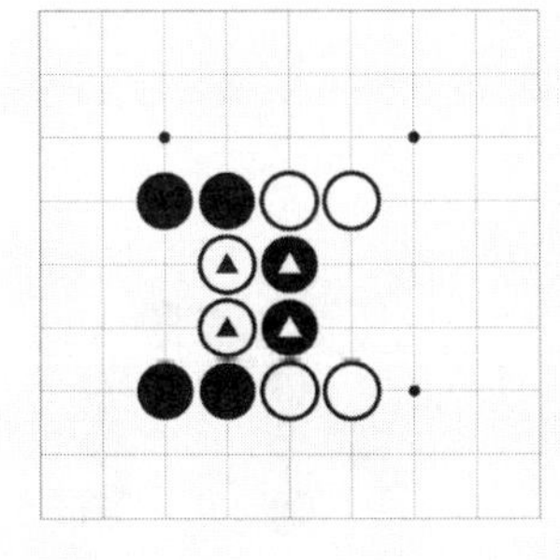

2 (　　)

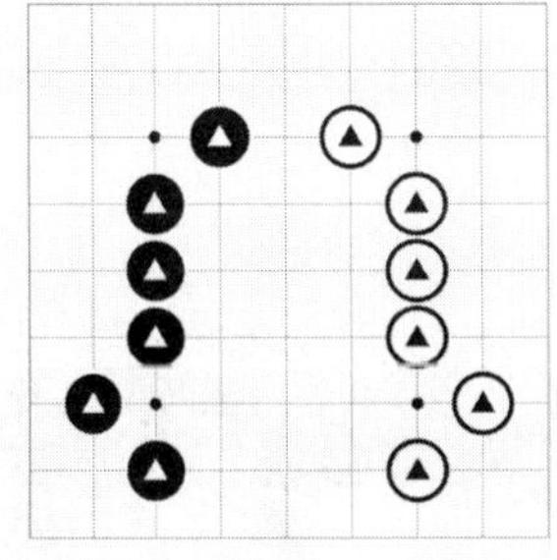

3 (　　)

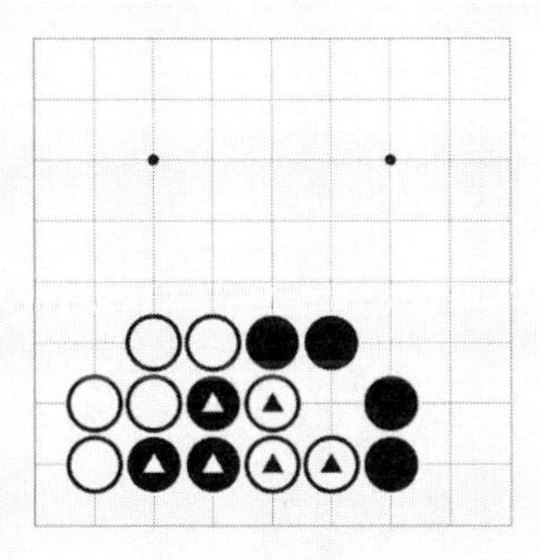

4 (　　)

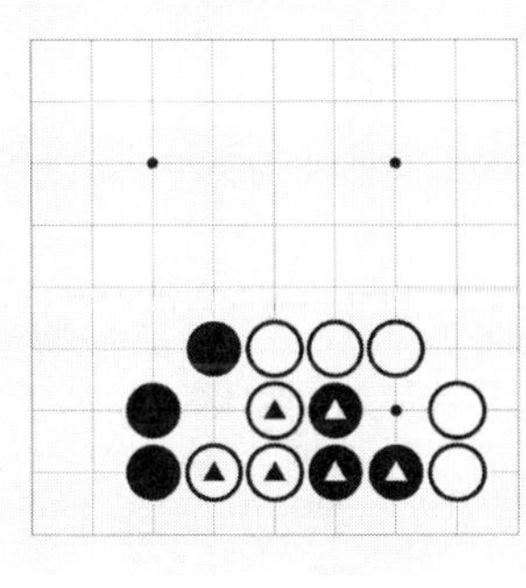

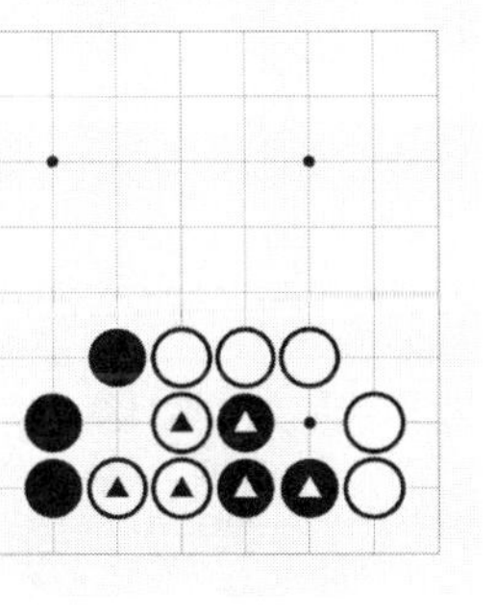

5 (　　)

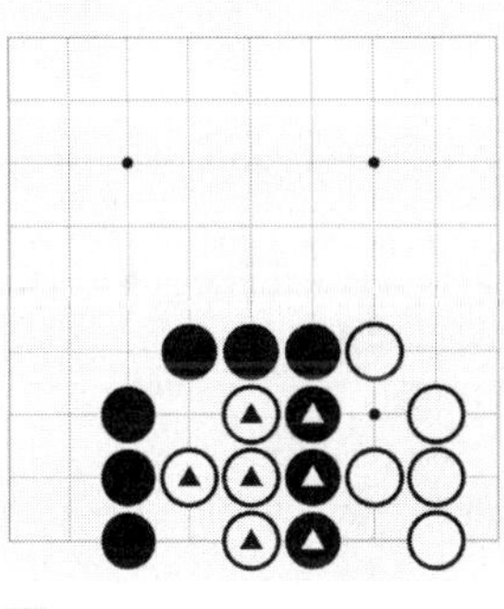

6 (　　)

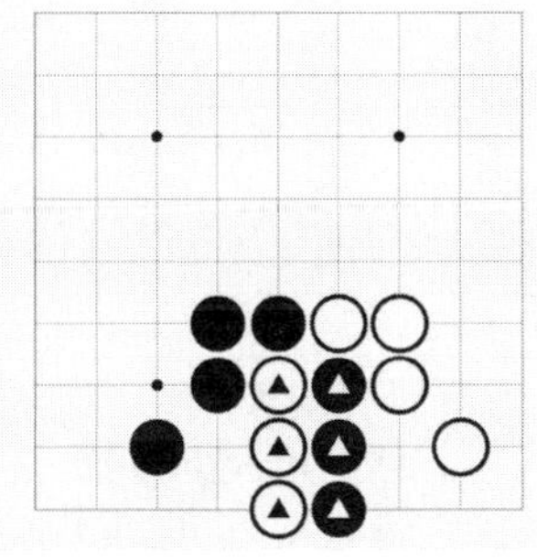

7 (　　)

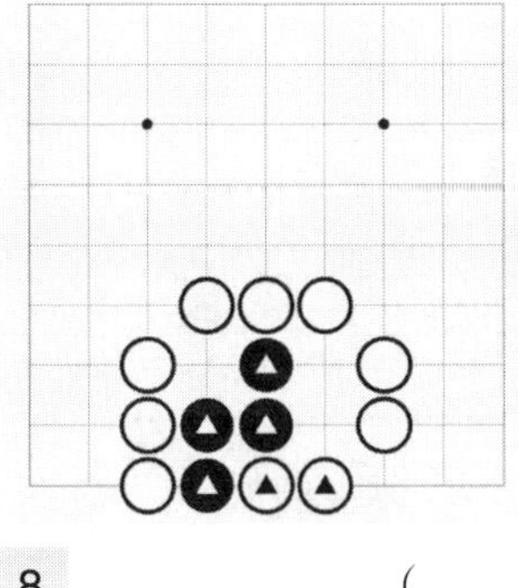

8 (　　)

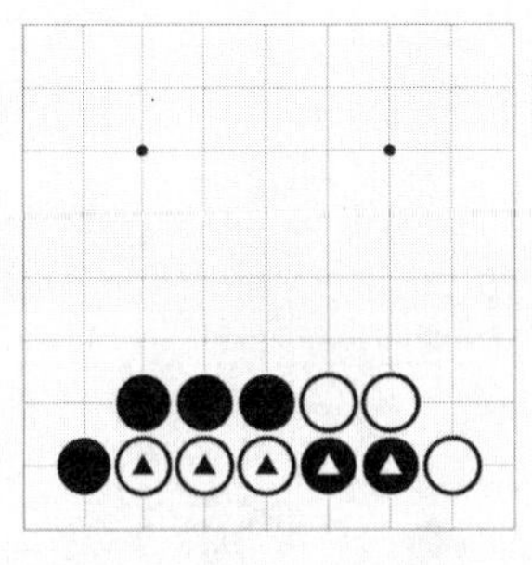

9 (　　)

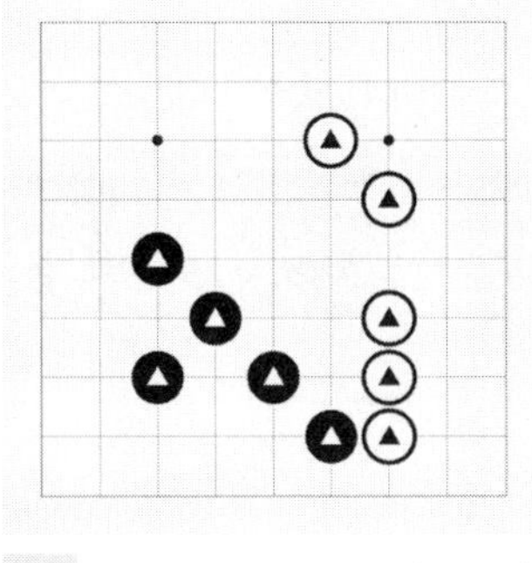

10 (　　)

扫码看答案

扫码看题

扫码看视频

2.气多杀气少

对杀双方各有几口气？

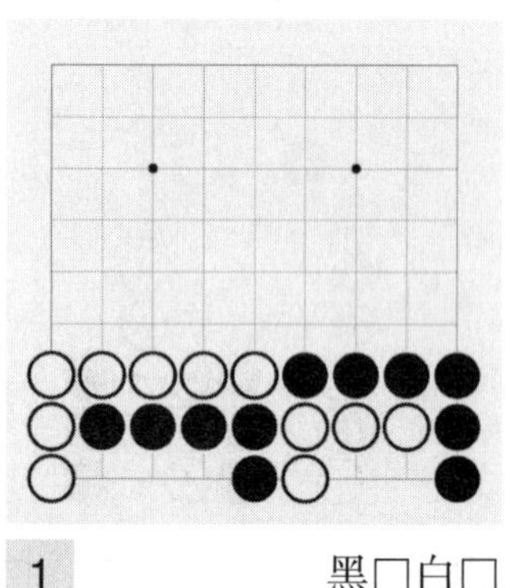

1 黑□白□

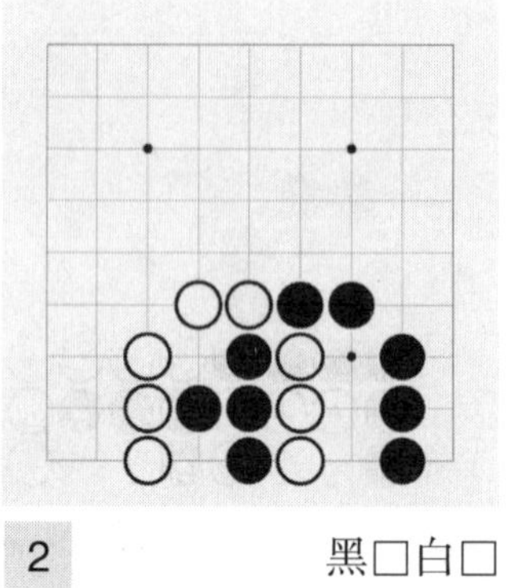

2 黑□白□

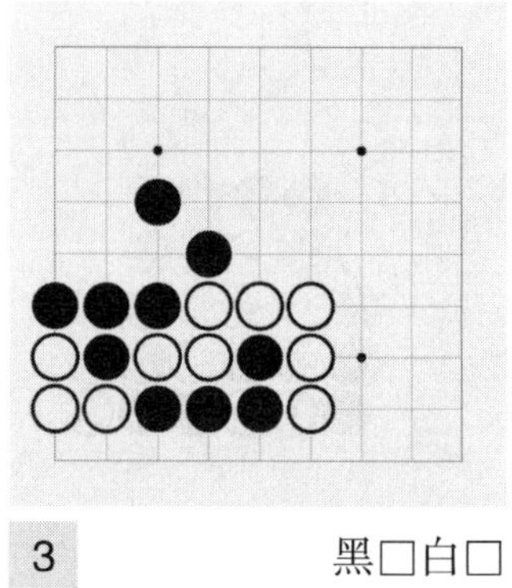

3 黑□白□

这两块棋之间的对杀谁会获胜？

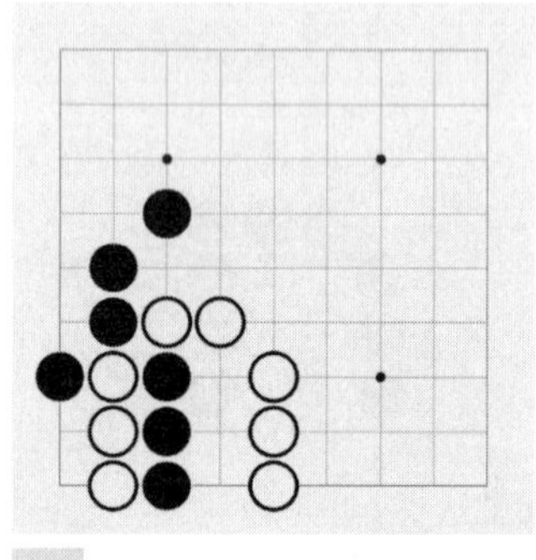

1 黑□白□

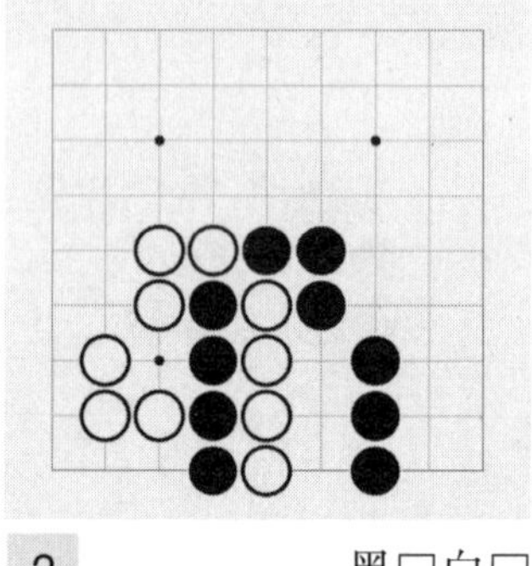

2 黑□白□

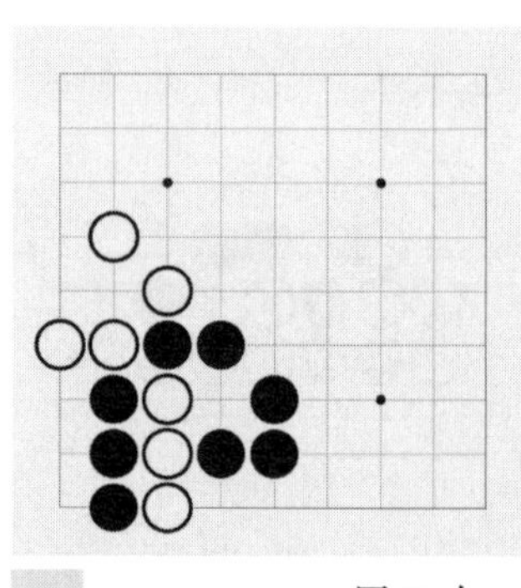

3 黑□白□

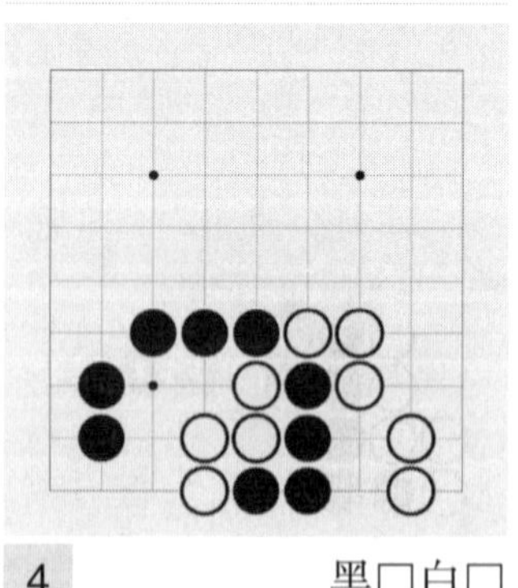

4 黑□白□

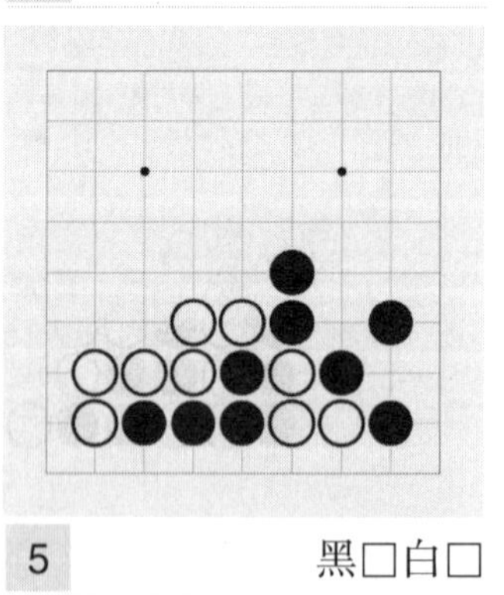

5 黑□白□

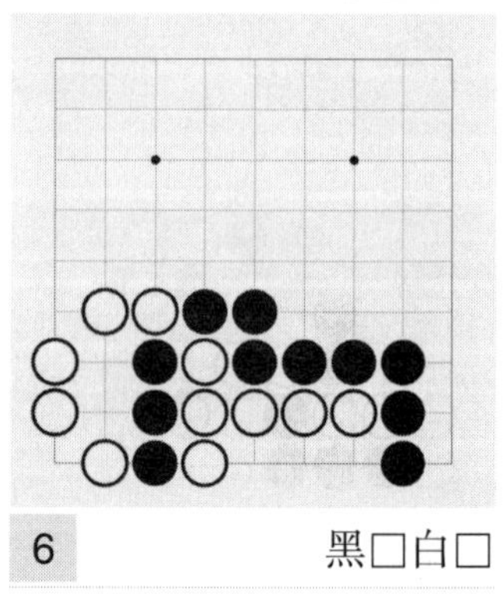

6 黑□白□

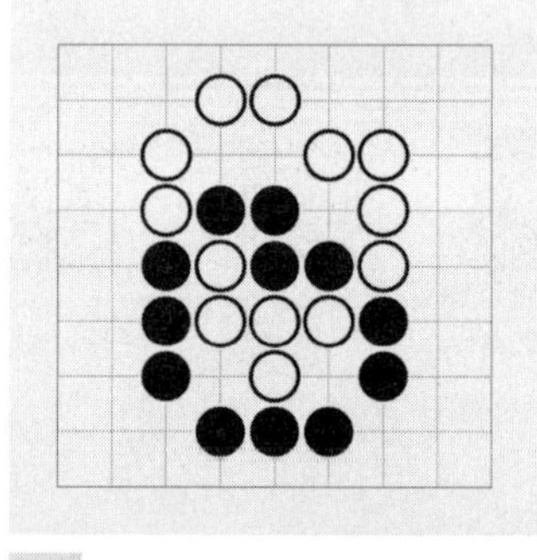

7 黑□白□

扫码看答案

扫码看题

扫码看视频

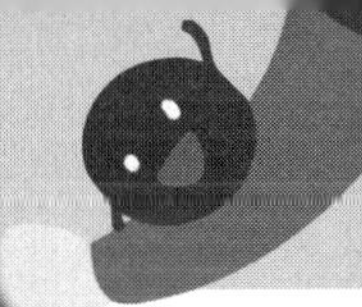

3. 同气先动手

黑白双方各有几口气?

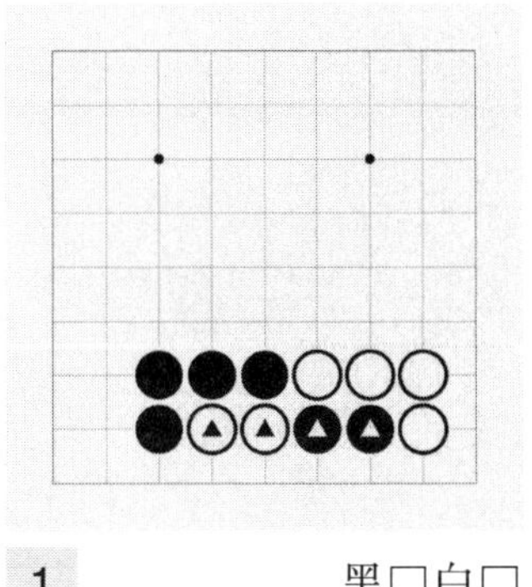

1 黑□白□

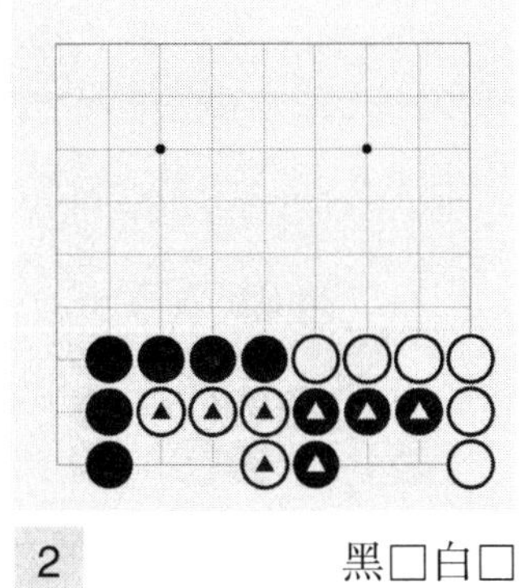

2 黑□白□

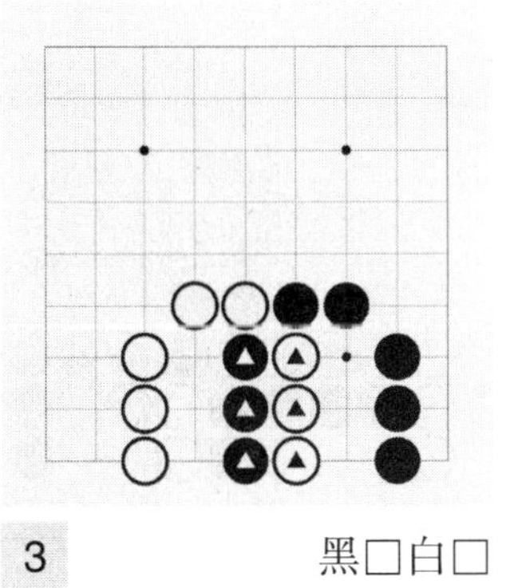

3 黑□白□

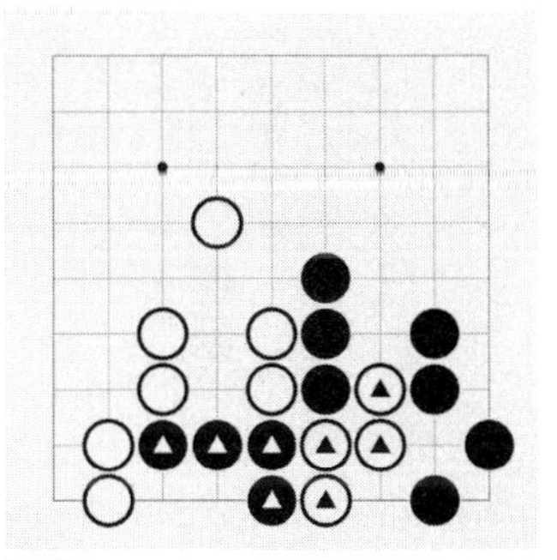

4 黑□白□

如果此时该黑棋下,对杀谁会获胜?

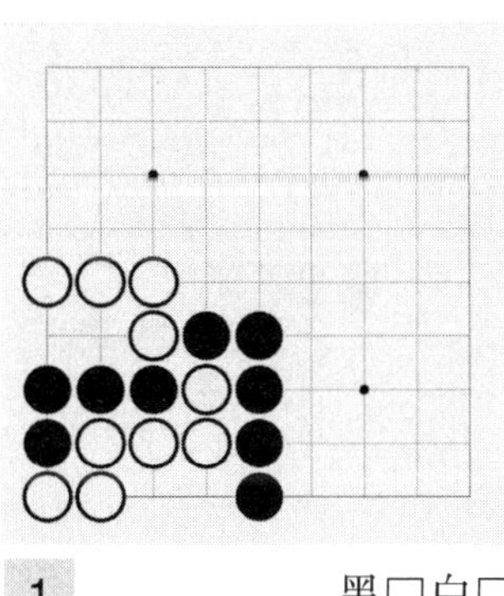

1 黑□白□

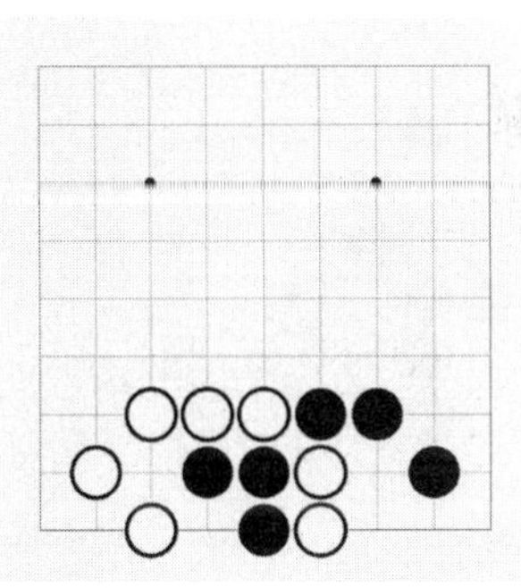

2 黑□白□

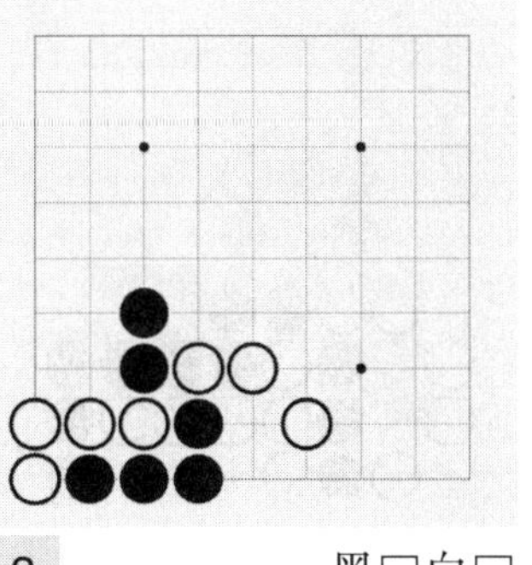

3 黑□白□

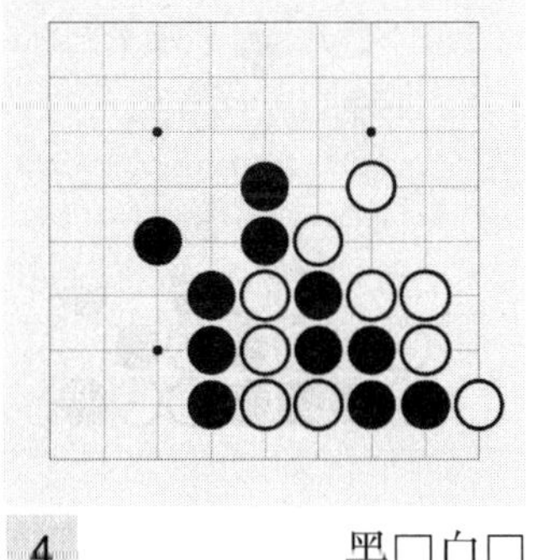

4 黑□白□

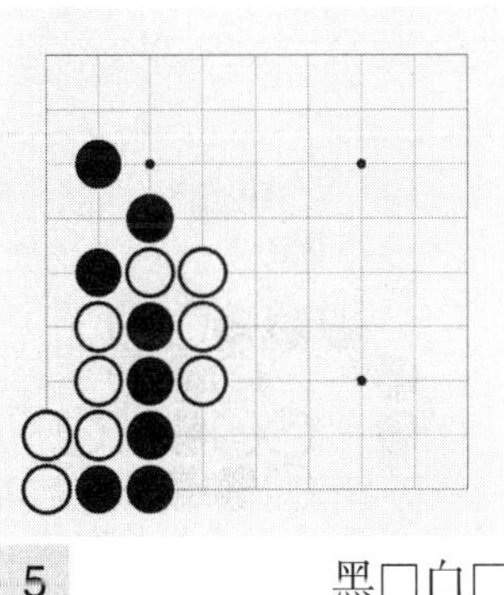

5 黑□白□

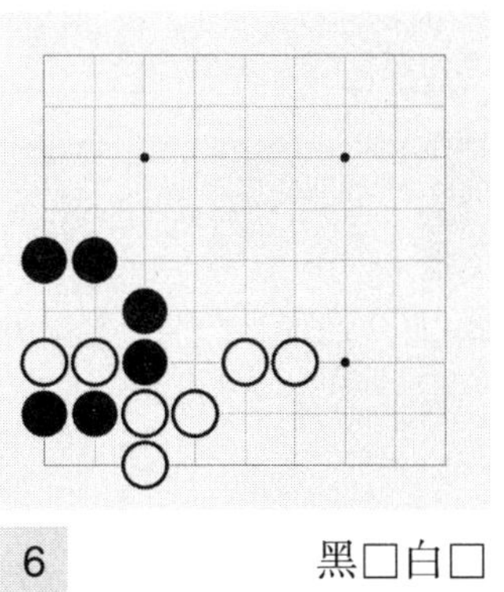

6 黑□白□

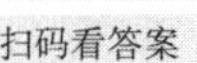

扫码看答案

扫码看题

扫码看视频

4.对杀过程

黑先,写出对杀的过程。

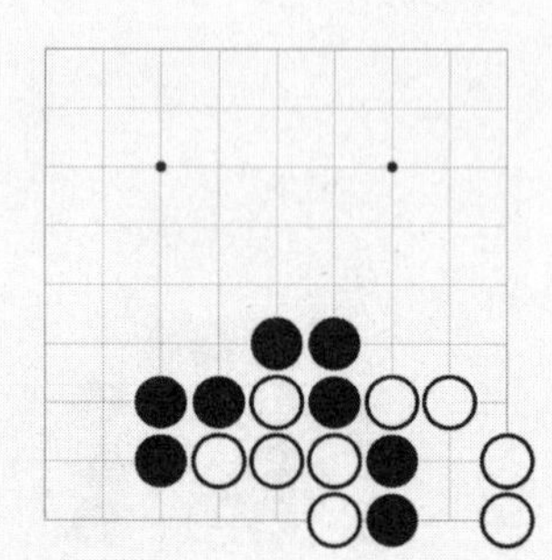

1

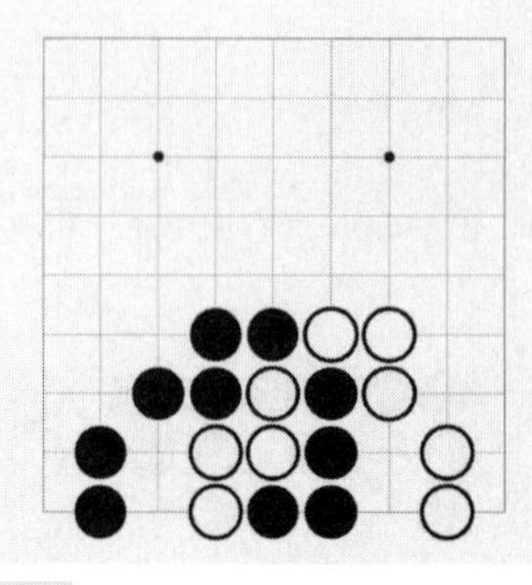

2

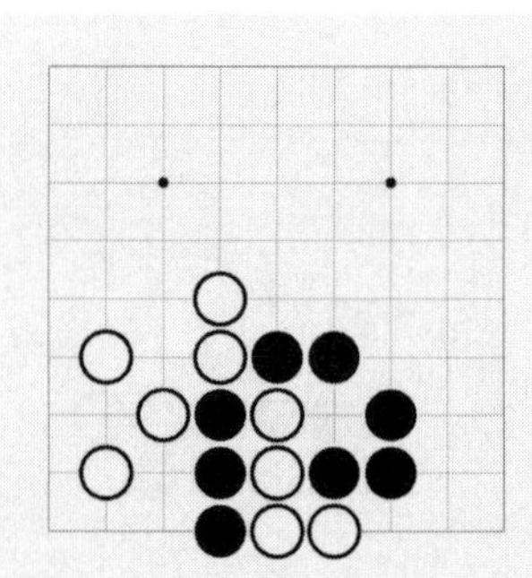

3

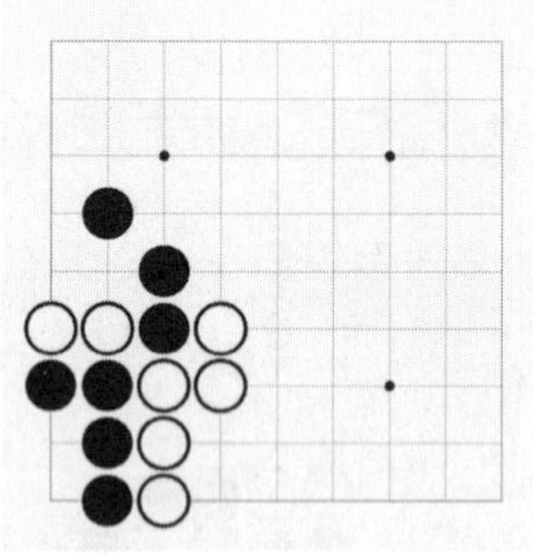

4

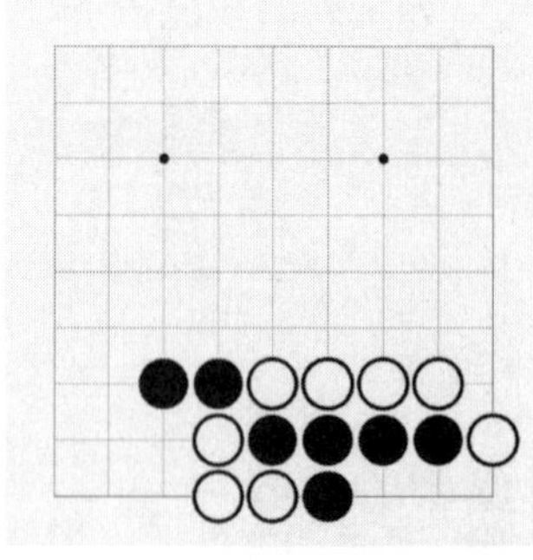

5

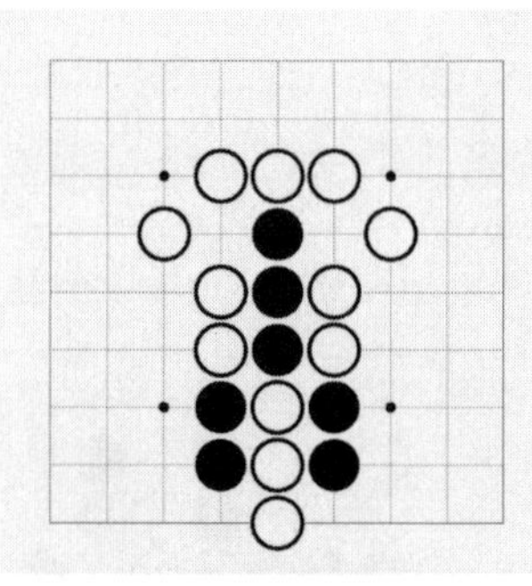

6

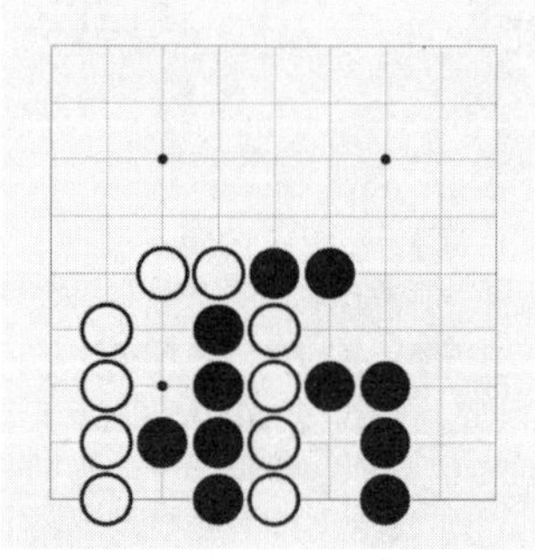

7

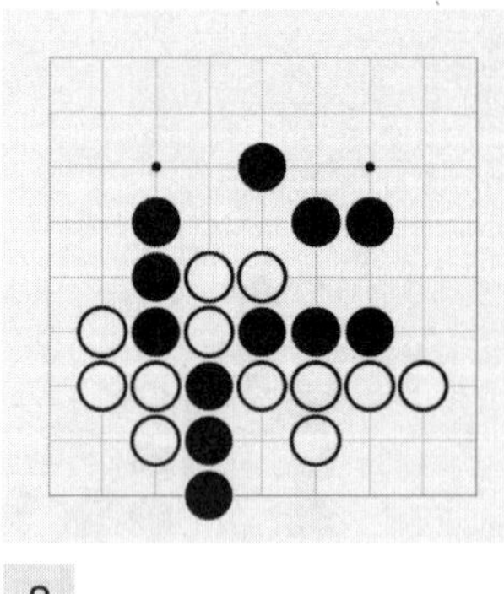

8

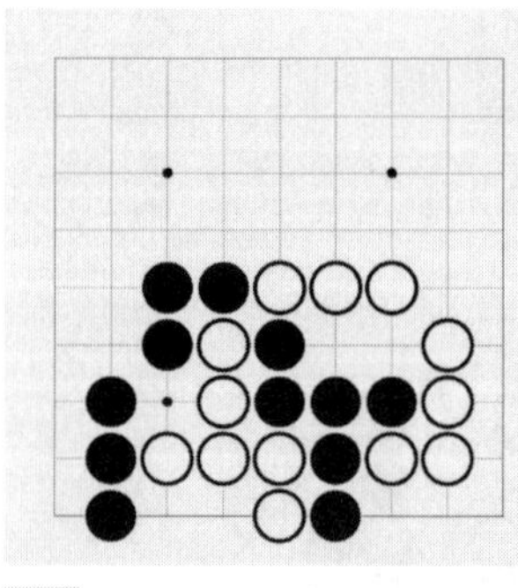

9

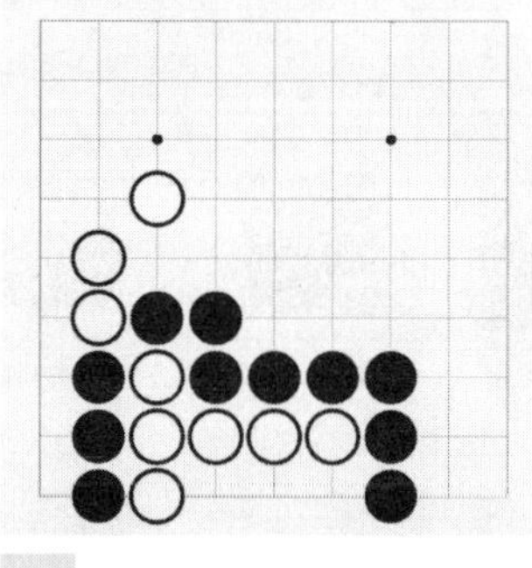

10

扫码看答案

扫码看题

扫码看视频

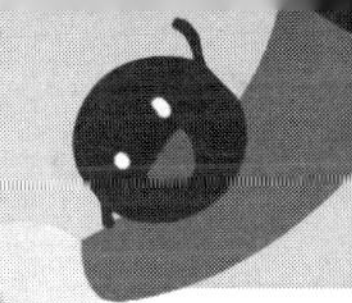

5.实战运用(一)

这两块棋之间的对杀谁会获胜?

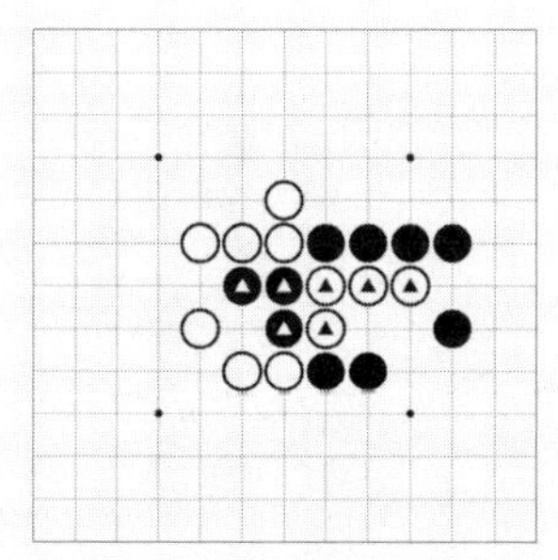

1 黑□白□

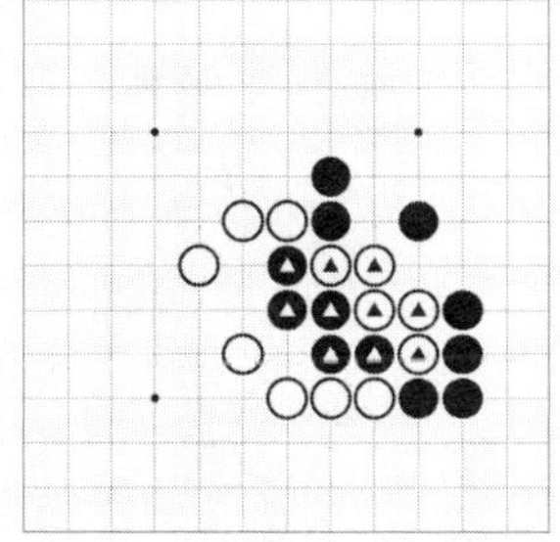

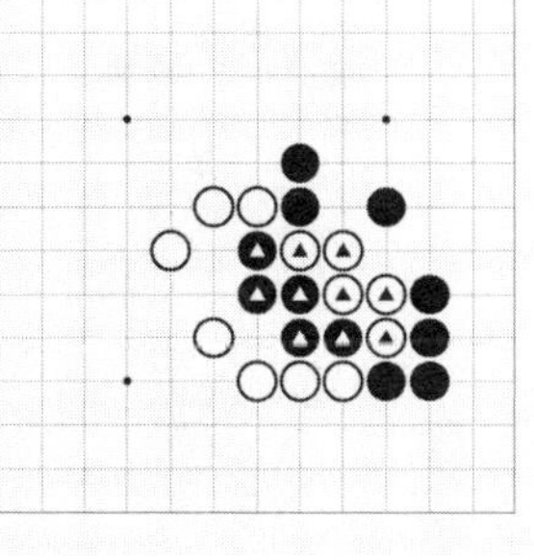

2 黑□白□

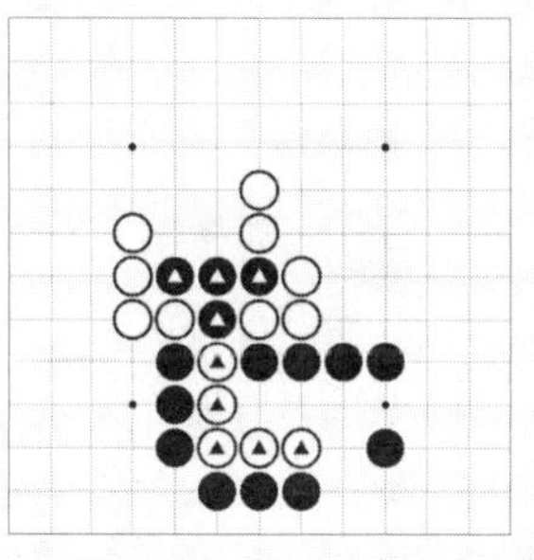

3 黑□白□

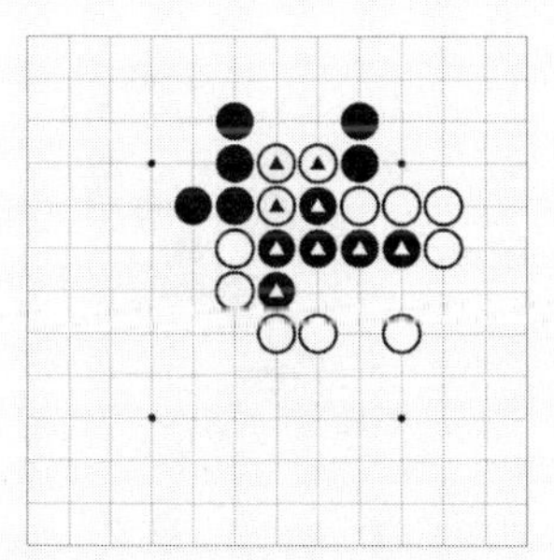

4 黑□白□

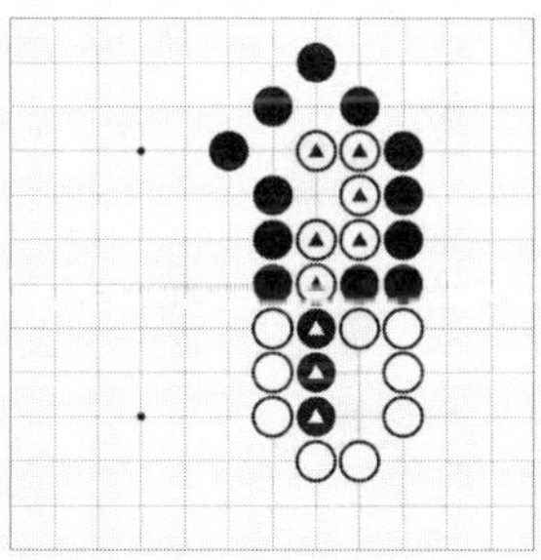

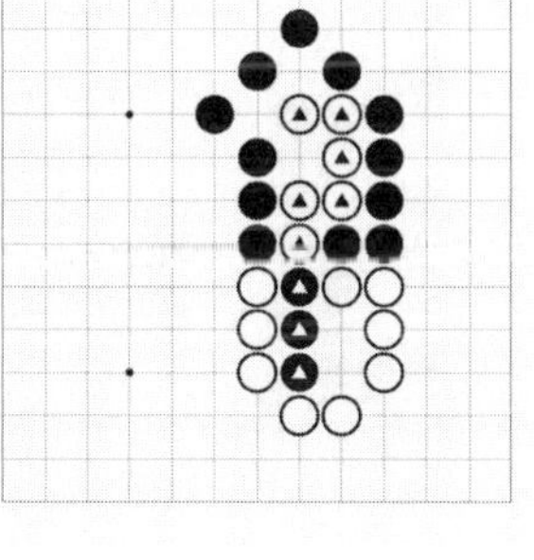

5 黑□白□

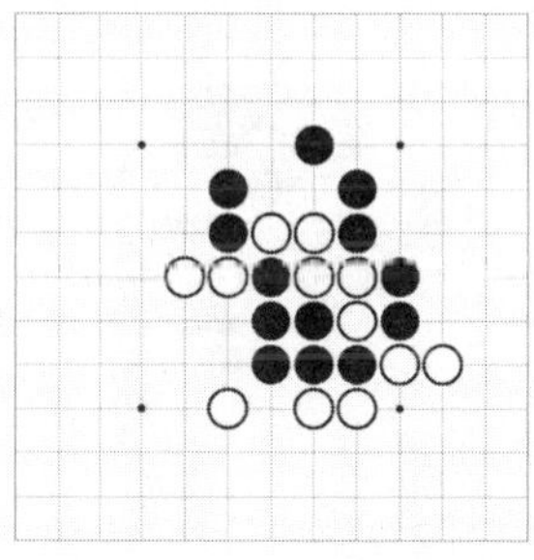

6 黑□白□

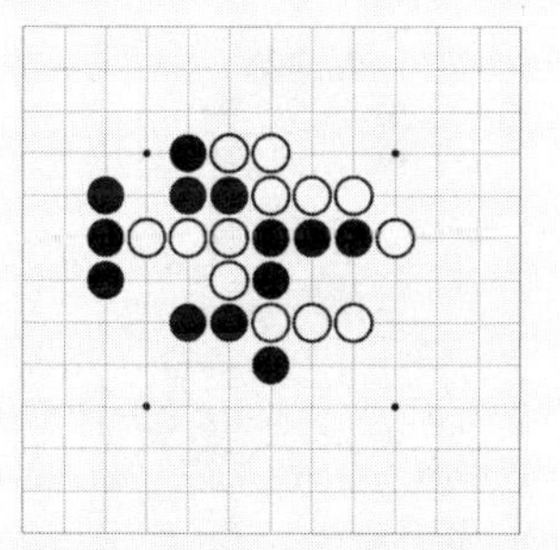

7 黑□白□

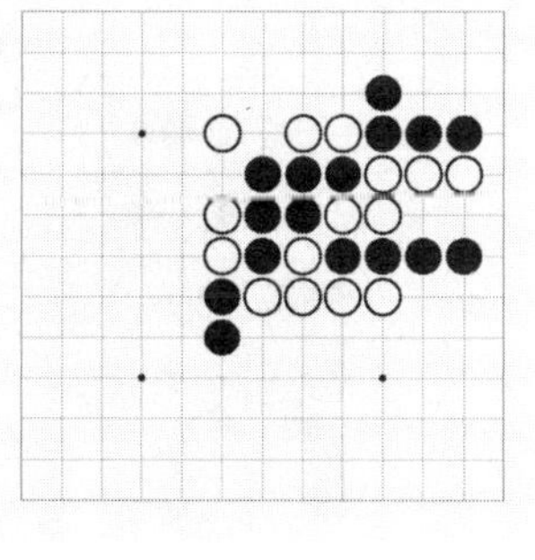

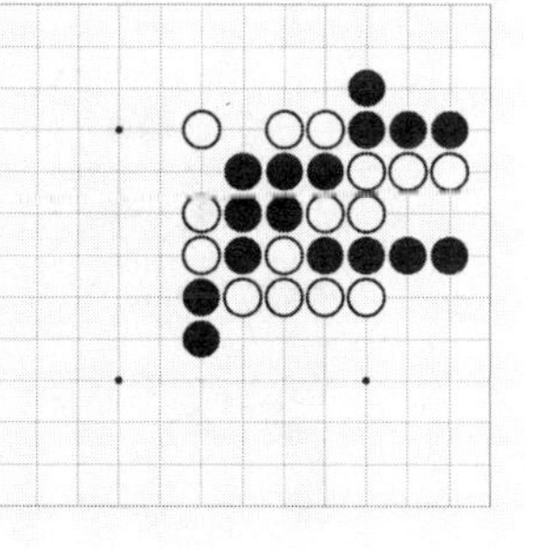

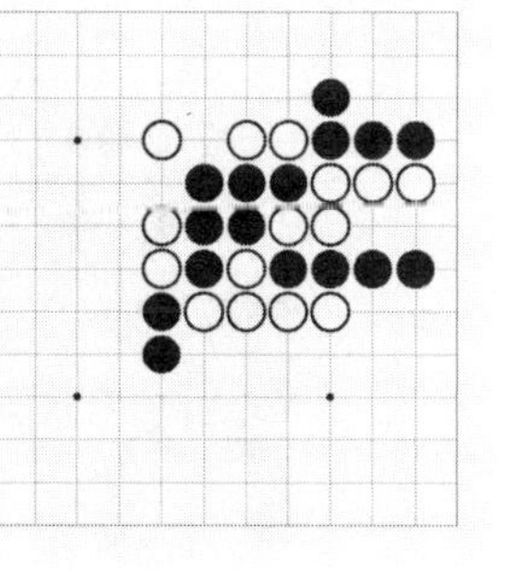

8 黑□白□

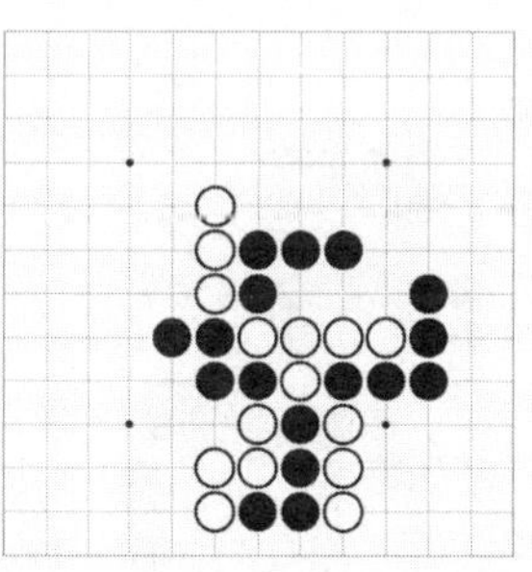

9 黑□白□

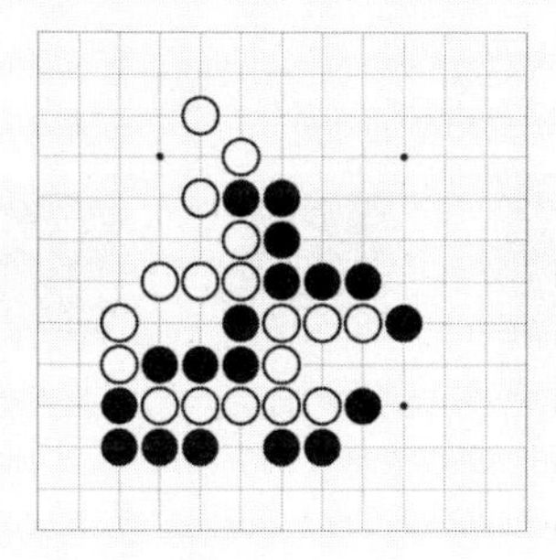

10 黑□白□

扫码看答案

扫码看题

扫码看视频

6. 实战运用(二)

黑先,写出对杀的过程 。

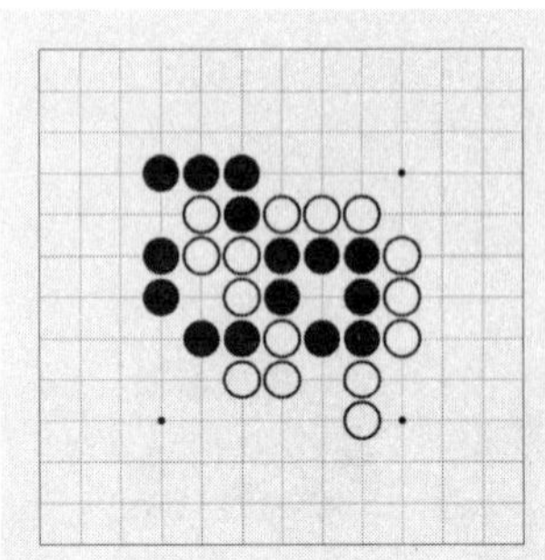

1

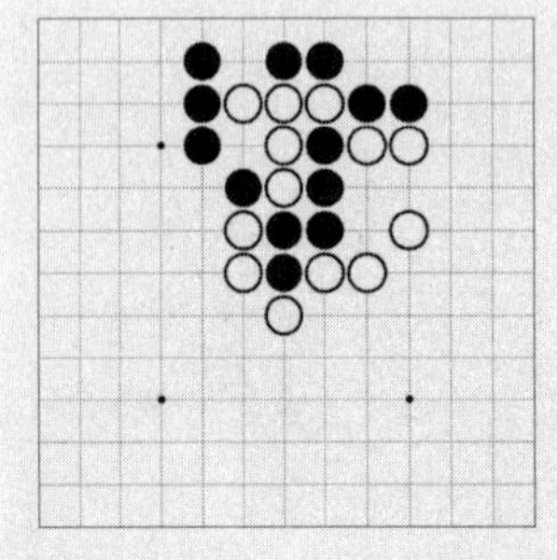

2

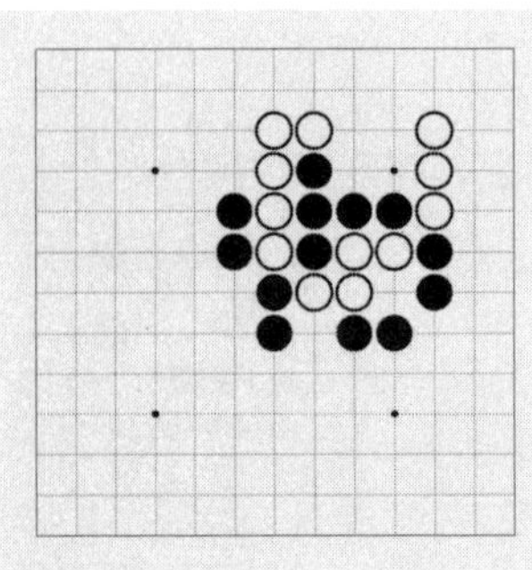

3

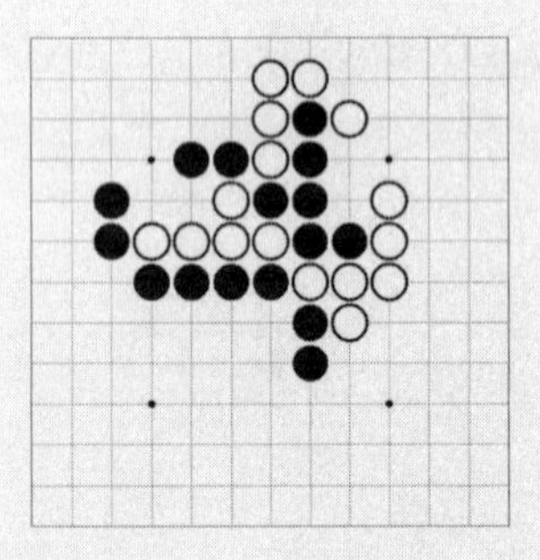

4

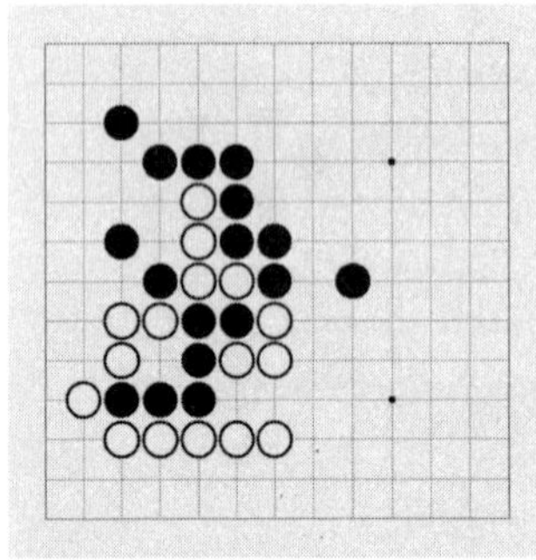

5

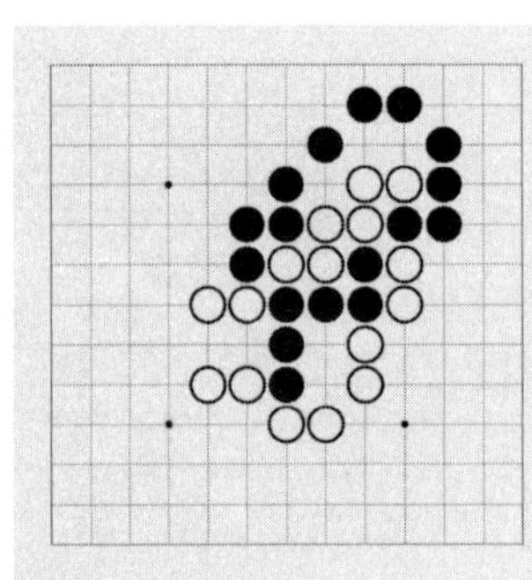

6

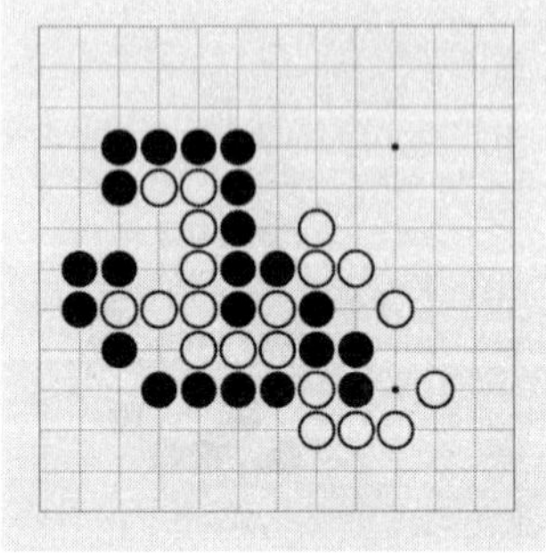

7

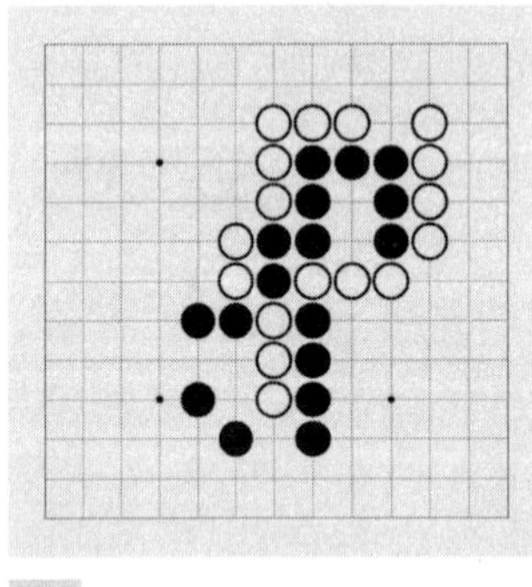

8

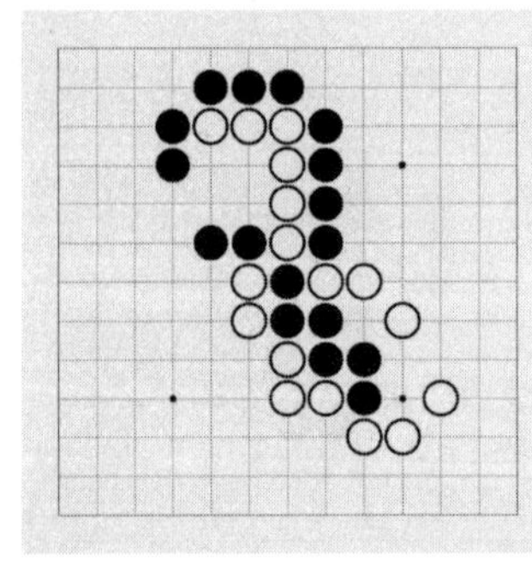

9

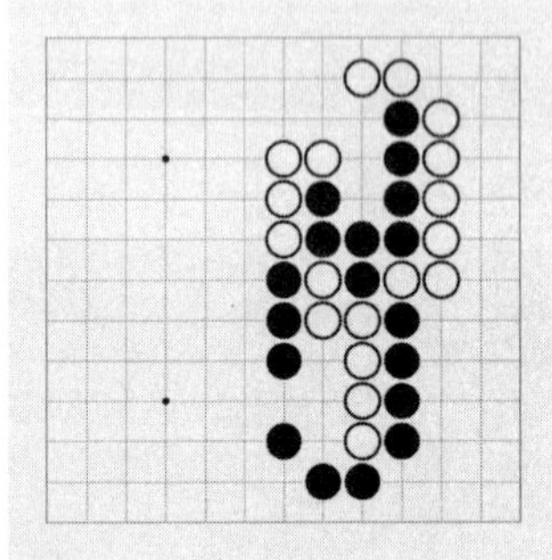

10

扫码看答案

扫码看题

扫码看视频

7.深度拓展

这两块棋之间的对杀谁会获胜?

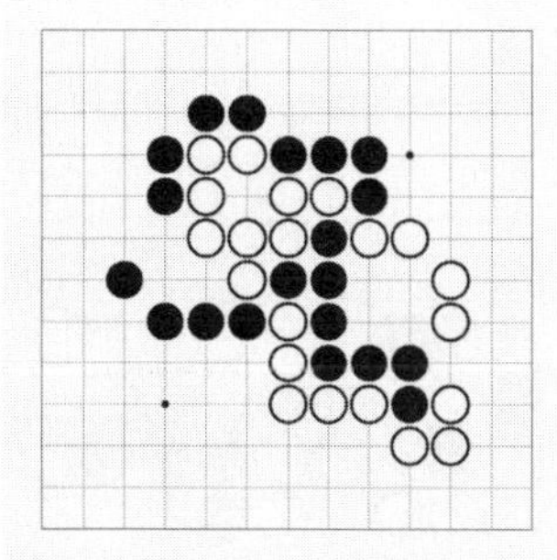

1 黑□白□

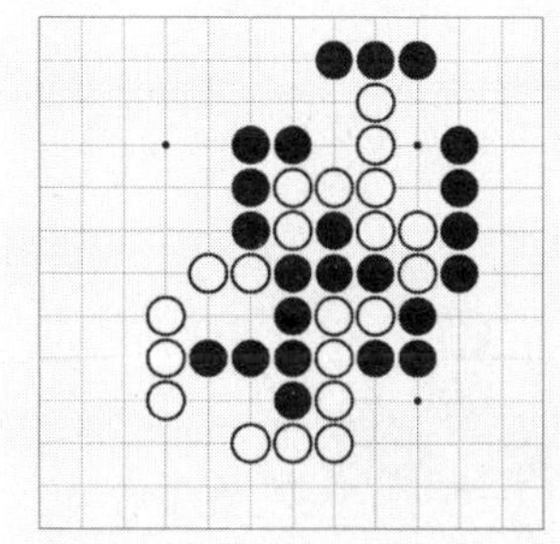

2 黑□白□

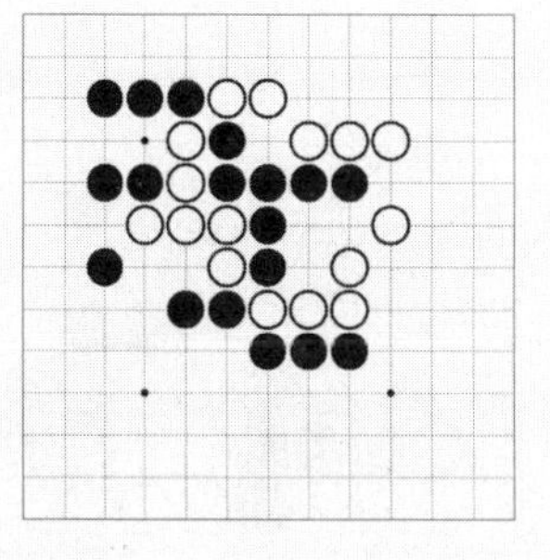

3 黑□白□

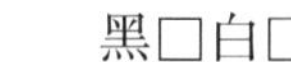

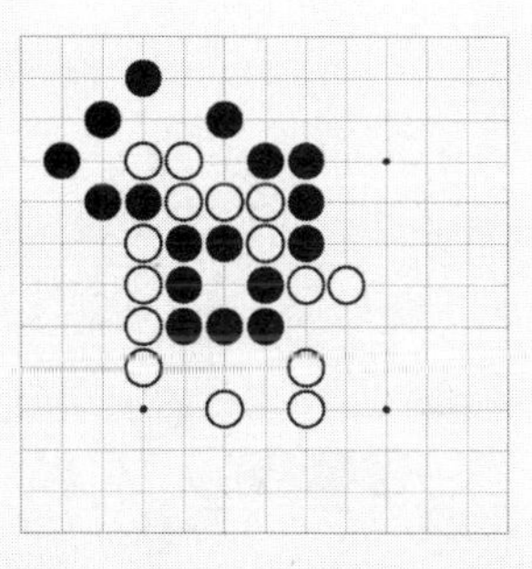

4 黑□白□

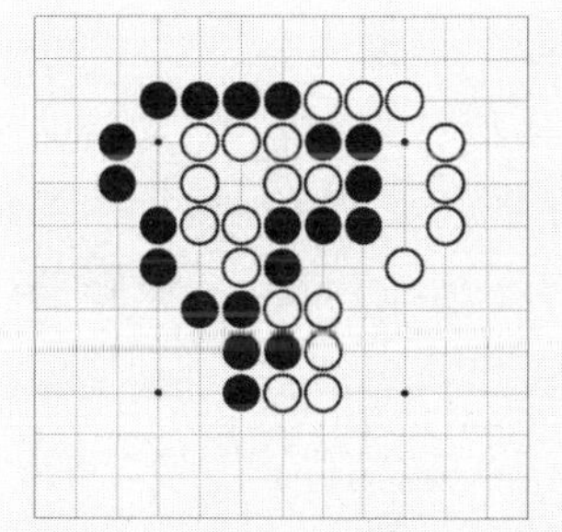

5 黑□白□

黑先,写出对杀的过程 。

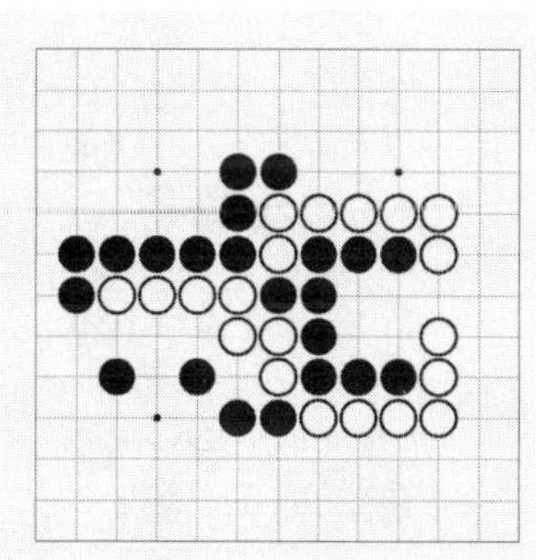

1

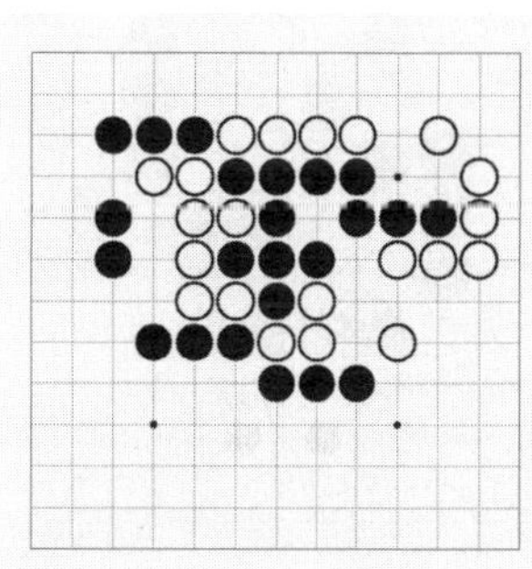

2

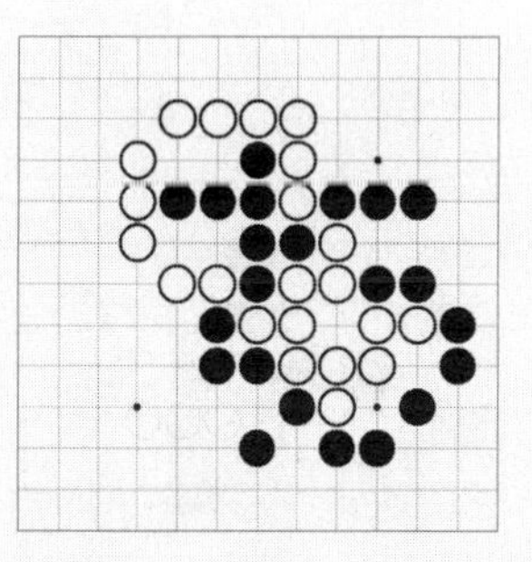

3

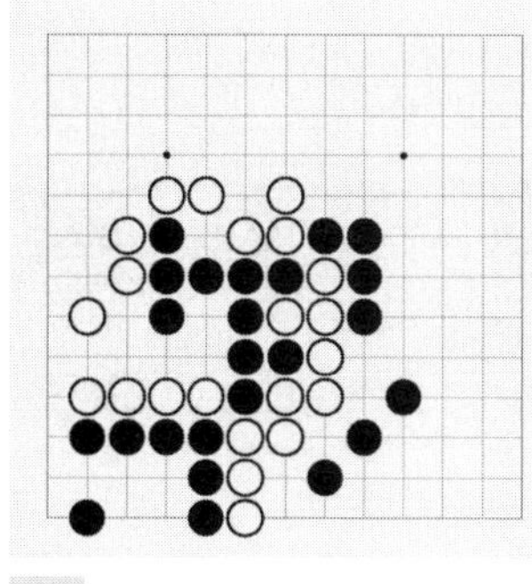

4

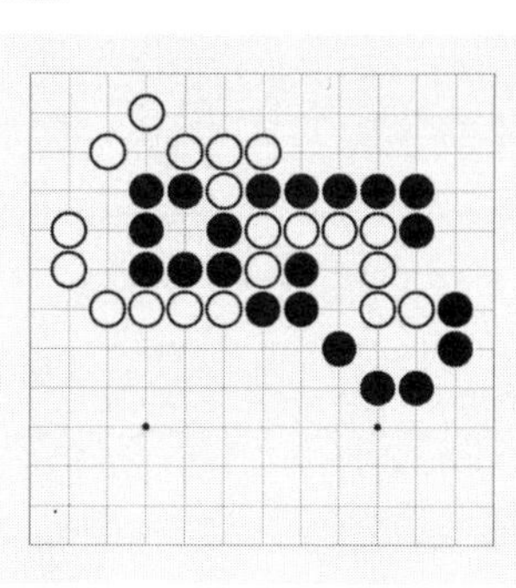

5

扫码看答案

扫码看题

二　不入气与暗气

1.不入气判断

判断此处黑能否直接收气。能√,不能× 。

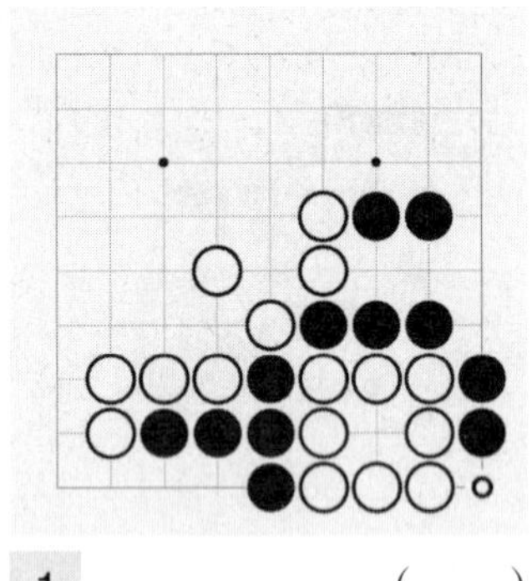

1　（　　）

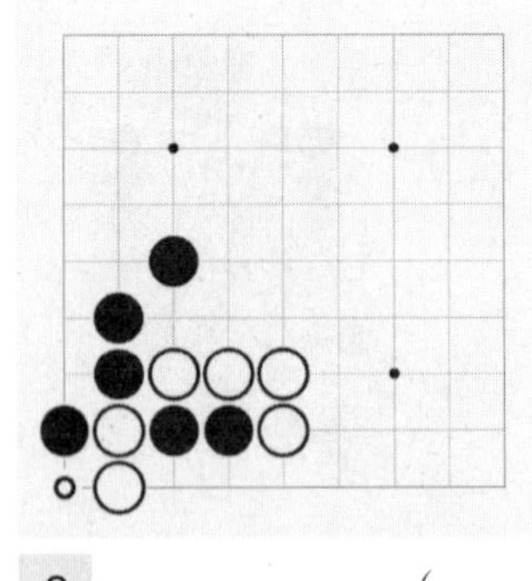

2　（　　）

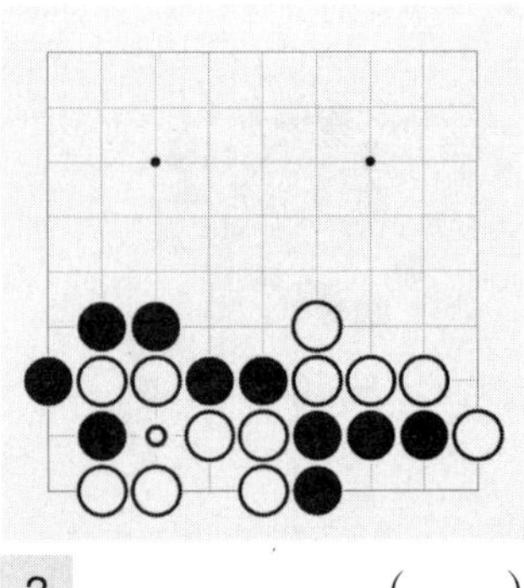

3　（　　）

4　（　　）

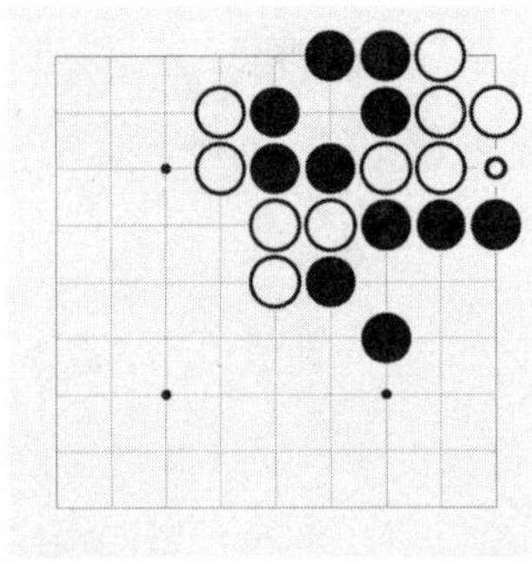

5　（　　）

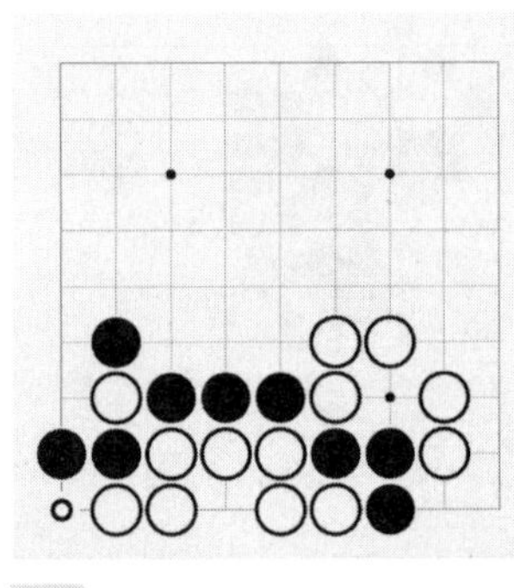

6　（　　）

7　（　　）

8　（　　）

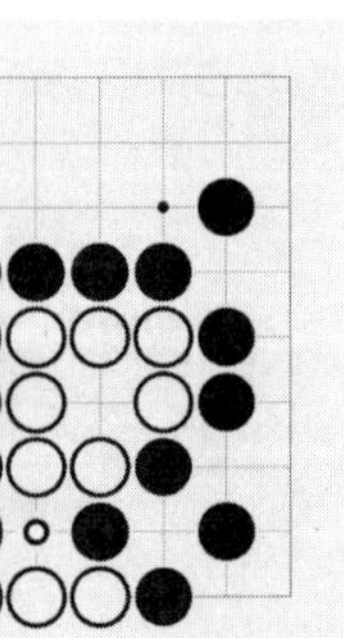

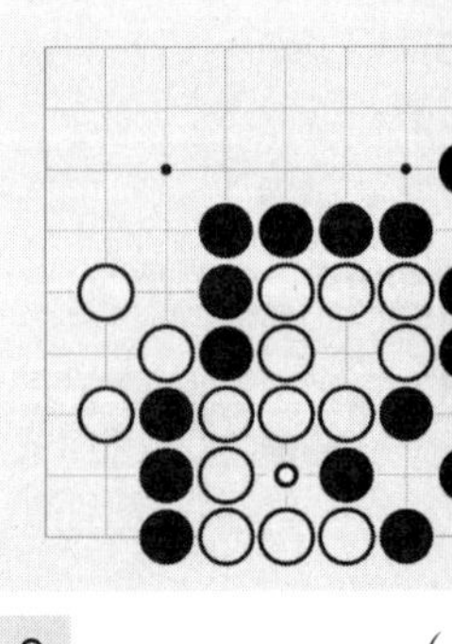

9　（　　）

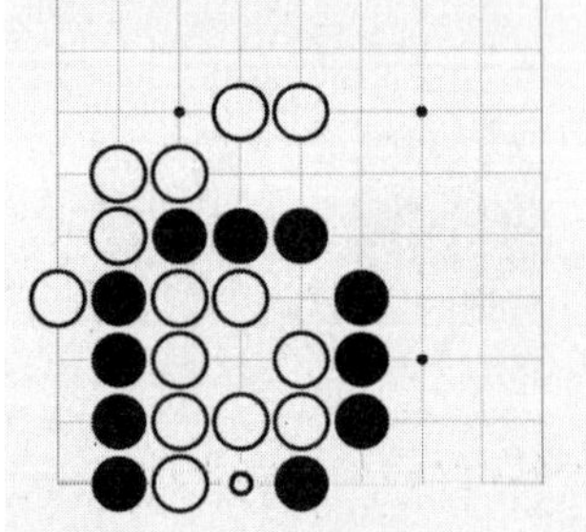

10　（　　）

扫码看答案

扫码看题

扫码看视频

2.暗气计算

黑白双方各有几口气?

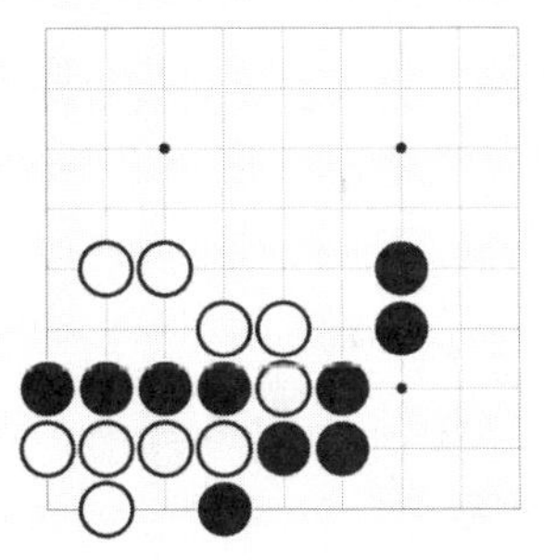

1 黑□白□

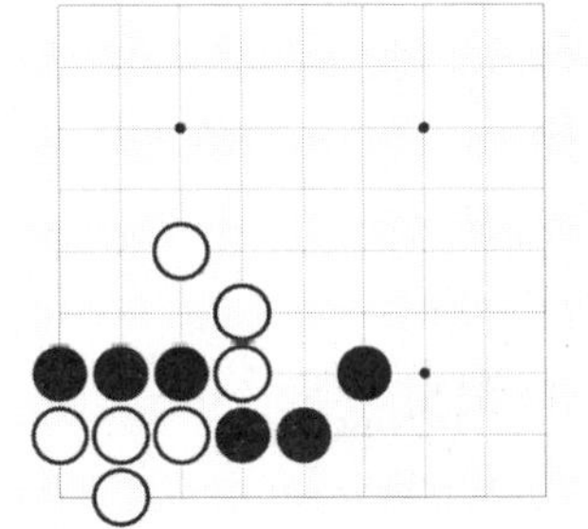

2 黑□白□

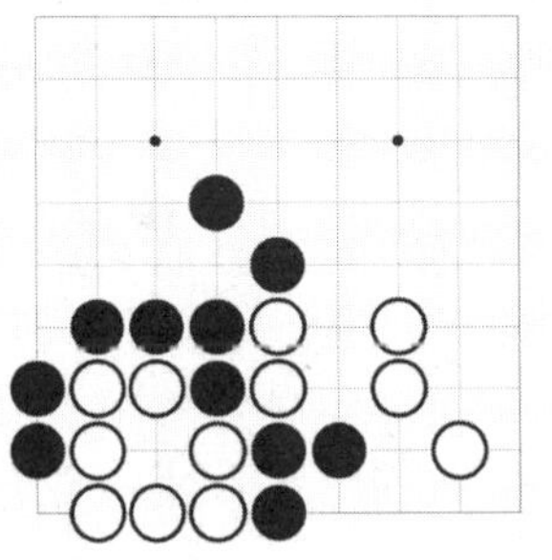

3 黑□白□

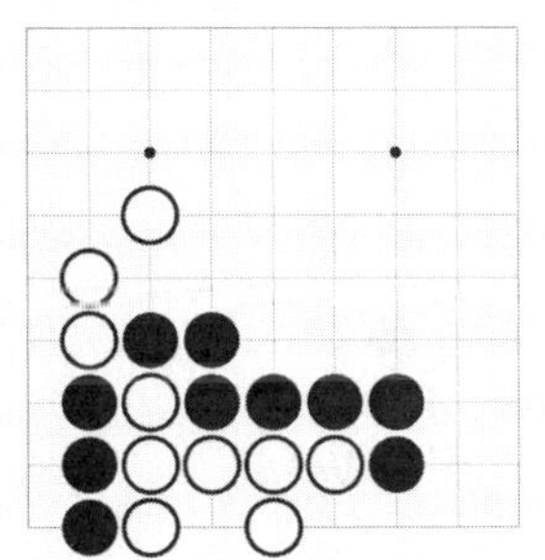

4 黑□白□

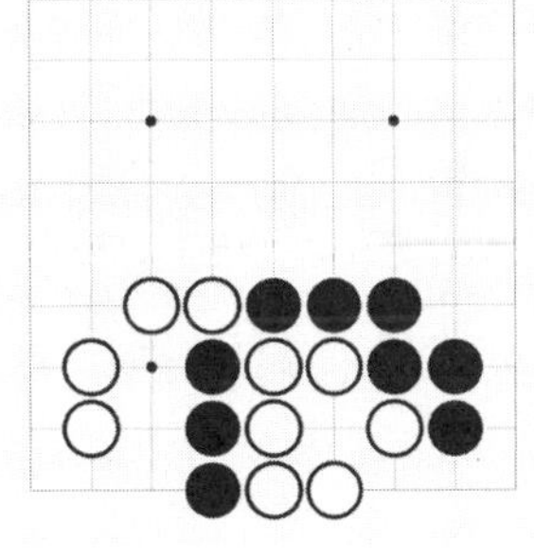

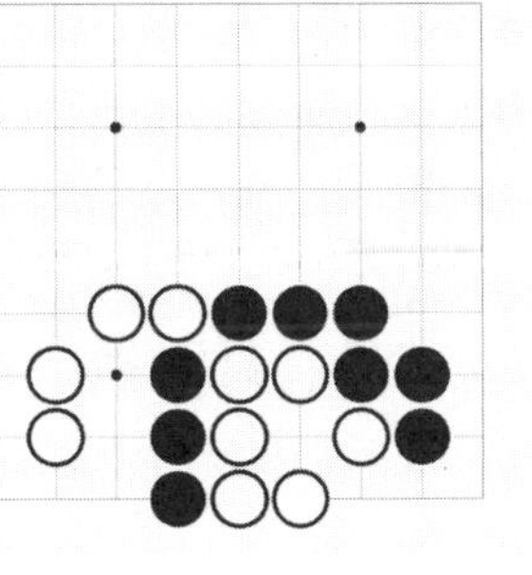

5 黑□白□

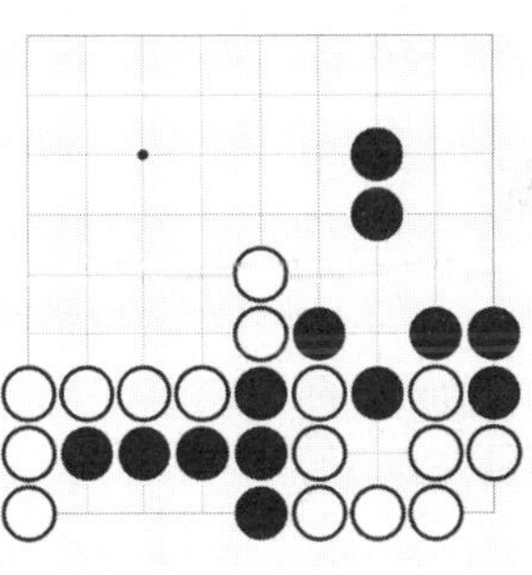

6 黑□白□

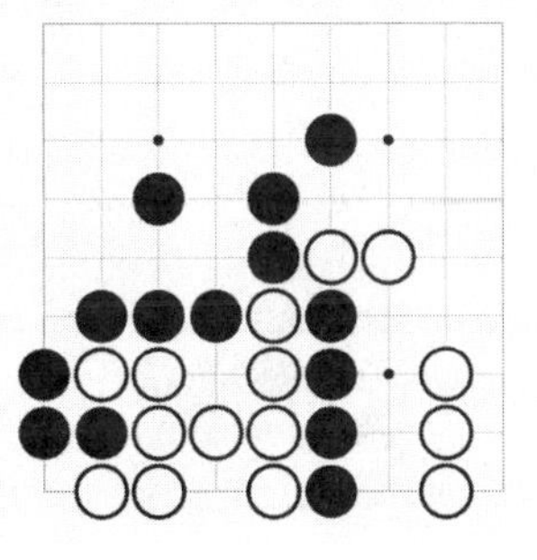

7 黑□白□

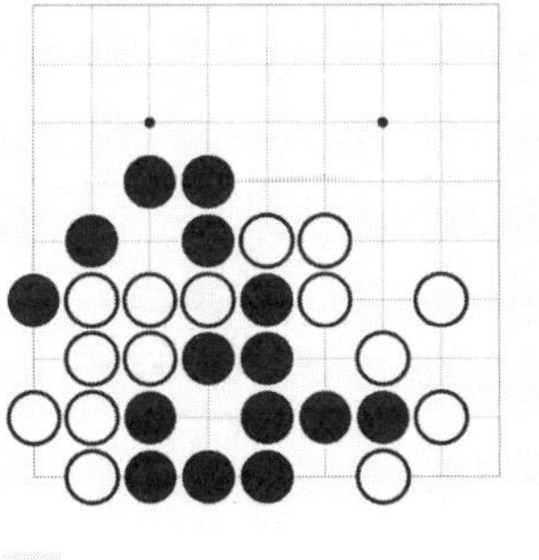

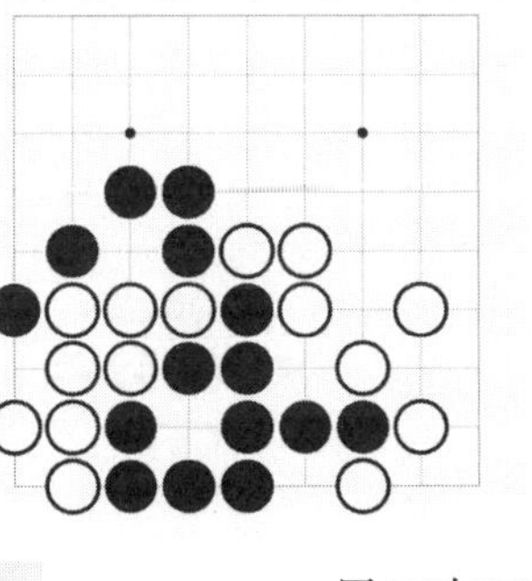

8 黑□白□

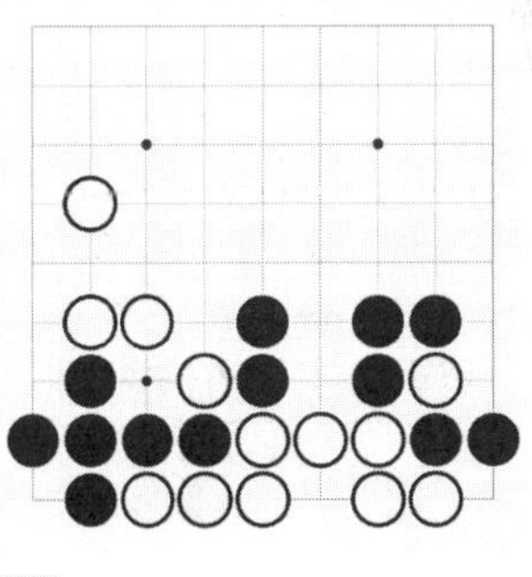

9 黑□白□

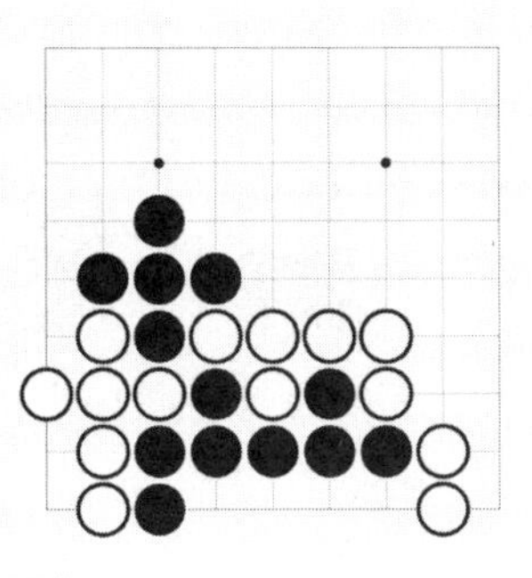

10 黑□白□

扫码看答案

扫码看题

扫码看视频

3.对杀过程

黑先，写出对杀的过程。

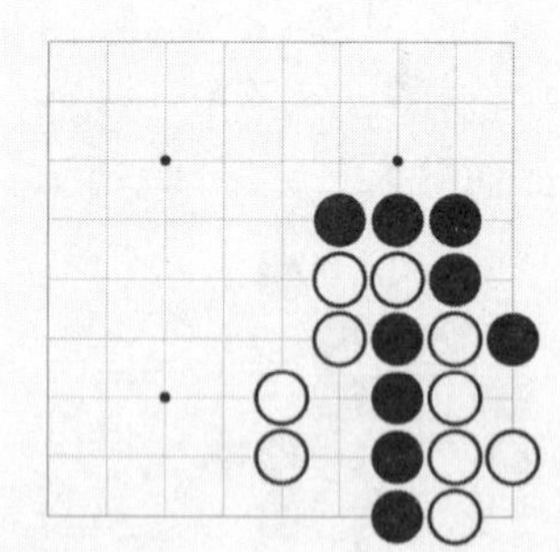

1

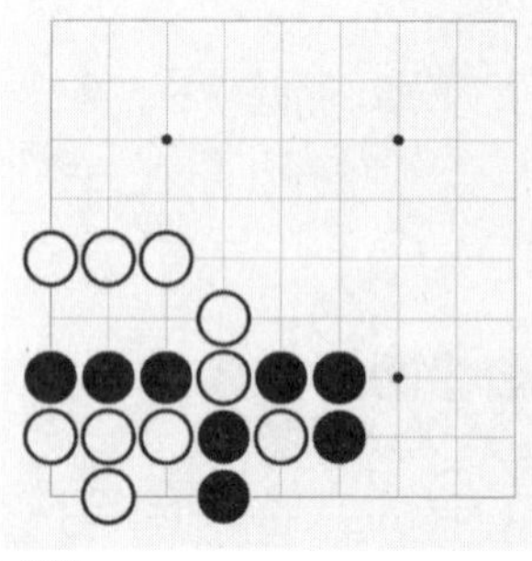

2

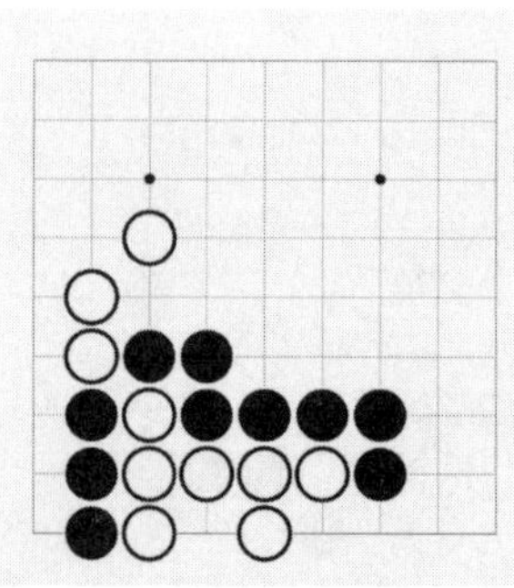

3

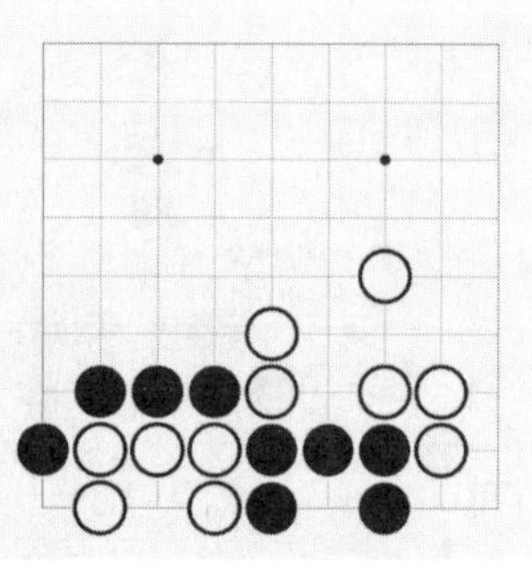

4

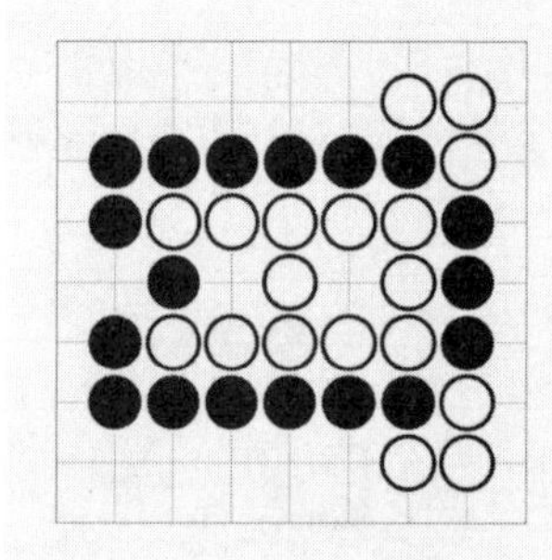

5

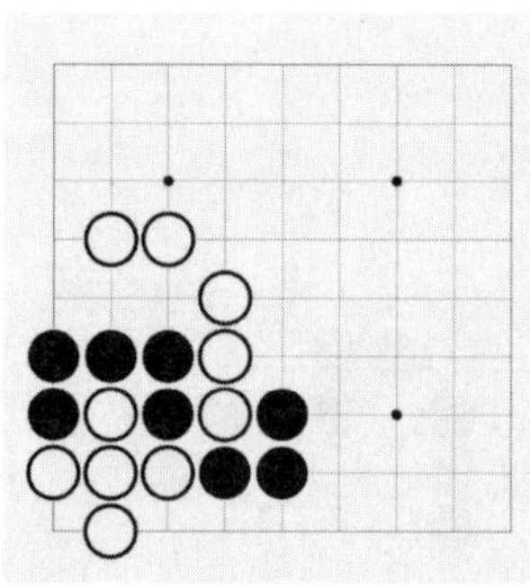

6

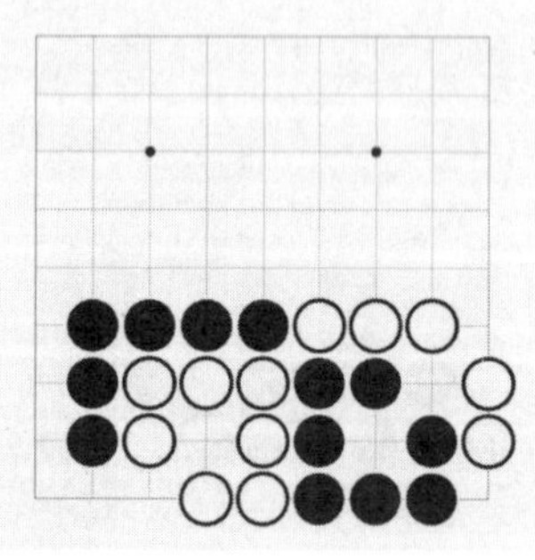

7

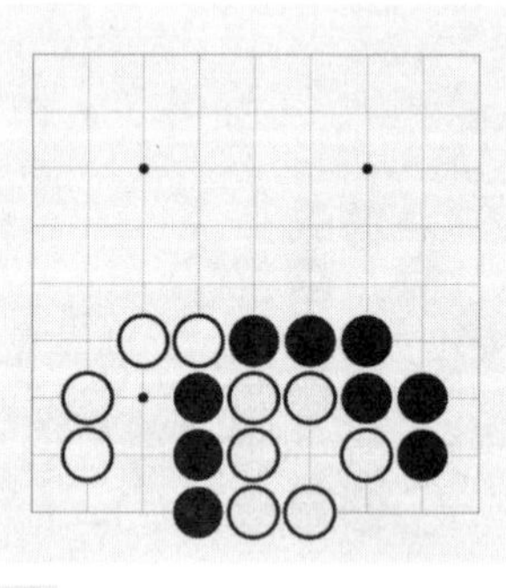

8

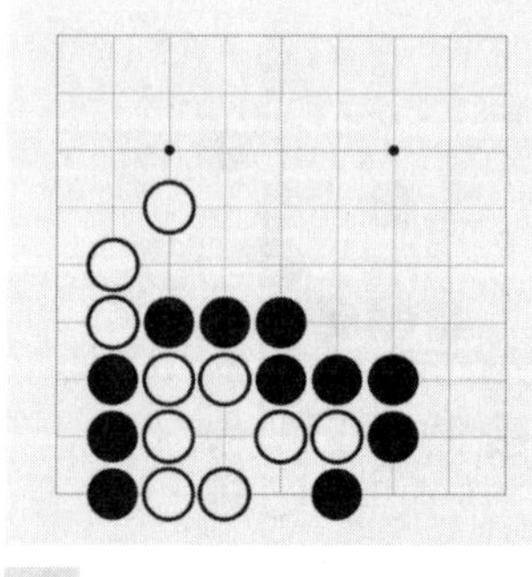

9

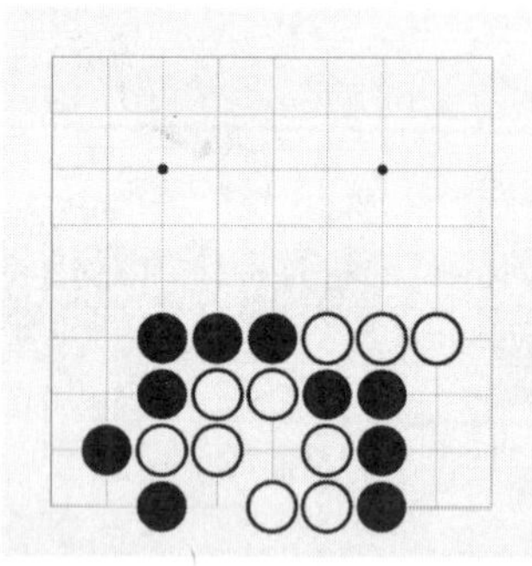

10

扫码看答案

扫码看题

扫码看视频

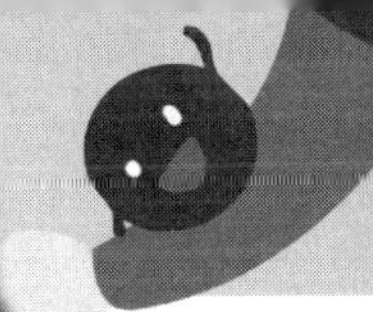

4. 实战运用

黑白两块棋对杀谁会获胜?

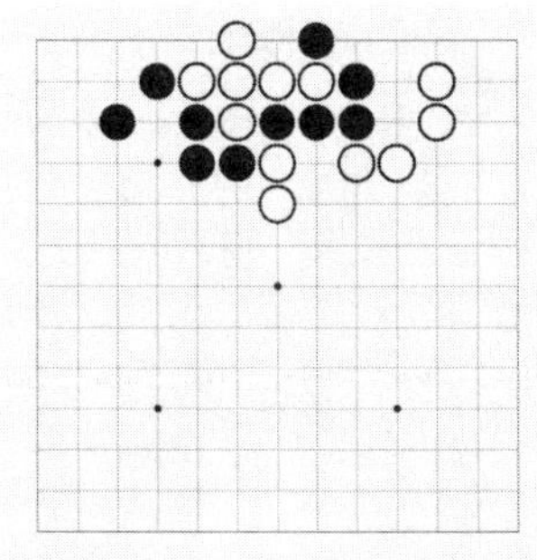

1 黑□白□

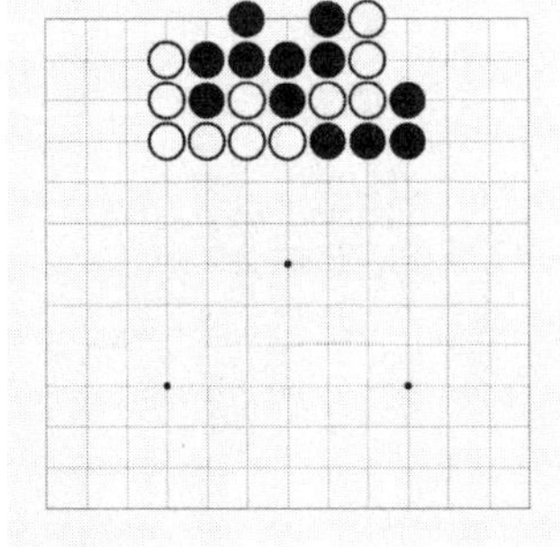

2 黑□白□

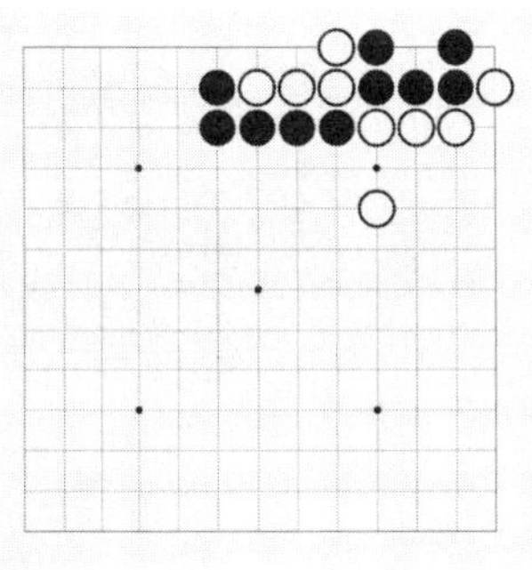

3 黑□白□

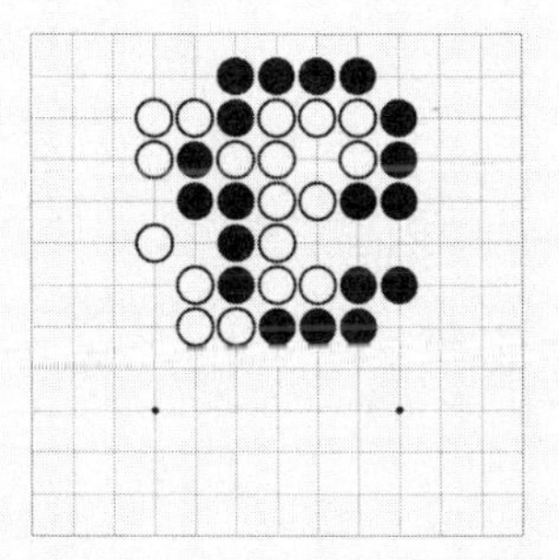

4 黑□白□

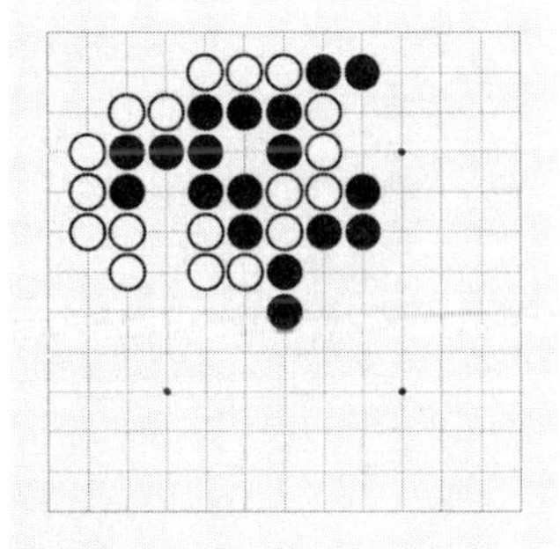

5 黑□白□

黑先,写出对杀的过程。

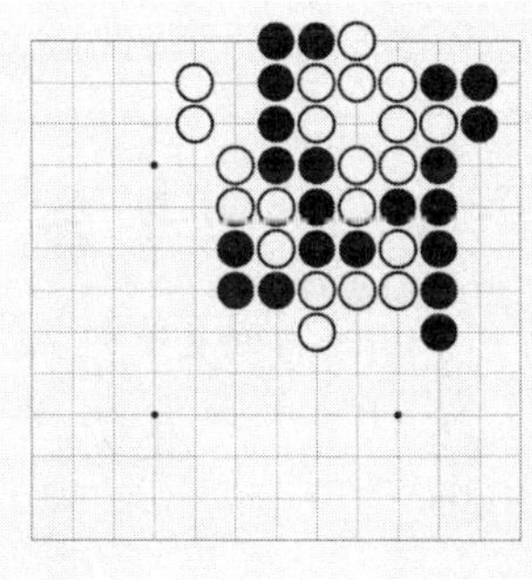

1

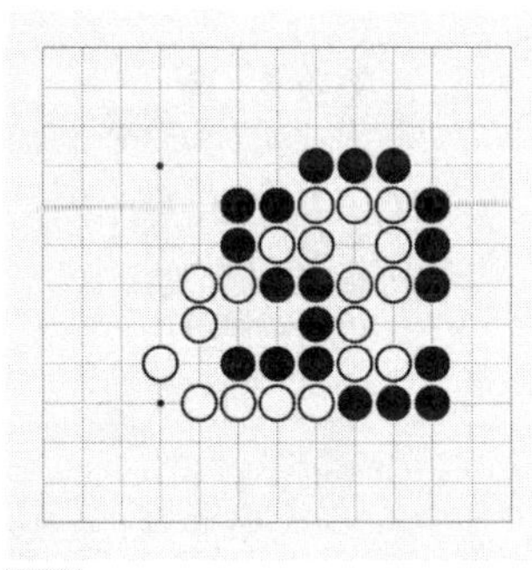

2

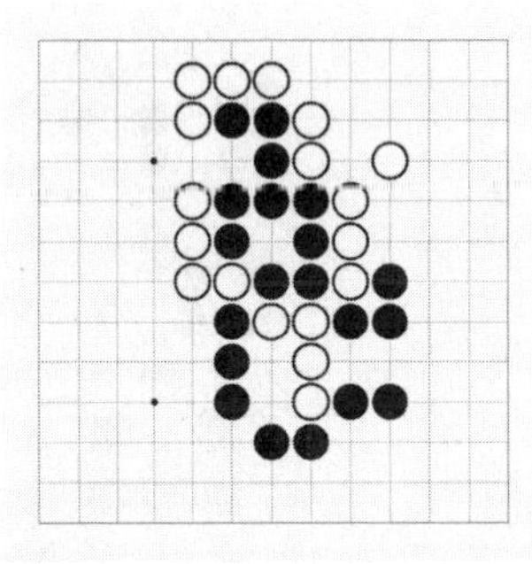

3

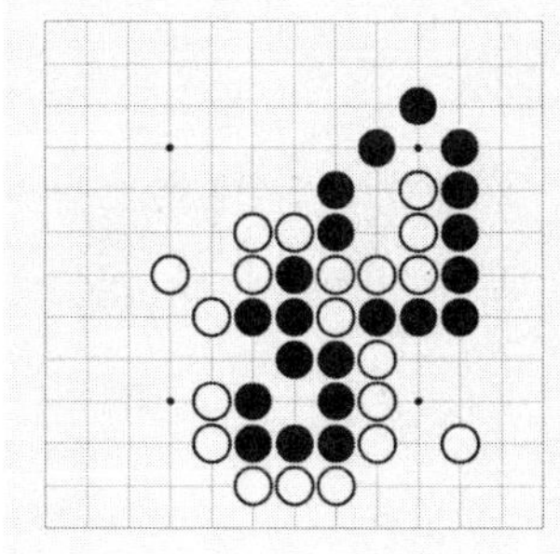

4

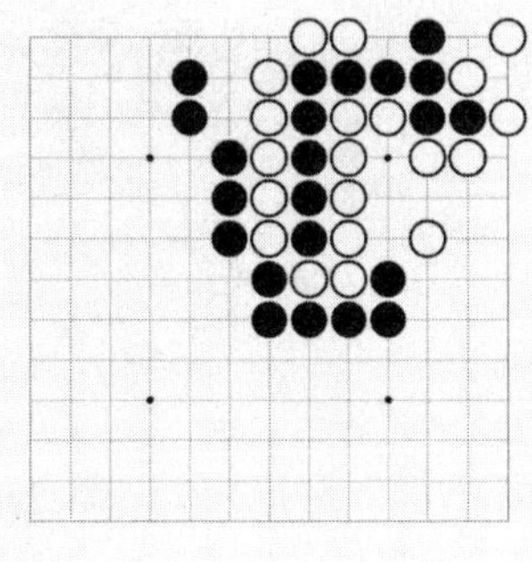

5

扫码看答案

扫码看题

扫码看视频

5.深度拓展

黑白两块棋对杀谁会获胜？

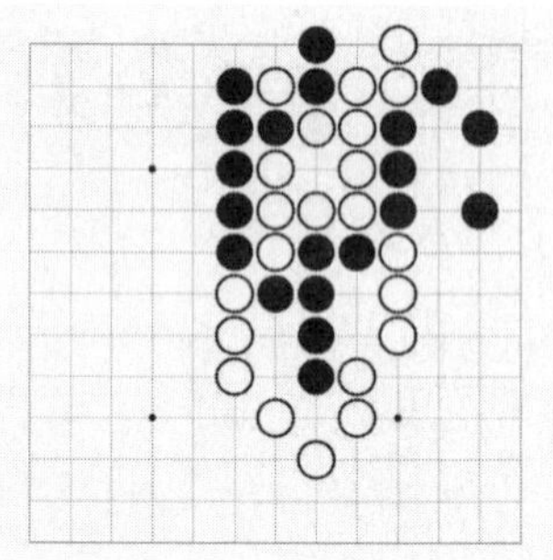

1 黑□白□

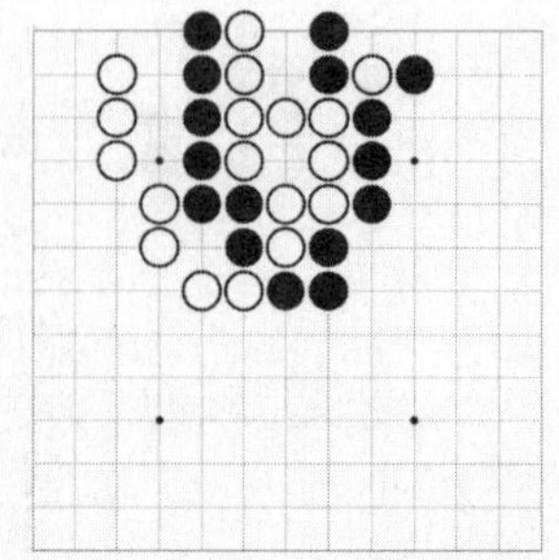

2 黑□白□

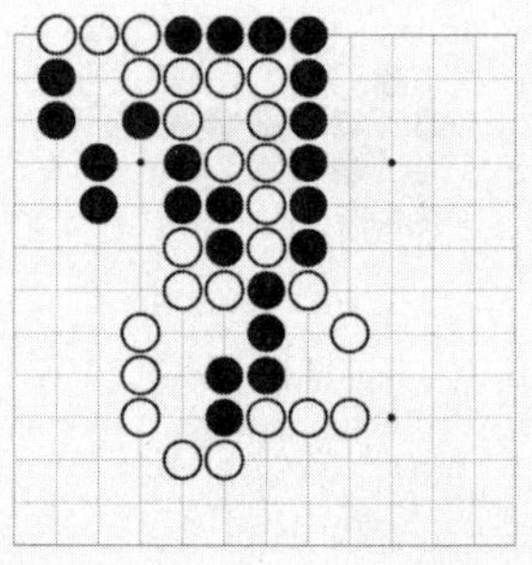

3 黑□白□

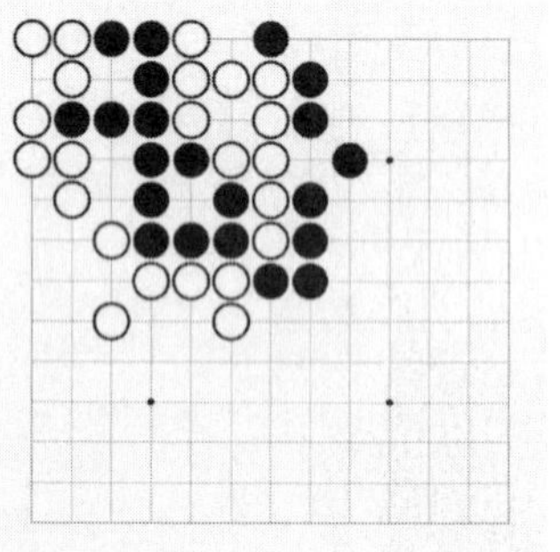

4 黑□白□

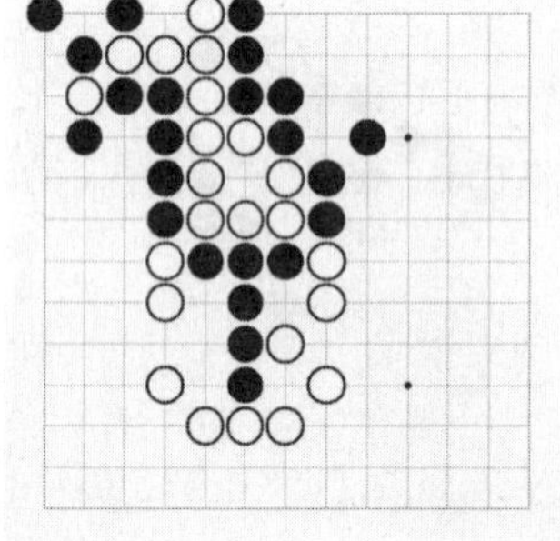

5 黑□白□

黑先，写出对杀的过程。

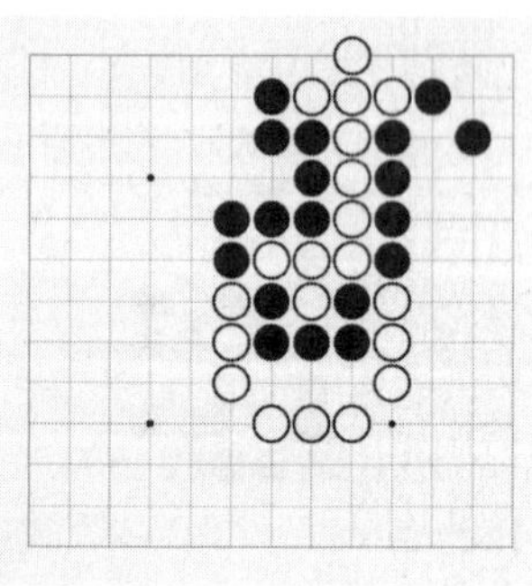

1

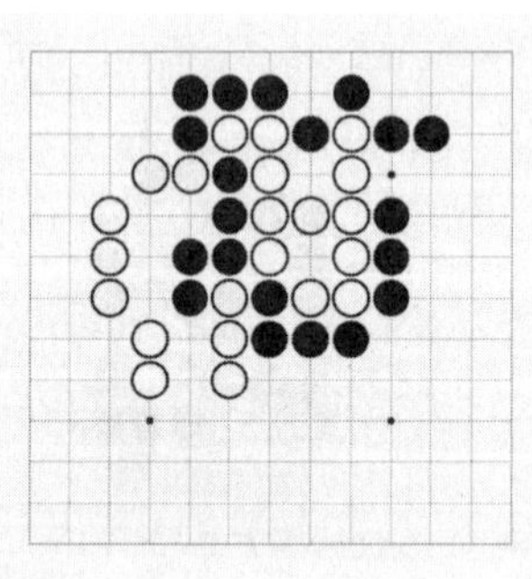

2

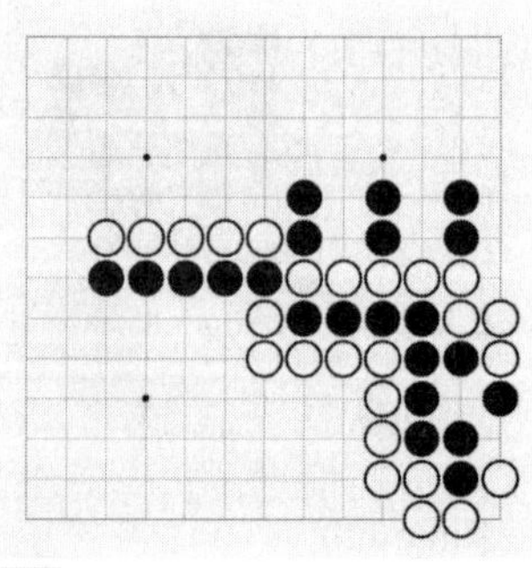

3

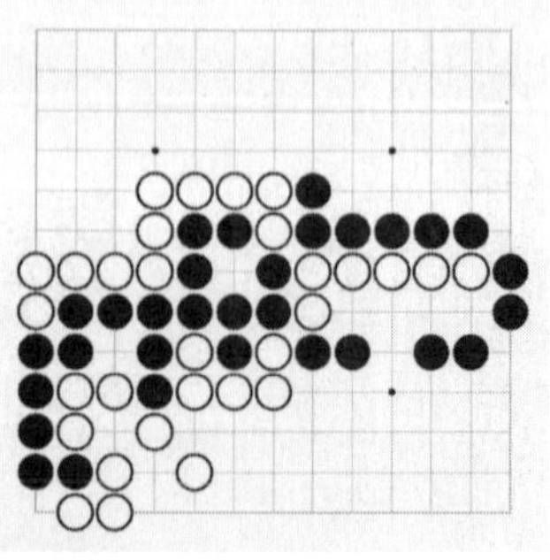

4

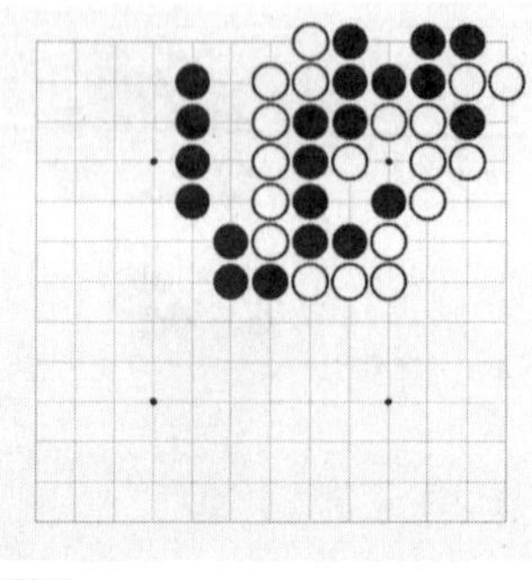

5

扫码看答案

扫码看题

三　公气

1.标记公气

标记出对杀双方的“公气”。

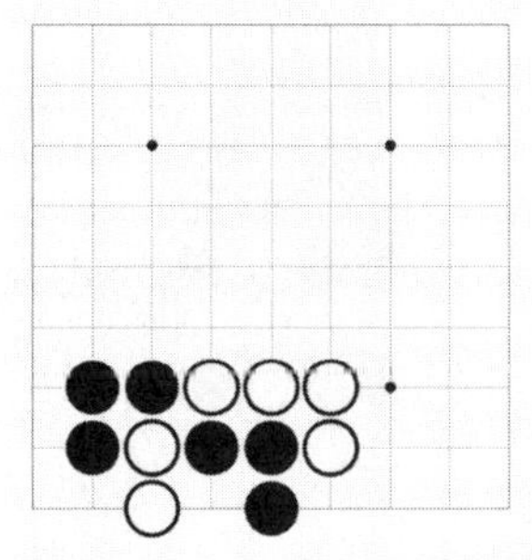

1　（　）

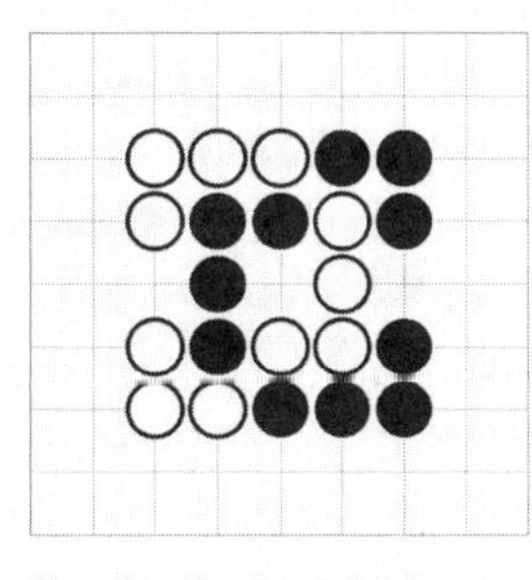

2　（　）

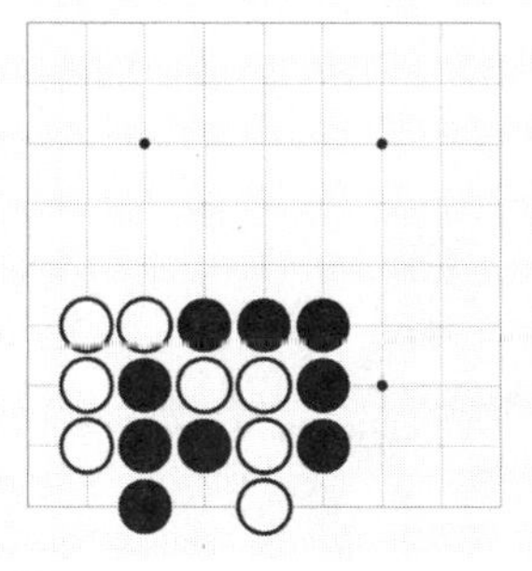

3　（　）

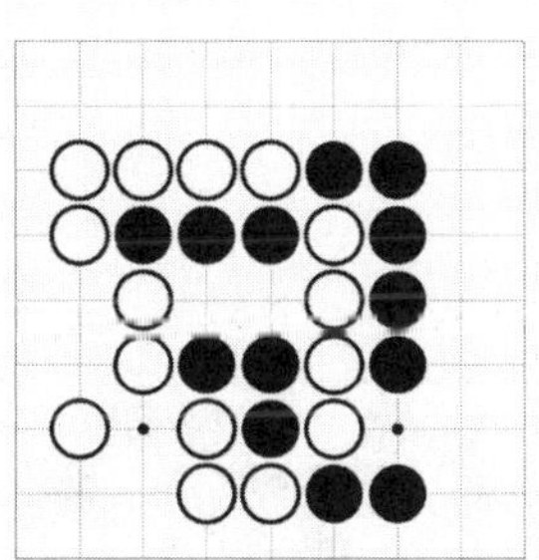

4　（　）

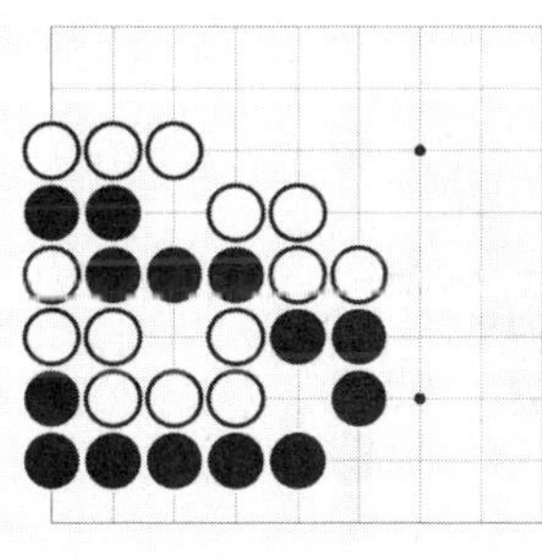

5　（　）

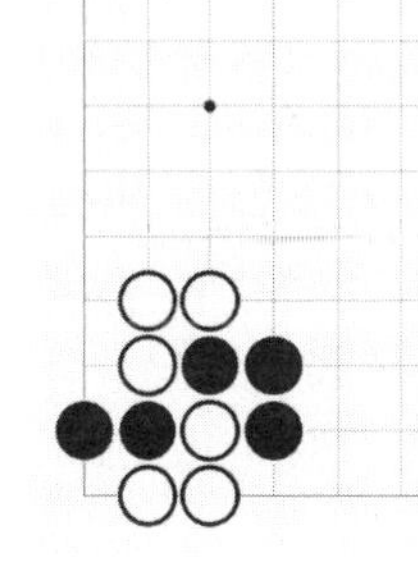

6　（　）

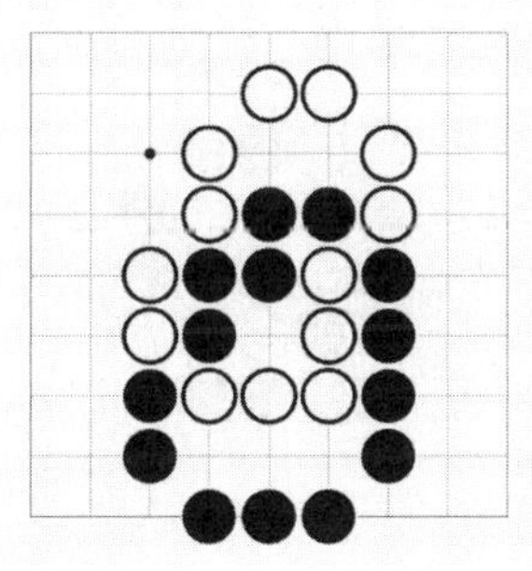

7　（　）

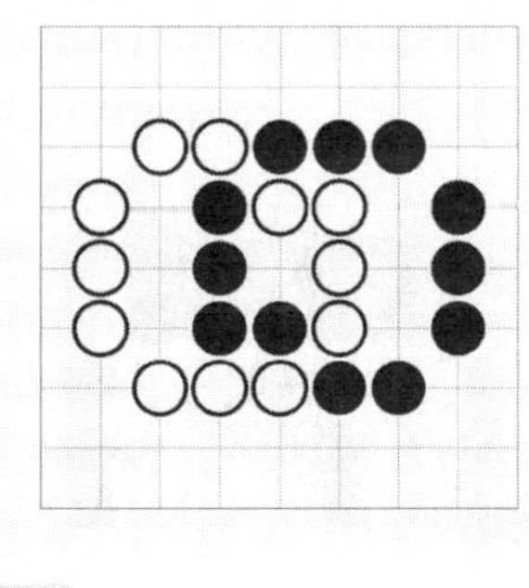

8　（　）

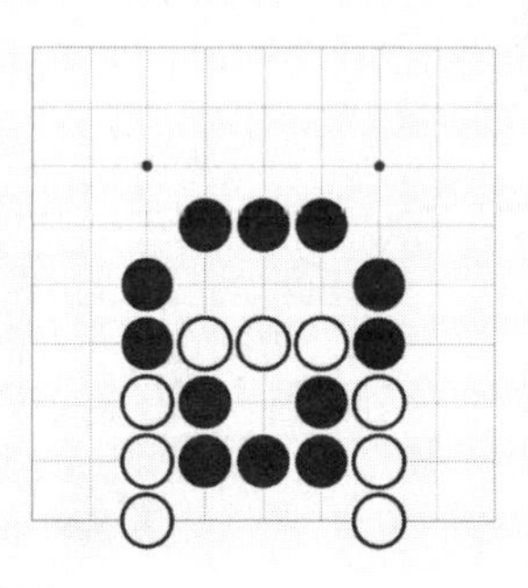

9　（　）

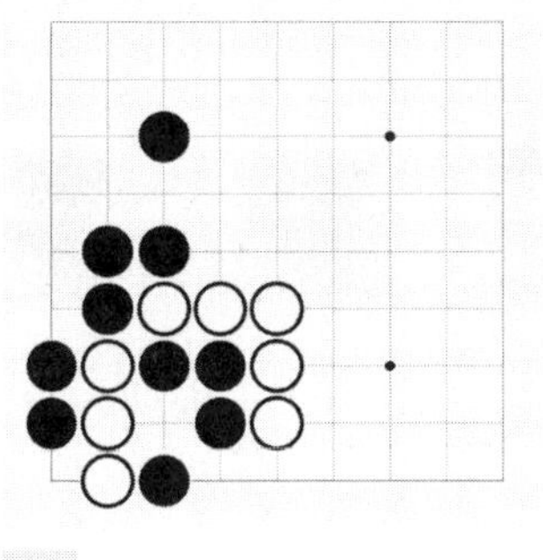

10　（　）

扫码看答案

扫码看题

扫码看视频

2.收气次序

黑先,写出对杀的过程。

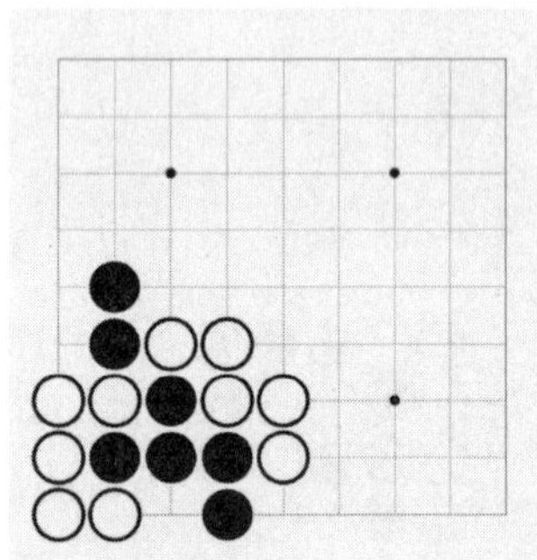
1

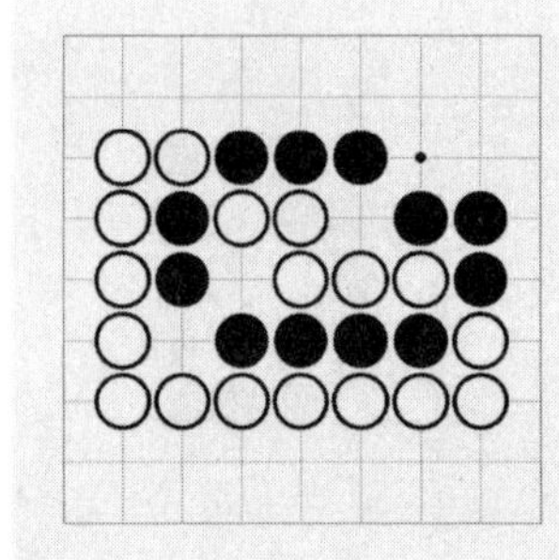
2

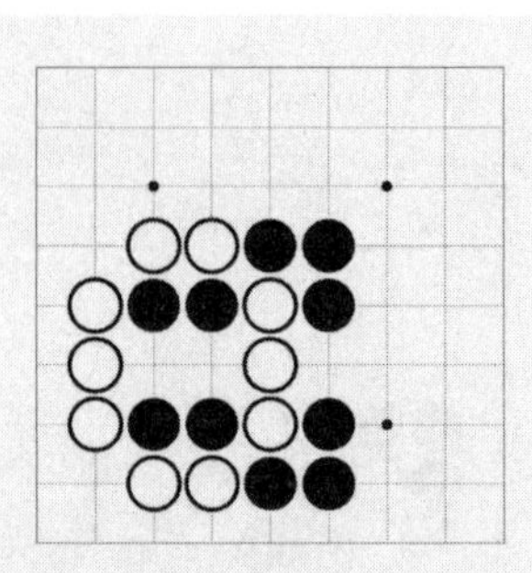
3

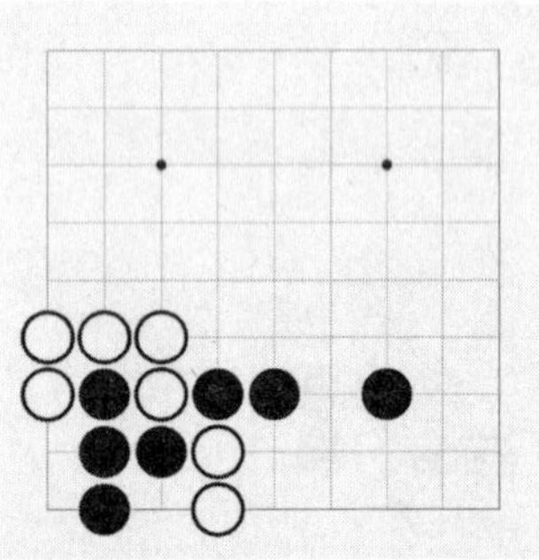
4

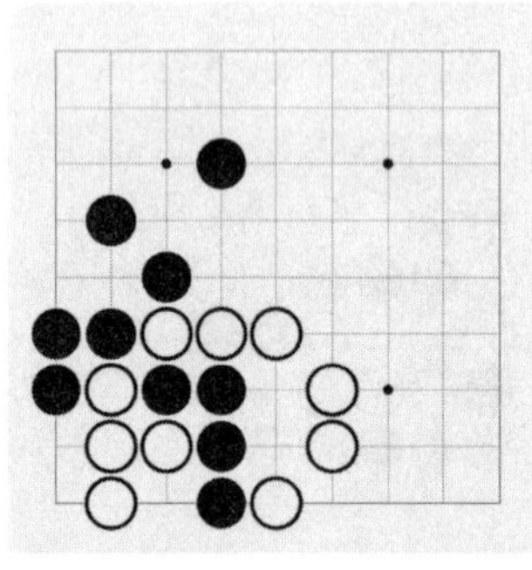
5

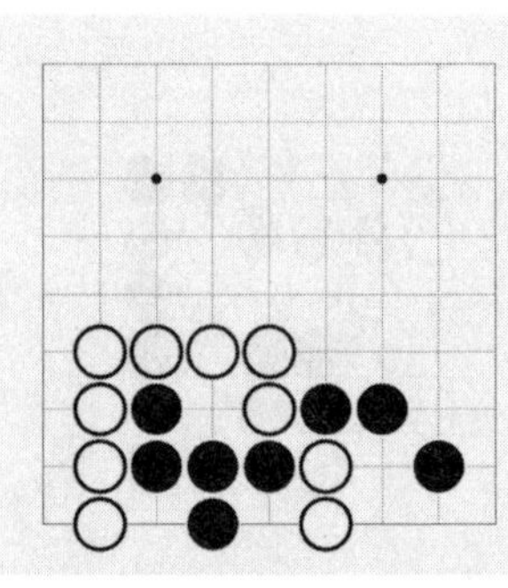
6

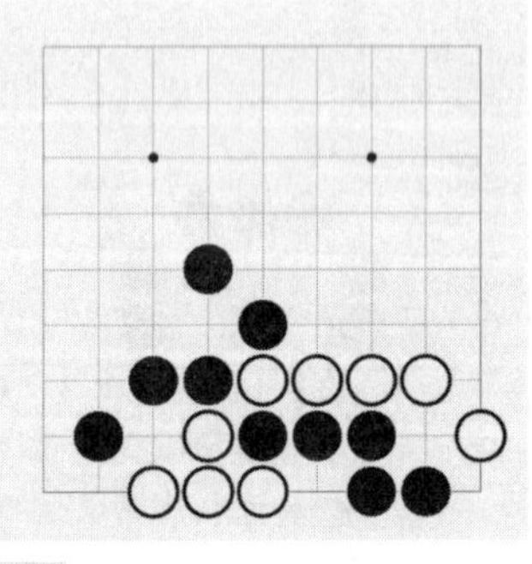
7

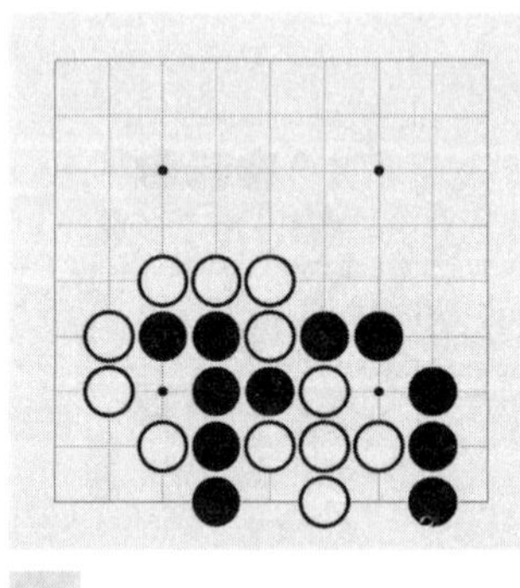
8

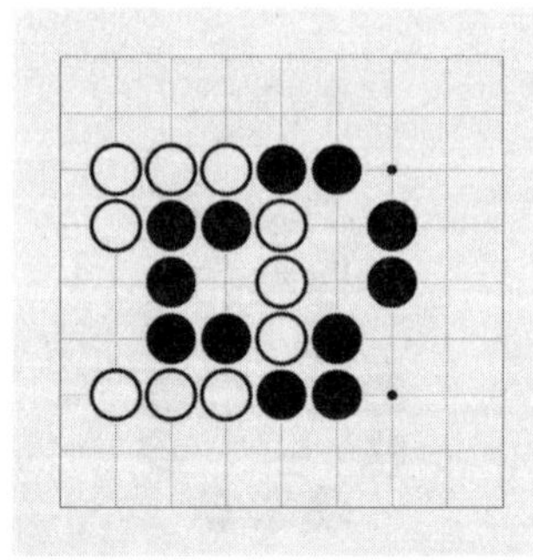
9

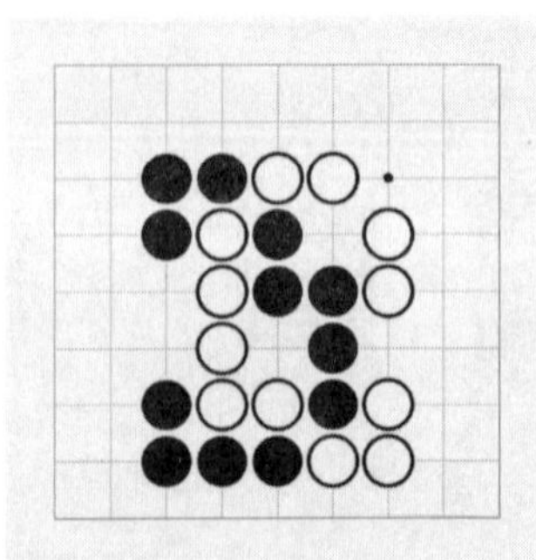
10

扫码看答案

扫码看题

扫码看视频

3.实战运用

标记出对杀双方的“公气”

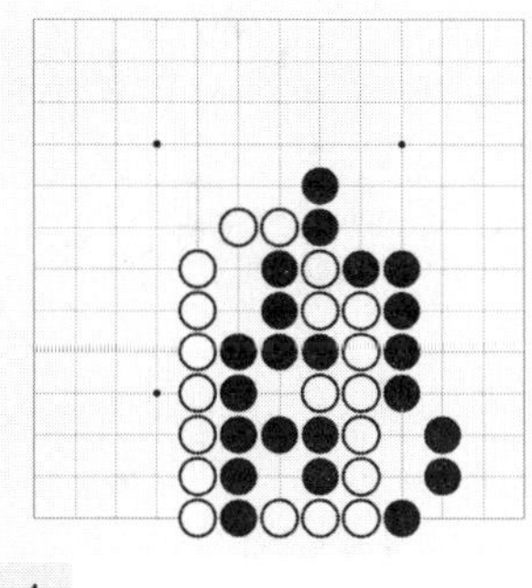

1

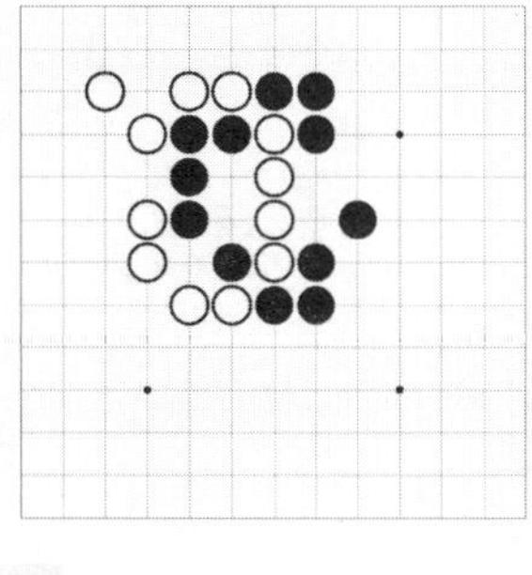

2

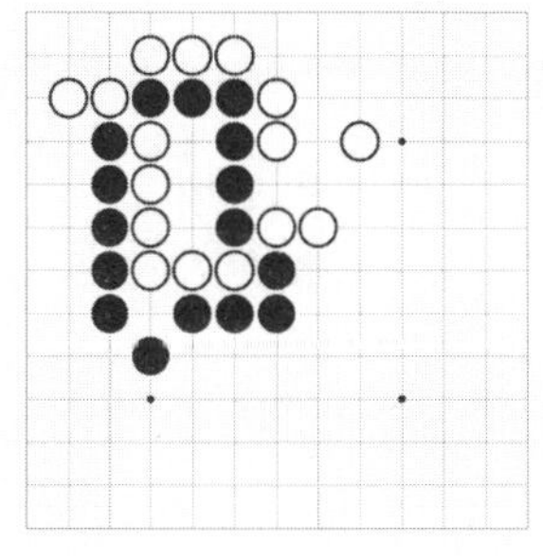

3

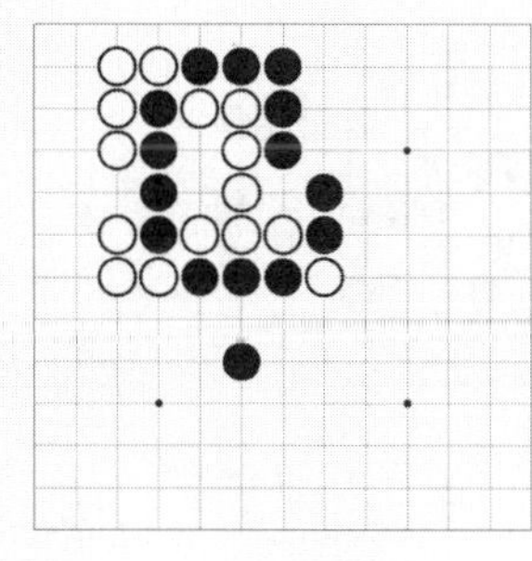

4

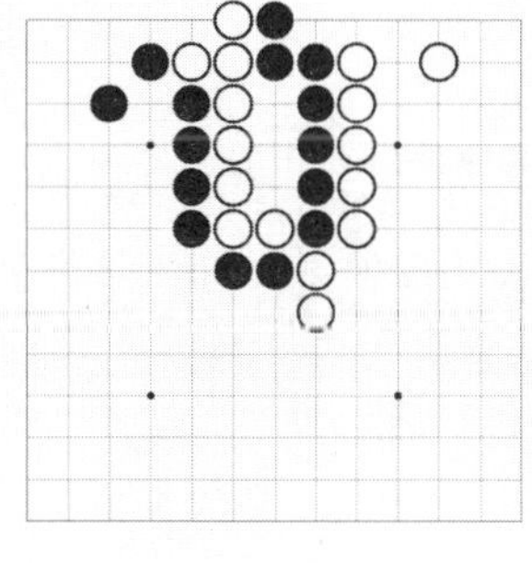

5

黑先，写出对杀的过程。

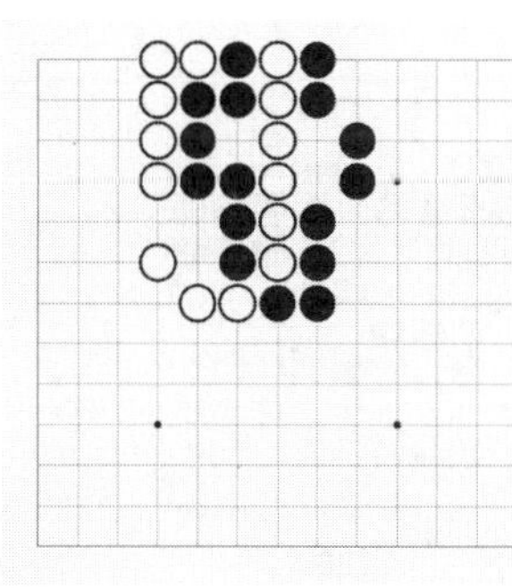

1

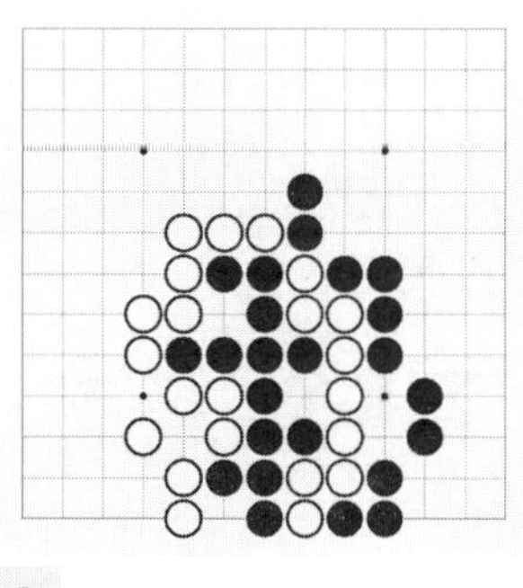

2

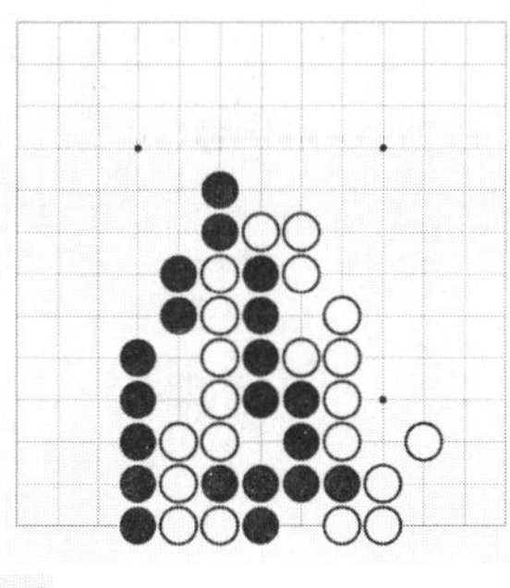

3

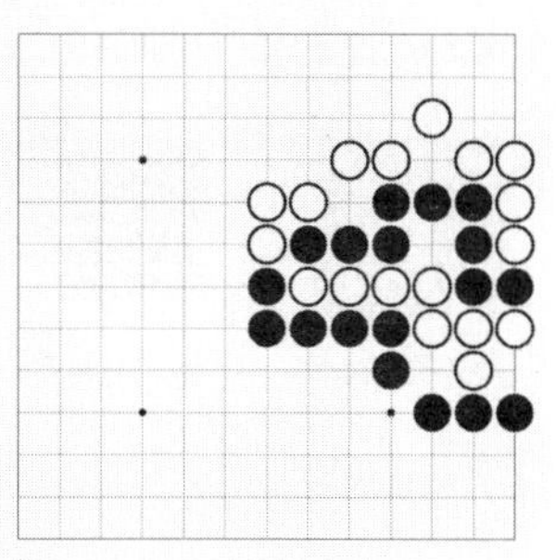

4

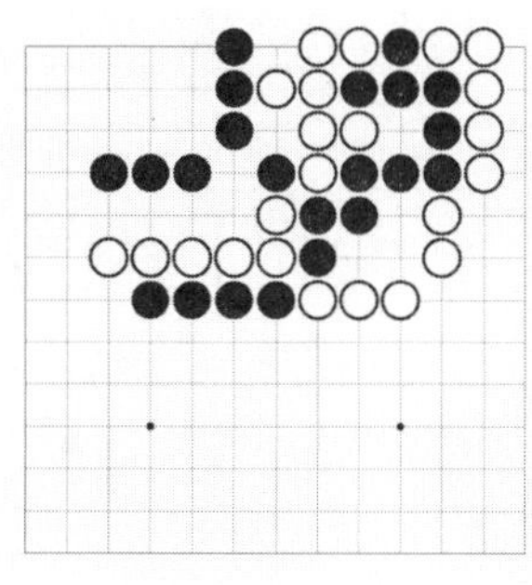

5

扫码看答案

扫码看题

扫码看视频

4.深度拓展

黑先，写出对杀的过程。

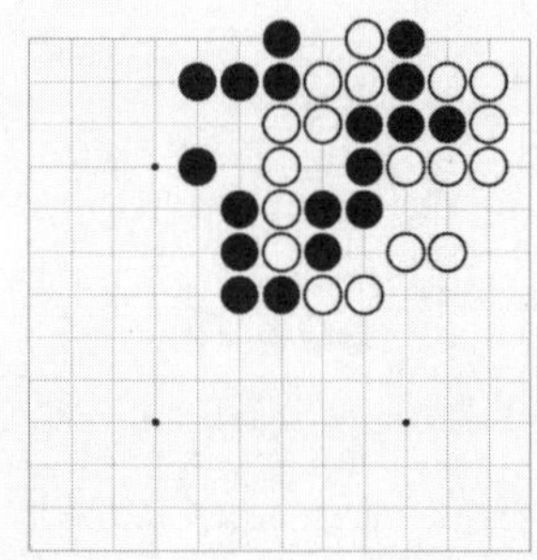

1

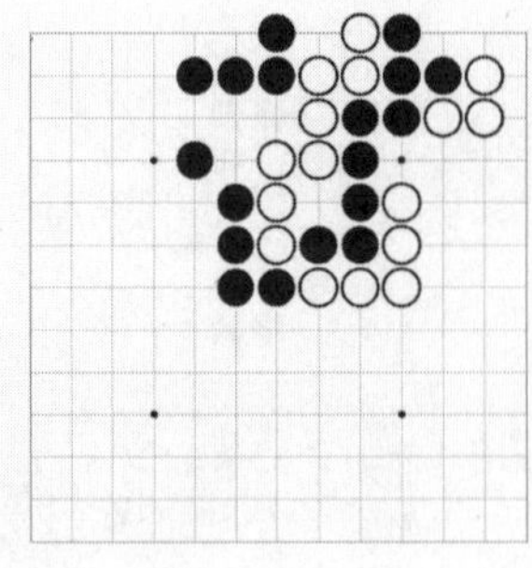

2

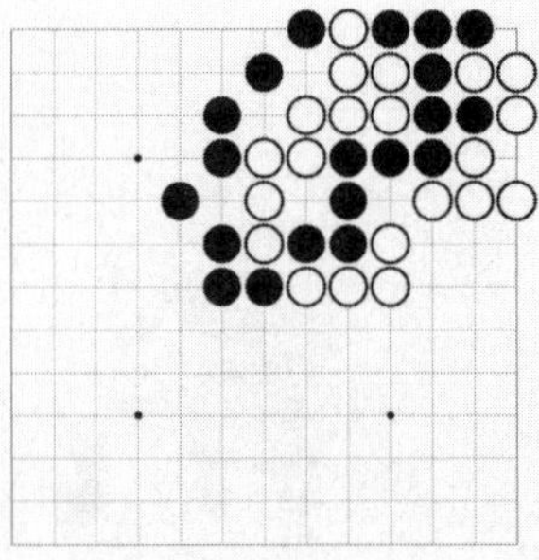

3

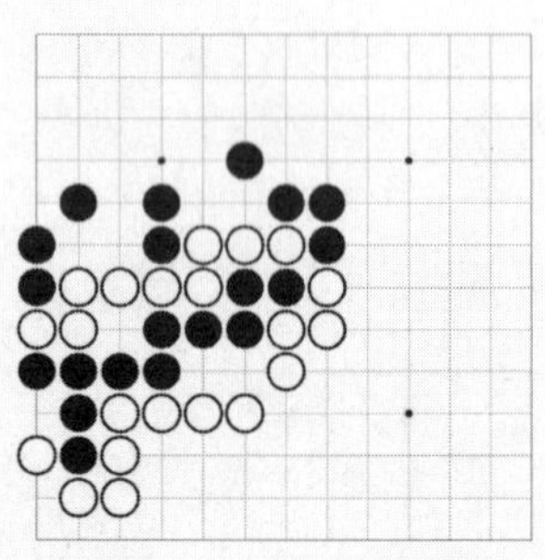

4

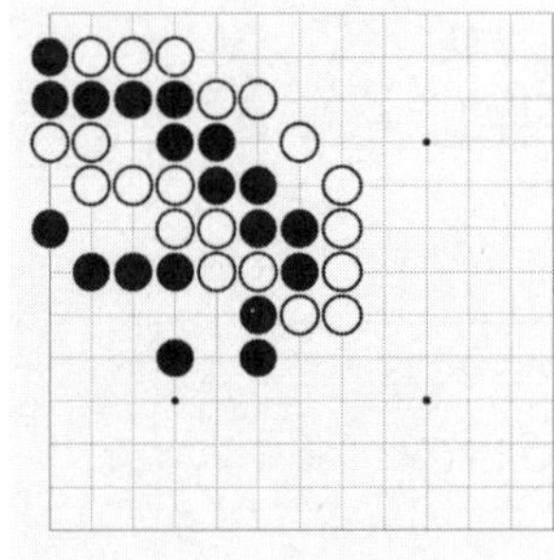

5

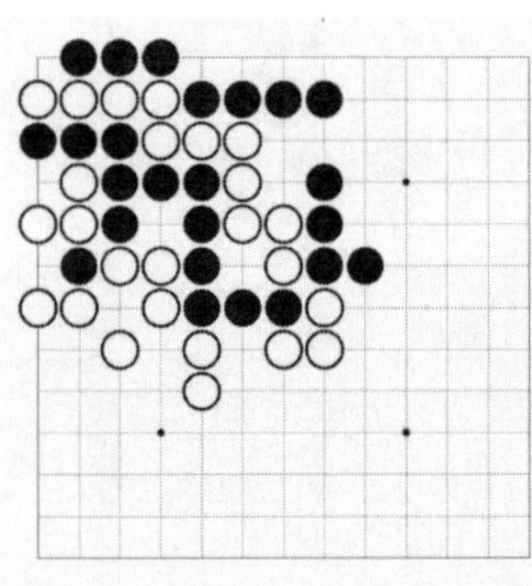

6

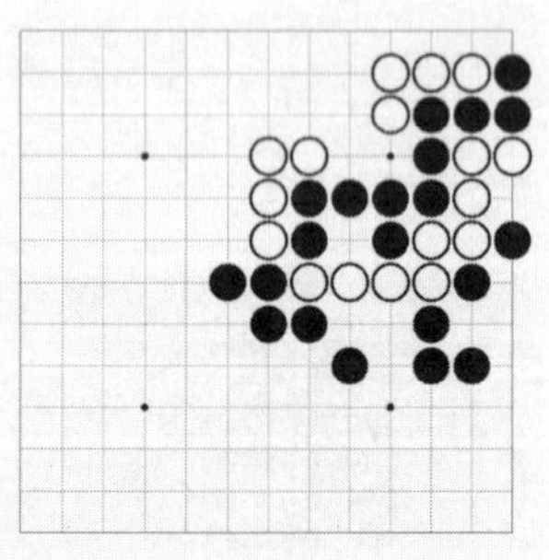

7

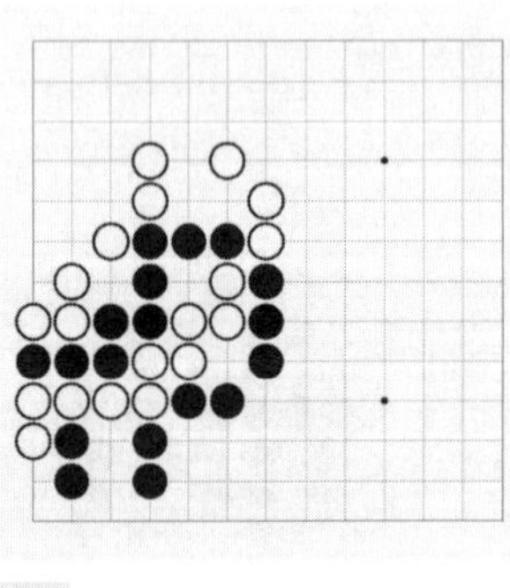

8

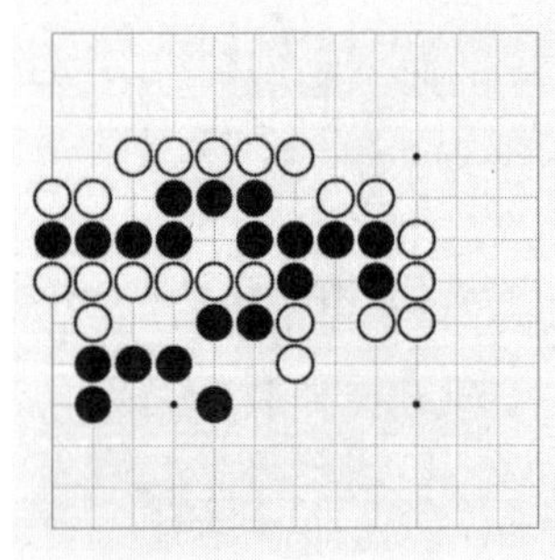

9

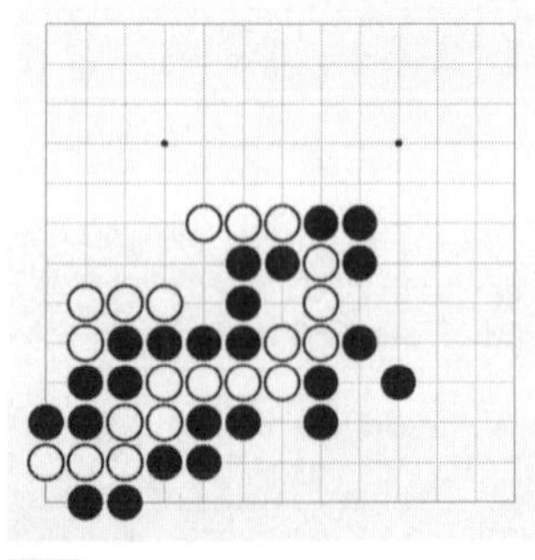

10

扫码看答案

扫码看题

四 对杀双活(无眼)

1.双活判断

此处对杀的结果是不是双活？是√,不是× 。

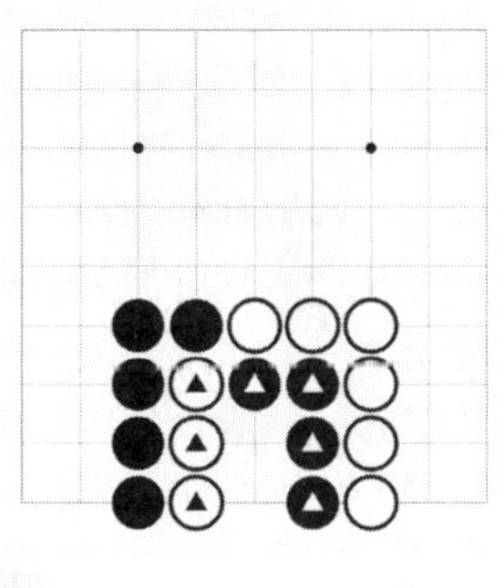

1 （ ）

2 （ ）

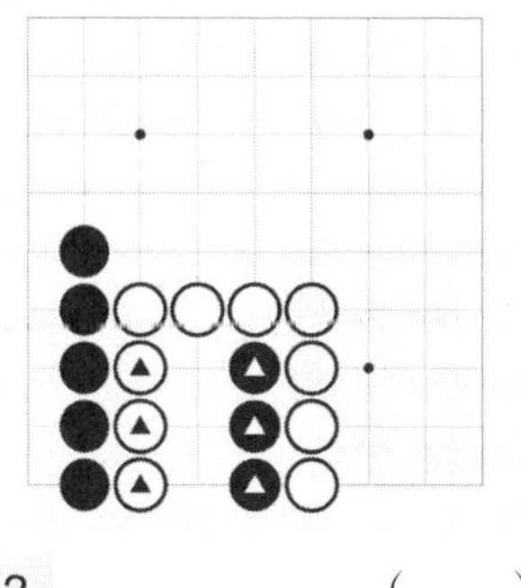

3 （ ）

4 （ ）

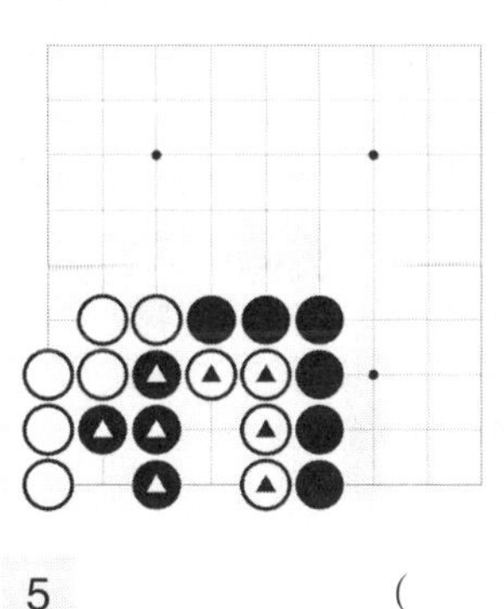

5 （ ）

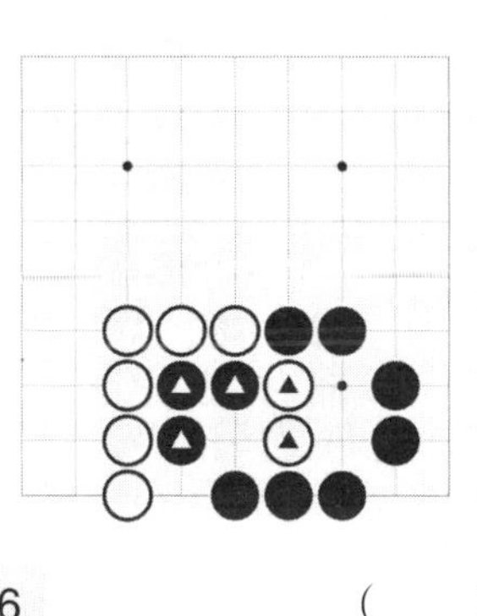

6 （ ）

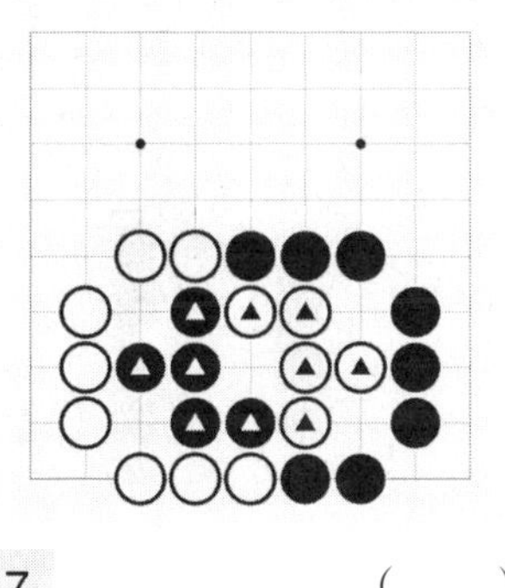

7 （ ）

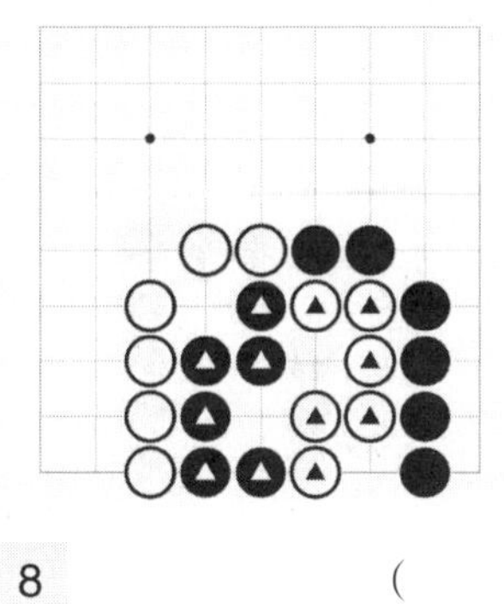

8 （ ）

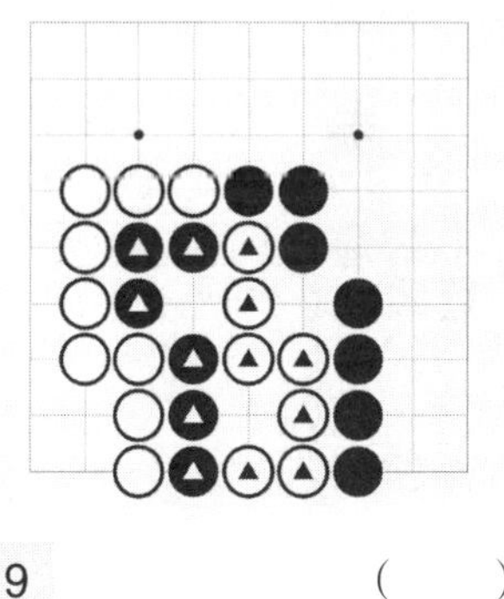

9 （ ）

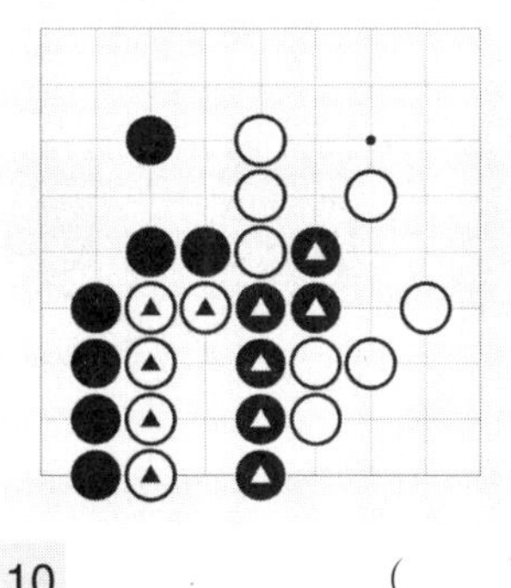

10 （ ）

扫码看答案

扫码看题

扫码看视频

2. 构建双活

黑先，写出形成双活的过程 。

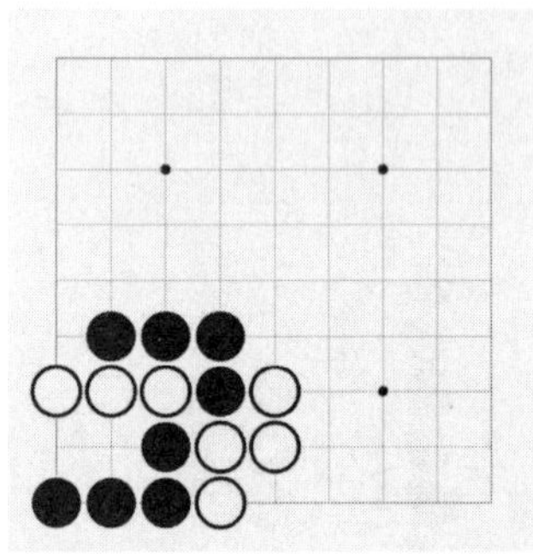

1

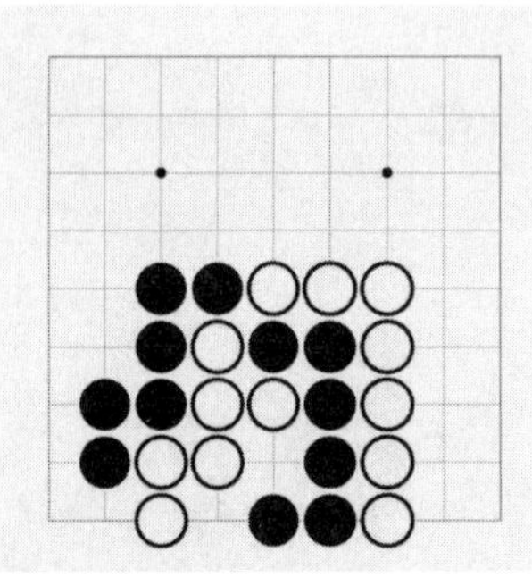

2

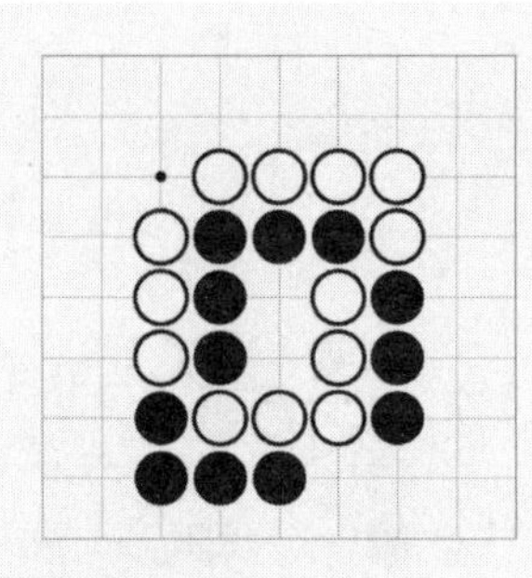

3

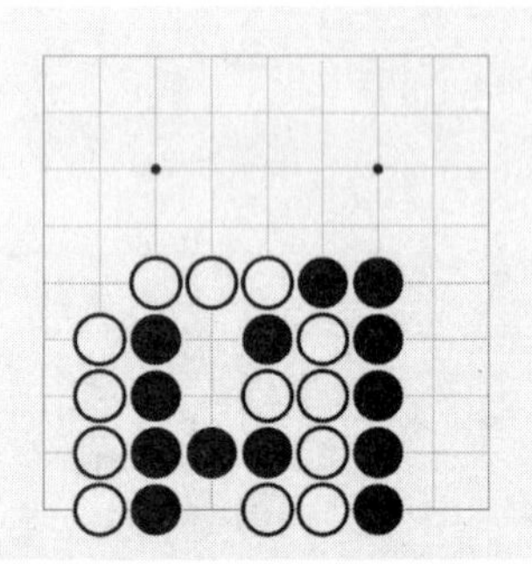

4

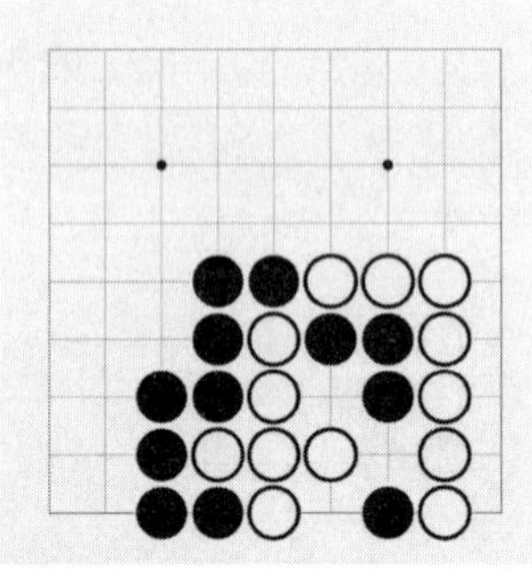

5

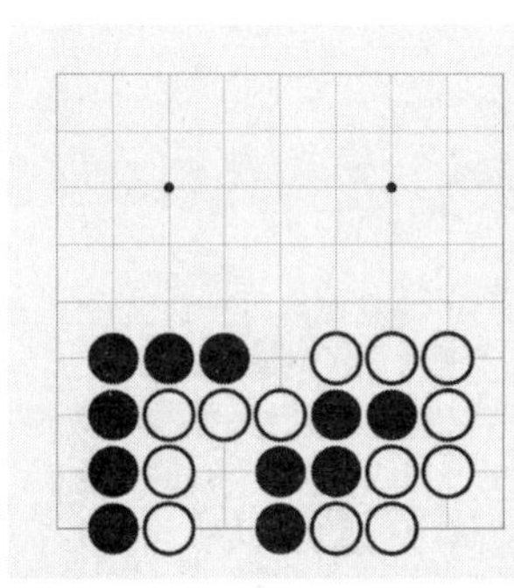

6

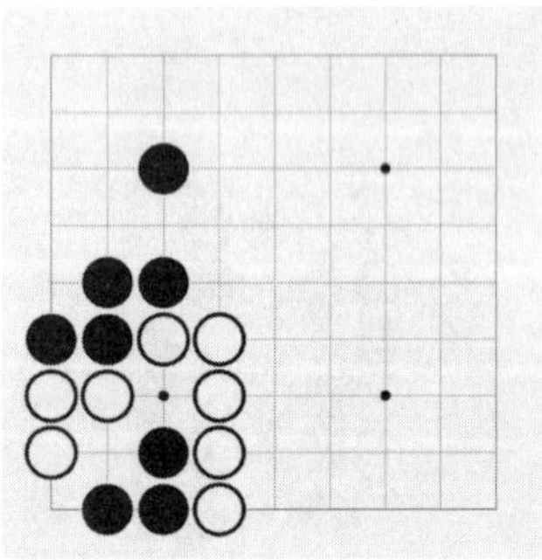

7

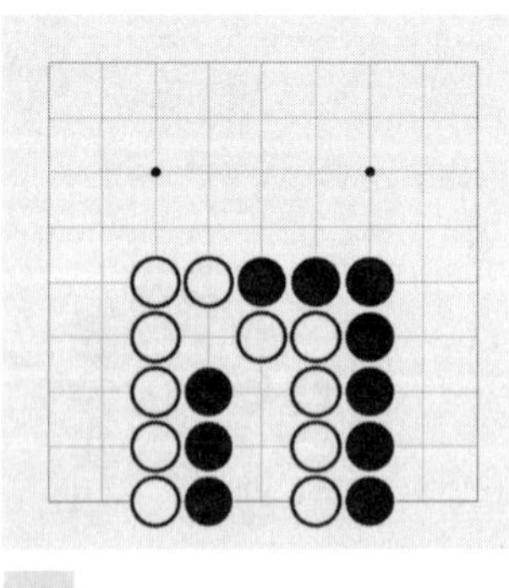

8

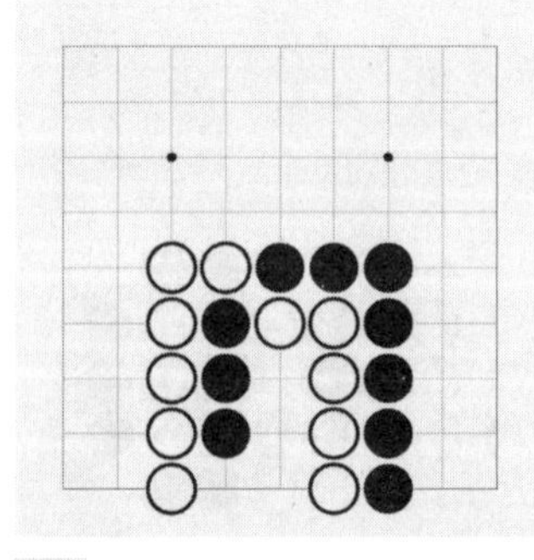

9

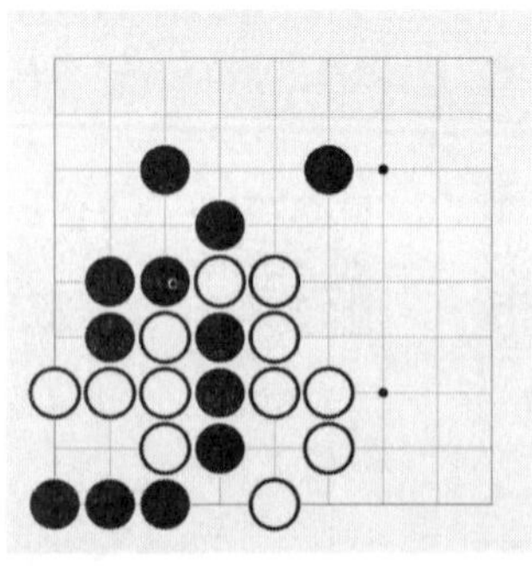

10

扫码看答案

扫码看题

扫码看视频

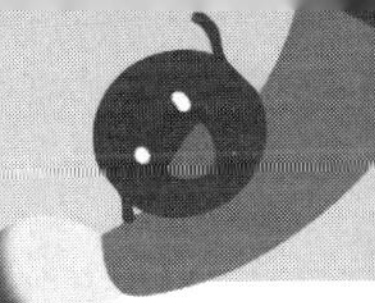

3. 实战运用

此处对杀的结果是不是双活？是√，不是× 。

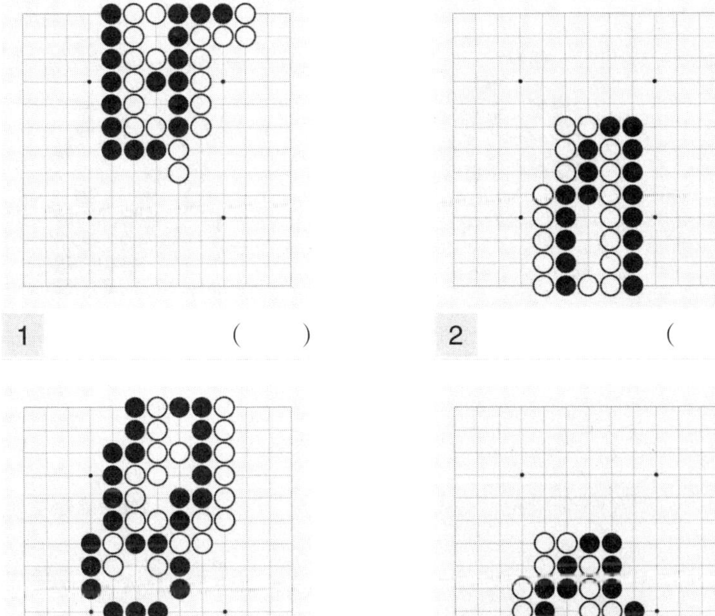

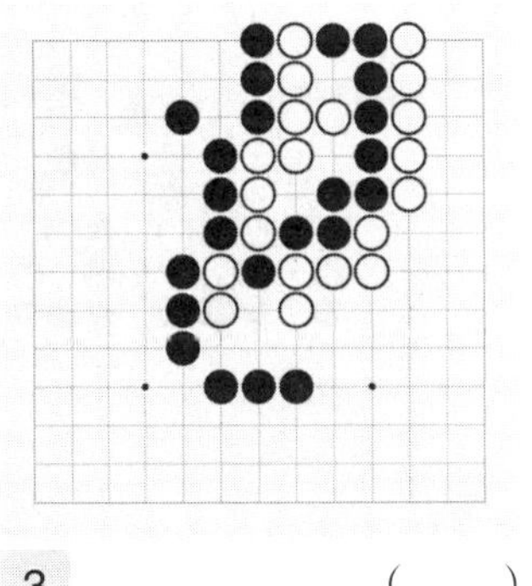

1 （　　）

2 （　　）

3 （　　）

4 （　　）

5 （　　）

黑先，写出形成双活的过程。

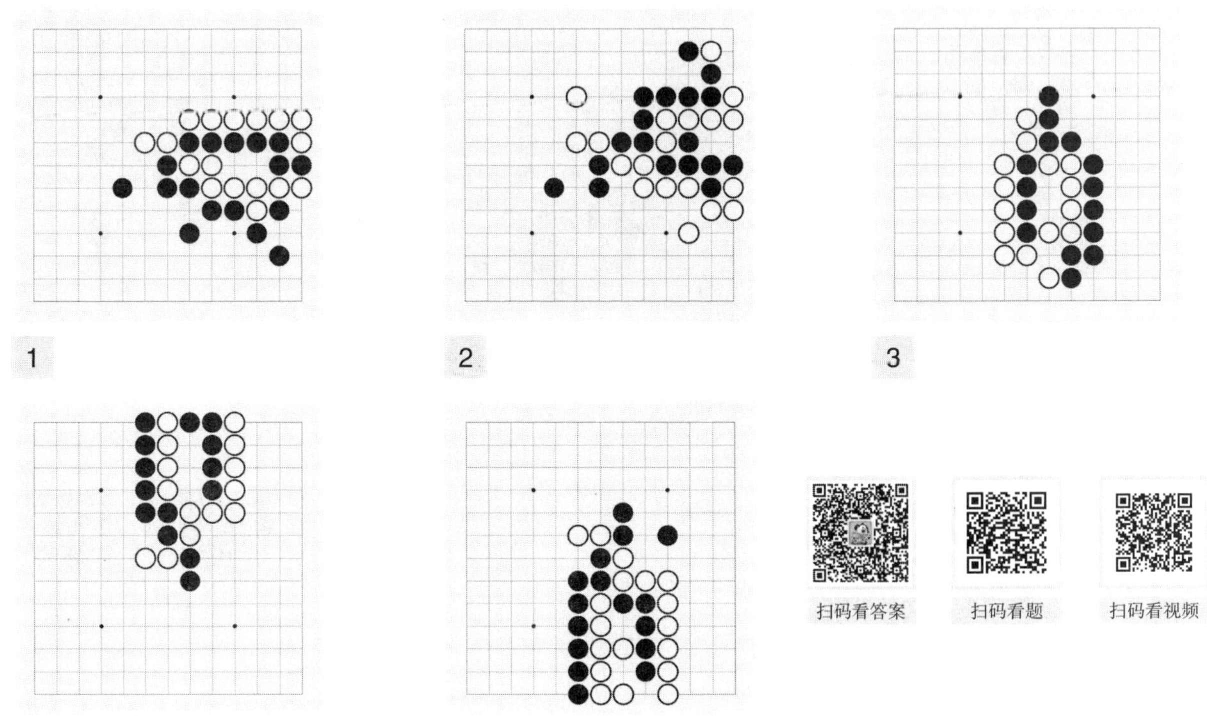

1

2

3

4

5

扫码看答案　扫码看题　扫码看视频

4.深度拓展

黑先，写出形成双活的过程。

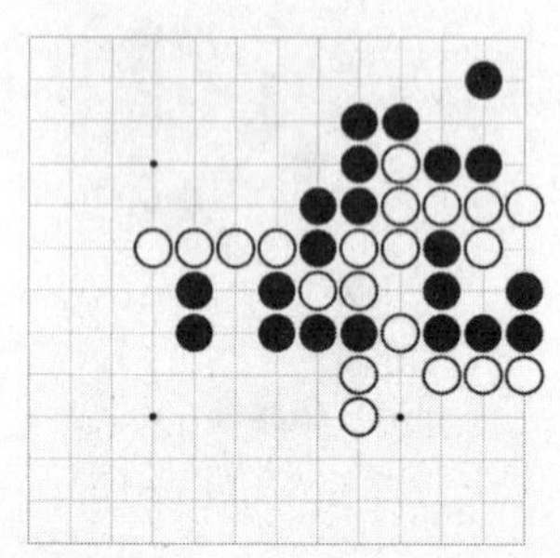

1

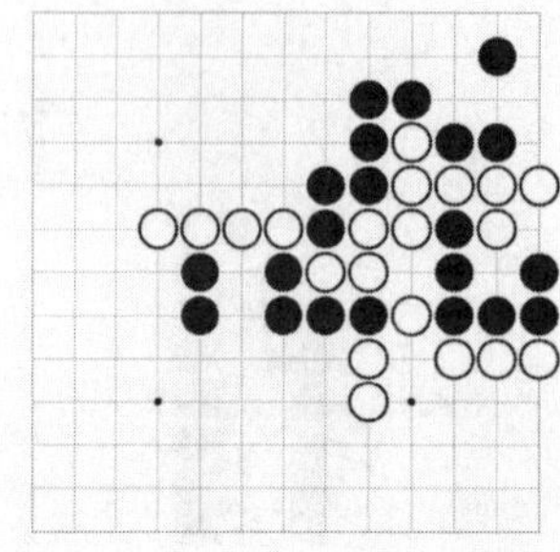

2

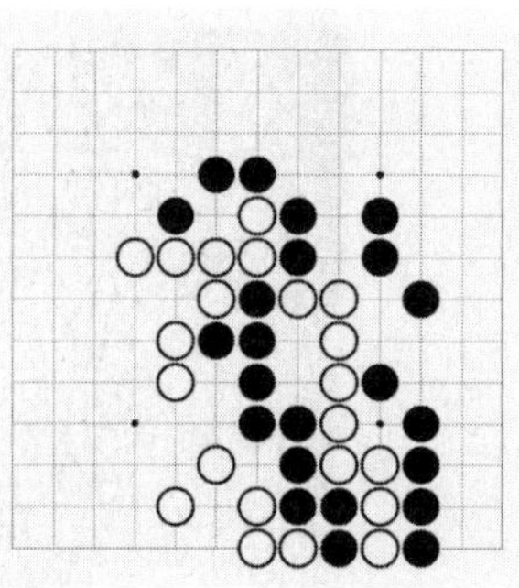

3

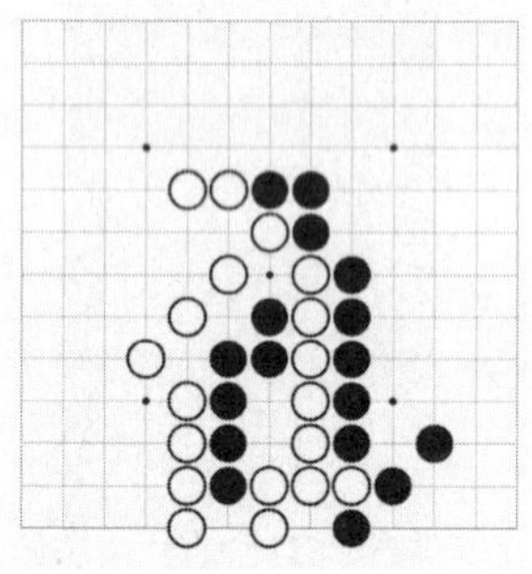

4

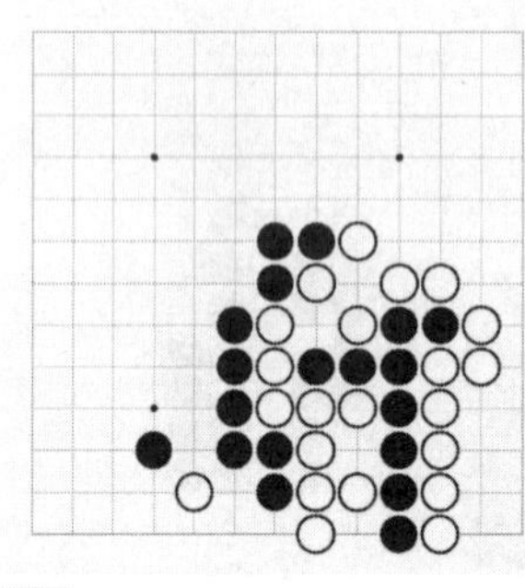

5

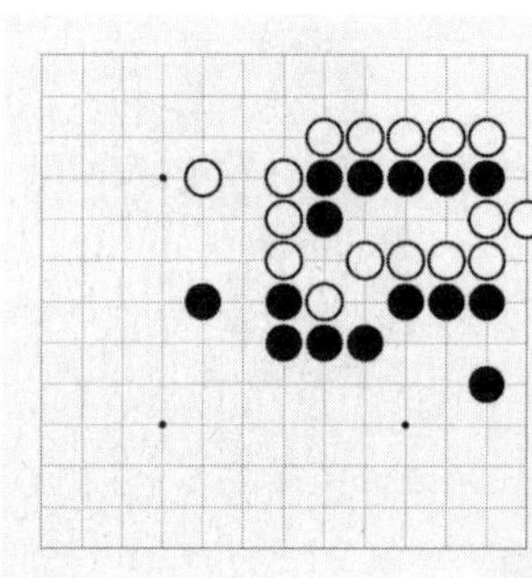

6

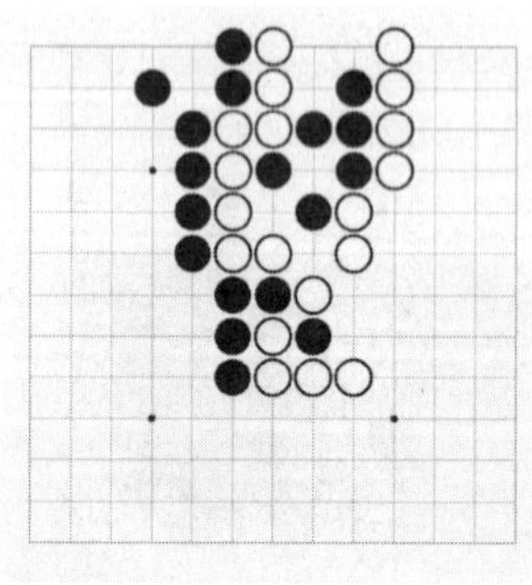

7

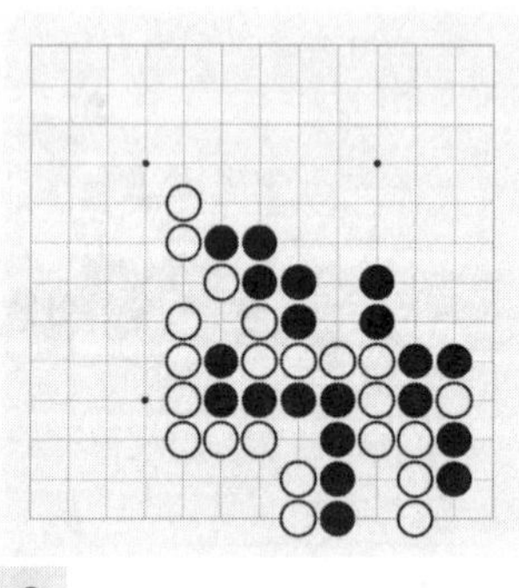

8

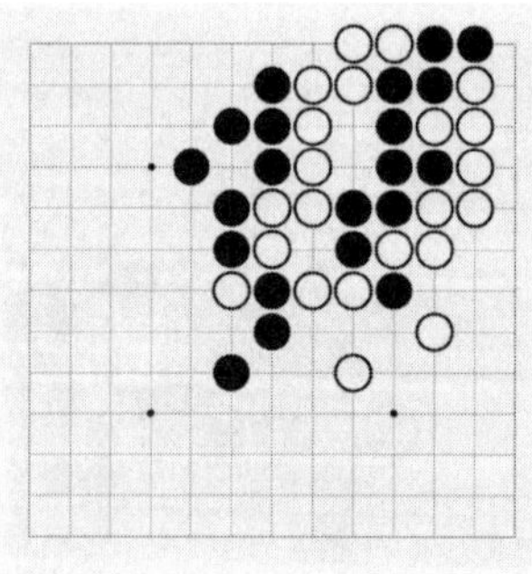

9

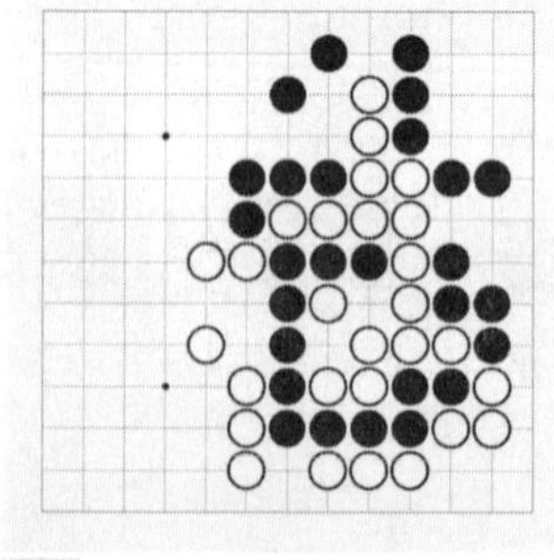

10

扫码看答案

扫码看题

五　第一单元复习

1. 综合练习(一)

黑先，写出对杀的过程。

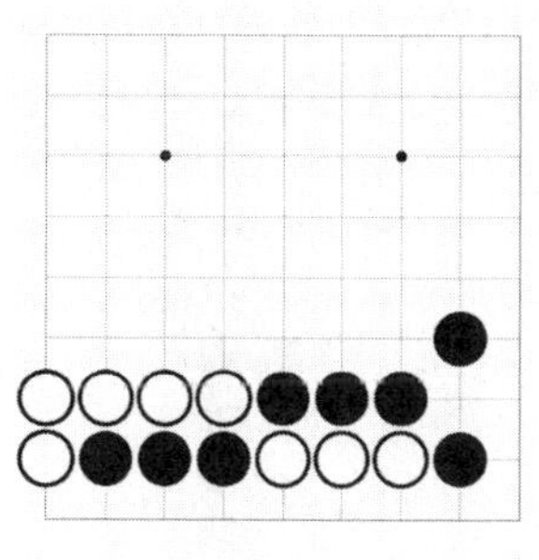

1

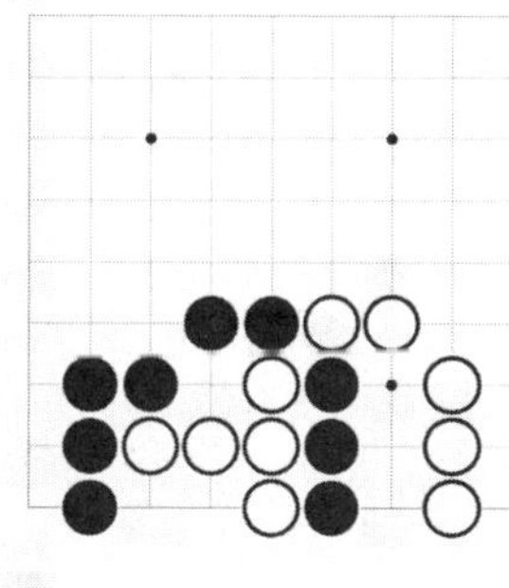

2

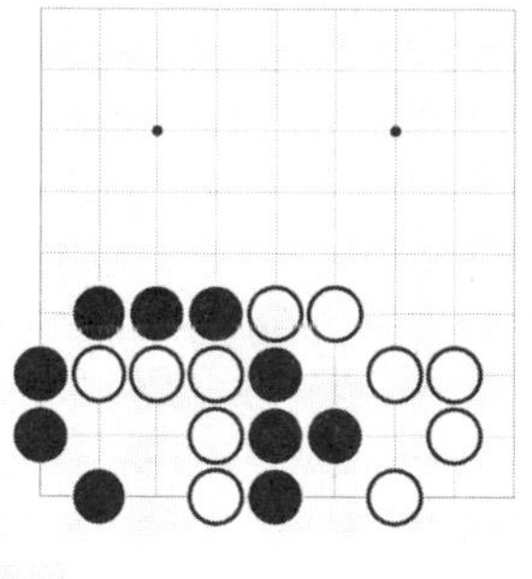

3

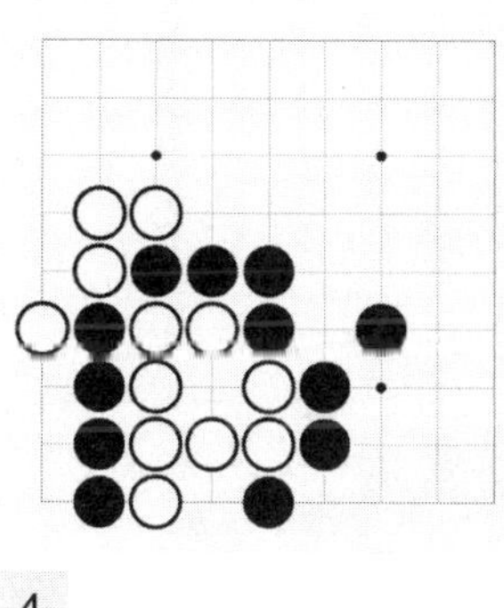

4

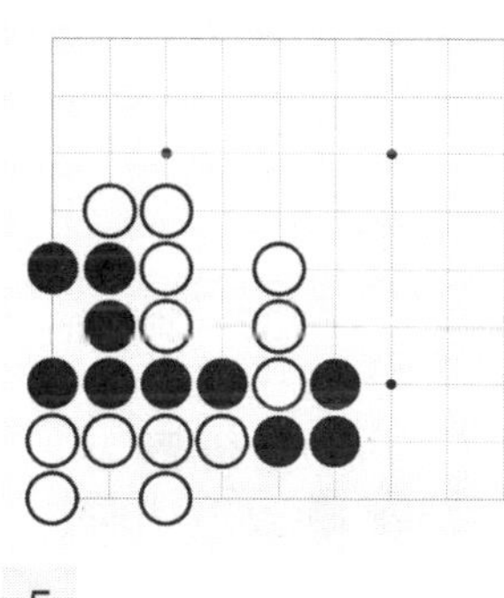

5

此处对杀的结果是不是双活？是√，不是×。

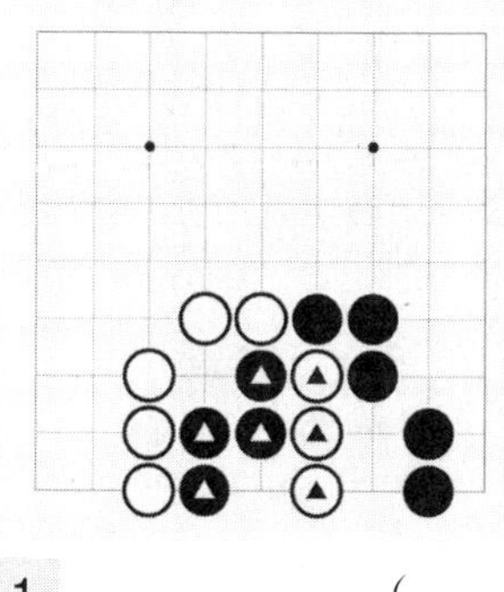

1　　　　（　　）

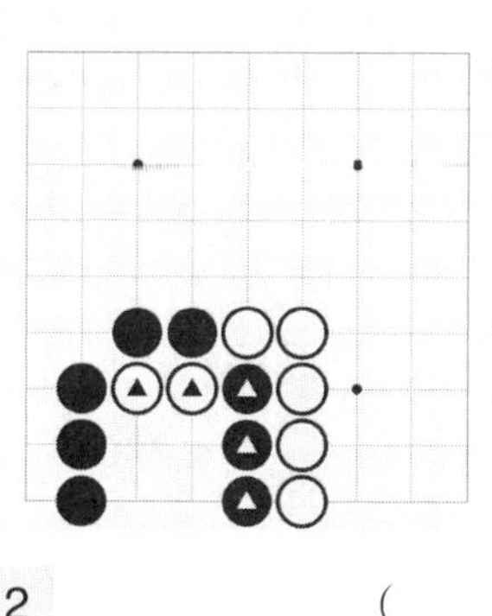

2　　　　（　　）

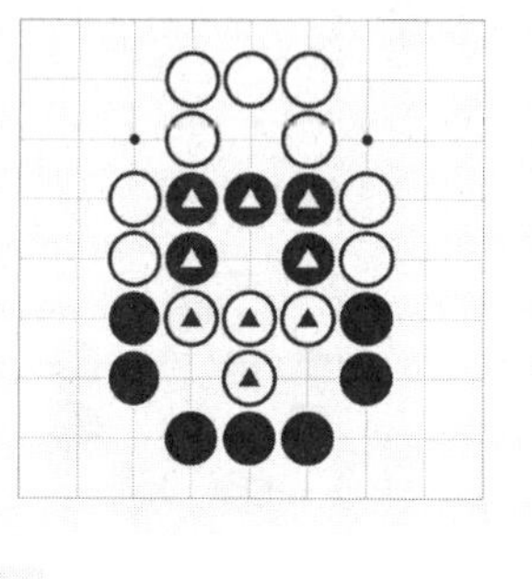

3　　　　（　　）

4　　　　（　　）

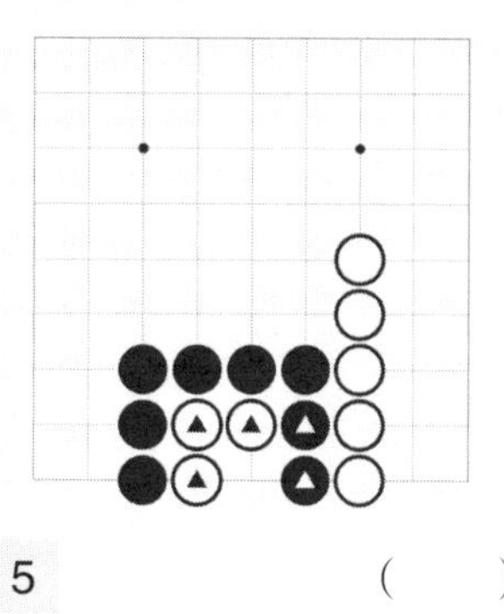

5　　　　（　　）

扫码看答案

扫码看题

2.综合练习(二)

黑先,写出对杀的进程。

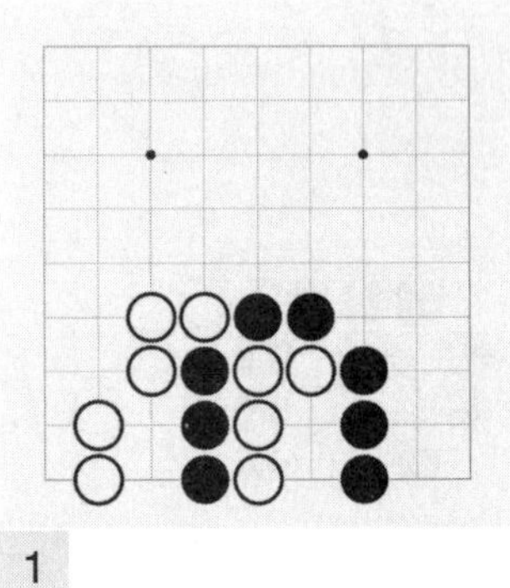

1

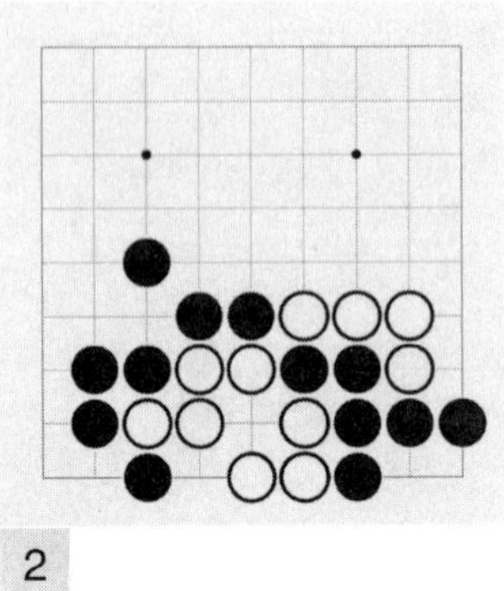

2

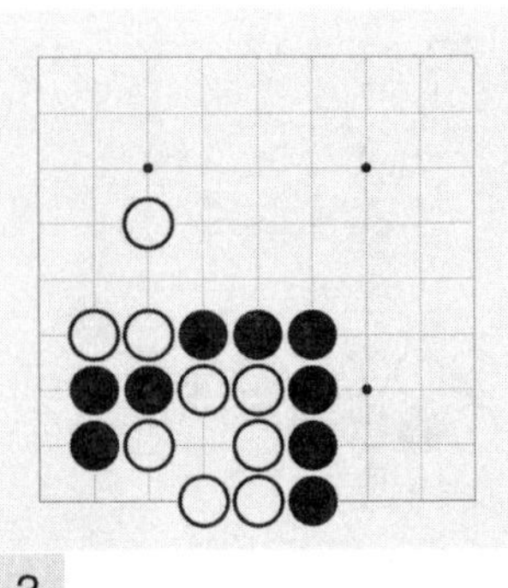

3

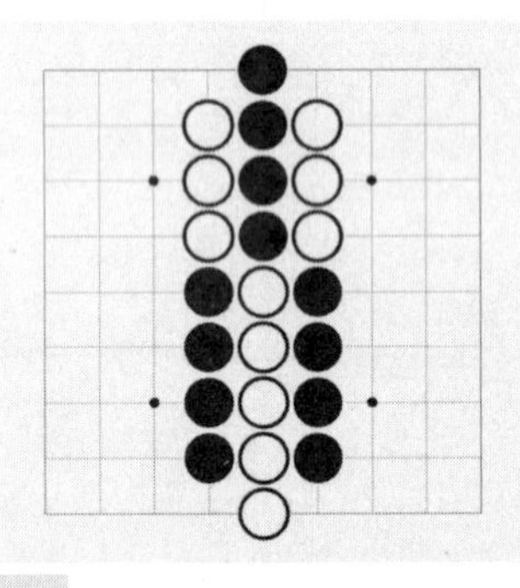

4

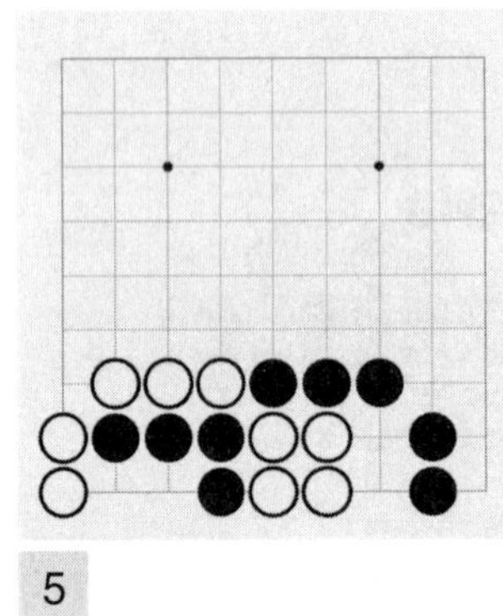

5

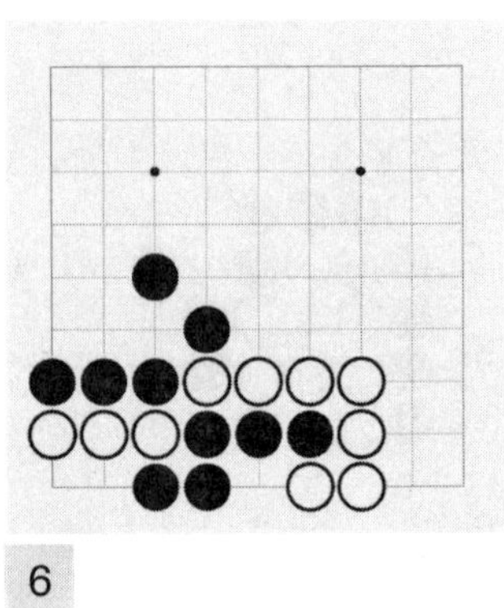

6

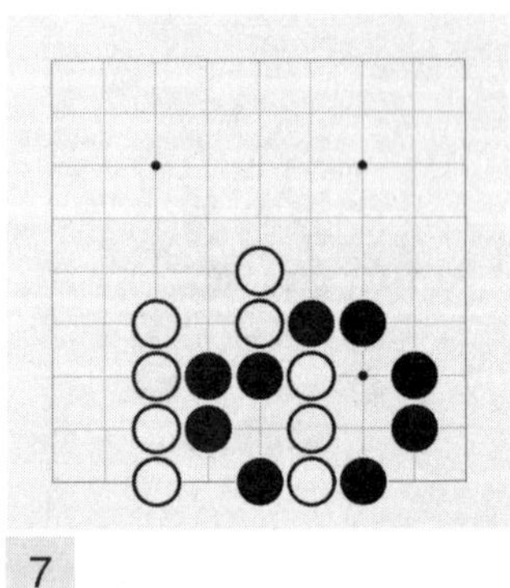

7

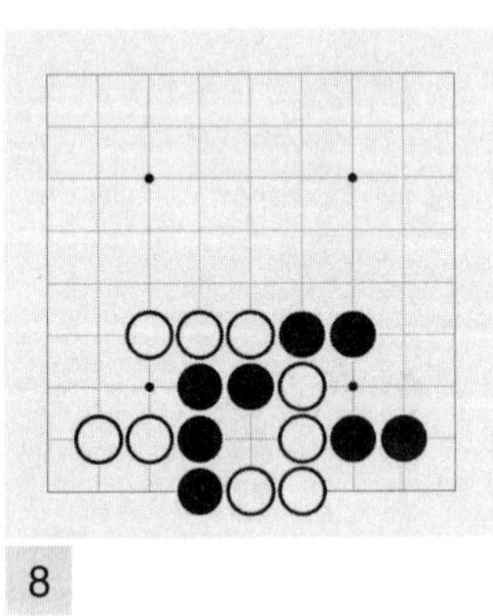

8

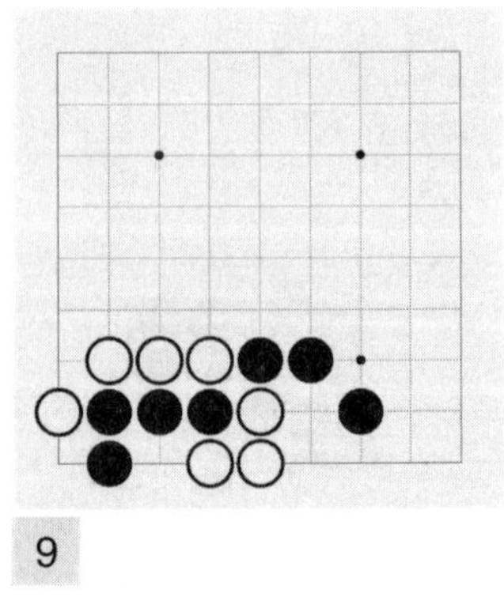

9

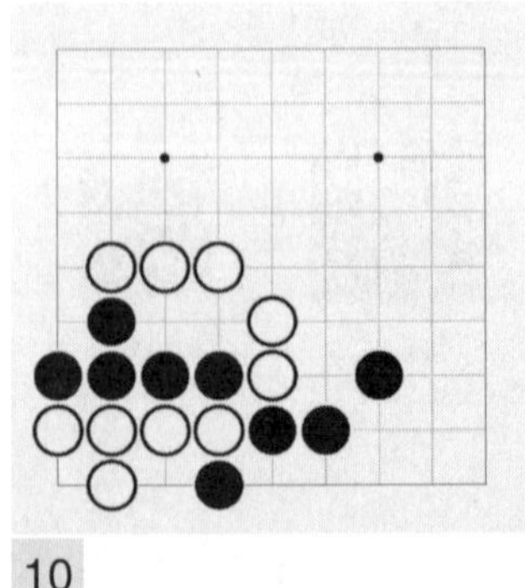

10

扫码看答案

扫码看题

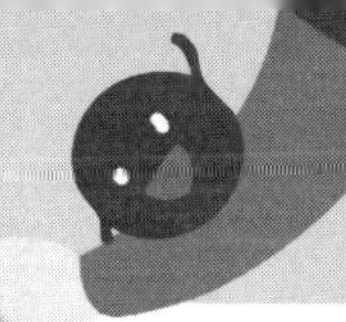

3.实战运用

黑先，写出对杀的过程。

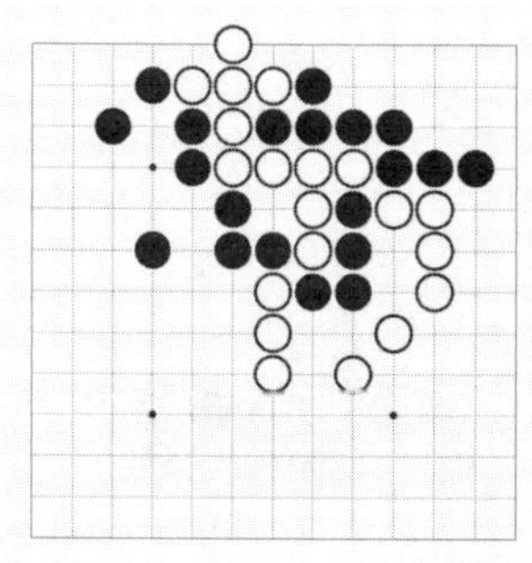

1

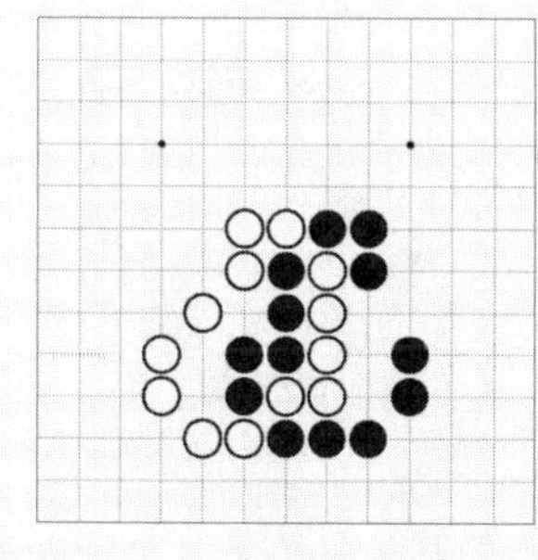

2

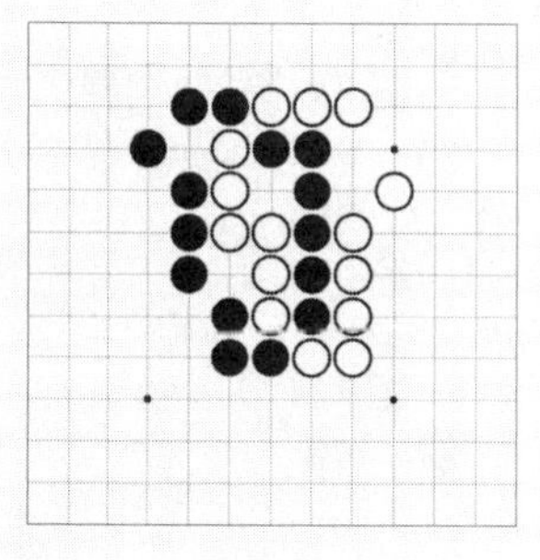

3

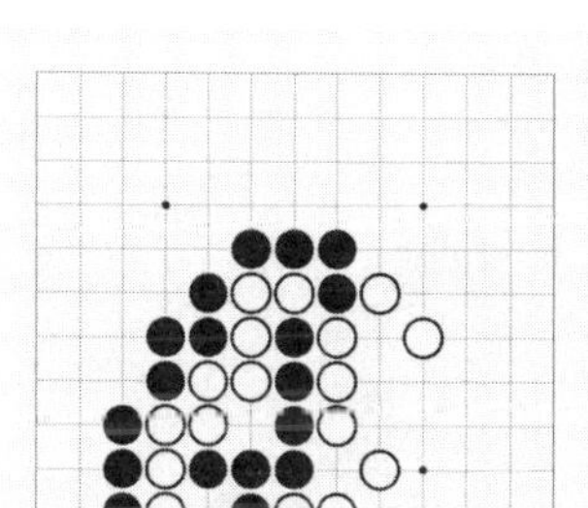

4

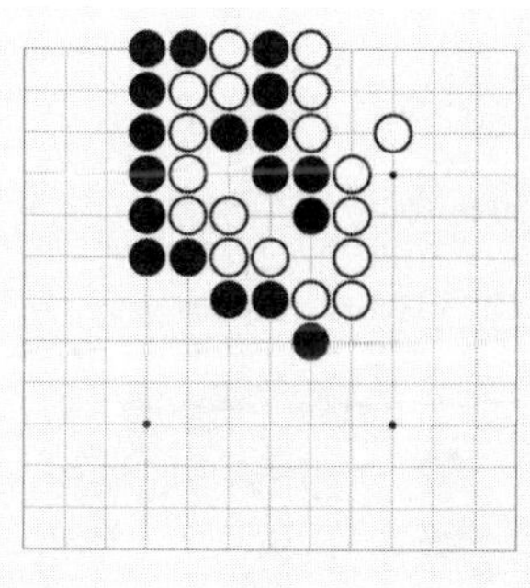

5

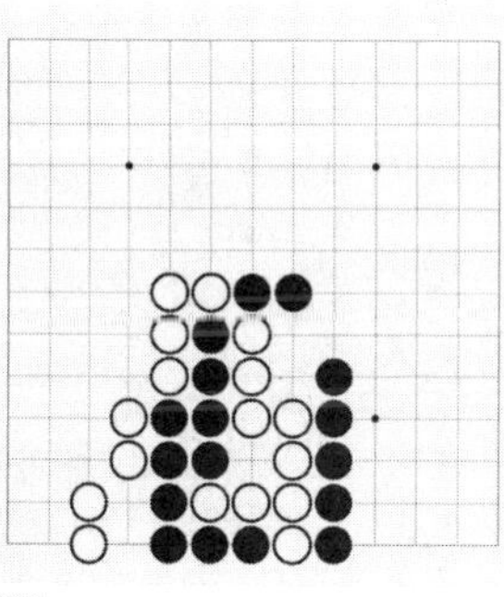

6

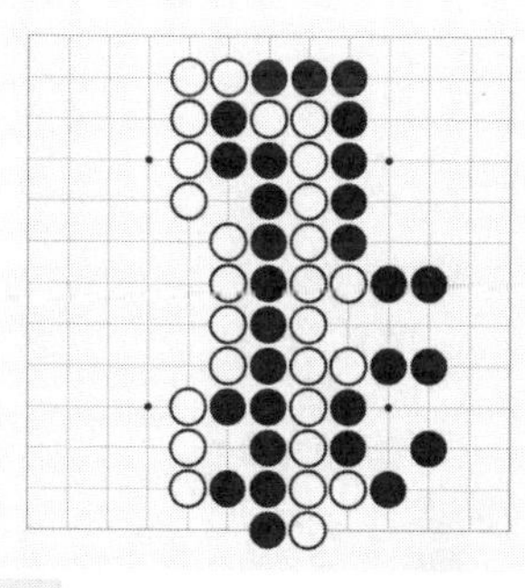

7

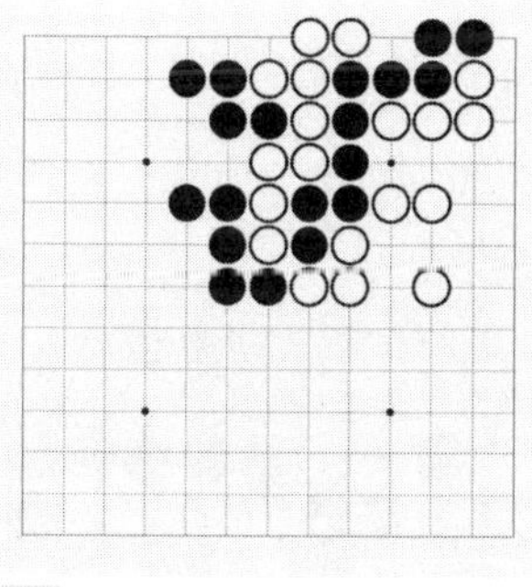

8

此处对杀的结果是不是双活？是√不是× 。

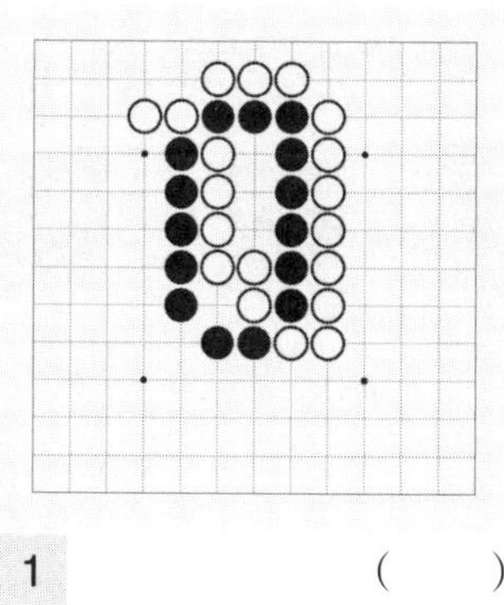

1 （ ）

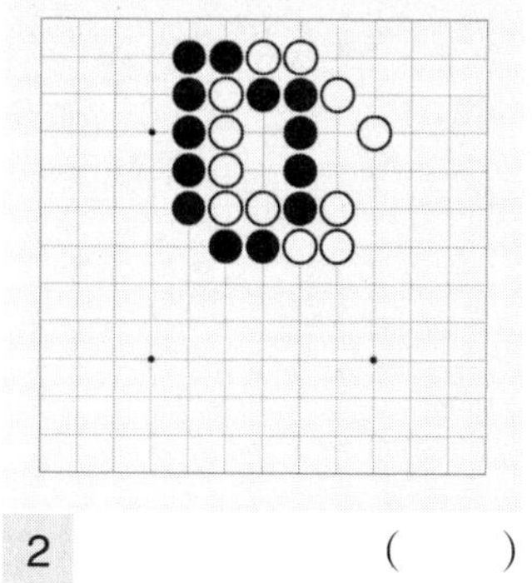

2 （ ）

扫码看答案

扫码看题

六　对杀目标

1.对杀目标选择

帮黑棋选择正确的对杀目标。

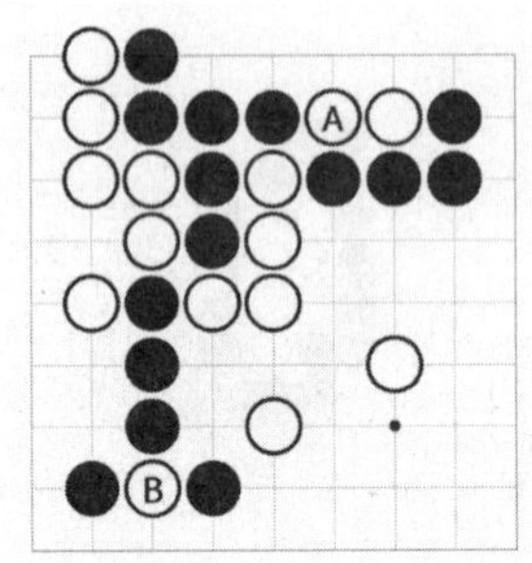

1　（　　）

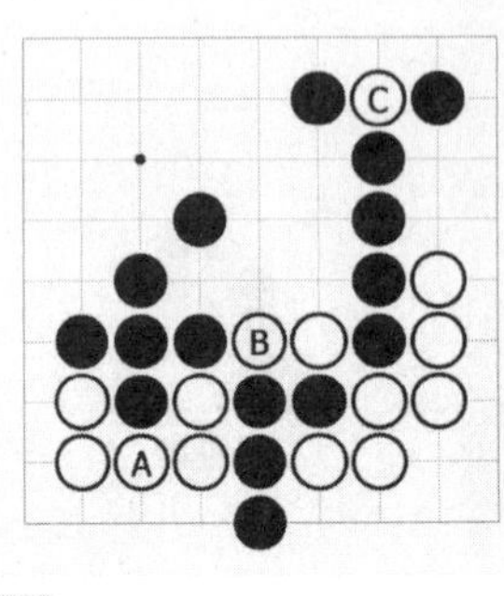

2　（　　）

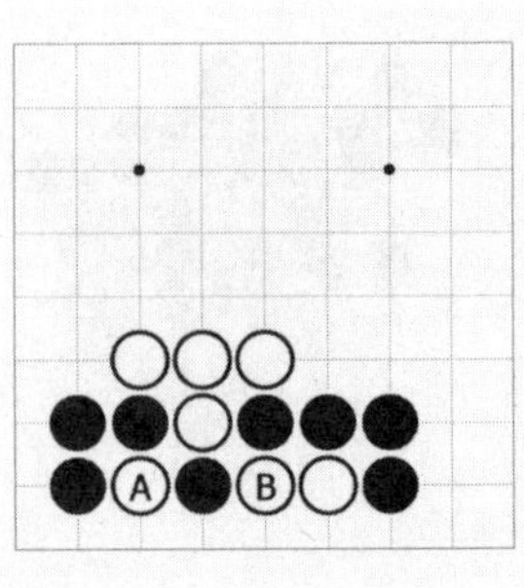

3　（　　）

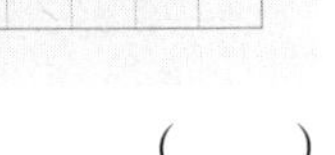

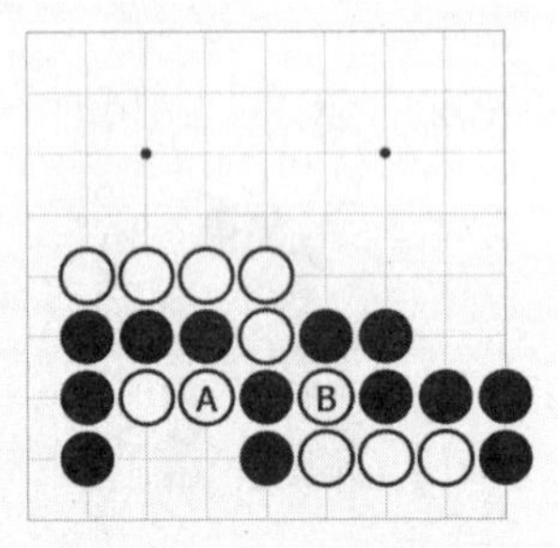

4　（　　）

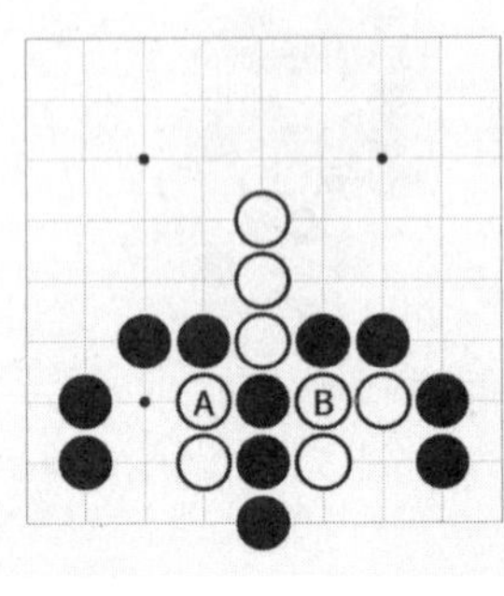

5　（　　）

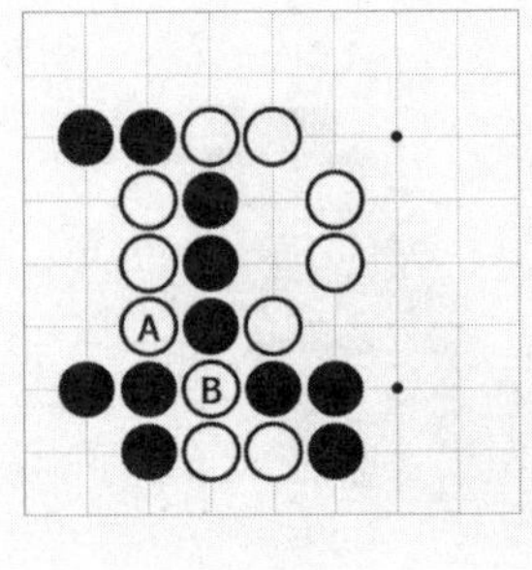

6　（　　）

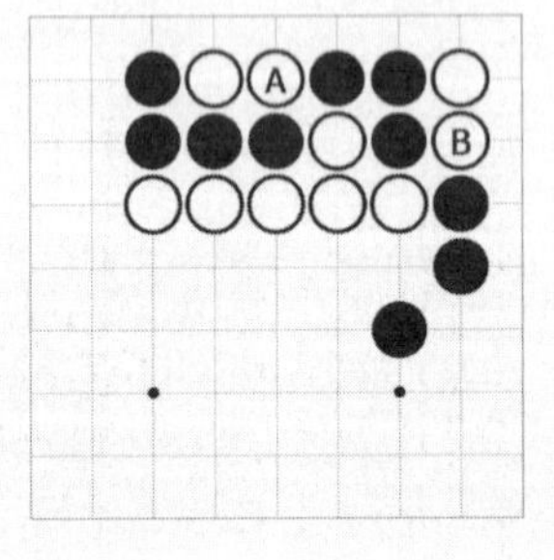

7　（　　）

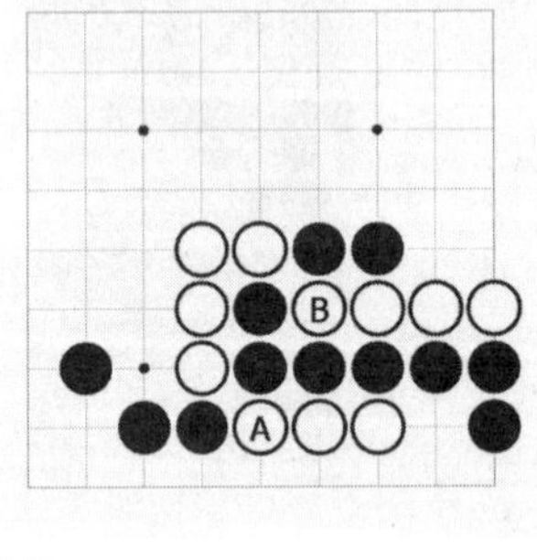

8　（　　）

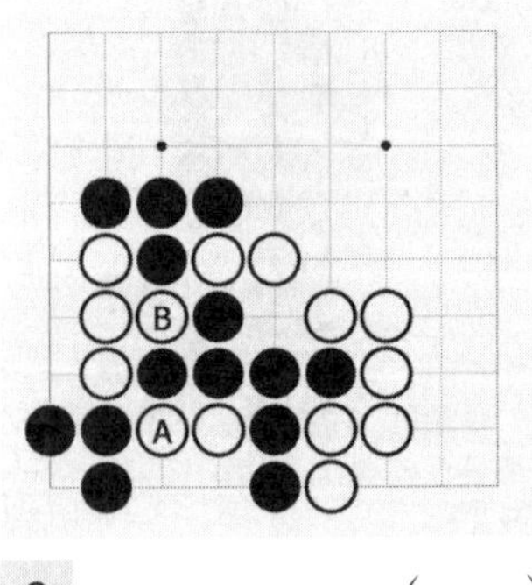

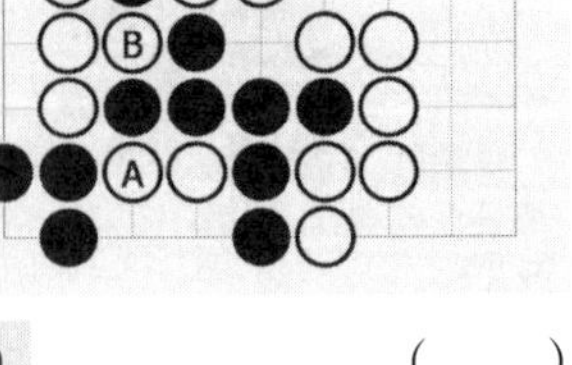

9　（　　）

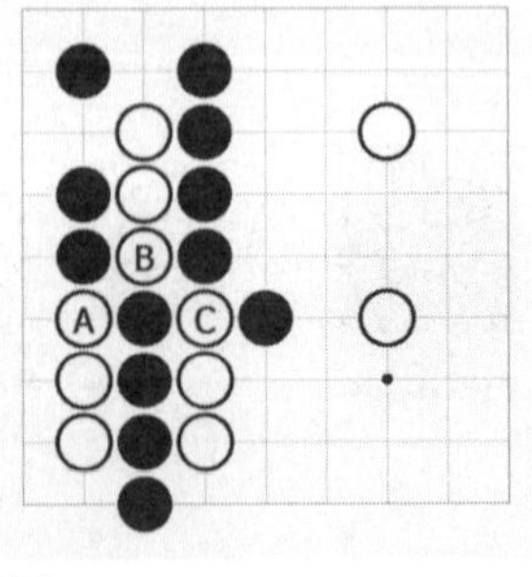

10　（　　）

扫码看答案

扫码看题

扫码看视频

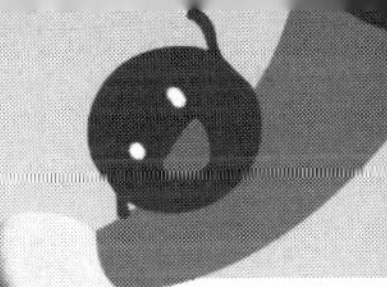

2.对杀目标过程

黑先,写出对杀的过程。

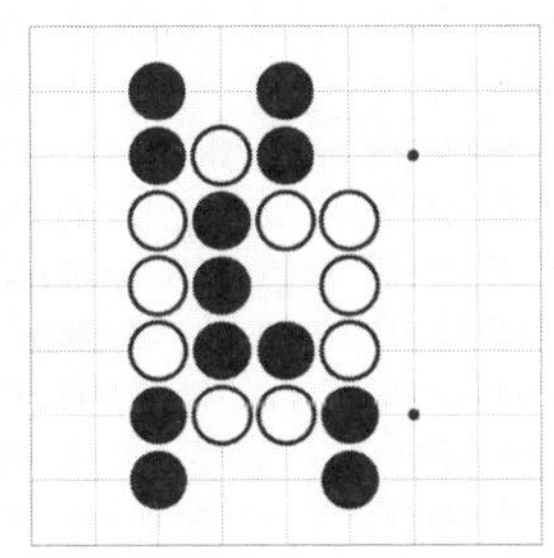

1

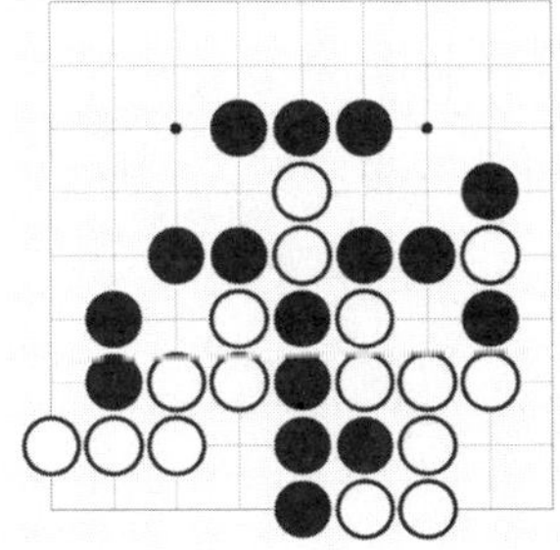

2

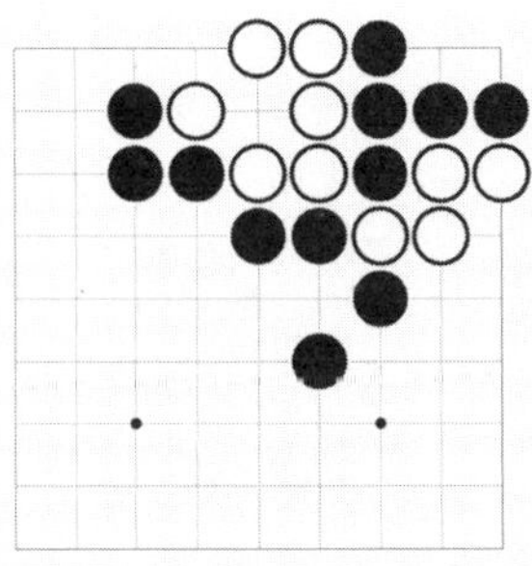

3

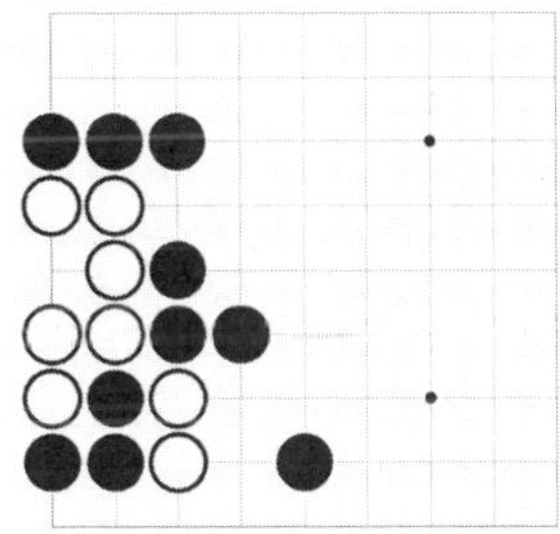

4

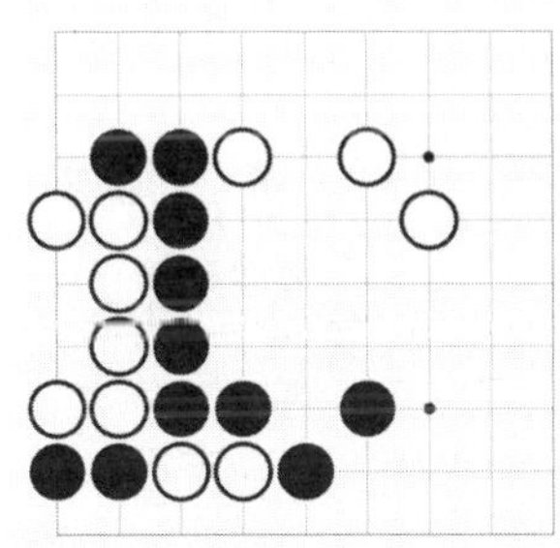

5

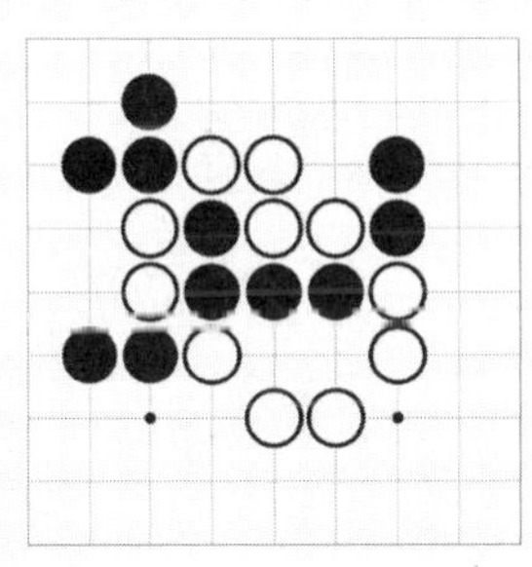

6

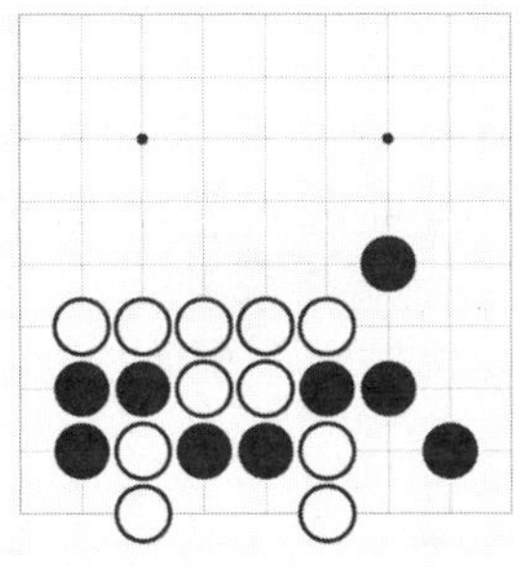

7

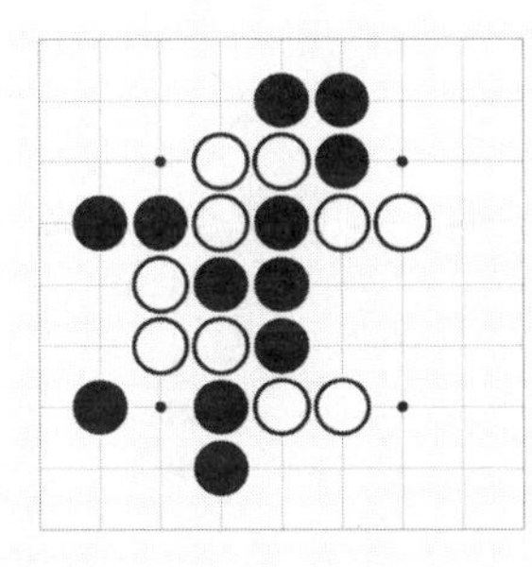

8

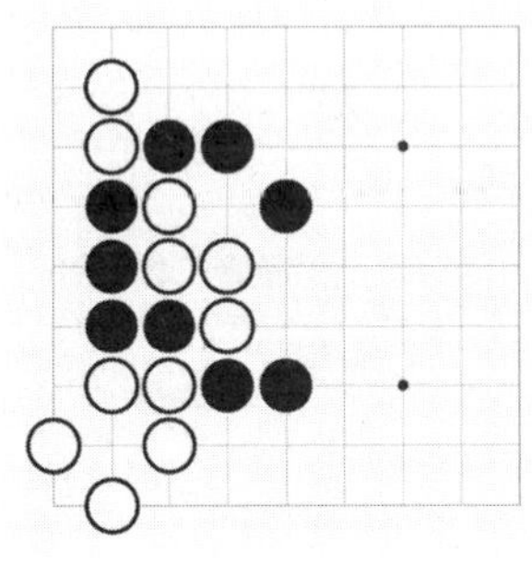

9

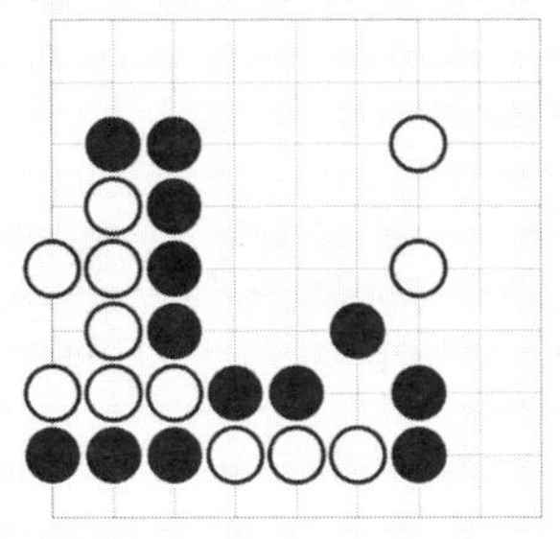

10

扫码看答案

扫码看题

扫码看视频

3.实战运用

帮黑棋选择正确的对杀目标。

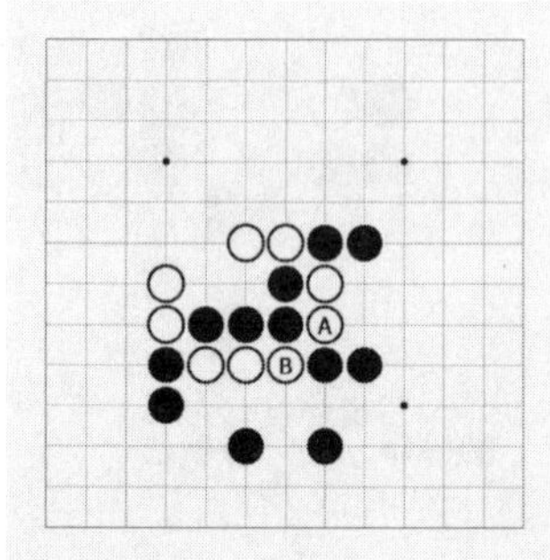

1　（　　）

2　（　　）

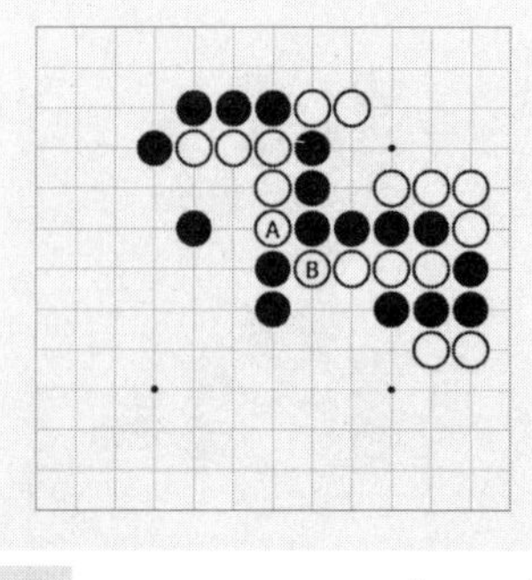

3　（　　）

4　（　　）

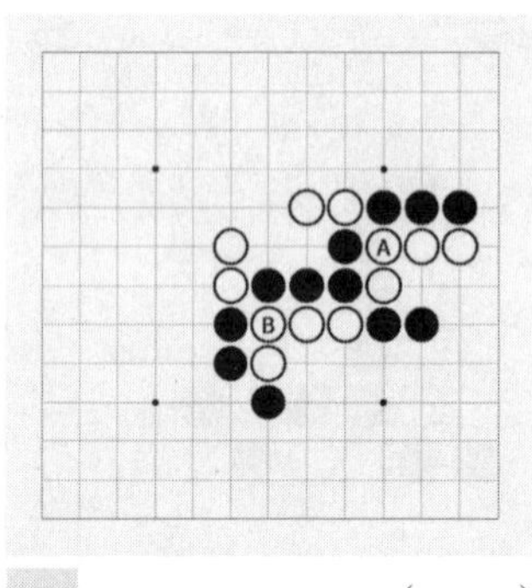

5　（　　）

黑先，写出对杀的过程。

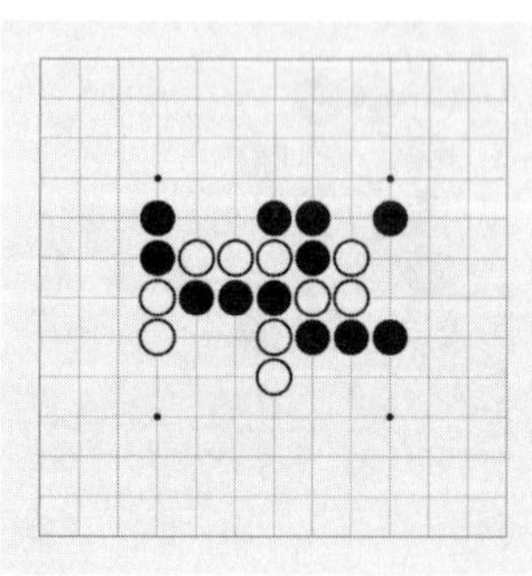

1

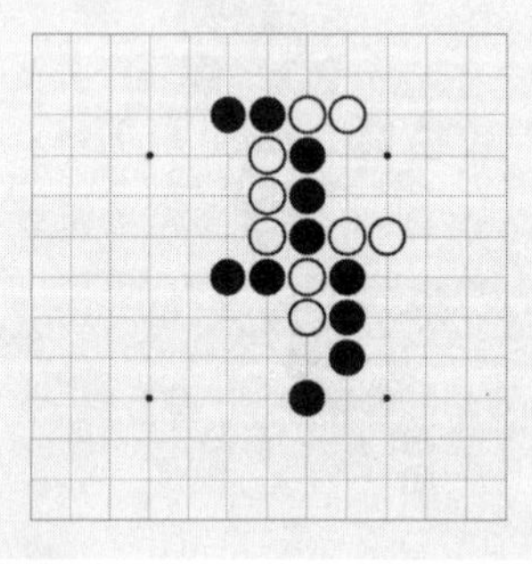

2

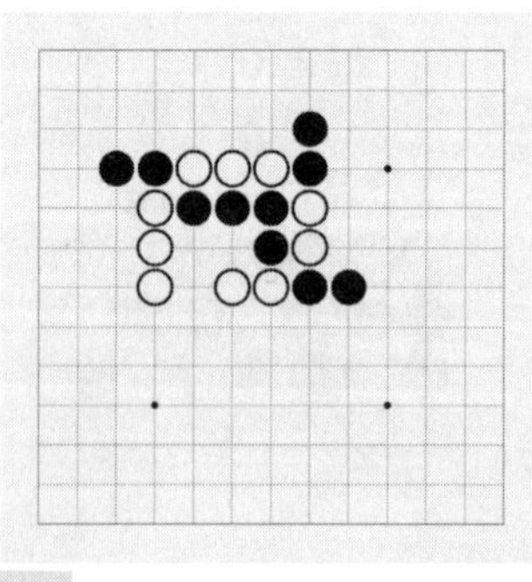

3

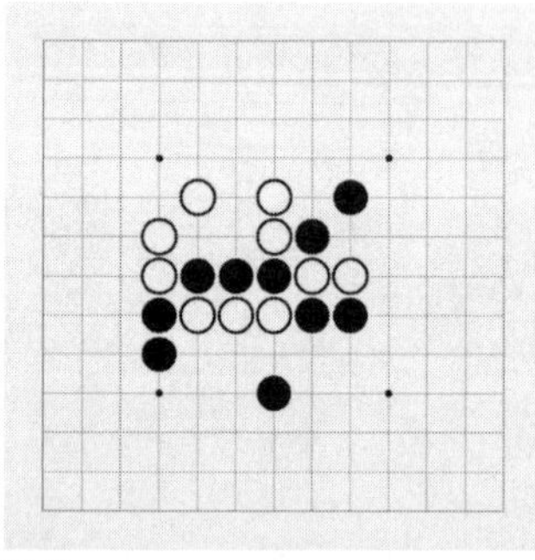

4

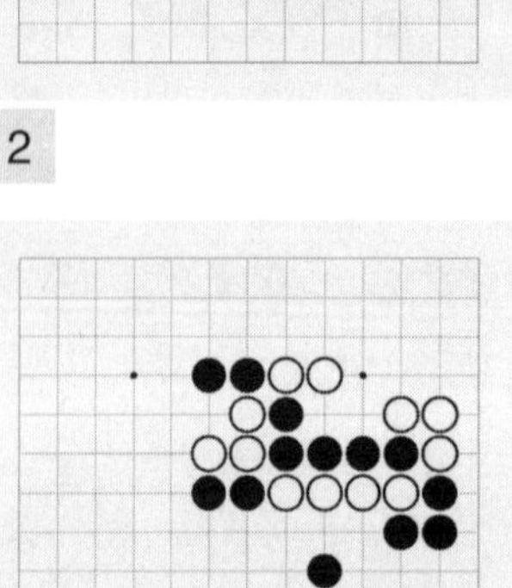

5

扫码看答案

扫码看题

扫码看视频

4.深度拓展

黑先，选择正确的对杀目标。

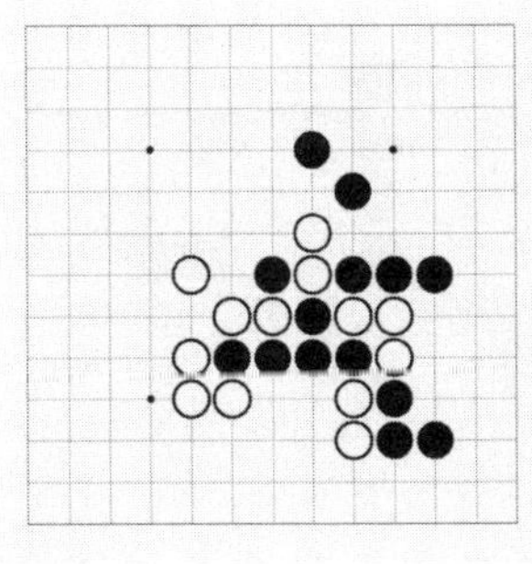

1

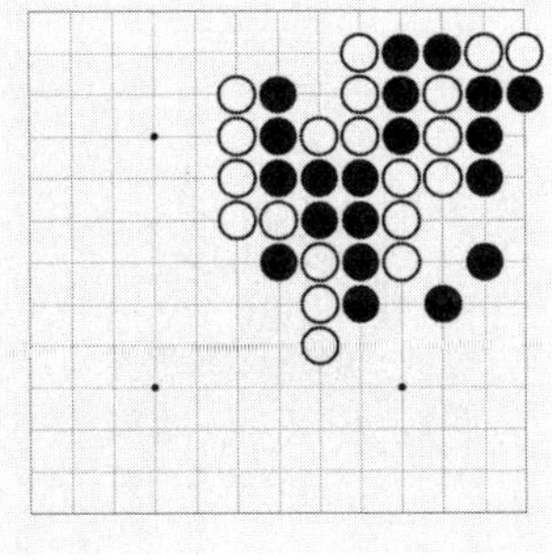

2

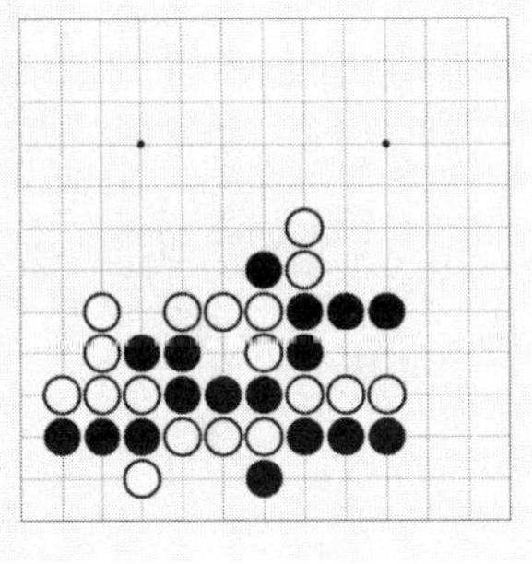

3

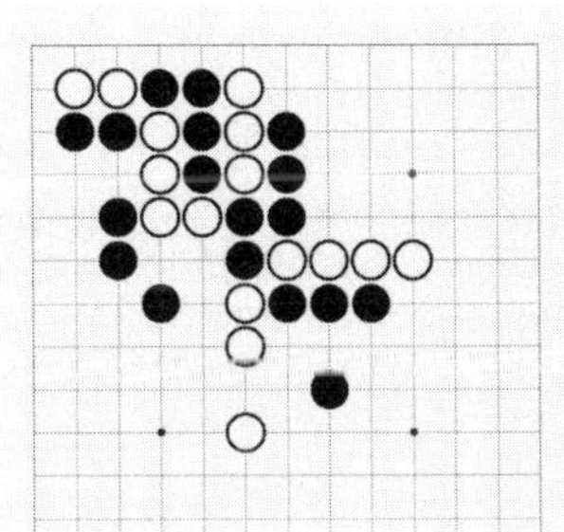

4

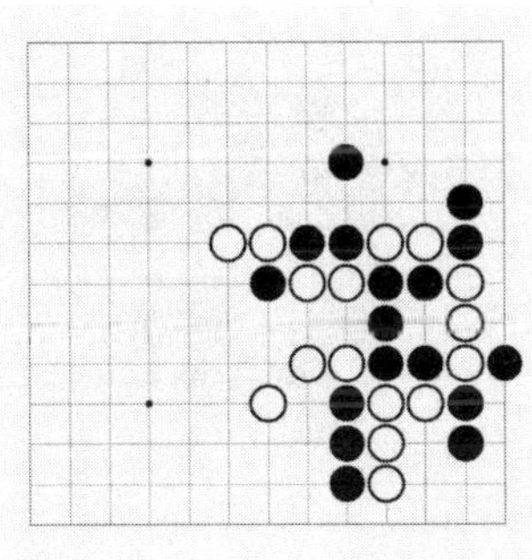

5

黑先，写出对杀的过程。

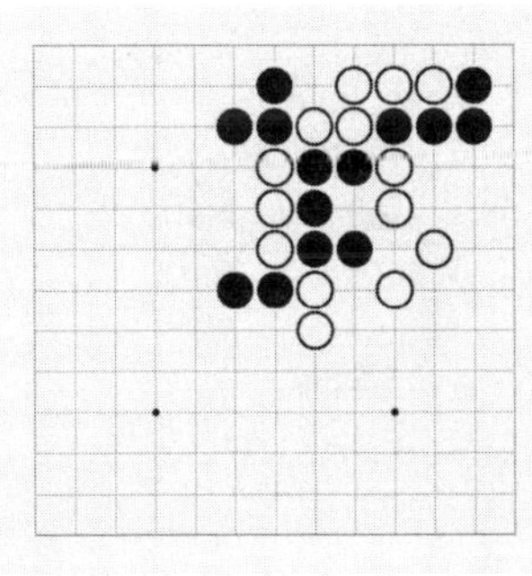

1

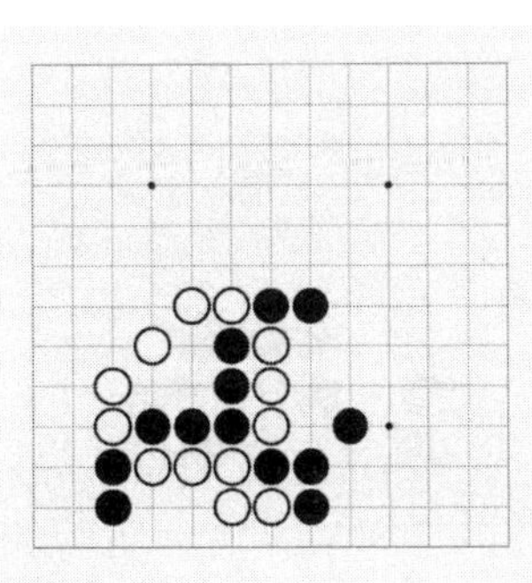

2

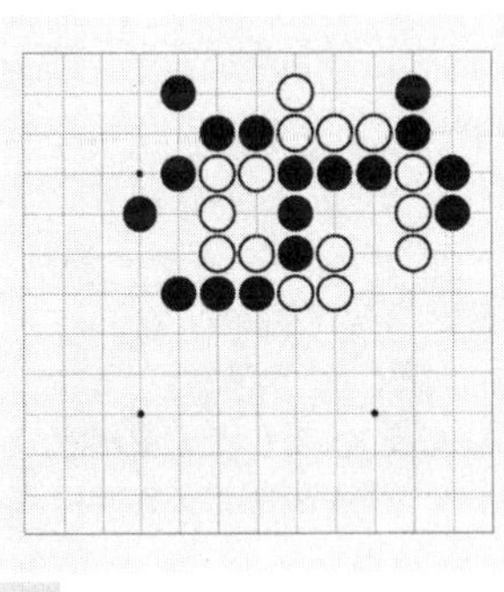

3

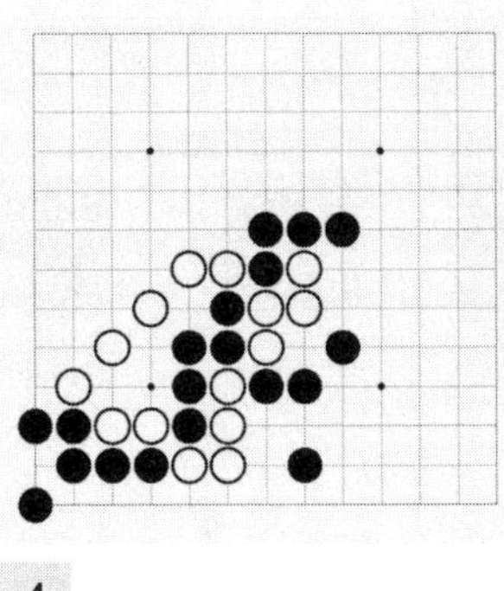

4

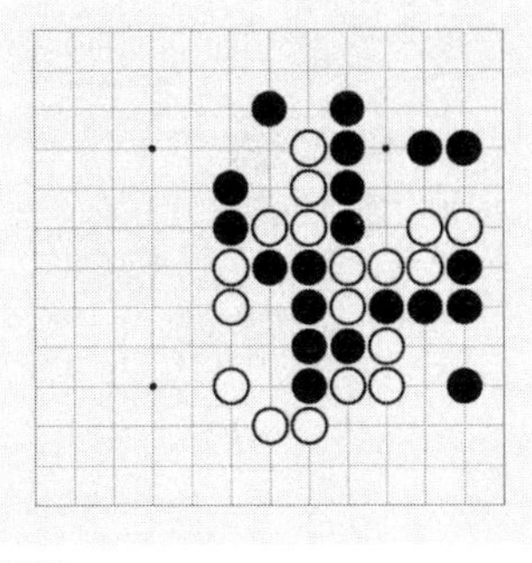

5

扫码看答案　　扫码看题

七　收气方向

1.分断收气

黑先,写出对杀的过程。

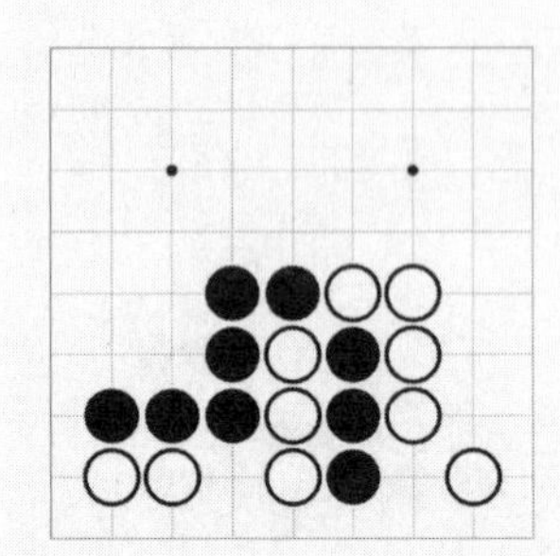

1

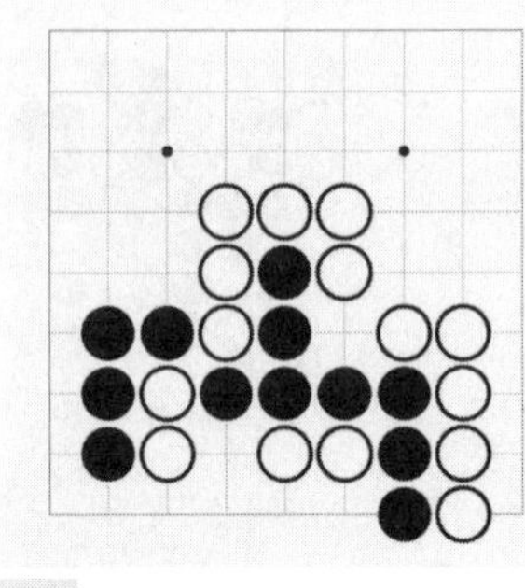

2

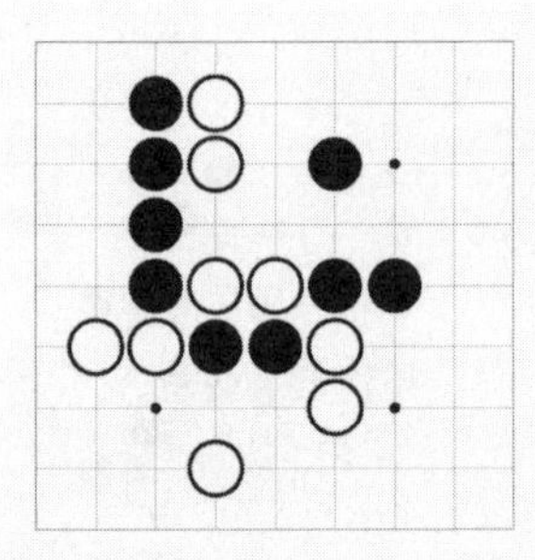

3

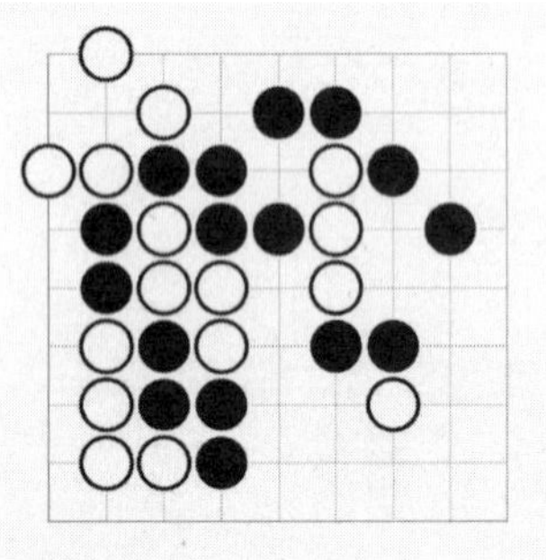

4

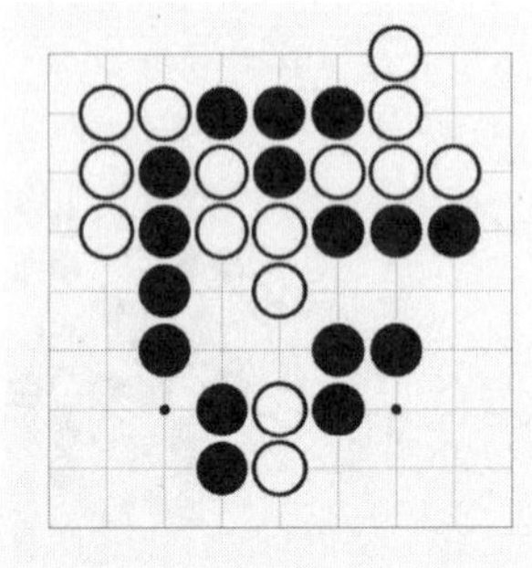

5

帮黑棋选择正确的收气方向。

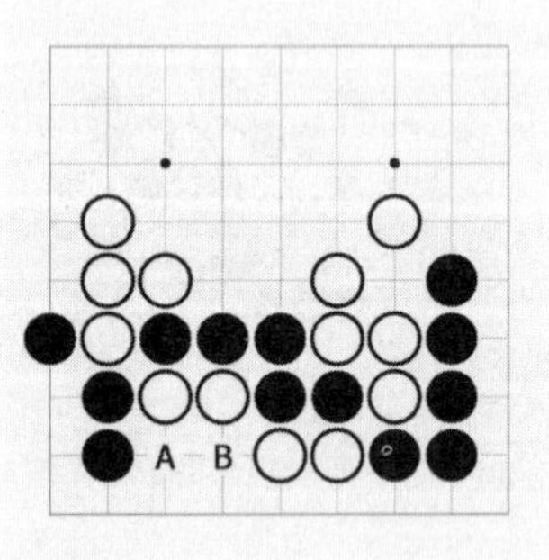

1　(　　)

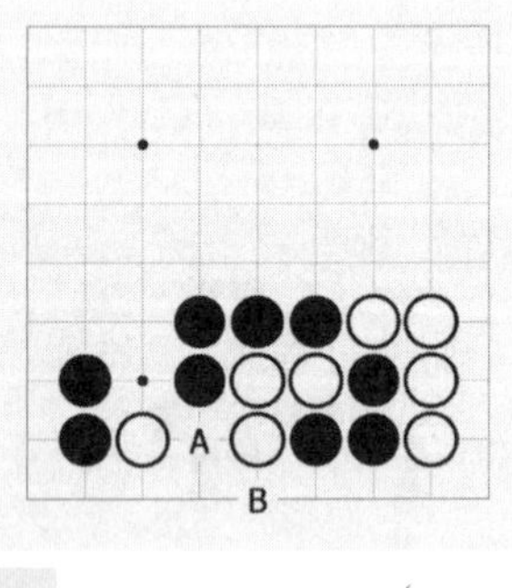

2　(　　)

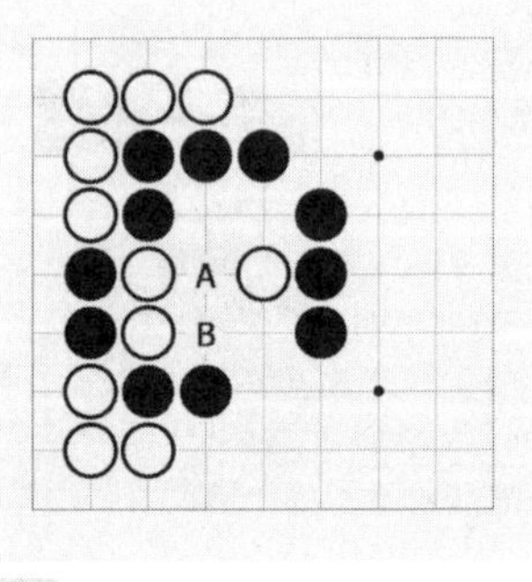

3　(　　)

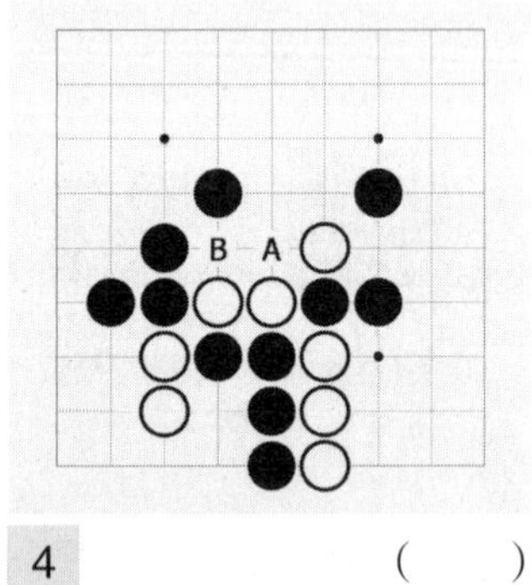

4　(　　)

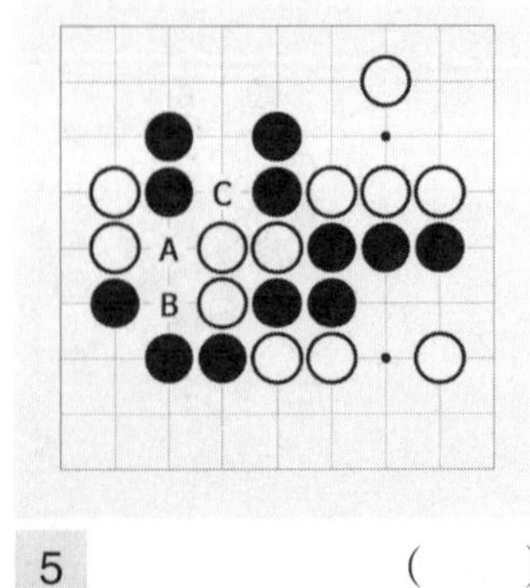

5　(　　)

扫码看答案

扫码看题

扫码看视频

2. 封锁收气

黑先，写出对杀的过程。

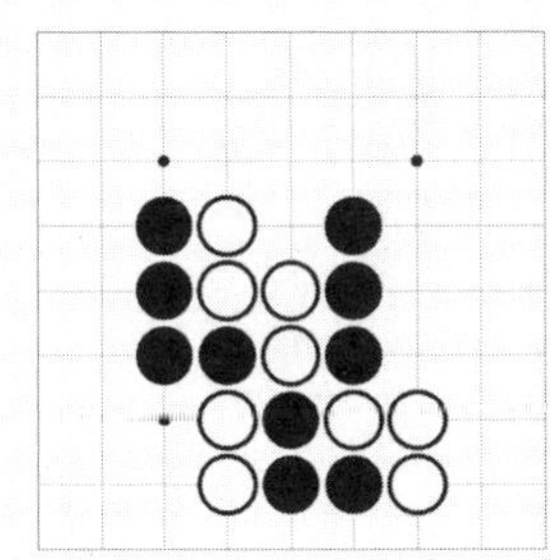

1

2

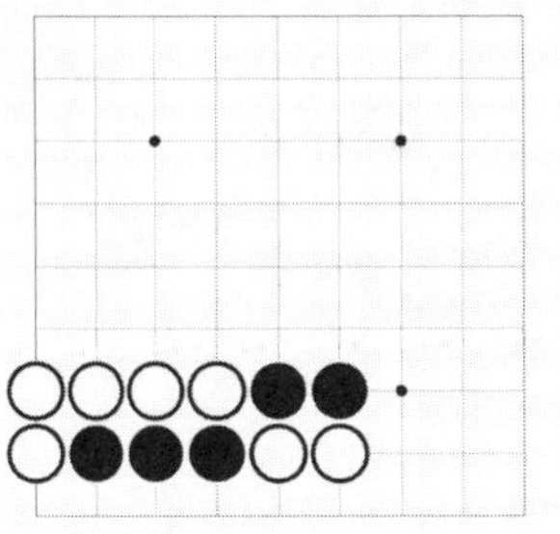

3

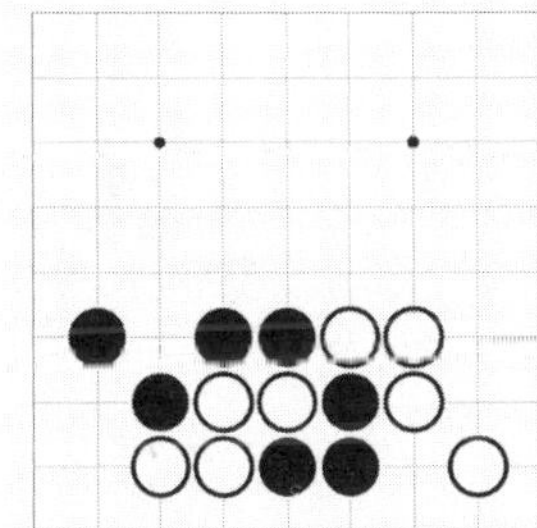

4

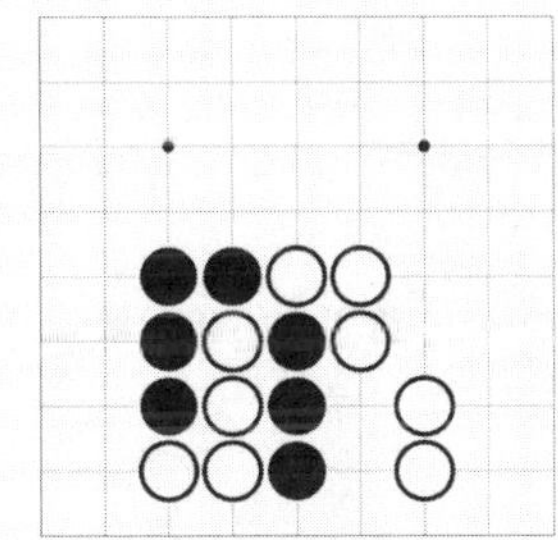

5

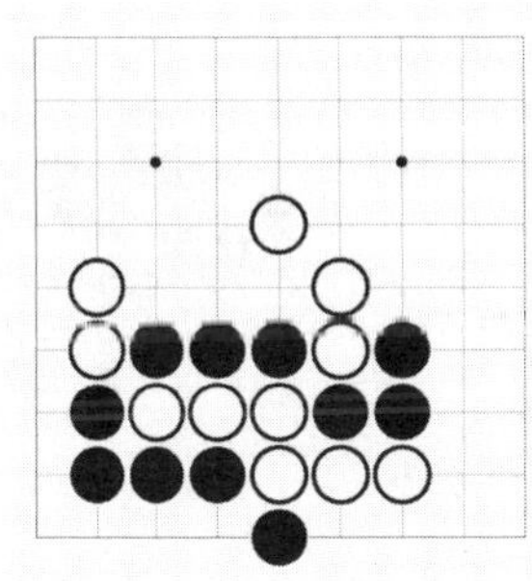

6

帮黑棋选择正确的收气方向。

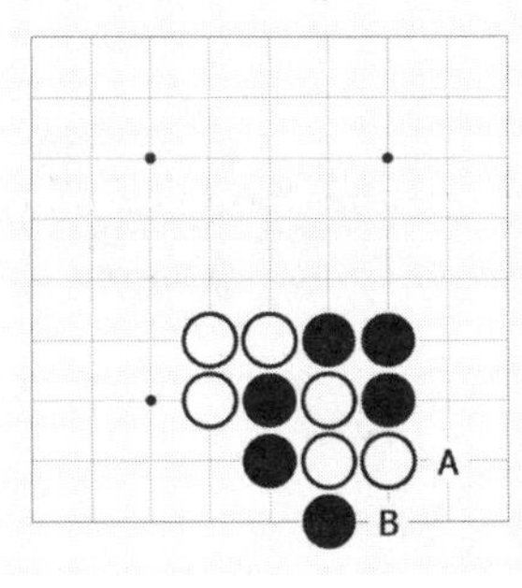

1 （　　）

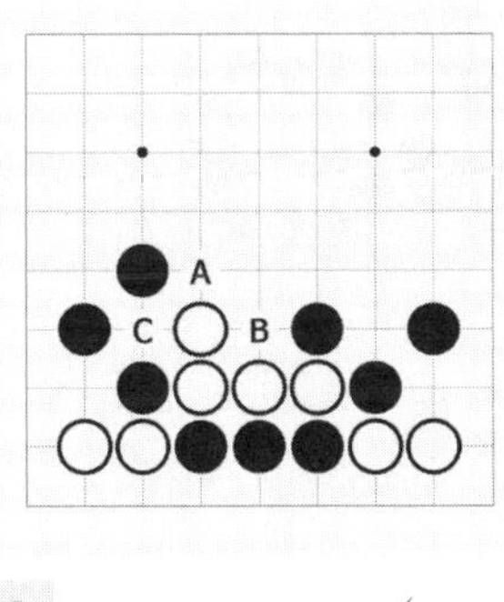

2 （　　）

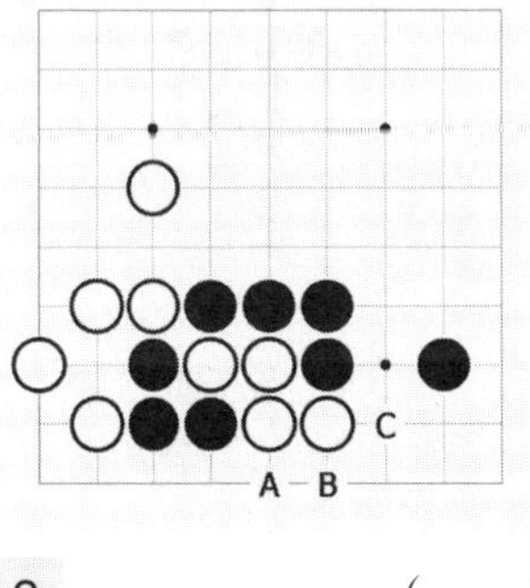

3 （　　）

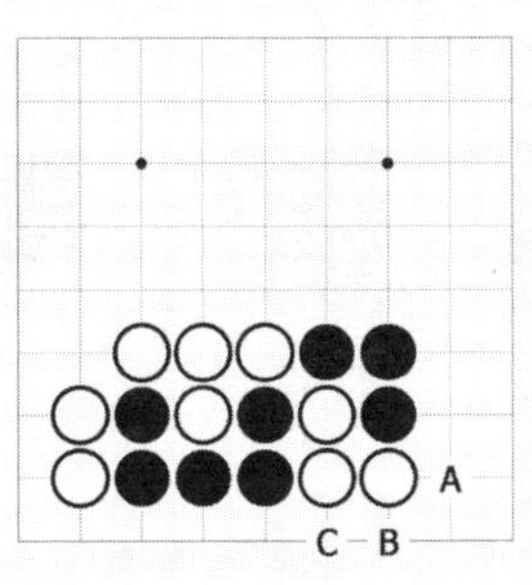

4 （　　）

扫码看答案

扫码看题

扫码看视频

3.实战运用

黑先,写出对杀过程。

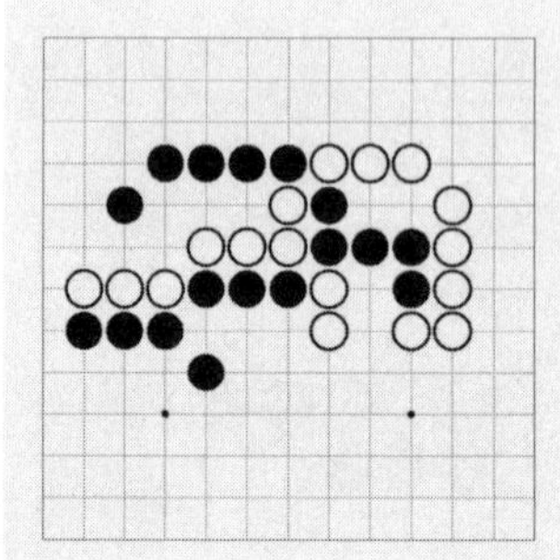

1

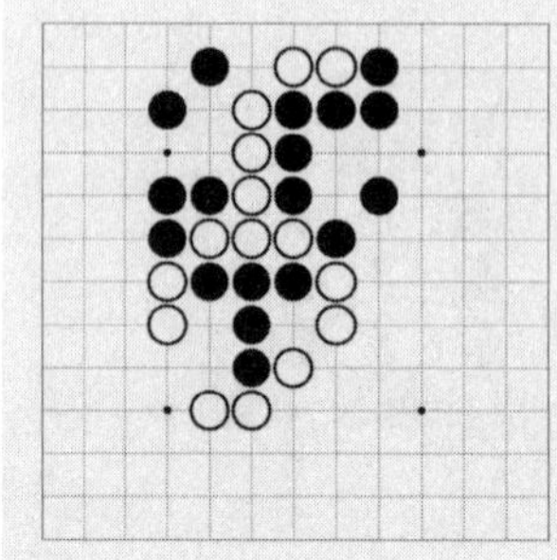

2

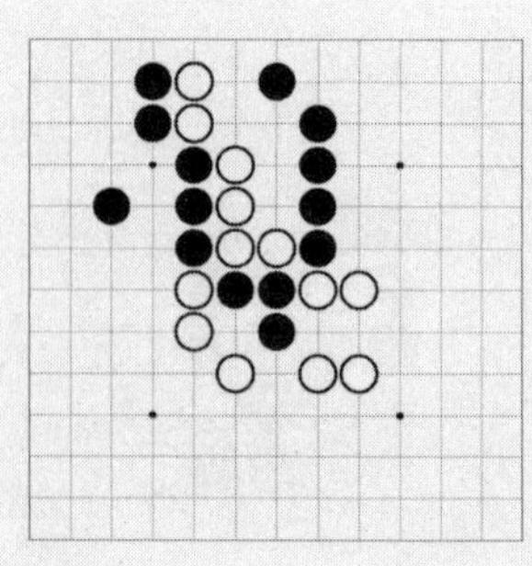

3

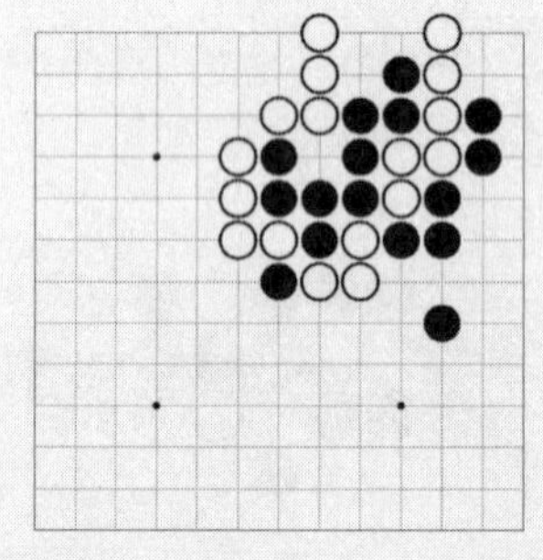

4

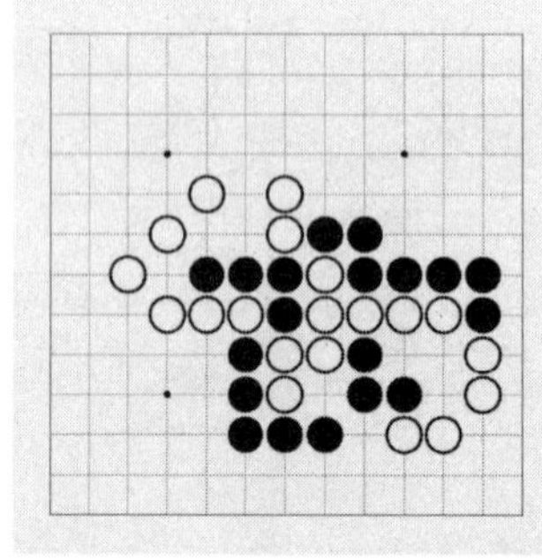

5

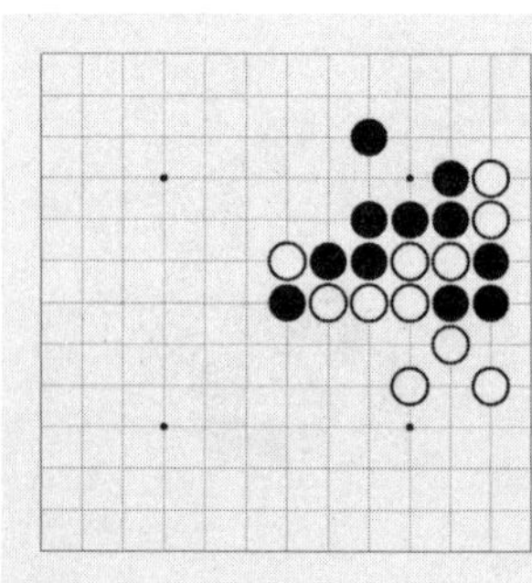

6

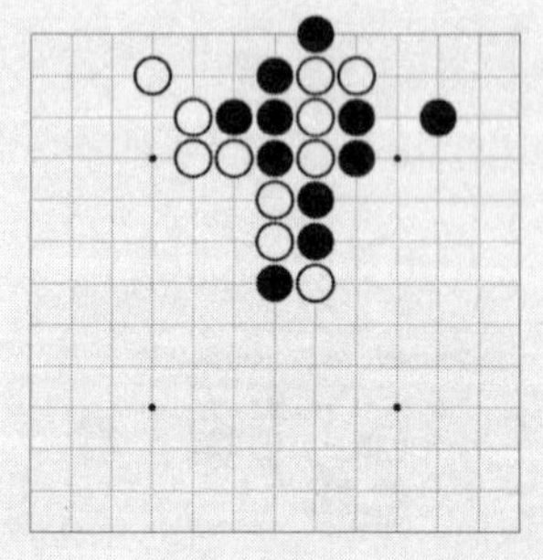

7

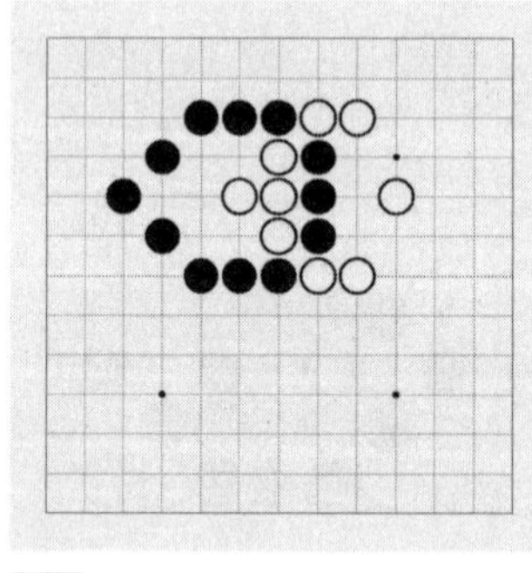

8

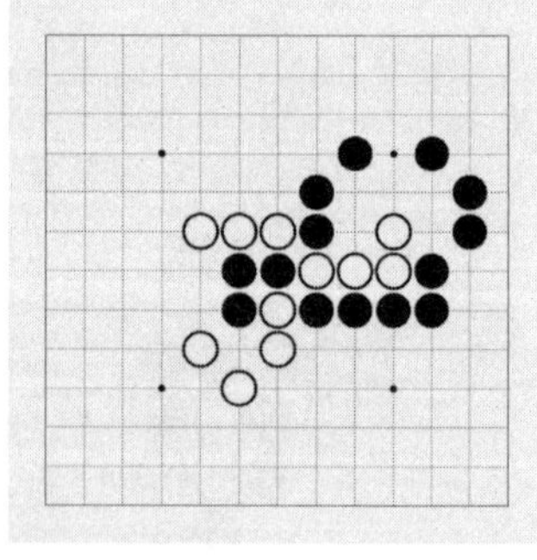

9

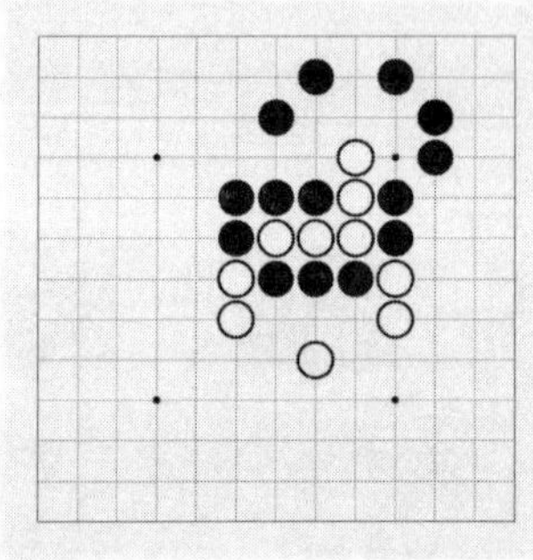

10

扫码看答案

扫码看题

扫码看视频

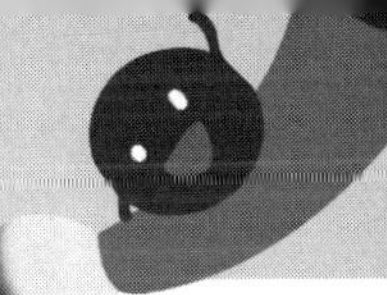

4.深度拓展

黑先，写出对杀的过程。

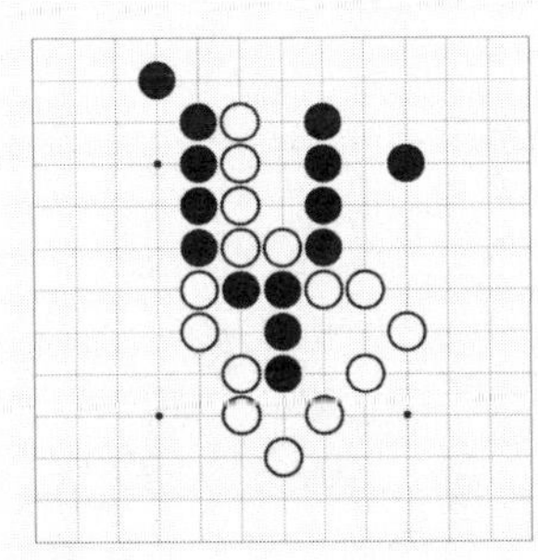

1

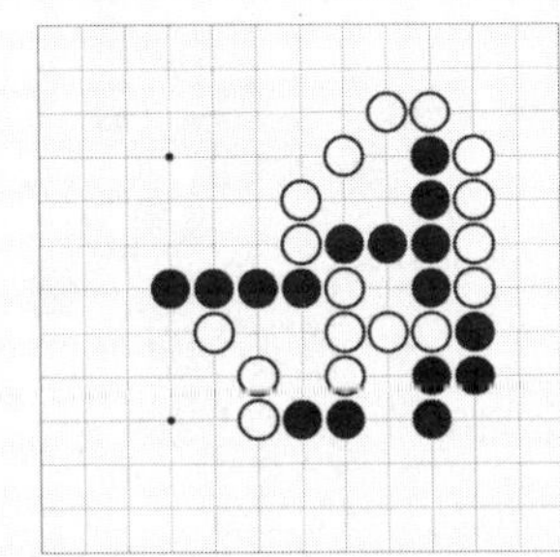

2

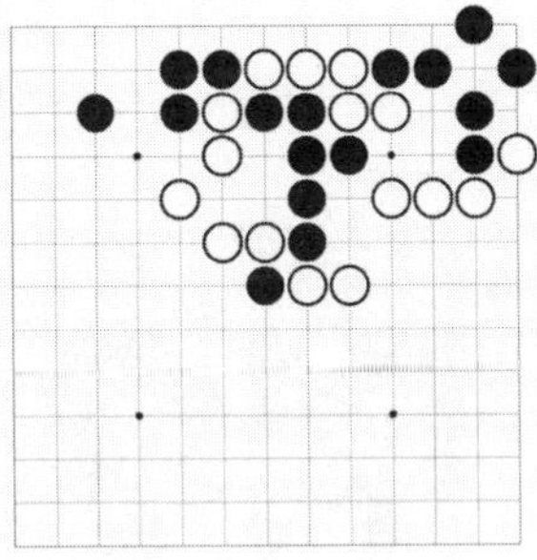

3

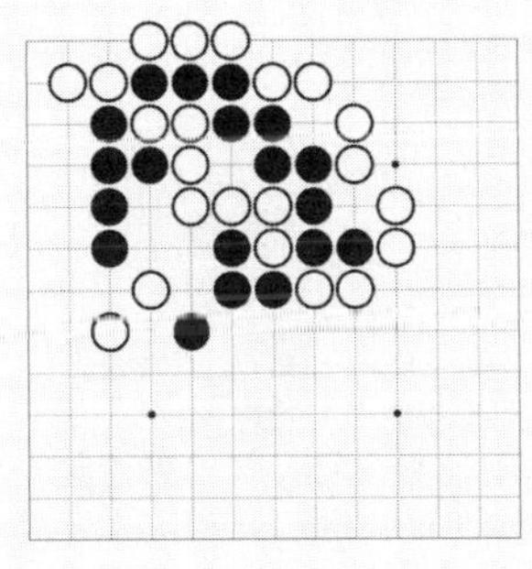

4

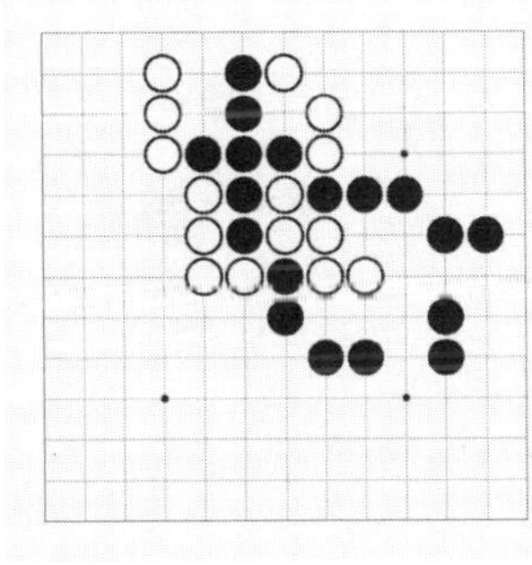

5

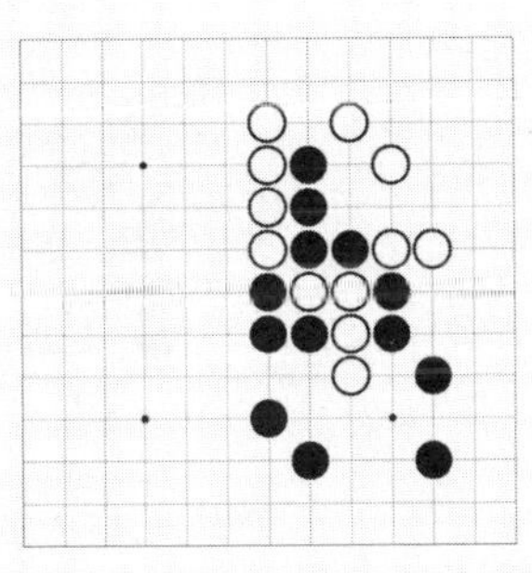

6

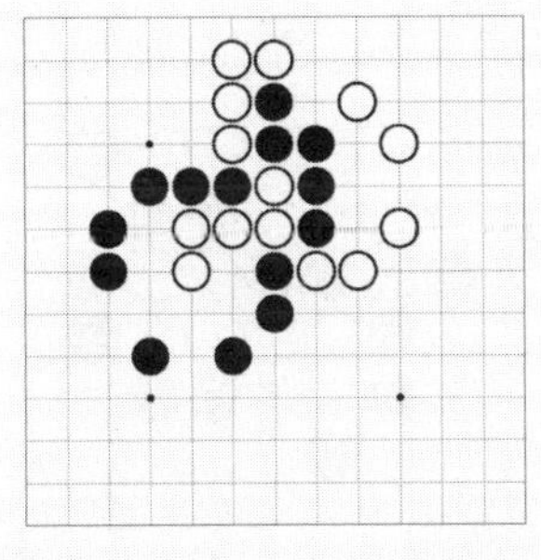

7

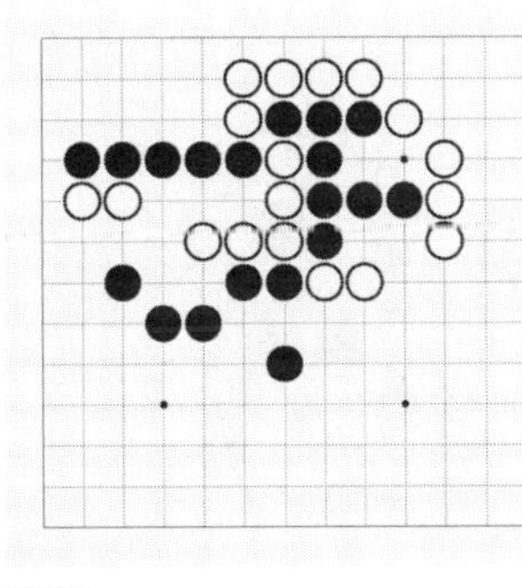

8

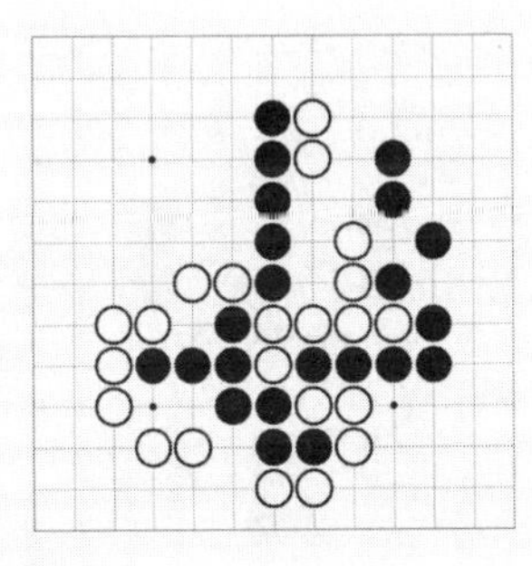

9

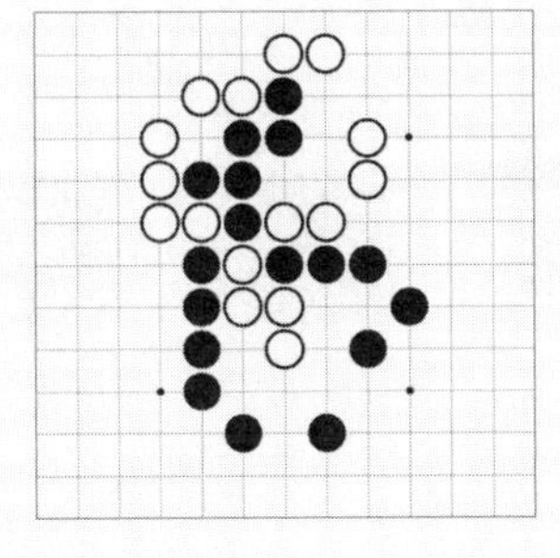

10

扫码看答案

扫码看题

八　延气技巧

1.连接延气

黑先，写出对杀的过程。

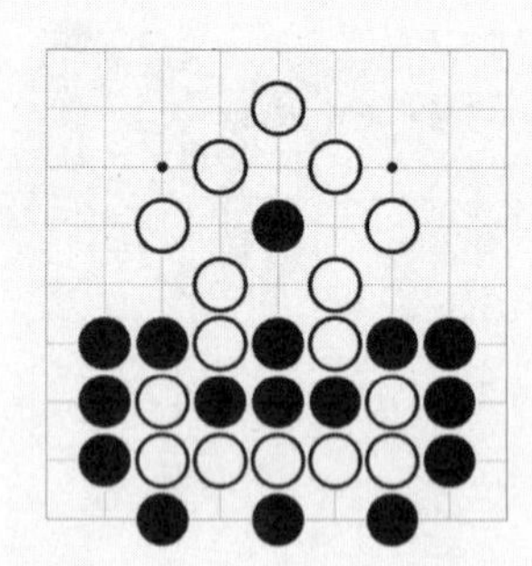

1

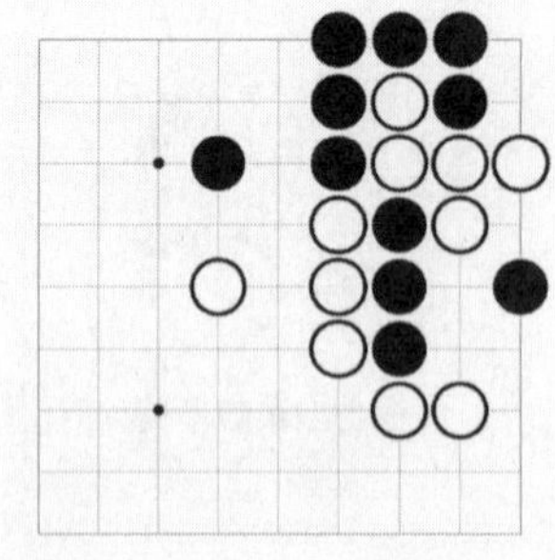

2

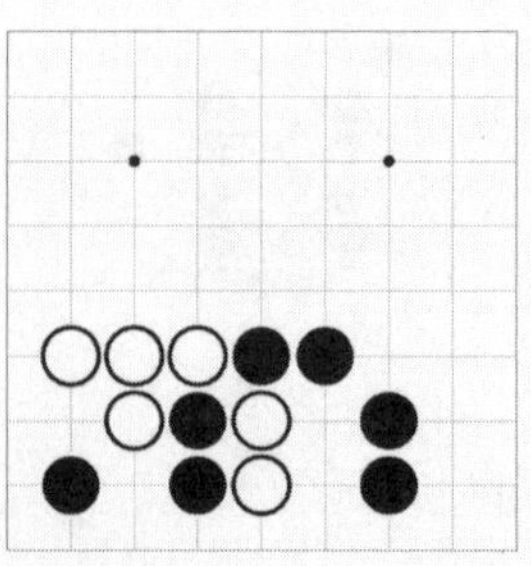

3

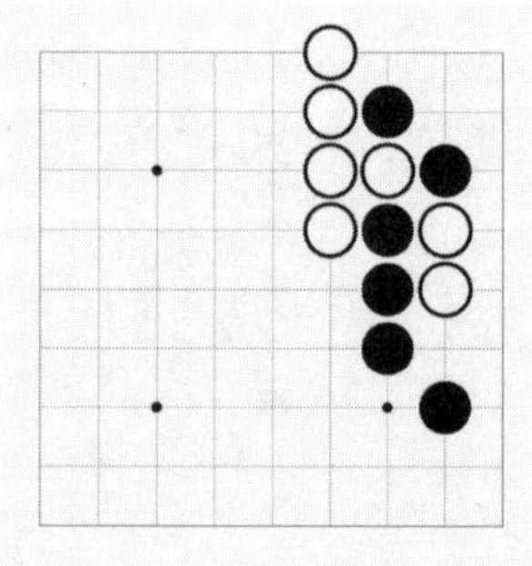

4

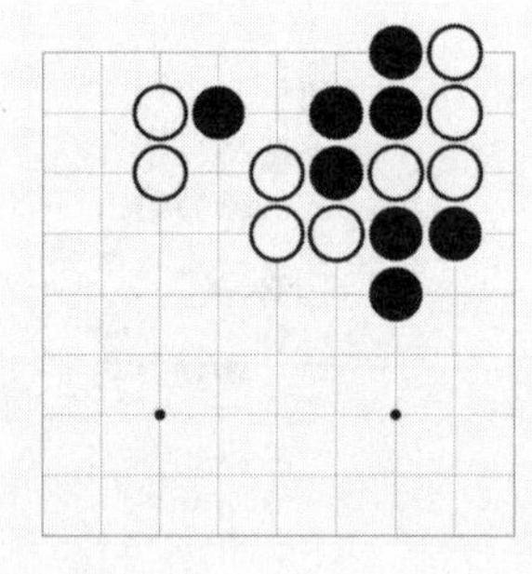

5

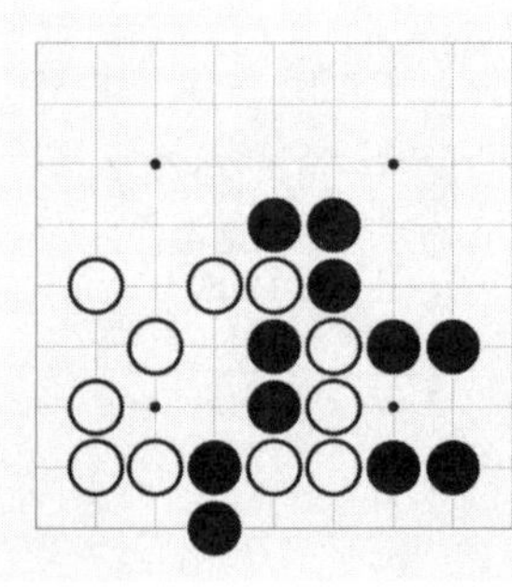

6

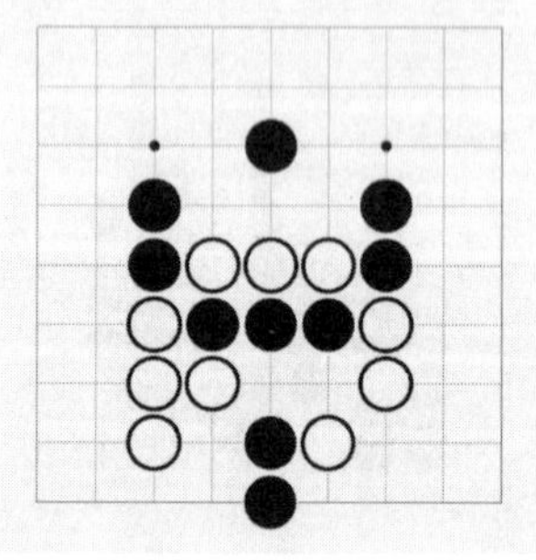

7

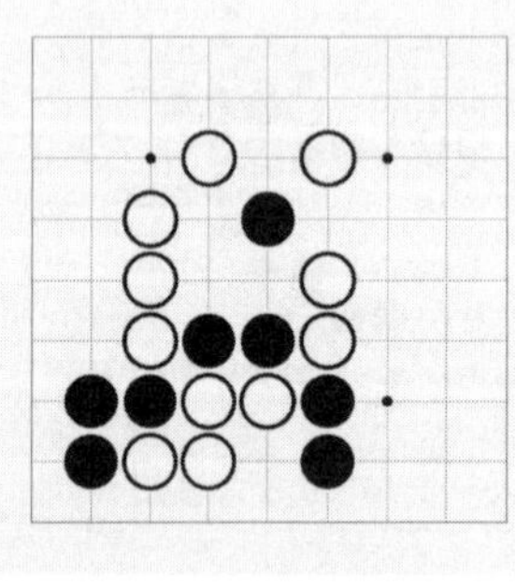

8

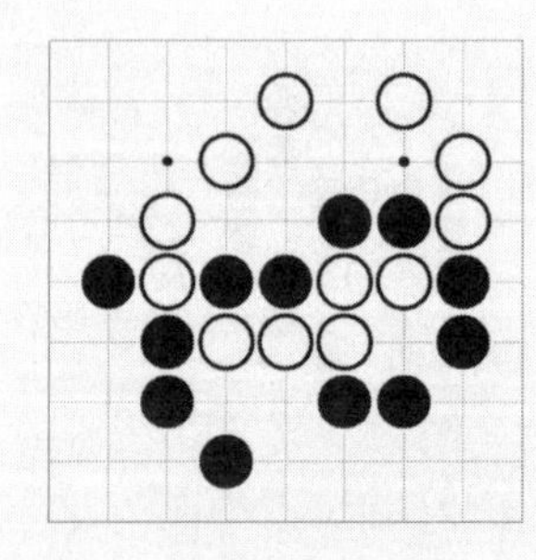

9

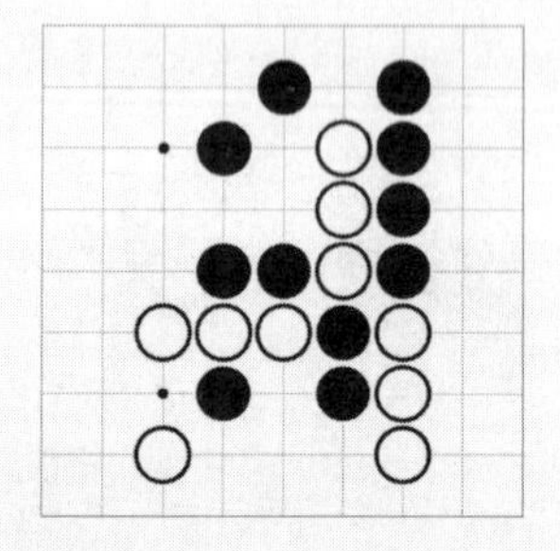

10

扫码看答案

扫码看题

扫码看视频

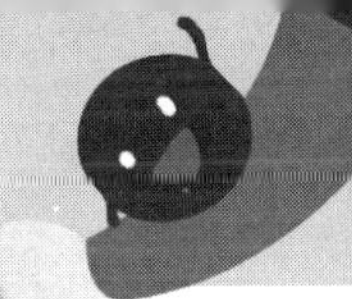

2. 空旷处延气

黑先，写出对杀的过程。

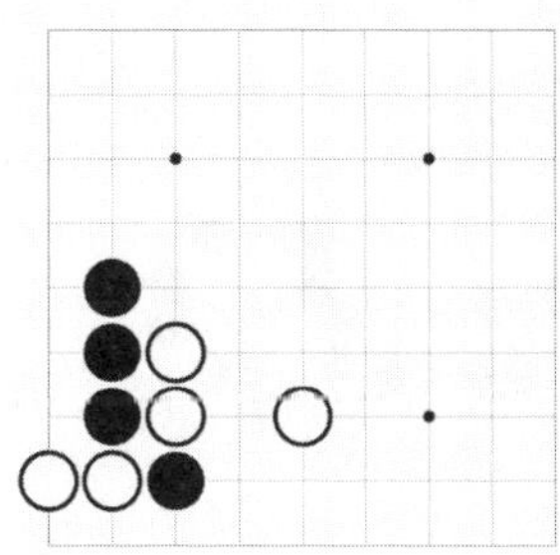

1

2

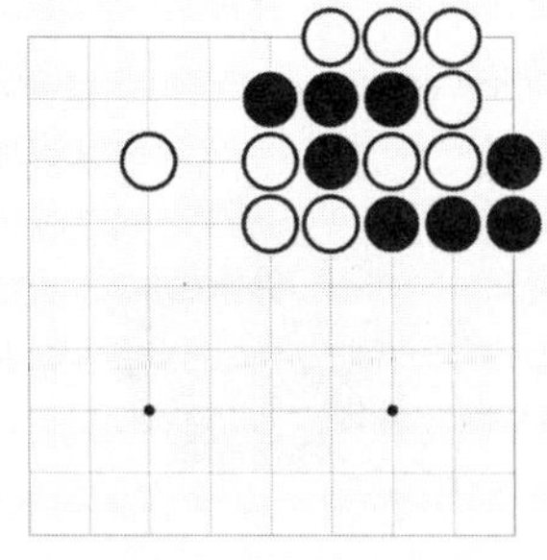

3

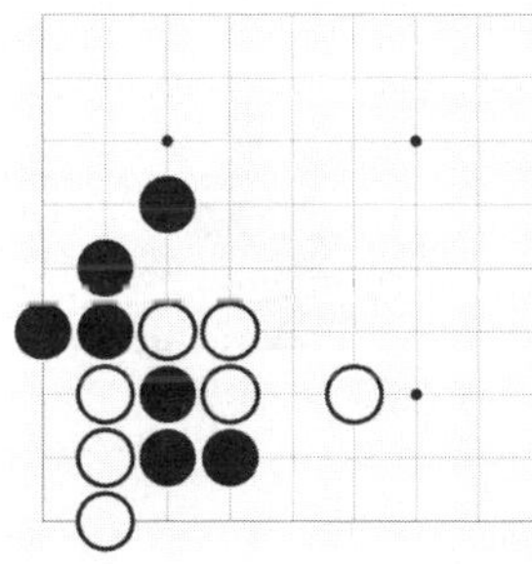

4

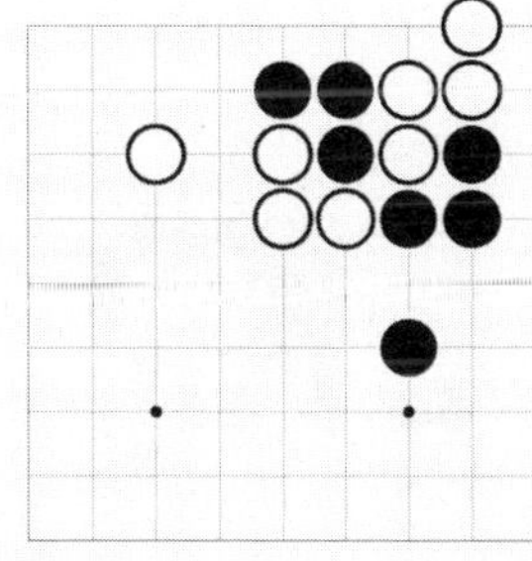

5

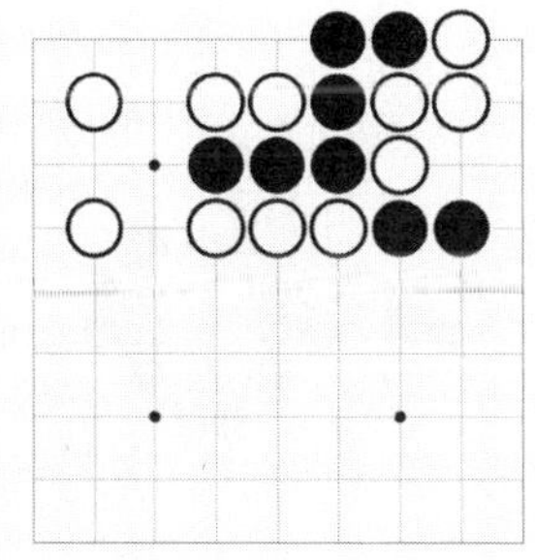

6

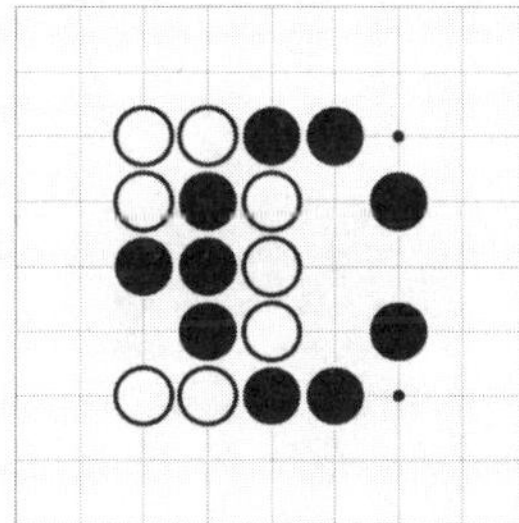

7

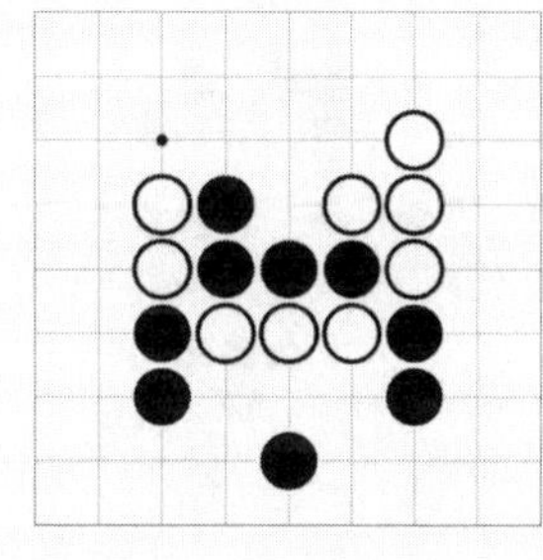

8

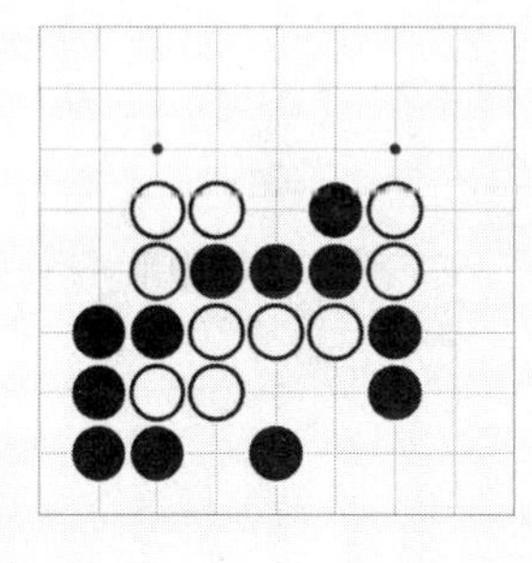

9

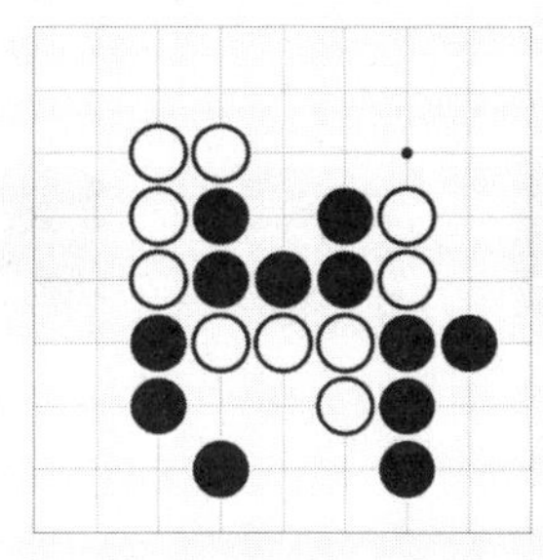

10

扫码看答案

扫码看题

扫码看视频

3.实战运用

黑先,写出对杀的过程。

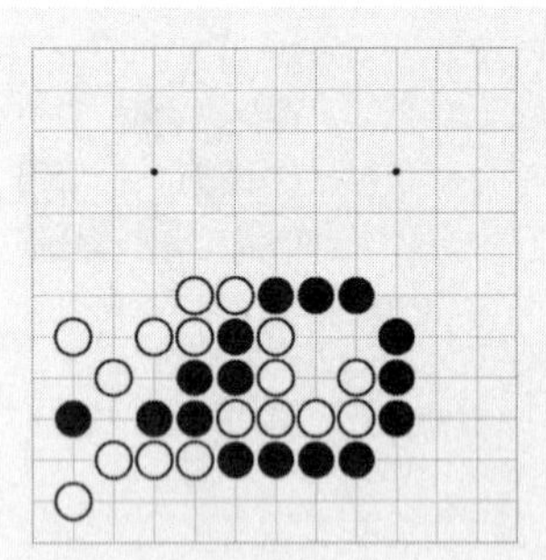

1

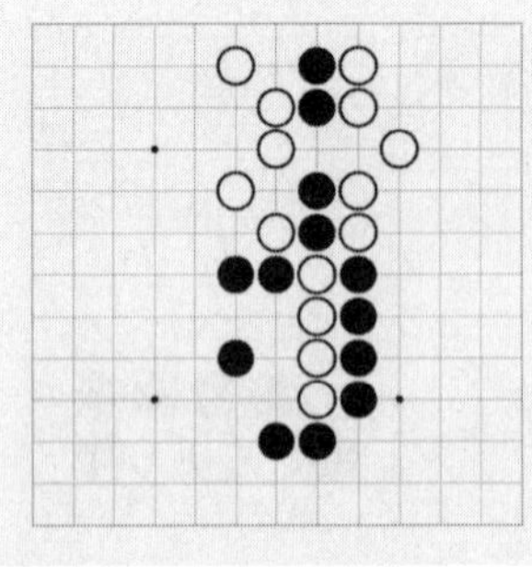

2

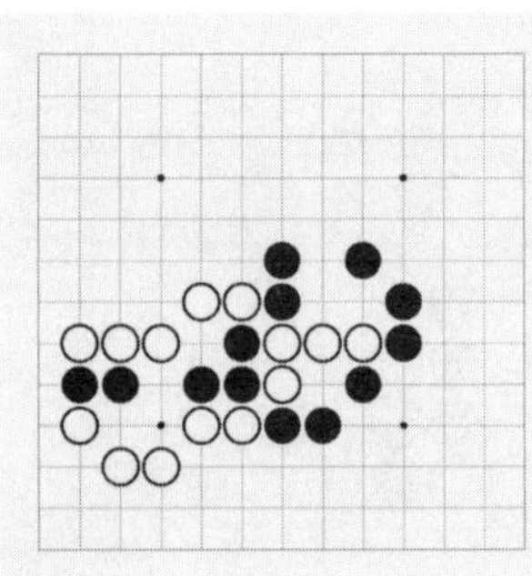

3

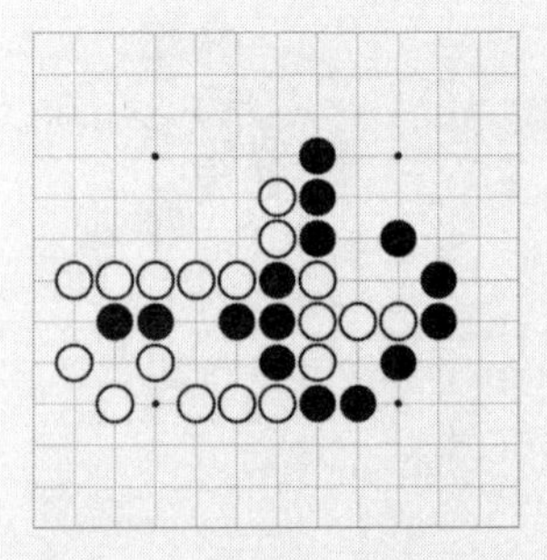

4

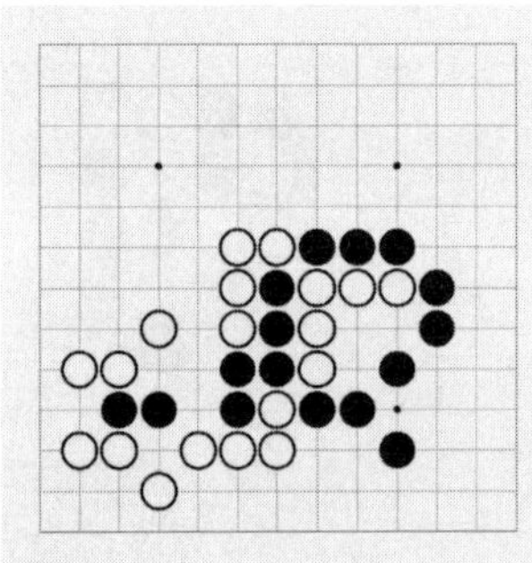

5

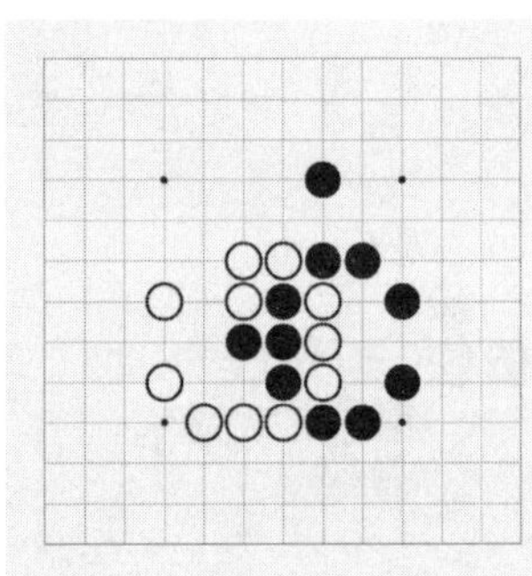

6

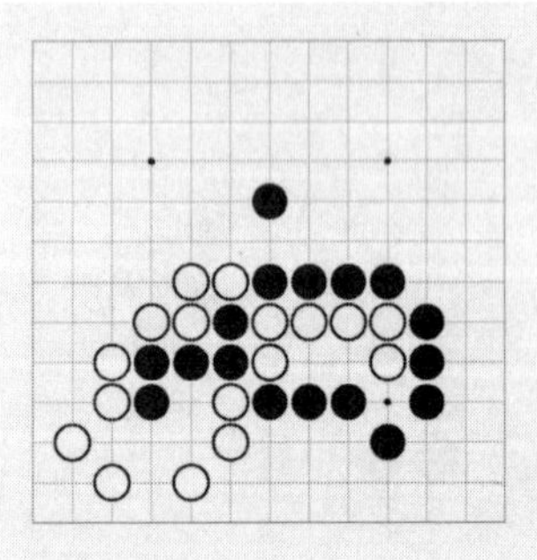

7

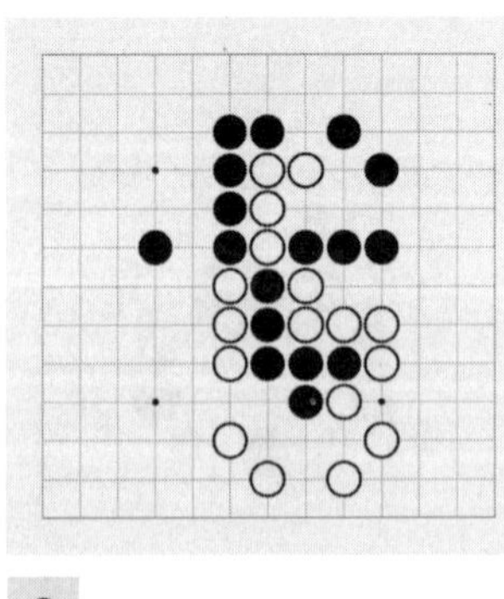

8

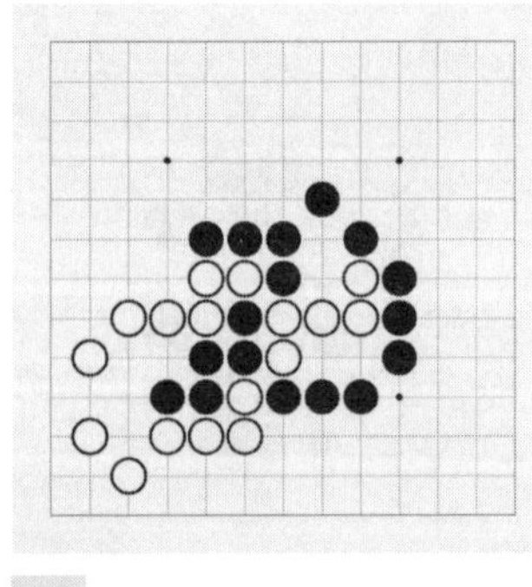

9

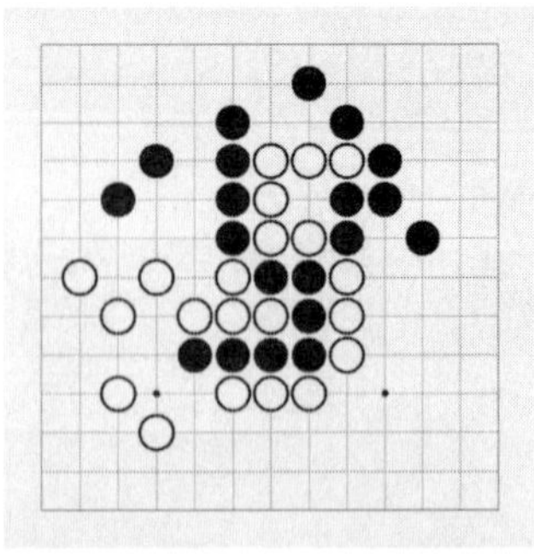

10

扫码看答案

扫码看题

扫码看视频

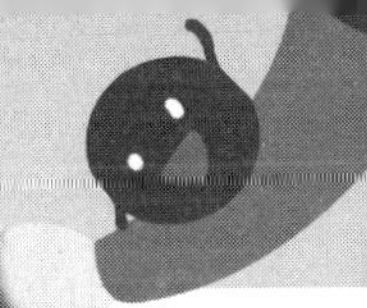

4. 深度拓展

黑先，写出对杀的过程。

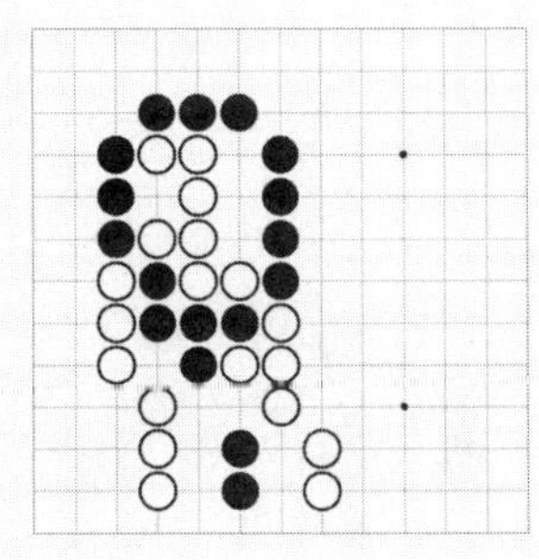

1

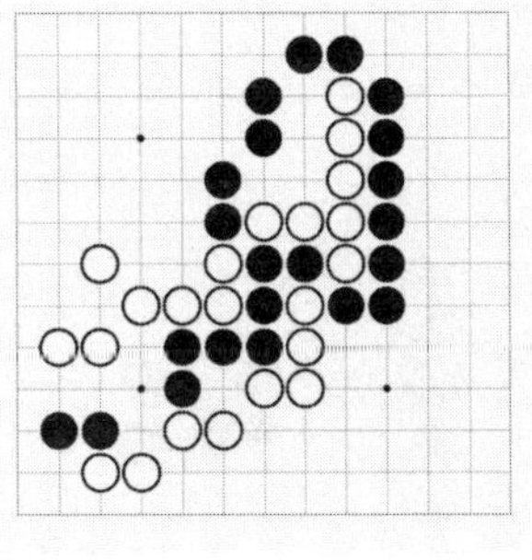

2

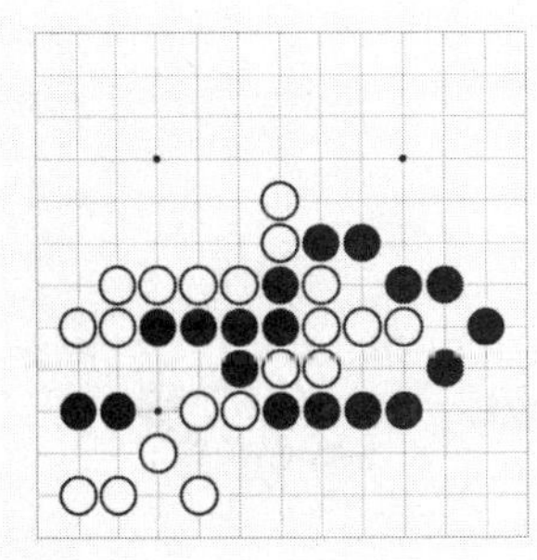

3

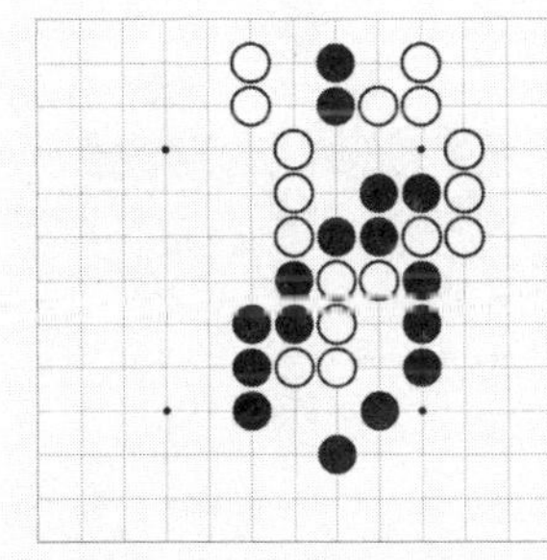

4

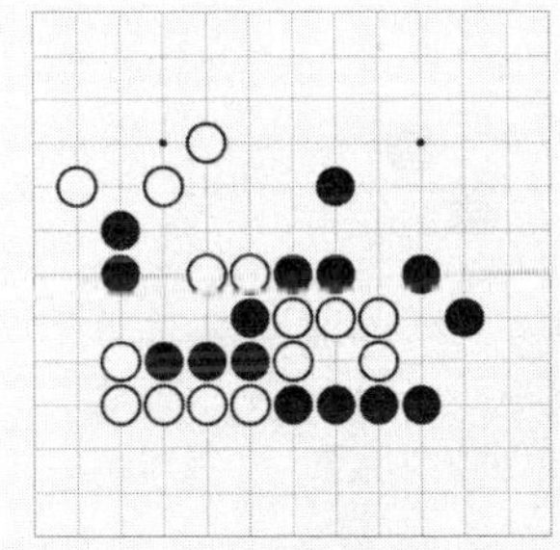

5

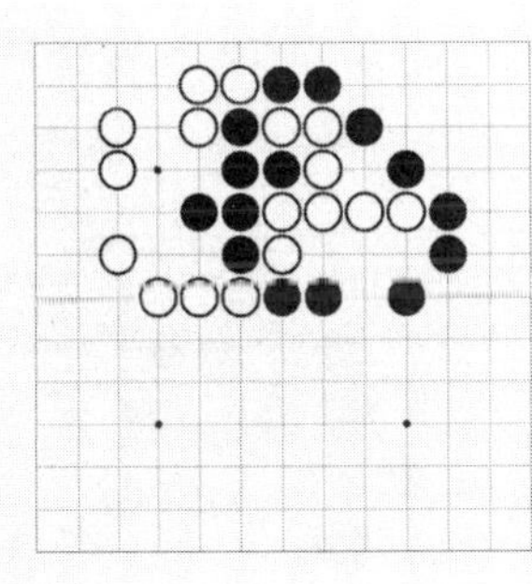

6

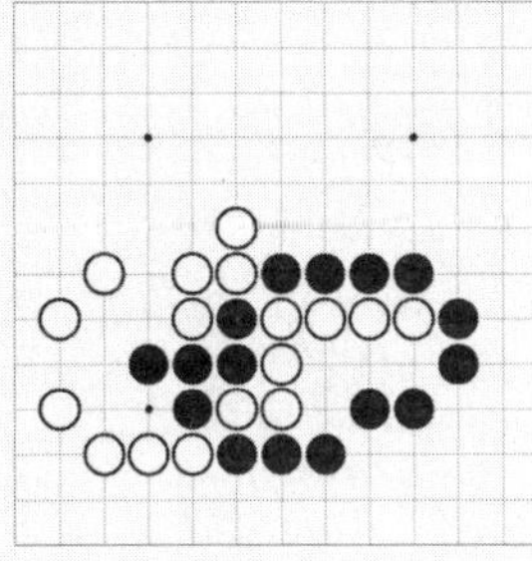

7

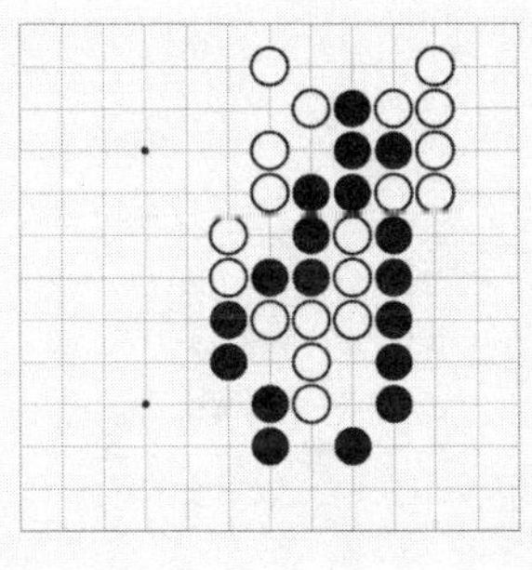

8

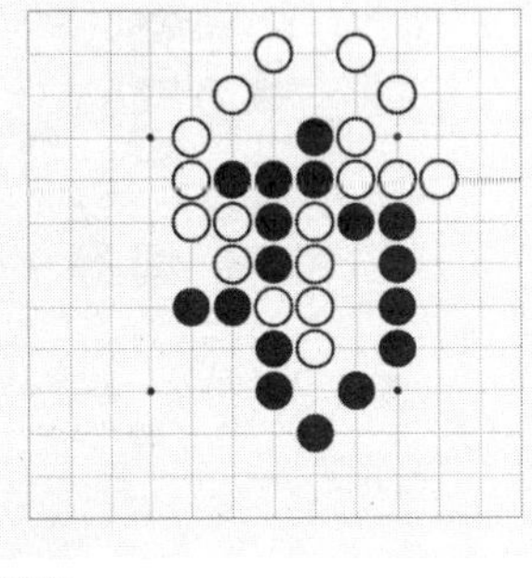

9

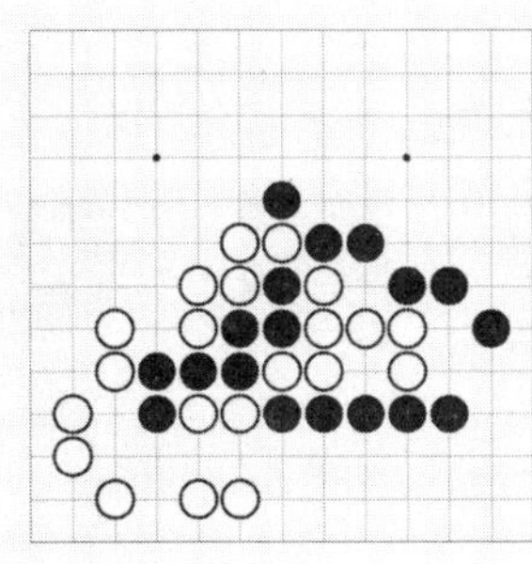

10

扫码看答案

扫码看题

九 实战对杀抉择

1. 对杀必要性判断

此时黑棋是否应该选择对杀？

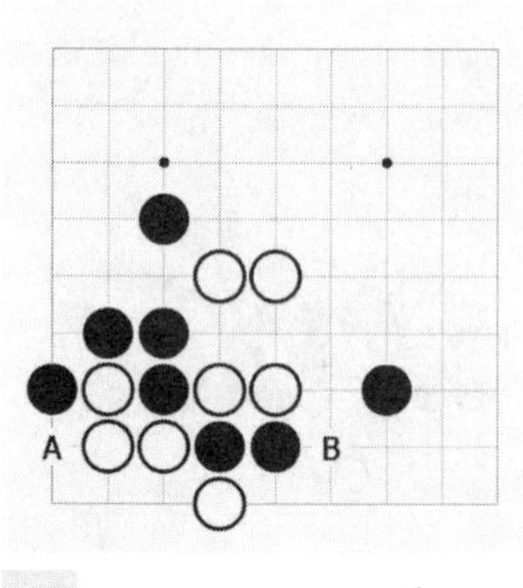

1 （ ）

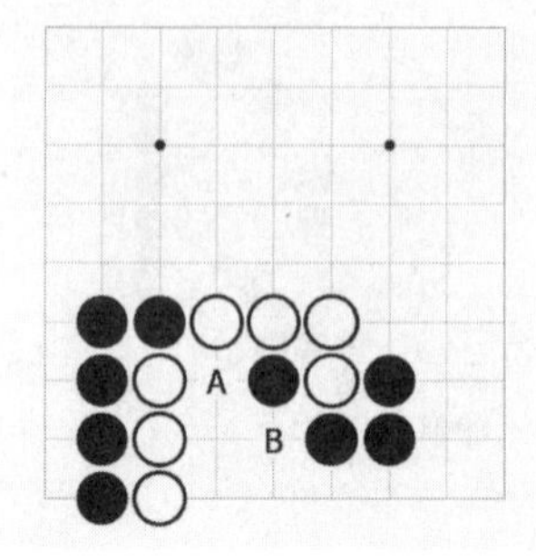

2 （ ）

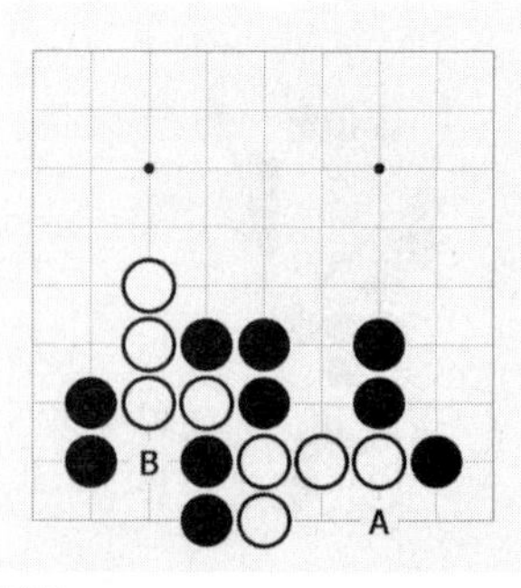

3 （ ）

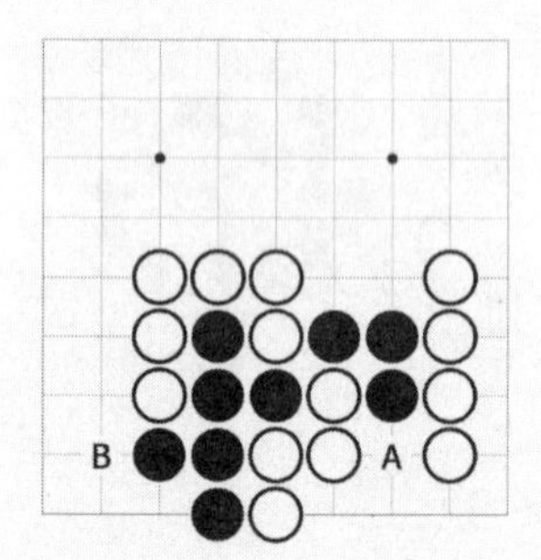

4 （ ）

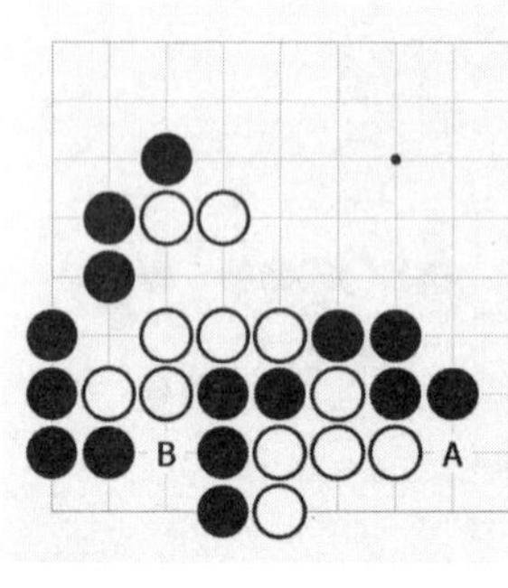

5 （ ）

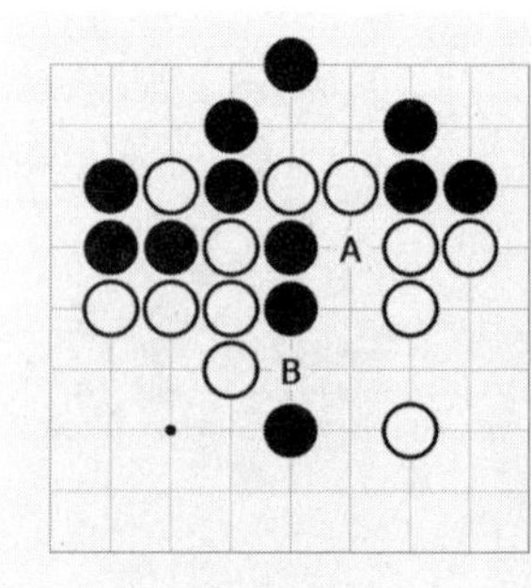

6 （ ）

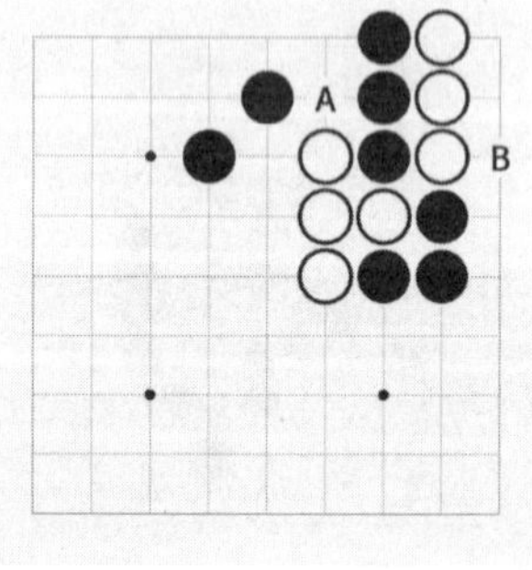

7 （ ）

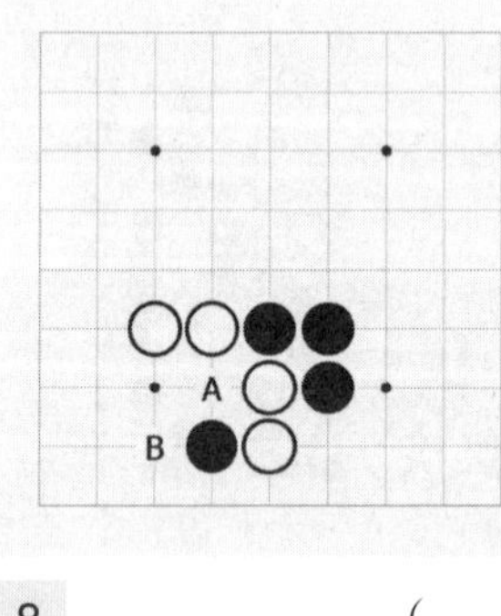

8 （ ）

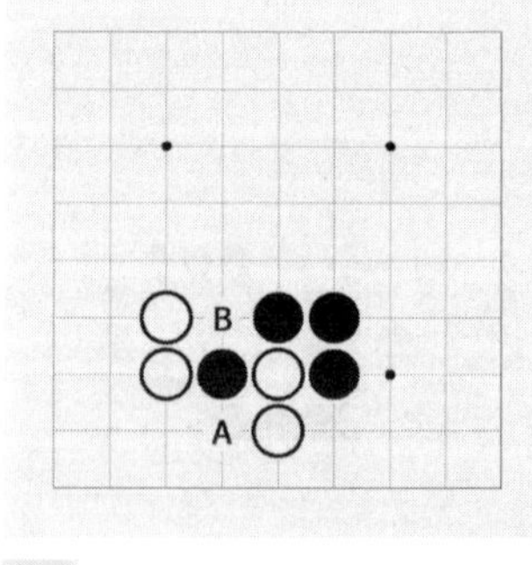

9 （ ）

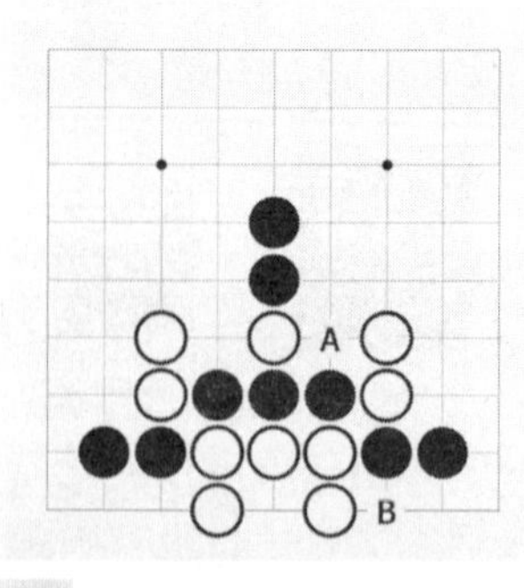

10 （ ）

扫码看答案

扫码看题

扫码看视频

2. 对杀行棋抉择

帮黑棋选择正确的对杀方式。

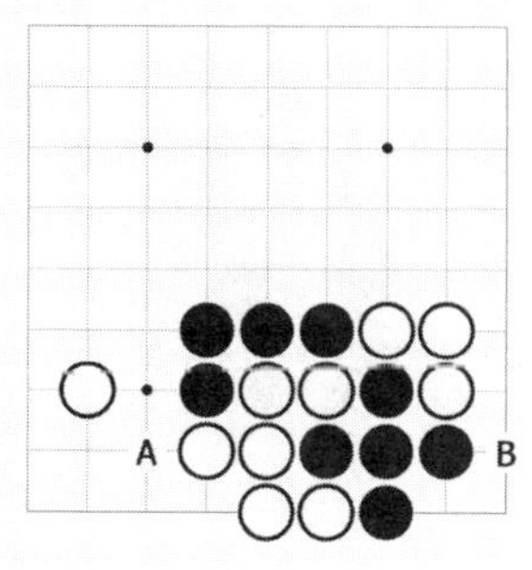

1 （　　）

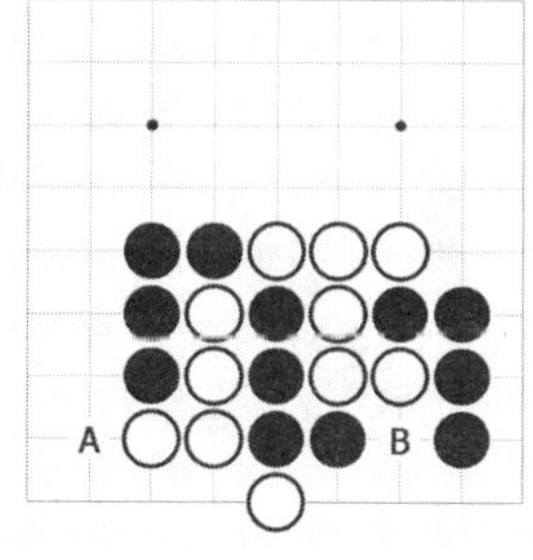

2 （　　）

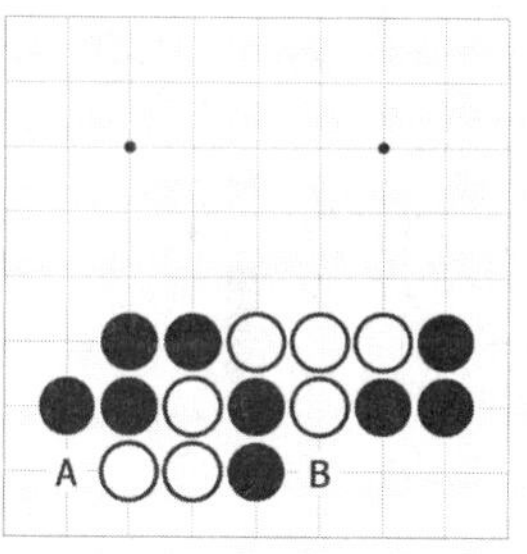

3 （　　）

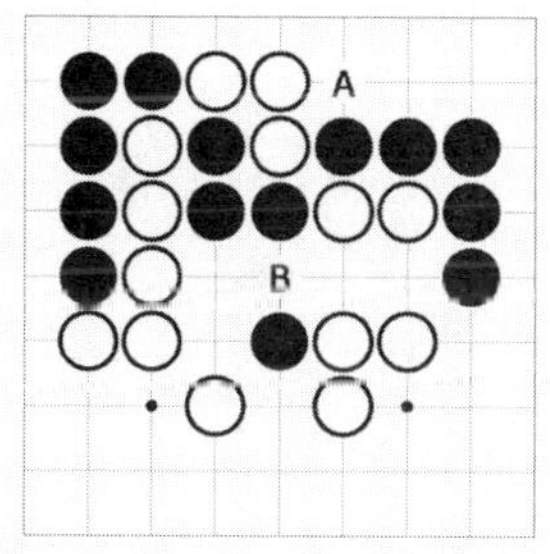

4 （　　）

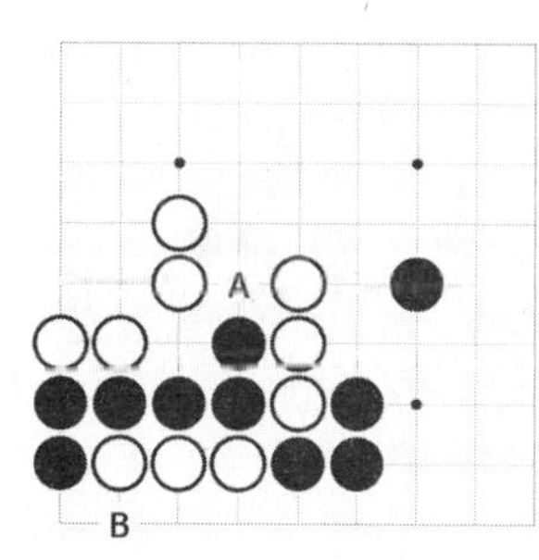

5 （　　）

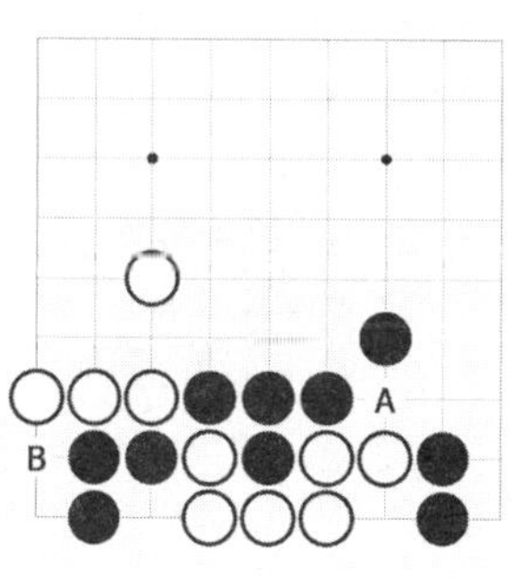

6 （　　）

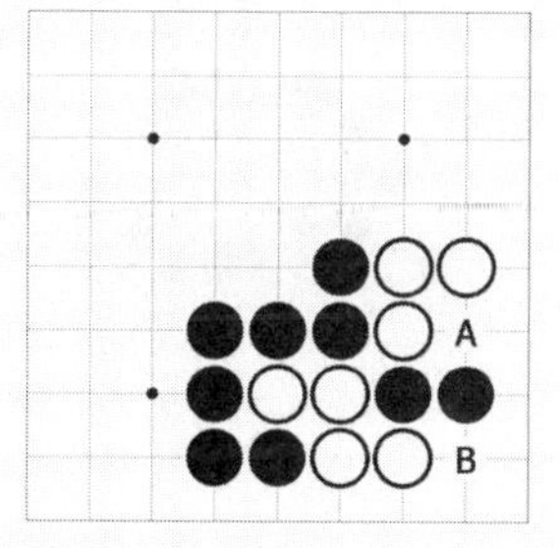

7 （　　）

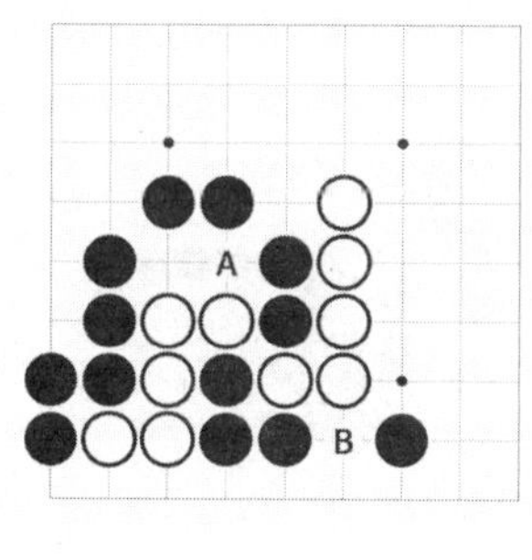

8 （　　）

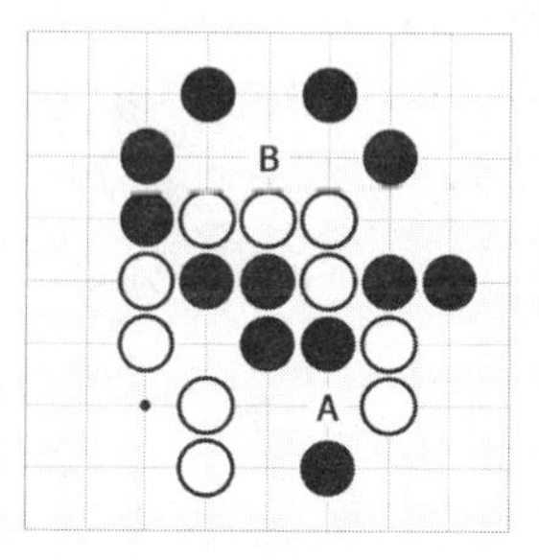

9 （　　）

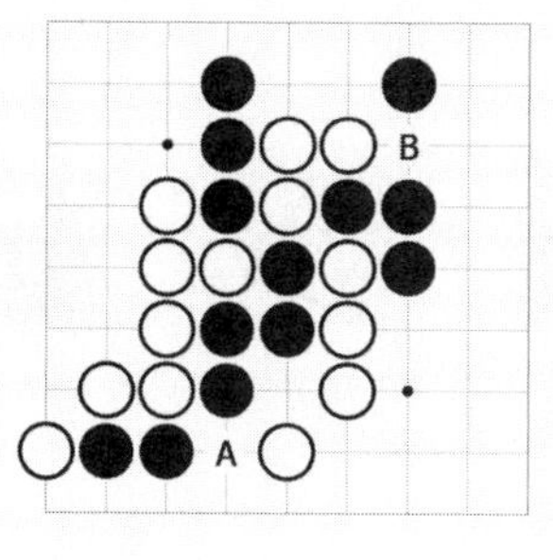

10 （　　）

扫码看答案

扫码看题

扫码看视频

3. 实战运用

帮黑棋选择正确下法。

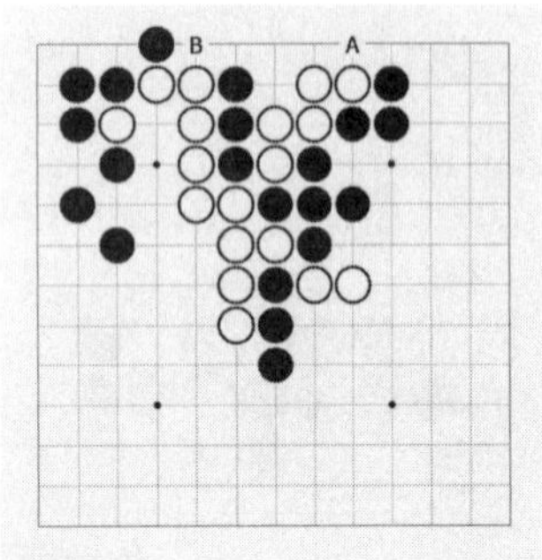

1 (　　)

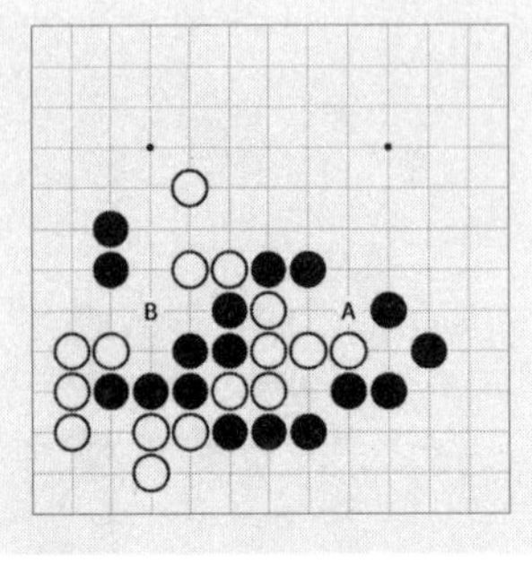

2 (　　)

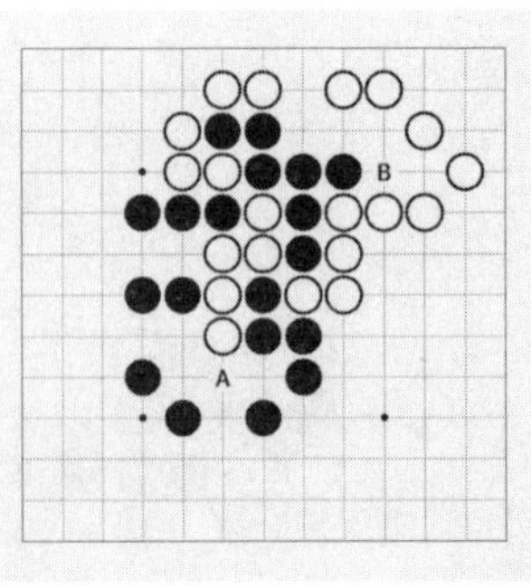

3 (　　)

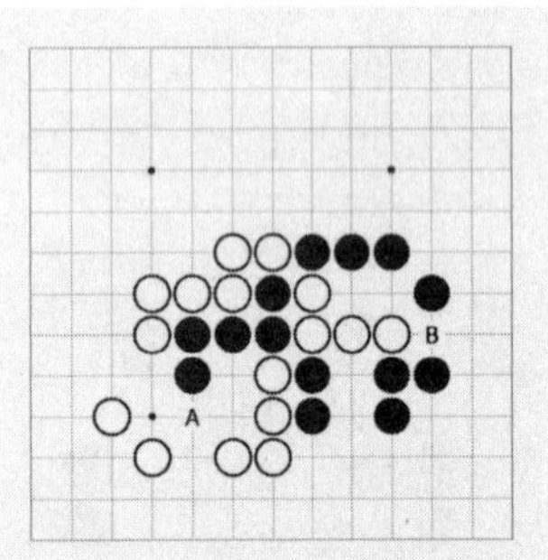

4 (　　)

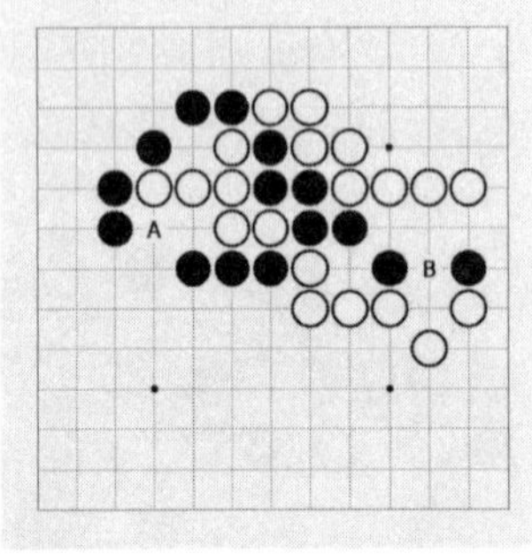

5 (　　)

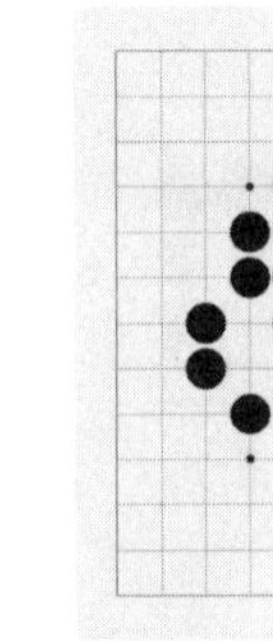

6 (　　)

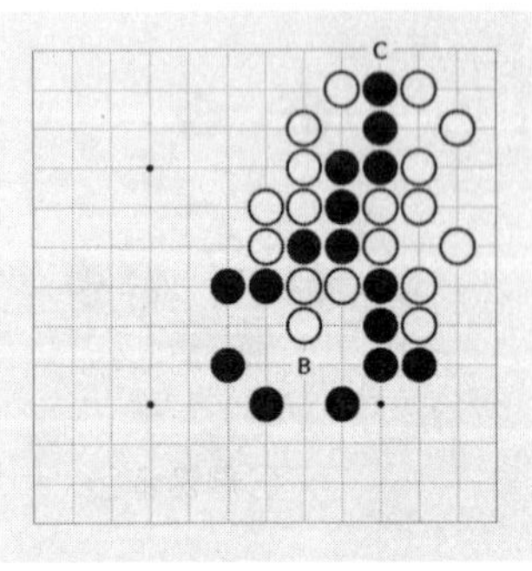

7 (　　)

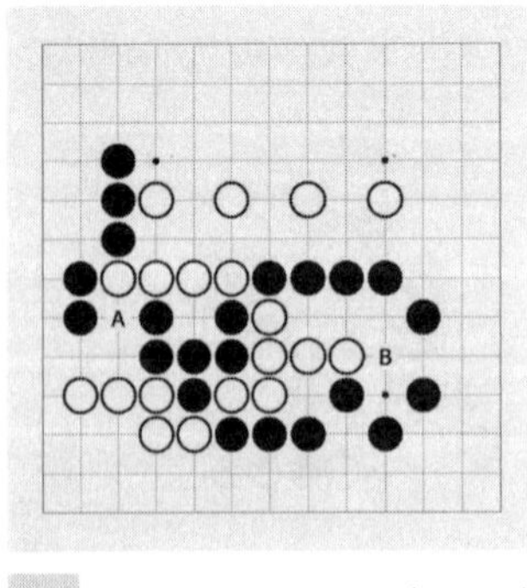

8 (　　)

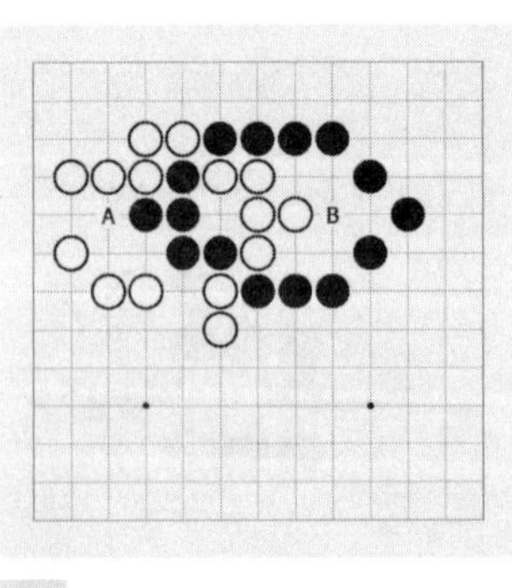

9 (　　)

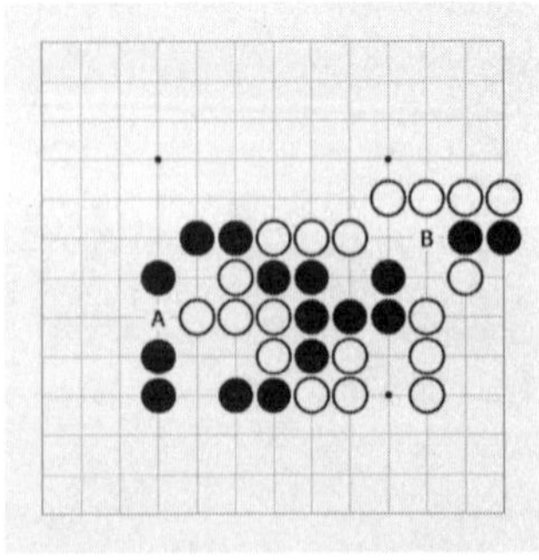

10 (　　)

扫码看答案

扫码看题

扫码看视频

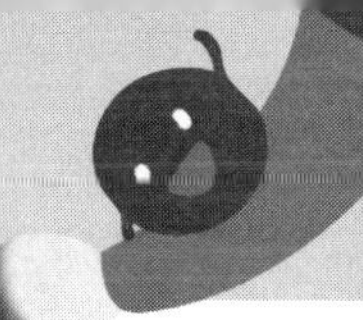

4.深度拓展

帮黑棋选择正确下法。

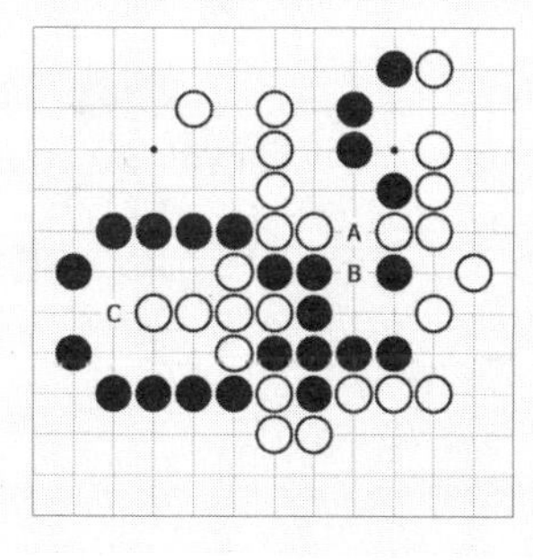

1　　（　　）

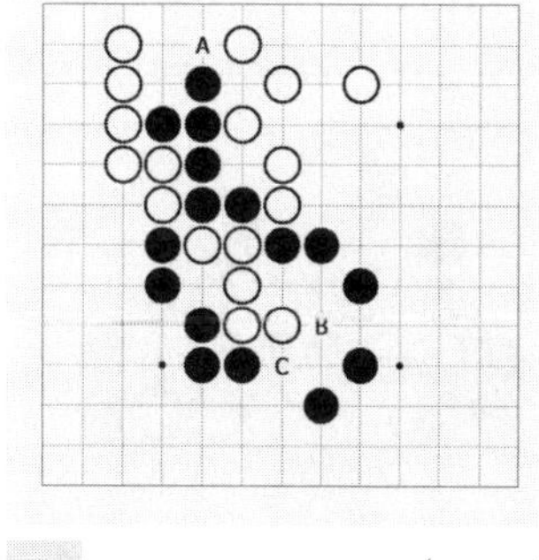

2　　（　　）

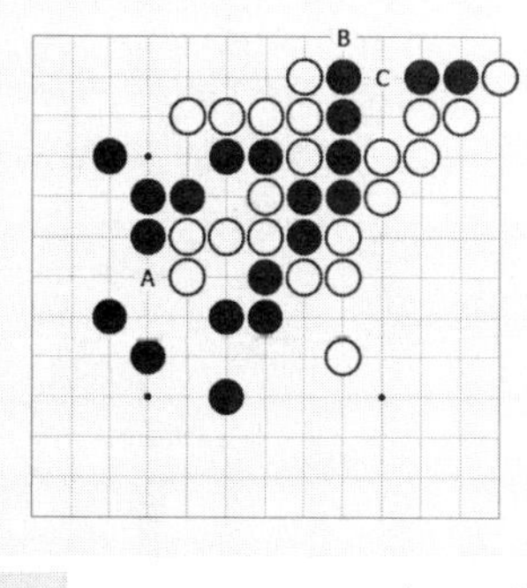

3　　（　　）

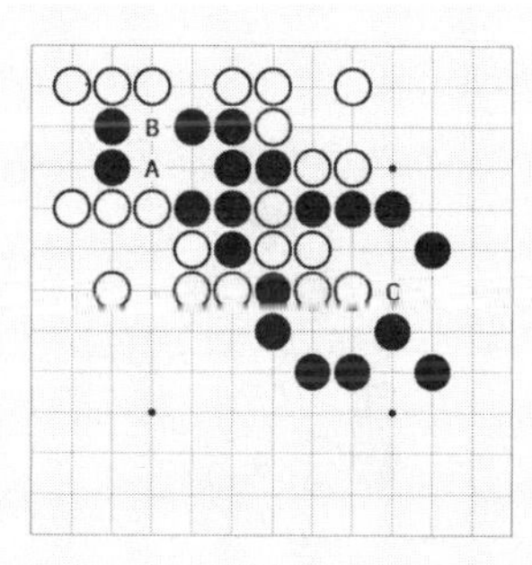

4　　（　　）

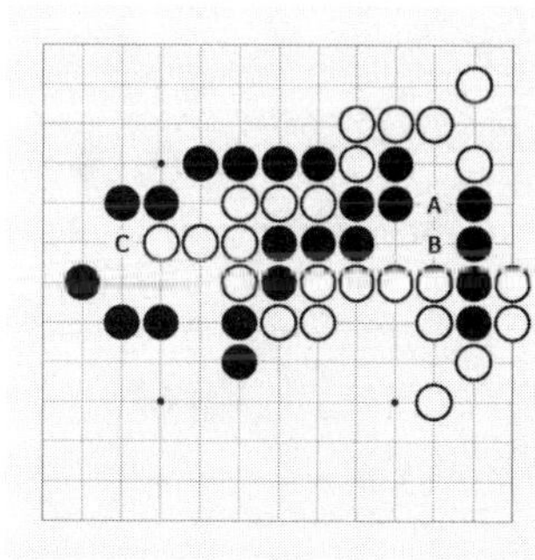

5　　（　　）

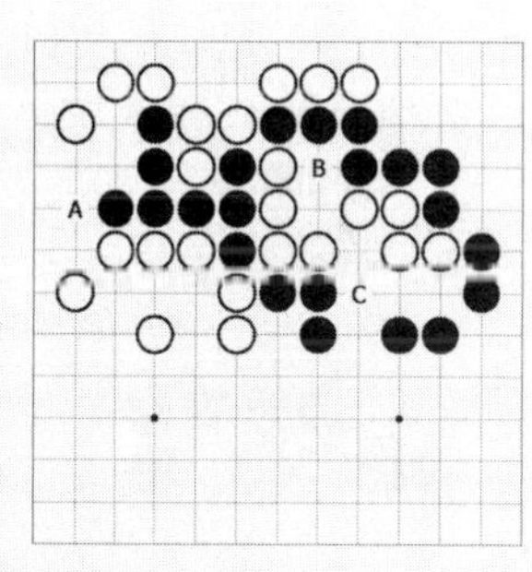

6　　（　　）

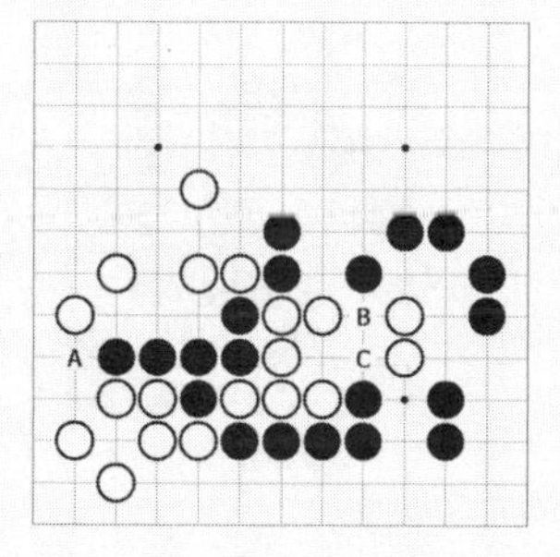

7　　（　　）

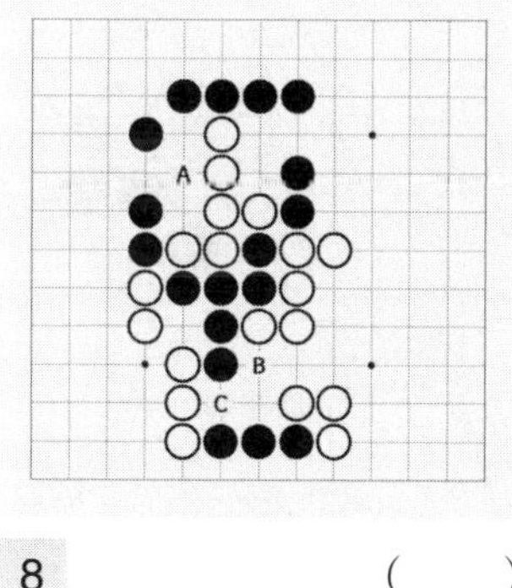

8　　（　　）

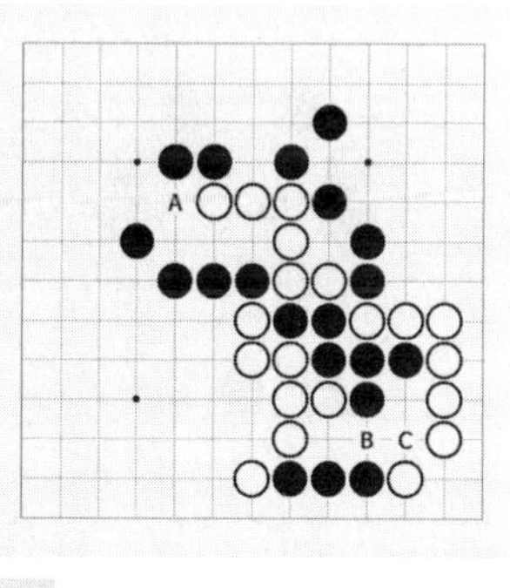

9　　（　　）

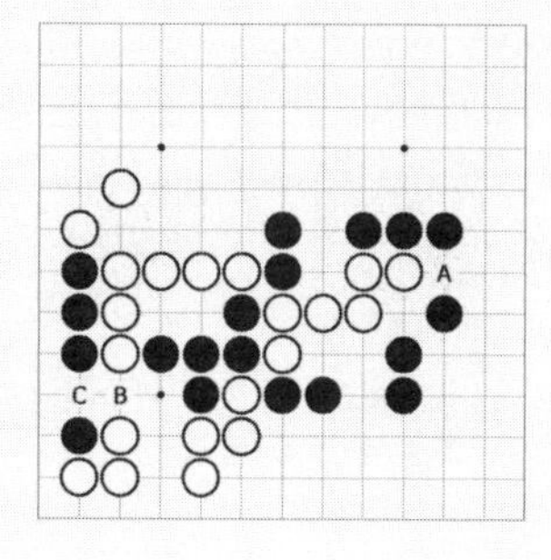

10　　（　　）

扫码看答案

扫码看题

十　第二单元复习

1.综合练习(一)

帮黑棋选择正确的下法。

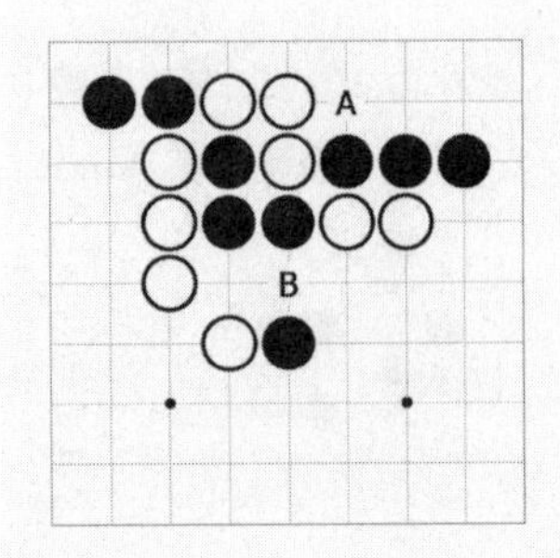

1　(　　)

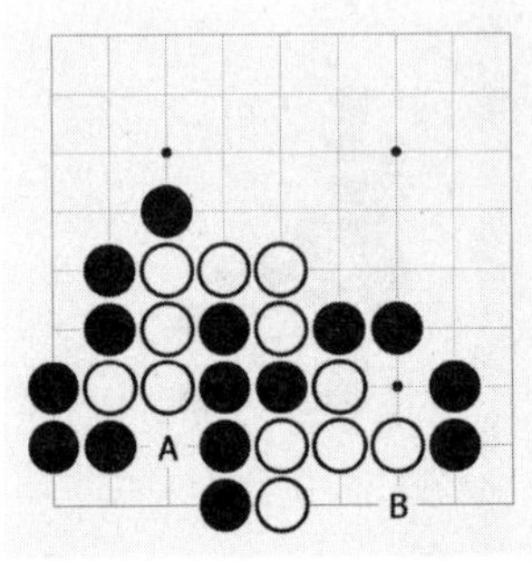

2　(　　)

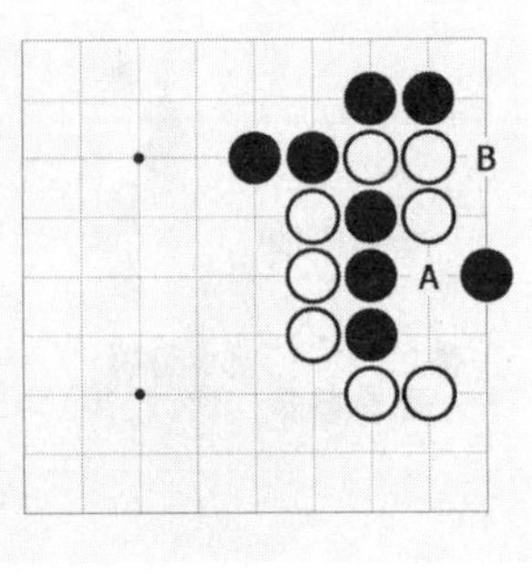

3　(　　)

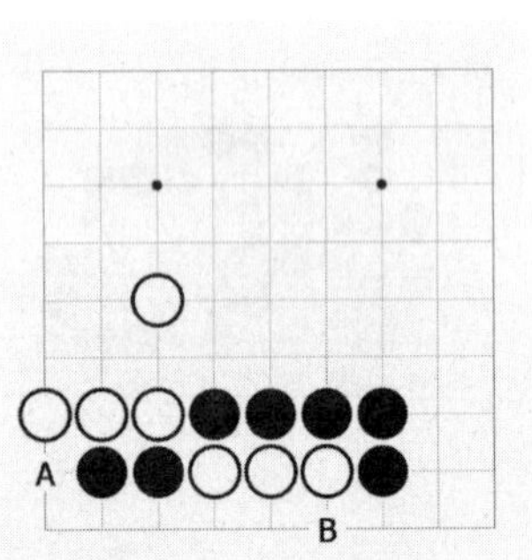

4　(　　)

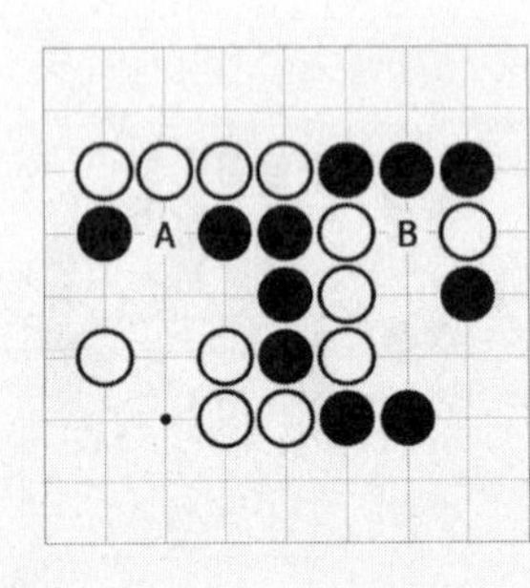

5　(　　)

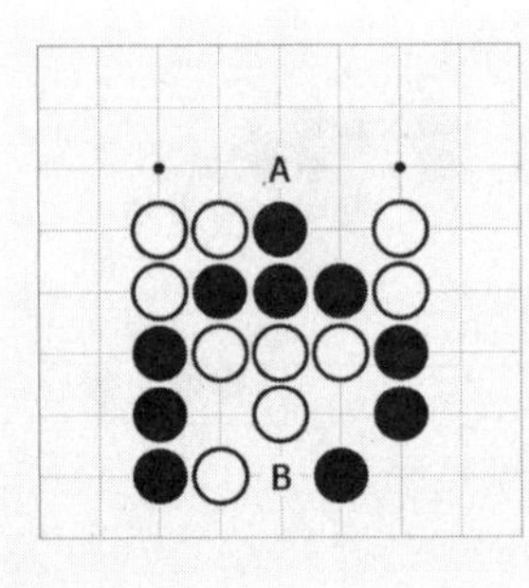

6　(　　)

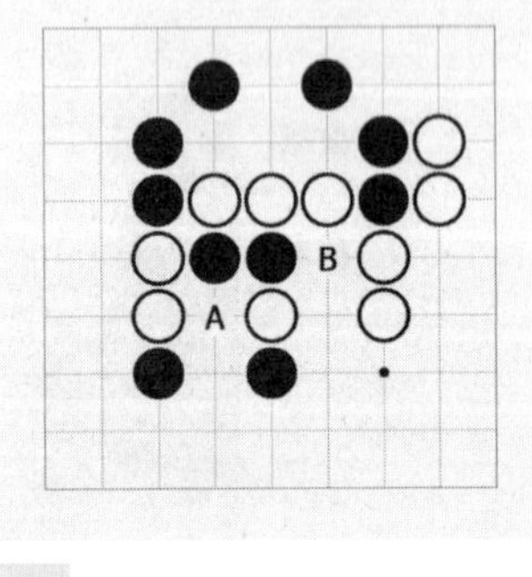

7　(　　)

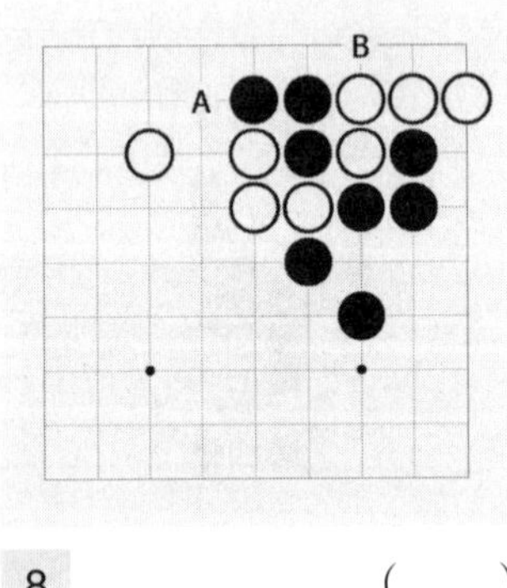

8　(　　)

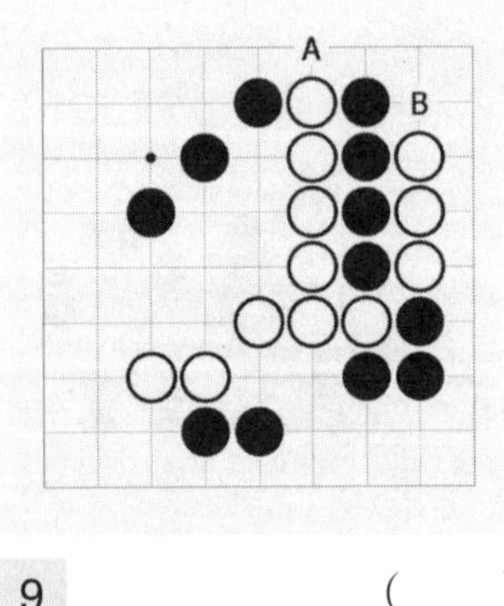

9　(　　)

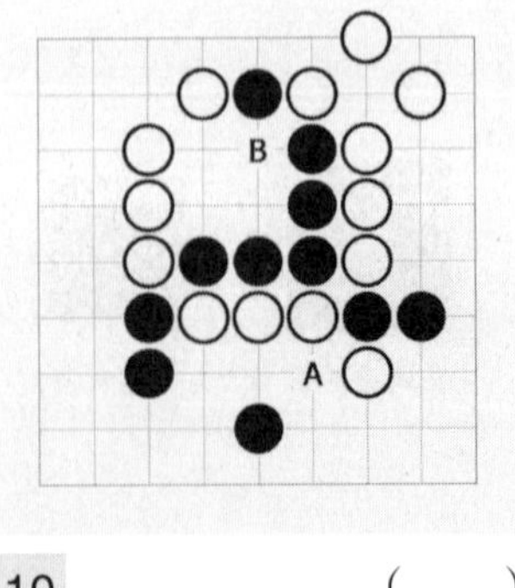

10　(　　)

扫码看答案

扫码看题

2.综合练习(二)

黑先,写出对杀的过程。

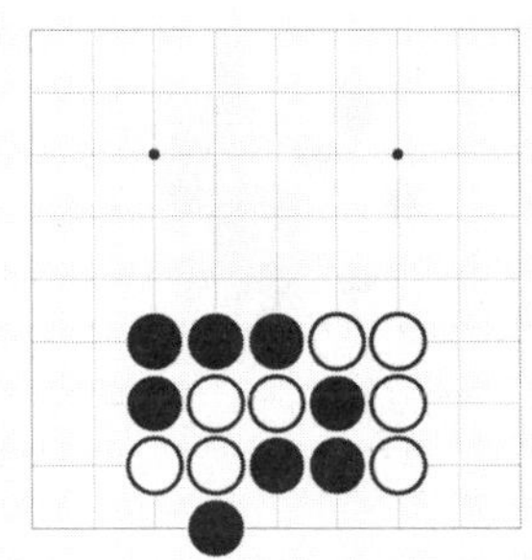

1

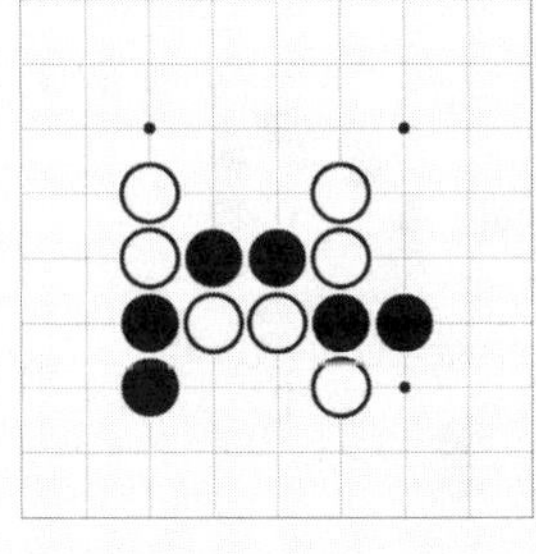

2

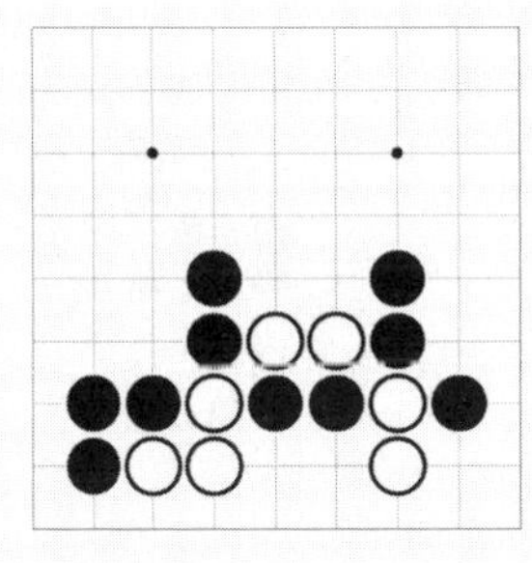

3

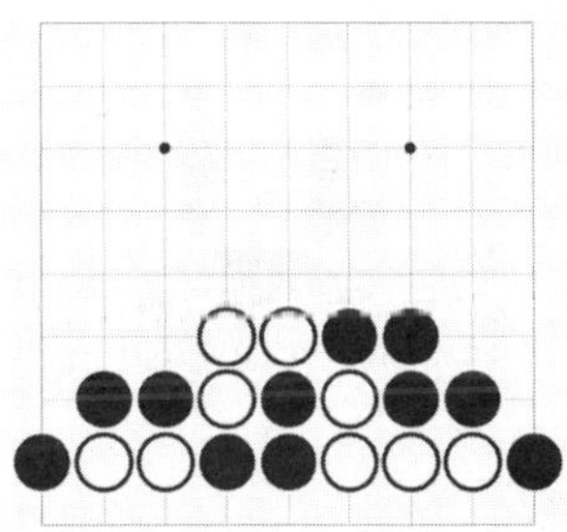

4

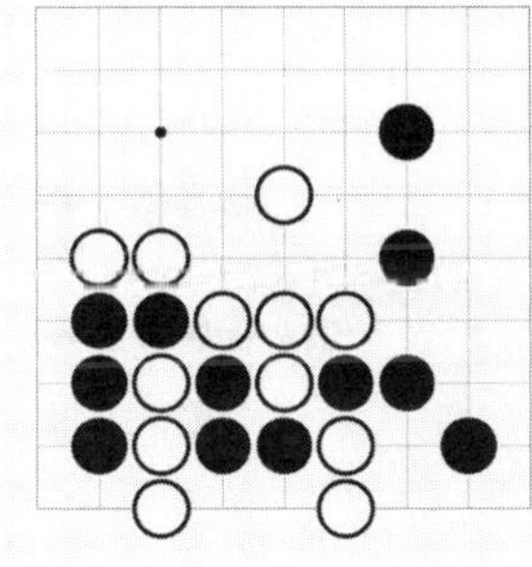

5

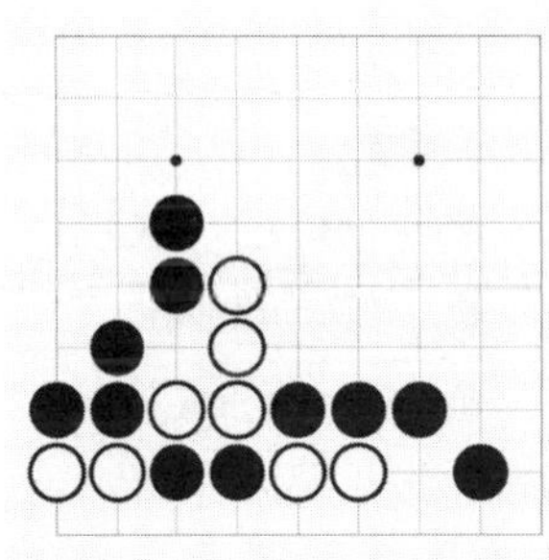

6

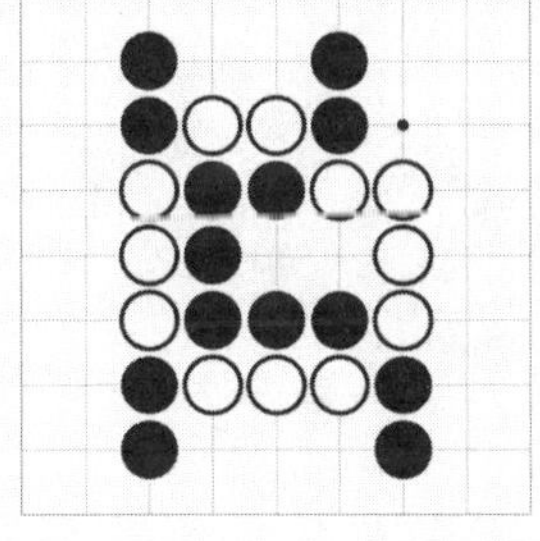

7

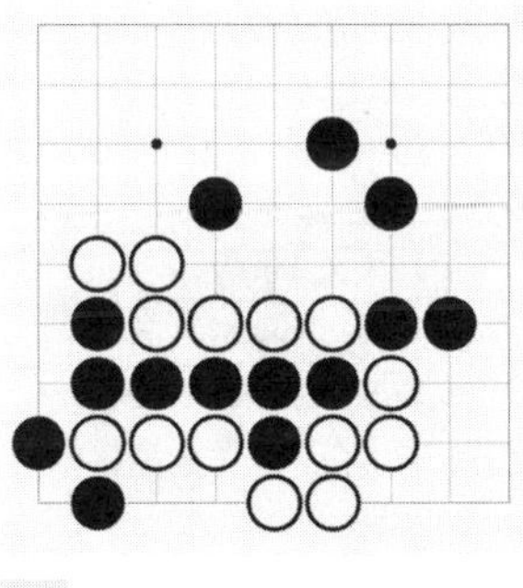

8

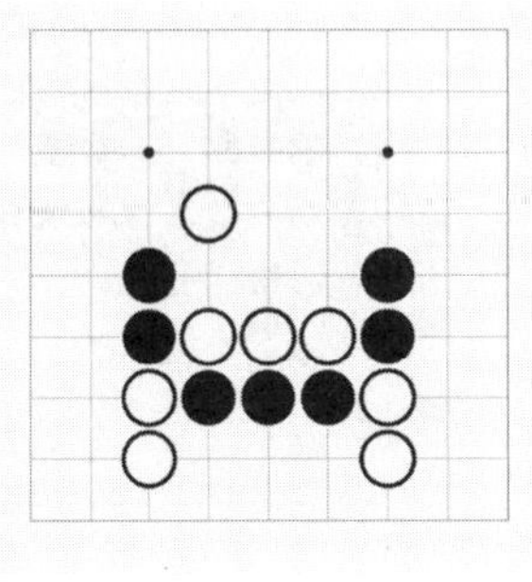

9

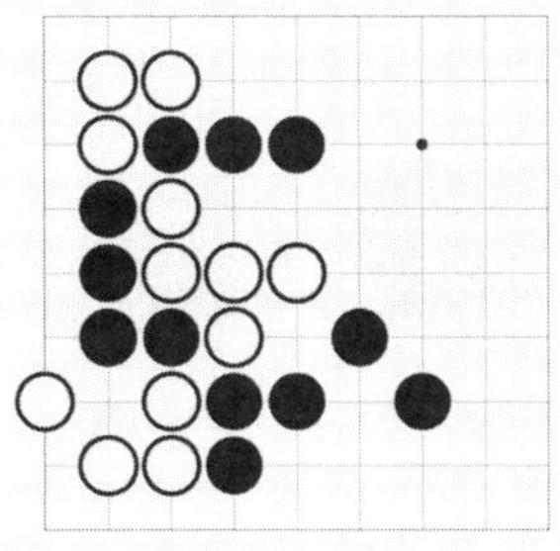

10

扫码看答案

扫码看题

3. 实战运用

黑先，写出对杀的过程 。

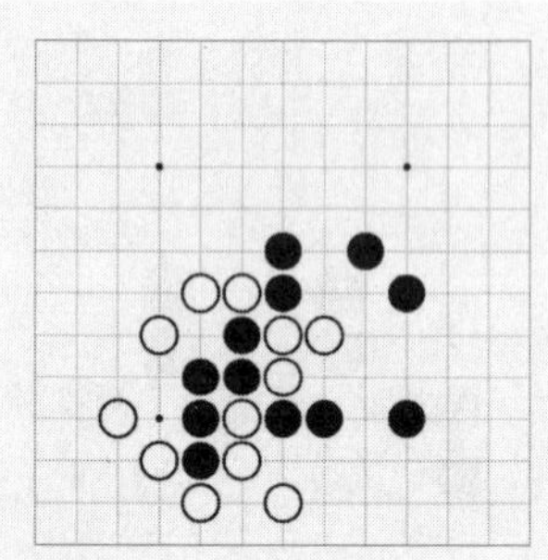

1

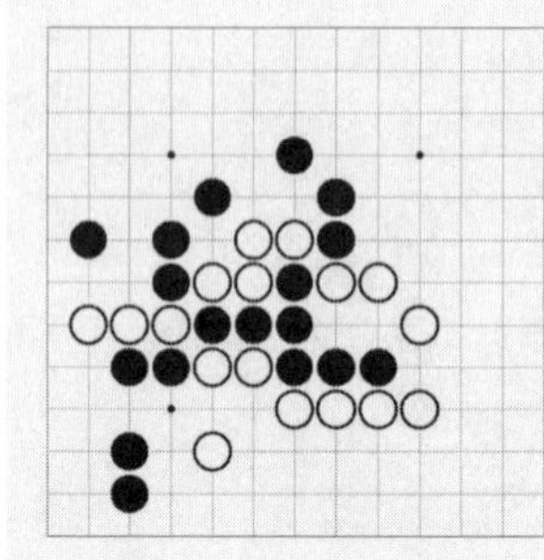

2

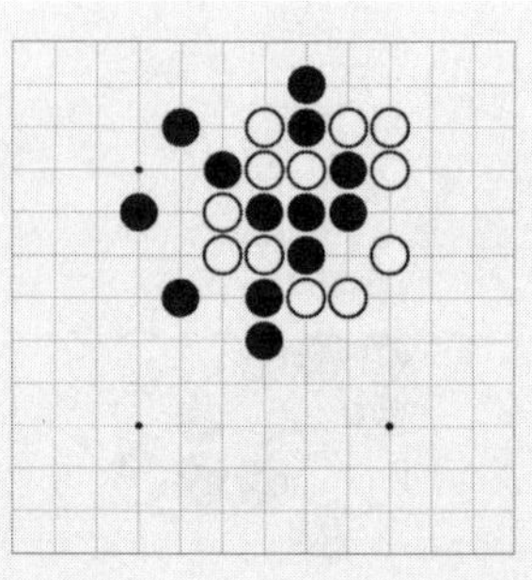

3

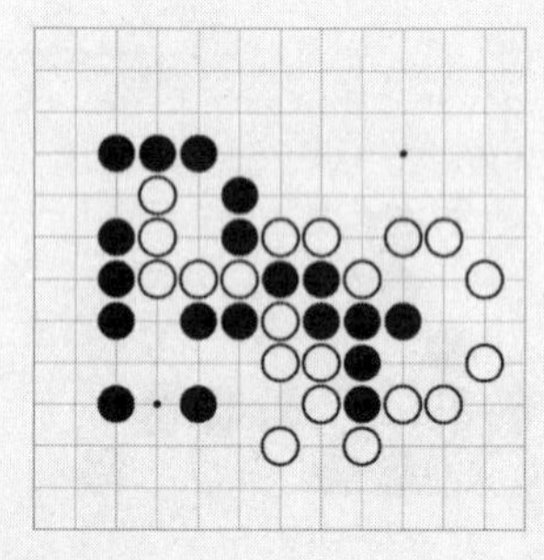

4

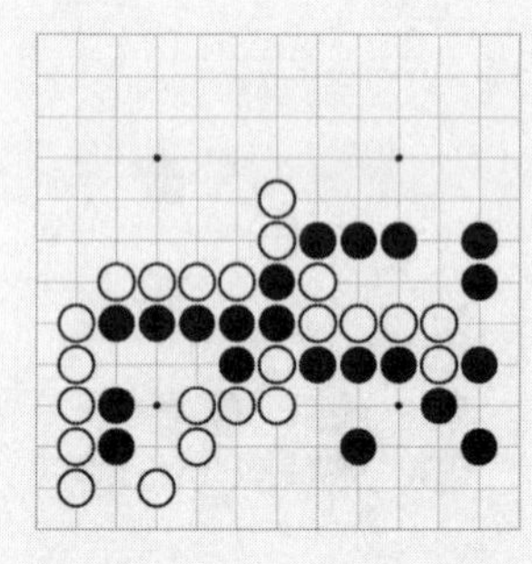

5

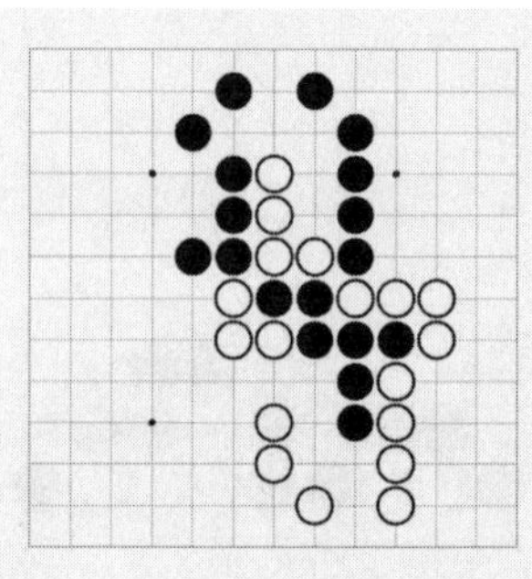

6

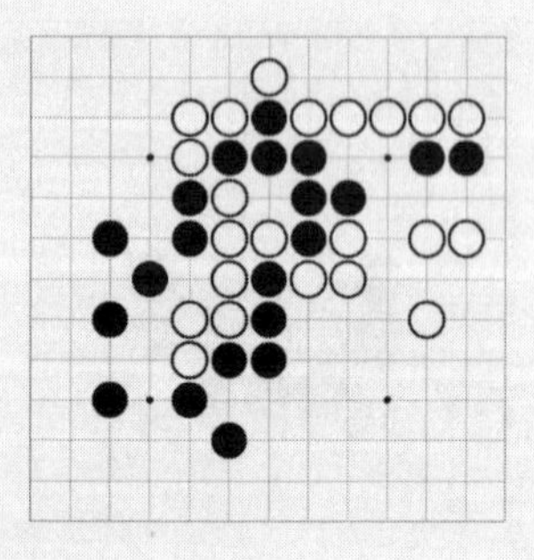

7

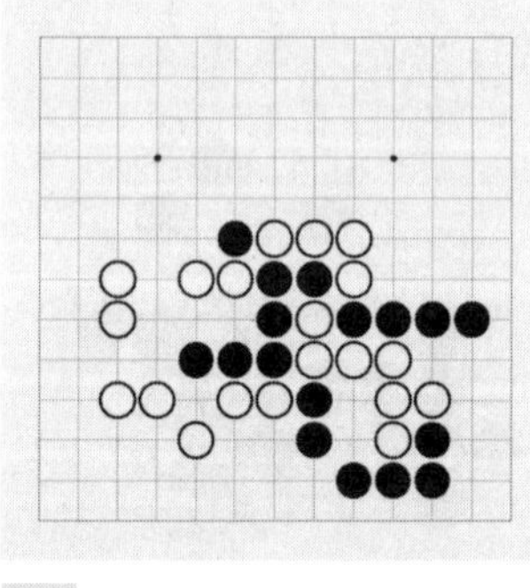

8

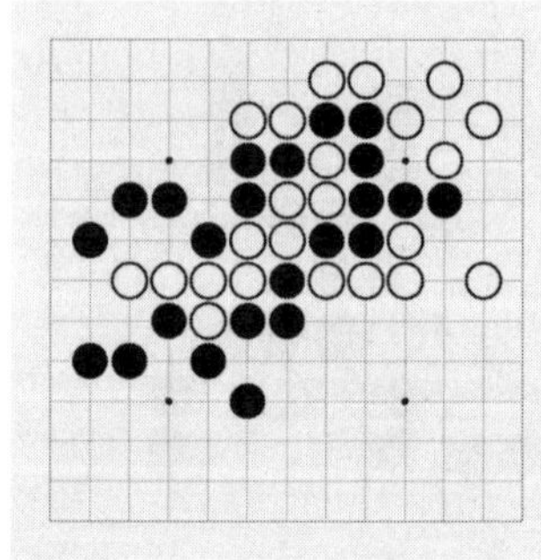

9

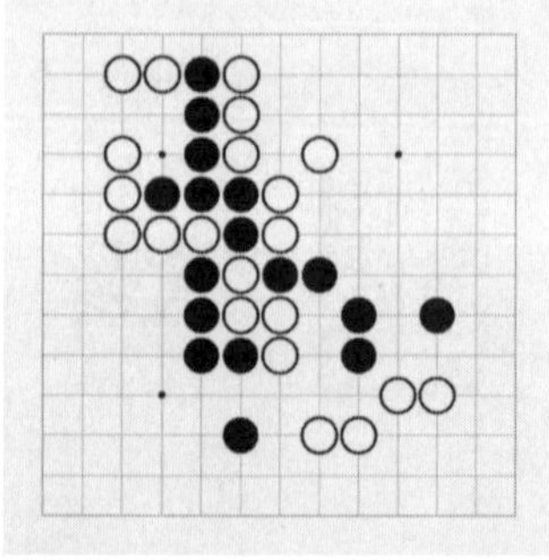

10

扫码看答案

扫码看题

十一　死活的概念

1. 眼的判断

标记处是黑棋的眼吗？是√,不是×。

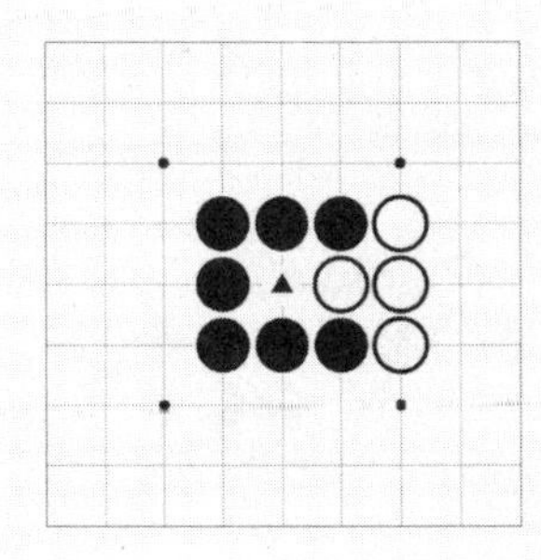

1 （　　）

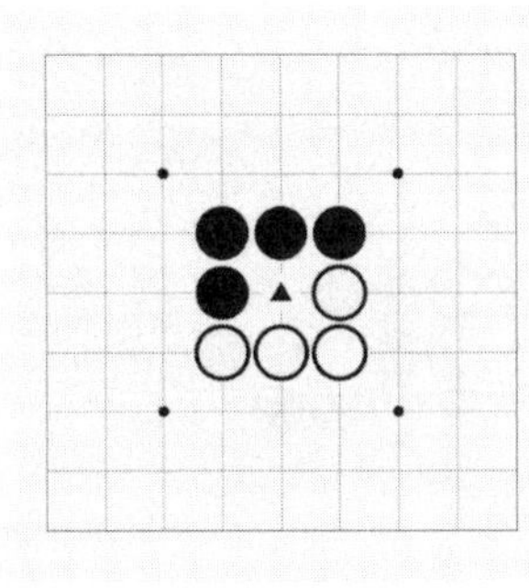

2 （　　）

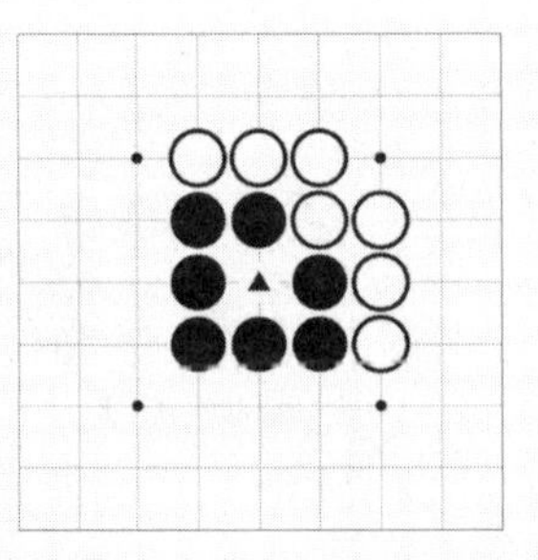

3 （　　）

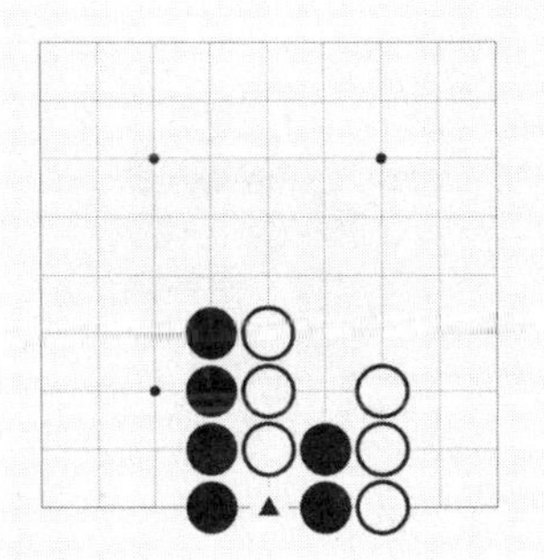

4 （　　）

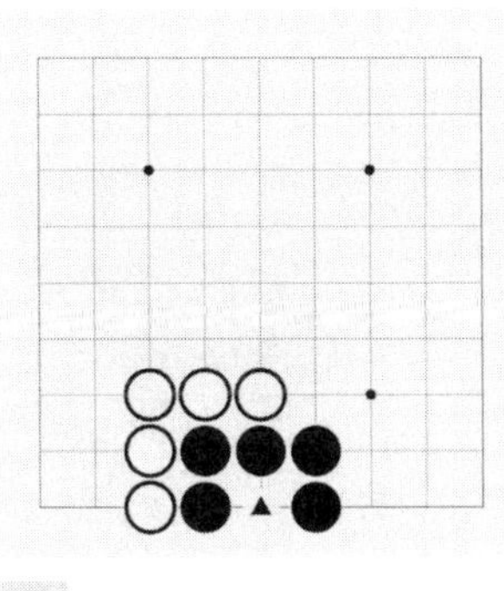

5 （　　）

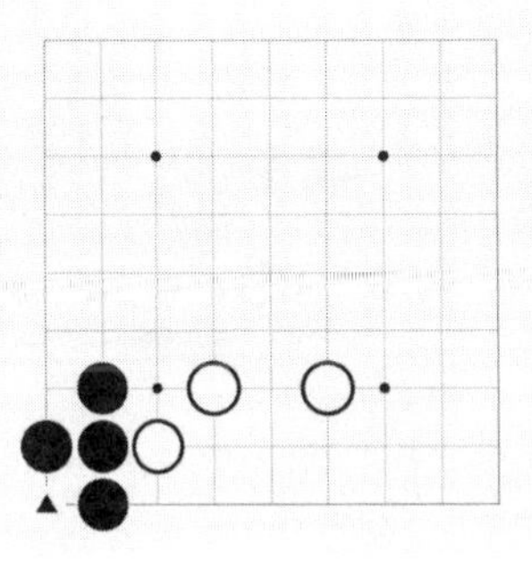

6 （　　）

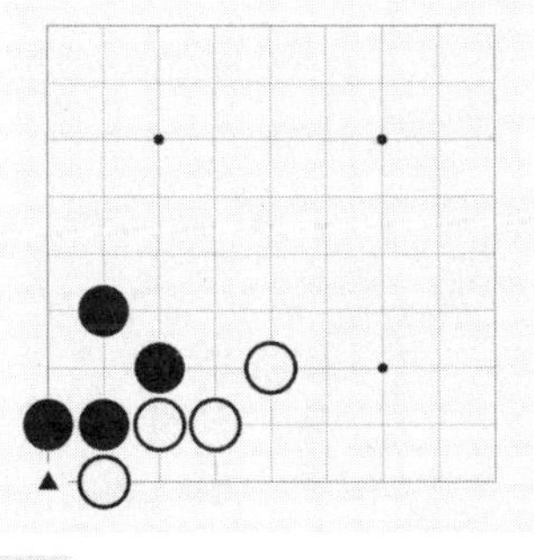

7 （　　）

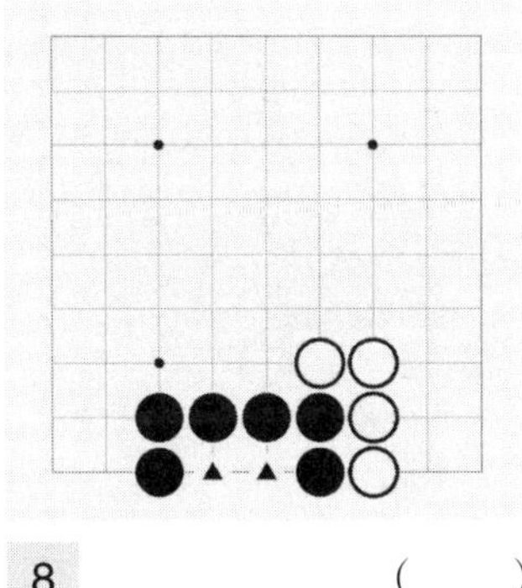

8 （　　）

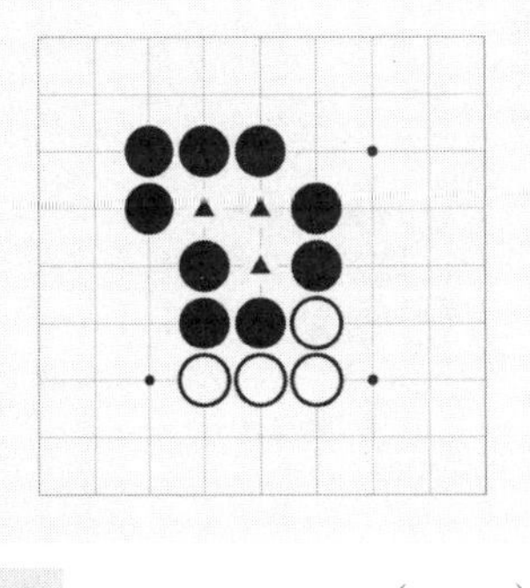

9 （　　）

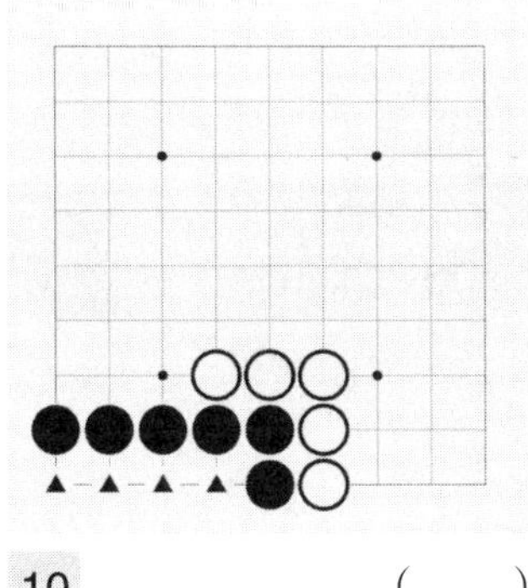

10 （　　）

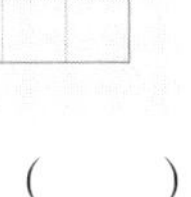

扫码看答案

扫码看题

扫码看视频

2. 两眼判断

判断这块黑棋是不是活棋。是√，不是×。

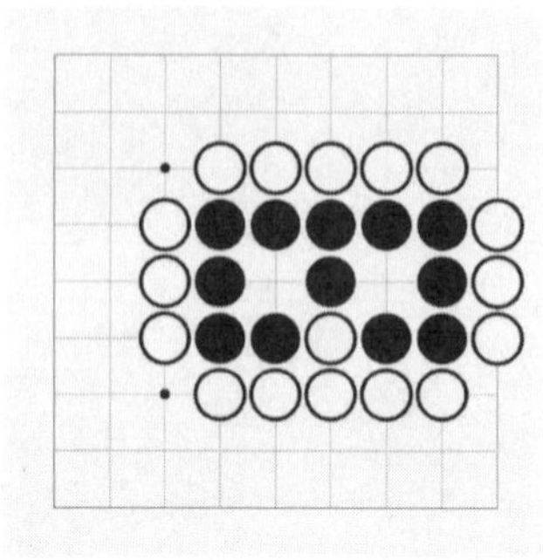

1 （ ）

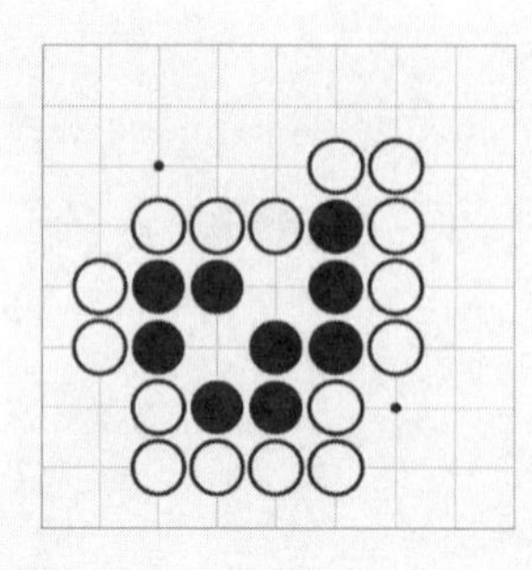

2 （ ）

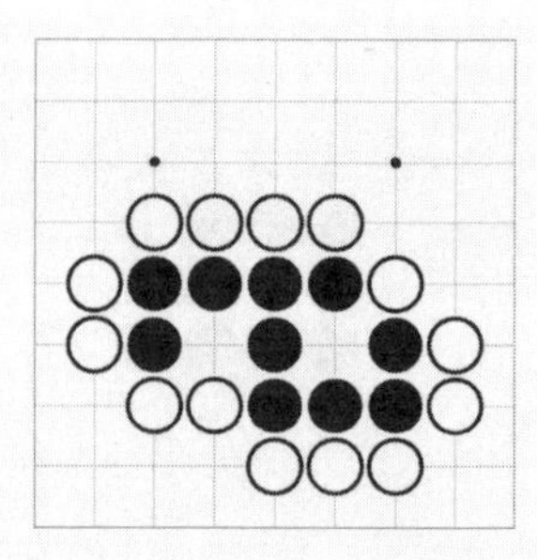
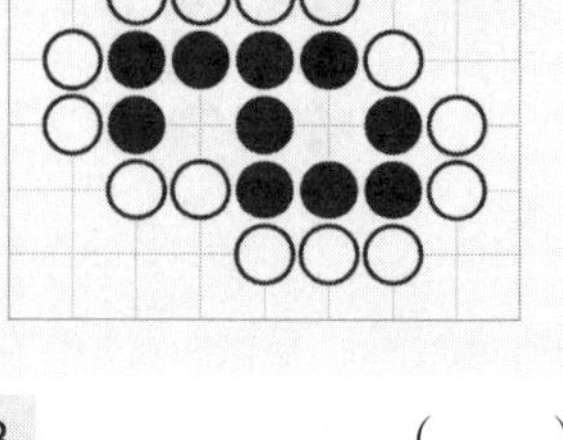

3 （ ）

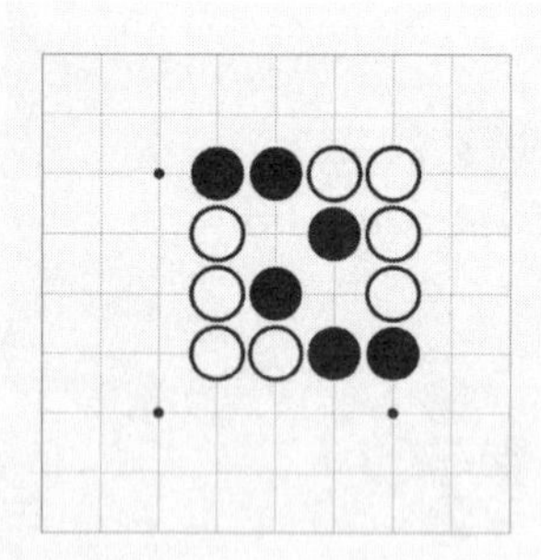

4 （ ）

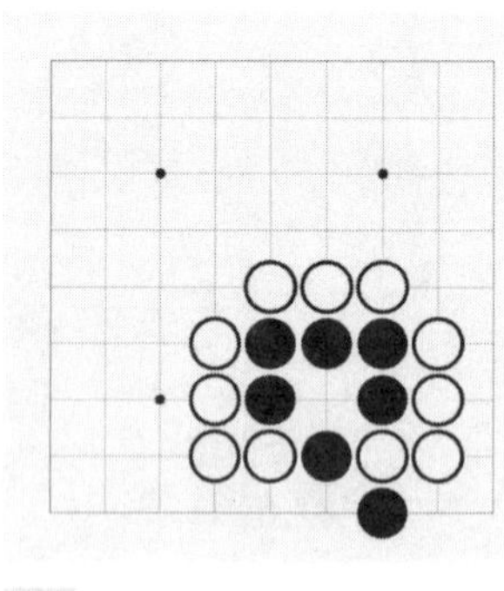

5 （ ）

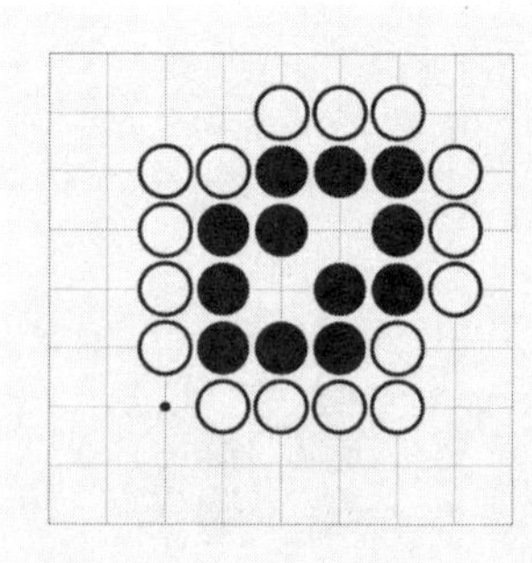

6 （ ）

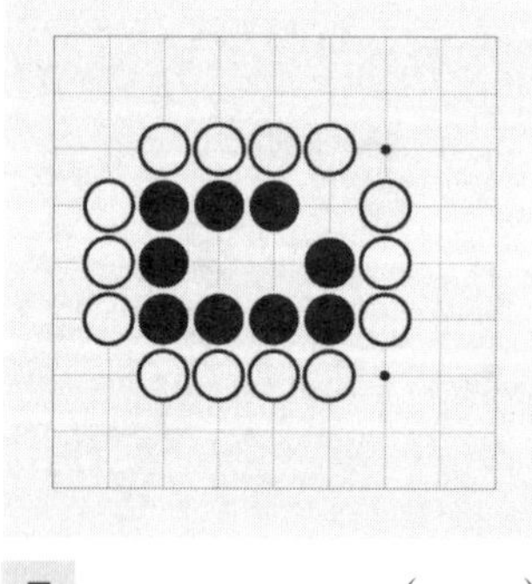

7 （ ）

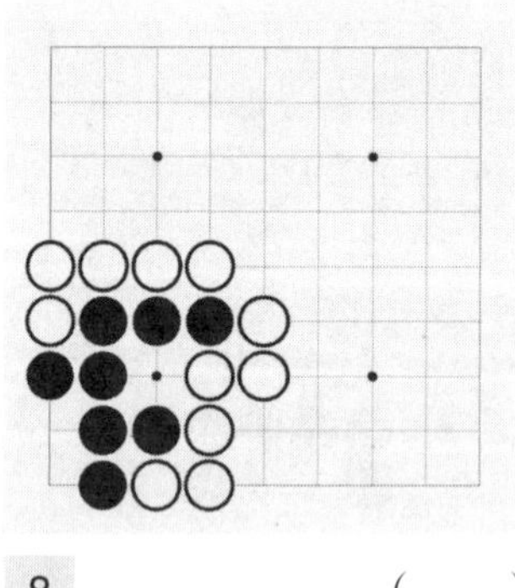

8 （ ）

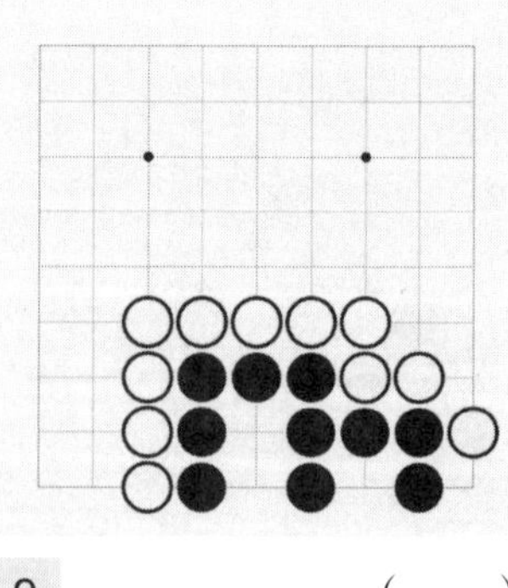

9 （ ）

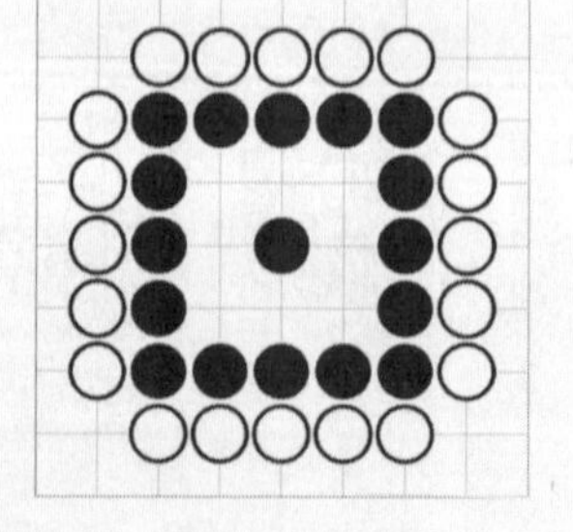

10 （ ）

扫码看答案

扫码看题

扫码看视频

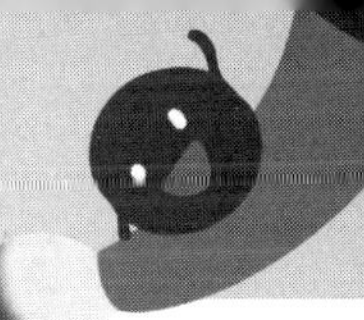

3.实战运用

判断标记的棋子是不是活棋。是√,不是× 。

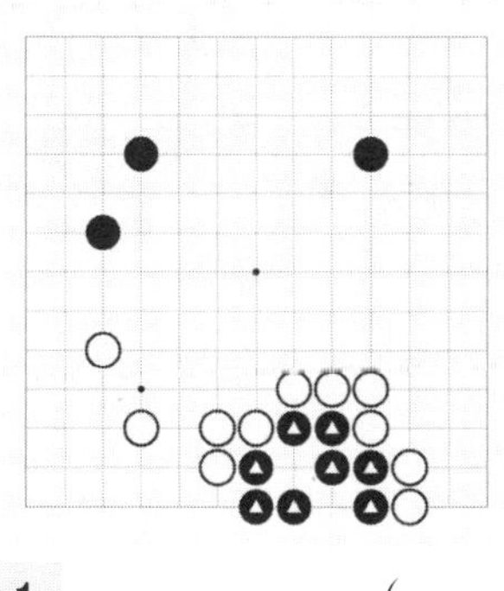
1 （ ）

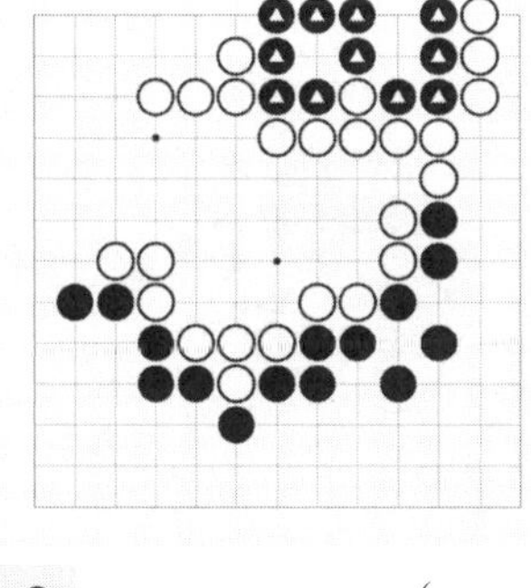
2 （ ）

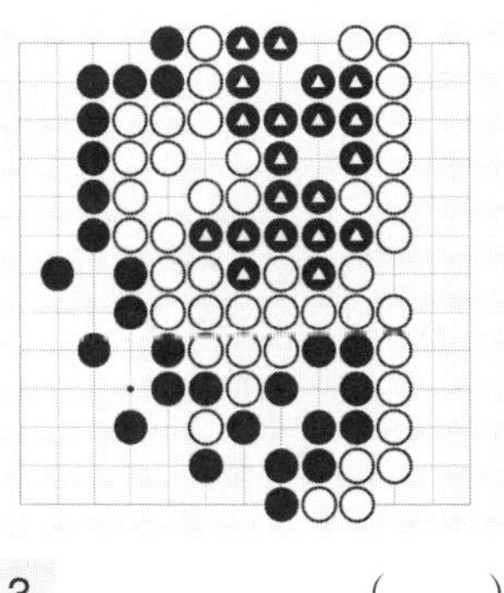
3 （ ）

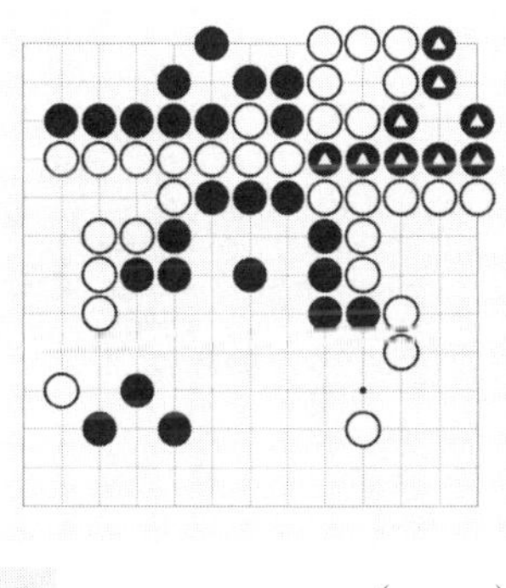
4 （ ）

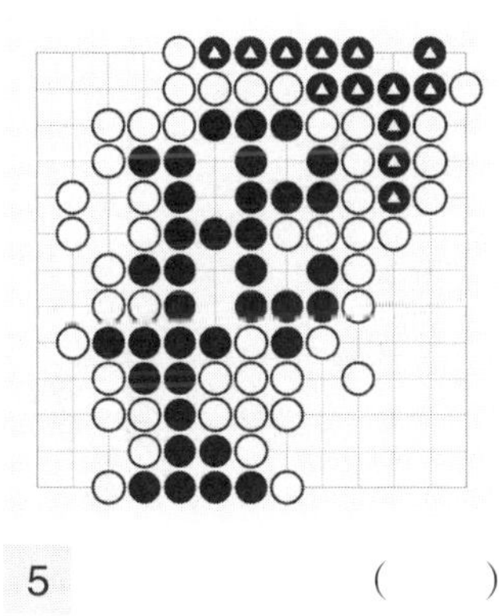
5 （ ）

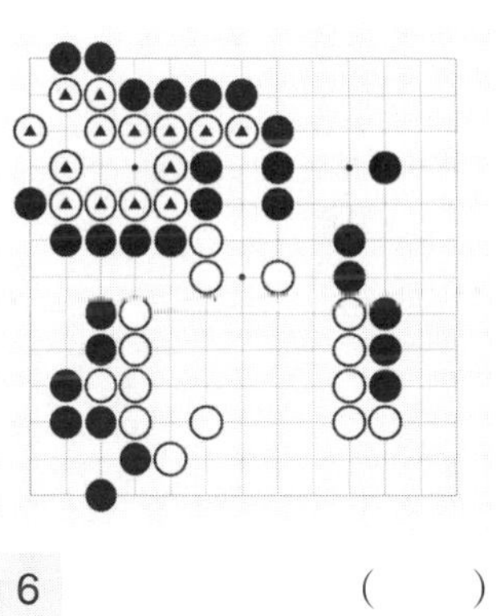
6 （ ）

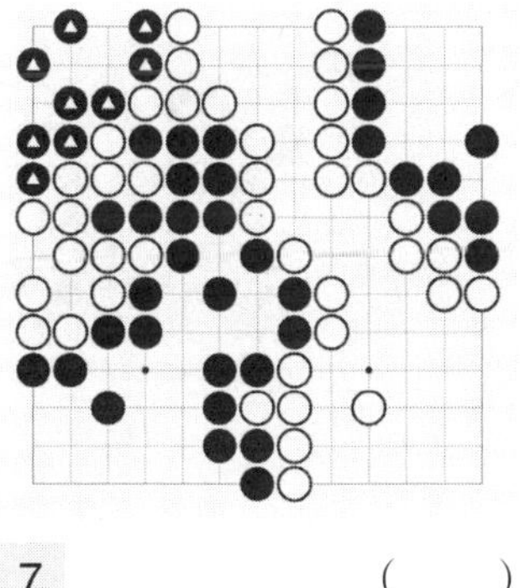
7 （ ）

扫码看答案

扫码看题

扫码看视频

标记出黑棋的死棋。

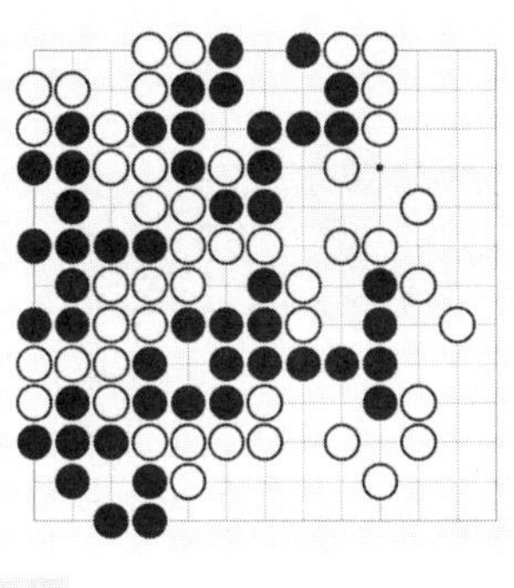
1

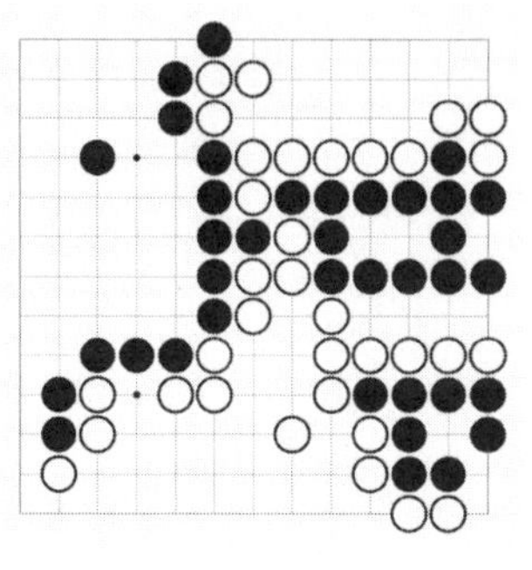
2

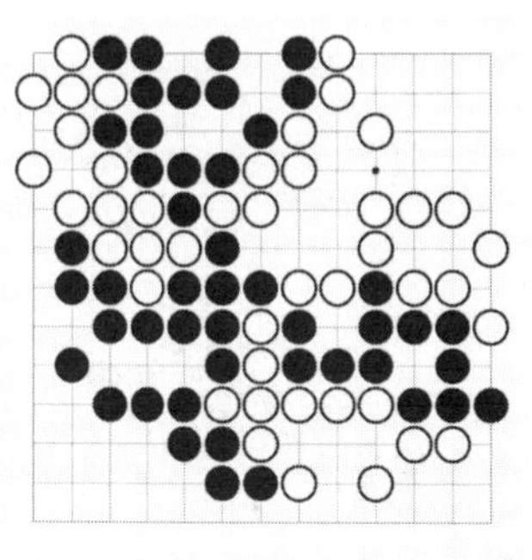
3

4.深度拓展

判断标记的黑棋是不是活棋。是√,不是×。

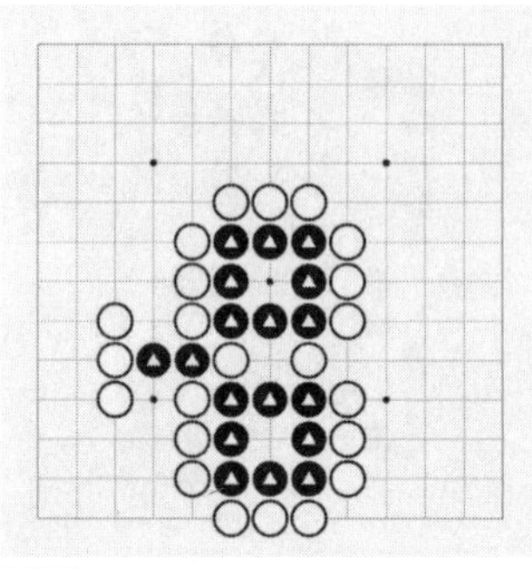

1 (   )

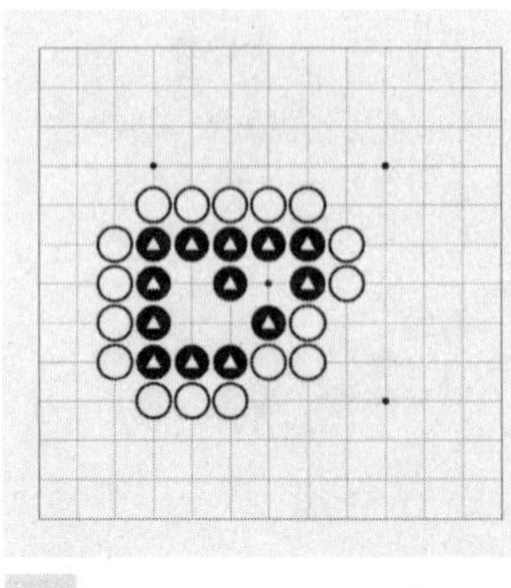

2 (   )

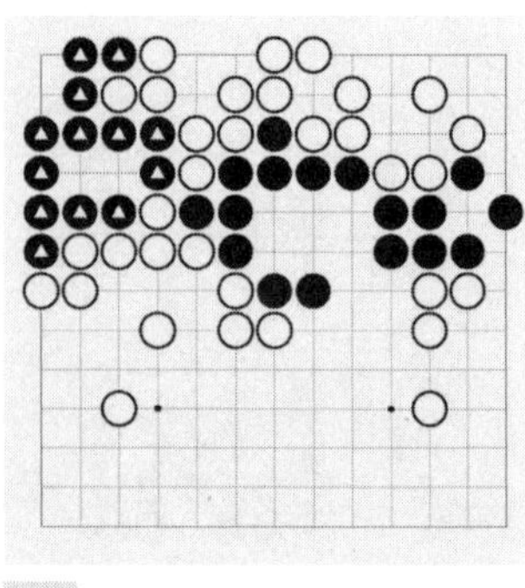

3 (   )

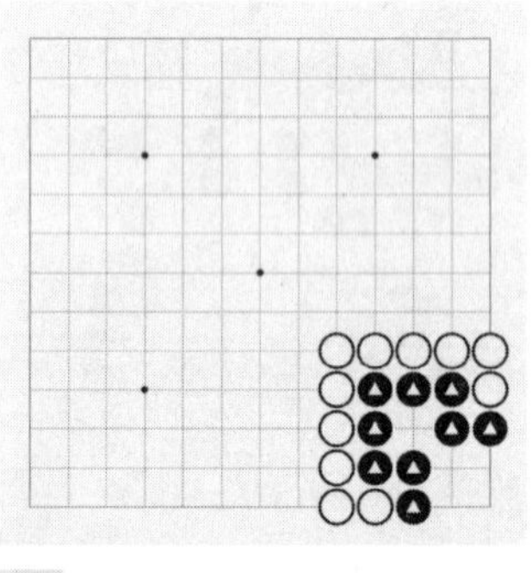

4 (   )

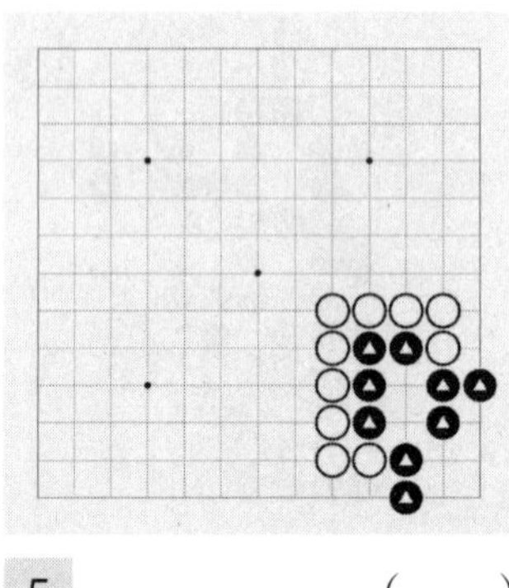

5 (   )

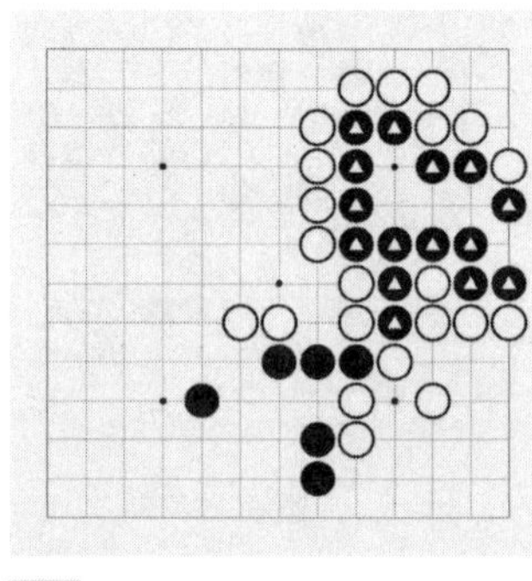

6 (   )

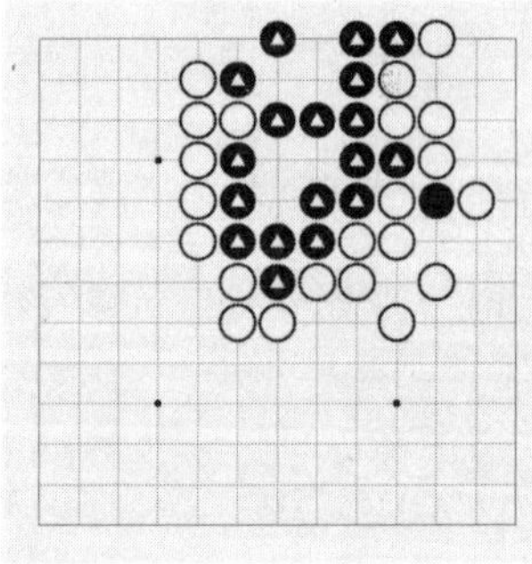

7 (   )

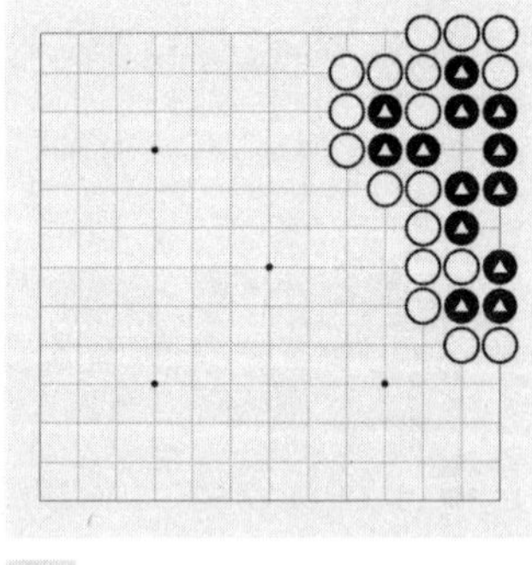

8 (   )

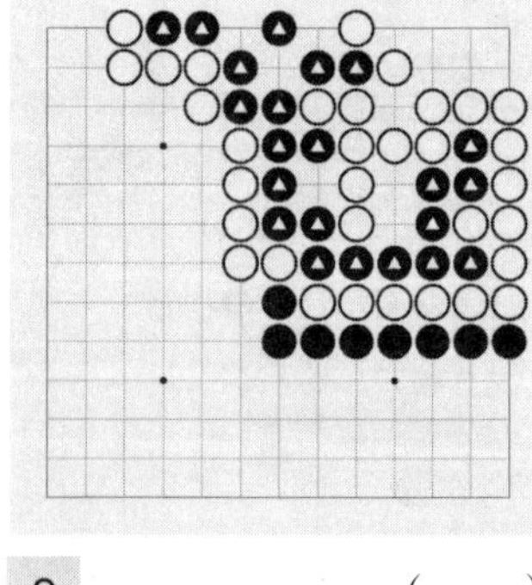

9 (   )

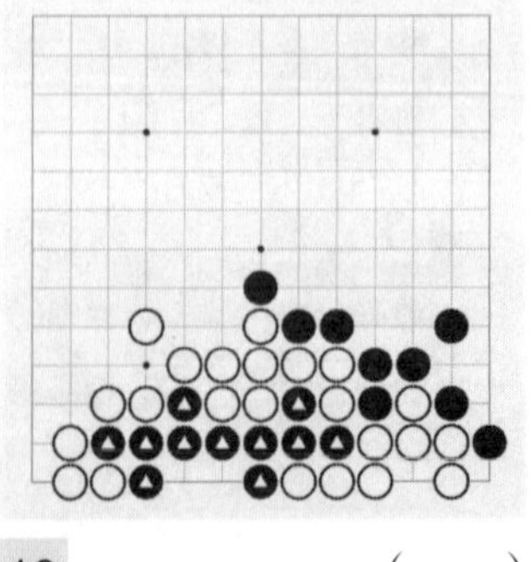

10 (   )

扫码看答案

扫码看题

十二 真眼与假眼

1.真假眼判断

标记处是真眼吗？真眼画√,假眼画×。

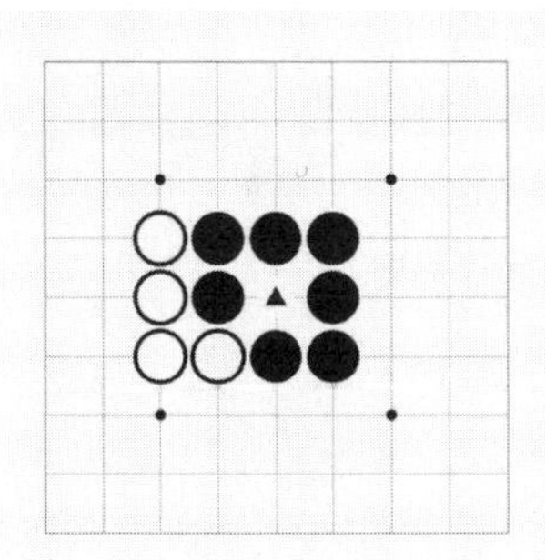

1 ( )

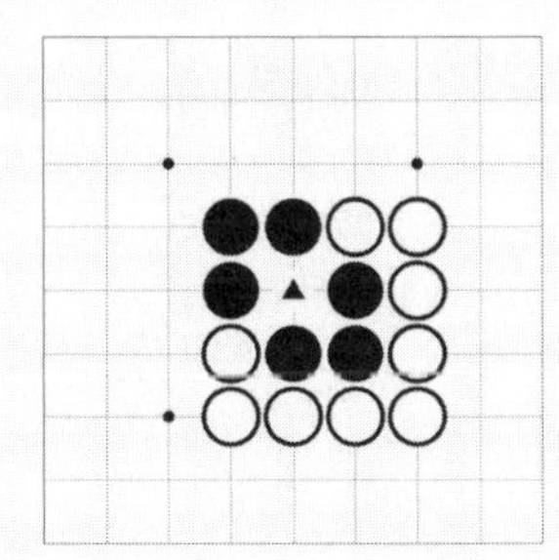

2 ( )

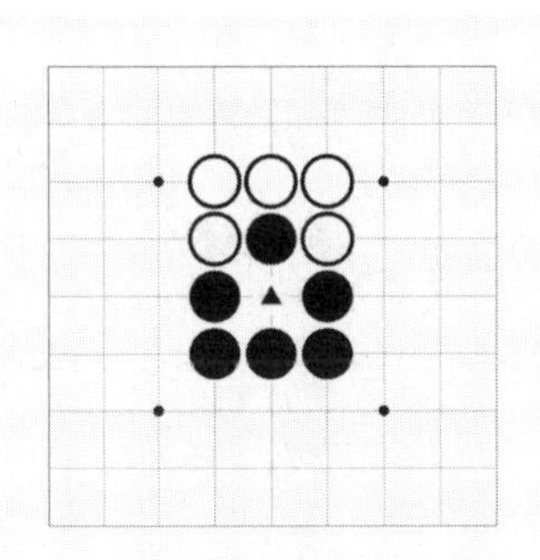

3 ( )

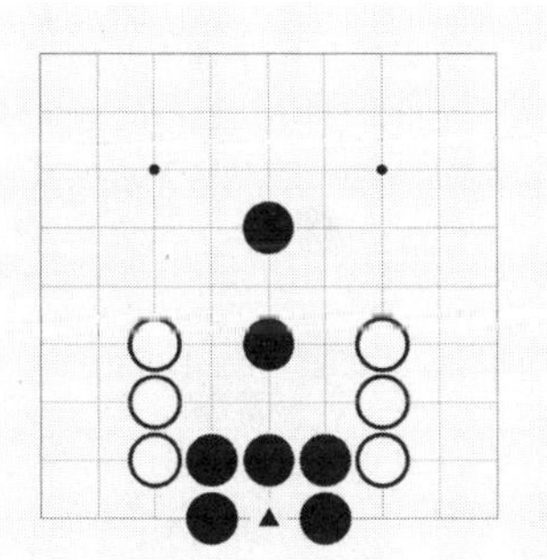

4 ( )

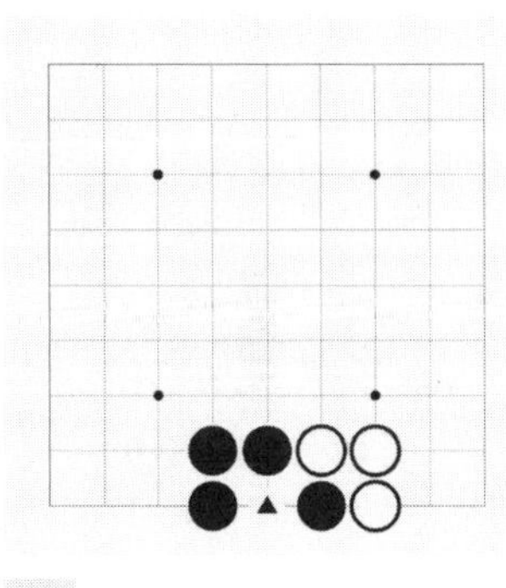

5 ( )

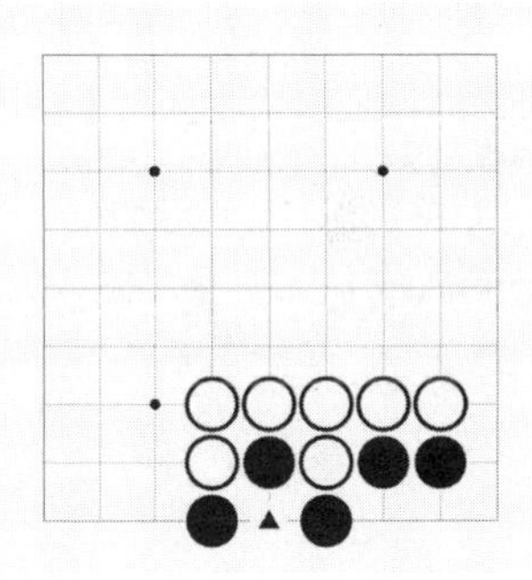

6 ( )

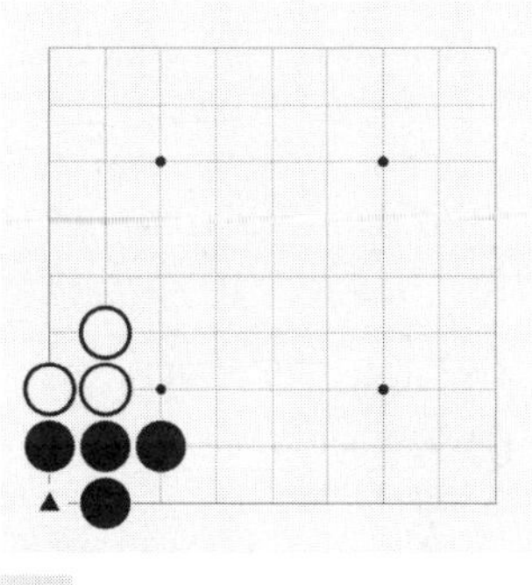

7 ( )

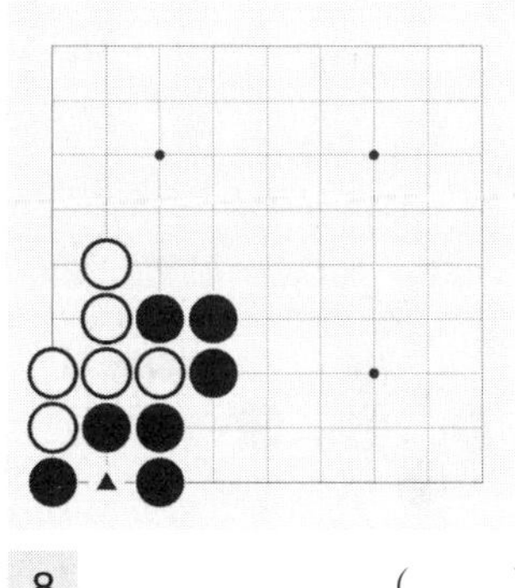

8 ( )

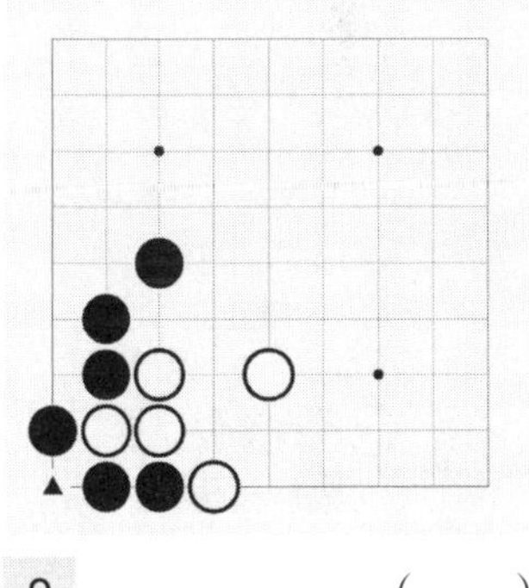

9 ( )

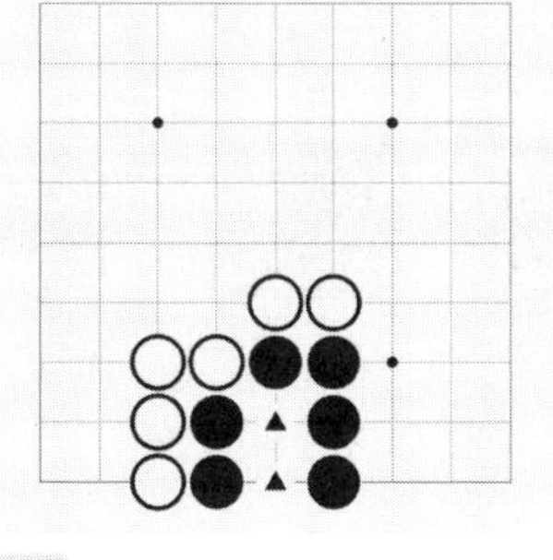

10 ( )

扫码看答案

扫码看题

扫码看视频

2.眼角影响

标记处是真眼吗？真眼画√,假眼画× 。

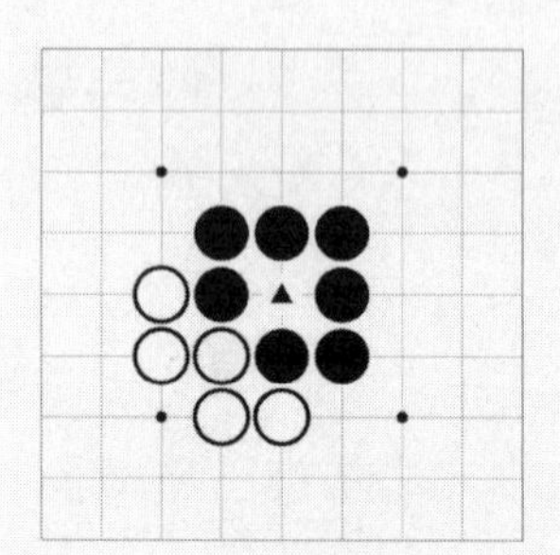

1 （ ）

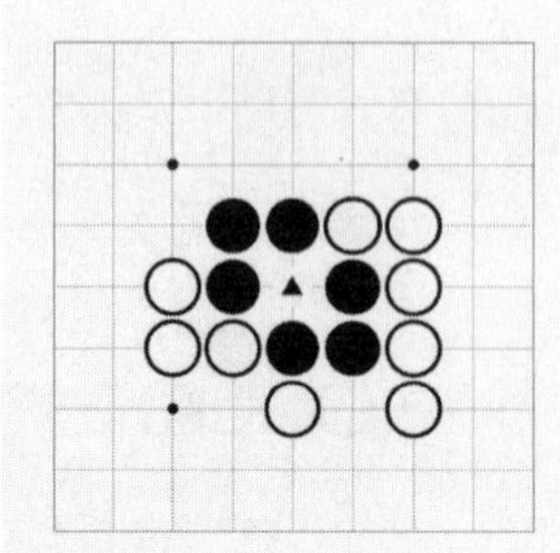

2 （ ）

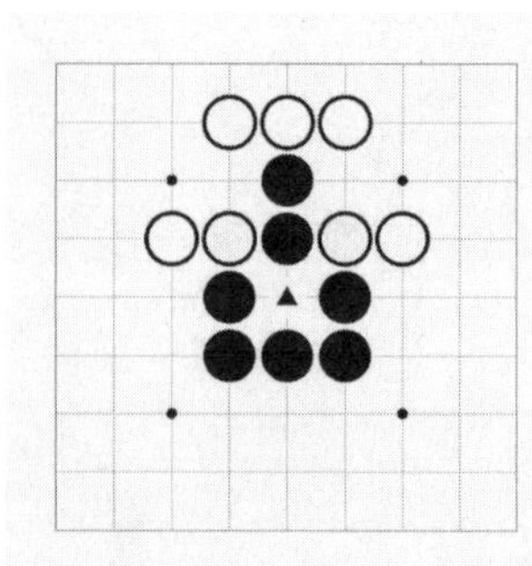

3 （ ）

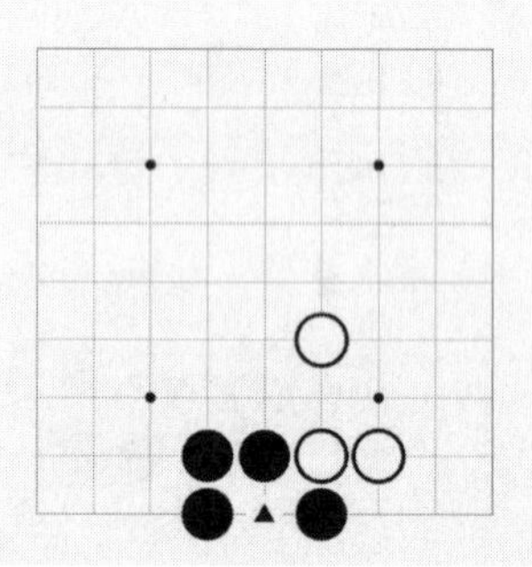

4 （ ）

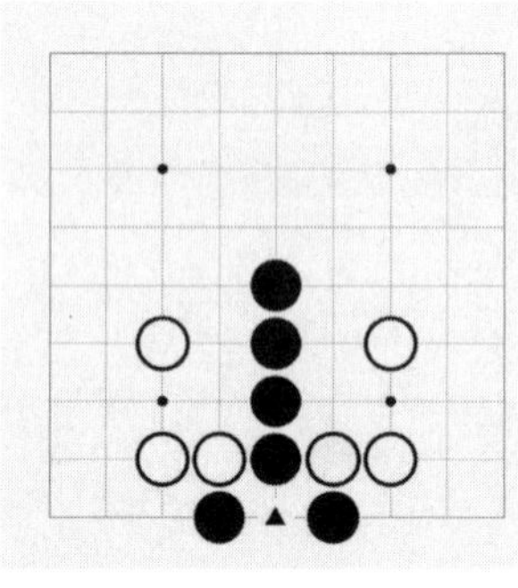

5 （ ）

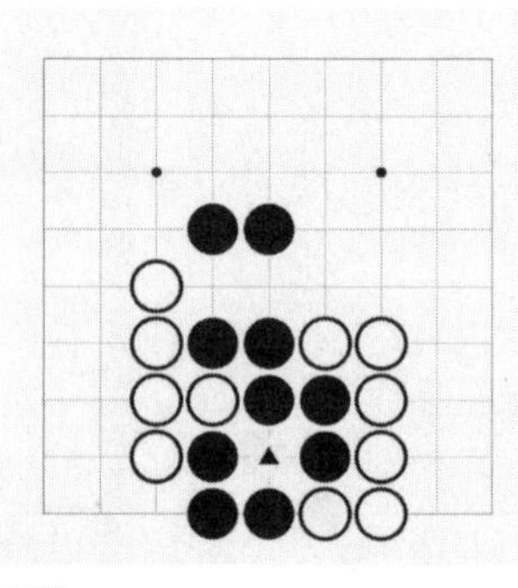

6 （ ）

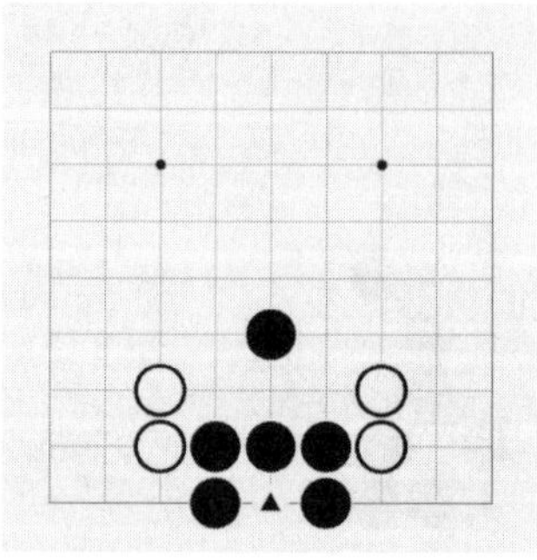

7 （ ）

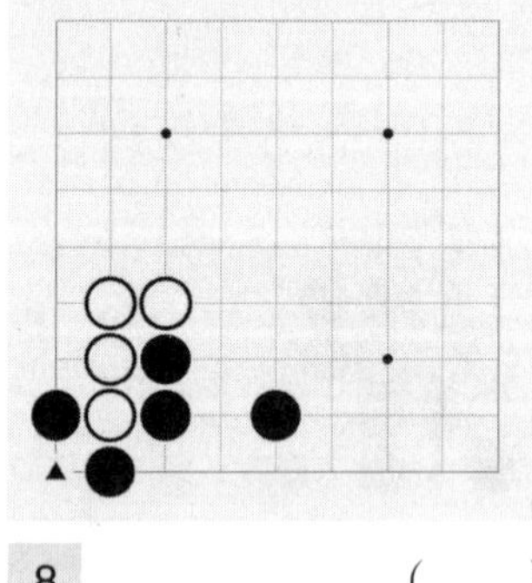

8 （ ）

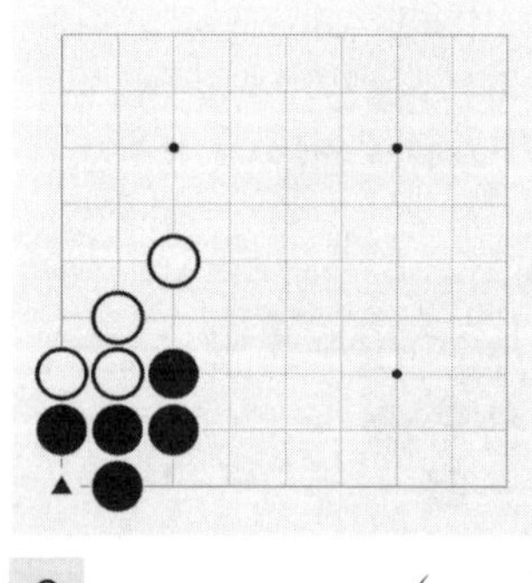

9 （ ）

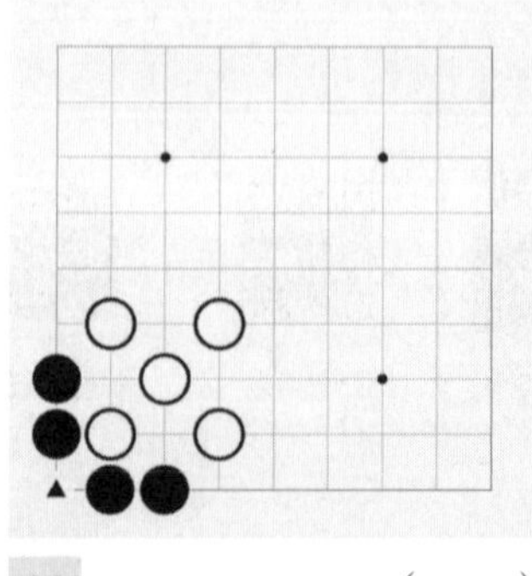

10 （ ）

扫码看答案

扫码看题

扫码看视频

3.特殊眼角

标记处是真眼吗？真眼画√，假眼画×。

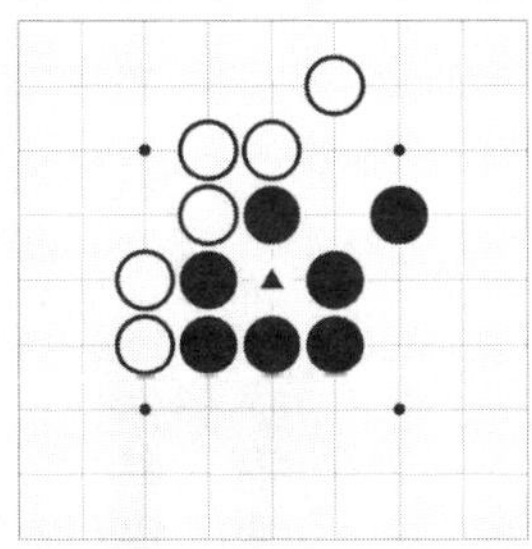

1 （　　）

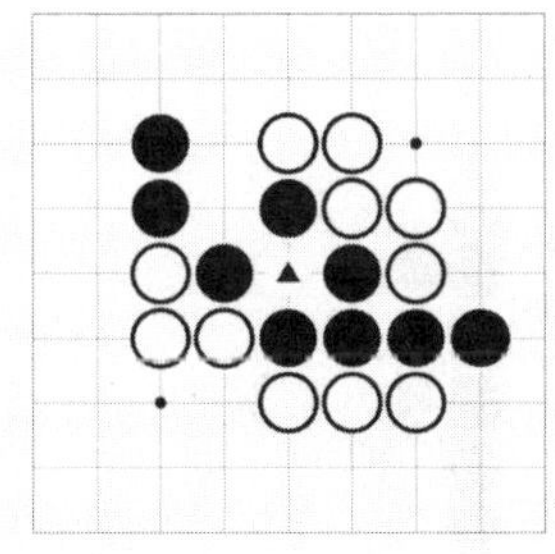

2 （　　）

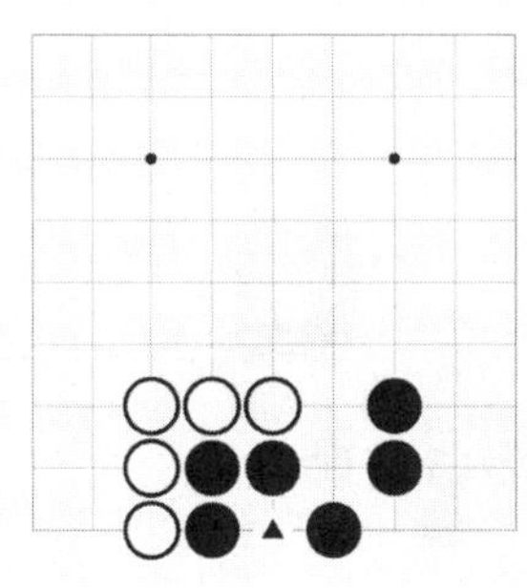

3 （　　）

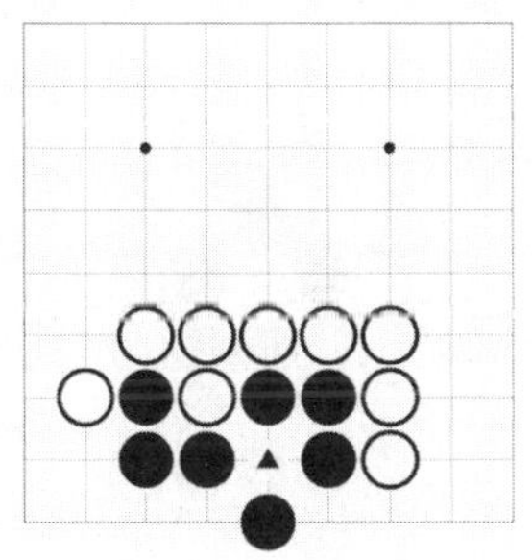

4 （　　）

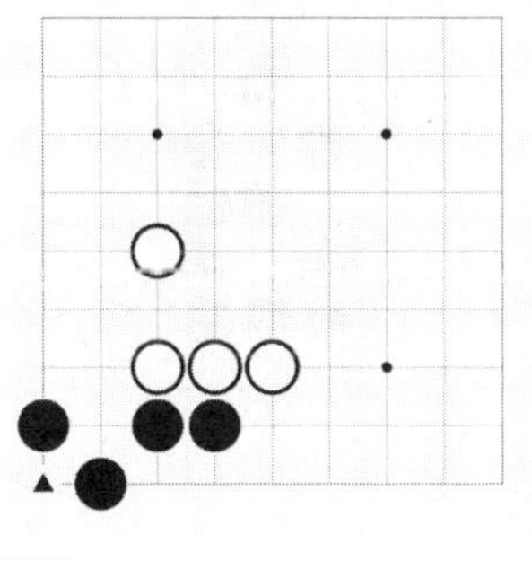

5 （　　）

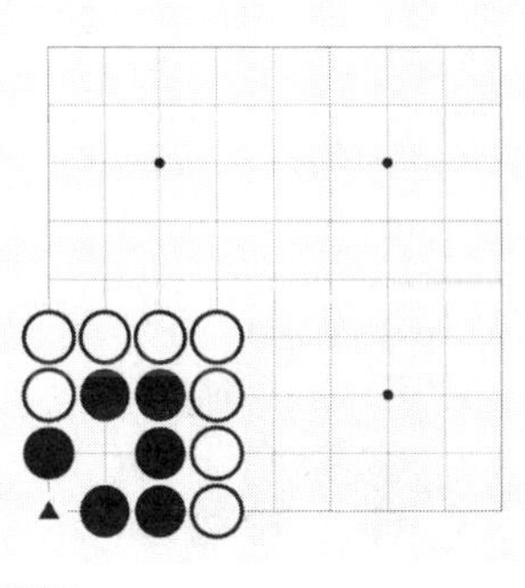

6 （　　）

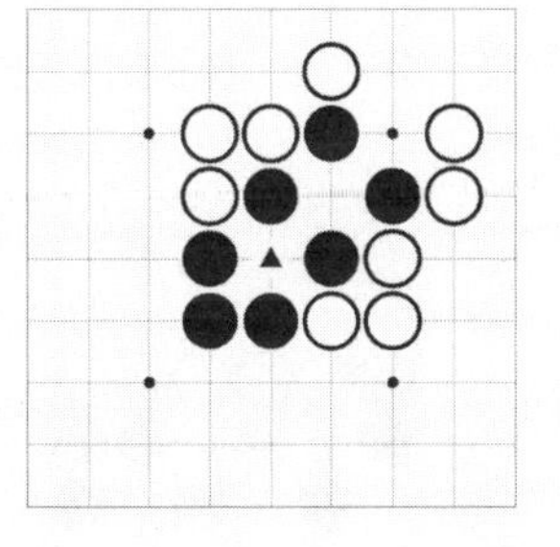

7 （　　）

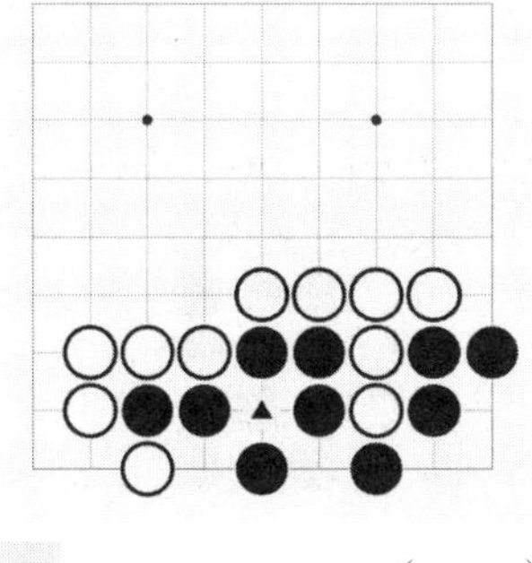

8 （　　）

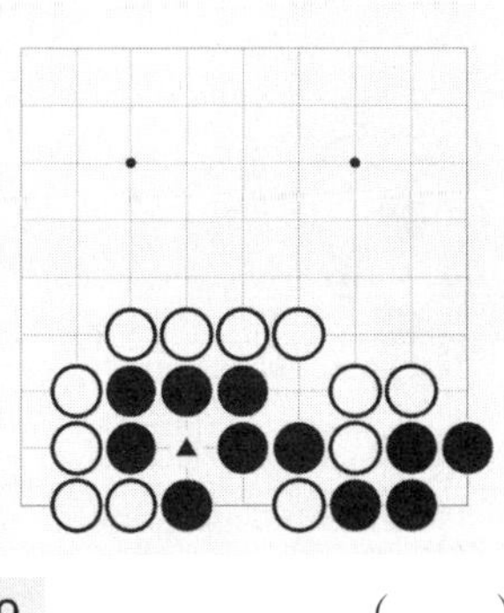

9 （　　）

10 （　　）

扫码看答案

扫码看题

扫码看视频

4.眼位判断

标记处是真眼吗？真眼画√,假眼画×。

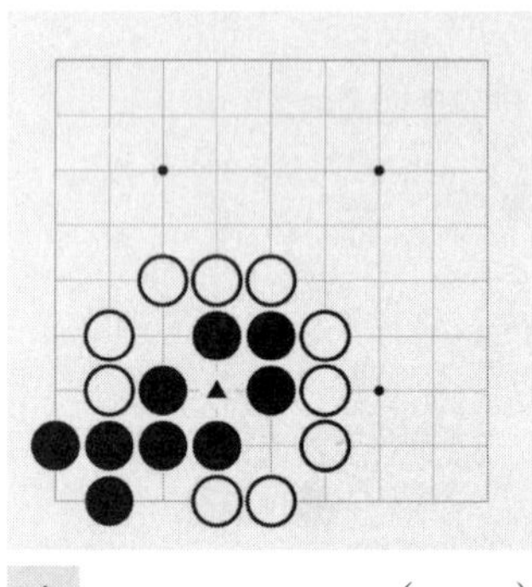

1 （ ）

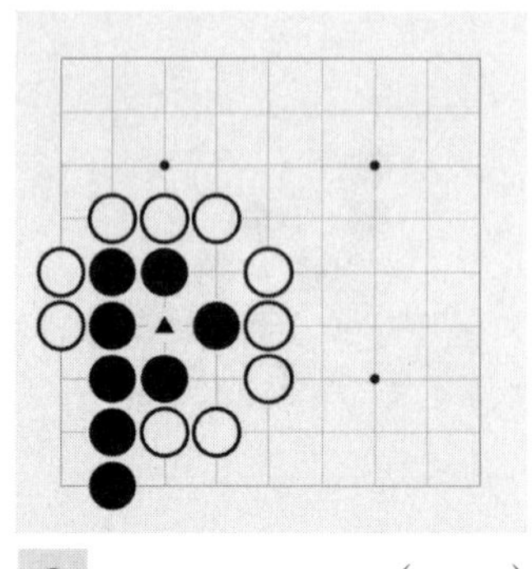

2 （ ）

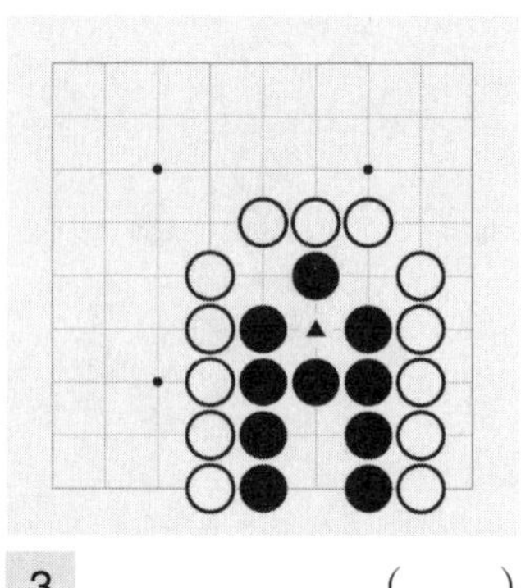

3 （ ）

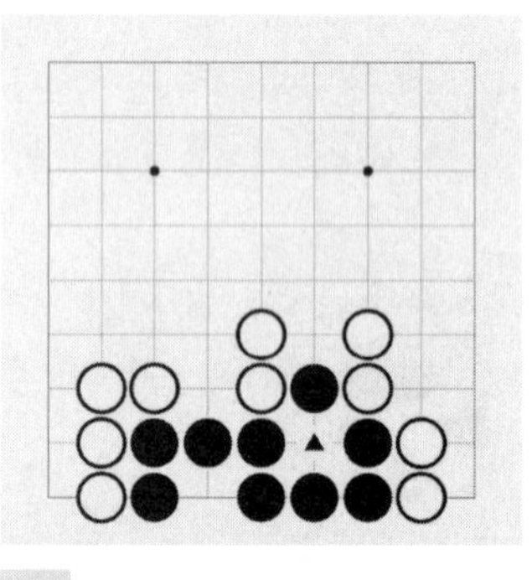

4 （ ）

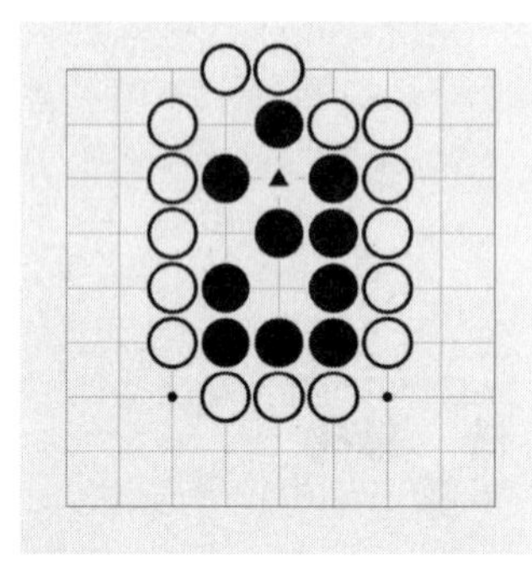

5 （ ）

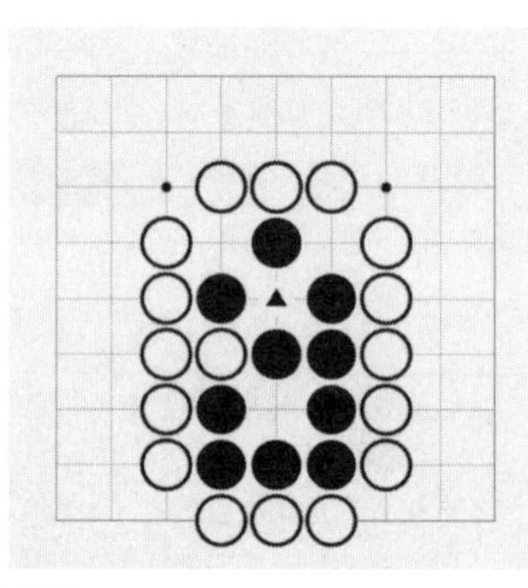

6 （ ）

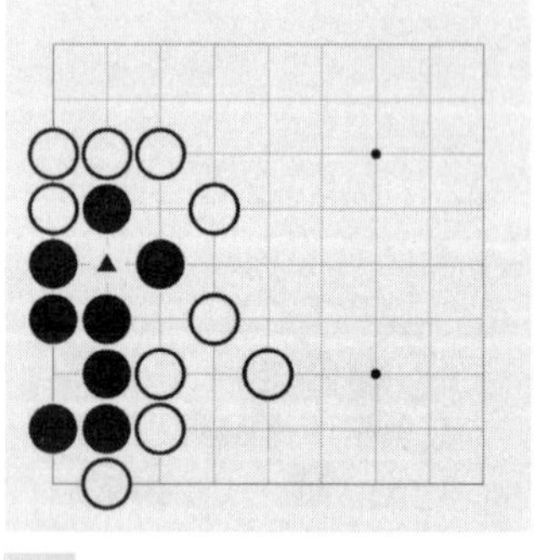

7 （ ）

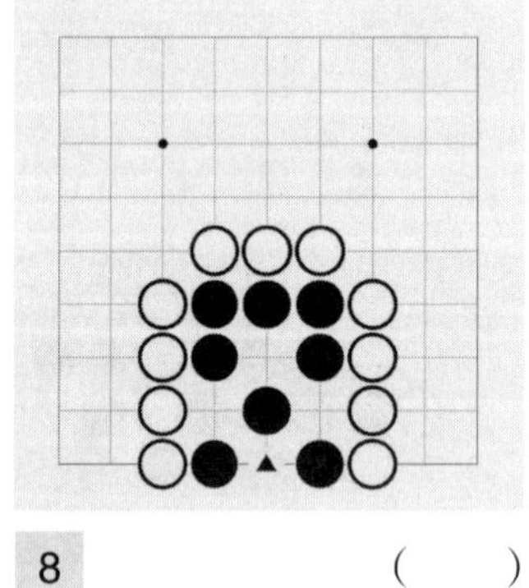

8 （ ）

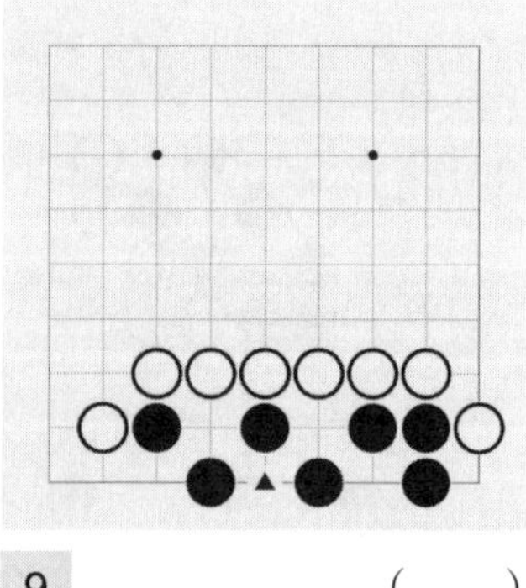

9 （ ）

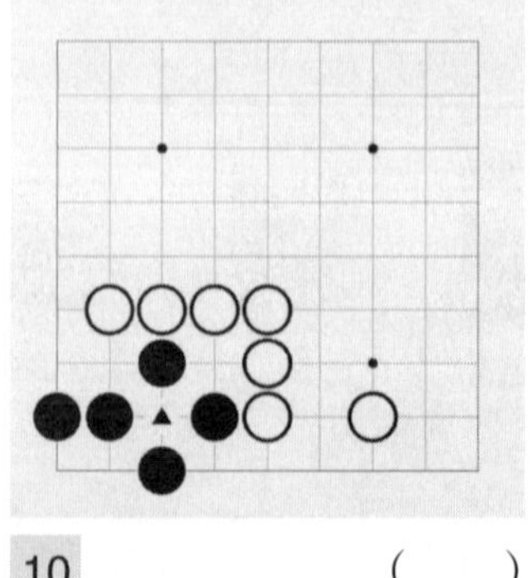

10 （ ）

扫码看答案

扫码看题

扫码看视频

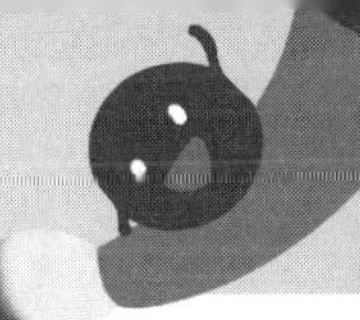

5. 防守眼角做眼

写出做眼活棋的下一手。

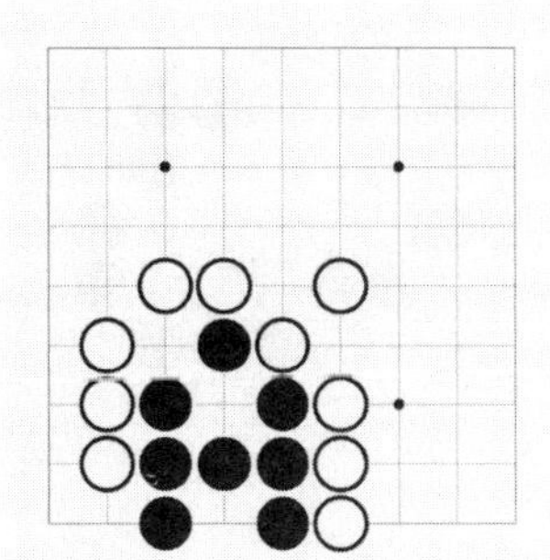

1 （　　）

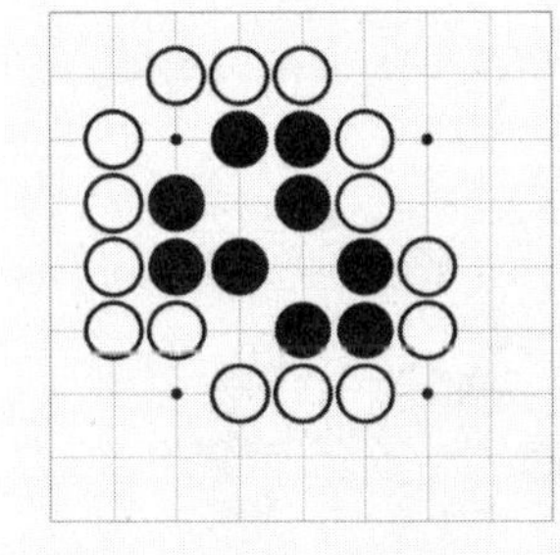

2 （　　）

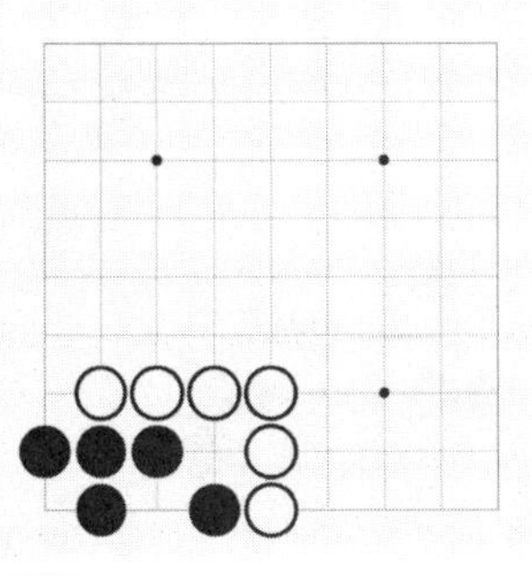

3 （　　）

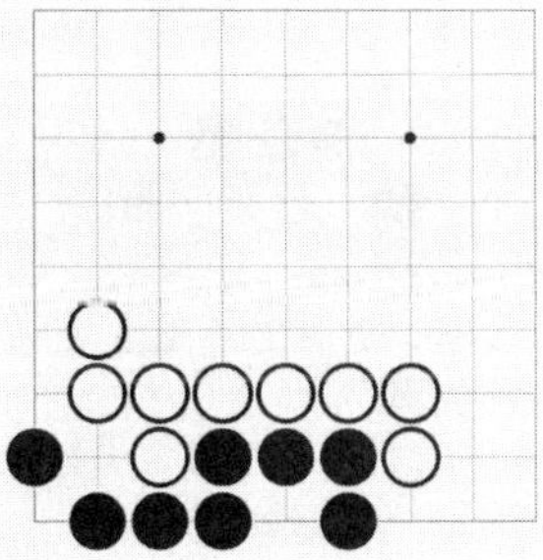

4 （　　）

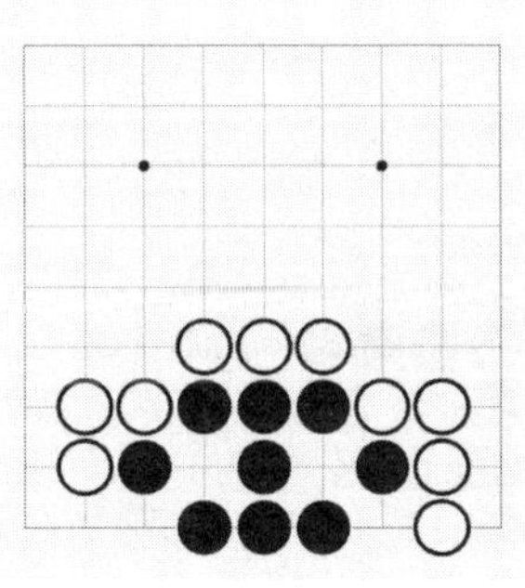

5 （　　）

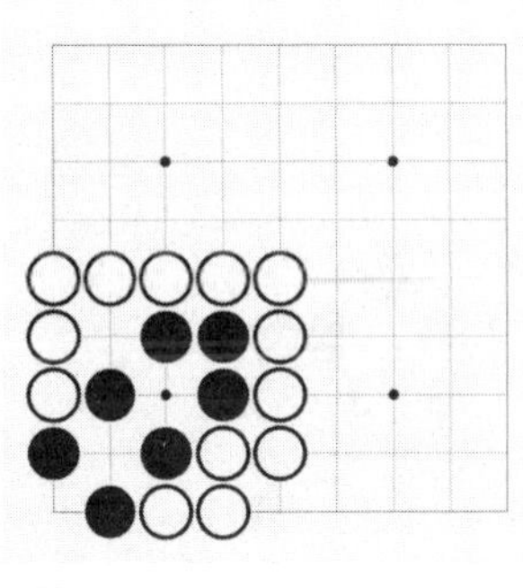

6 （　　）

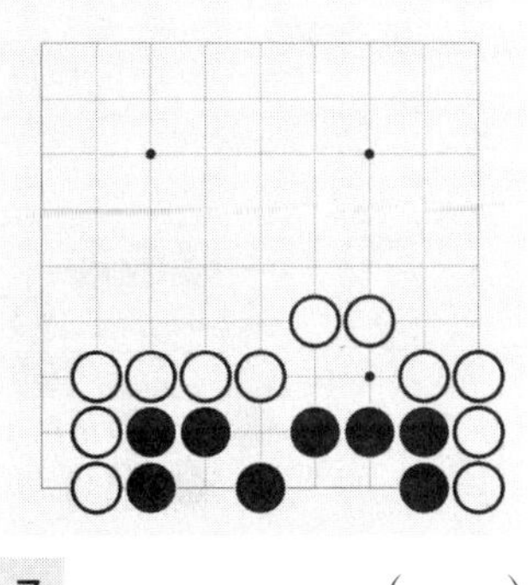

7 （　　）

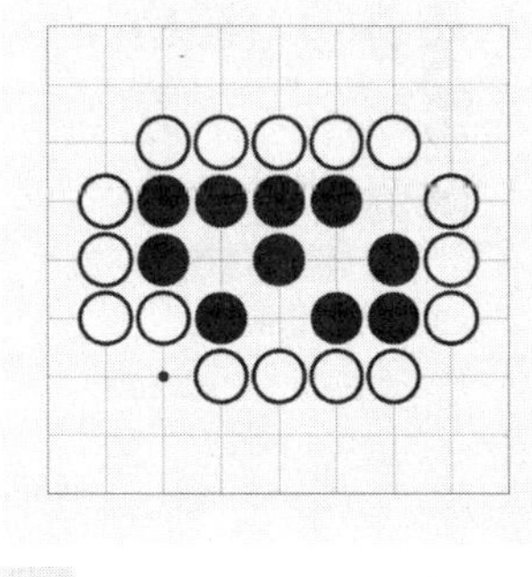

8 （　　）

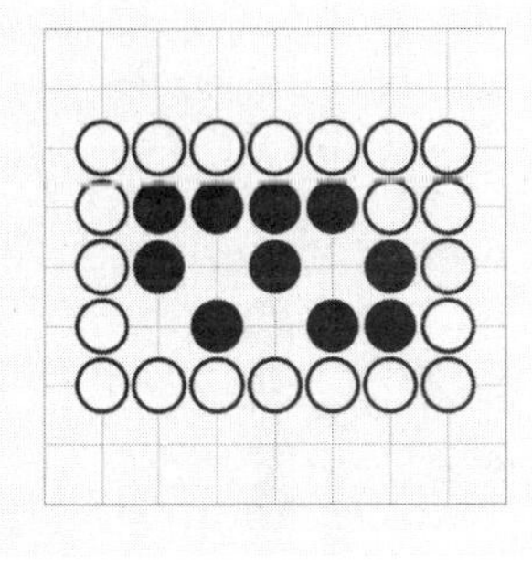

9 （　　）

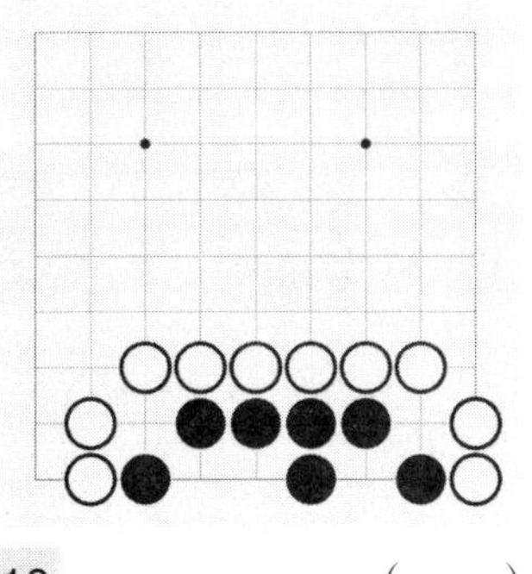

10 （　　）

扫码看答案

扫码看题

扫码看视频

6. 占据眼角破眼

黑先，写出破眼杀棋的下一手。

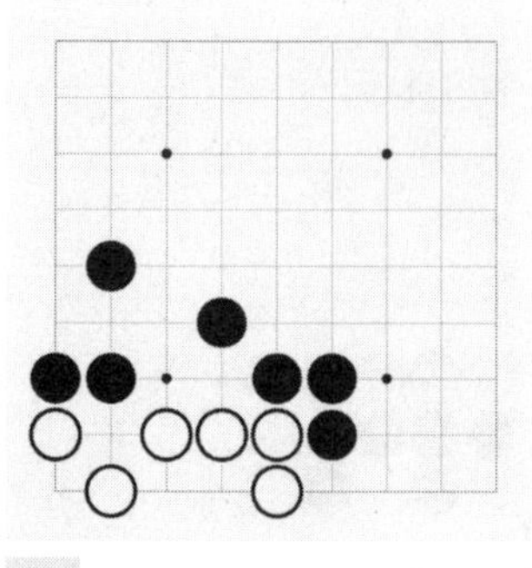

1 （ ）

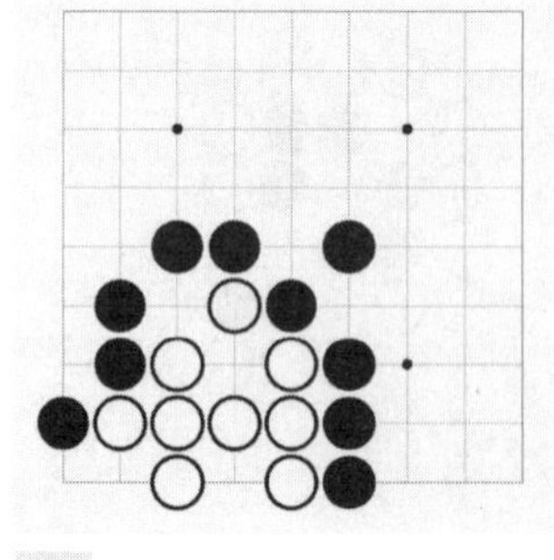

2 （ ）

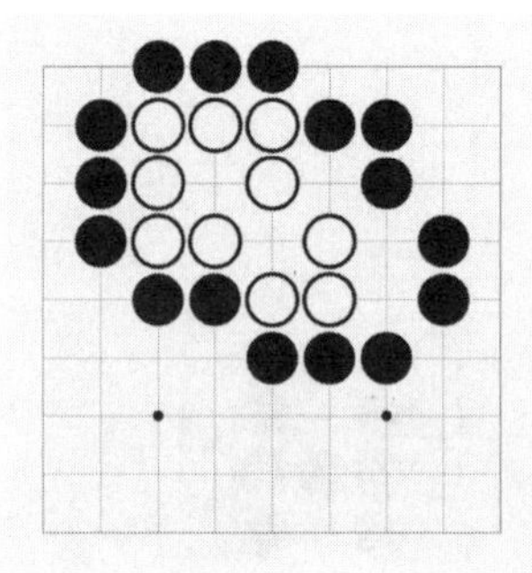

3 （ ）

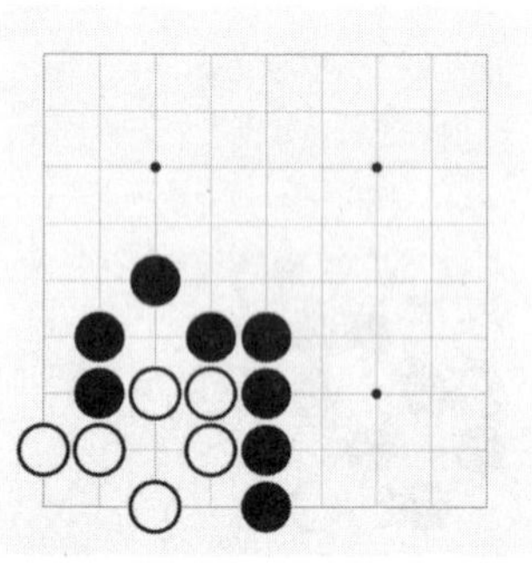

4 （ ）

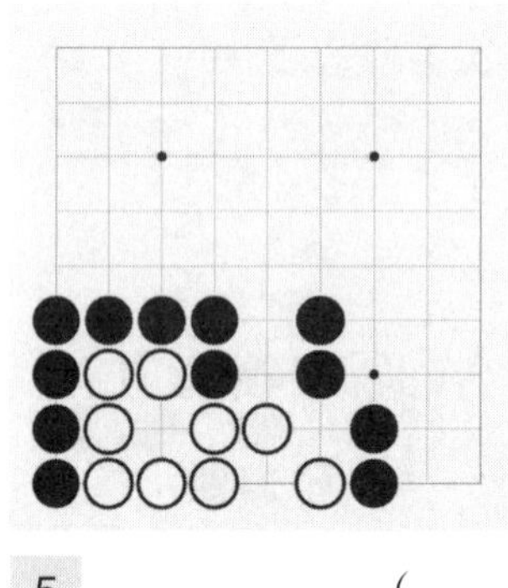

5 （ ）

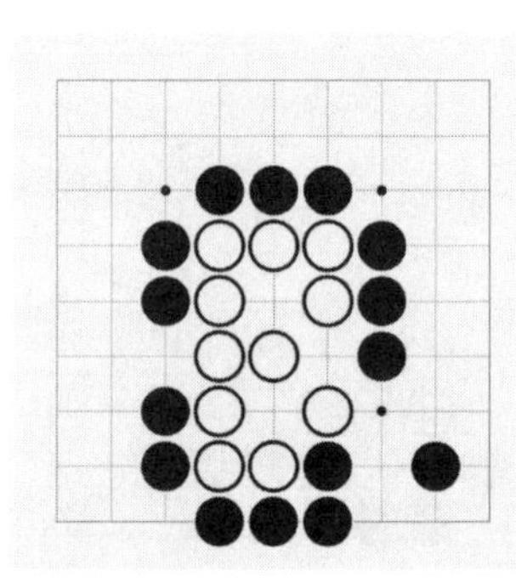

6 （ ）

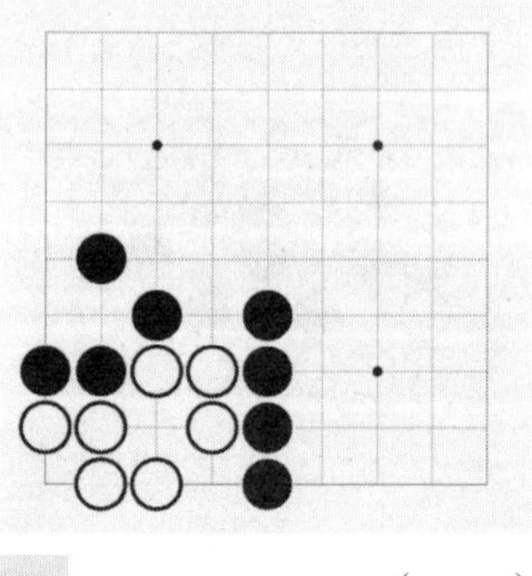

7 （ ）

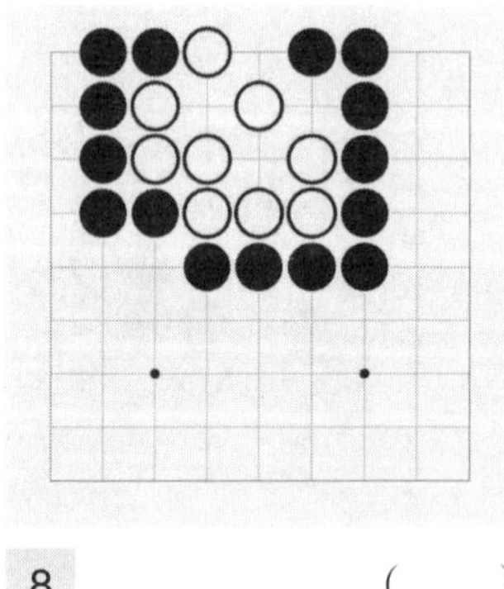

8 （ ）

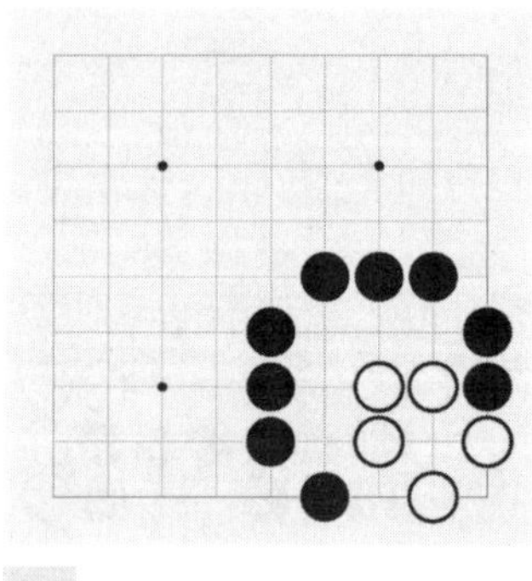

9 （ ）

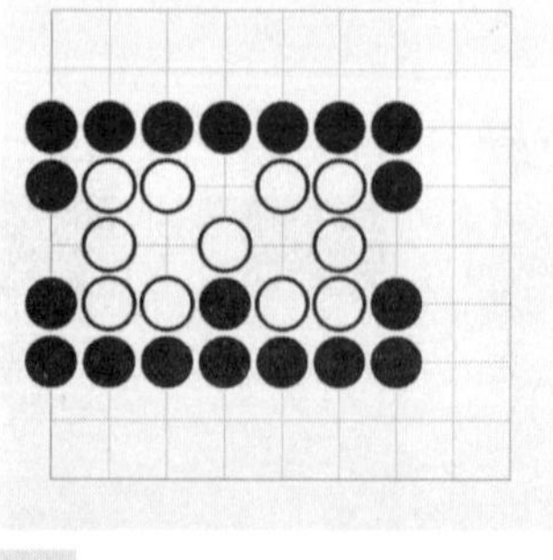

10 （ ）

扫码看答案

扫码看题

扫码看视频

7.实战运用(一)

此时黑棋能破掉标记处的眼吗？能√,不能×。

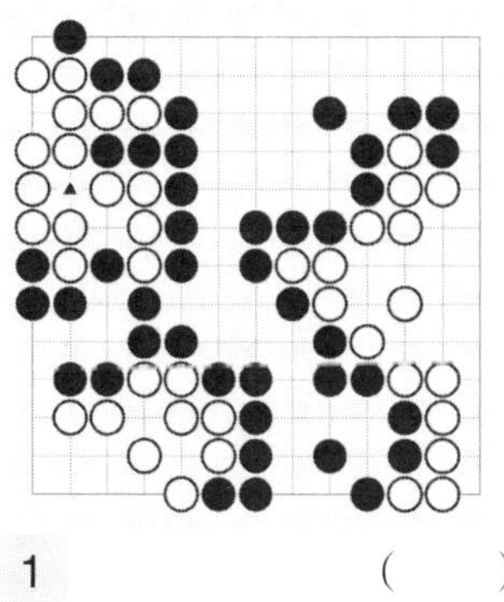

1 ( )

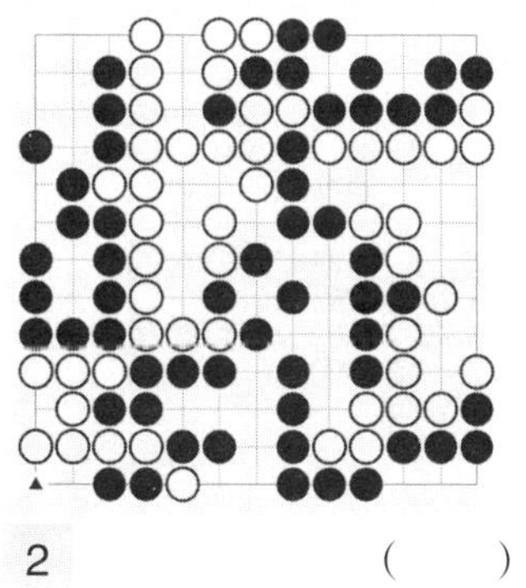

2 ( )

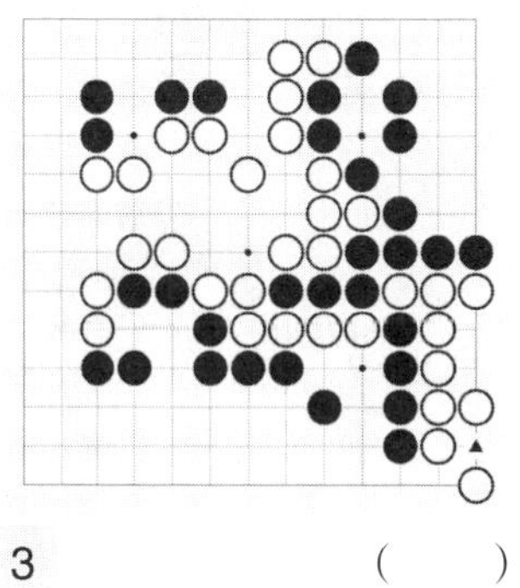

3 ( )

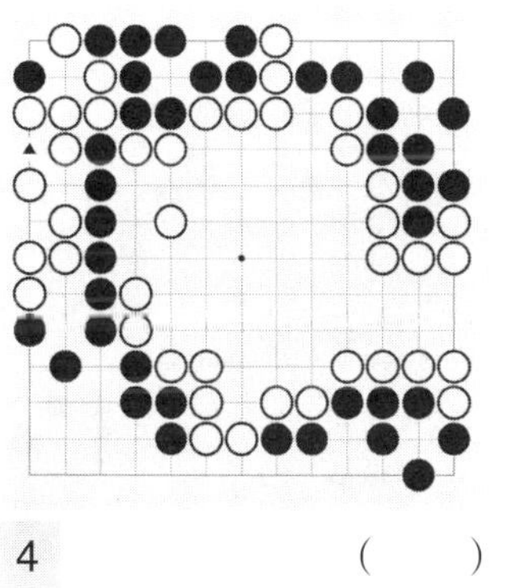

4 ( )

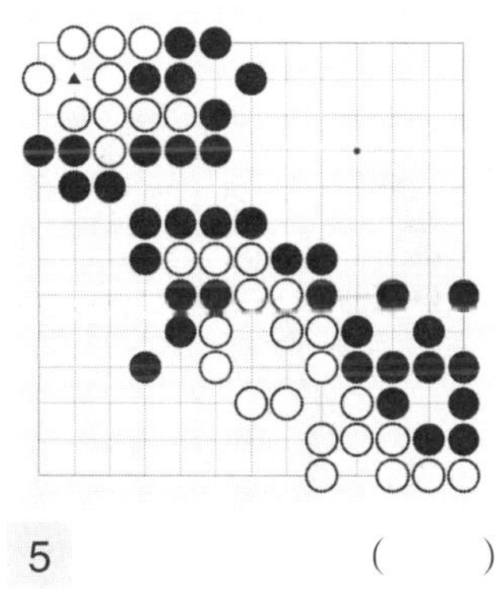

5 ( )

黑先,写出破眼杀棋的一手。

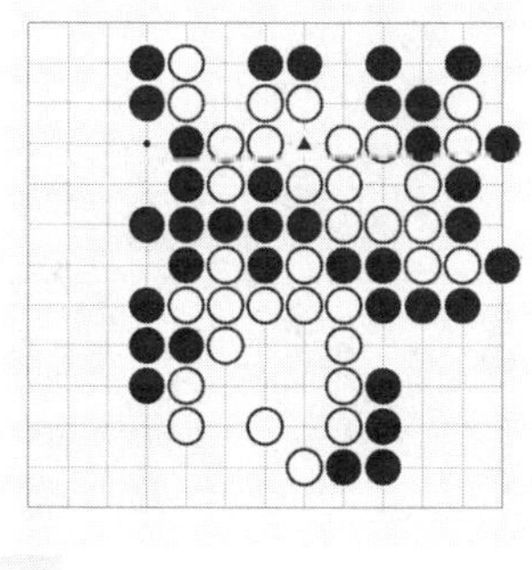

1

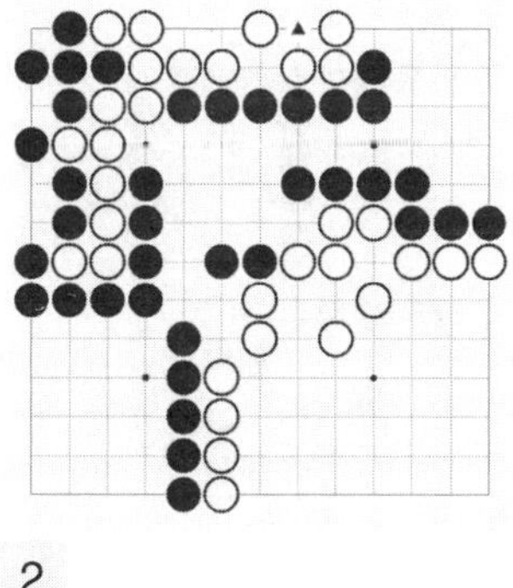

2

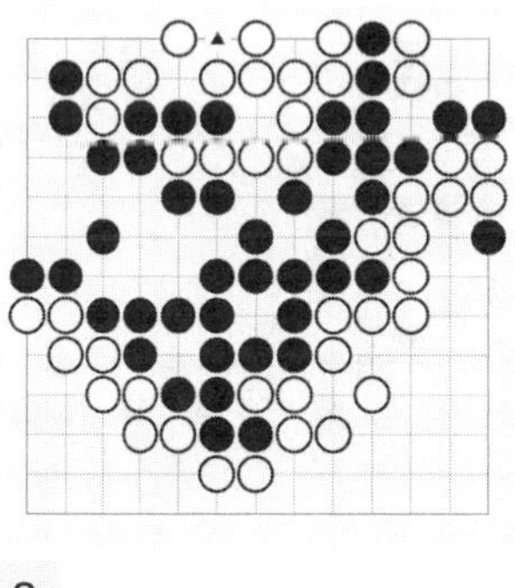

3

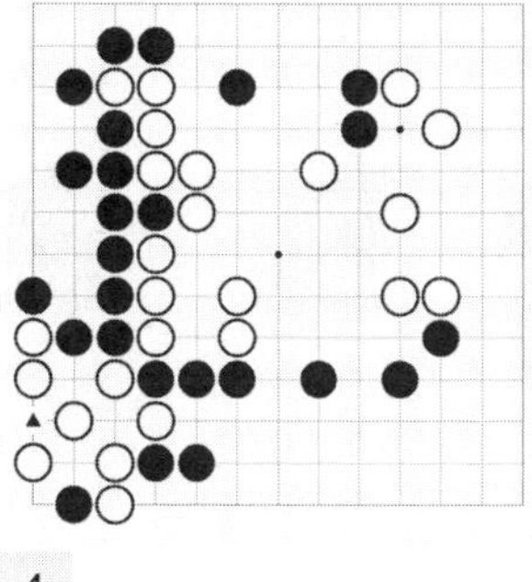

4

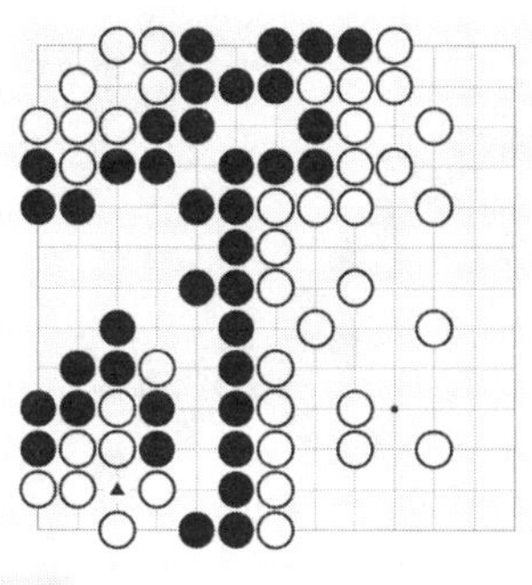

5

扫码看答案

扫码看题

扫码看视频

8.实战运用(二)

标记处是真眼吗？真眼画√,假眼画×。

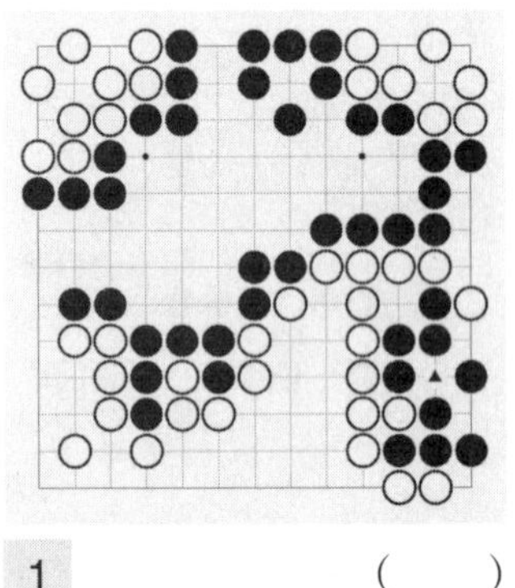

1 (　　)

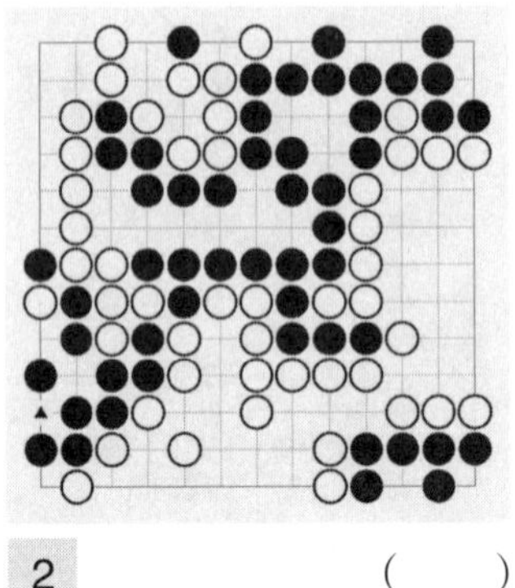

2 (　　)

黑先,写出做眼活棋的一手。

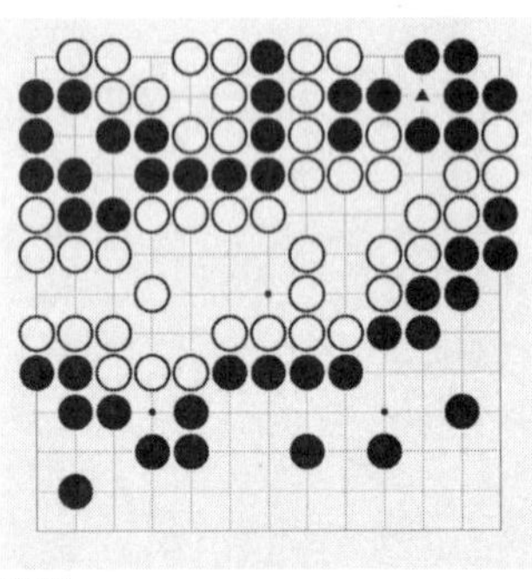

1

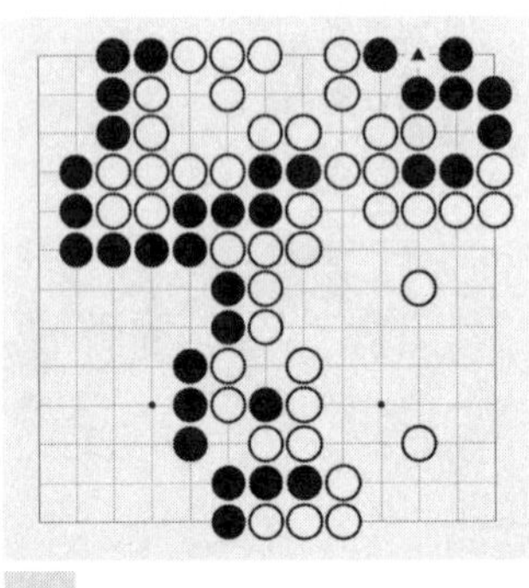

2

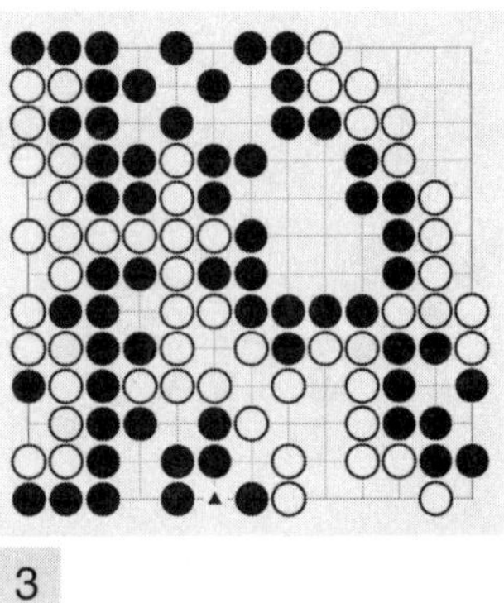

3

4

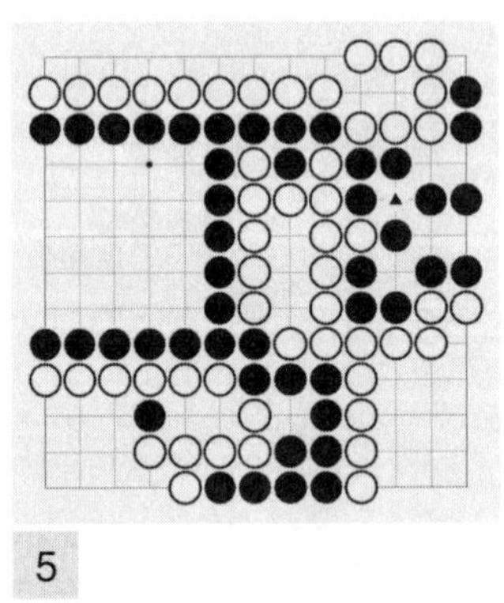

5

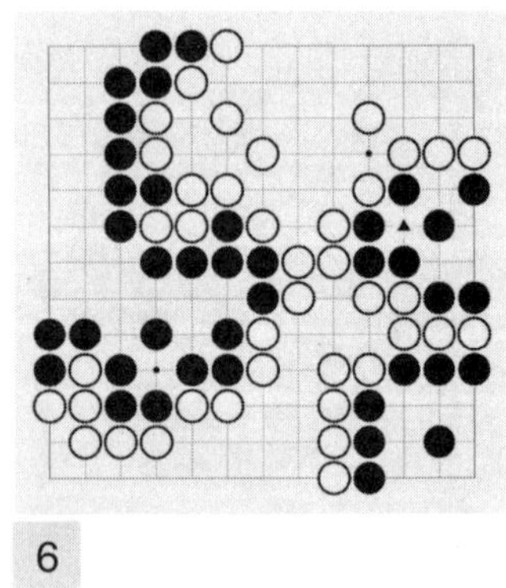

6

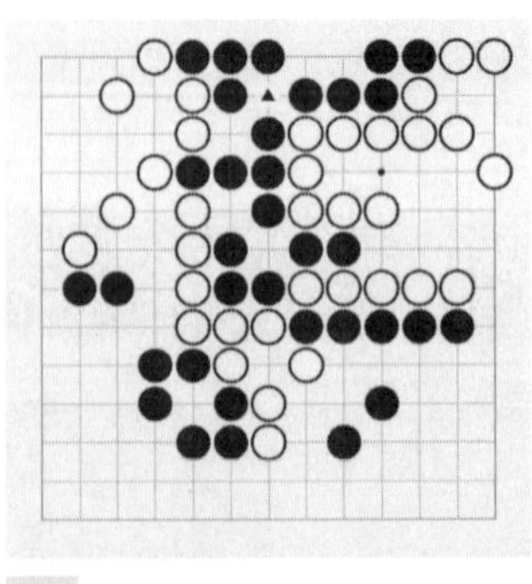

7

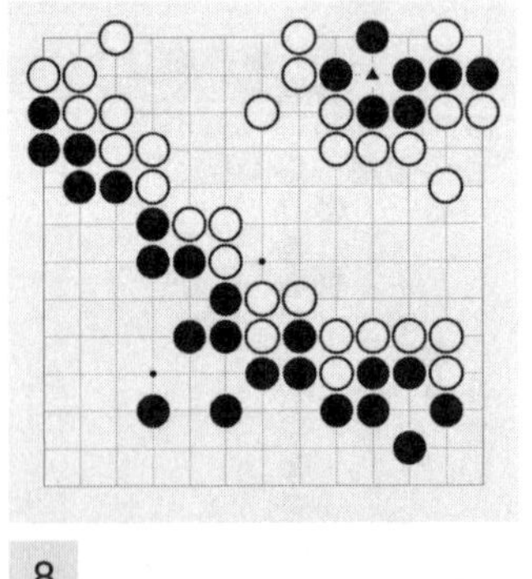

8

扫码看答案　扫码看题　扫码看视频

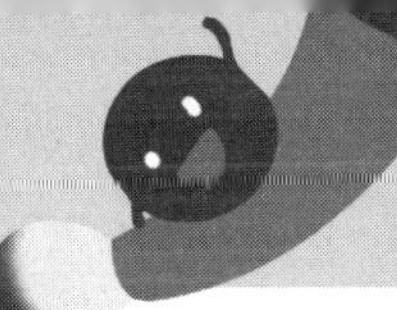

9.深度拓展

黑棋是活棋吗？是√,不是× 。

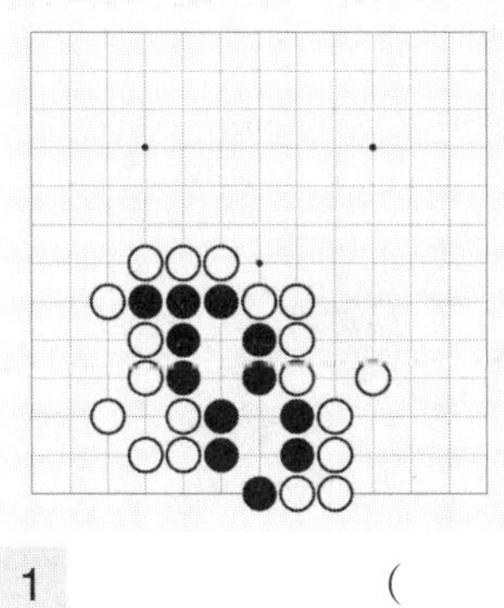

1 （ ）

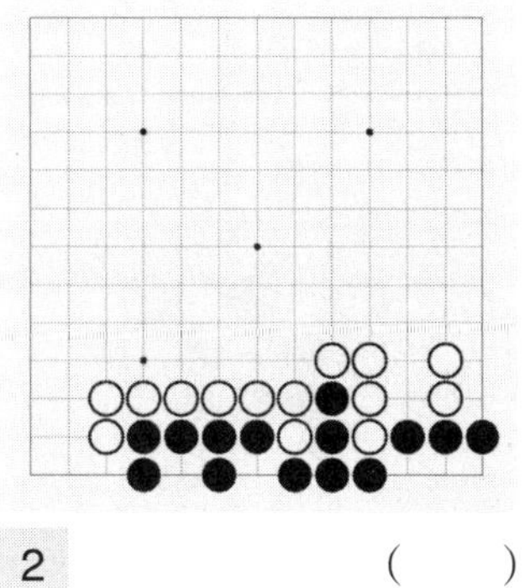

2 （ ）

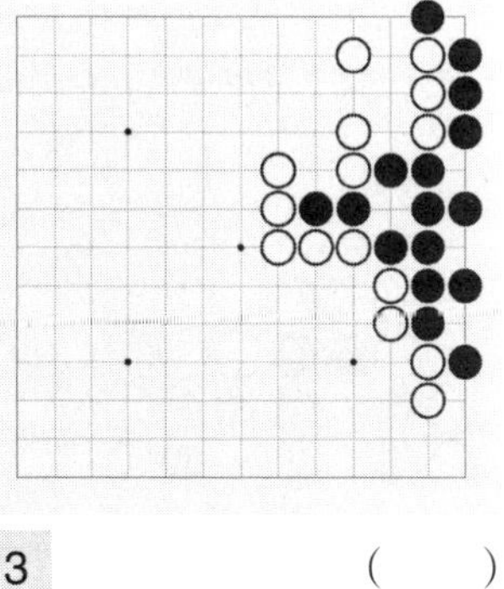

3 （ ）

标记出所有黑棋的真眼。

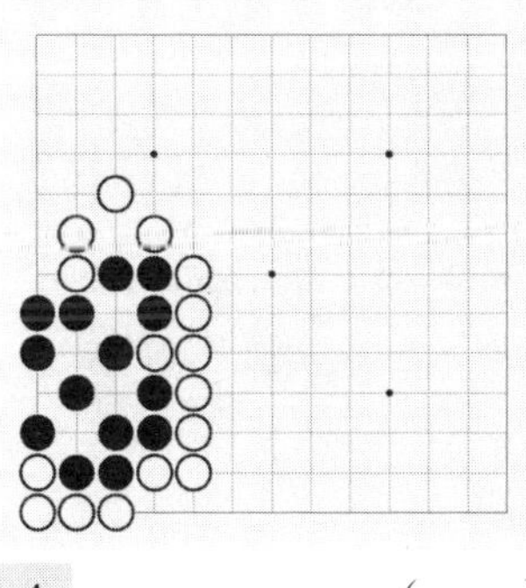

1 （ ）

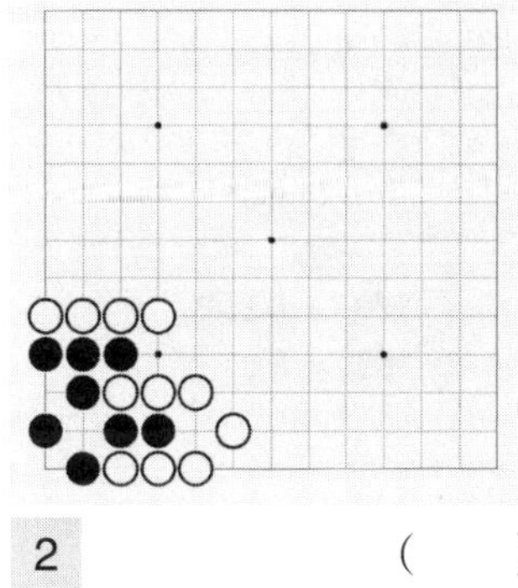

2 （ ）

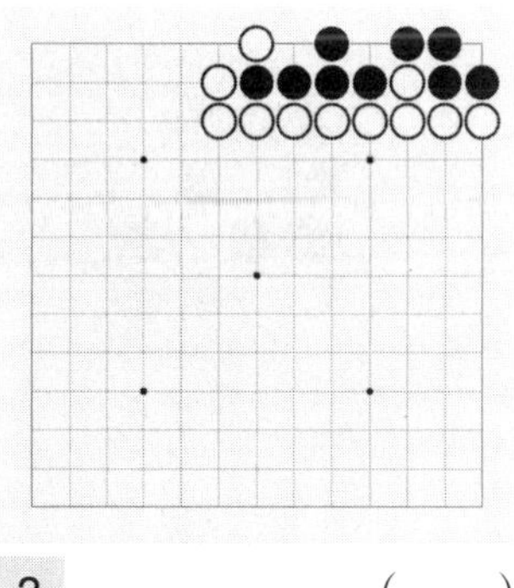

3 （ ）

4 （ ）

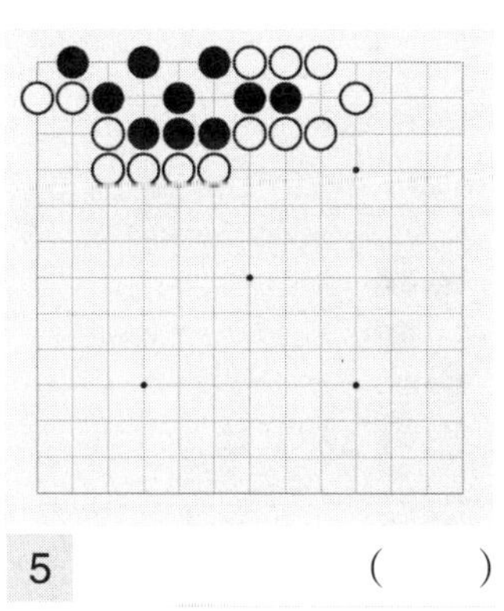

5 （ ）

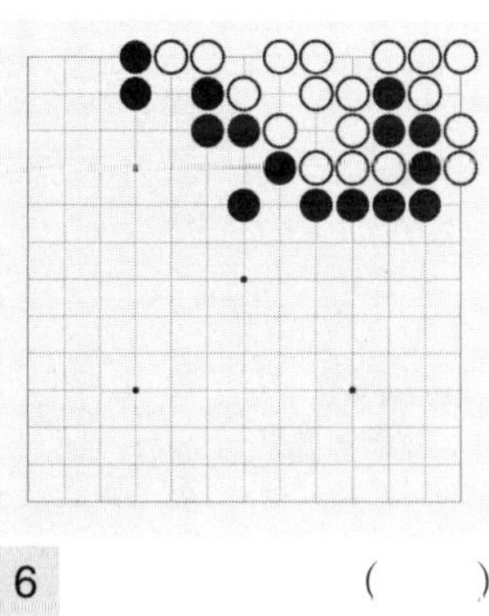

6 （ ）

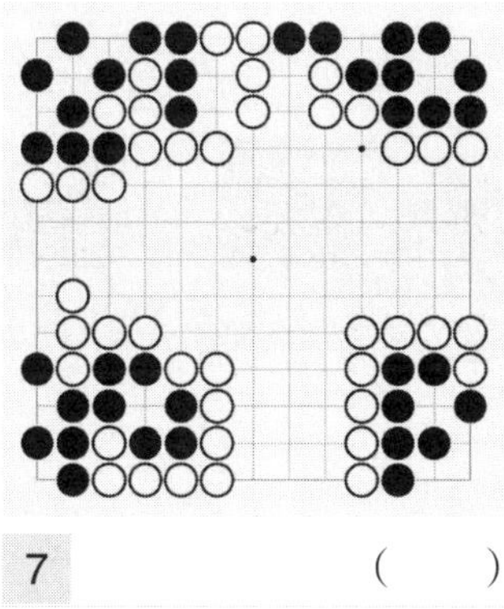

7 （ ）

扫码看答案

扫码看题

十三　未确定的眼

1.眼位状态

判断黑棋的死活状rhf态。活棋√,死棋×,看谁先动手○。

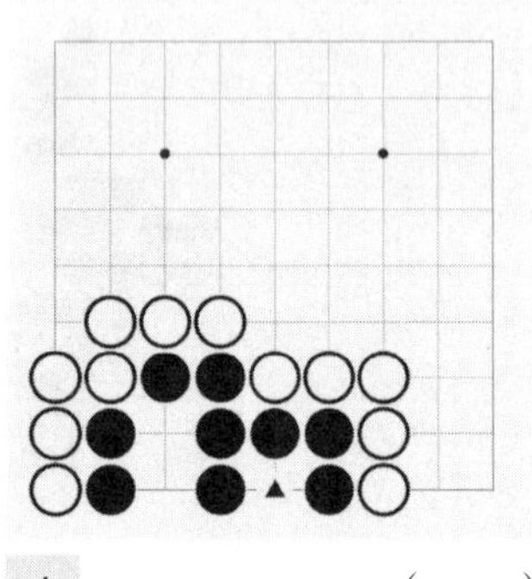

1 (　　)

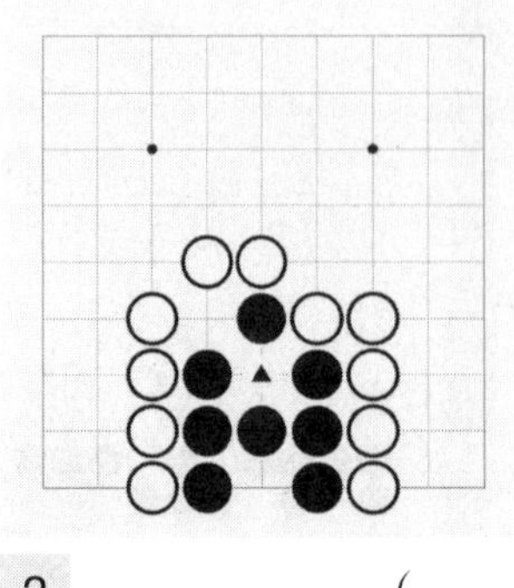

2 (　　)

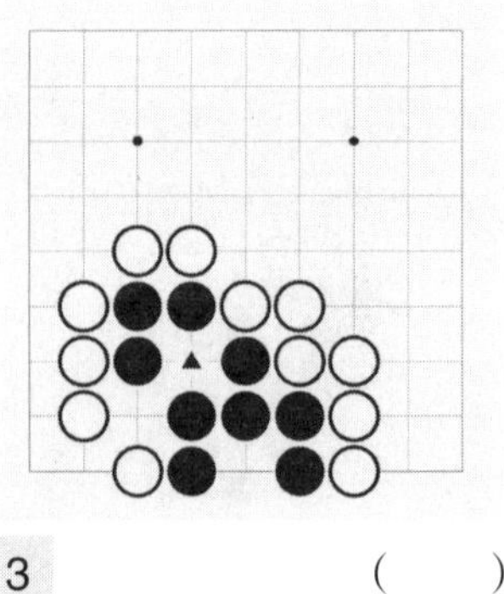

3 (　　)

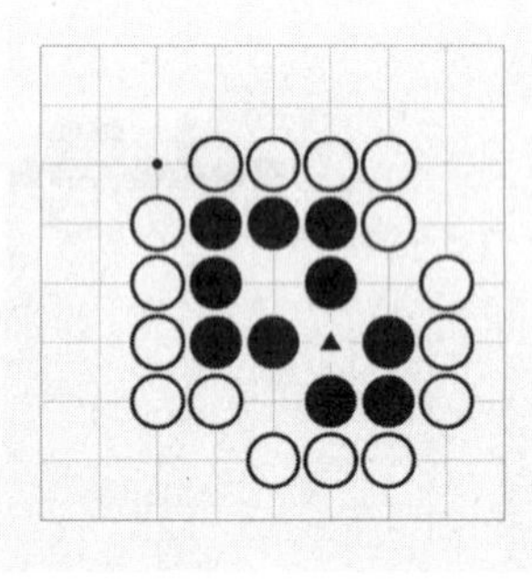

4 (　　)

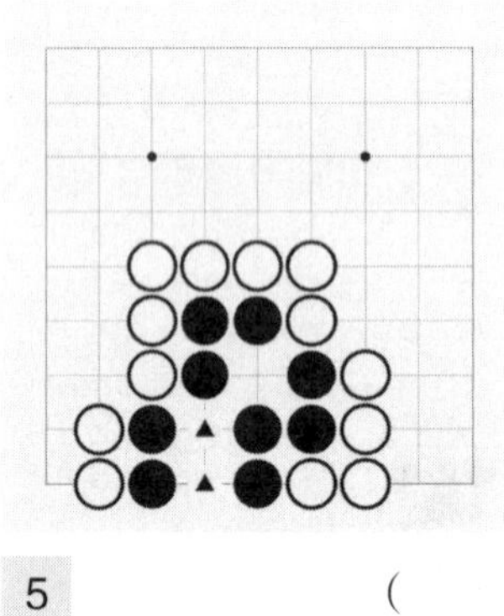

5 (　　)

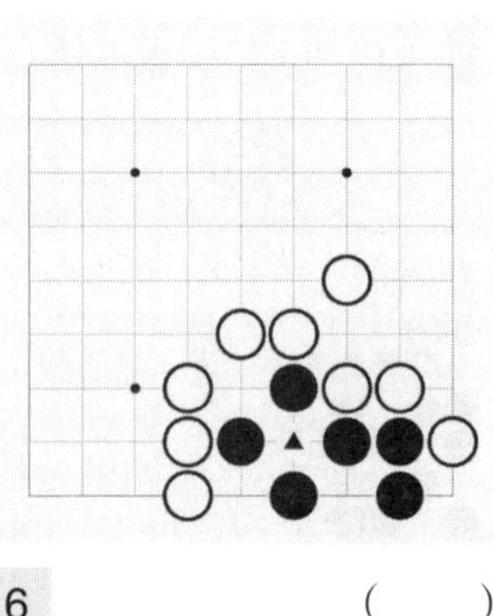

6 (　　)

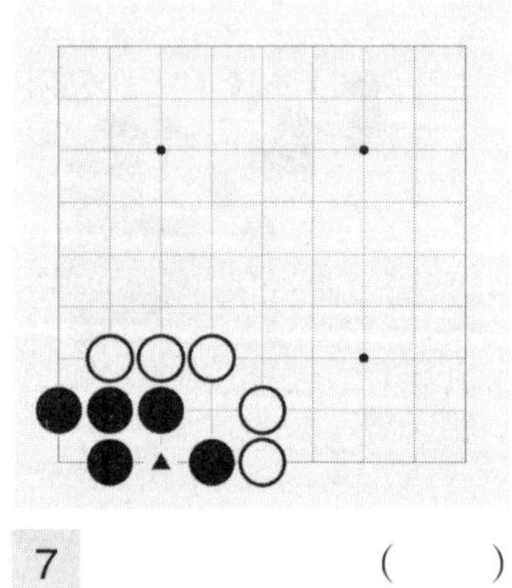

7 (　　)

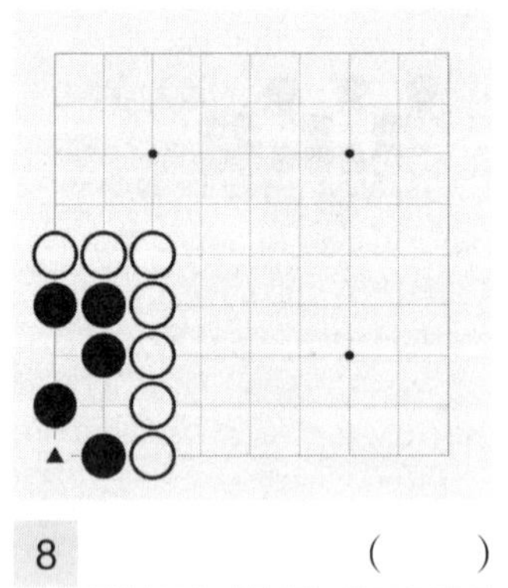

8 (　　)

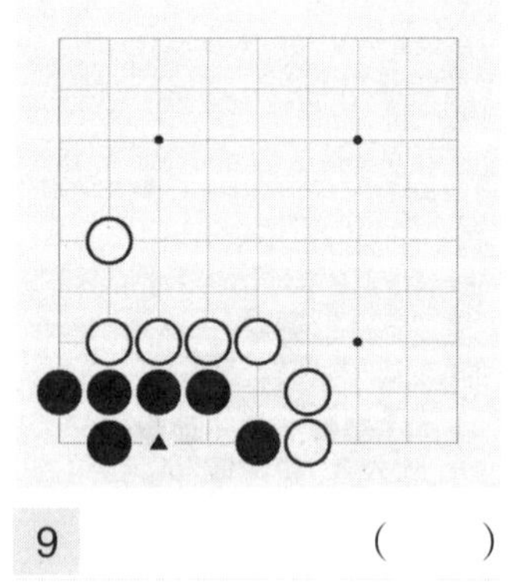

9 (　　)

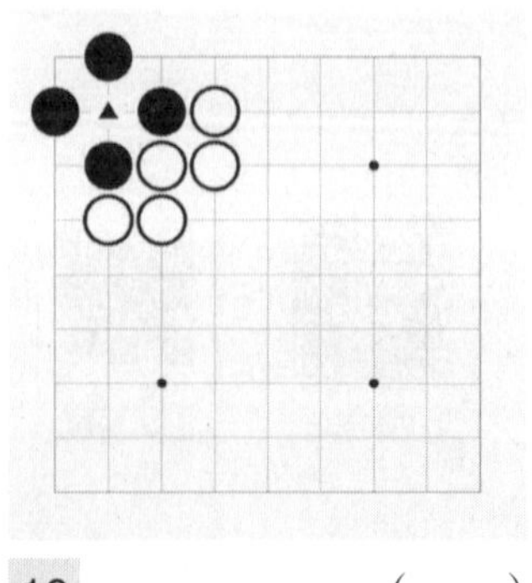

10 (　　)

扫码看答案

扫码看题

扫码看视频

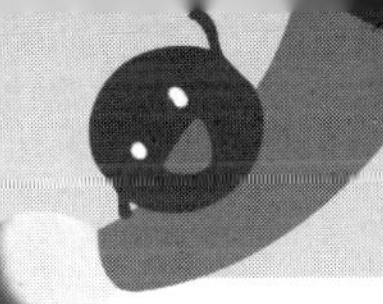

2. 做眼选择

帮黑棋选择正确的做眼下法。

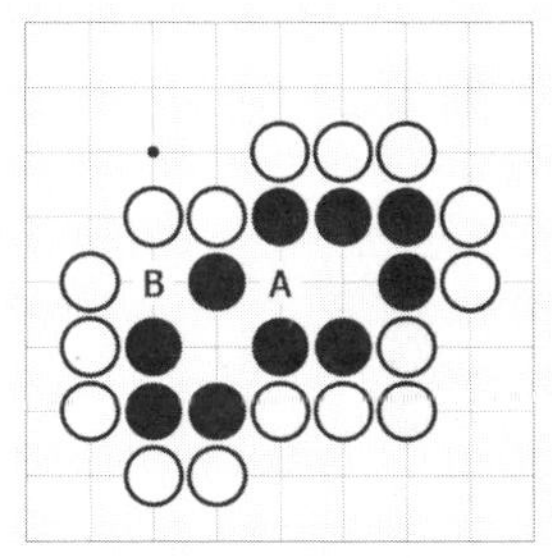

1　（　　）

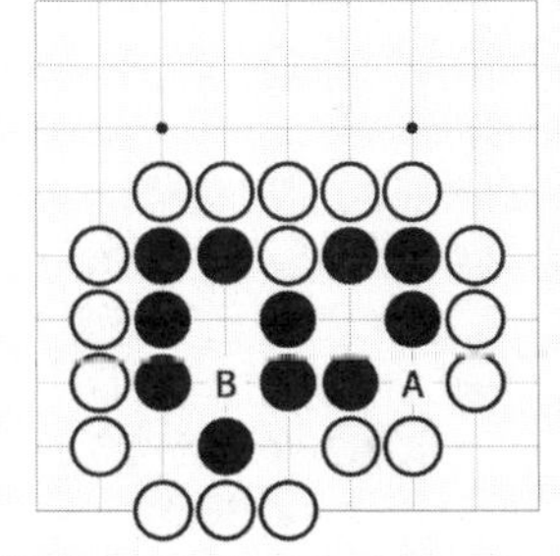

2　（　　）

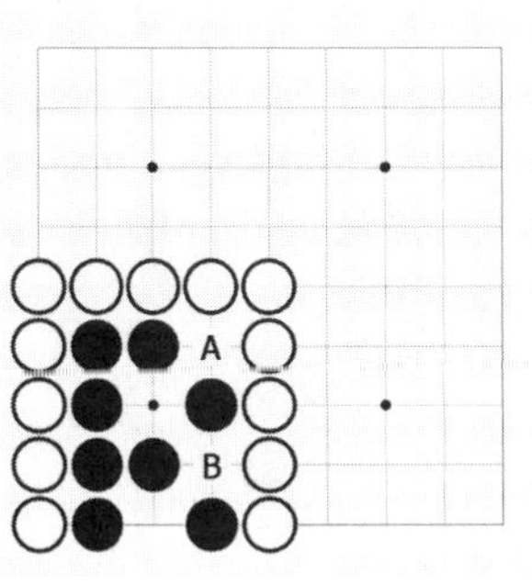

3　（　　）

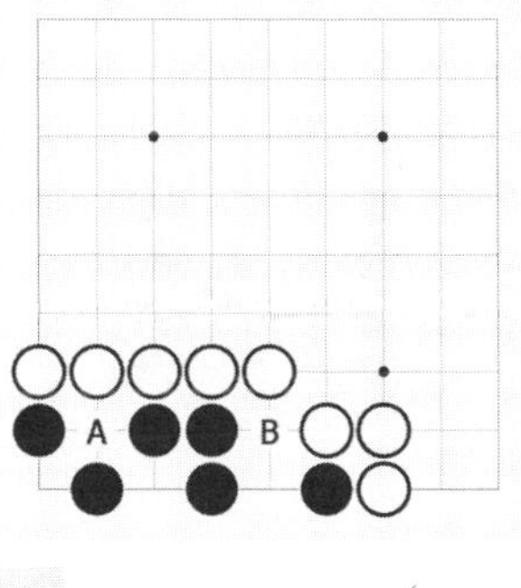

4　（　　）

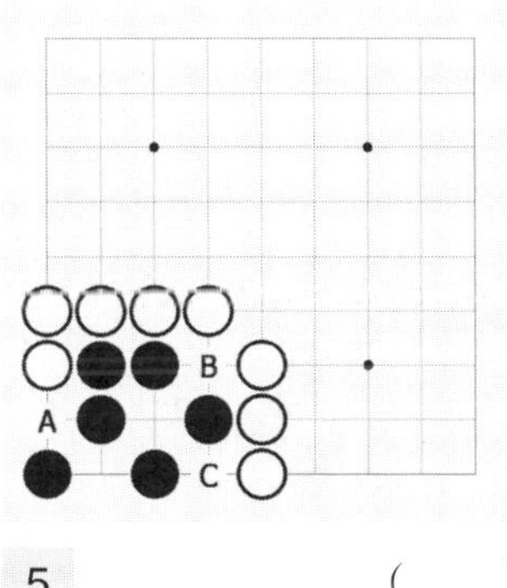

5　（　　）

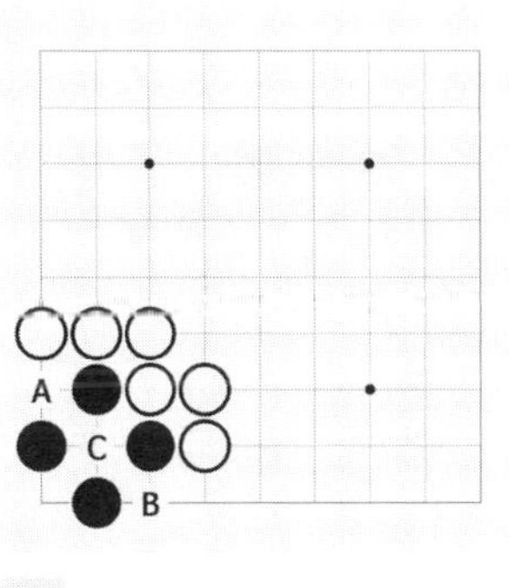

6　（　　）

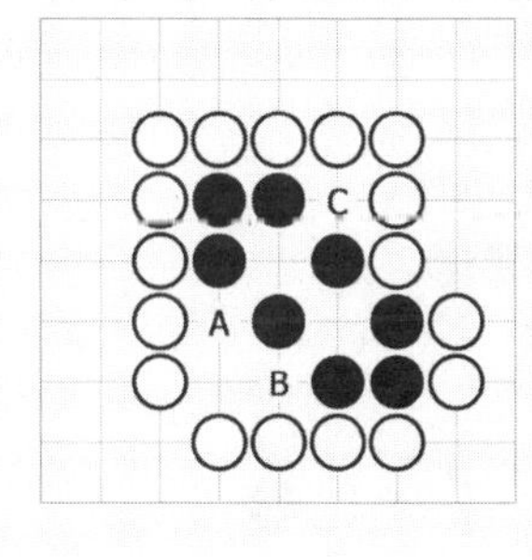

7　（　　）

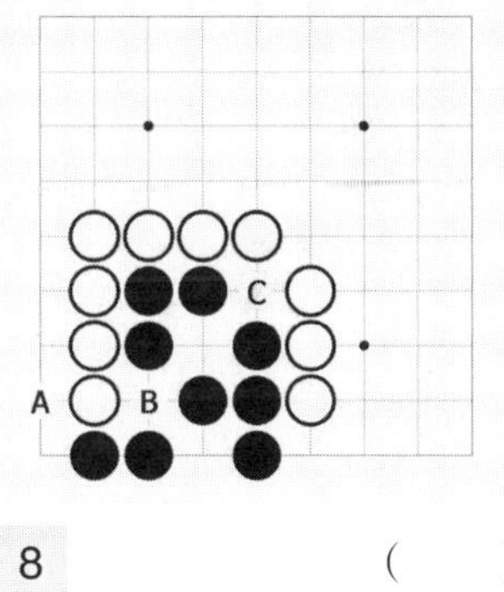

8　（　　）

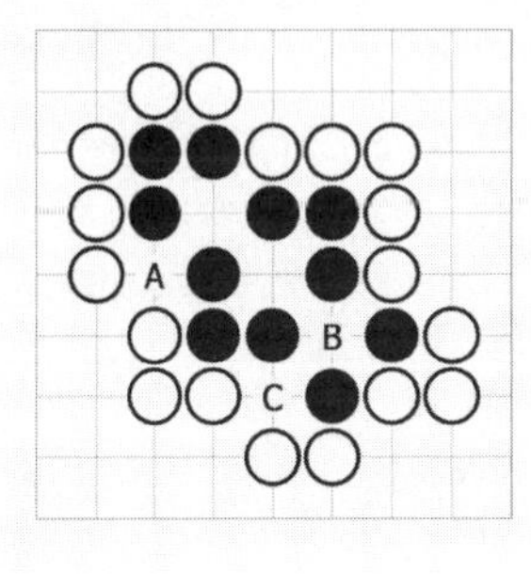

9　（　　）

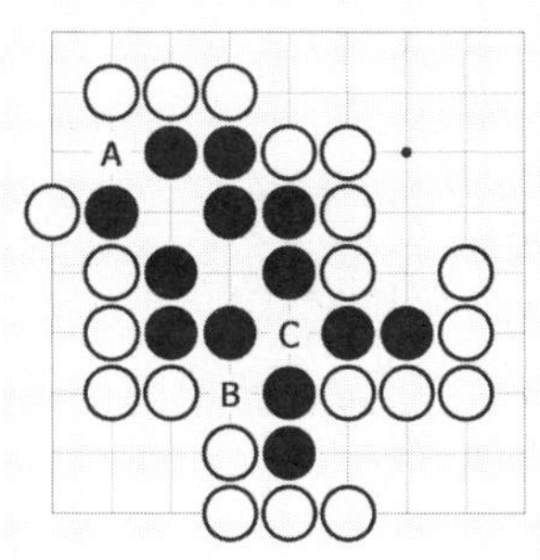

10　（　　）

扫码看答案

扫码看题

扫码看视频

3. 破眼选择

帮黑棋选择正确的破眼下法。

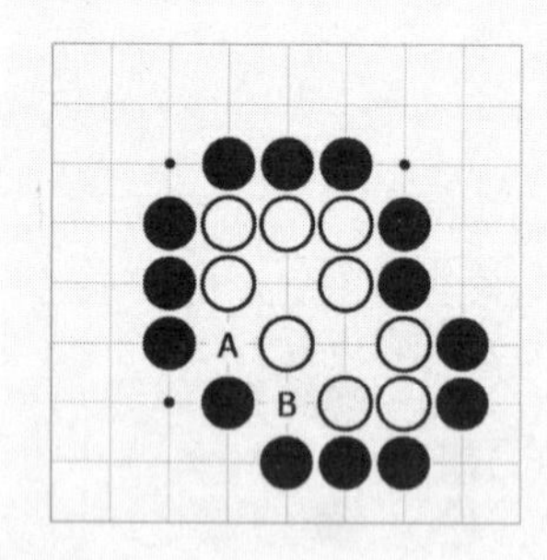

1 (　　)

2 (　　)

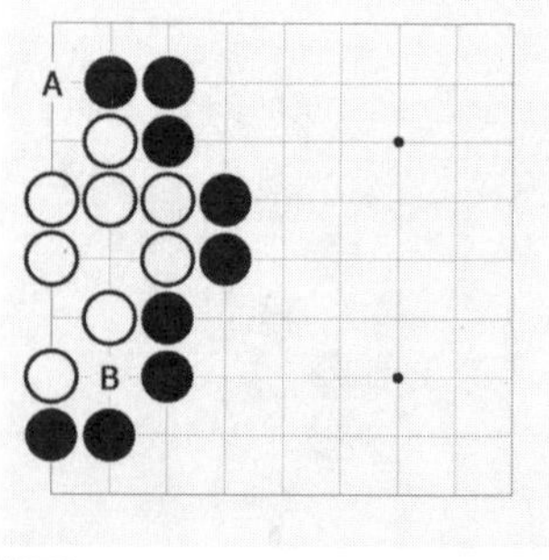

3 (　　)

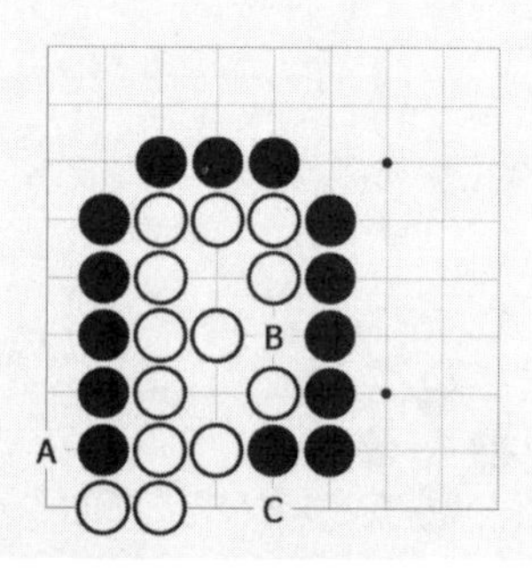

4 (　　)

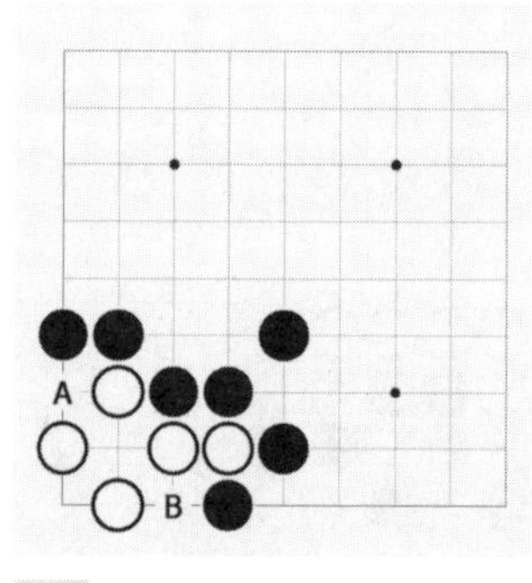

5 (　　)

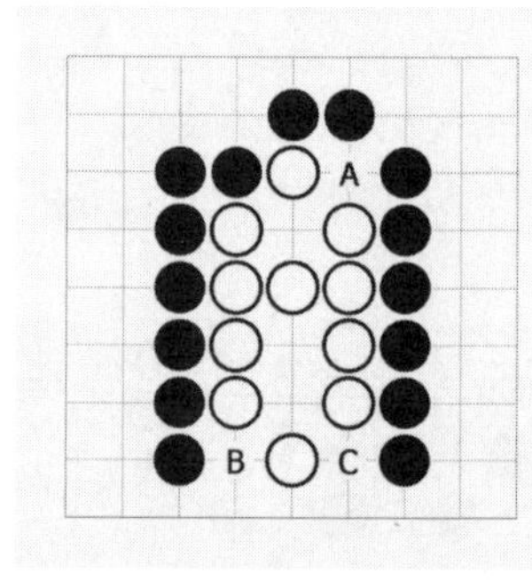

6 (　　)

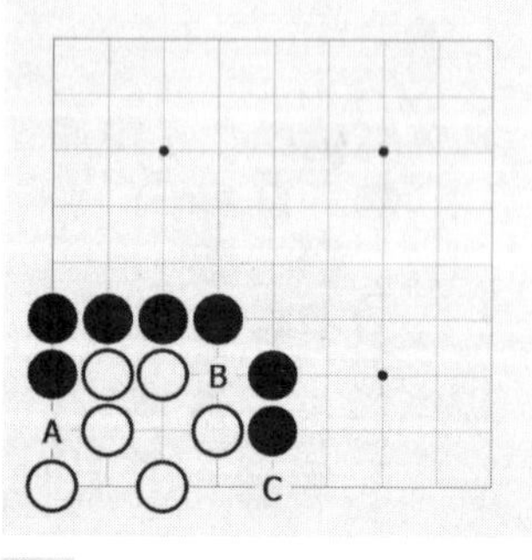

7 (　　)

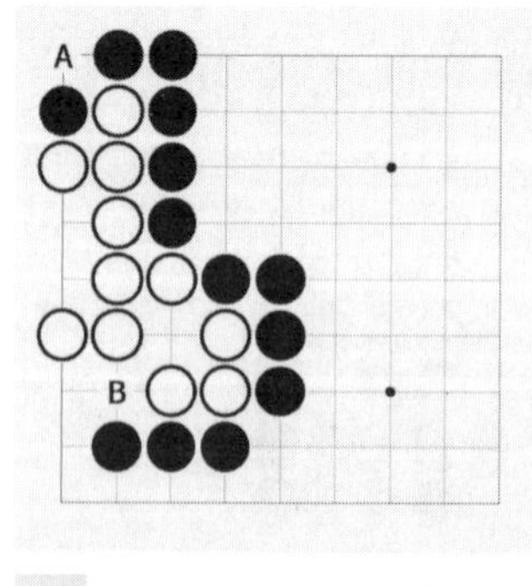

8 (　　)

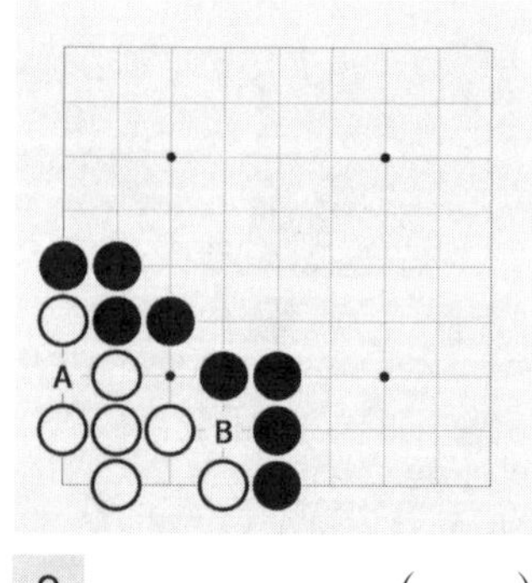

9 (　　)

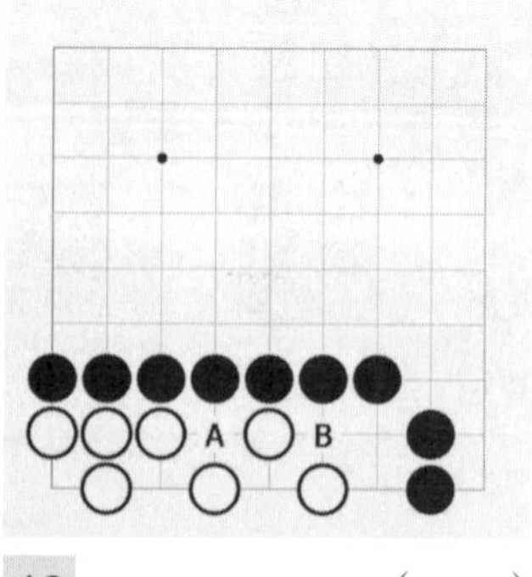

10 (　　)

扫码看答案

扫码看题

扫码看视频

4.做活过程

黑先,写出做活的下一手。

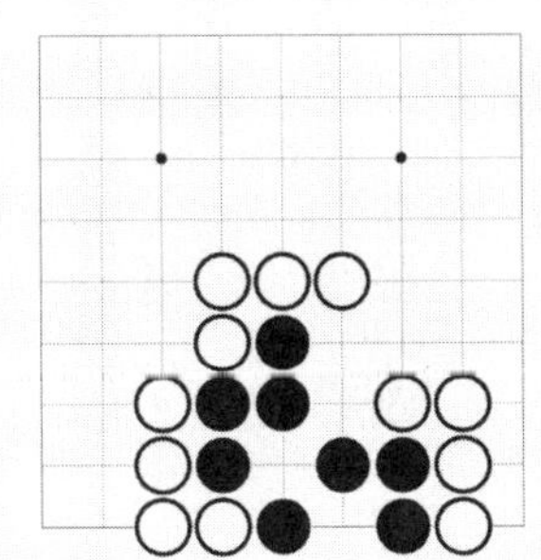

1

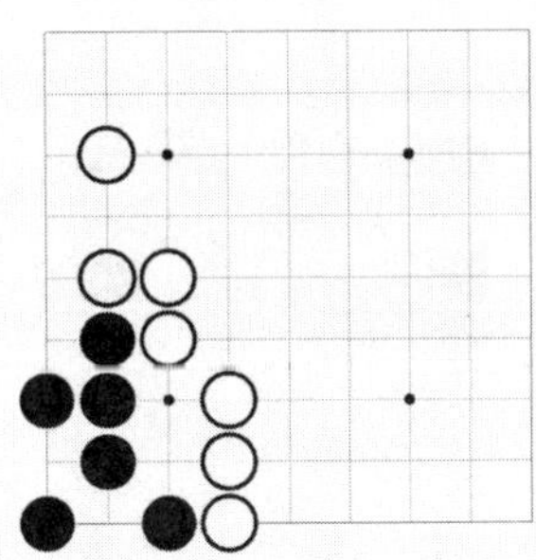

2

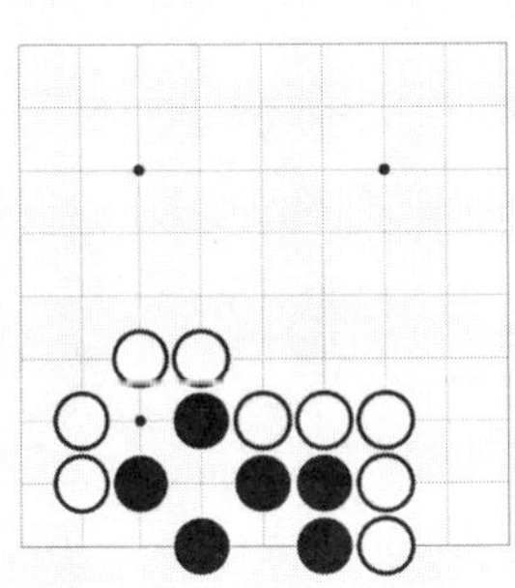

3

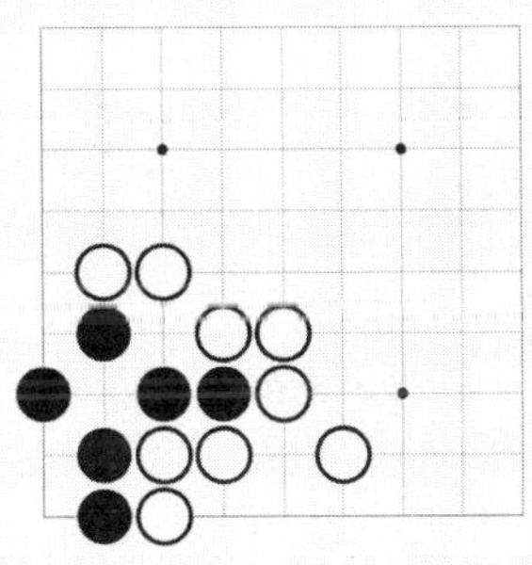

4

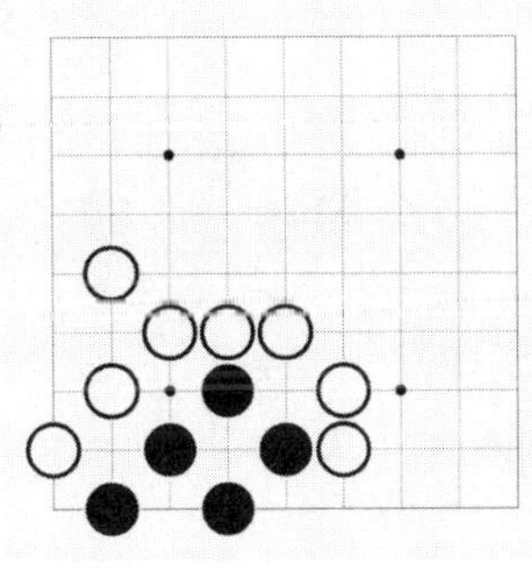

5

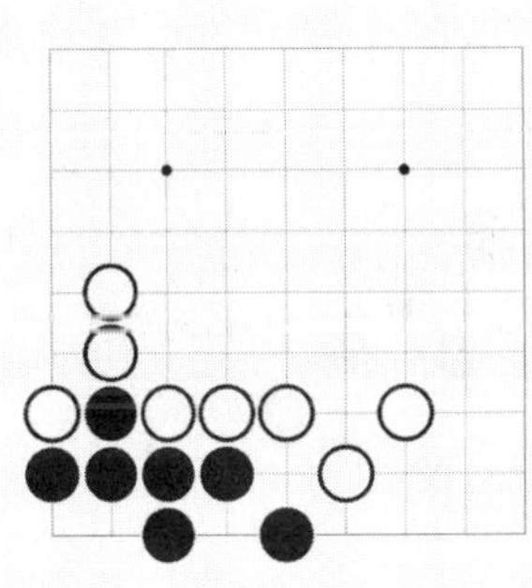

6

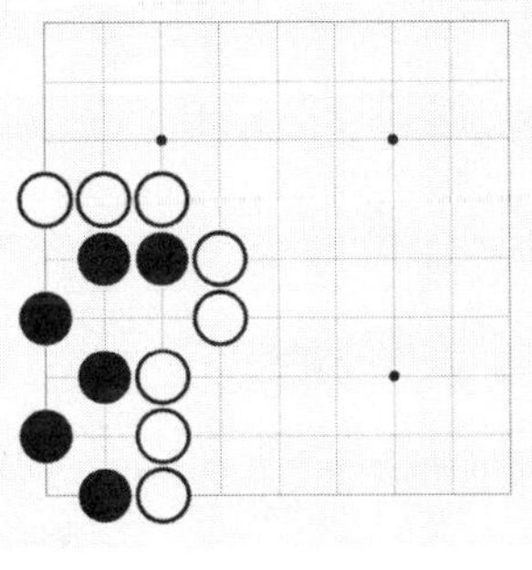

7

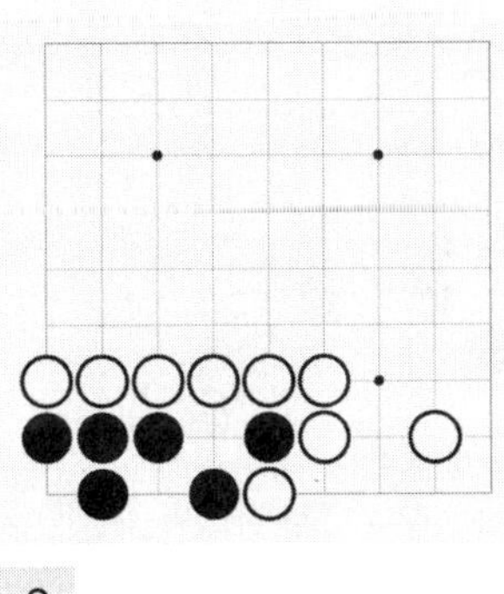

8

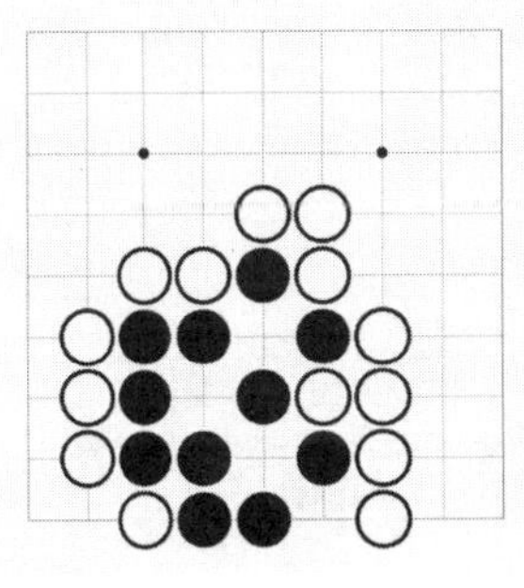

9

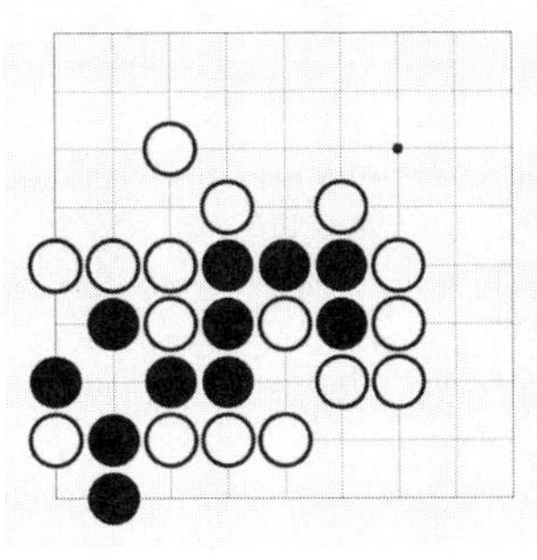

10

扫码看答案

扫码看题

扫码看视频

5. 杀棋过程

黑先，写出杀棋的下一手。

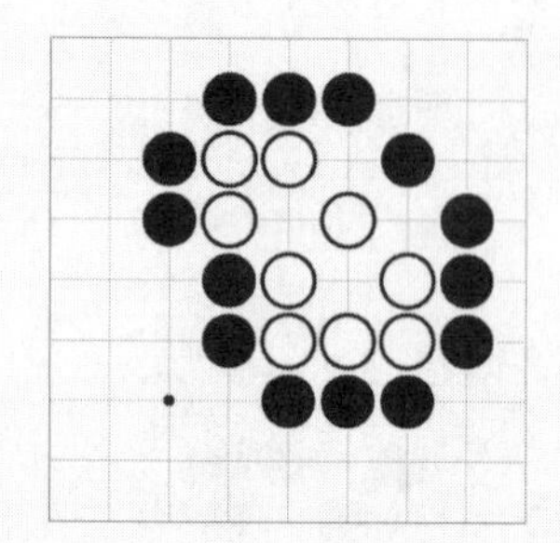

1

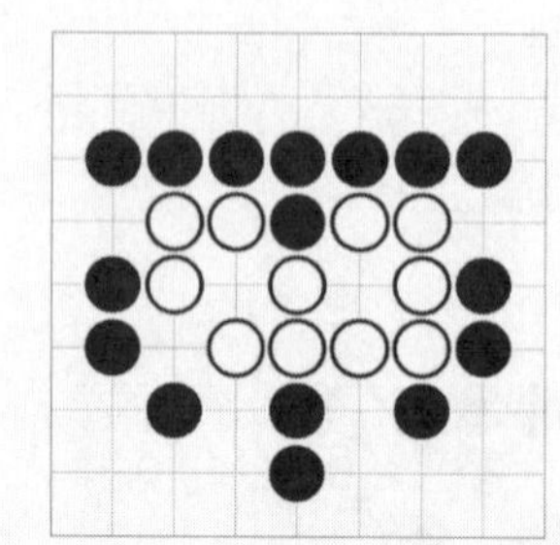

2

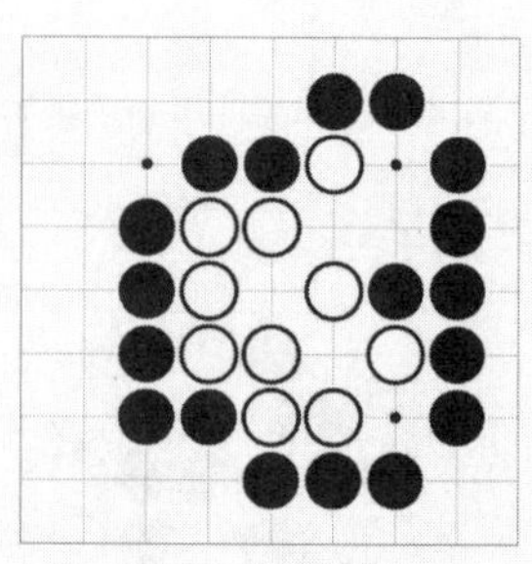

3

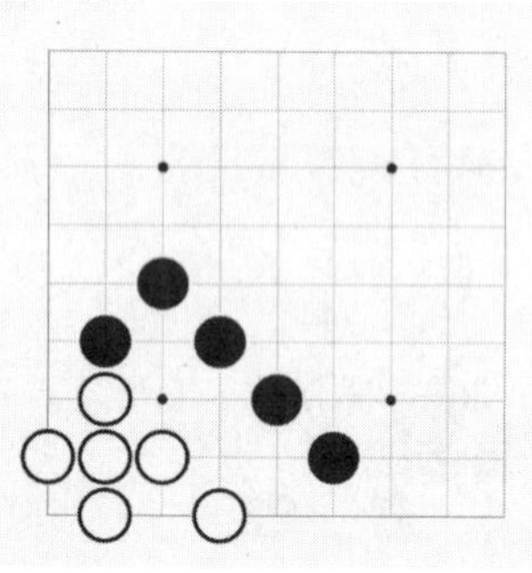

4

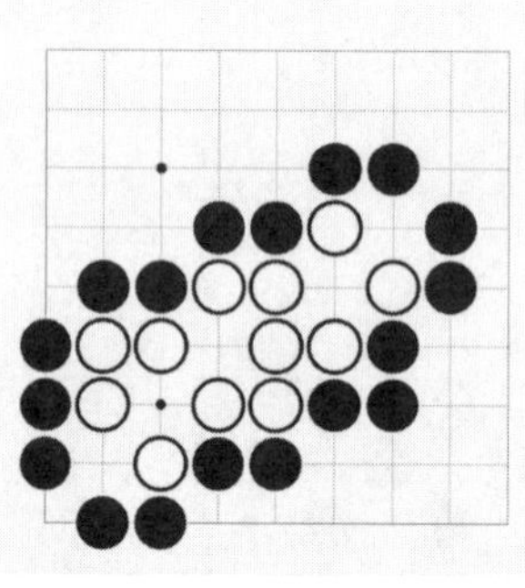

5

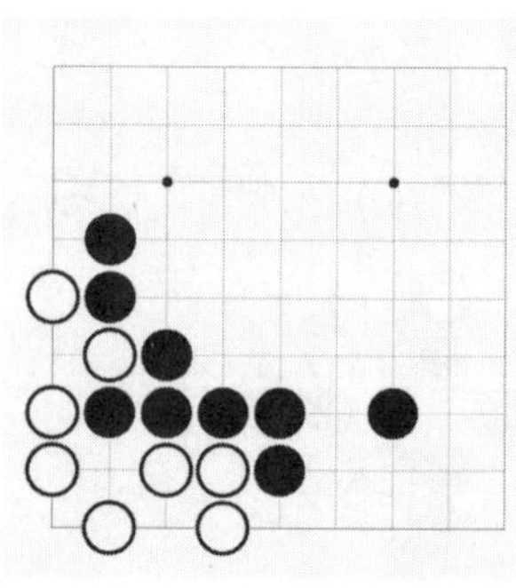

6

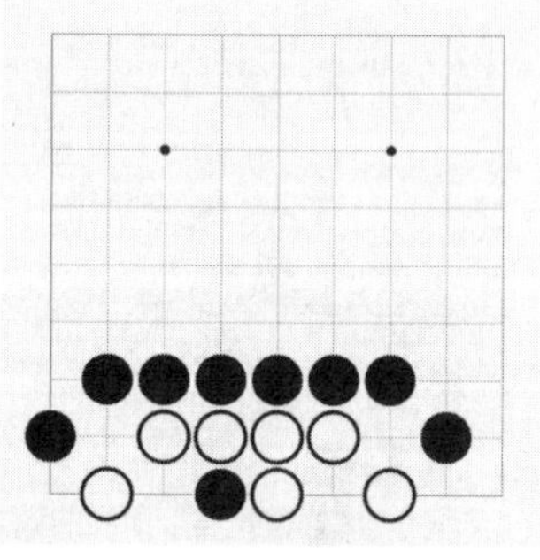

7

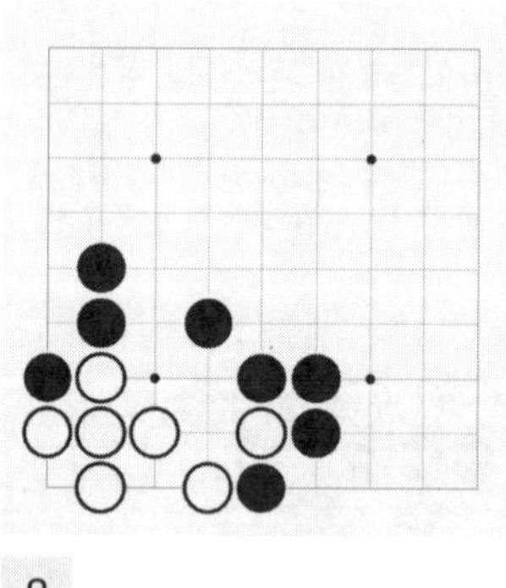

8

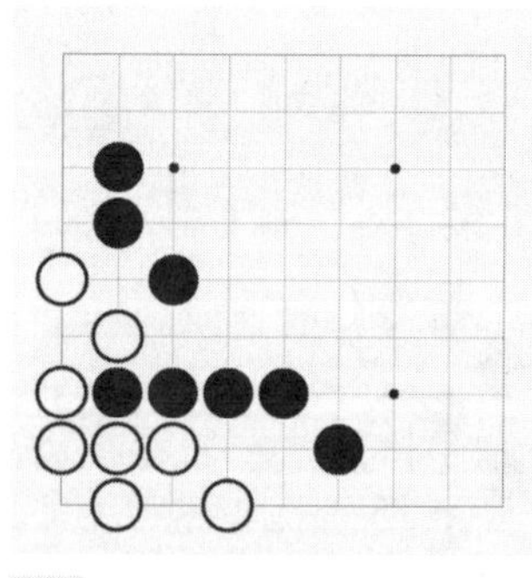

9

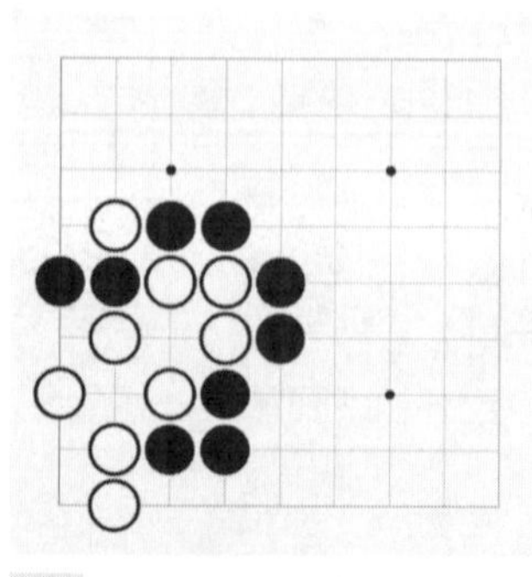

10

扫码看答案

扫码看题

扫码看视频

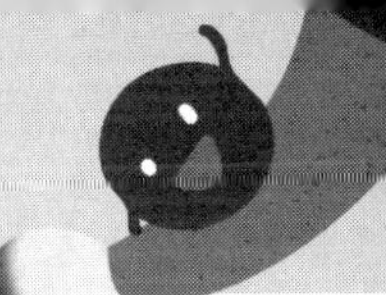

6.实战运用(一)

帮黑棋选择正确的做活下法。

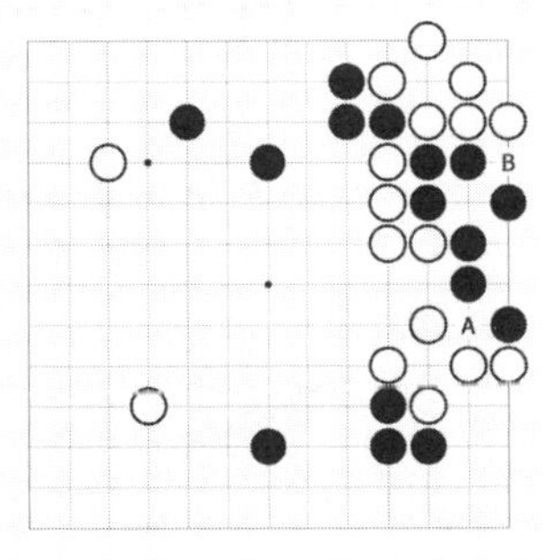

1 (　　)

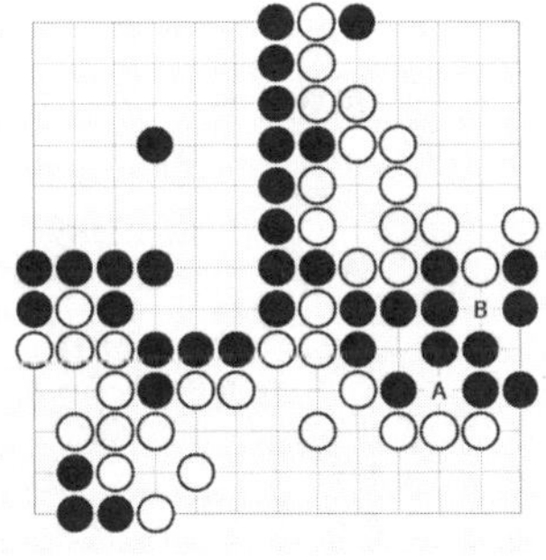

2 (　　)

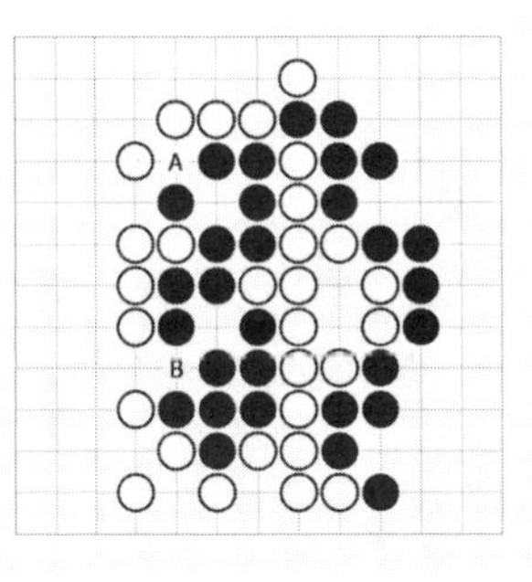

3 (　　)

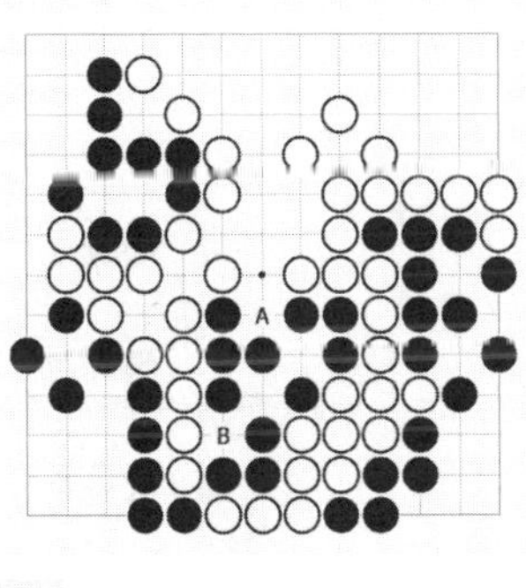

4 (　　)

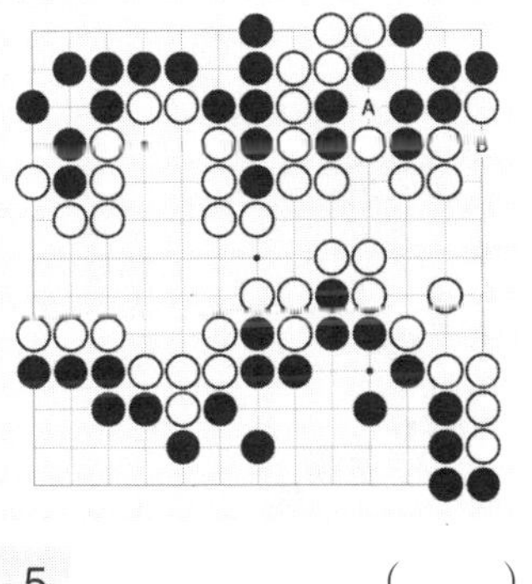

5 (　　)

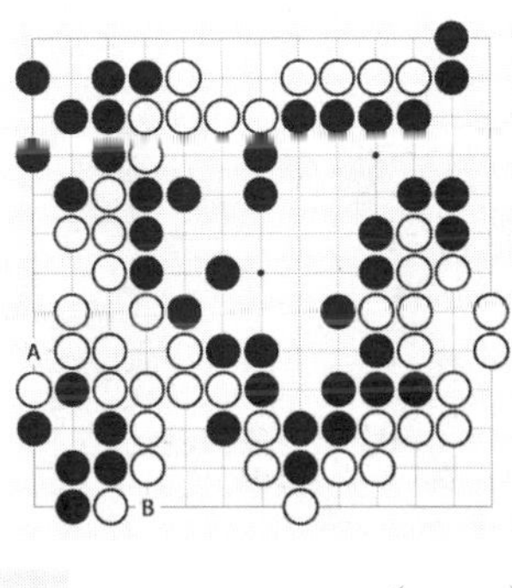

6 (　　)

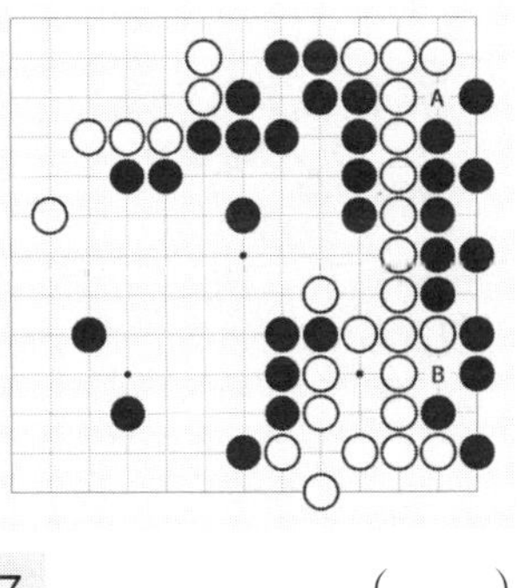

7 (　　)

扫码看答案

扫码看题

帮白棋选择正确的做活下法。

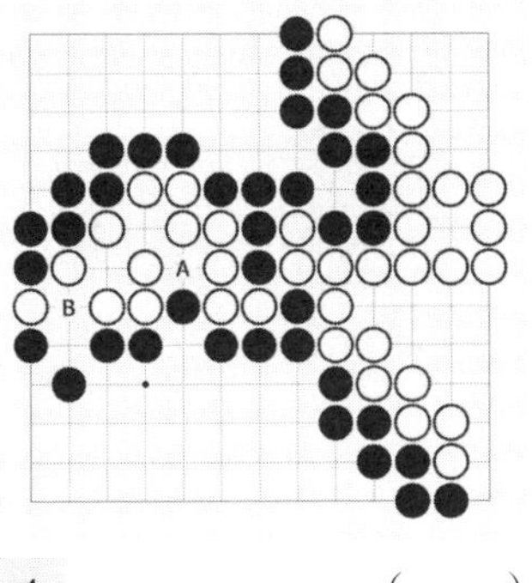

1 (　　)

2 (　　)

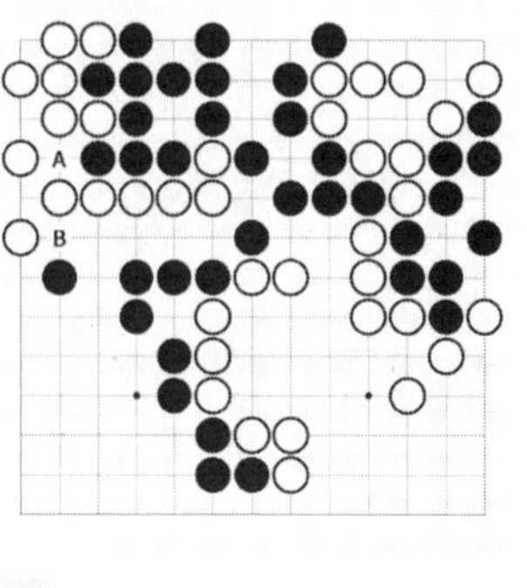

3 (　　)

7.实战运用(二)

帮黑棋选择正确的杀棋下法。

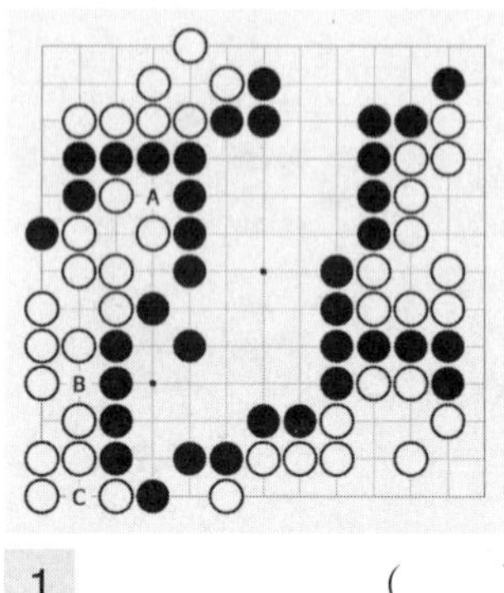

1 (　　)

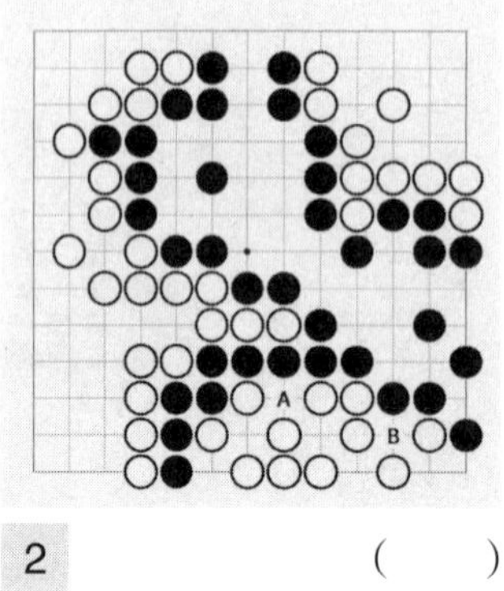

2 (　　)

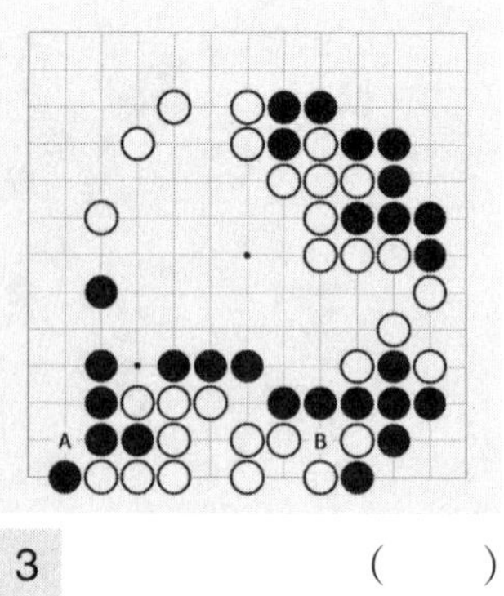

3 (　　)

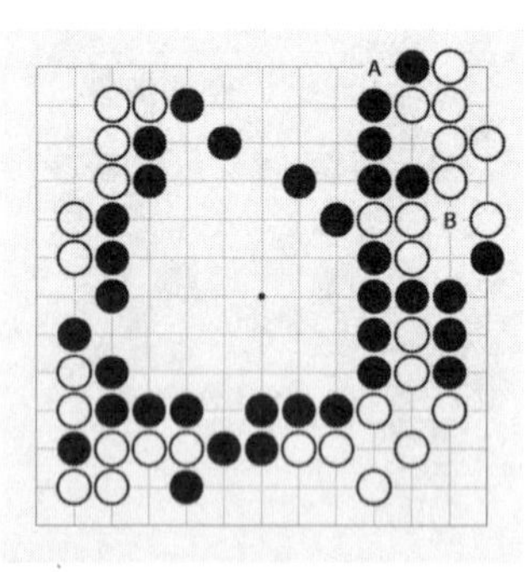

4 (　　)

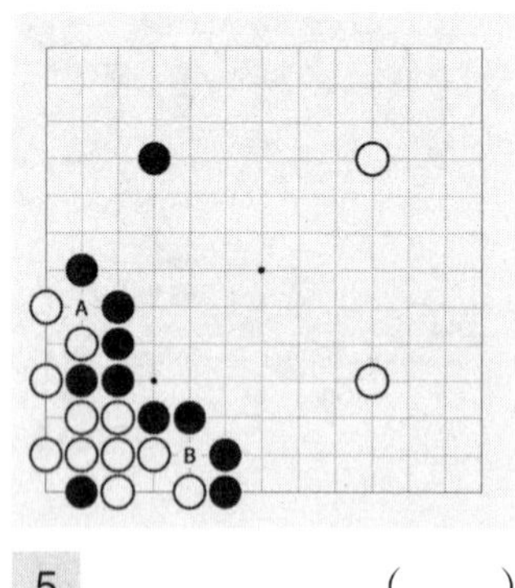

5 (　　)

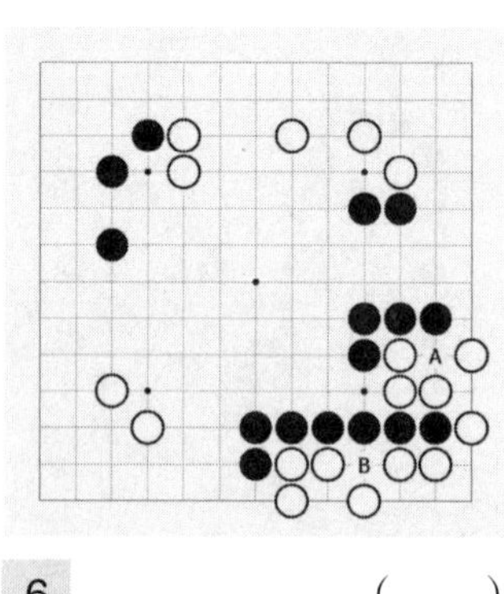

6 (　　)

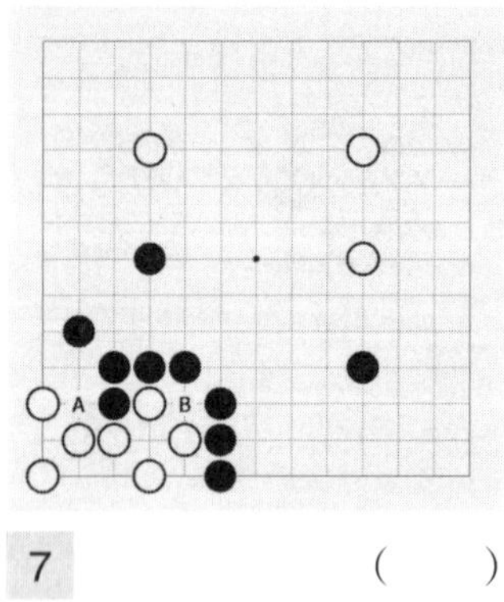

7 (　　)

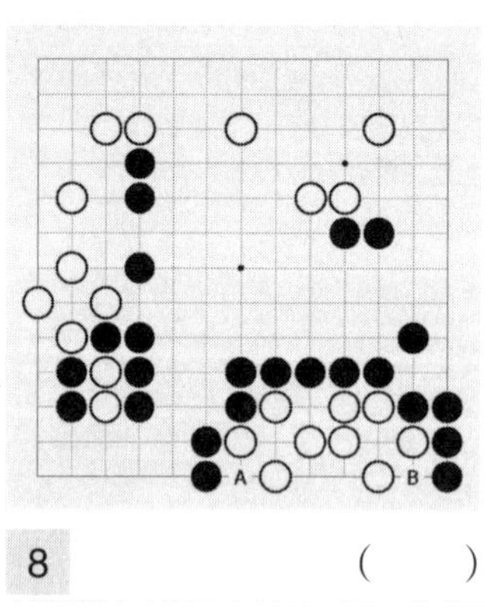

8 (　　)

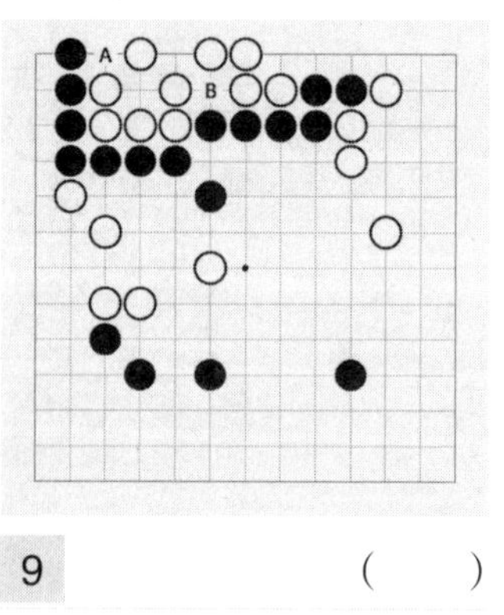

9 (　　)

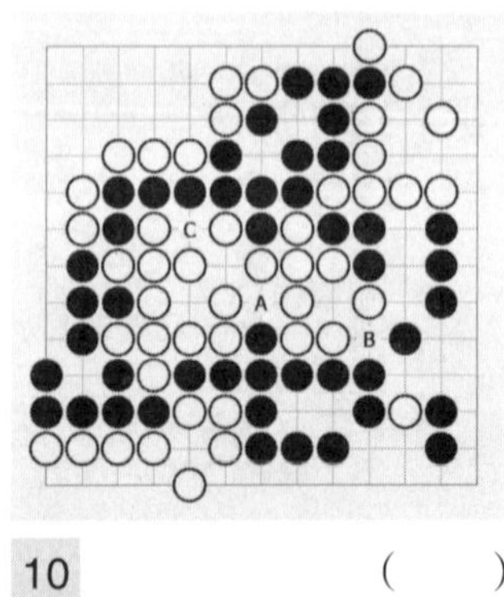

10 (　　)

扫码看答案

扫码看题

8.深度拓展

判断标记处眼位的状态。真眼√,假眼×,看谁先动手○。

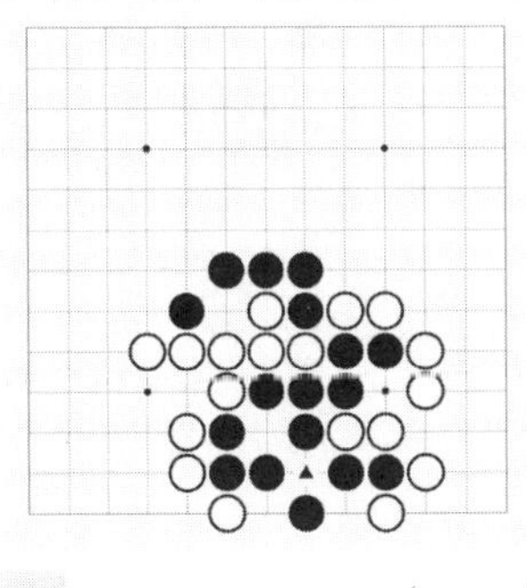

1 ( )

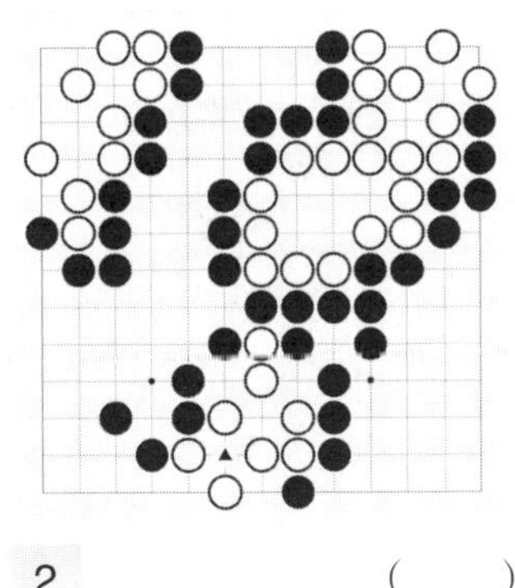

2 ( )

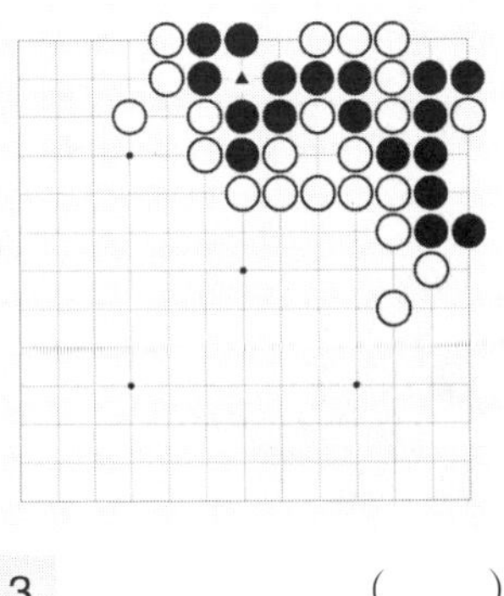

3 ( )

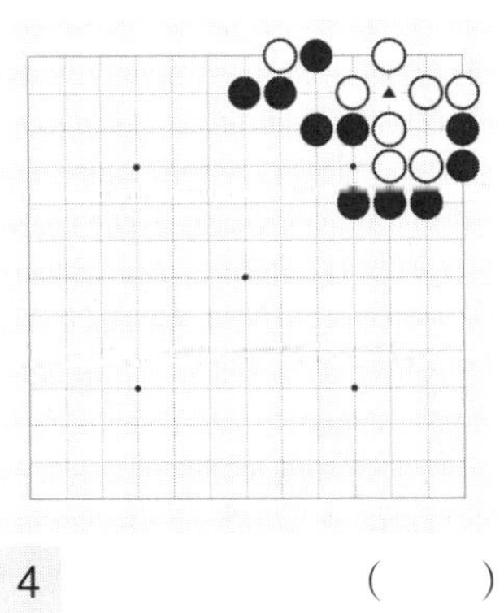

4 ( )

扫码看答案

扫码看题

帮黑棋选择正确的做眼下法。

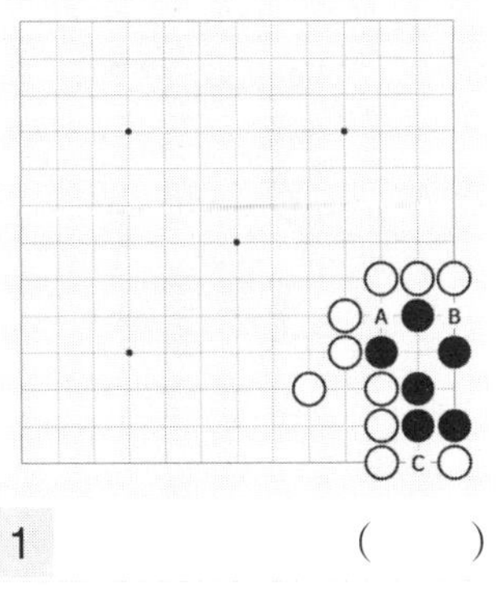

1 ( )

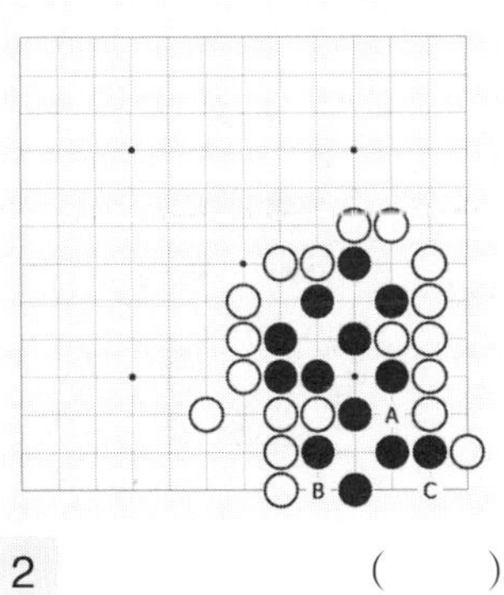

2 ( )

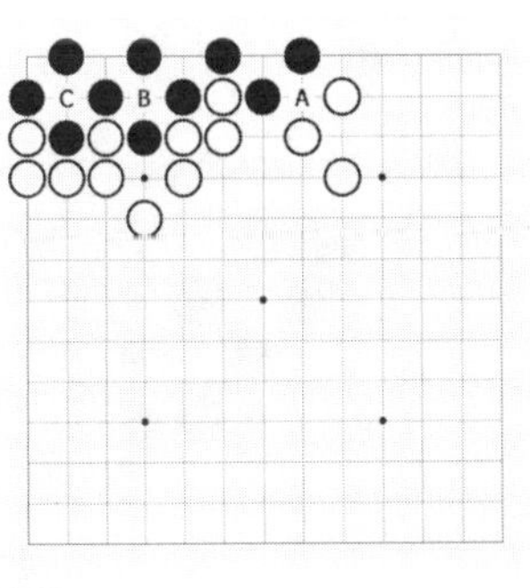

3 ( )

帮黑棋选择正确的破眼下法。

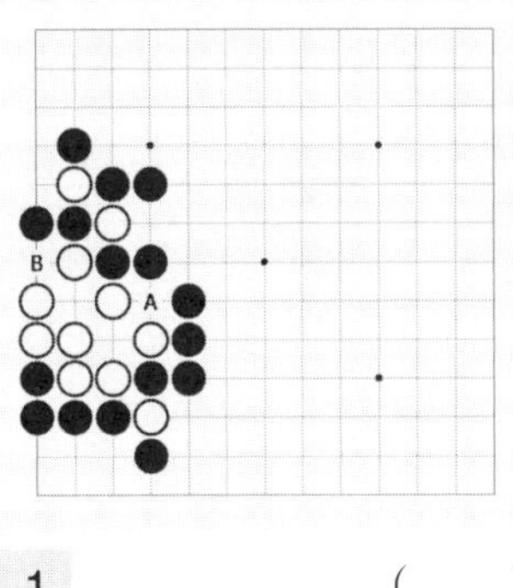

1 ( )

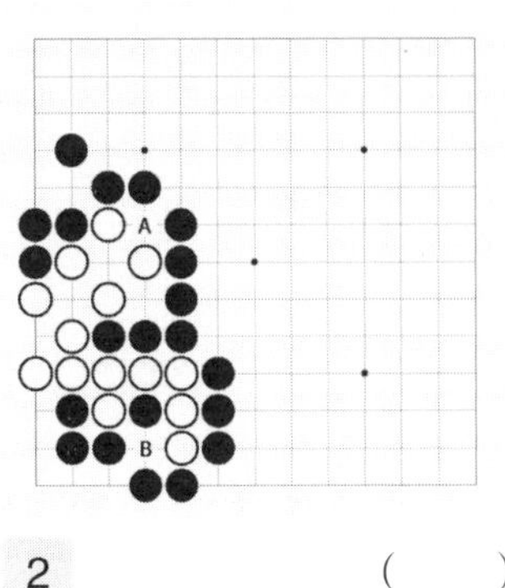

2 ( )

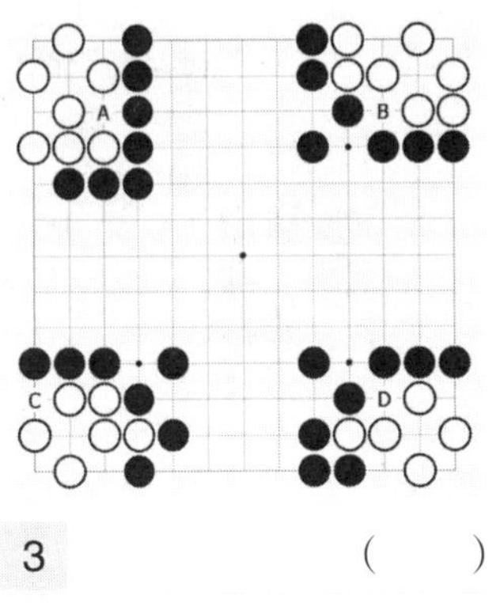

3 ( )

十四　死活的判断

1.死活状态判断

判断黑棋的死活状态。活棋√,死棋×,看谁先动手○。

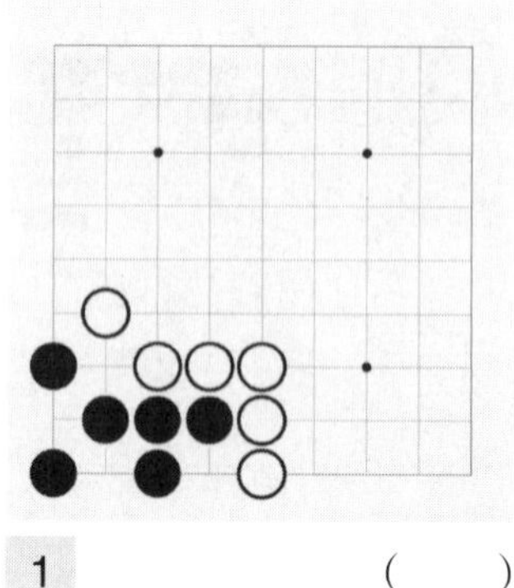

1 (　　)

2 (　　)

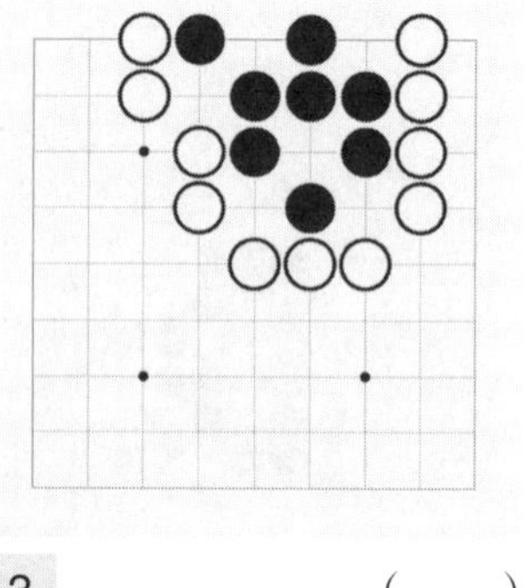

3 (　　)

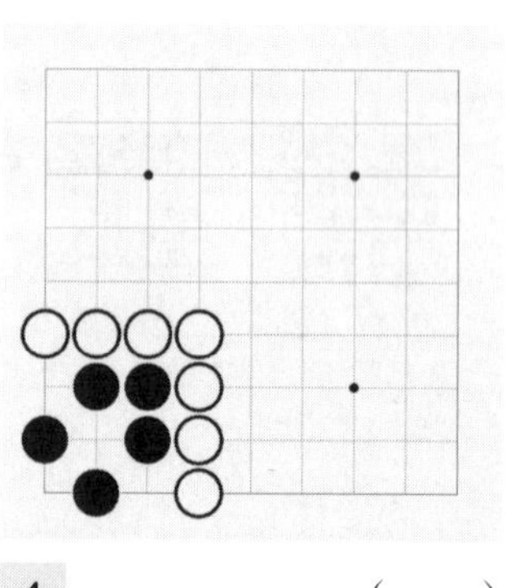

4 (　　)

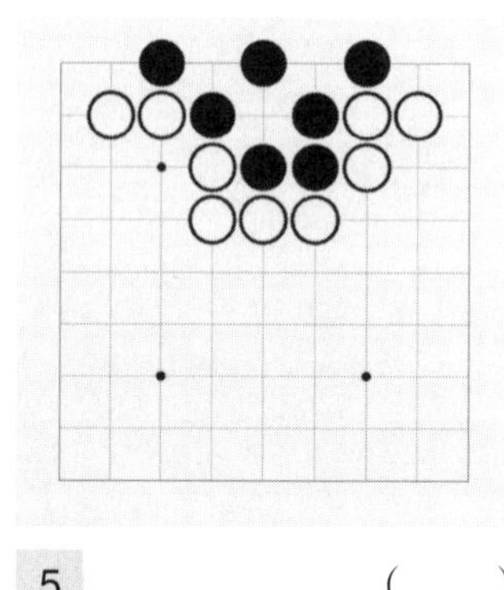

5 (　　)

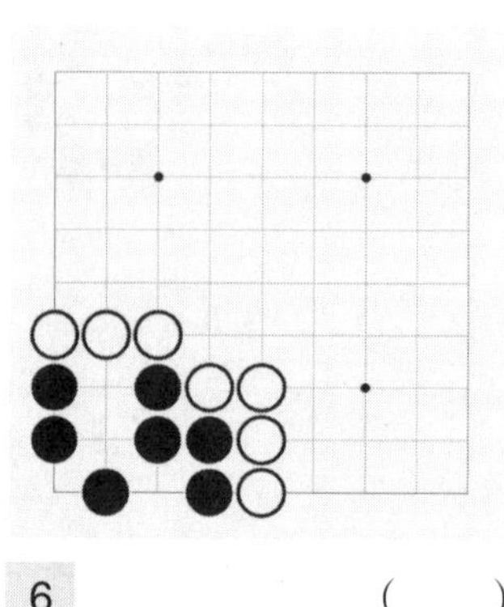

6 (　　)

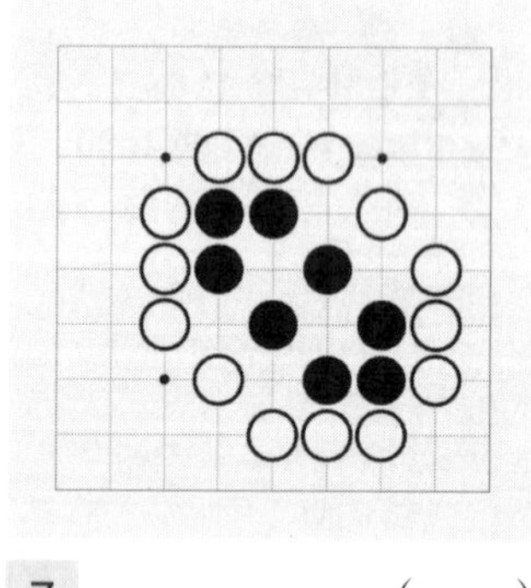

7 (　　)

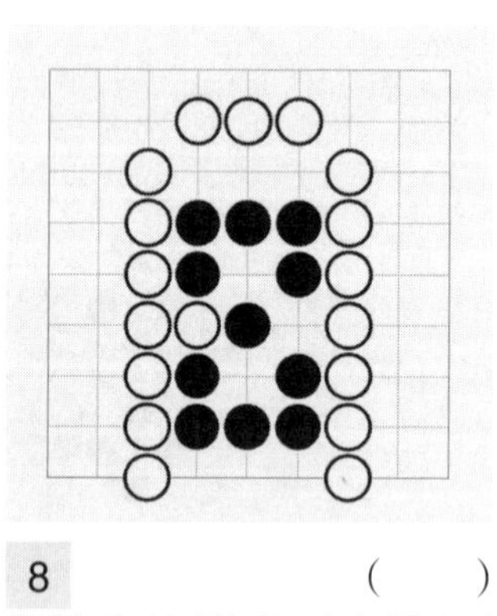

8 (　　)

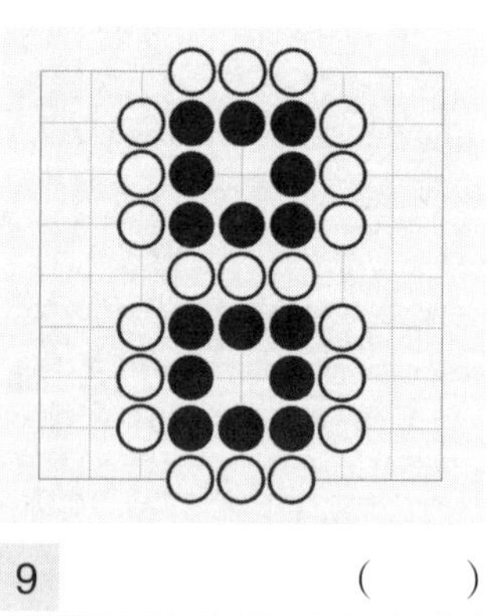

9 (　　)

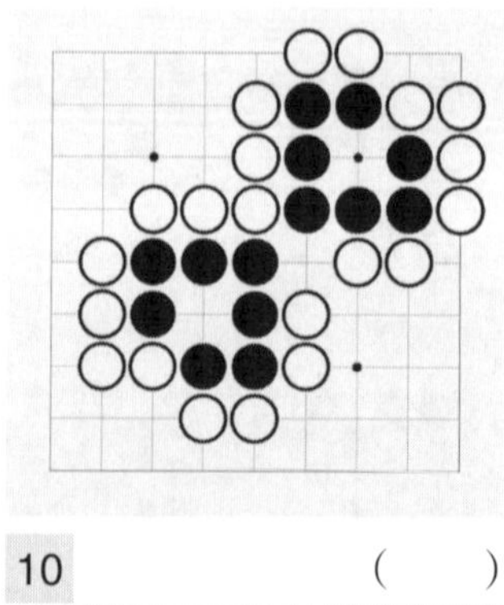

10 (　　)

扫码看答案

扫码看题

扫码看视频

2.行棋必要性判断

标记的这手棋，影响黑棋死活状态了吗？有作用√，没作用×。

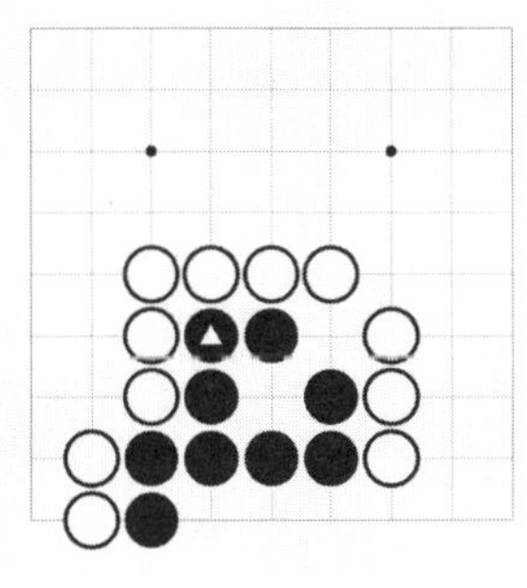

1 (　　)

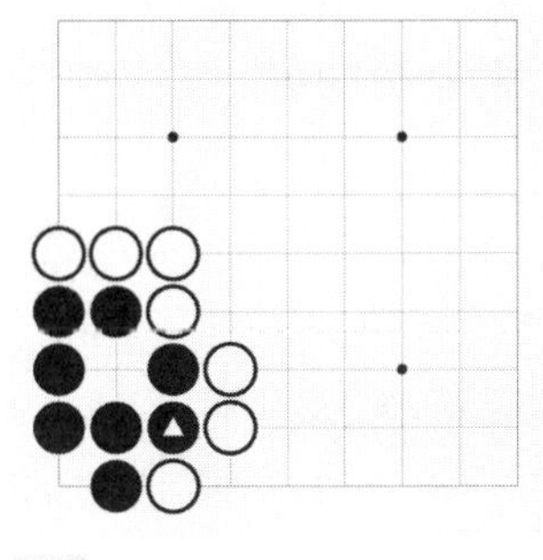

2 (　　)

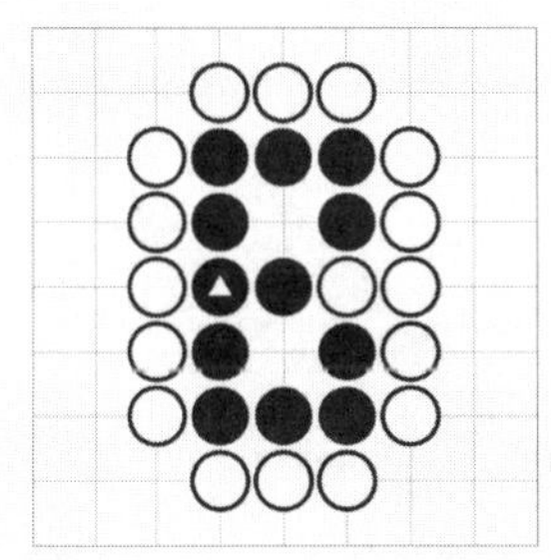

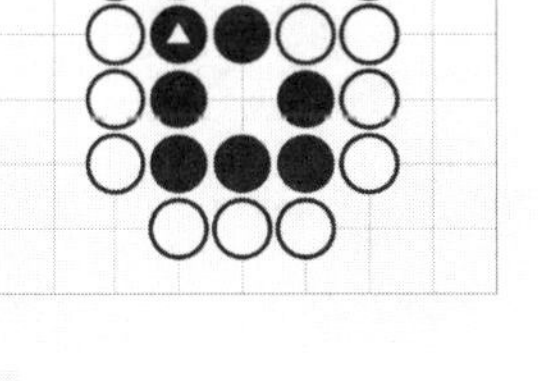

3 (　　)

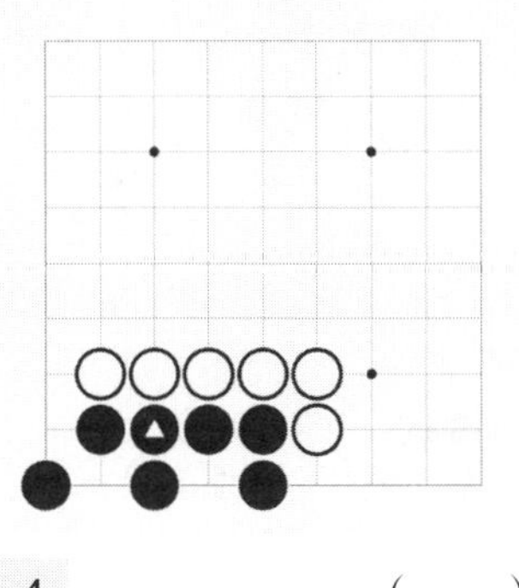

4 (　　)

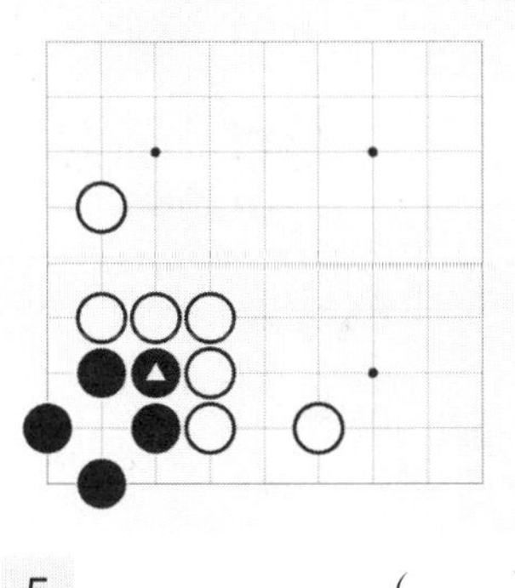

5 (　　)

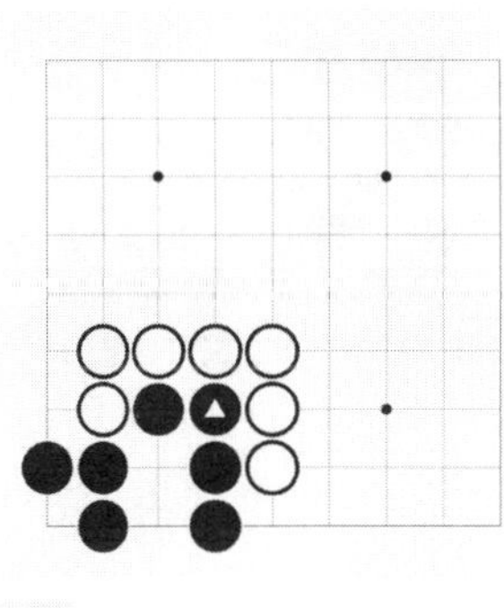

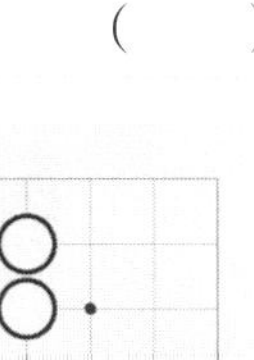

6 (　　)

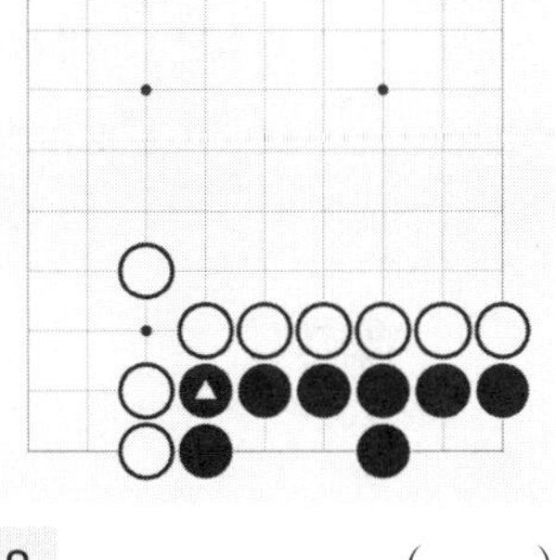

7 (　　)

8 (　　)

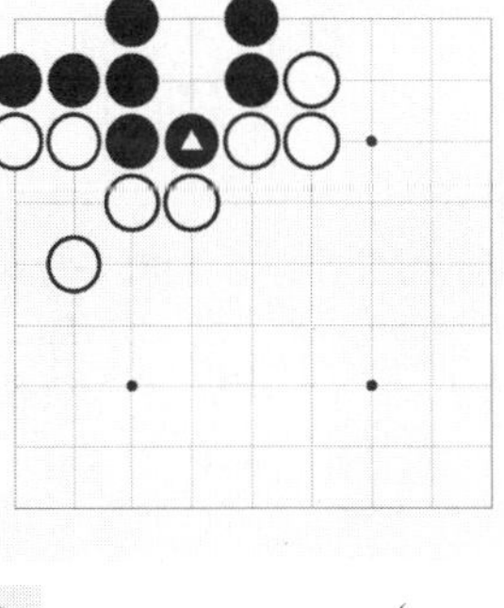

9 (　　)

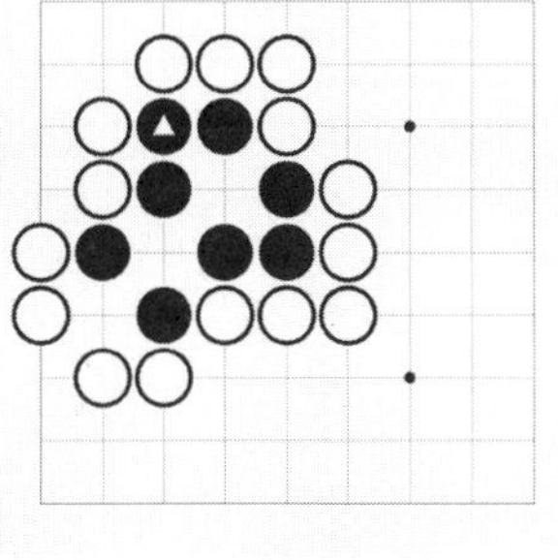

10 (　　)

扫码看答案

扫码看题

扫码看视频

3.做活选择

黑该补活哪块棋？

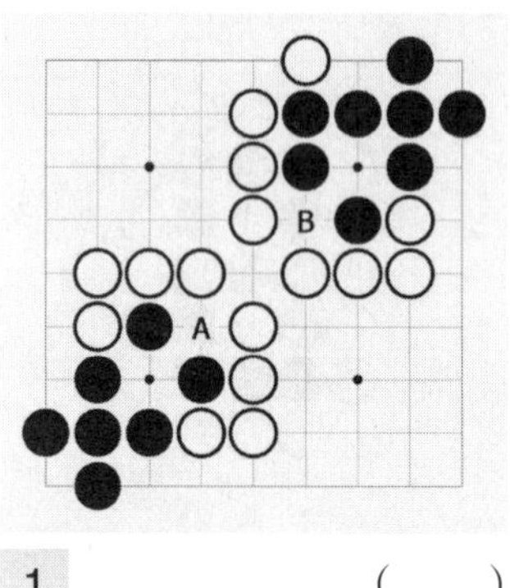

1 (　　)

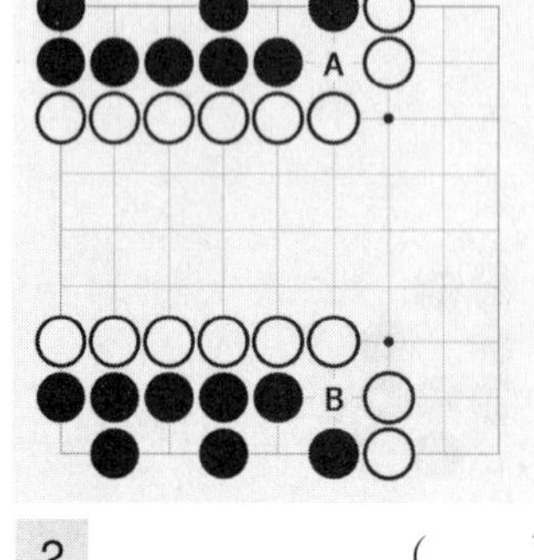

2 (　　)

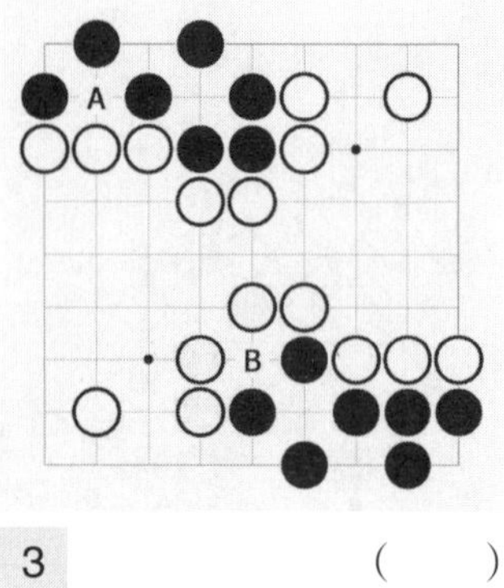

3 (　　)

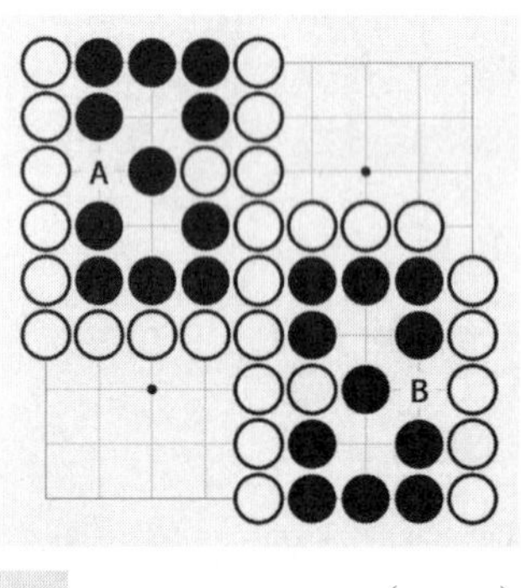

4 (　　)

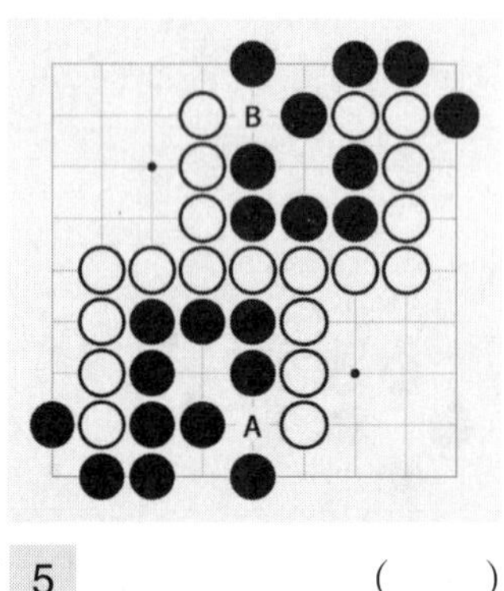

5 (　　)

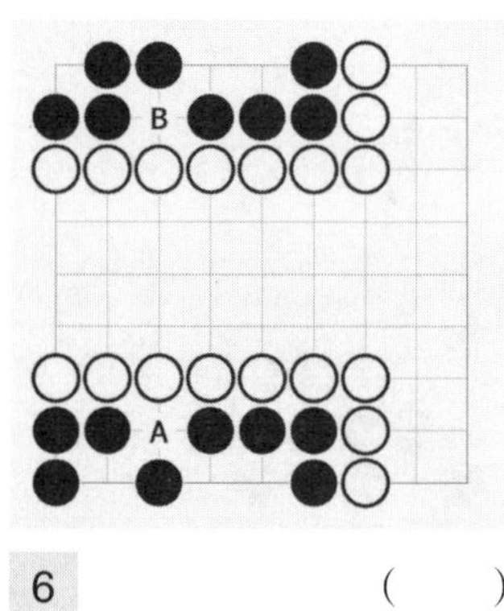

6 (　　)

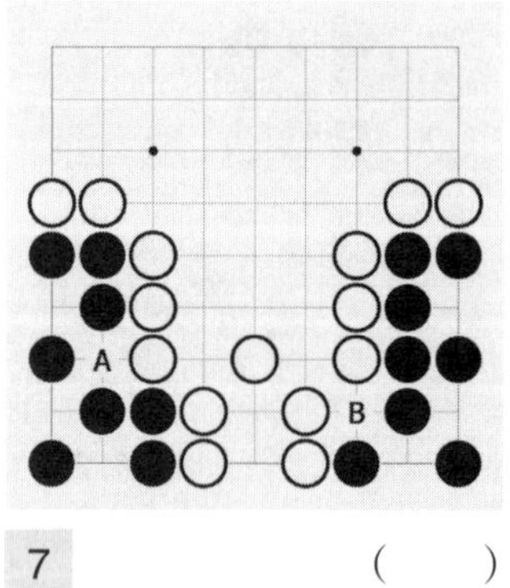

7 (　　)

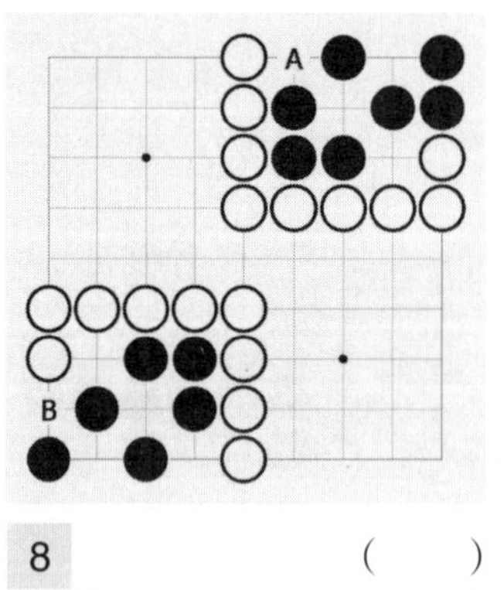

8 (　　)

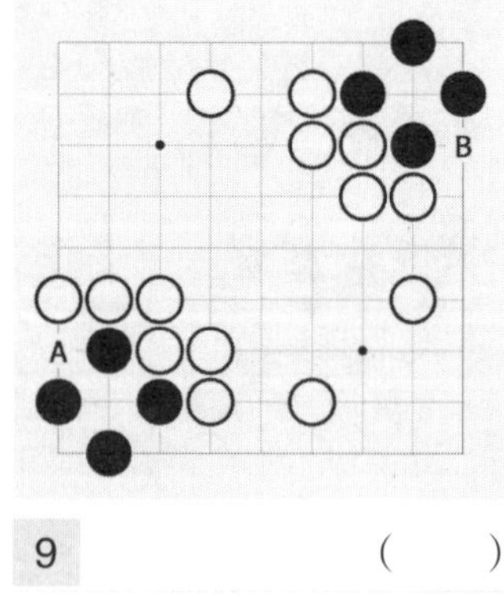

9 (　　)

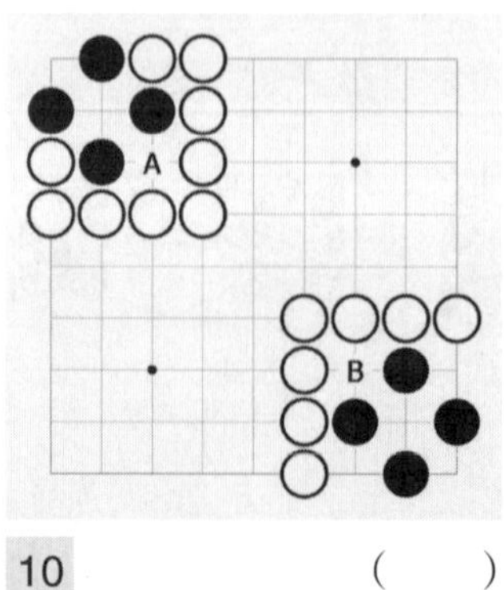

10 (　　)

扫码看答案

扫码看题

扫码看视频

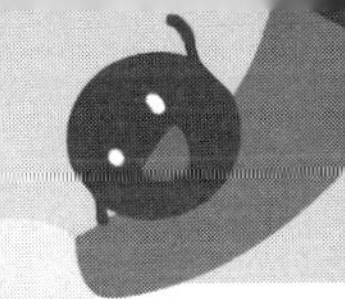

4.杀棋选择

黑该杀哪块棋？

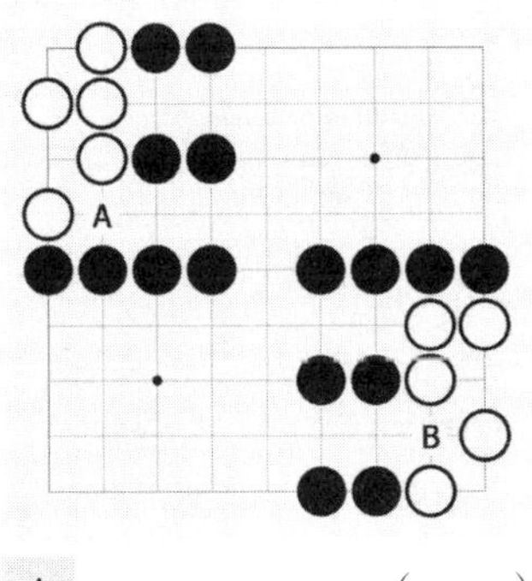

1　　（　　）

2　　（　　）

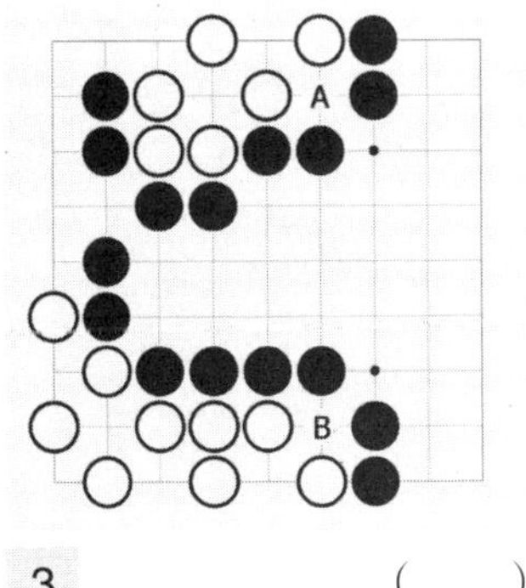

3　　（　　）

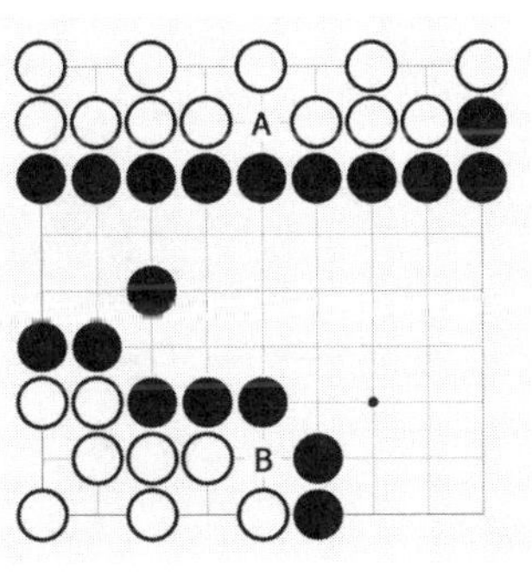

4　　（　　）

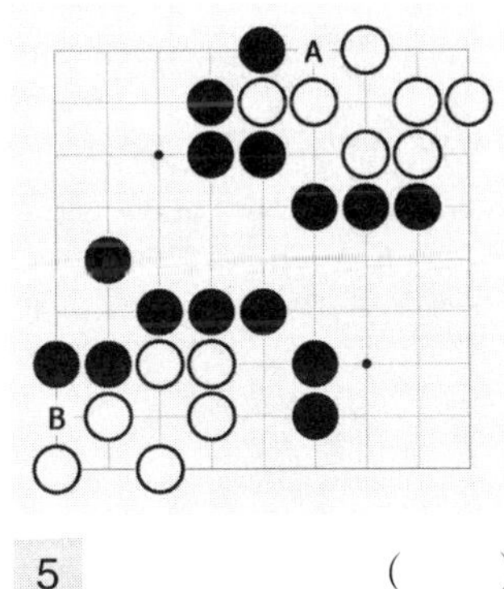

5　　（　　）

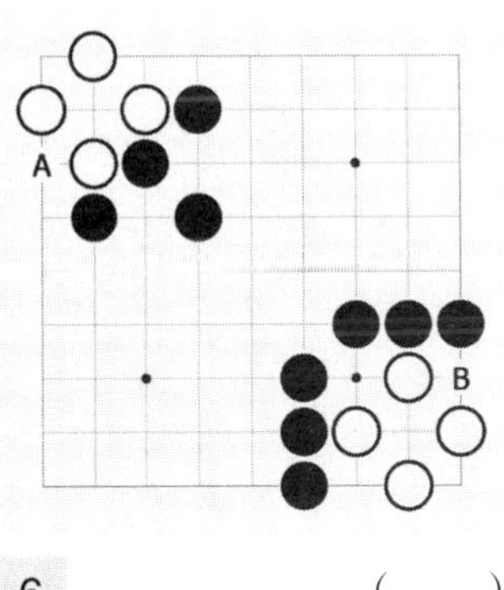

6　　（　　）

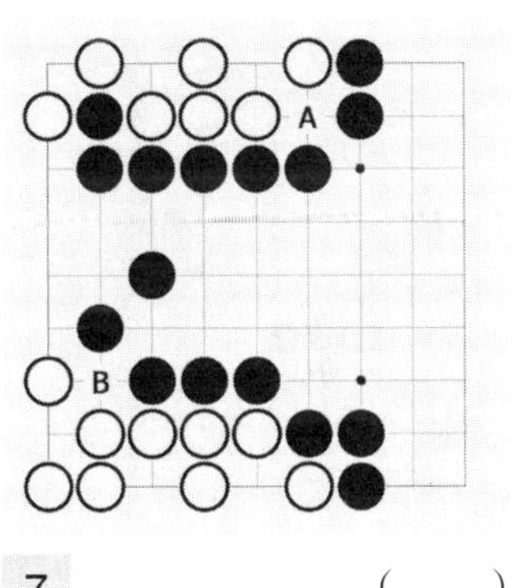

7　　（　　）

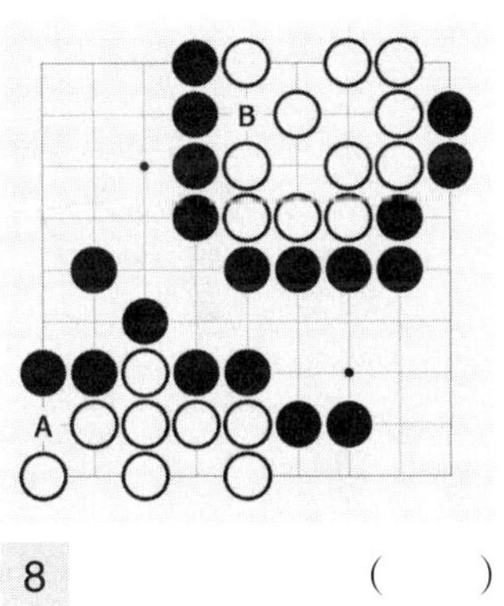

8　　（　　）

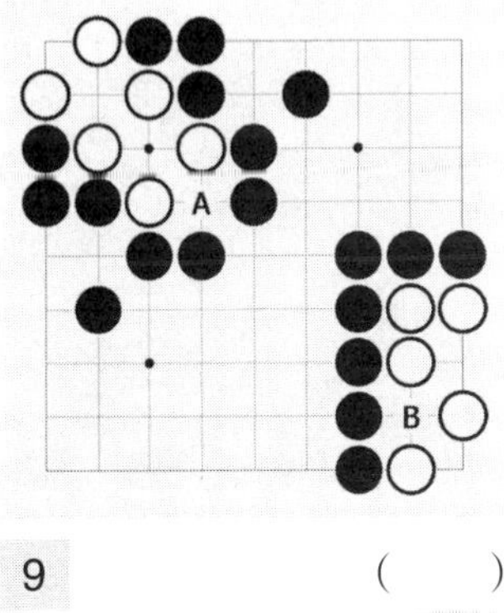

9　　（　　）

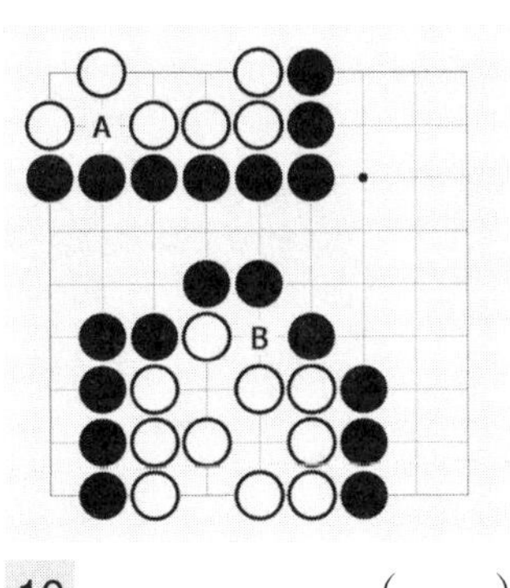

10　　（　　）

扫码看答案

扫码看题

扫码看视频

5.实战运用(一)

判断黑棋的死活状态。活棋√,死棋×,看谁先动手○。

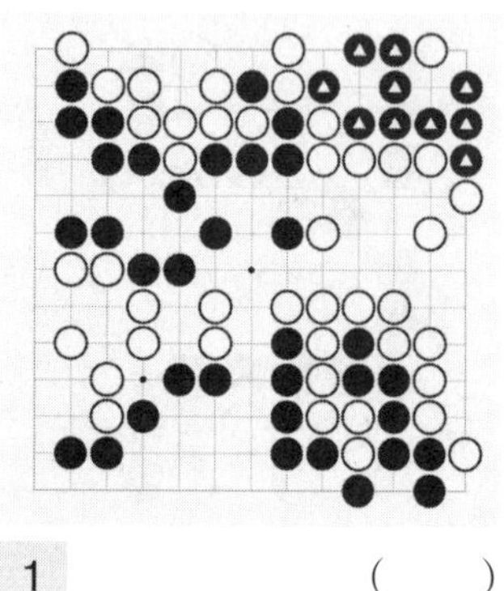

1 (　　)

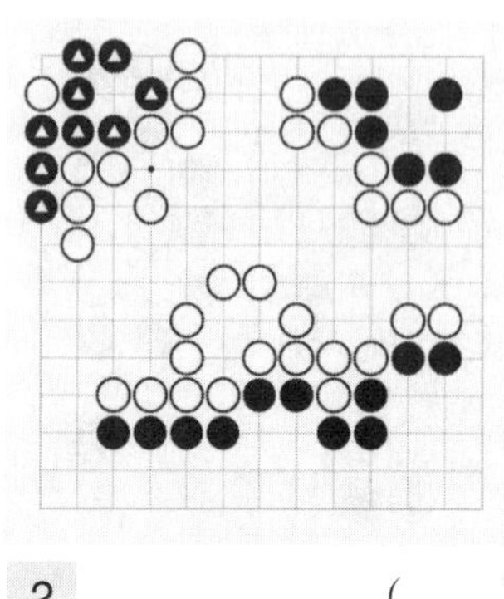

2 (　　)

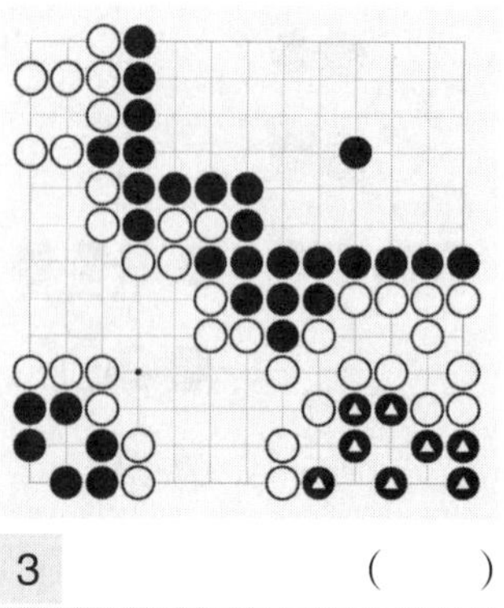

3 (　　)

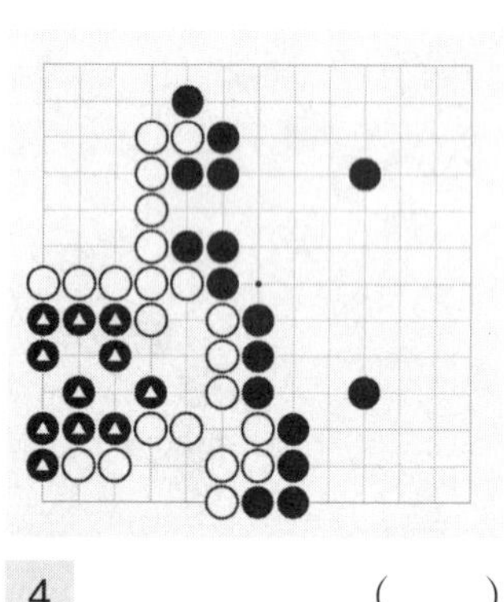

4 (　　)

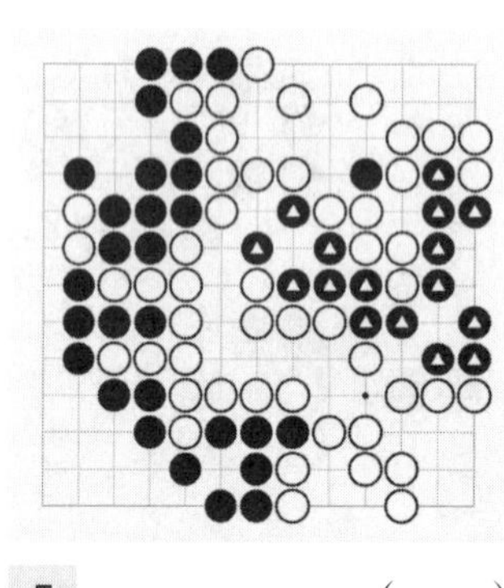

5 (　　)

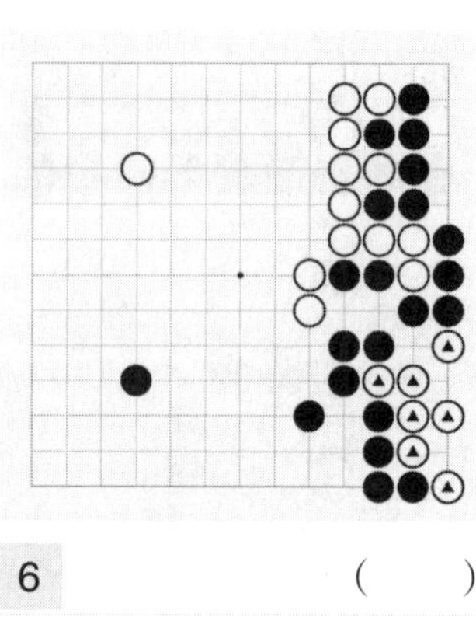

6 (　　)

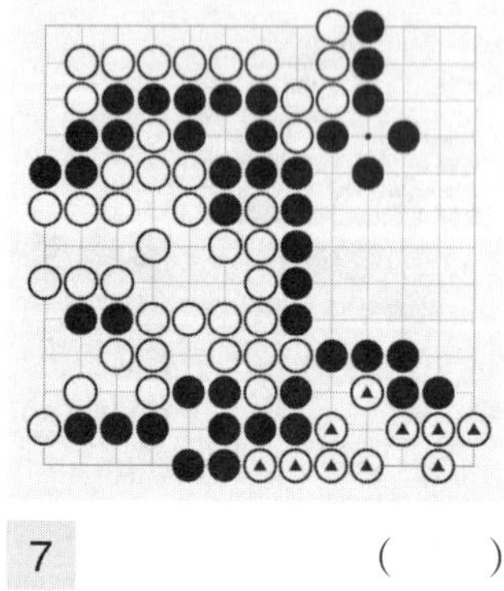

7 (　　)

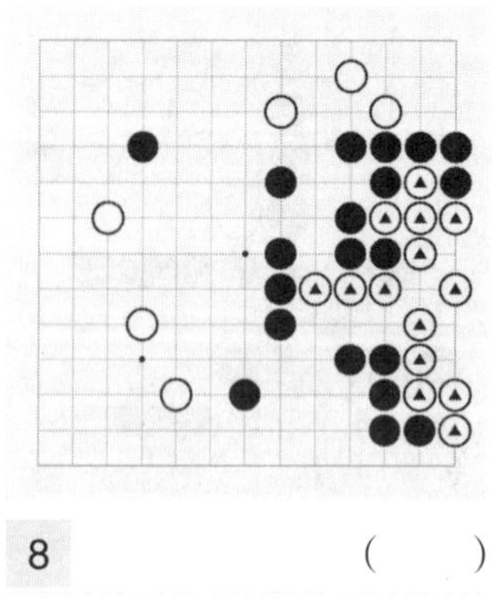

8 (　　)

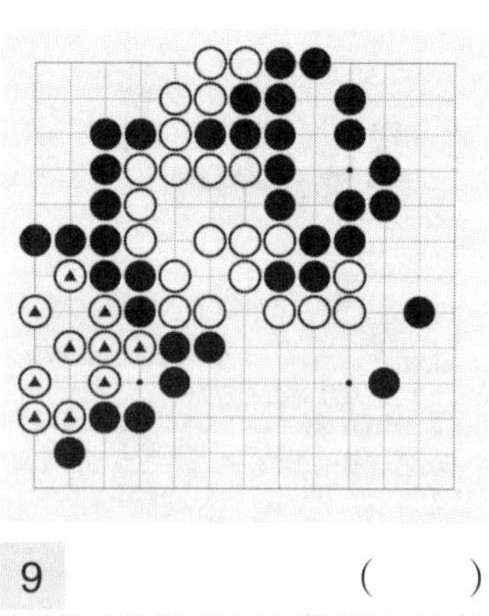

9 (　　)

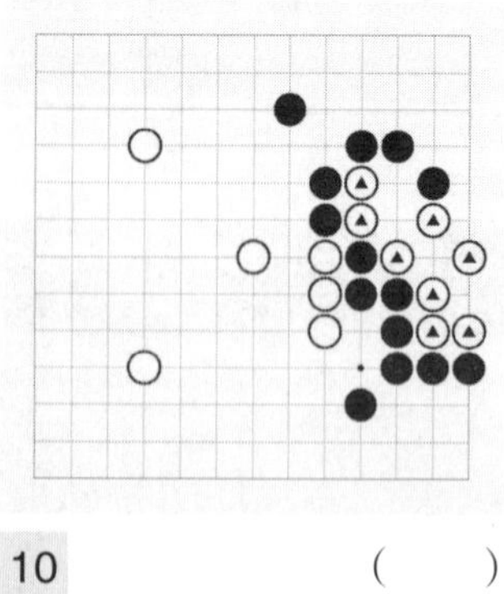

10 (　　)

扫码看答案

扫码看题

扫码看视频

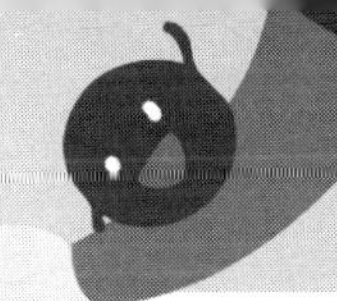

6. 实战运用(二)

判断死活，帮黑棋选择正确的行棋目标。

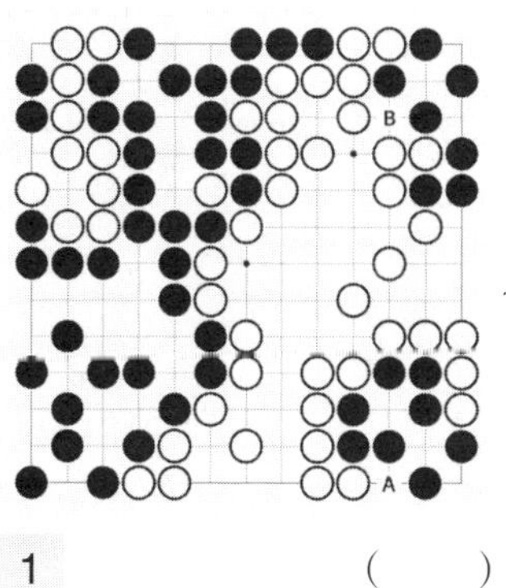

1 (　　)

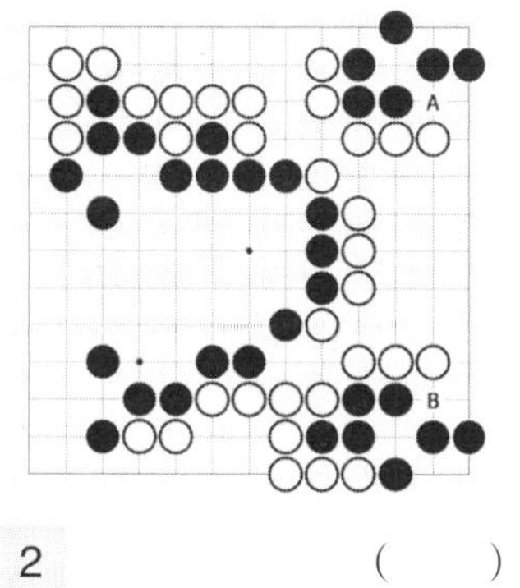

2 (　　)

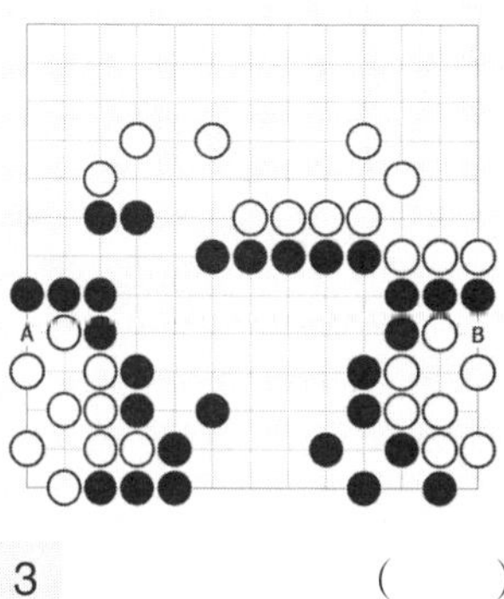

3 (　　)

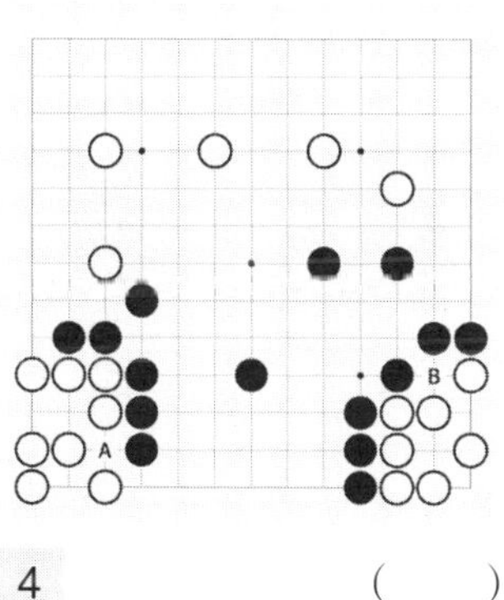

4 (　　)

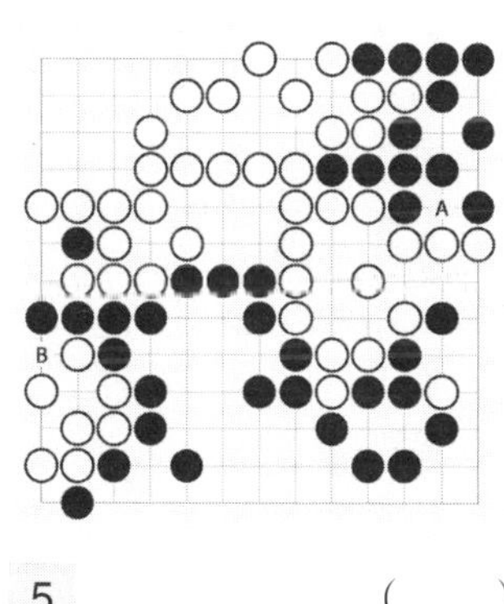

5 (　　)

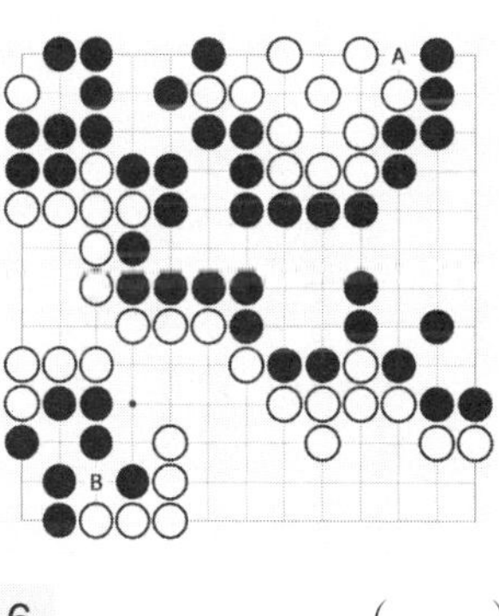

6 (　　)

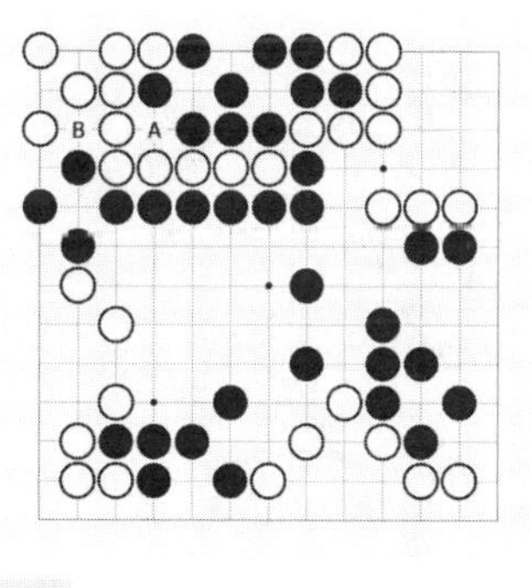

7 (　　)

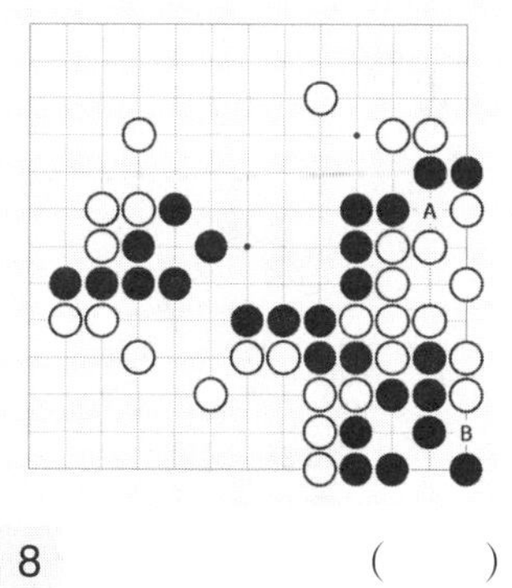

8 (　　)

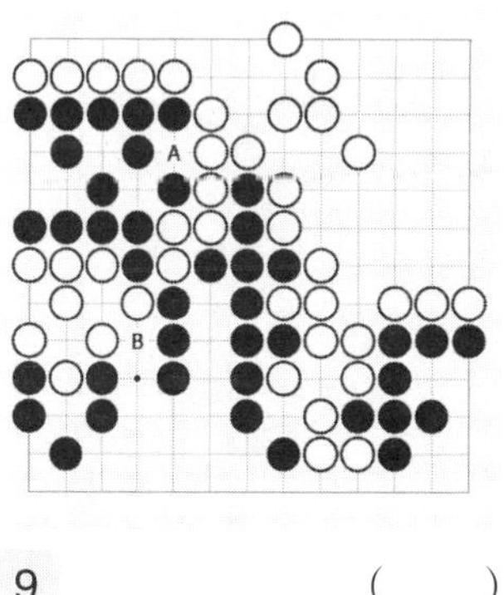

9 (　　)

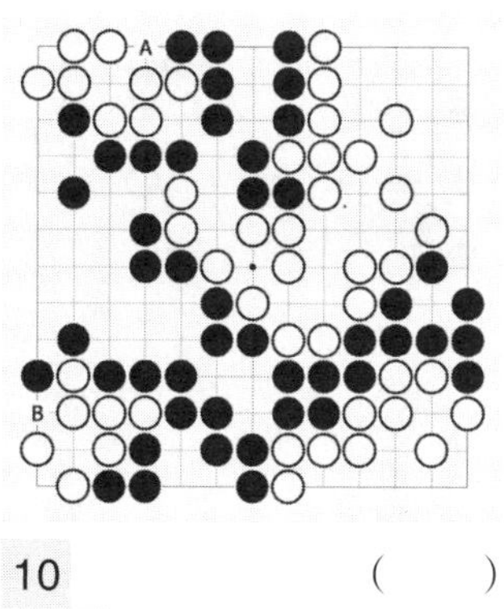

10 (　　)

扫码看答案

扫码看题

扫码看视频

7.深度拓展

判断白棋的死活状态。活棋√,死棋×,看谁先动手○。

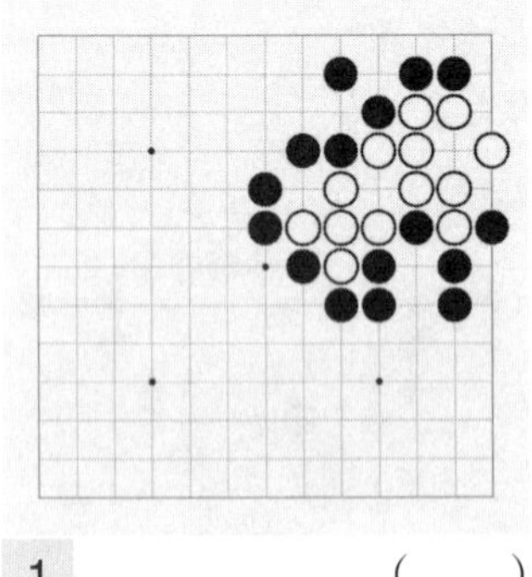

1 (　　)

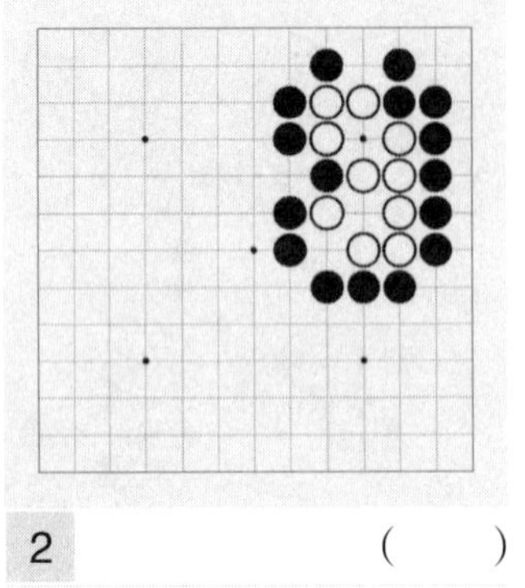

2 (　　)

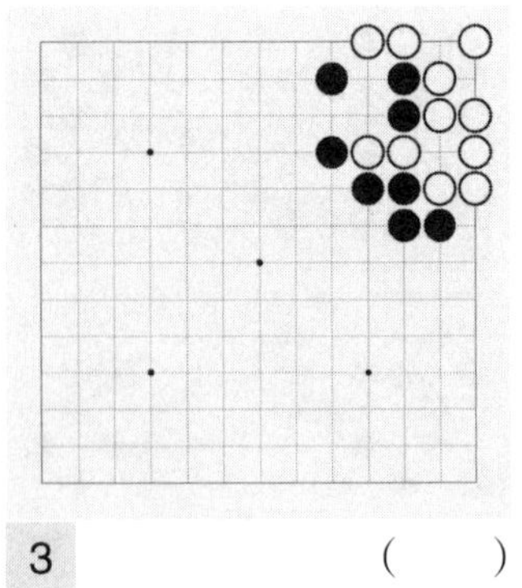

3 (　　)

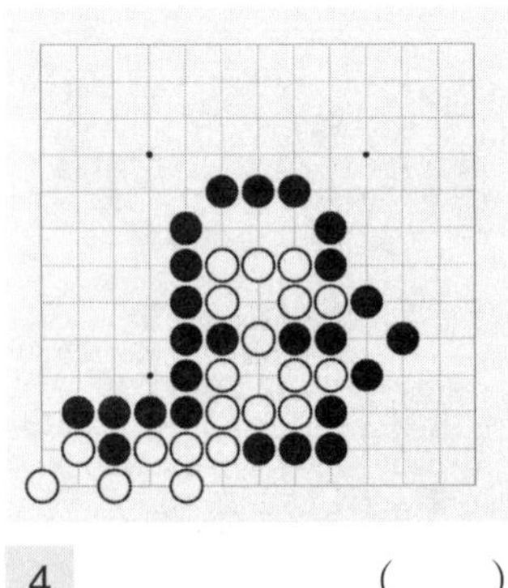

4 (　　)

扫码看答案

扫码看题

黑先,判断死活,选择接下来的行棋目标。

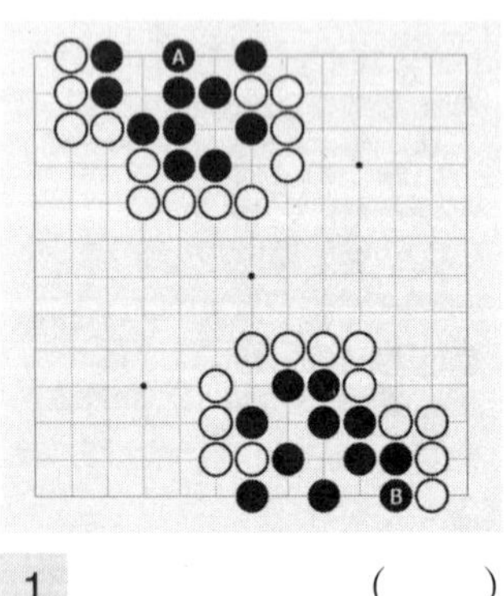

1 (　　)

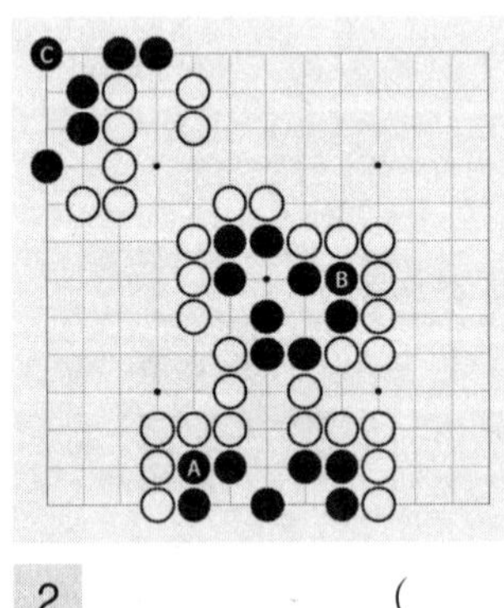

2 (　　)

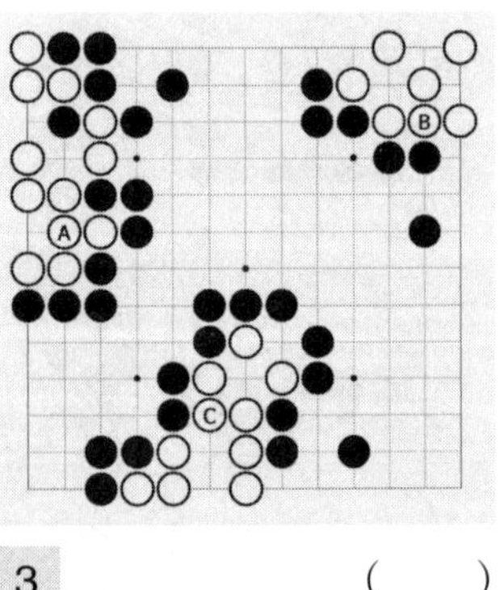

3 (　　)

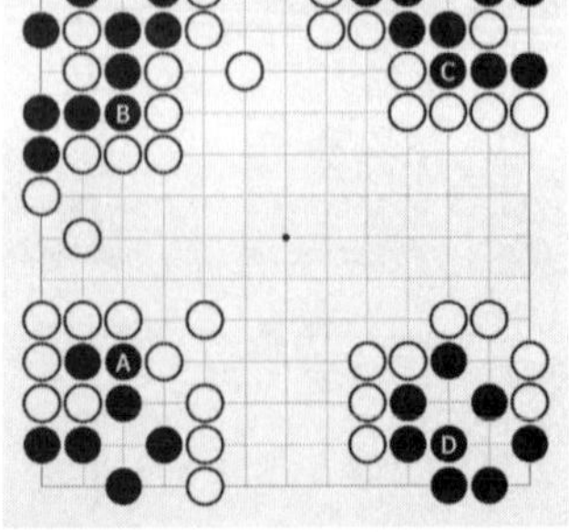

4 (　　)

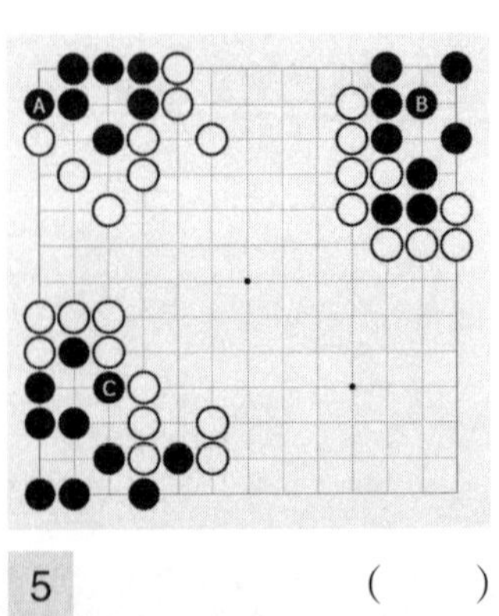

5 (　　)

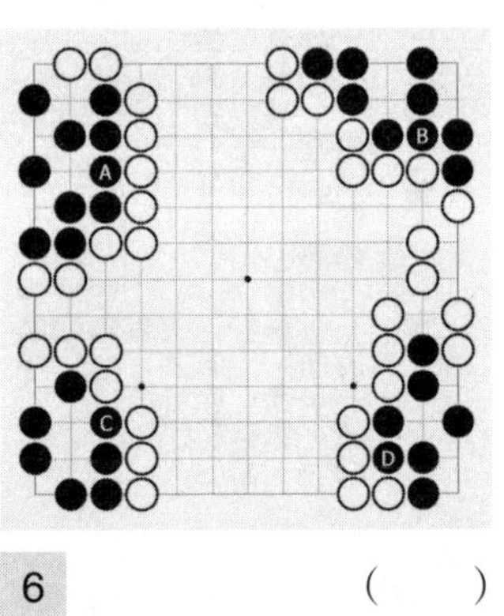

6 (　　)

十五　第三单元复习

1.综合练习(一)

黑棋目前有几只真眼(写出0-3之间的数字)?

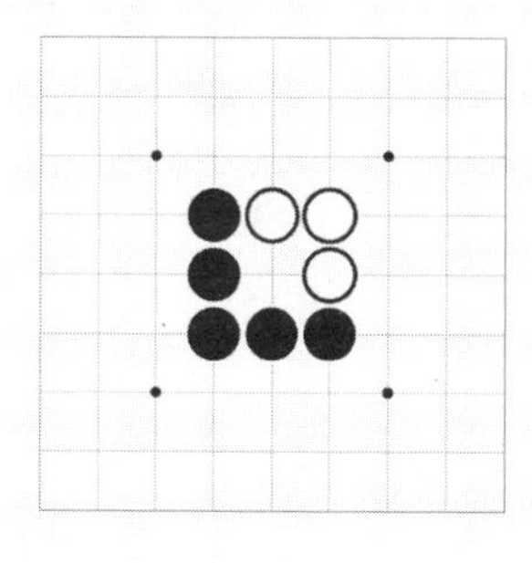

1　(　　)

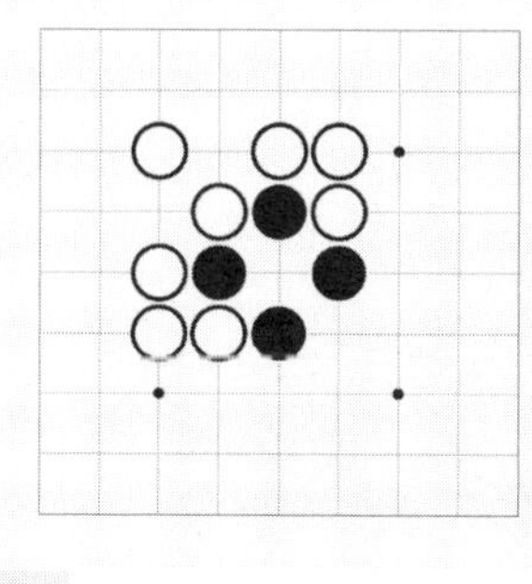

2　(　　)

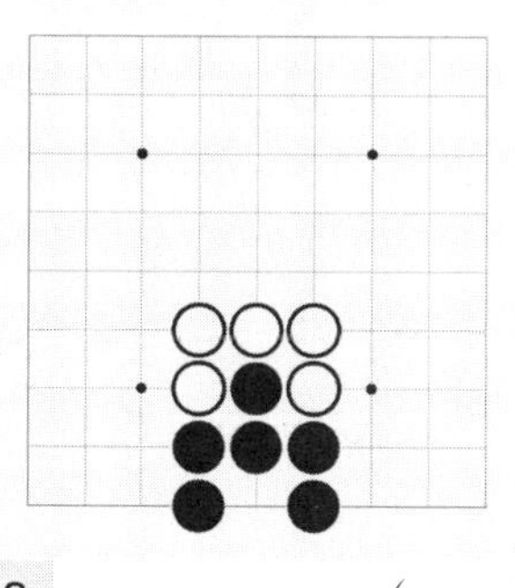

3　(　　)

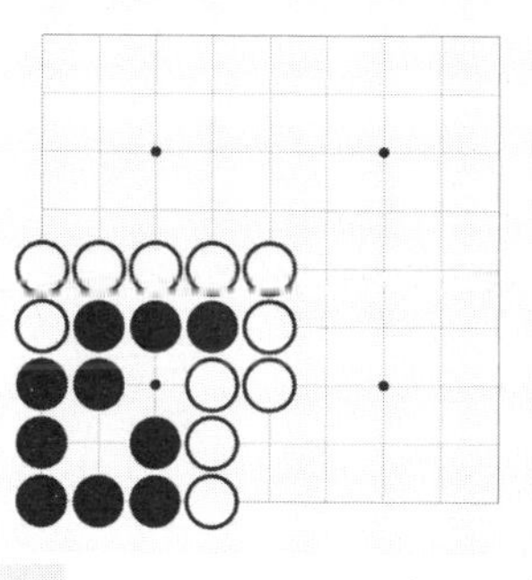

4　(　　)

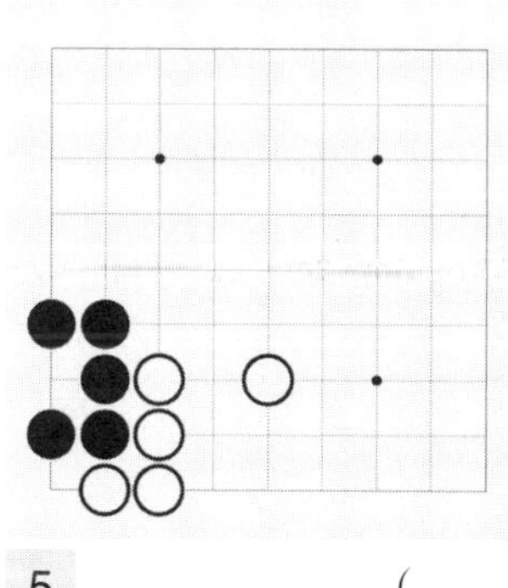

5　(　　)

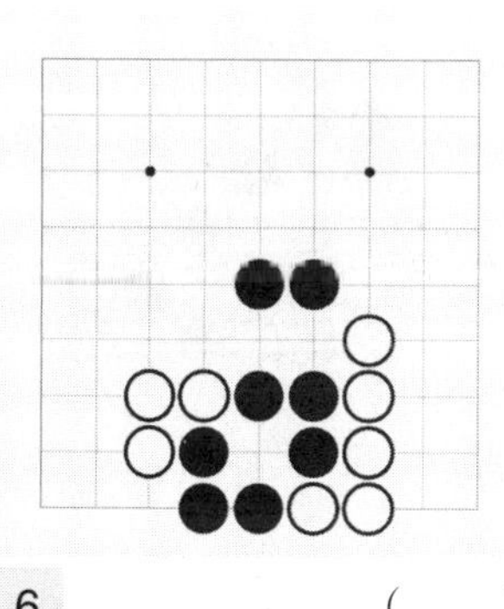

6　(　　)

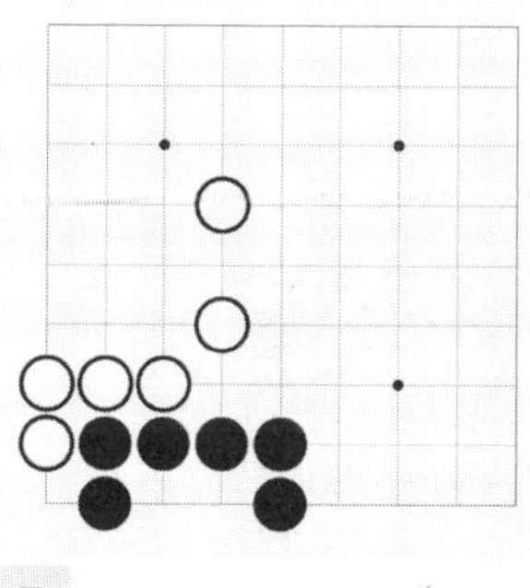

7　(　　)

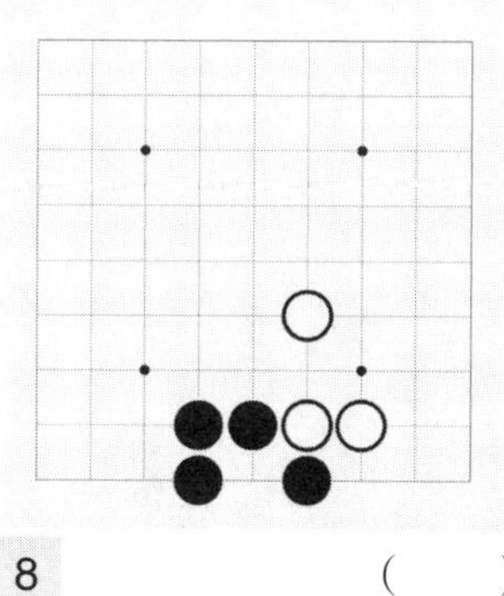

8　(　　)

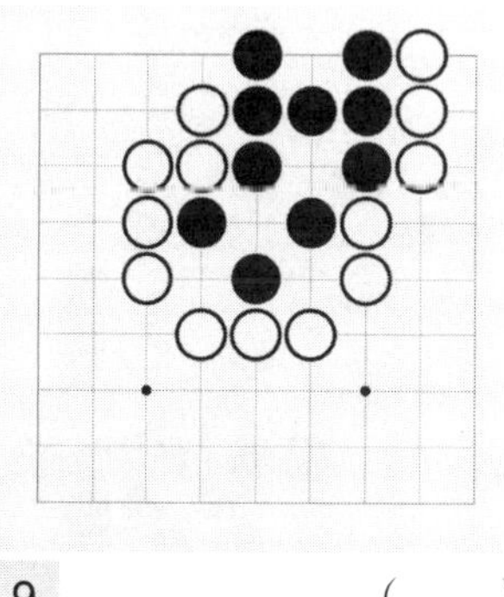

9　(　　)

10　(　　)

扫码看答案

扫码看题

2.综合练习(二)

写出黑正确的做活下法。

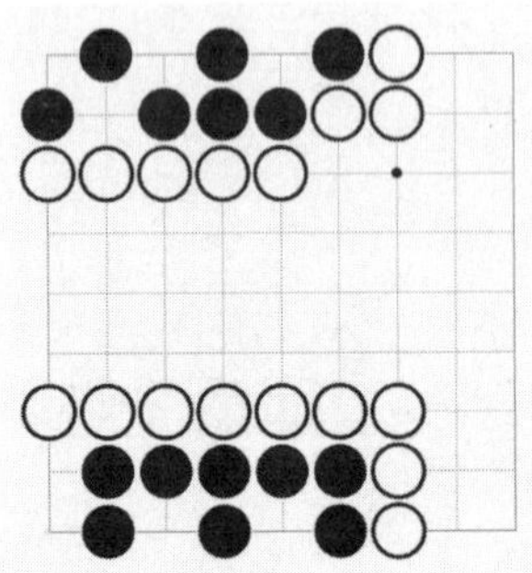

1

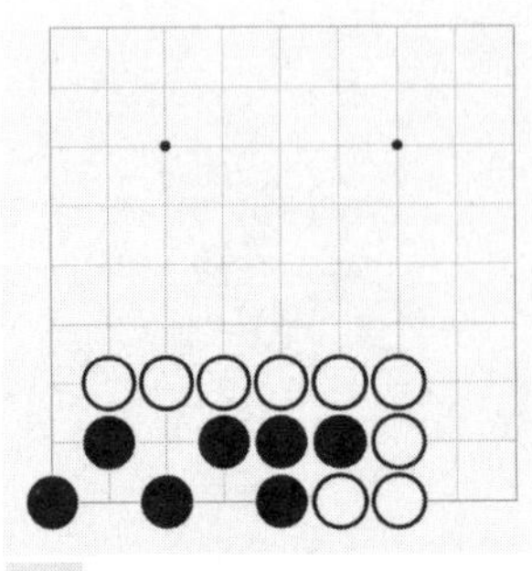

2

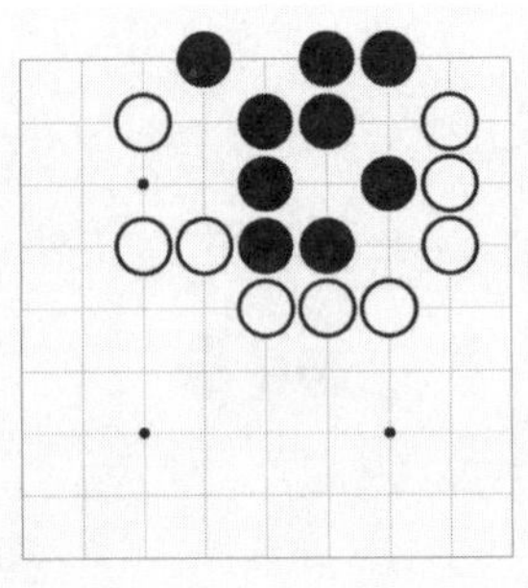

3

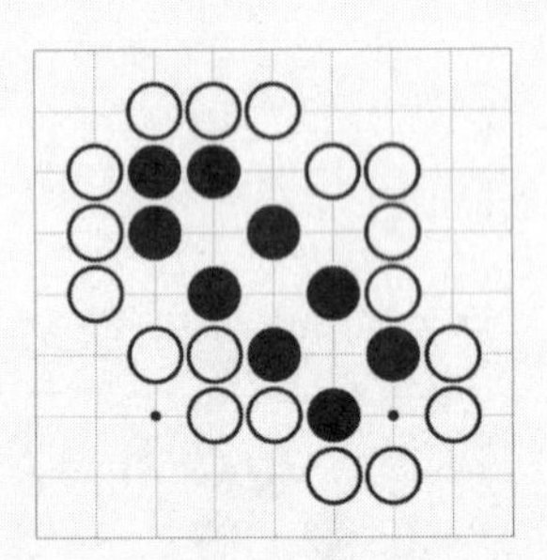

4

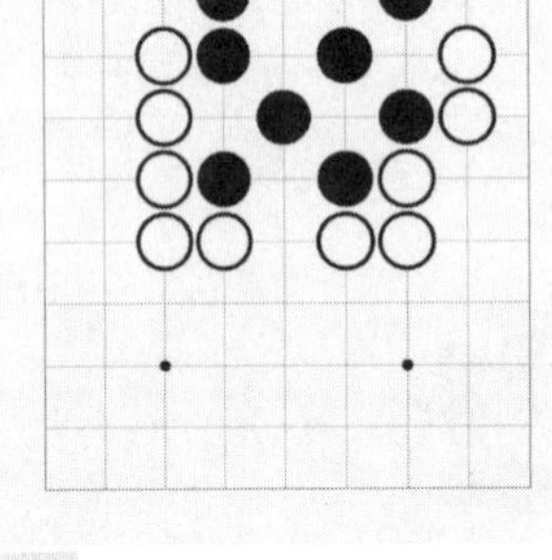

5

写出黑正确的杀棋下法。

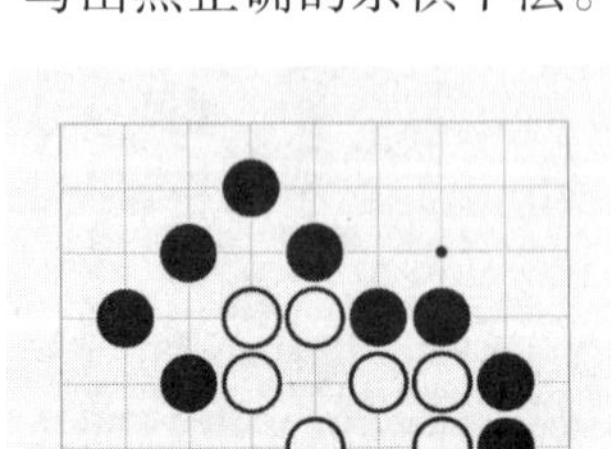

1

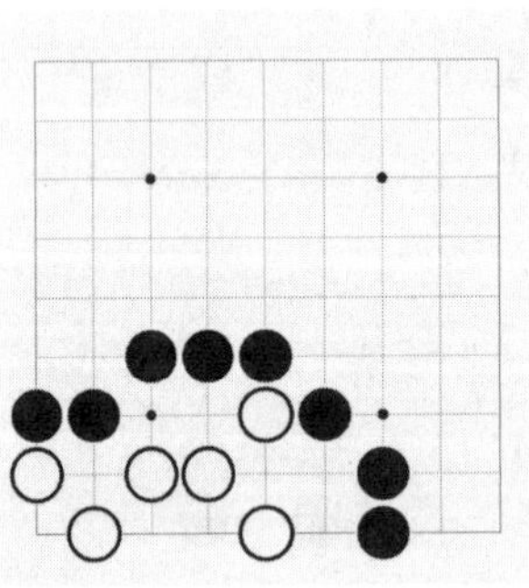

2

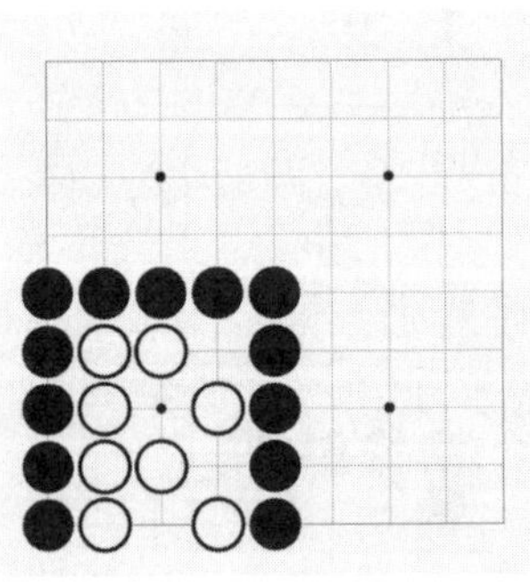

3

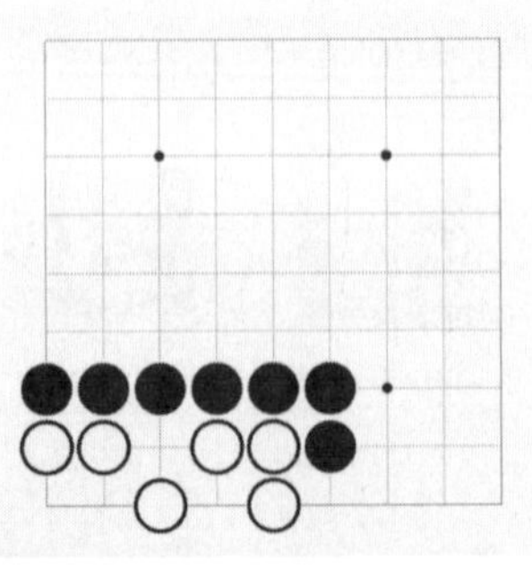

4

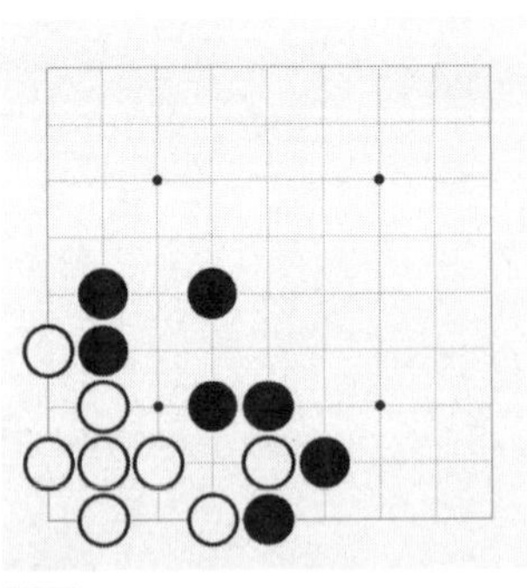

5

扫码看答案

扫码看题

3.实战运用

判断黑棋的死活状态。活棋√,死棋×,看谁先动手○。

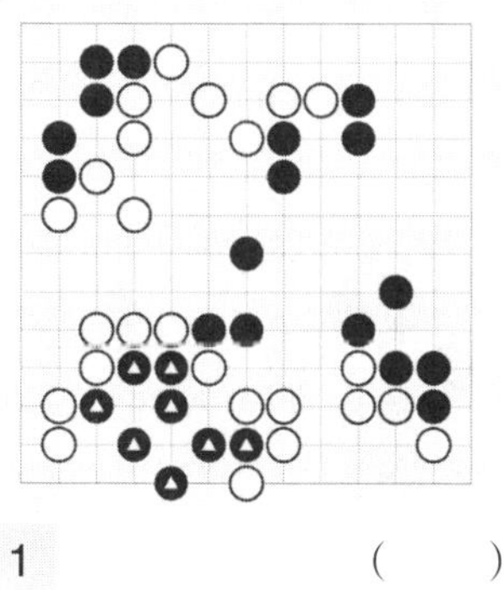

1 ( )

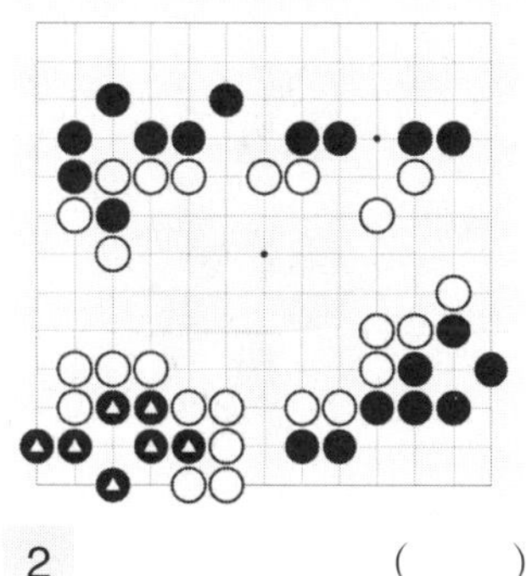

2 ( )

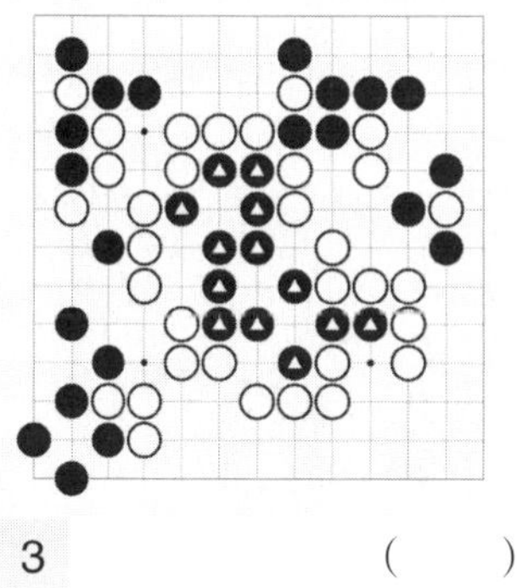

3 ( )

帮黑棋选择正确的杀棋下法。

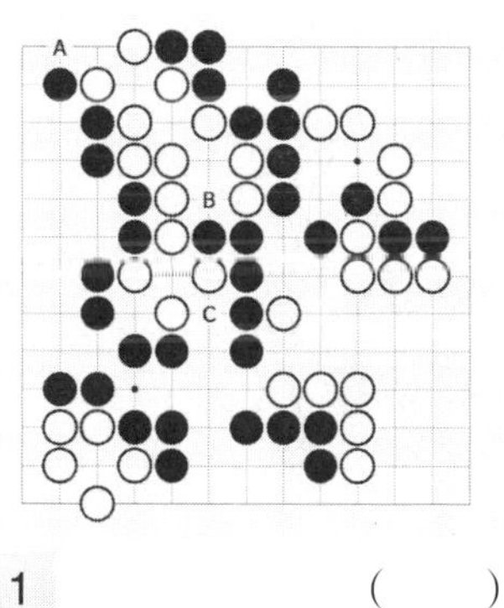

1 ( )

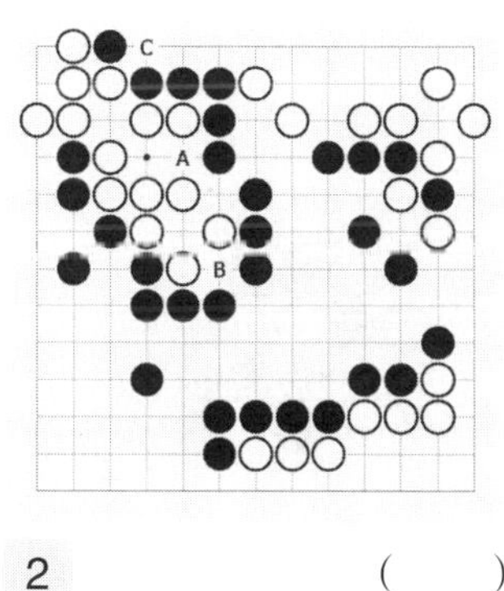

2 ( )

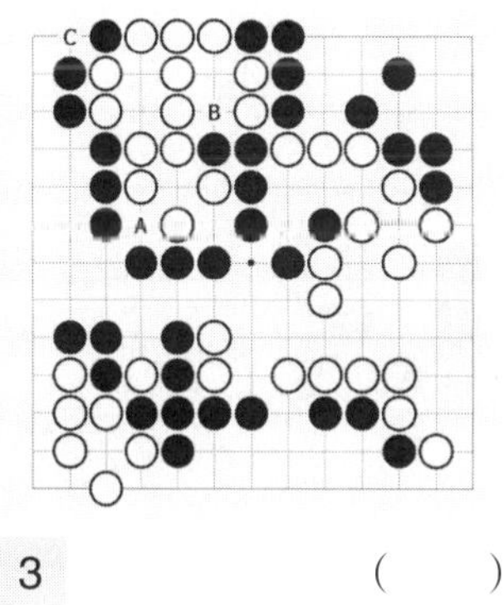

3 ( )

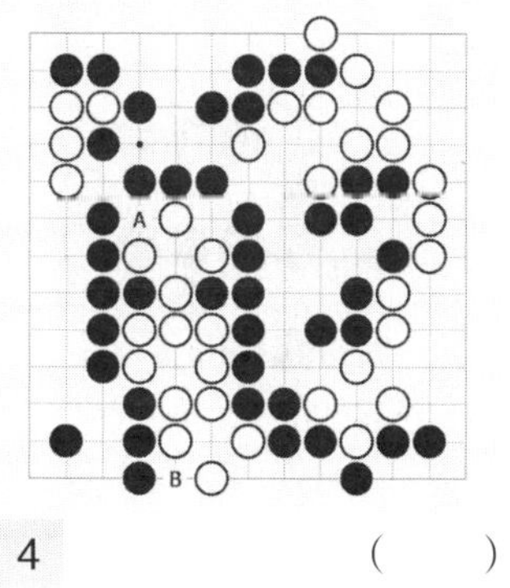

4 ( )

扫码看答案

扫码看题

帮黑棋选择正确的行棋目标。

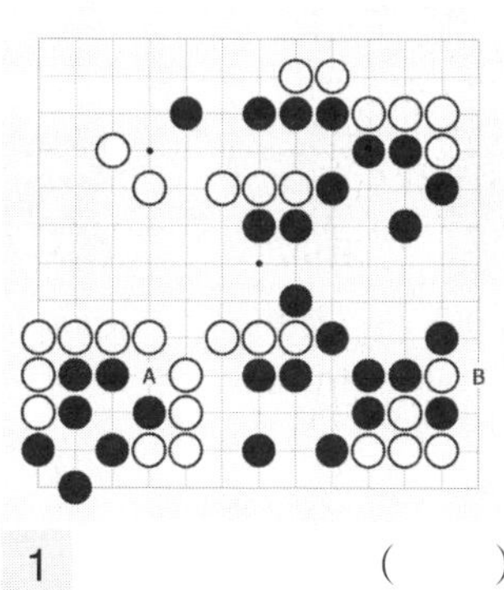

1 ( )

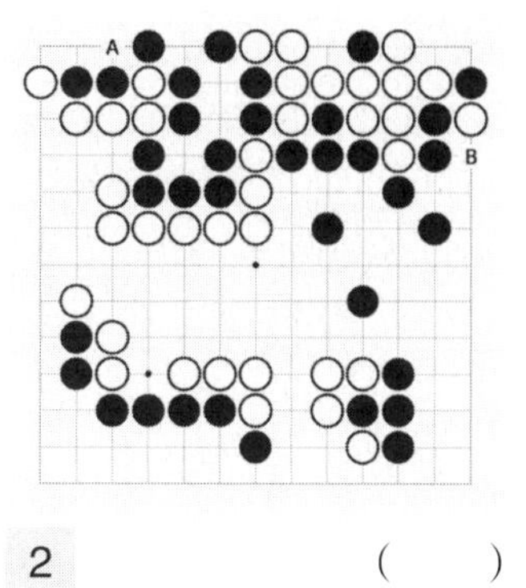

2 ( )

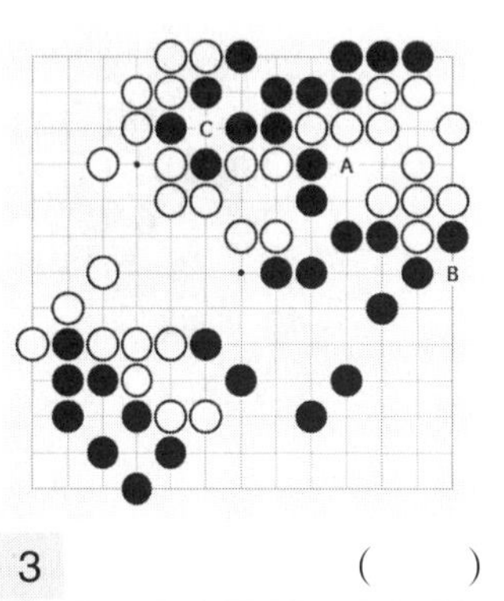

3 ( )

十六　基础做眼手法

1.接做眼

黑先，运用“接”的手法做眼。

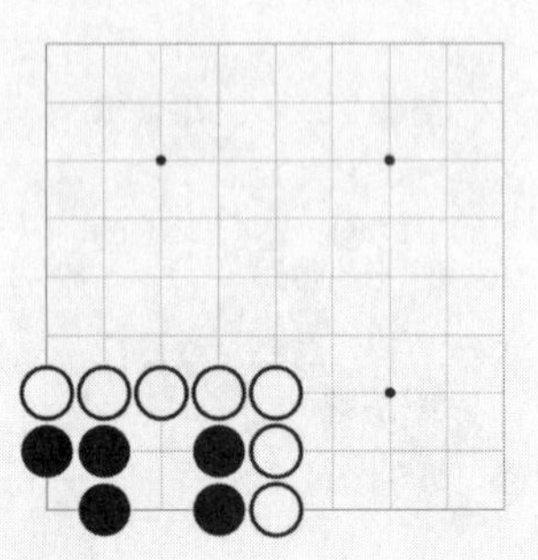

1

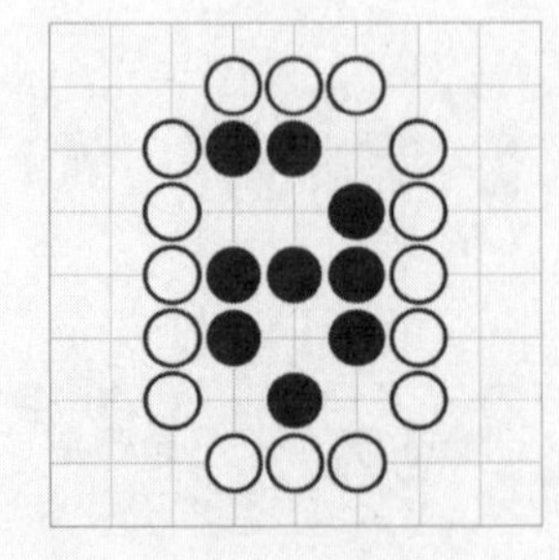

2

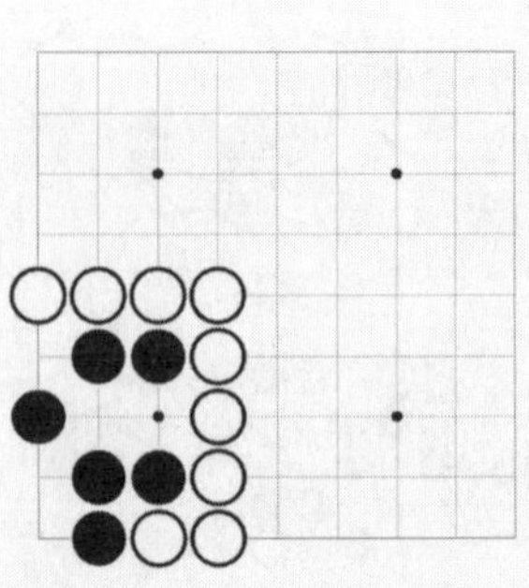

3

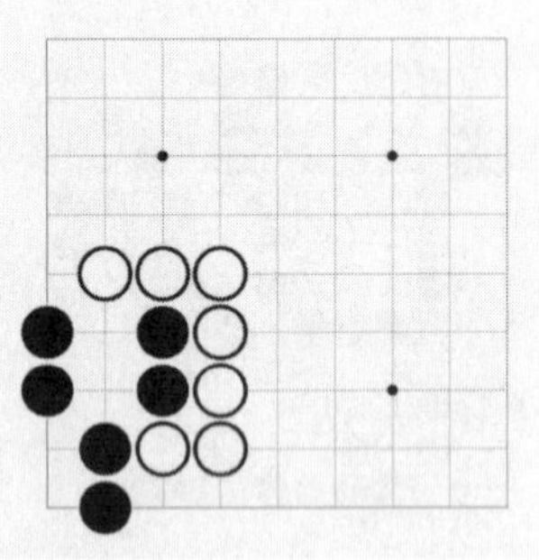

4

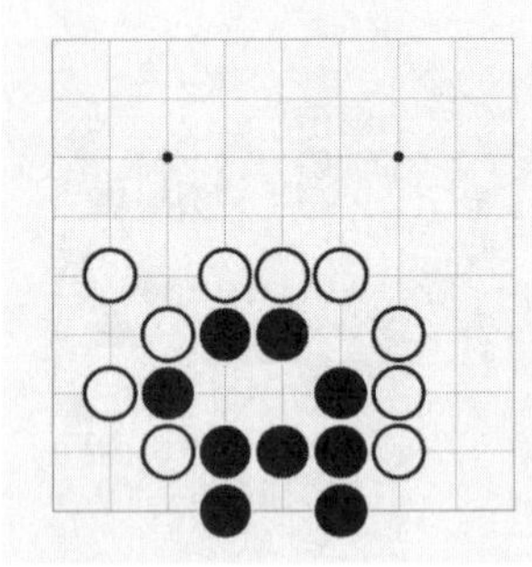

5

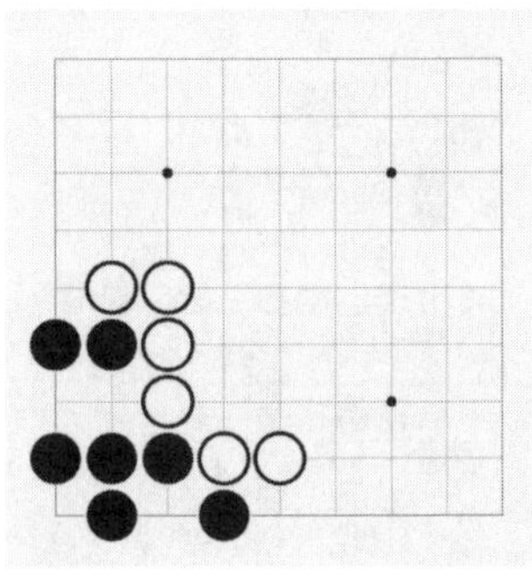

6

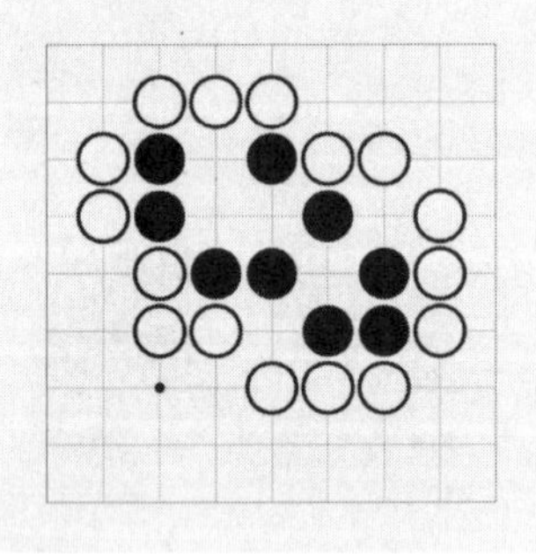

7

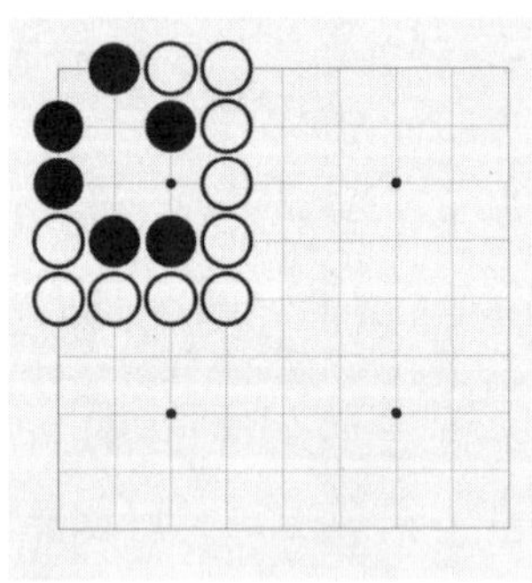

8

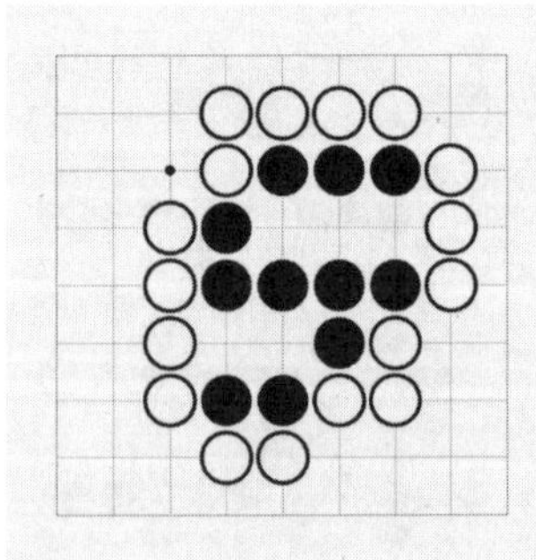

9

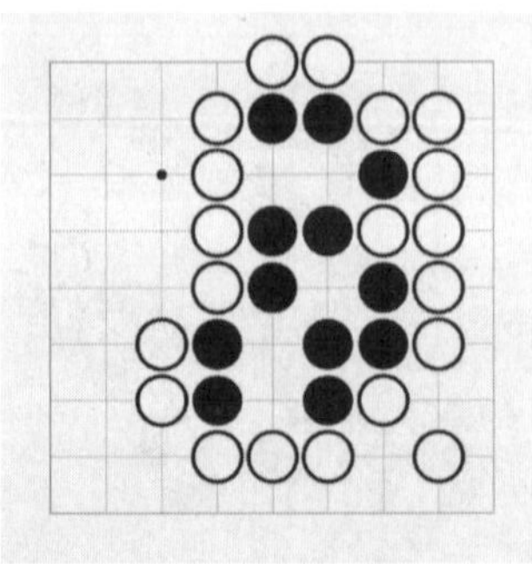

10

扫码看答案

扫码看题

扫码看视频

2. 挡做眼

黑先，运用“挡”的手法做眼。

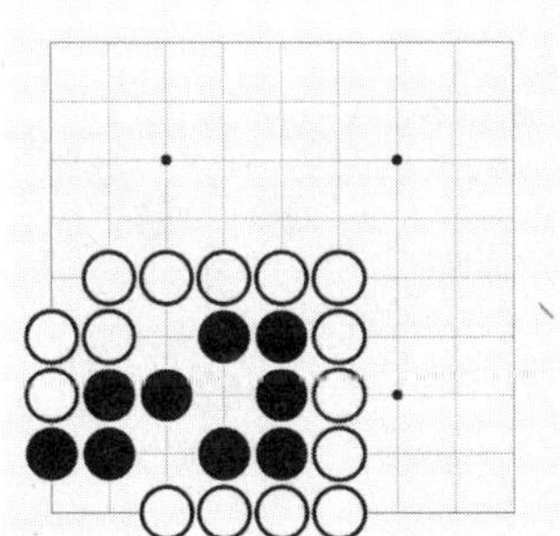

1

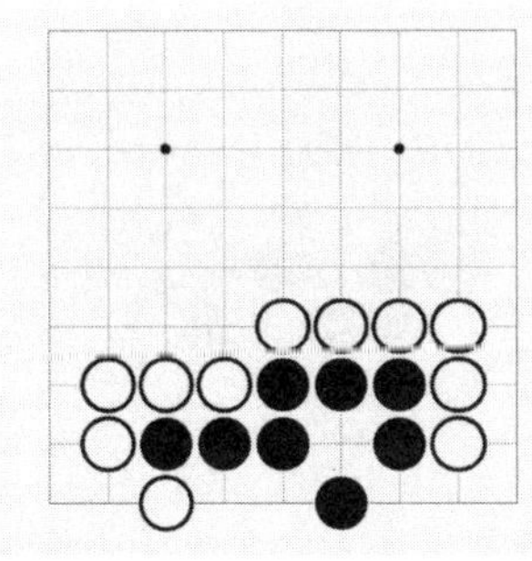

2

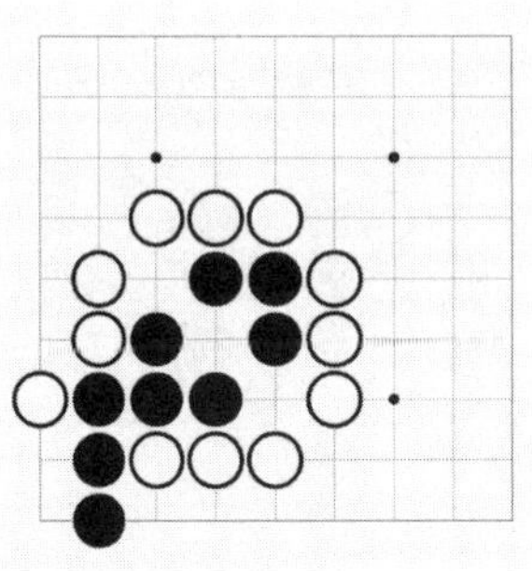

3

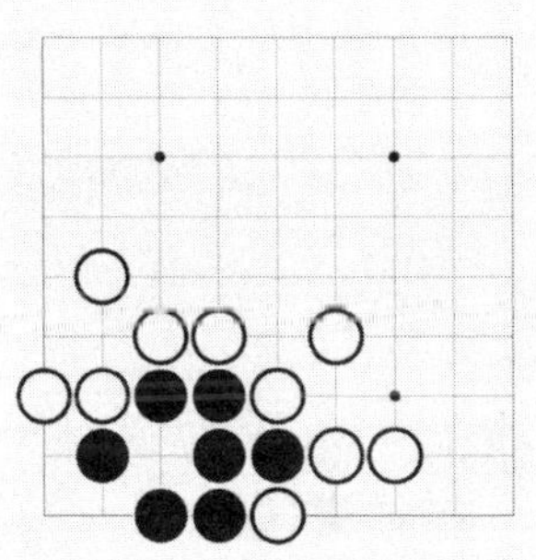

4

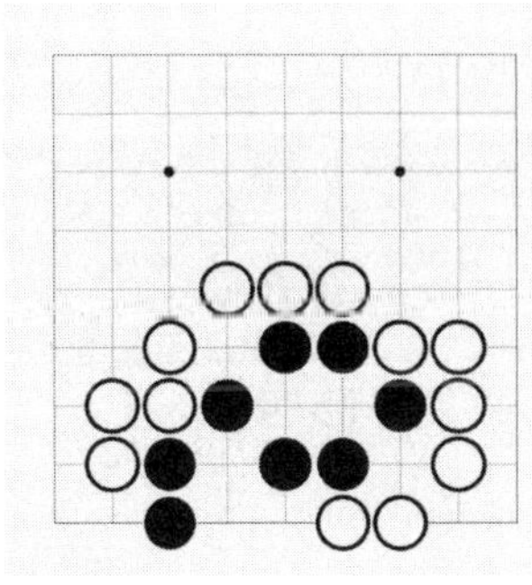

5

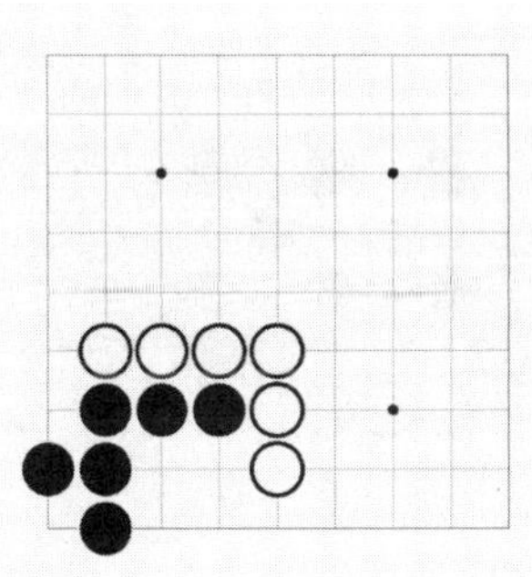

6

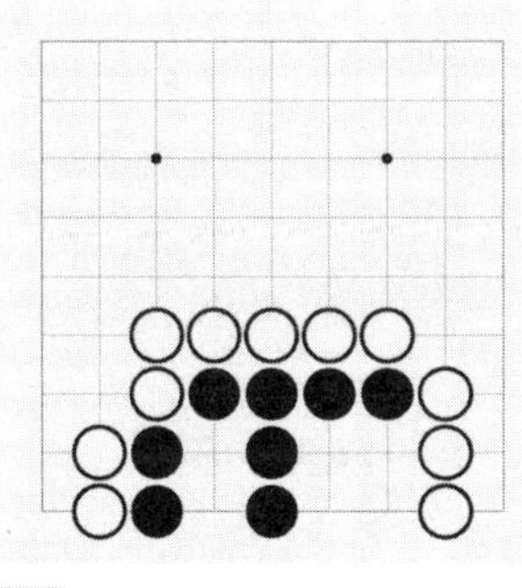

7

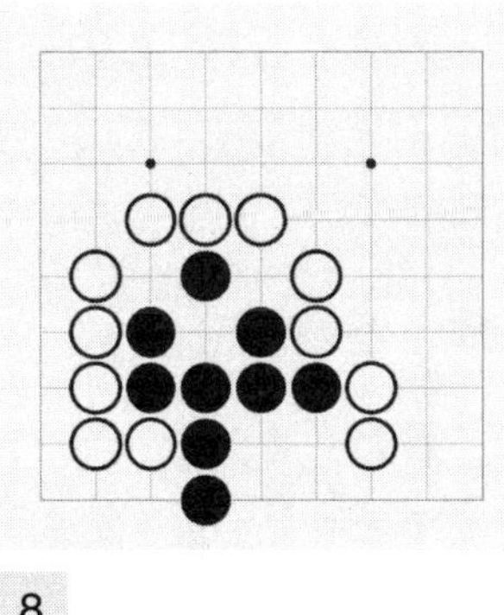

8

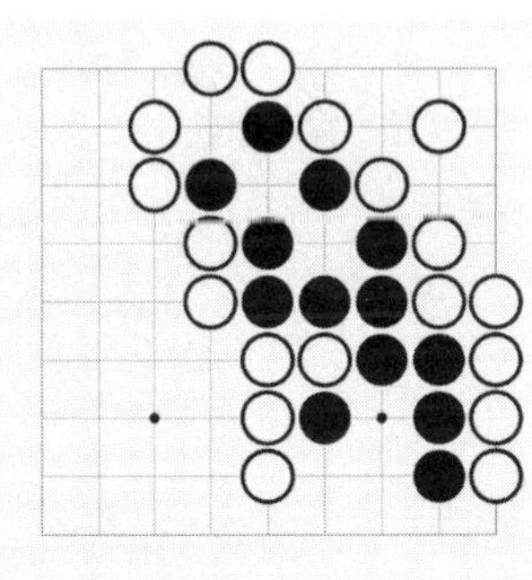

9

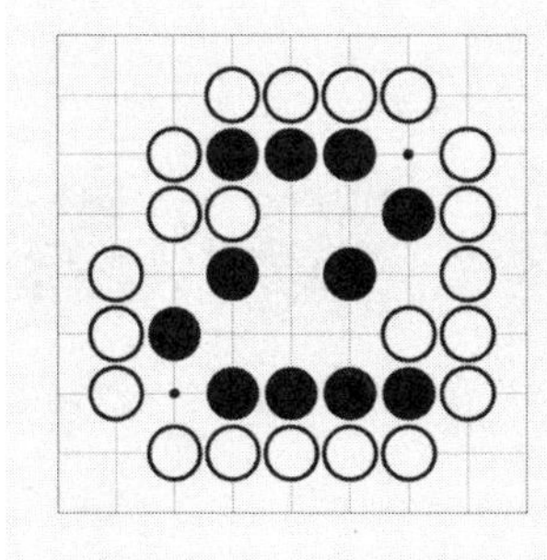

10

扫码看答案

扫码看题

扫码看视频

3.尖做眼(中央)

黑先,运用“尖”的手法做眼。

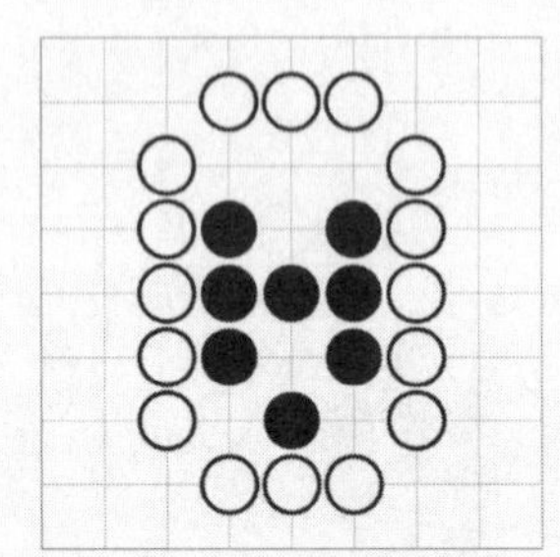

1

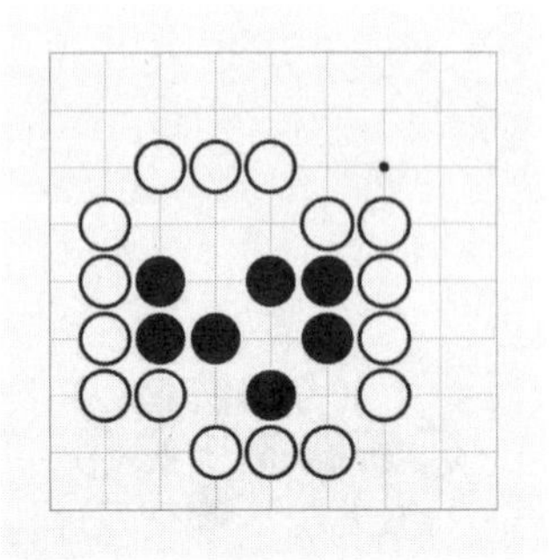

2

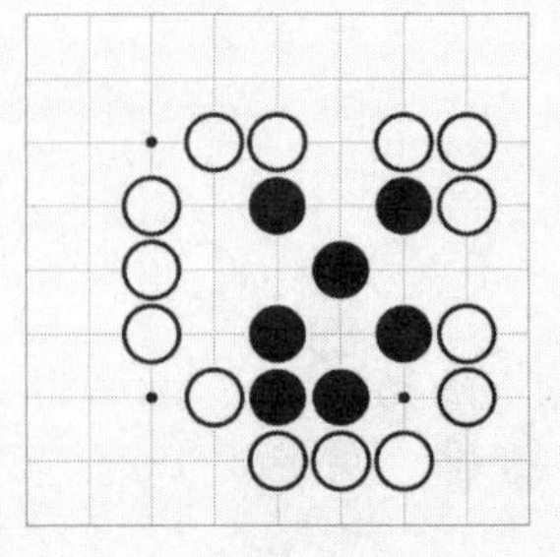

3

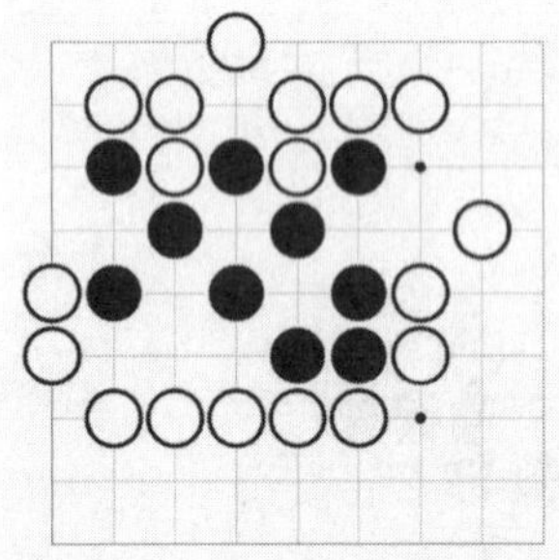

4

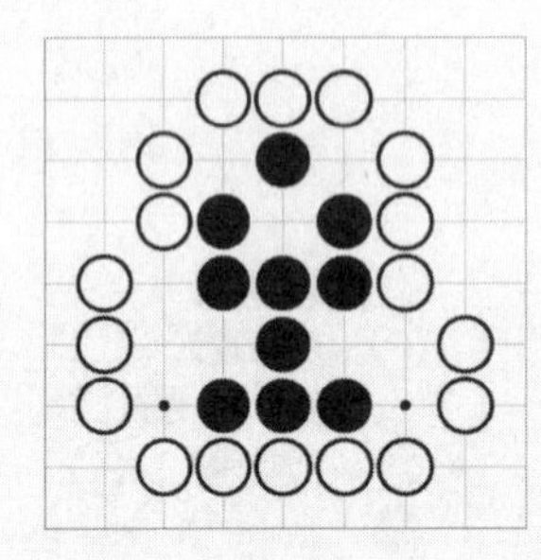

5

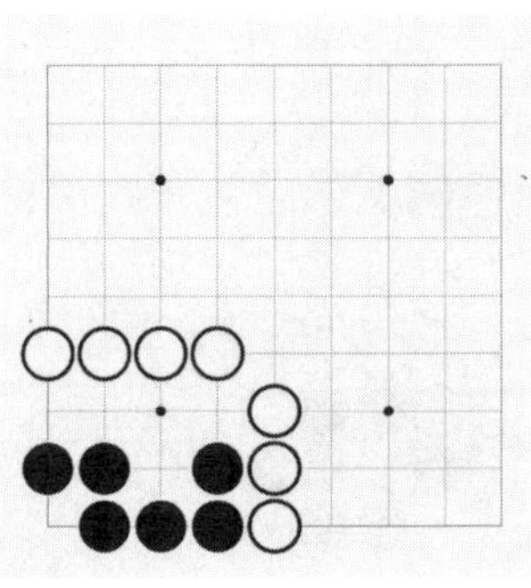

6

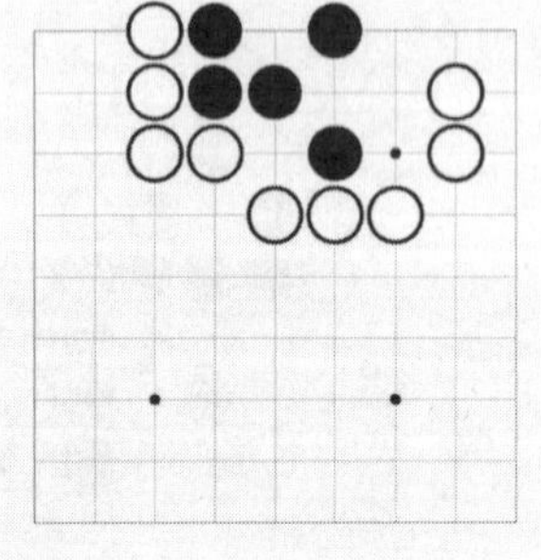

7

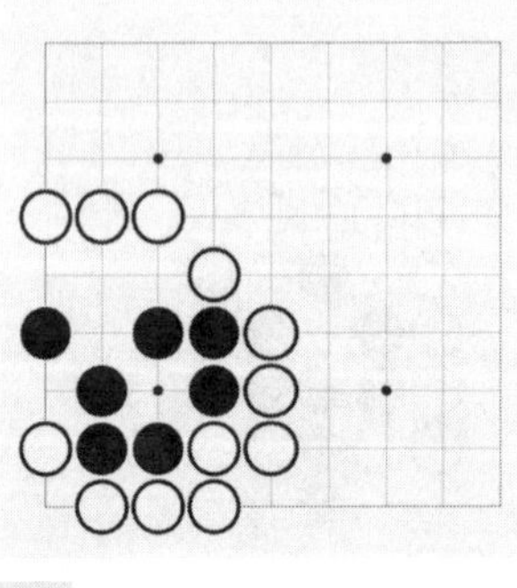

8

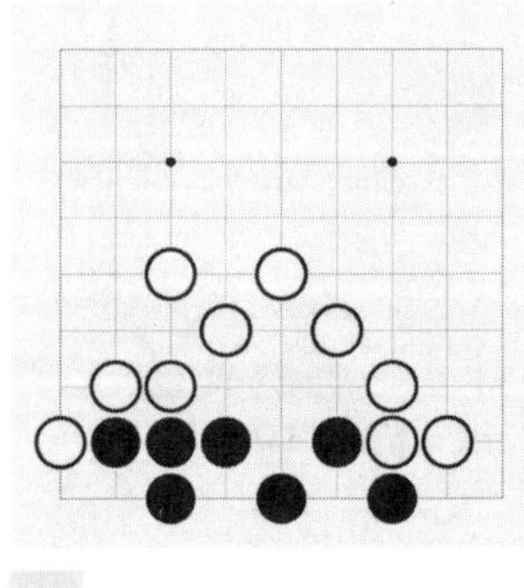

9

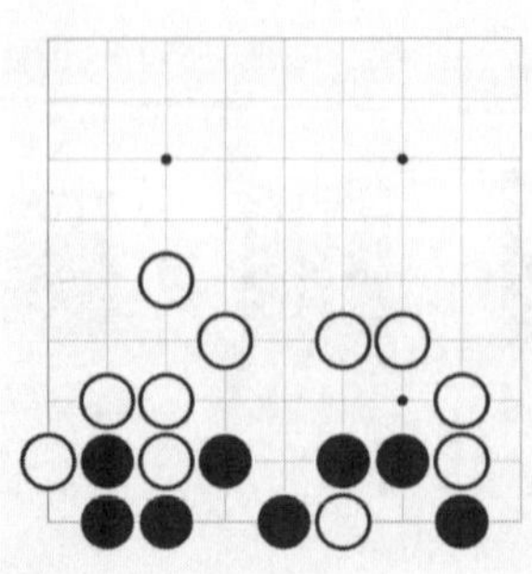

10

扫码看答案

扫码看题

扫码看视频

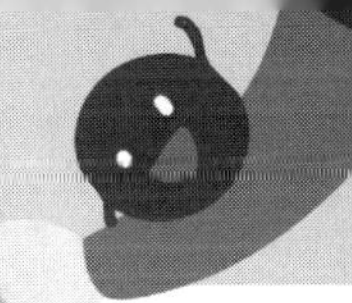

4. 实战运用

黑先，写出做活的下一手 。

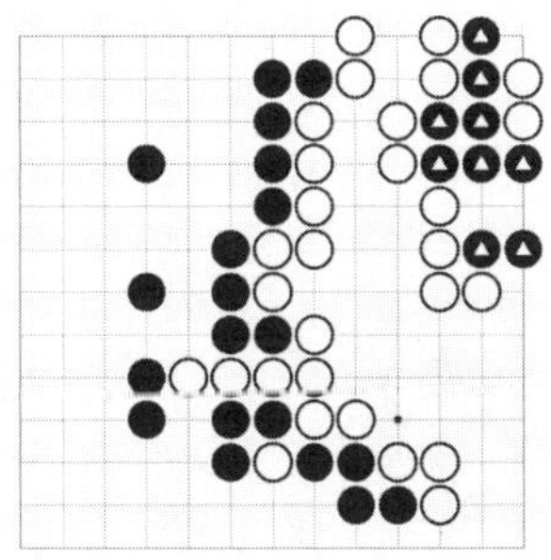

1

2

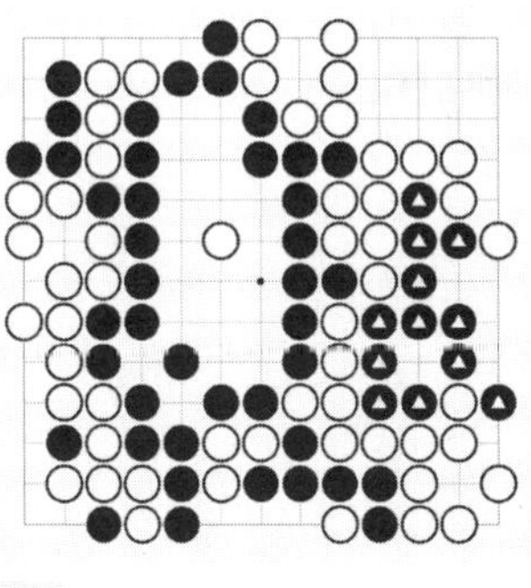

3

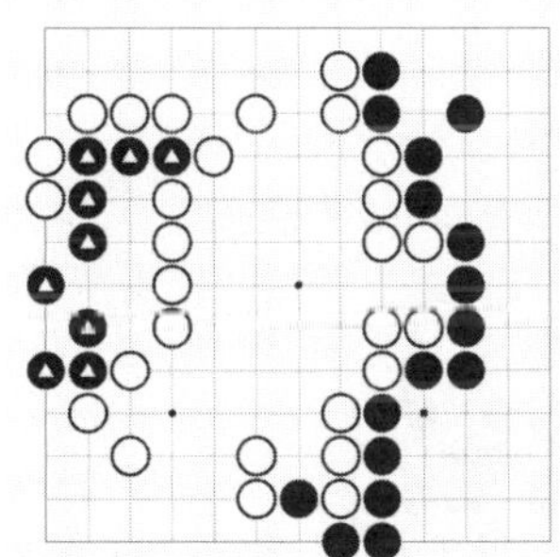

4

5

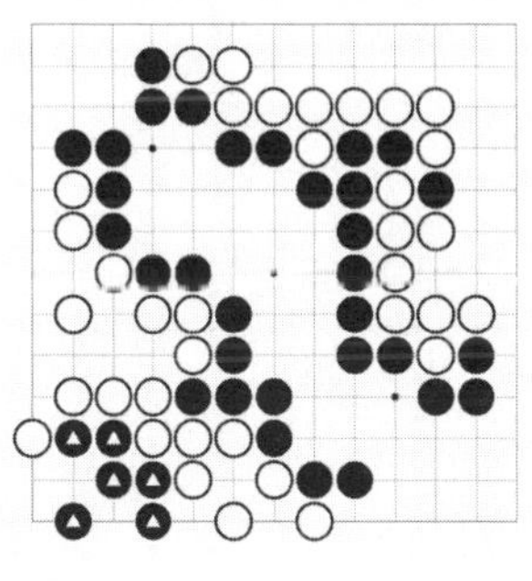

6

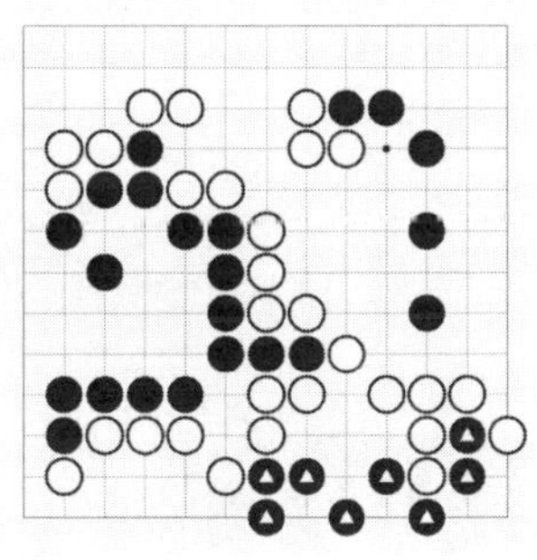

7

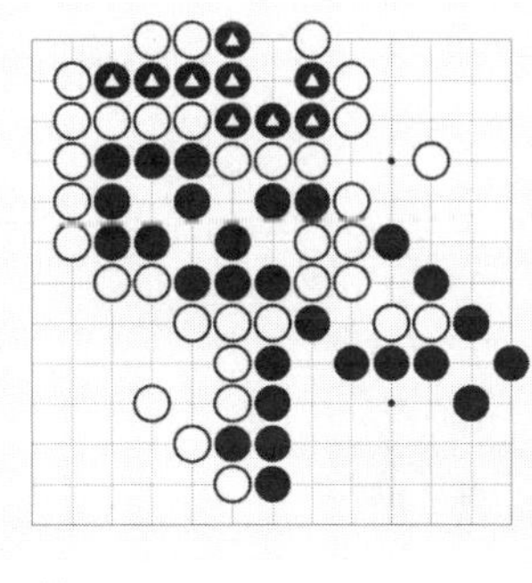

8

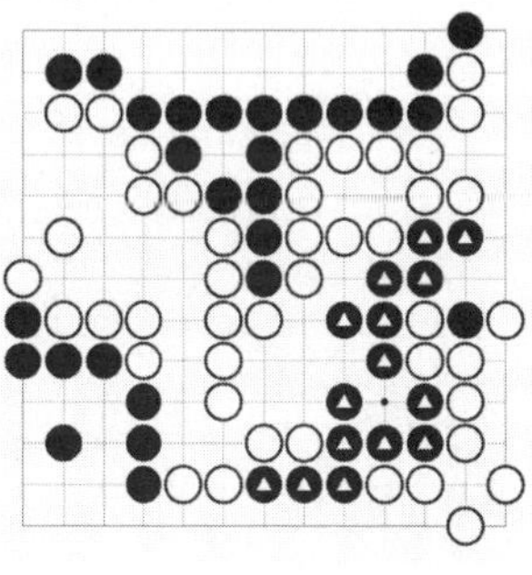

9

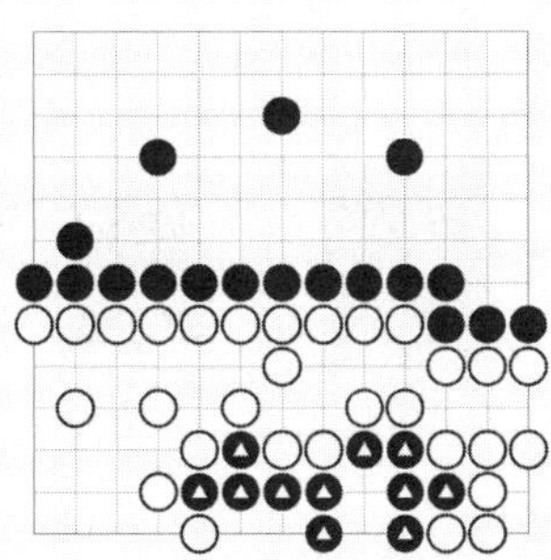

10

扫码看答案

扫码看题

扫码看视频

5.深度拓展

帮黑棋选择正确的做眼手法。

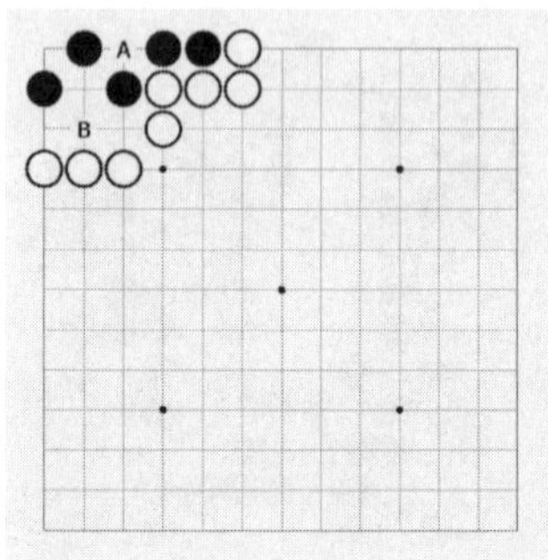

1 （ ）

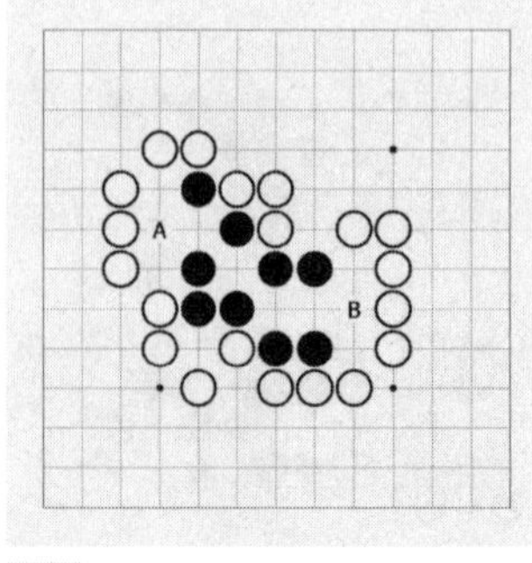

2 （ ）

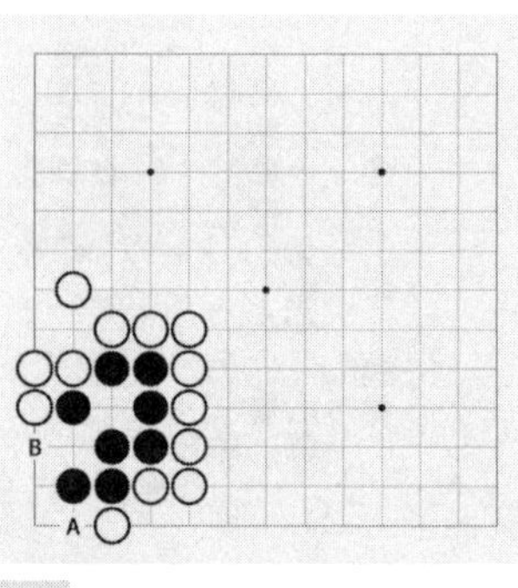

3 （ ）

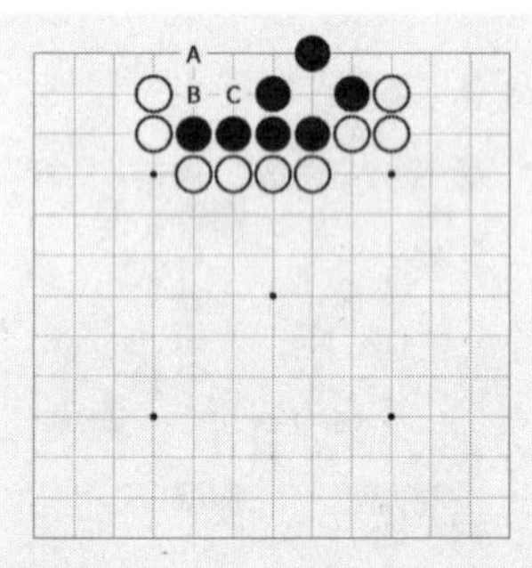

4 （ ）

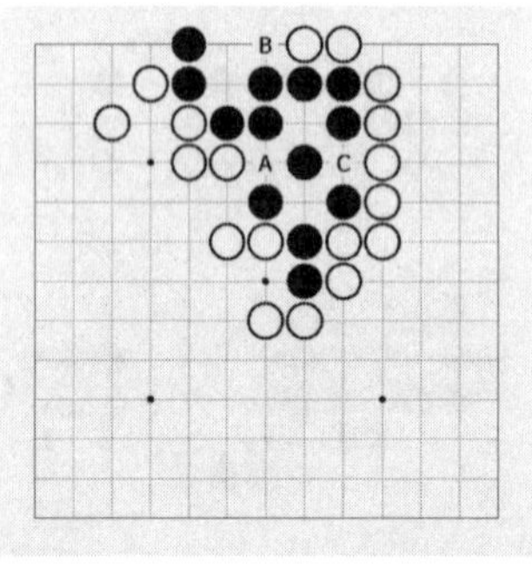

5 （ ）

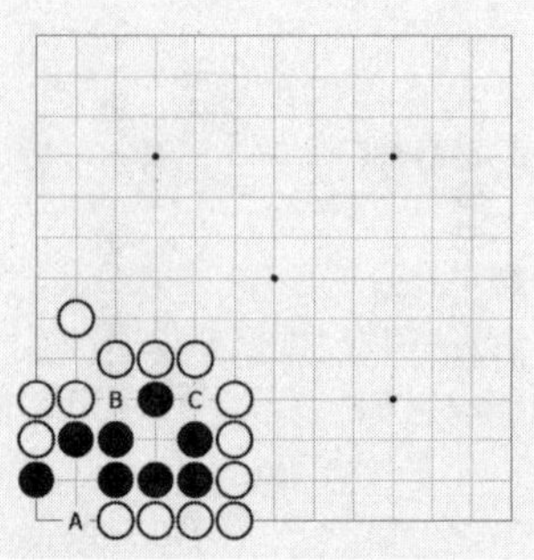

6 （ ）

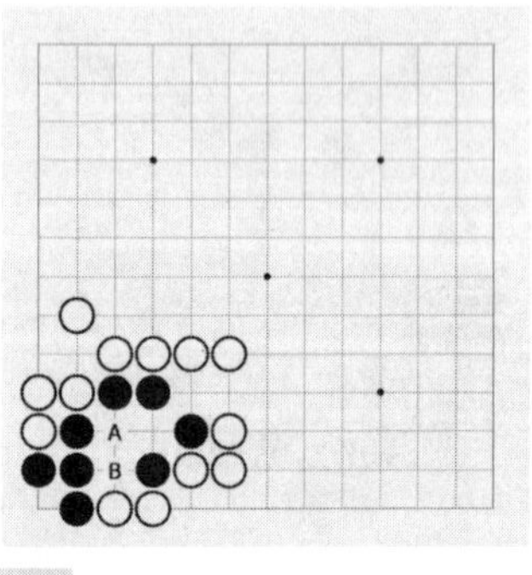

7 （ ）

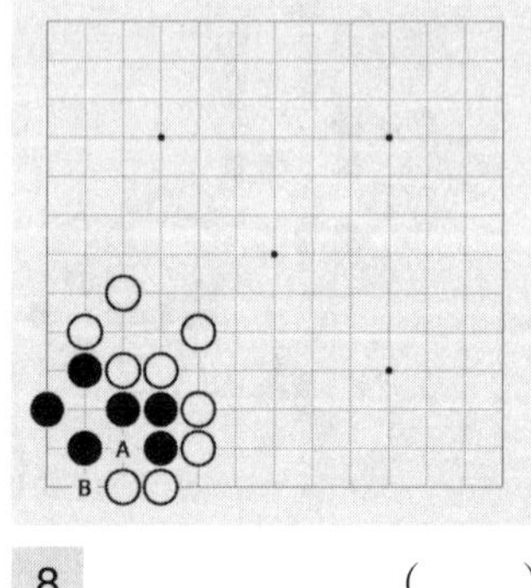

8 （ ）

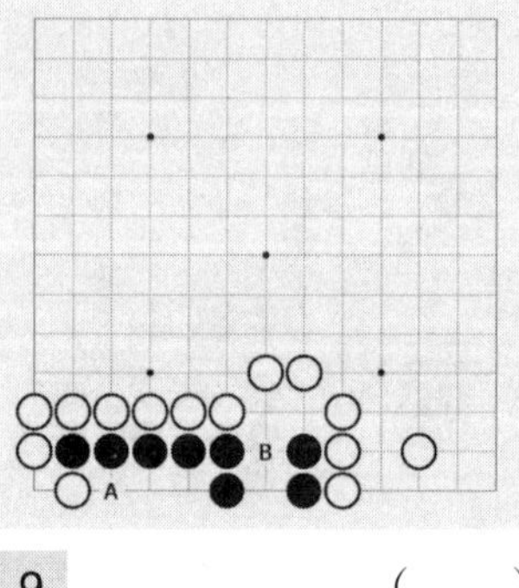

9 （ ）

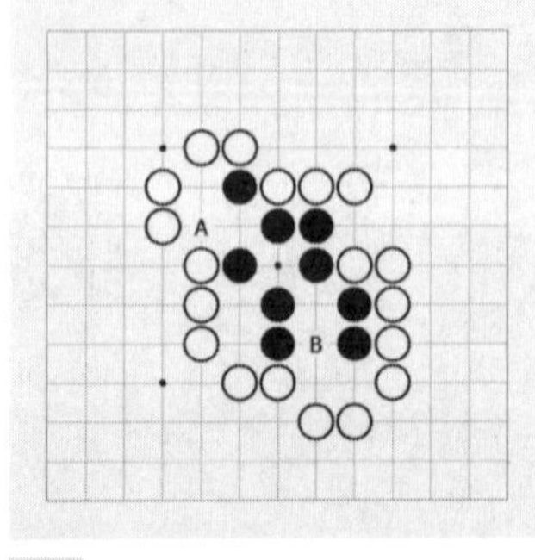

10 （ ）

扫码看答案

扫码看题

十七　基础破眼手法

1. 冲与爬破眼

黑先，破坏白的眼位。

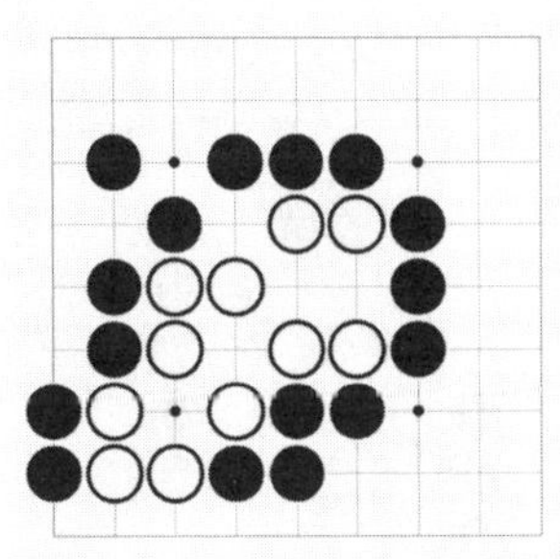

1

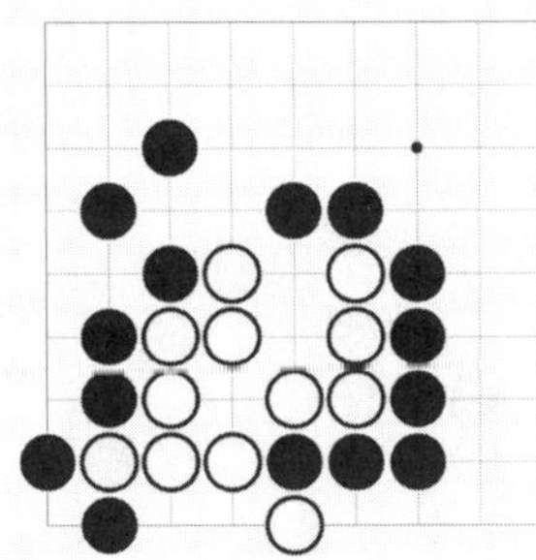

2

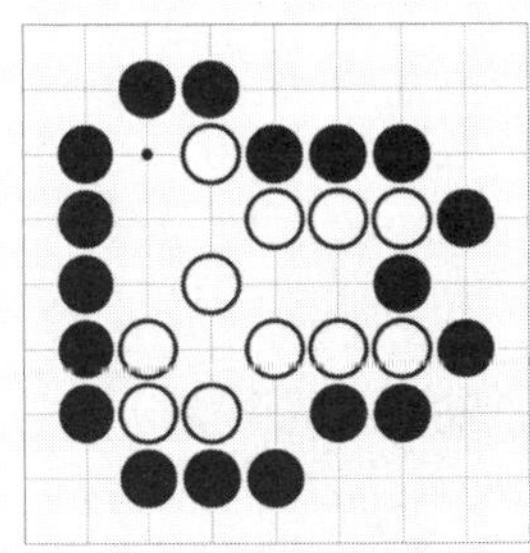

3

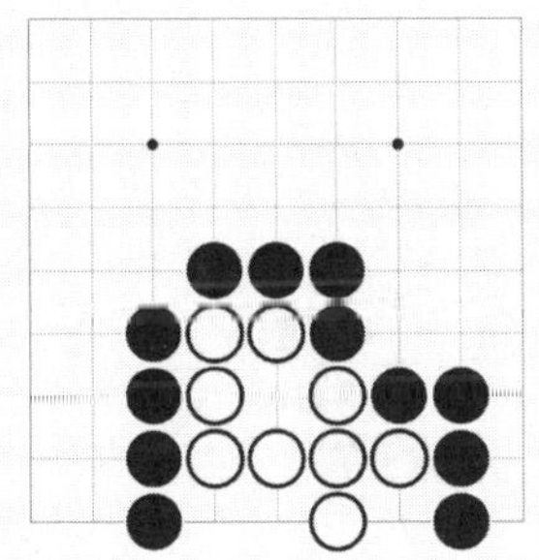

4

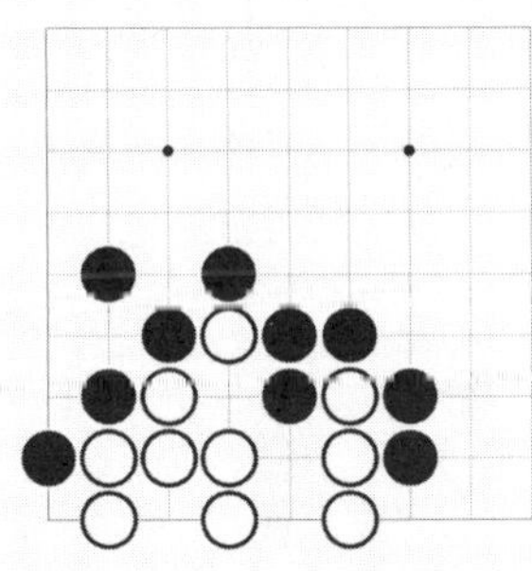

5

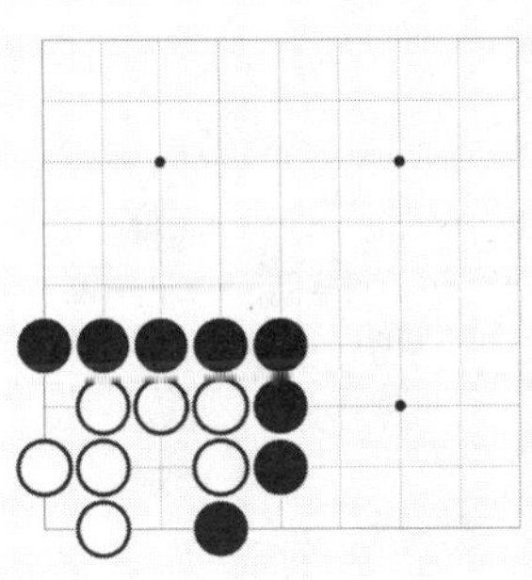

6

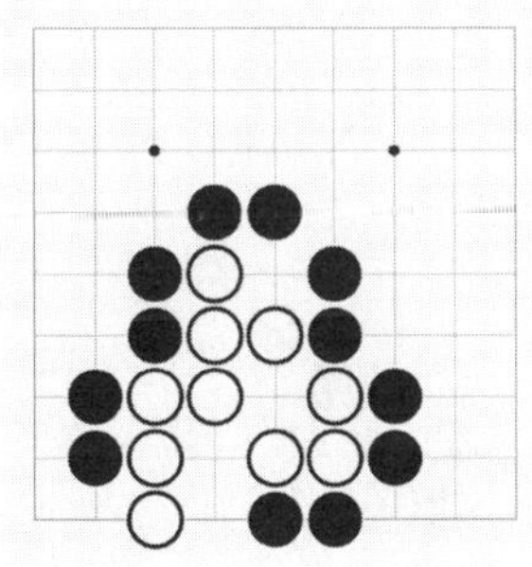

7

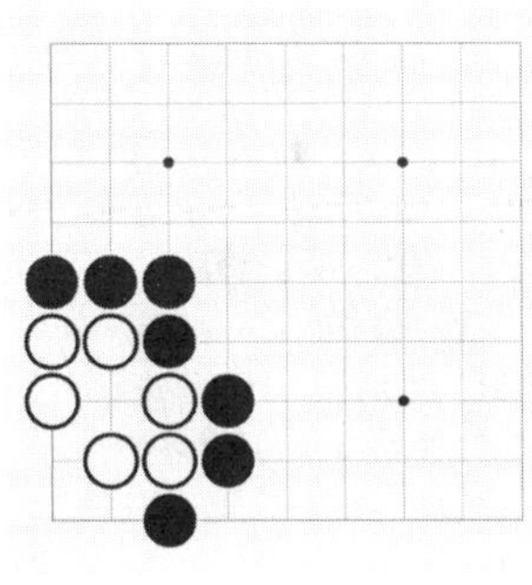

8

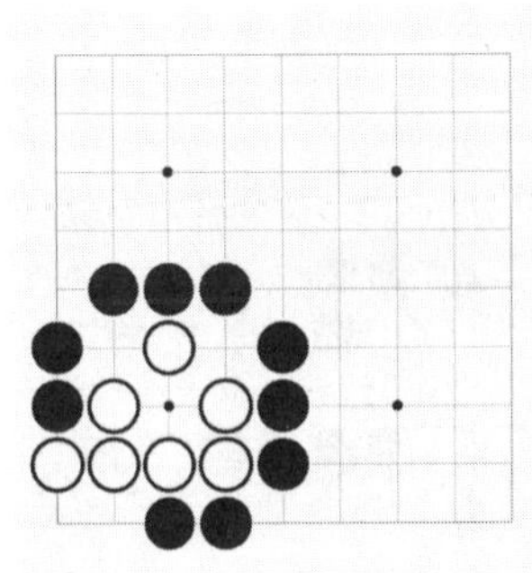

9

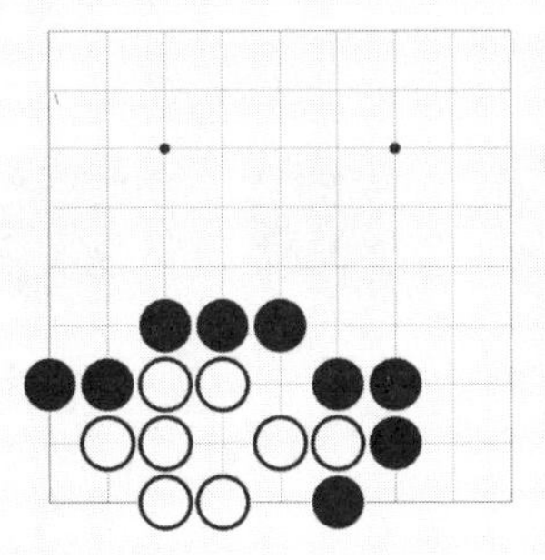

10

扫码看答案

扫码看题

扫码看视频

2.一路扳

黑先，运用“扳”的手法破坏白的眼位。

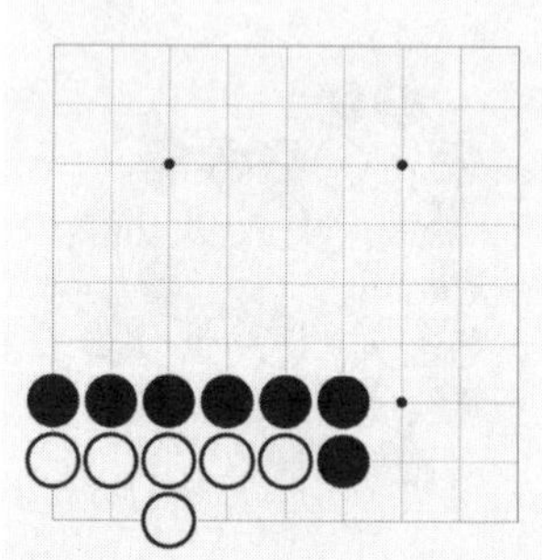

1

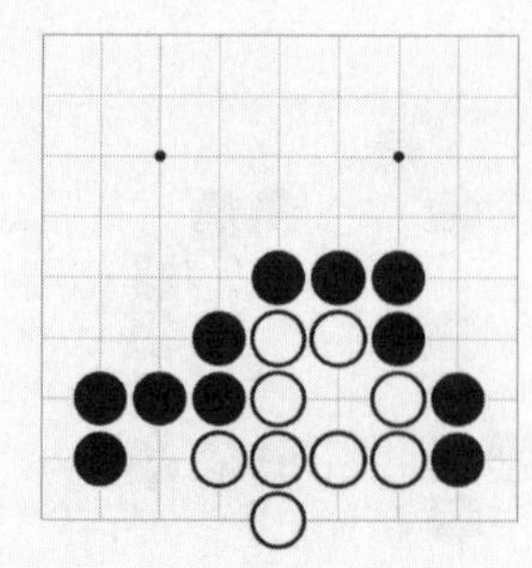

2

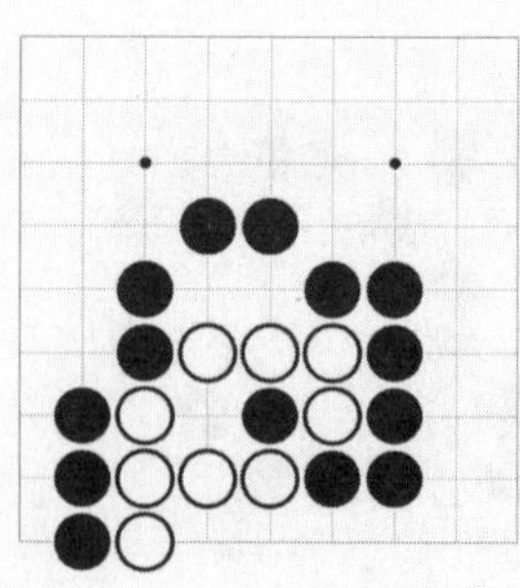

3

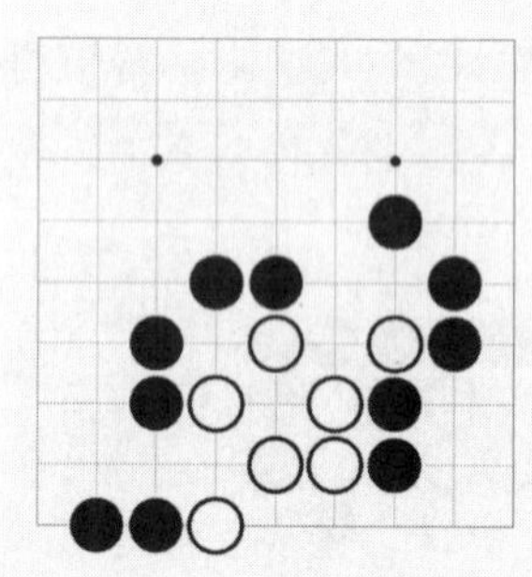

4

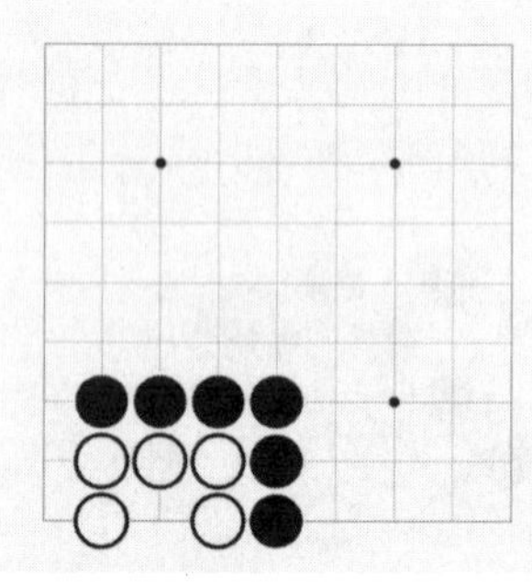

5

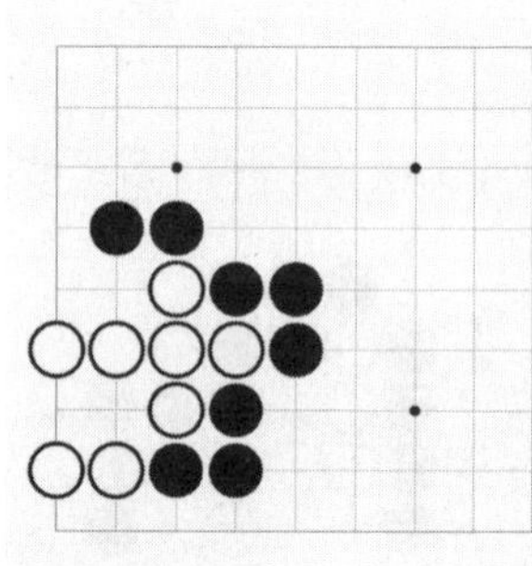

6

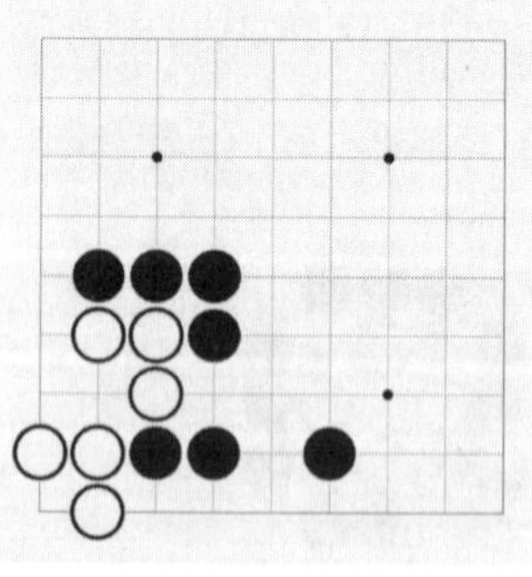

7

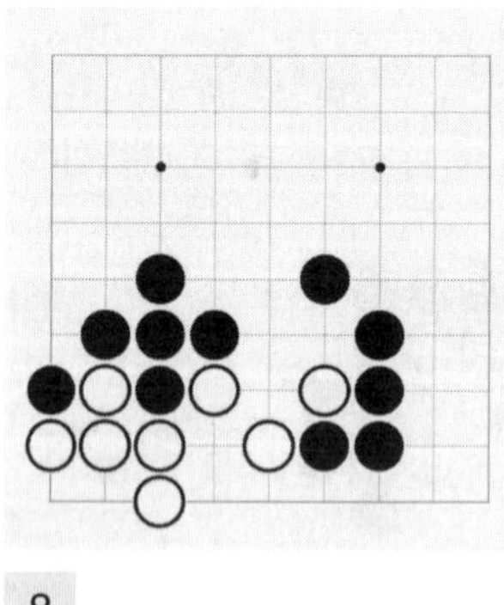

8

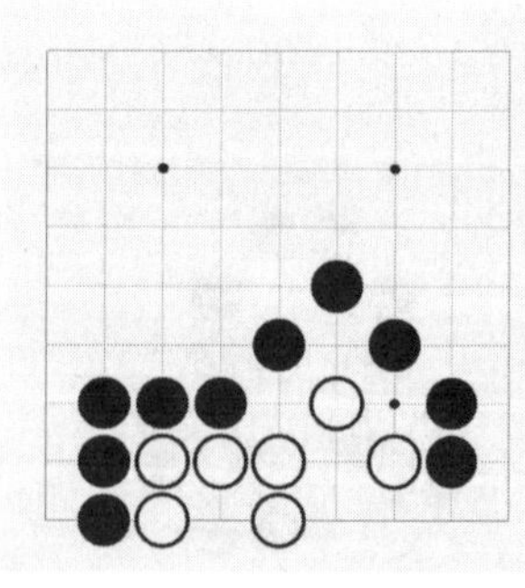

9

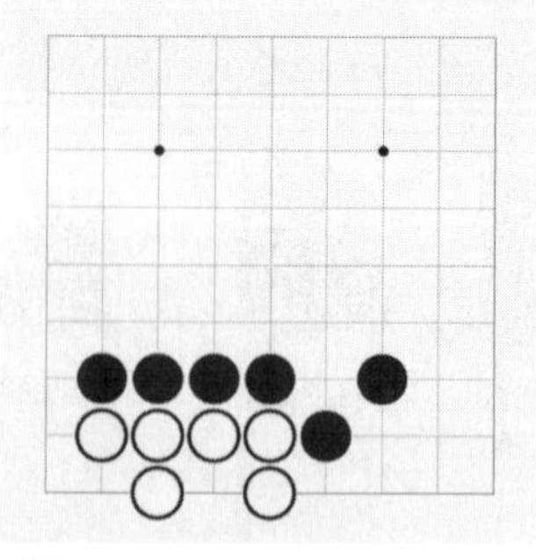

10

扫码看答案

扫码看题

扫码看视频

3. 实战运用

黑先，写出杀白的下一手。

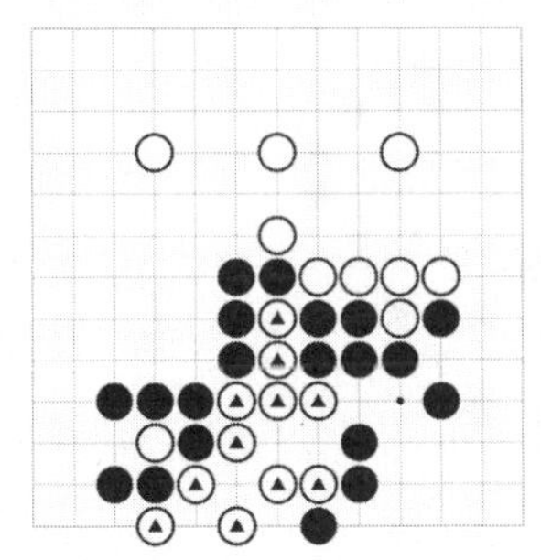

1

2

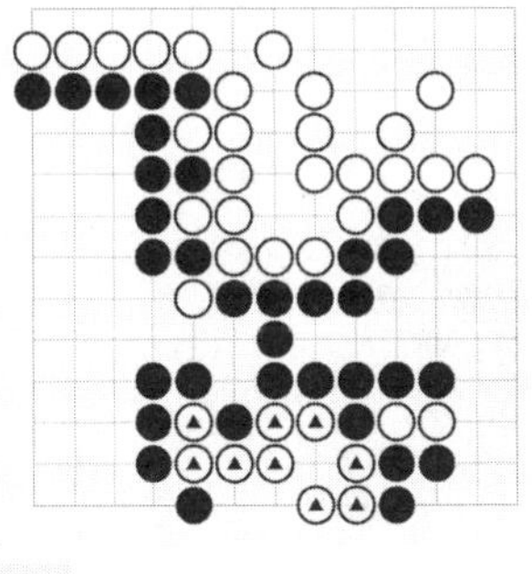

3

4

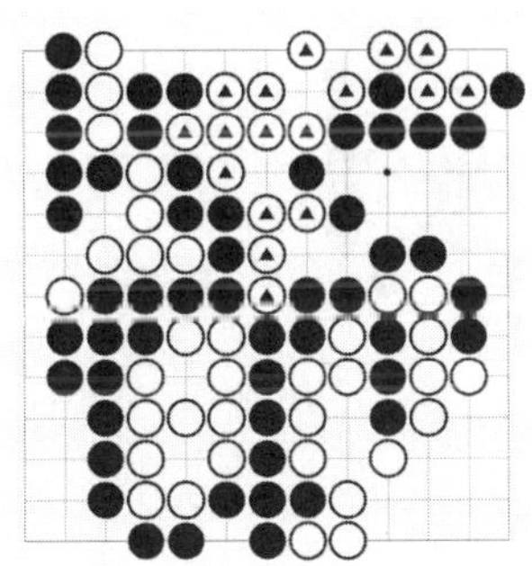

5

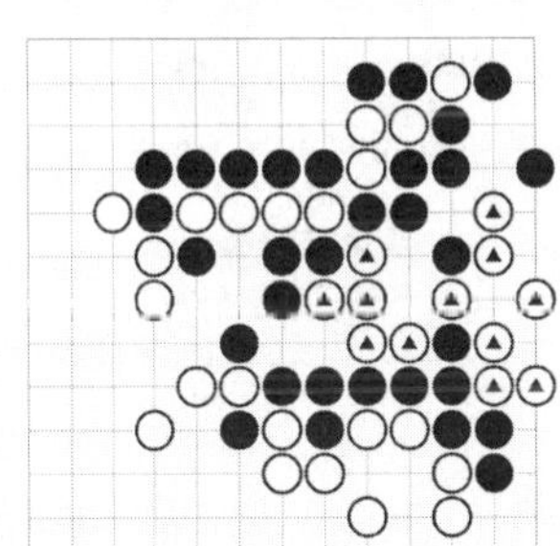

6

7

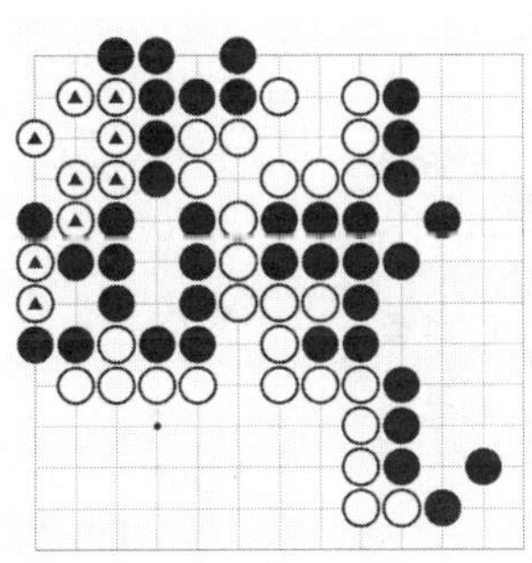

8

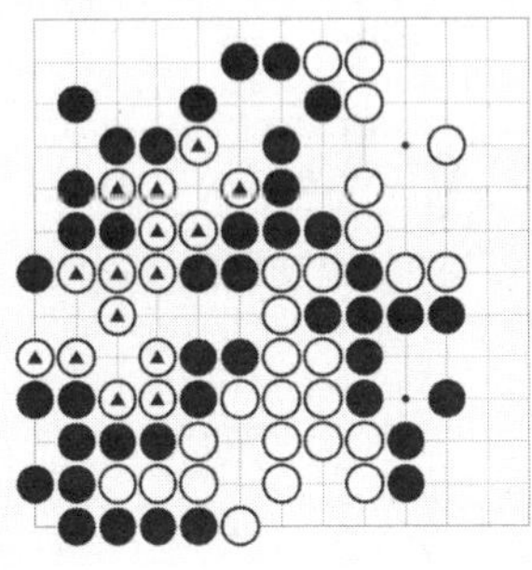

9

10

扫码看答案

扫码看题

扫码看视频

4.深度拓展

帮黑棋选择正确的杀棋下法。

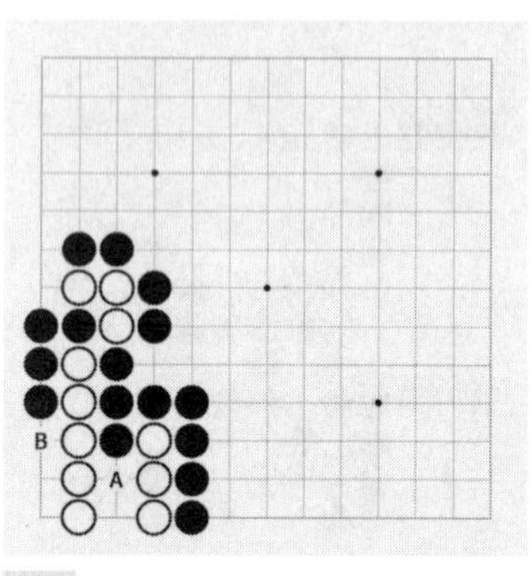

1　　　　　　（　　）

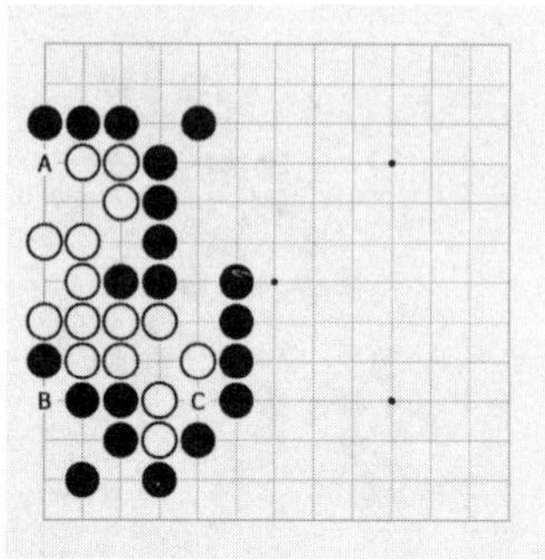

2　　　　　　（　　）

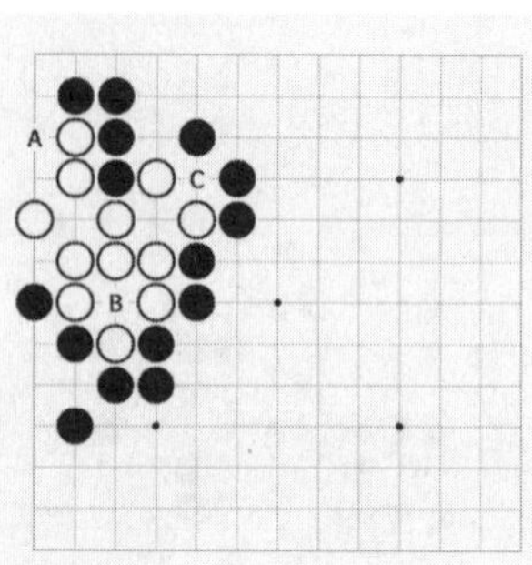

3　　　　　　（　　）

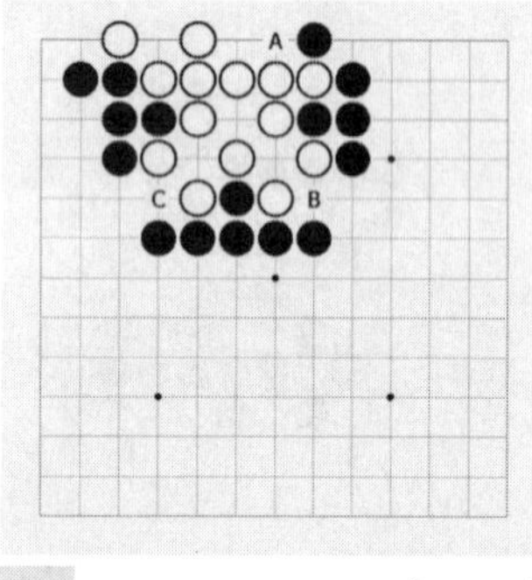

4　　　　　　（　　）

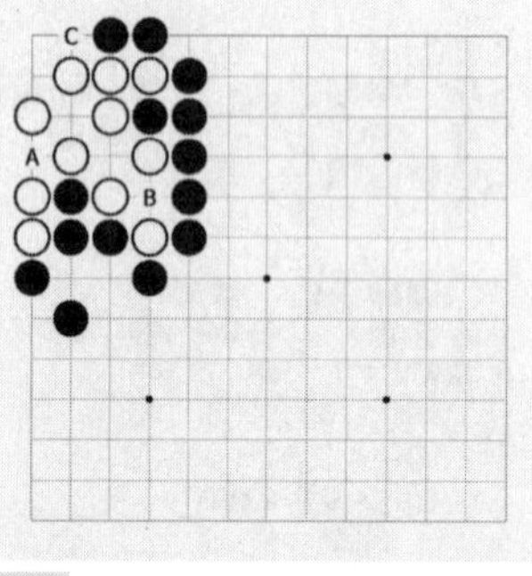
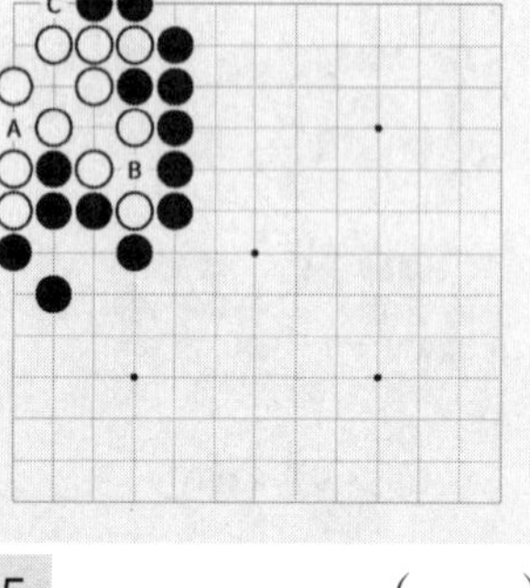

5　　　　　　（　　）

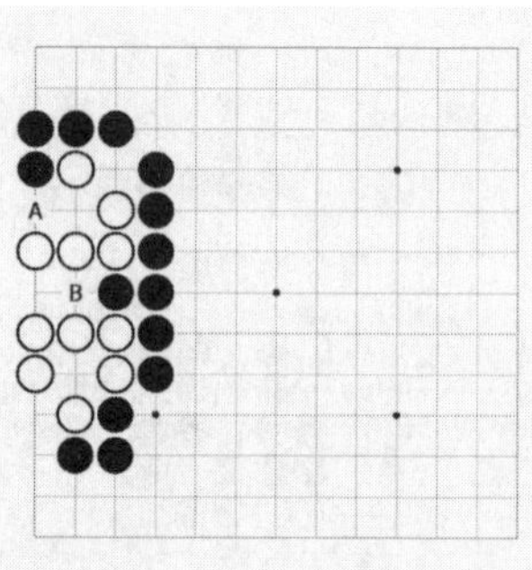

6　　　　　　（　　）

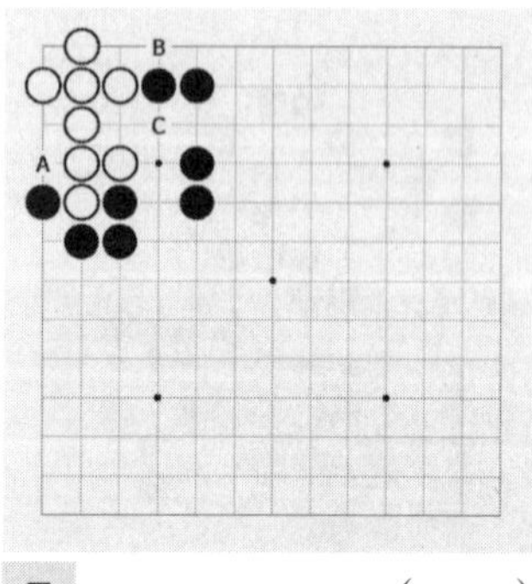

7　　　　　　（　　）

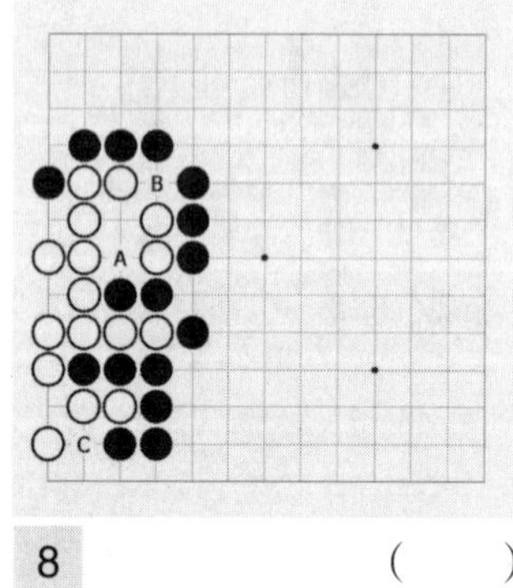

8　　　　　　（　　）

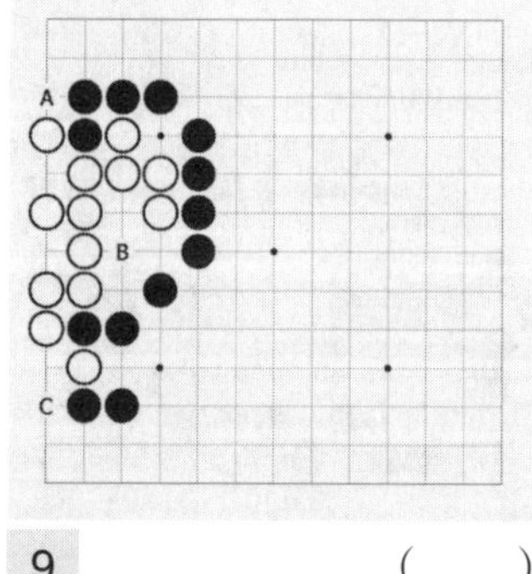

9　　　　　　（　　）

B
C
A

10　　　　　　（　　）

扫码看答案

扫码看题

十八 基本死活眼形

1.死活确定的眼形

判断黑棋的死活状态。活棋√,死棋×,看谁先动手○。

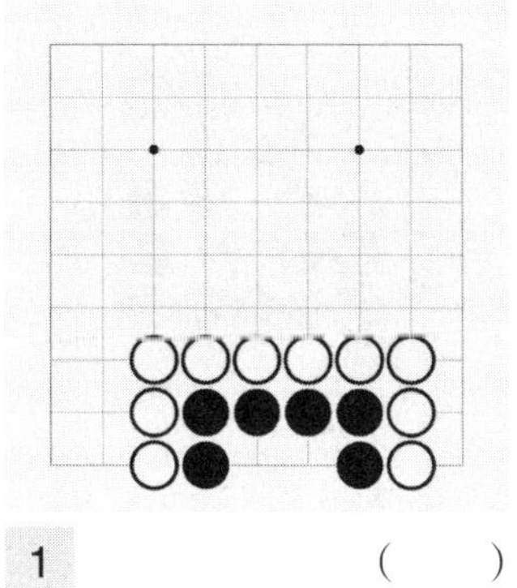

1 （ ）

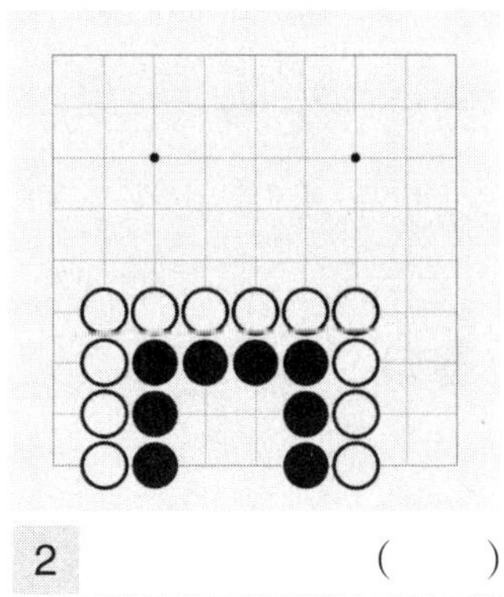

2 （ ）

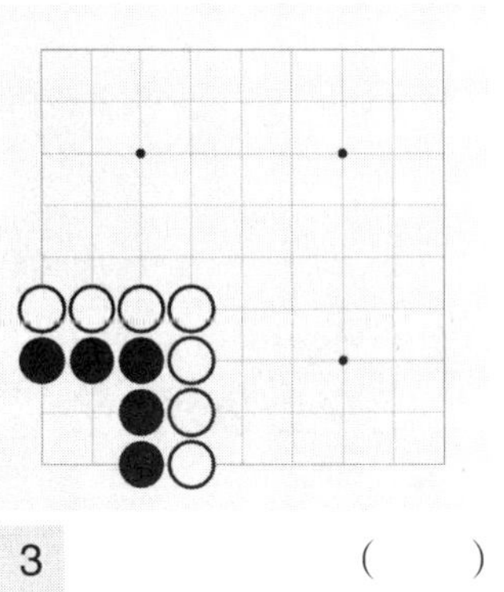

3 （ ）

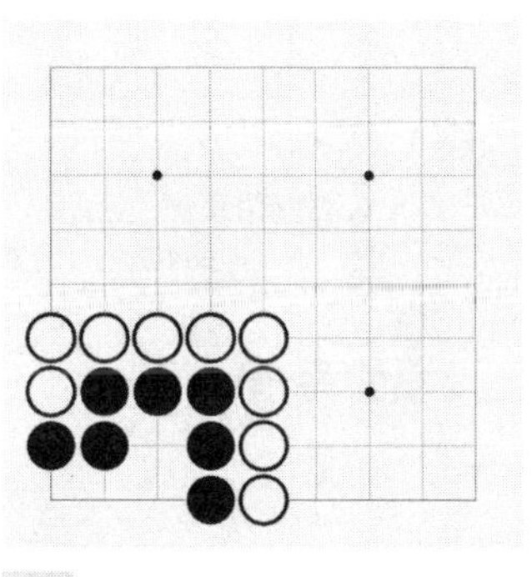

4 （ ）

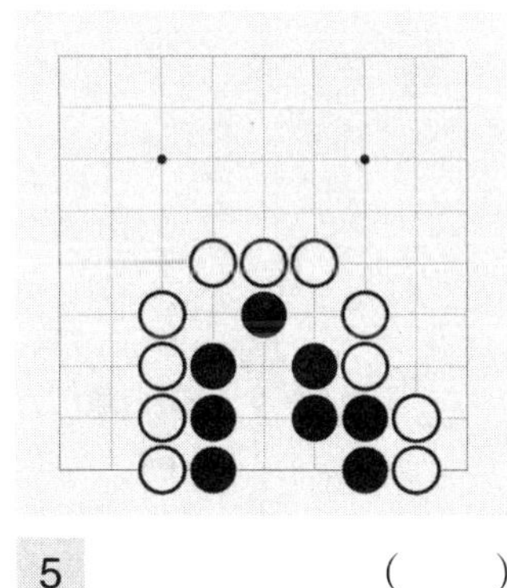

5 （ ）

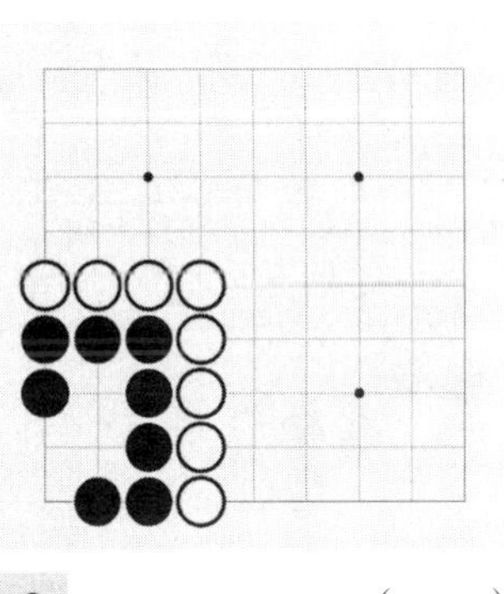

6 （ ）

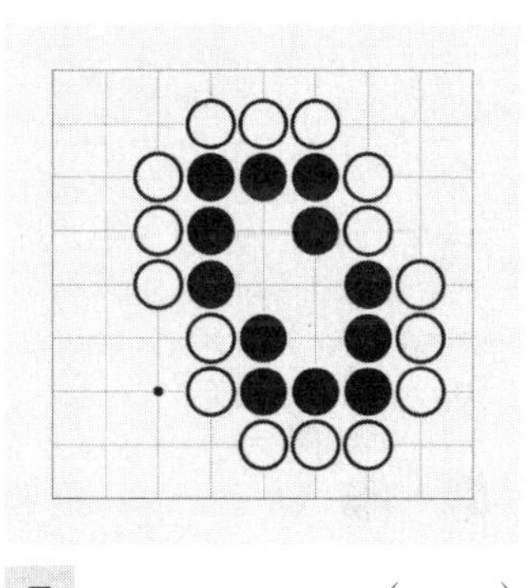

7 （ ）

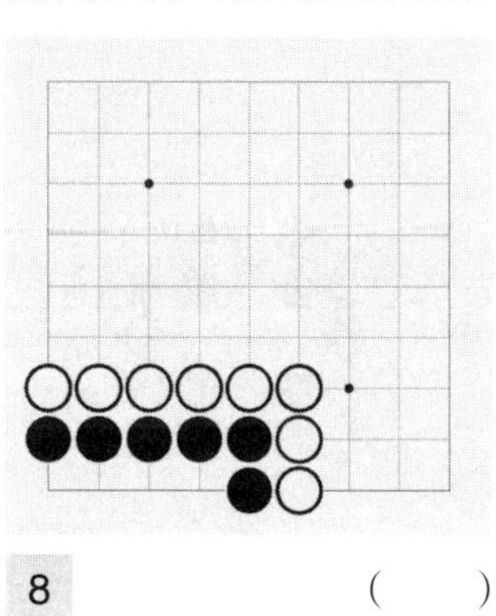

8 （ ）

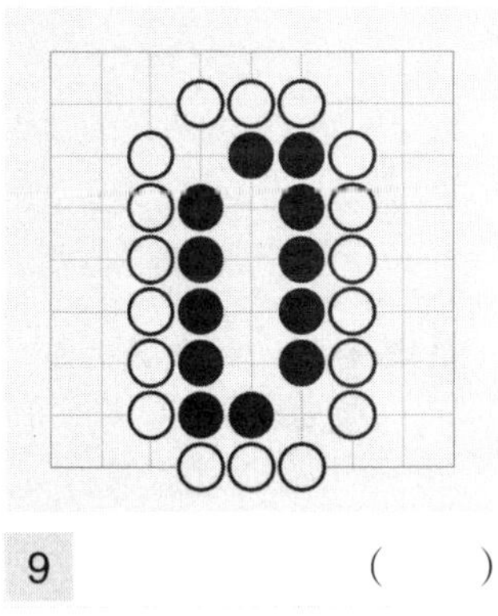

9 （ ）

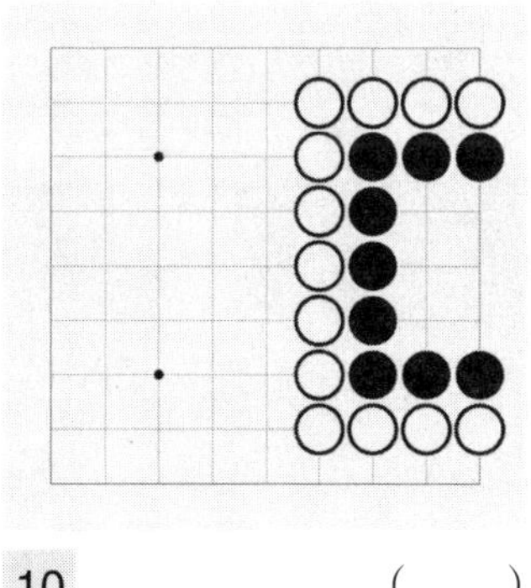

10 （ ）

扫码看答案

扫码看题

扫码看视频

2. 基本眼形补活

黑先，写出补活的下一手。

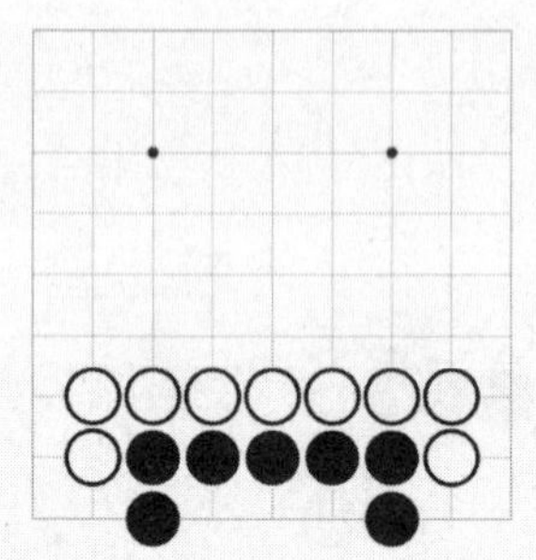

1

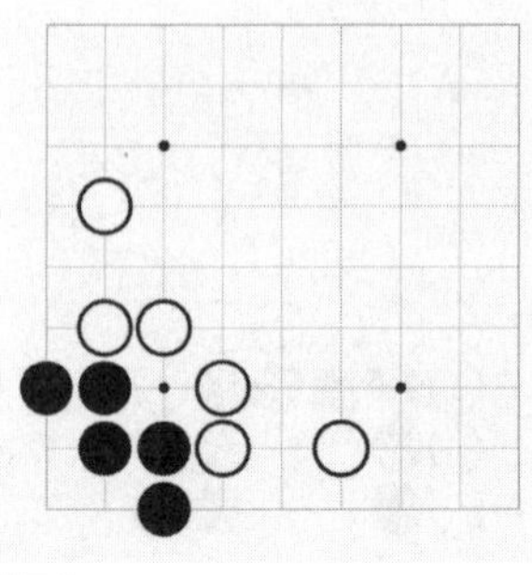

2

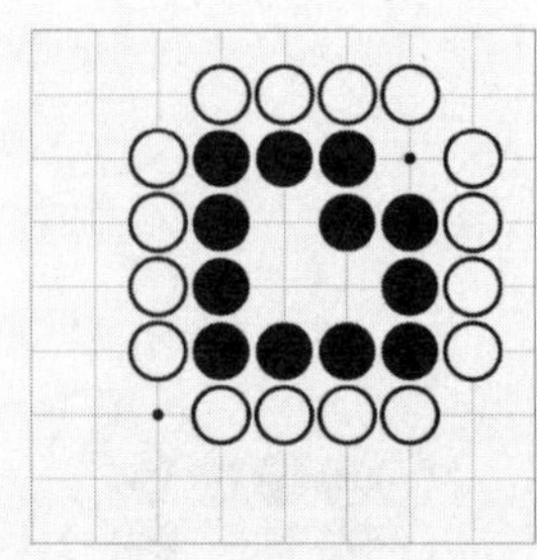

3

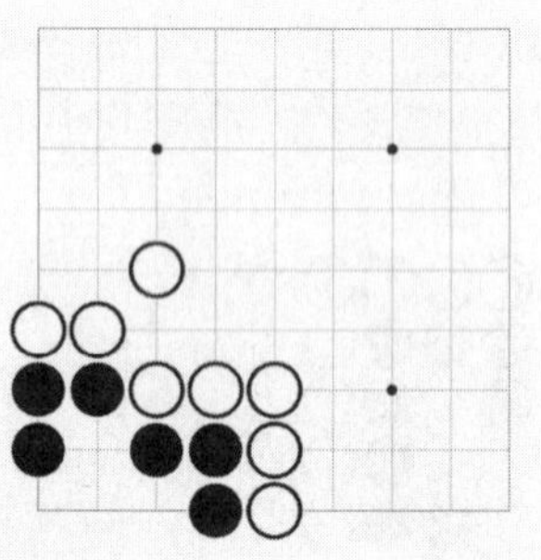

4

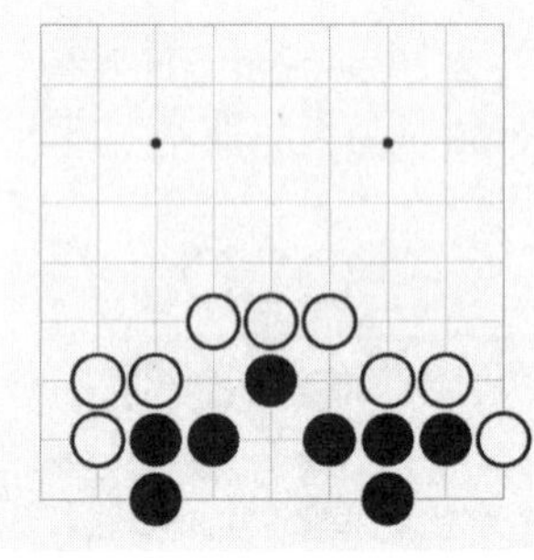

5

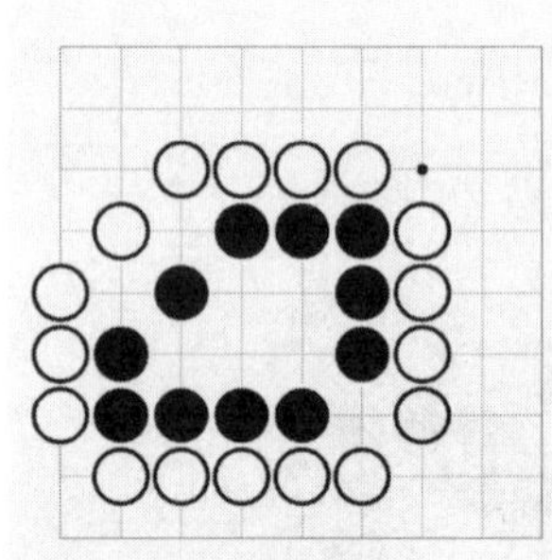

6

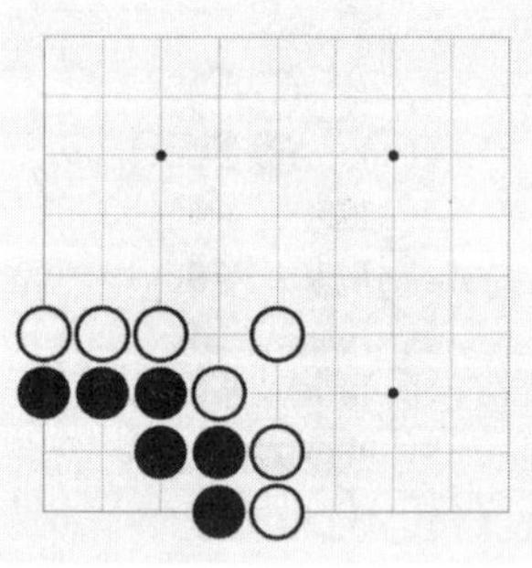

7

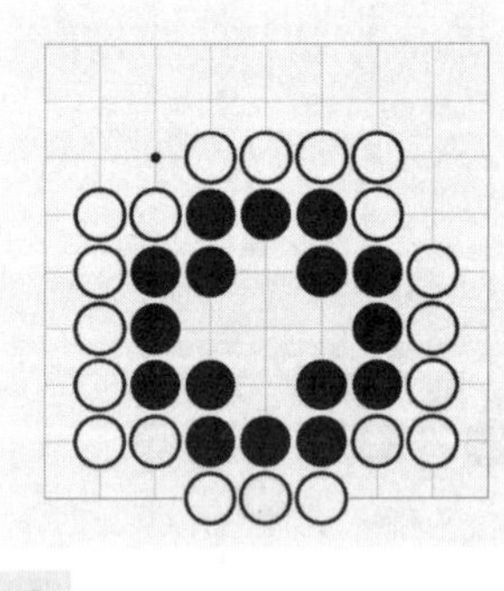

8

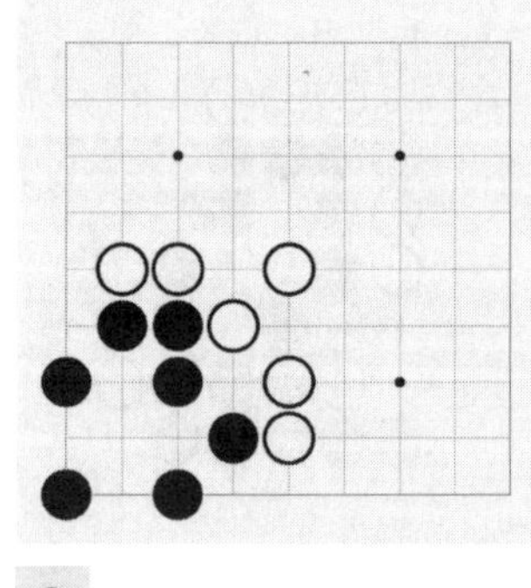

9

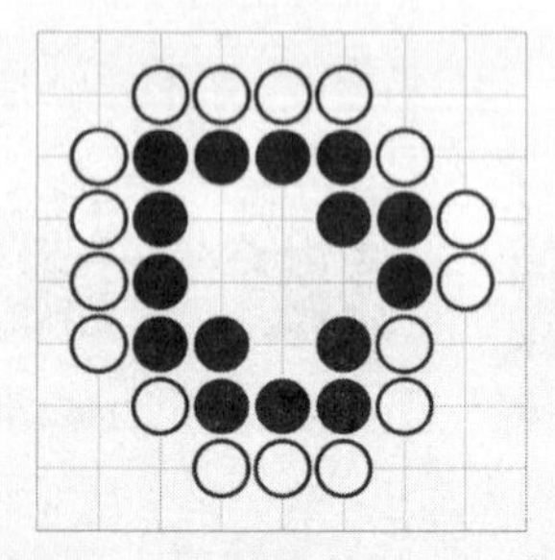

10

扫码看答案

扫码看题

扫码看视频

3.基本眼形点杀

黑先，写出点杀白棋的下一手。

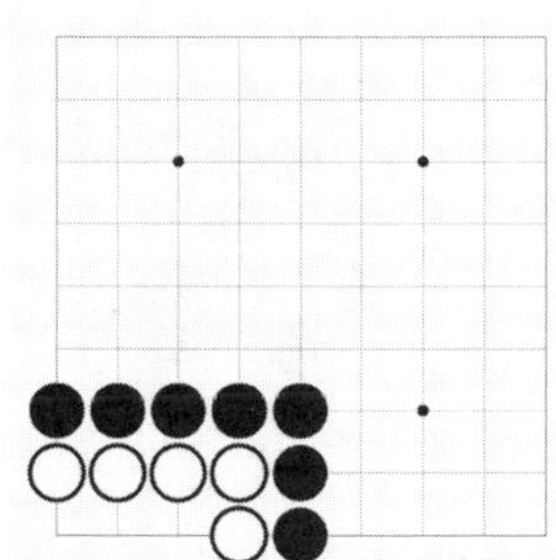

1

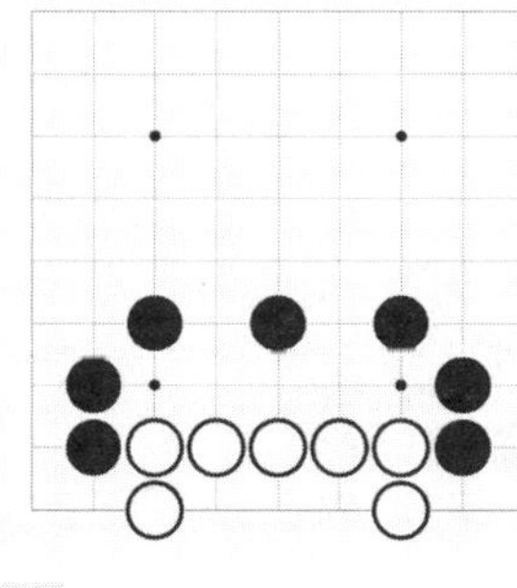

2

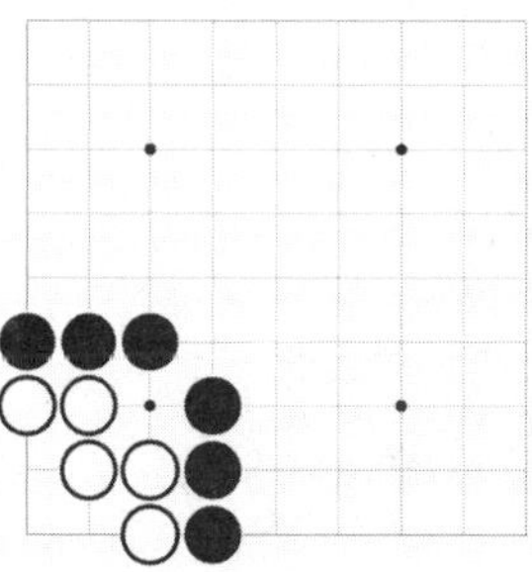

3

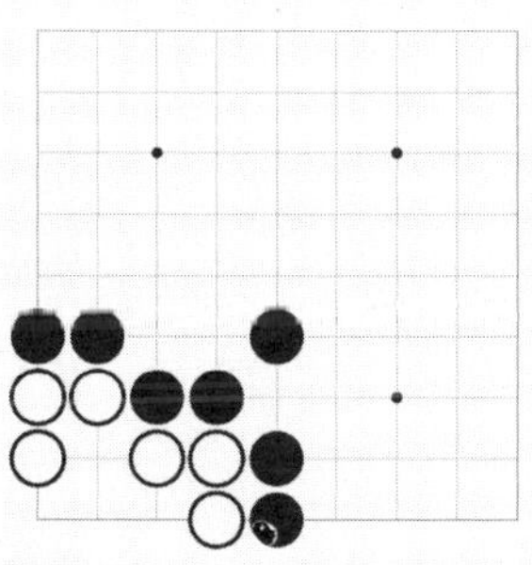

4

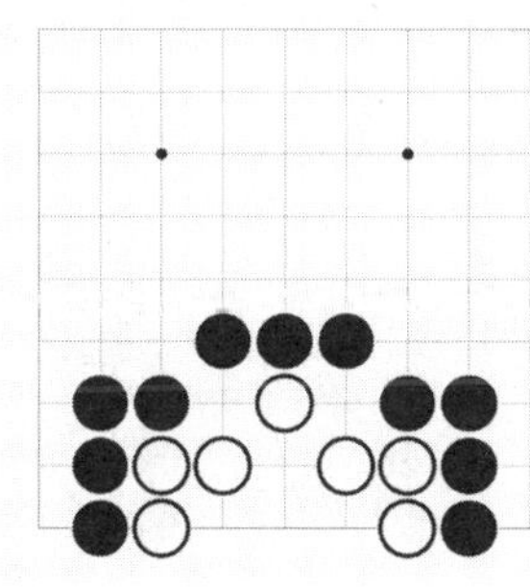

5

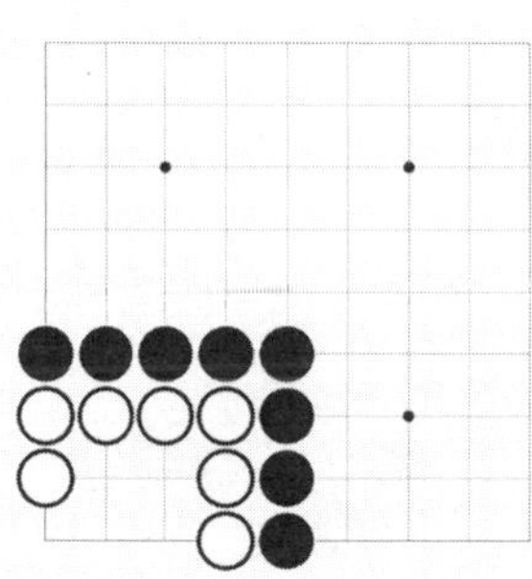

6

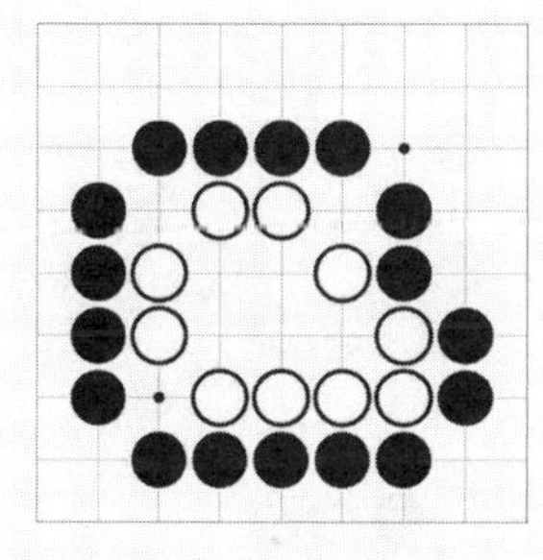

7

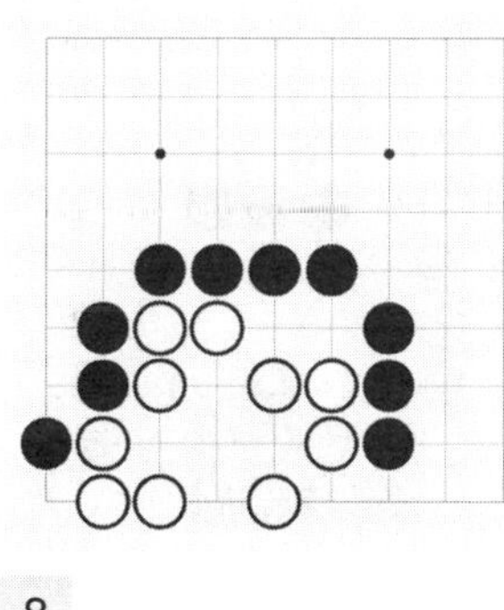

8

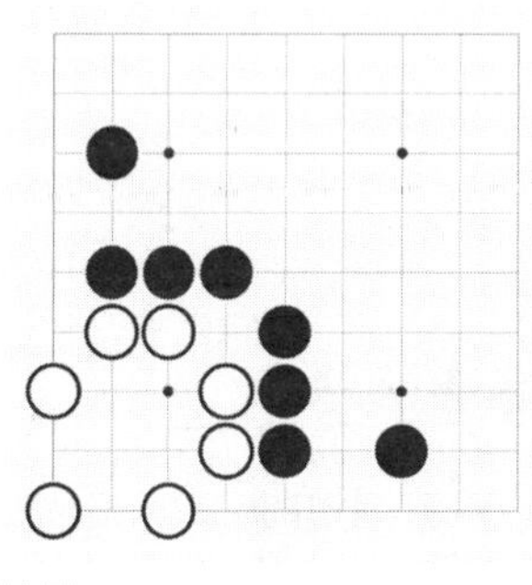

9

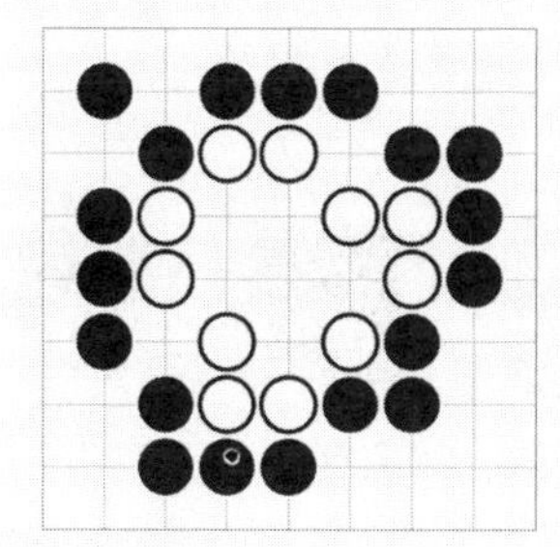

10

扫码看答案

扫码看题

扫码看视频

4.点眼后的攻防

黑先，面对白点入，写出做活的下一手。

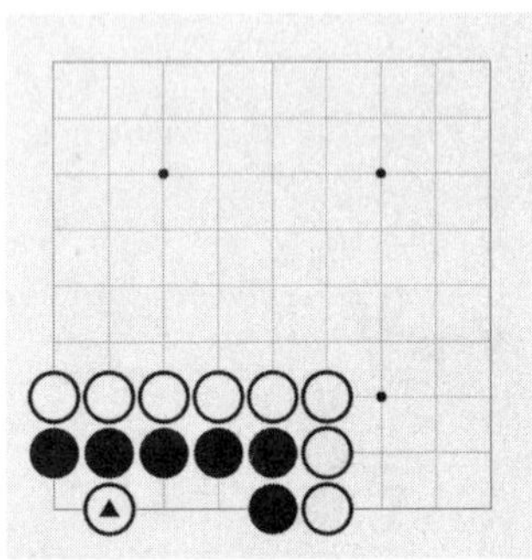

1

2

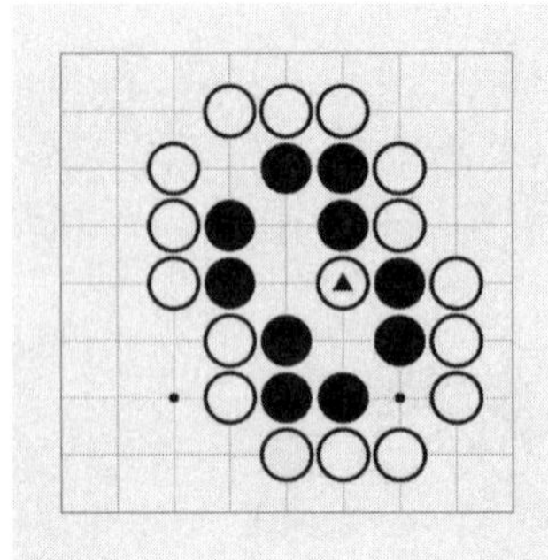

3

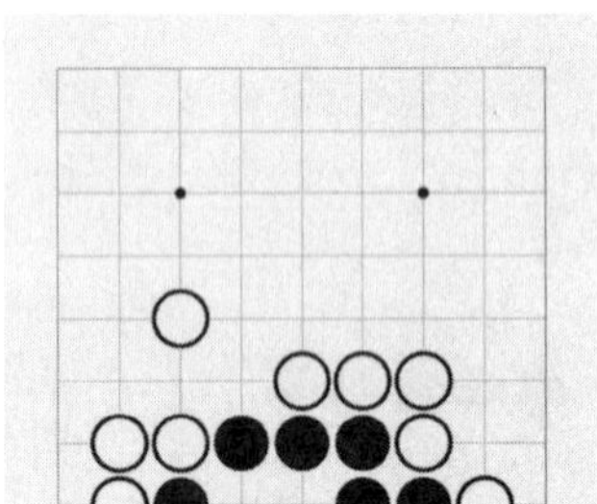

4

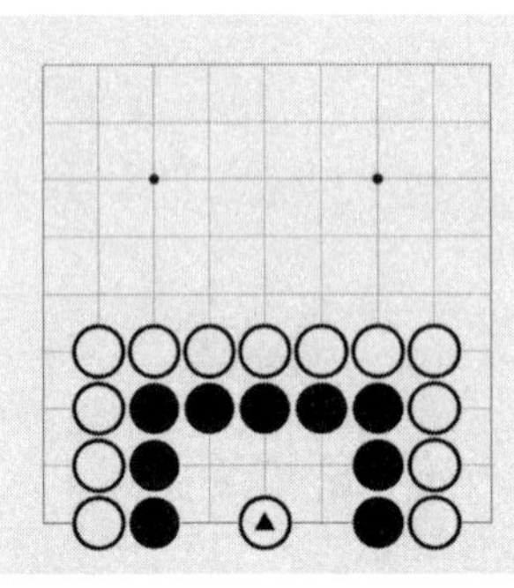

5

黑先，写出点杀的后续一手。

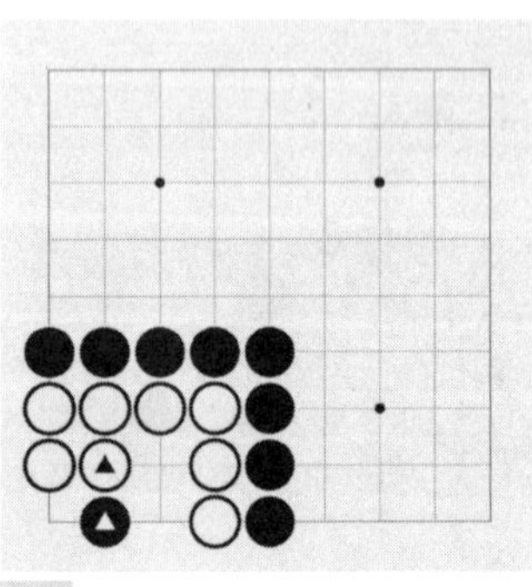

1

2

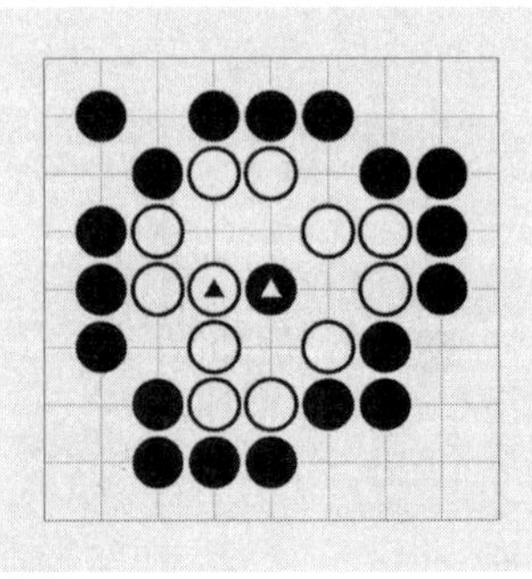

3

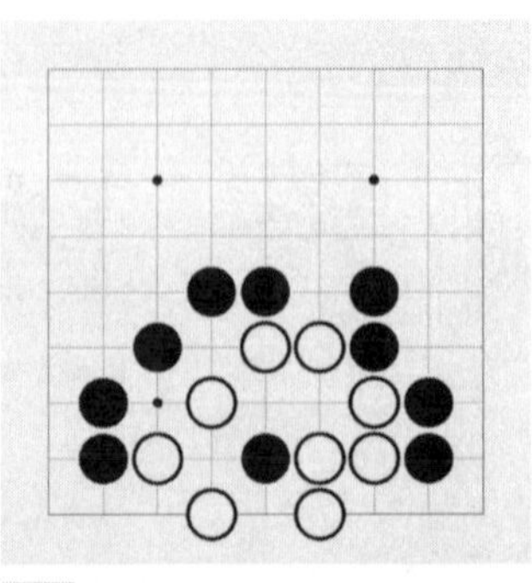

4

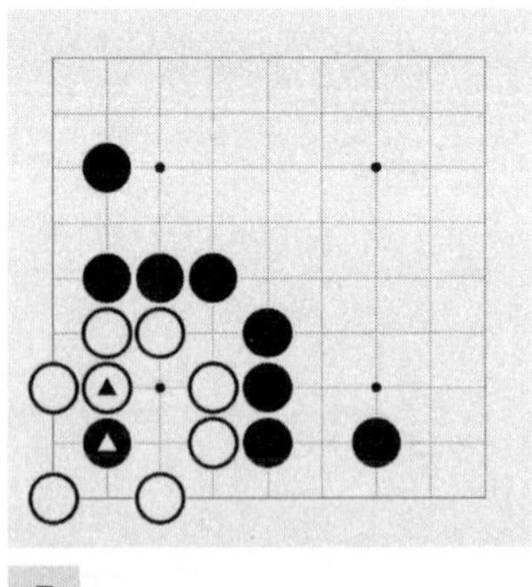

5

扫码看答案　扫码看题　扫码看视频

5.死活判断

判断黑棋的死活状态。活棋√,死棋×,看谁先动手○。

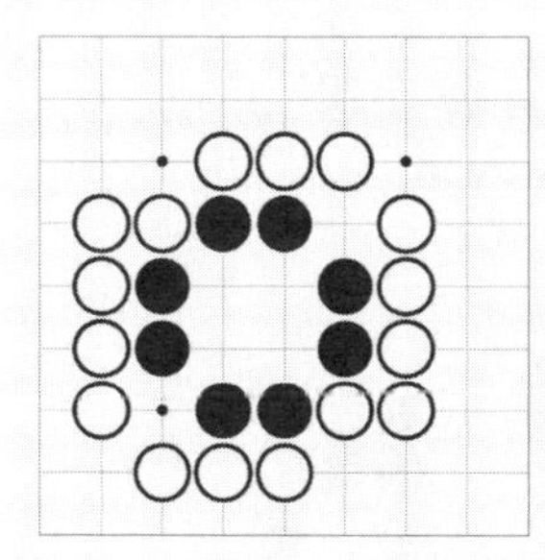

1 (　　)

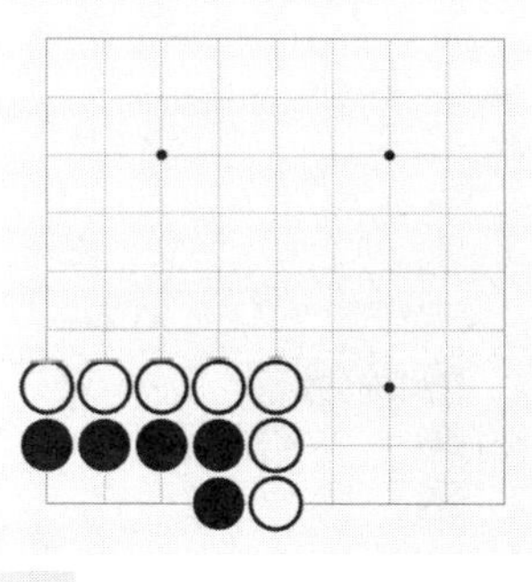

2 (　　)

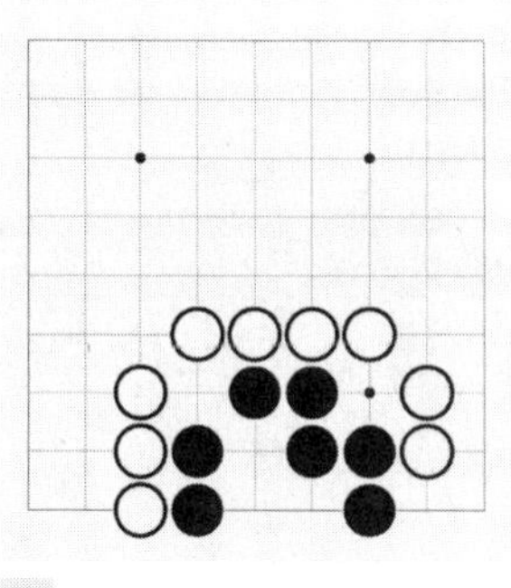

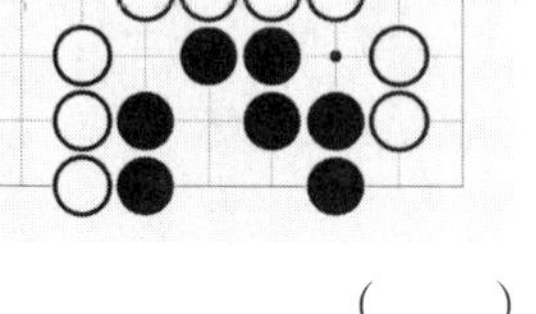

3 (　　)

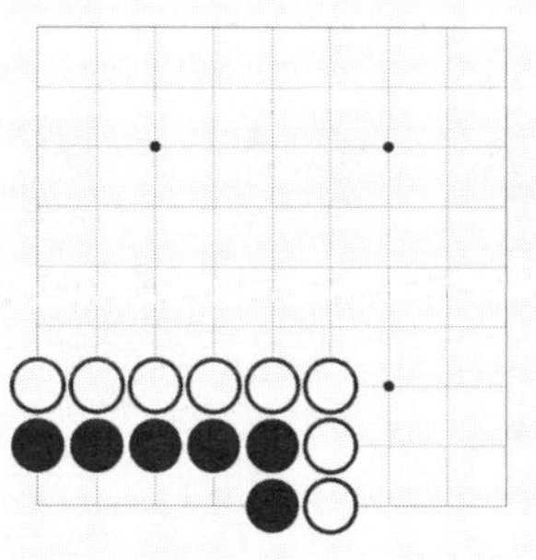

4 (　　)

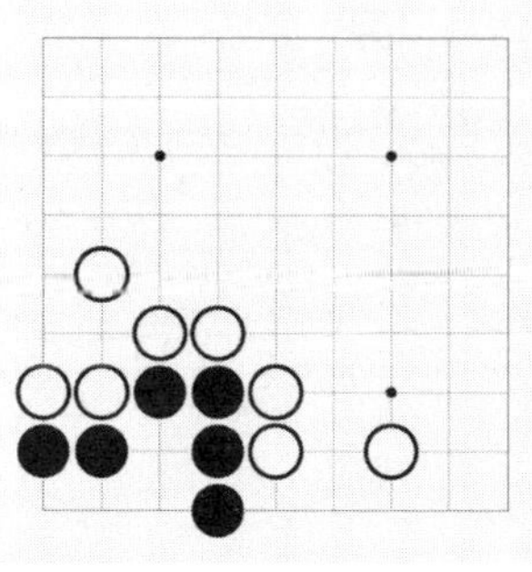

5 (　　)

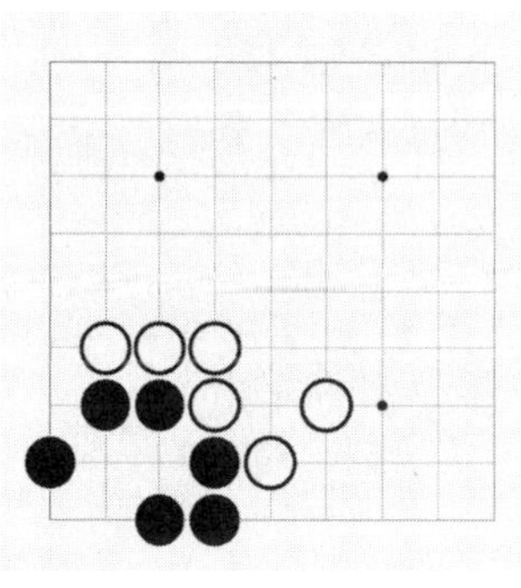

6 (　　)

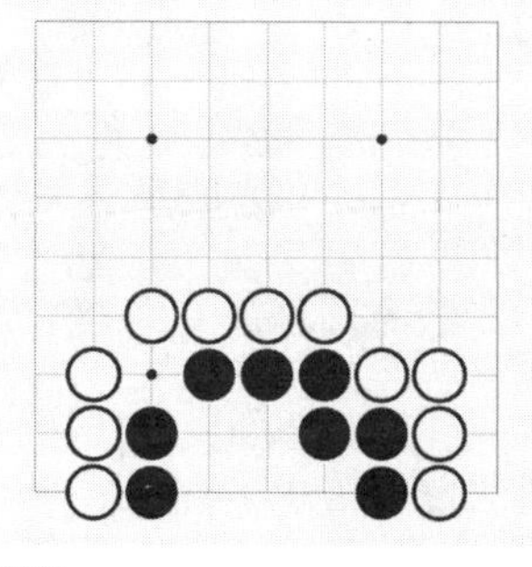

7 (　　)

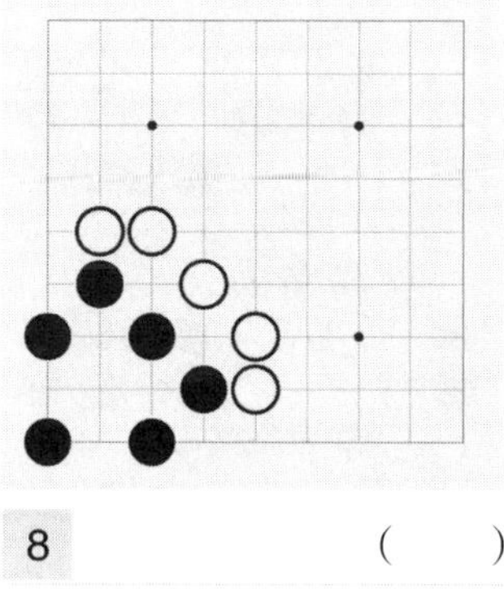

8 (　　)

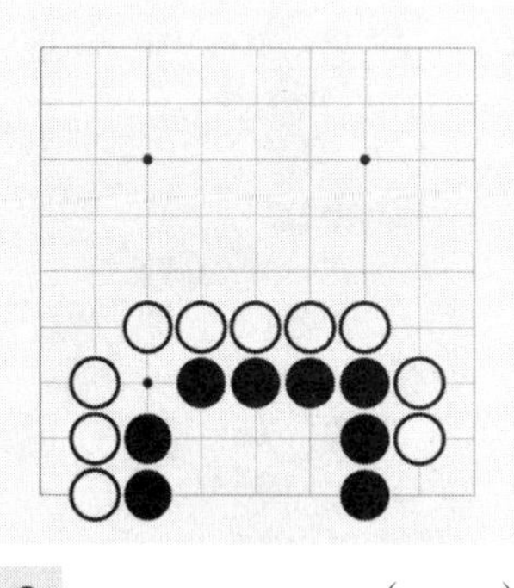

9 (　　)

10 (　　)

扫码看答案

扫码看题

扫码看视频

6.行棋选择

帮黑棋选择正确的做活下法。

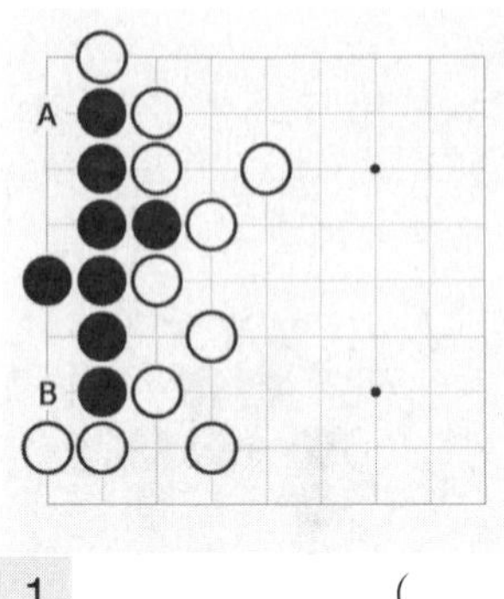

1 （　　）

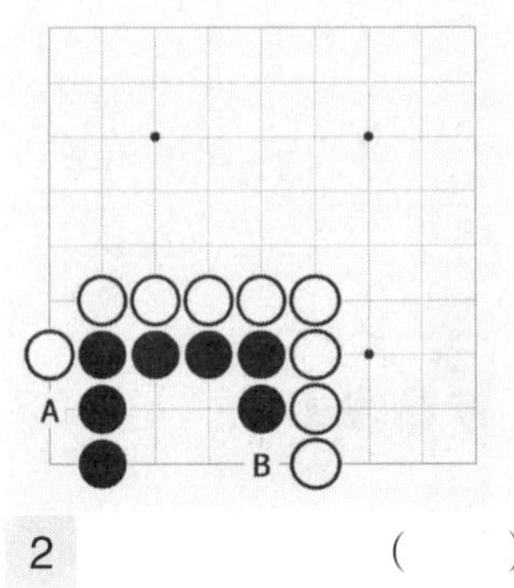

2 （　　）

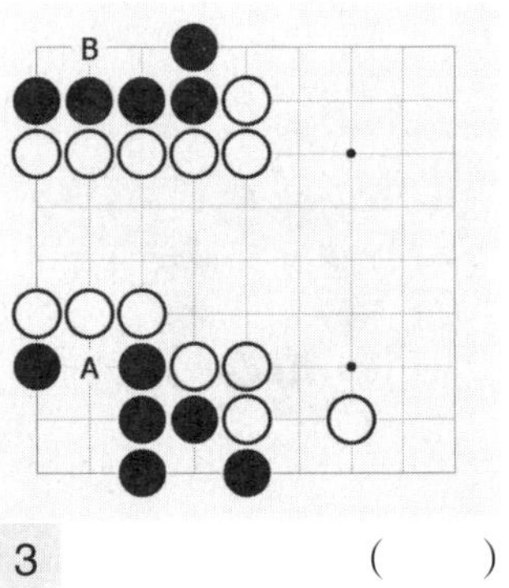

3 （　　）

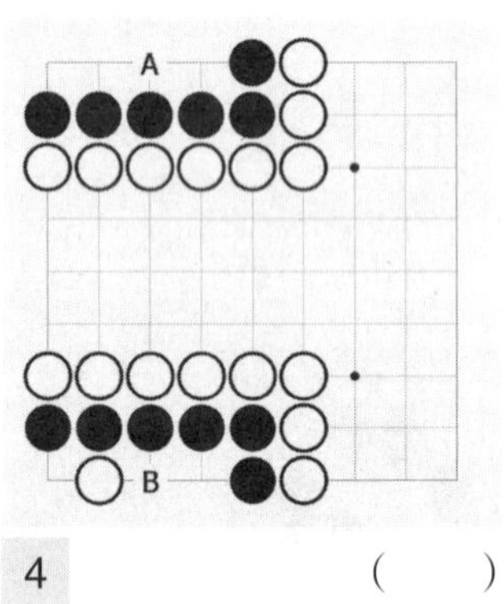

4 （　　）

扫码看答案

扫码看题

扫码看视频

帮黑棋选择正确的杀棋下法。

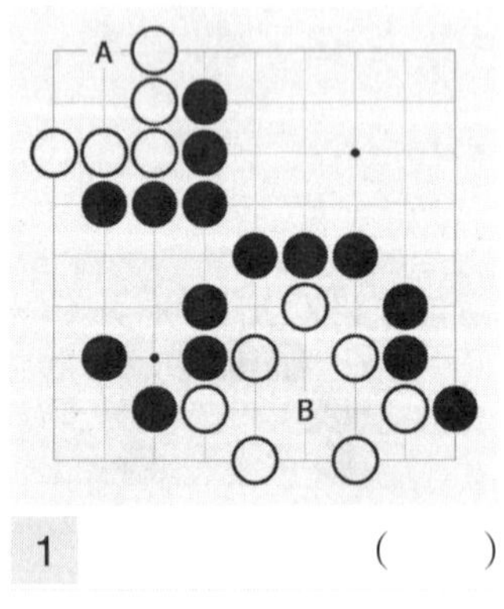

1 （　　）

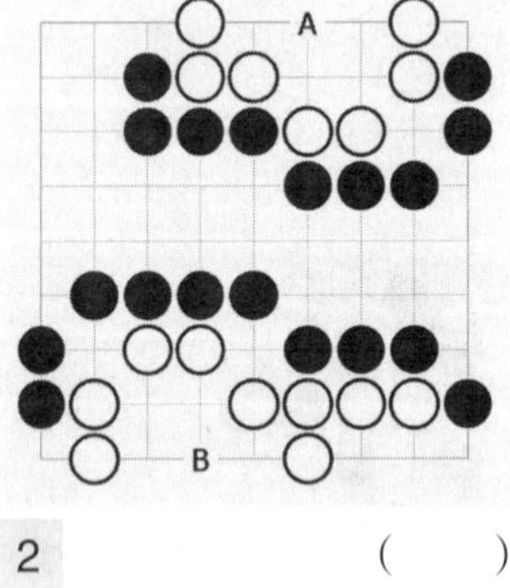

2 （　　）

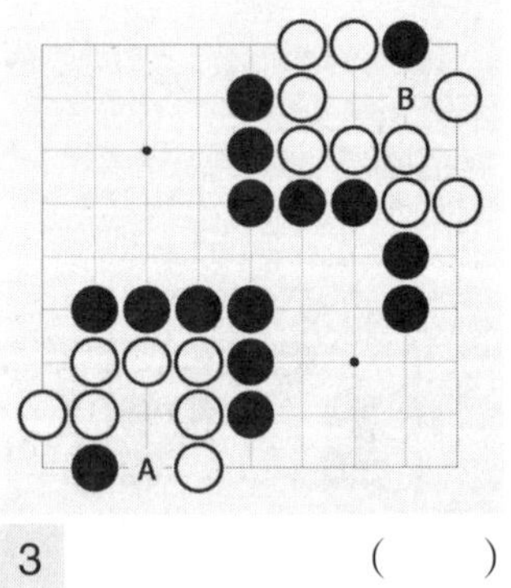

3 （　　）

帮黑棋选择正确的行棋目标。

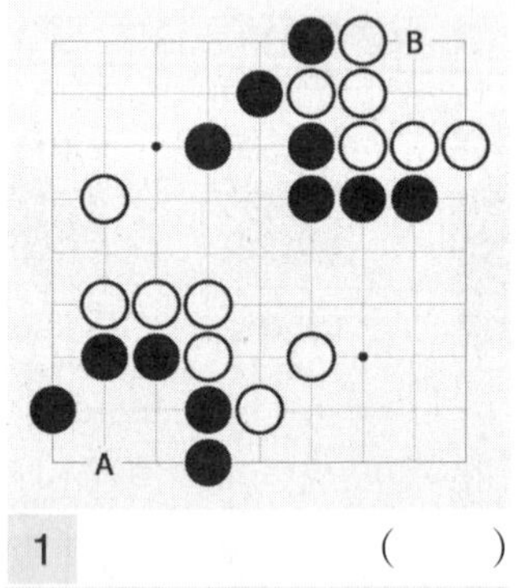

1 （　　）

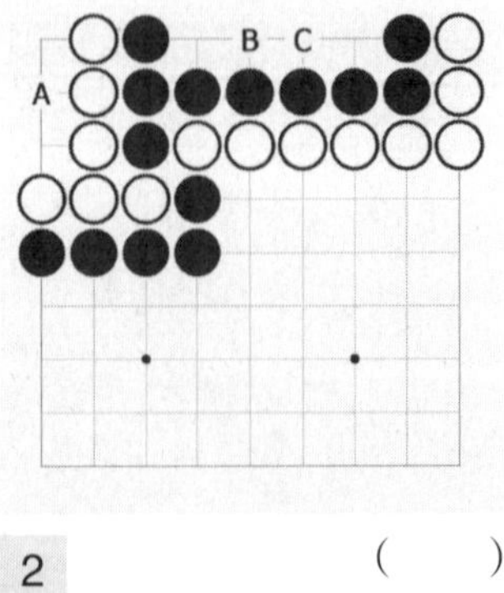

2 （　　）

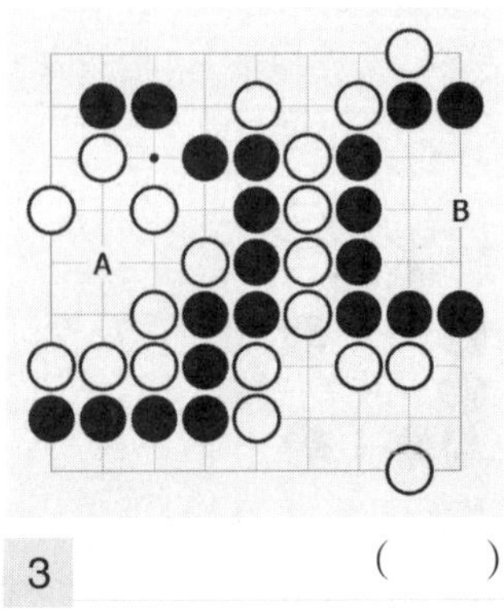

3 （　　）

7. 实战运用（一）

黑先，走出做活的一手。

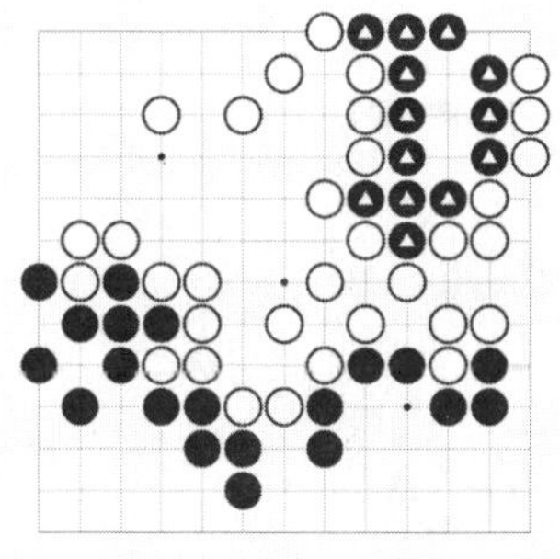

1

2

黑先，走出杀棋的一手。

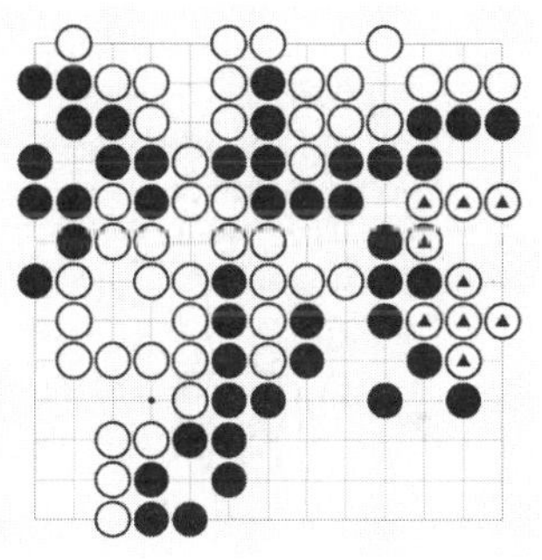

1

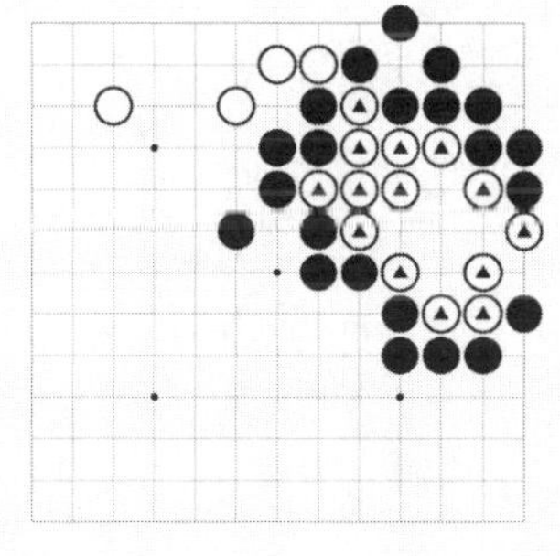

2

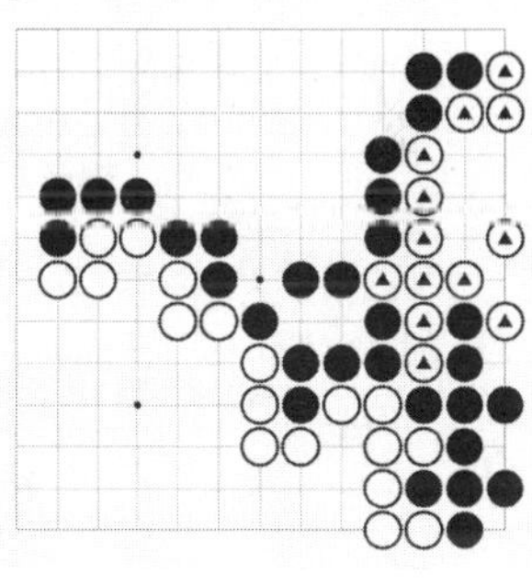

3

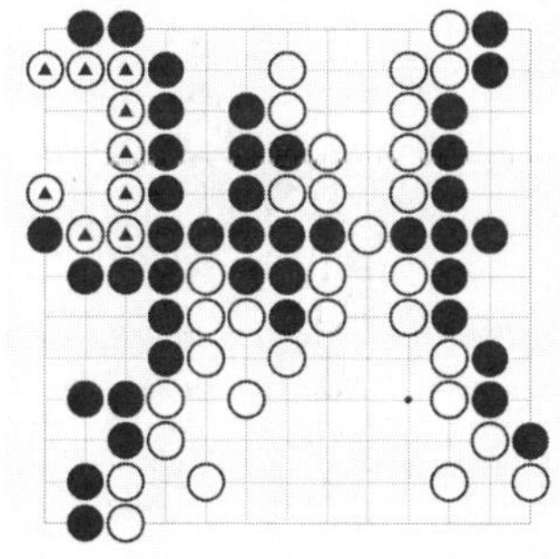

4

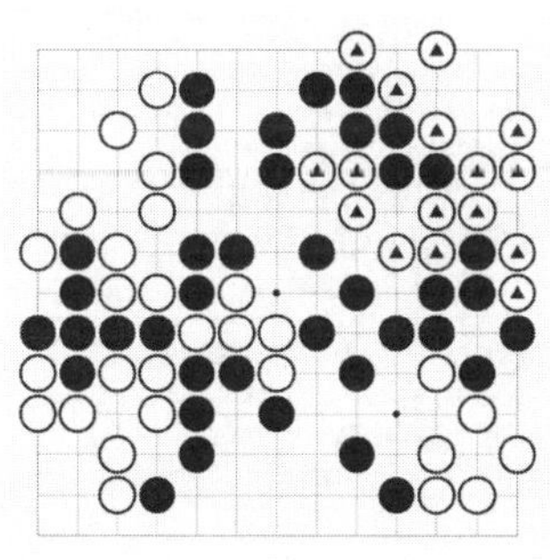

5

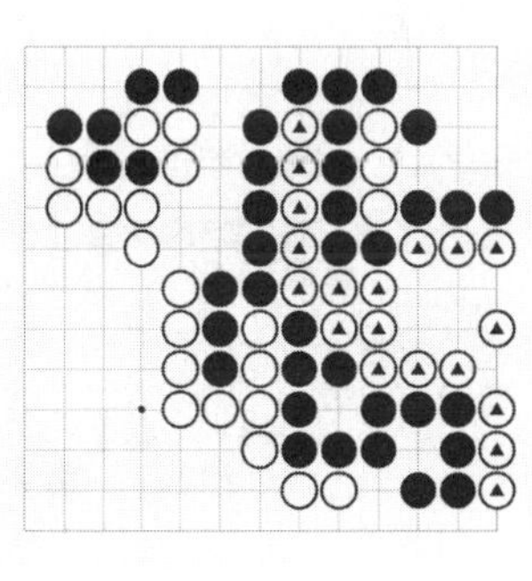

6

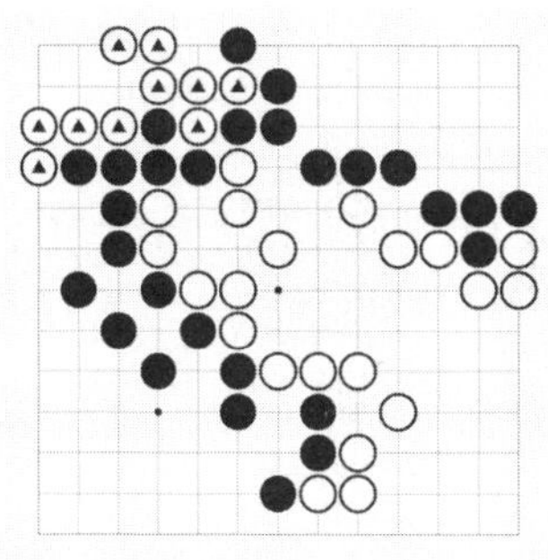

7

8

扫码看答案　扫码看题　扫码看视频

8.实战运用(二)

帮黑棋选择正确的做活下法 。

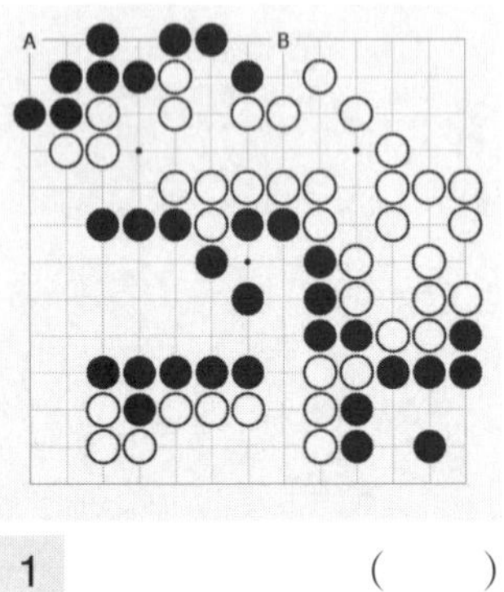

1 （ ）

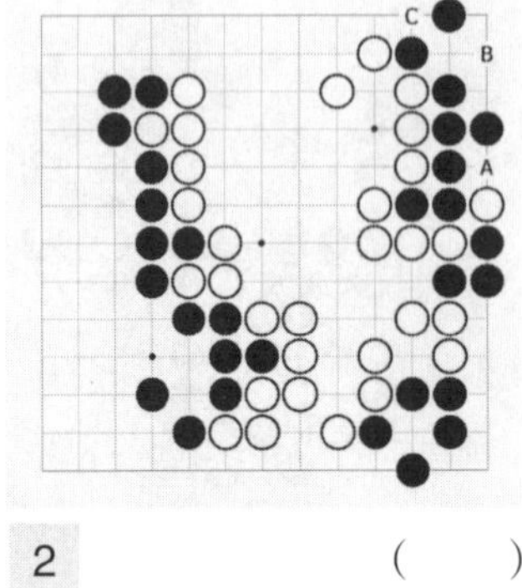

2 （ ）

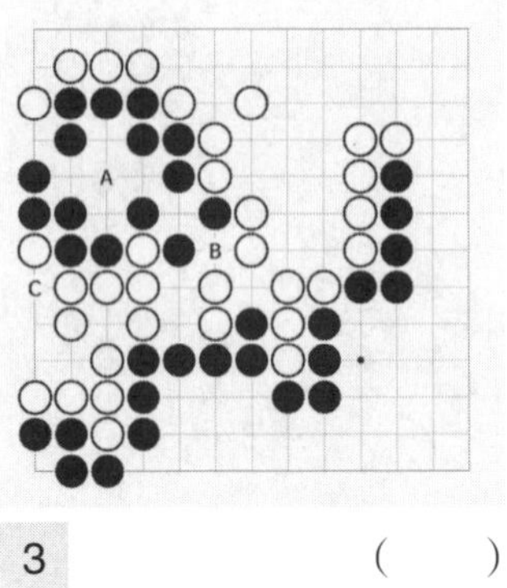

3 （ ）

帮黑棋选择正确的杀棋下法。

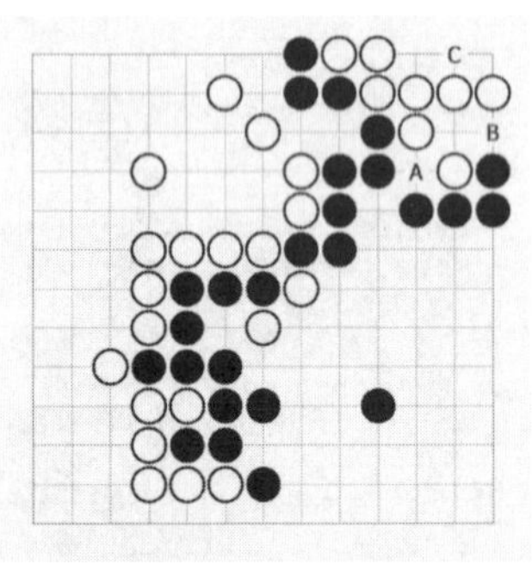

1 （ ）

2 （ ）

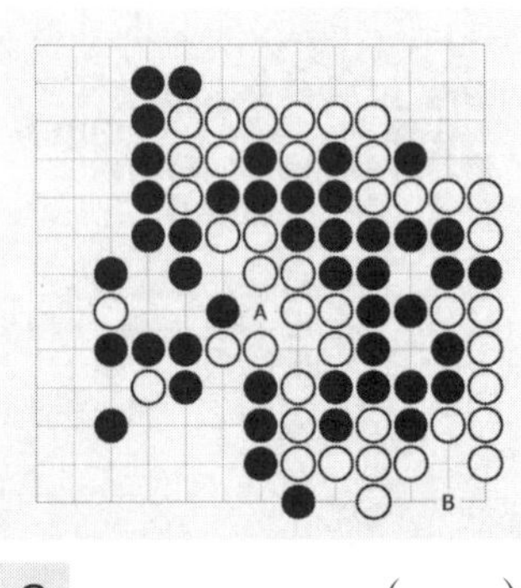

3 （ ）

4 （ ）

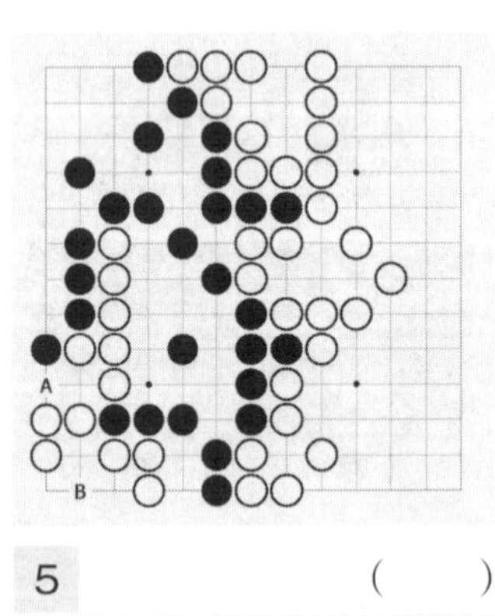

5 （ ）

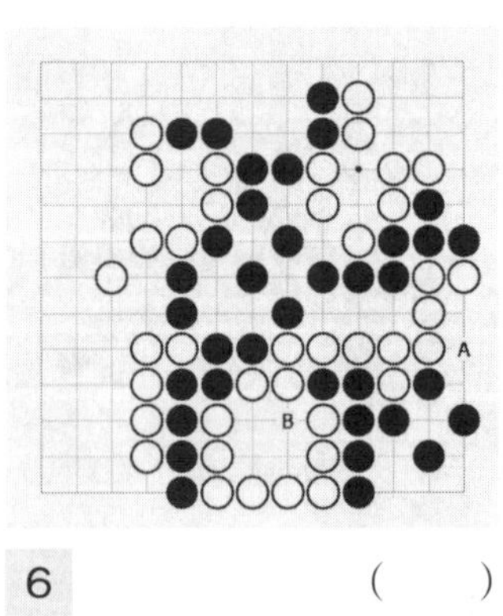

6 （ ）

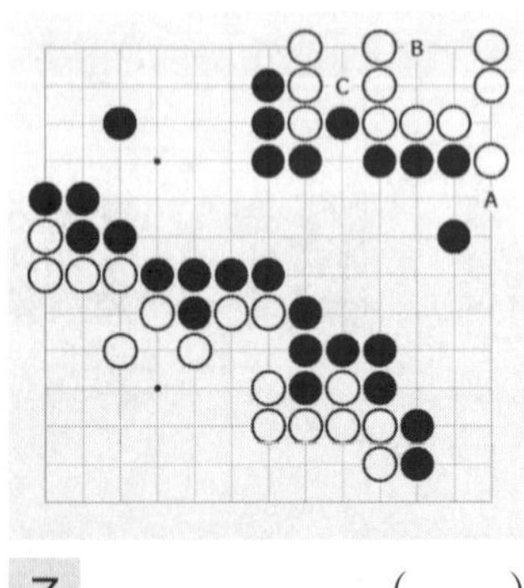

7 （ ）

扫码看答案

扫码看题

扫码看视频

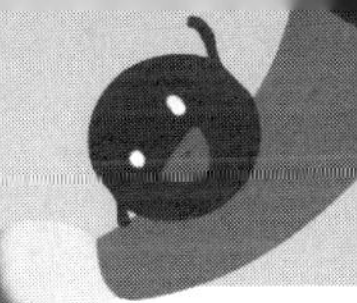

9.深度拓展

判断白棋的死活状态。活棋√,死棋×,看谁先动手○。

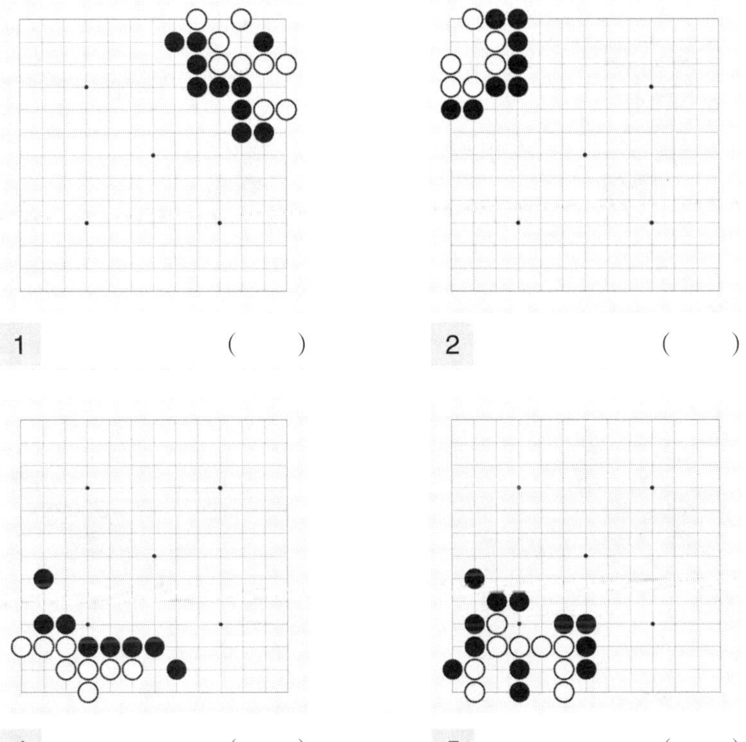

1 (　　)　2 (　　)　3 (　　)

4 (　　)　5 (　　)

判断白棋的死活状态。活棋√,死棋×,看谁先动手○。

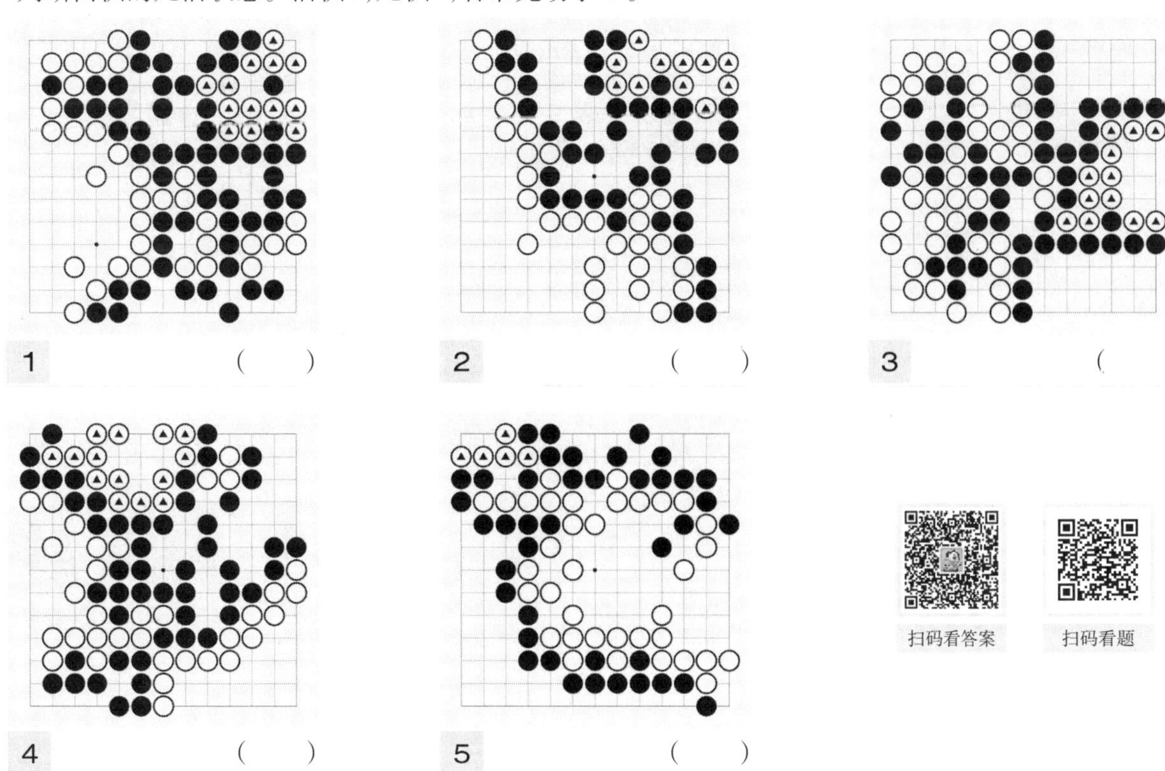

1 (　　)　2 (　　)　3 (　　)

4 (　　)　5 (　　)

扫码看答案　扫码看题

十九　实战攻杀判断

1.封锁判断

标记的白棋被封锁了吗？封锁了√，没封锁×。

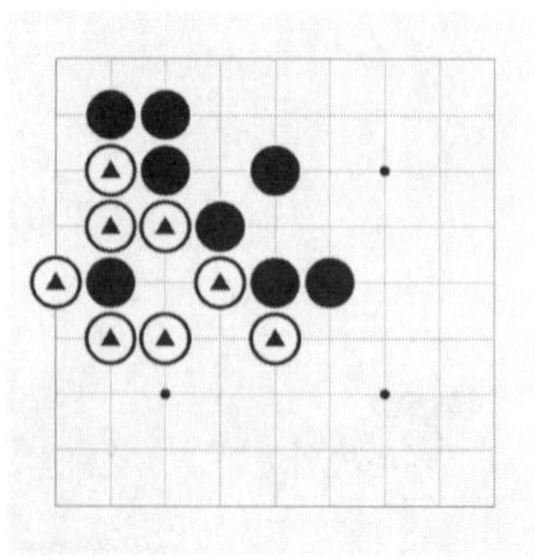

1　（　　）

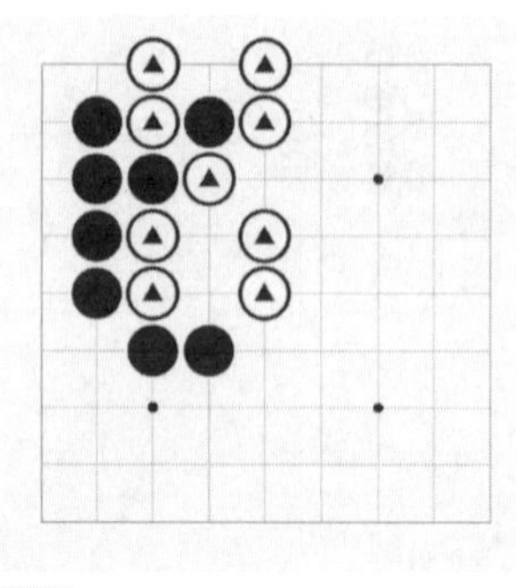

2　（　　）

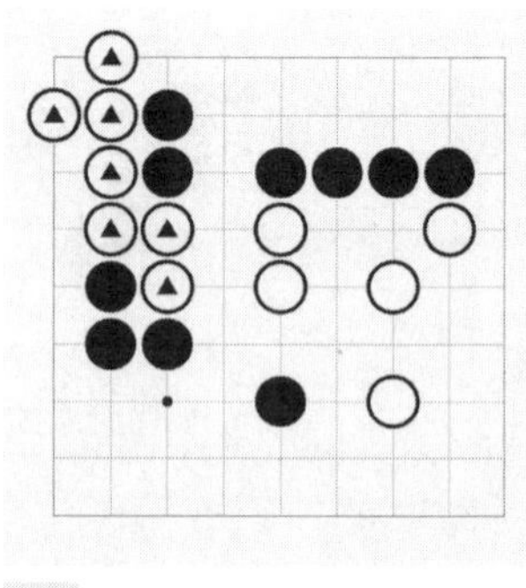

3　（　　）

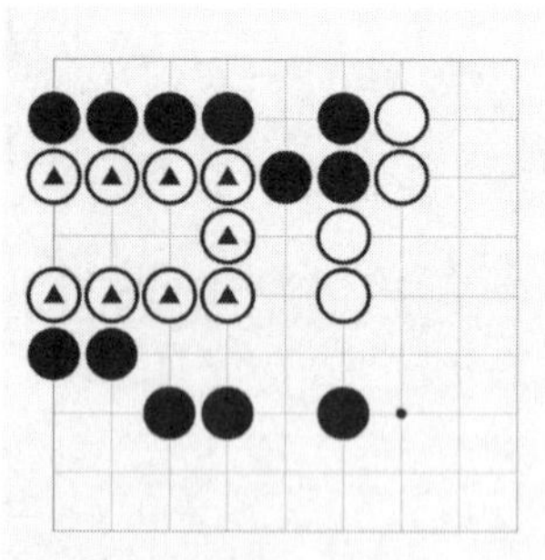

4　（　　）

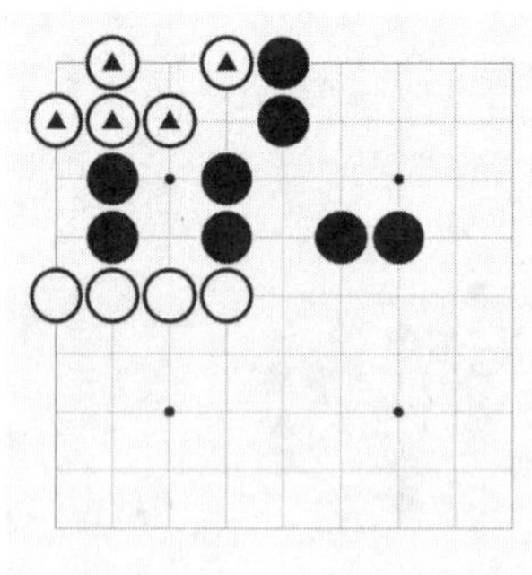

5　（　　）

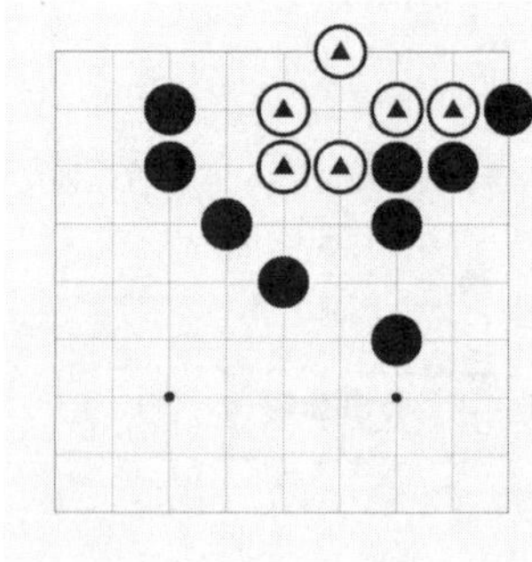

6　（　　）

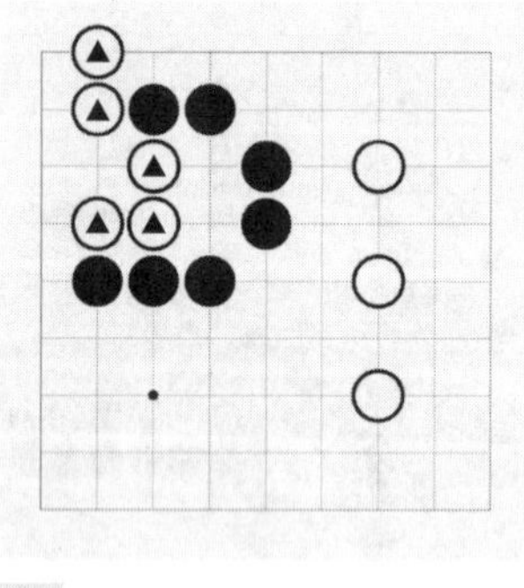

7　（　　）

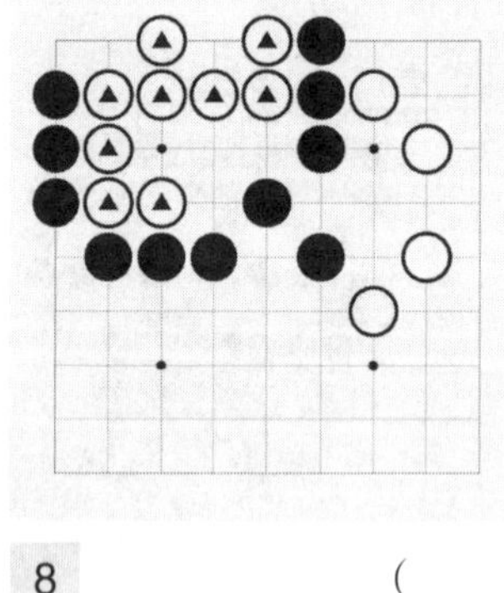

8　（　　）

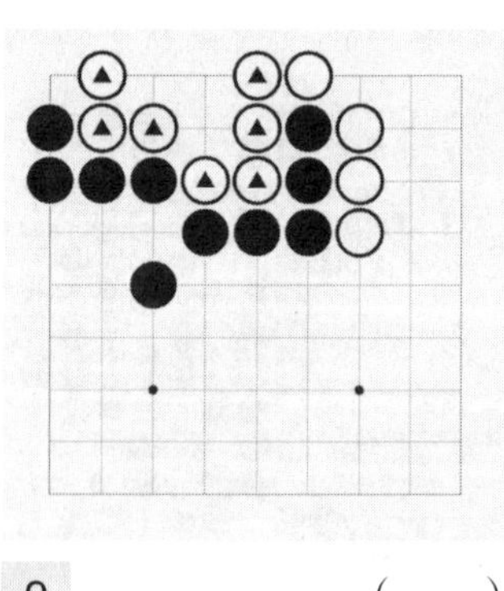

9　（　　）

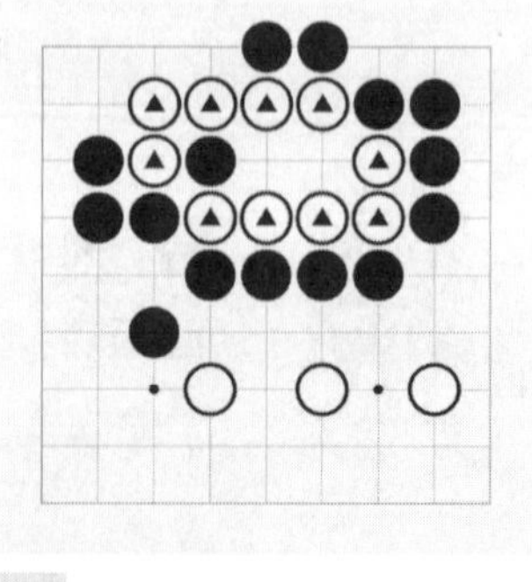

10　（　　）

扫码看答案

扫码看题

扫码看视频

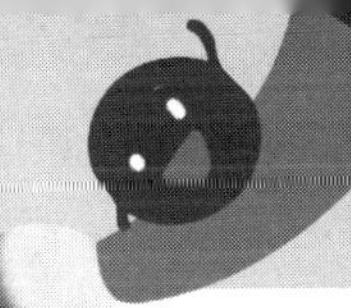

2.分断判断

黑是否应马上分断？是√,不是×。

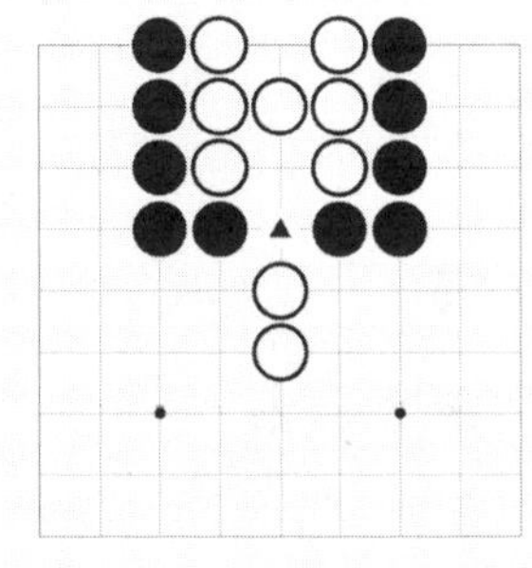

1 （ ）

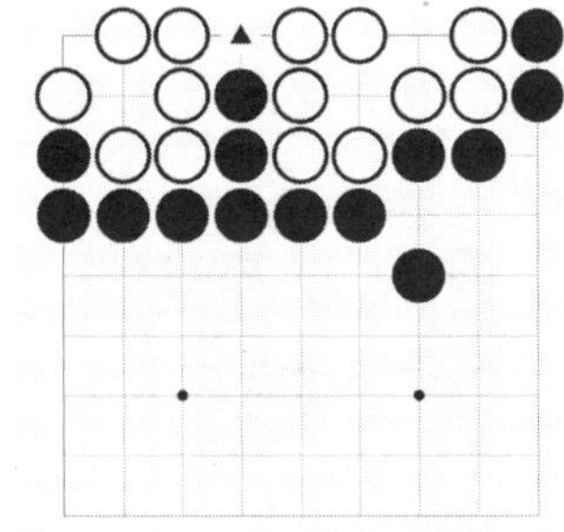

2 （ ）

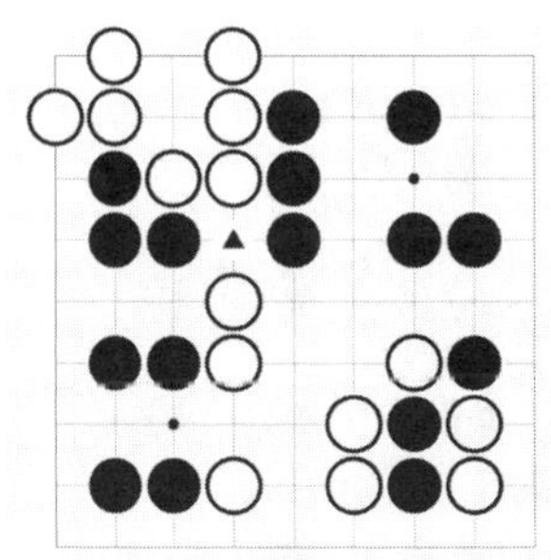

3 （ ）

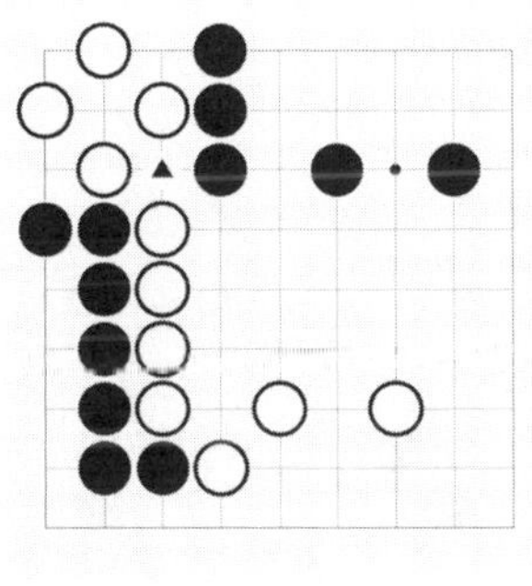

4 （ ）

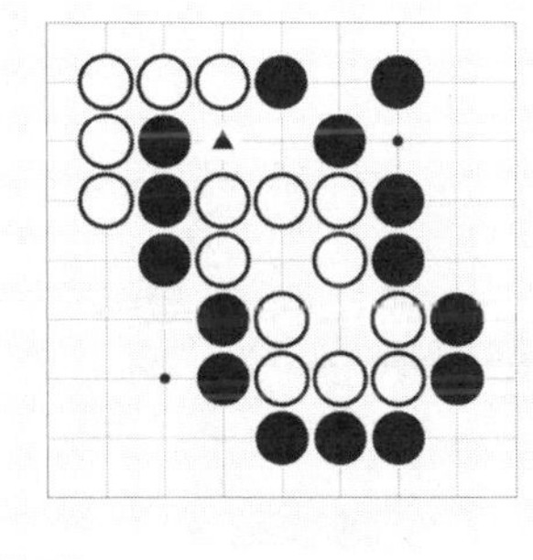

5 （ ）

帮黑棋选择正确的分断。

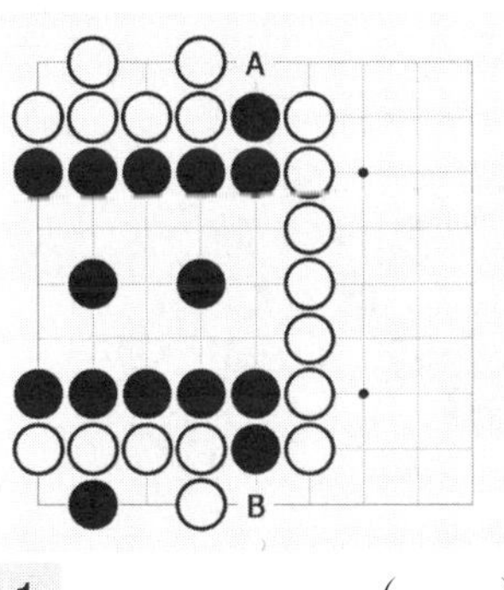

1 （ ）

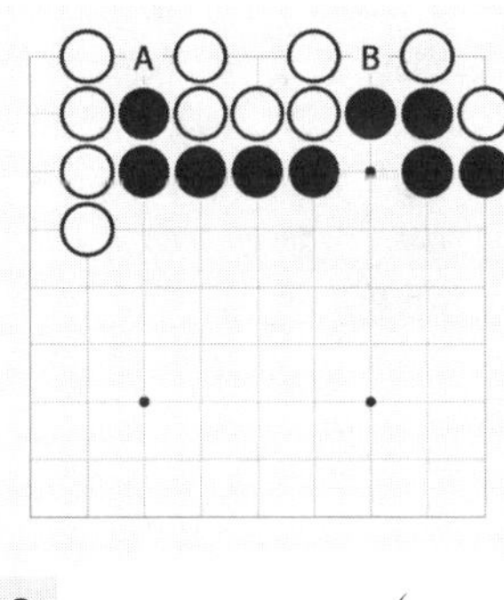

2 （ ）

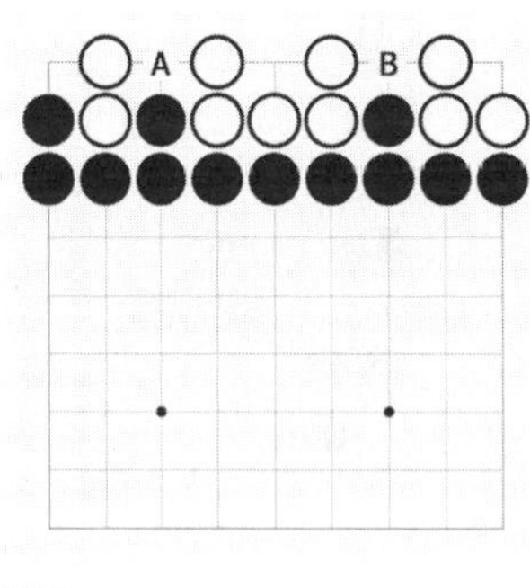

3 （ ）

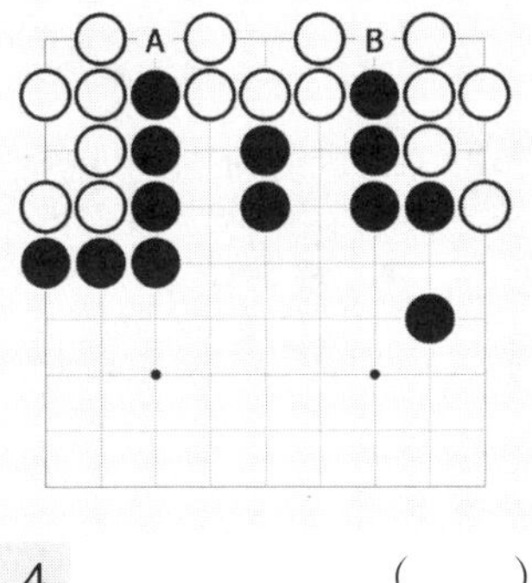

4 （ ）

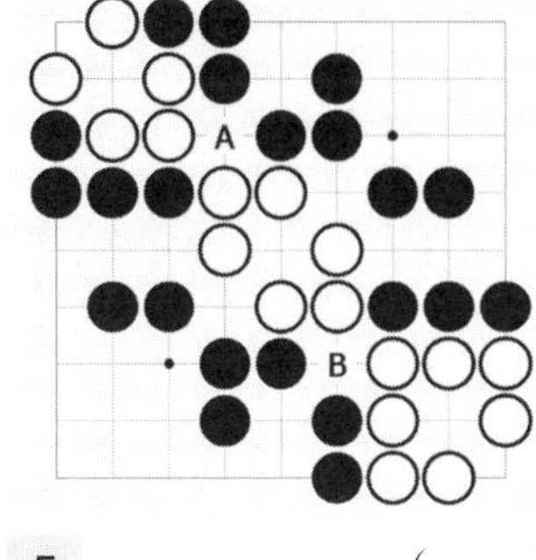

5 （ ）

扫码看答案

扫码看题

扫码看视频

3. 杀棋方法

帮黑棋选择正确的杀棋方法。

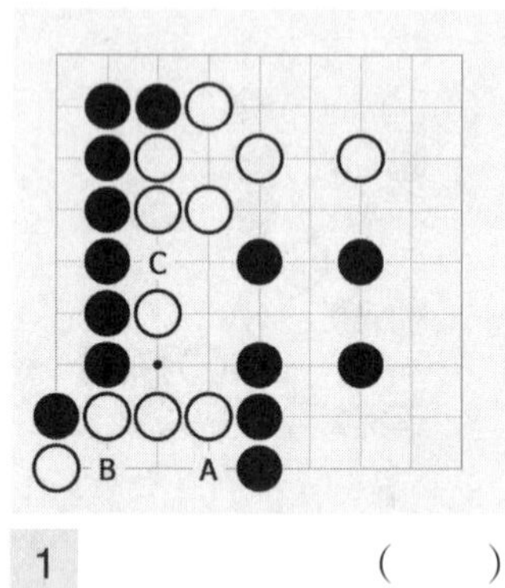

1 （　　）

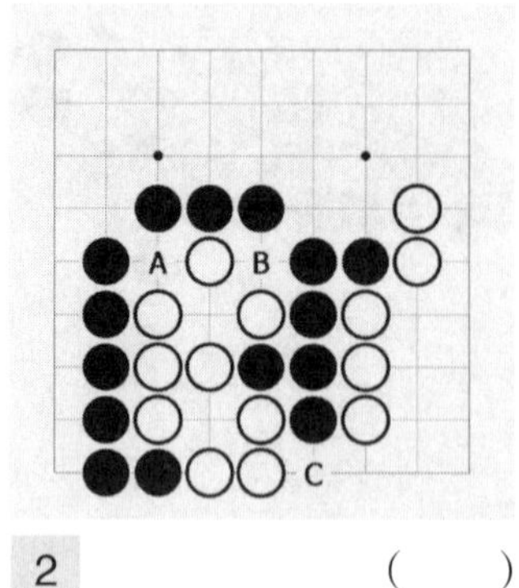

2 （　　）

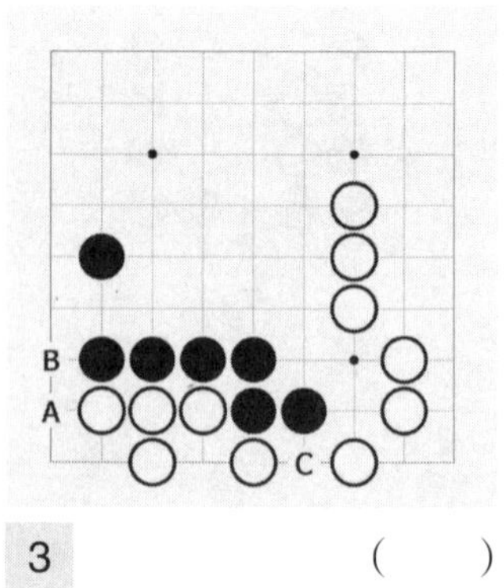

3 （　　）

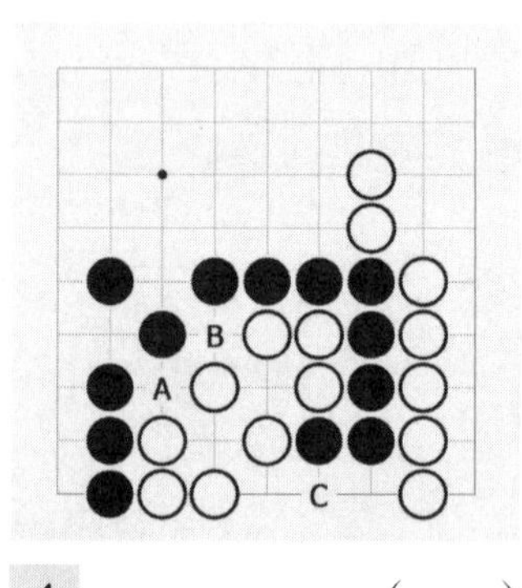

4 （　　）

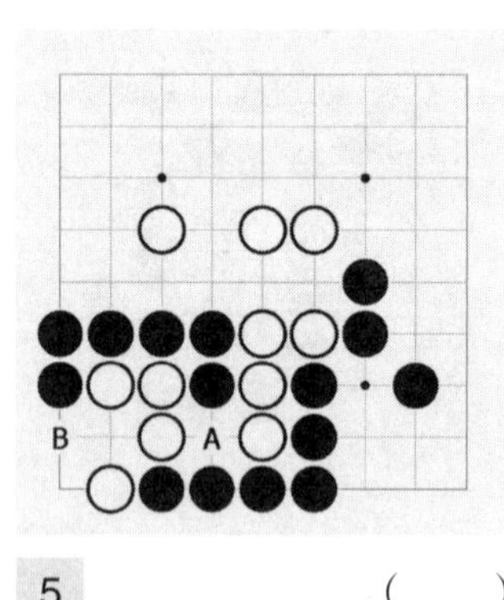

5 （　　）

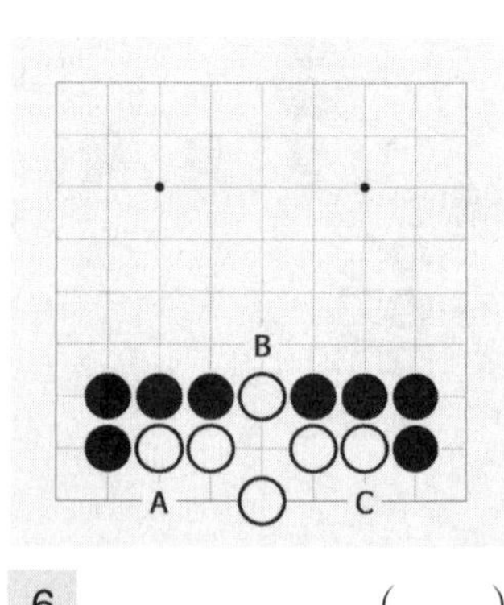

6 （　　）

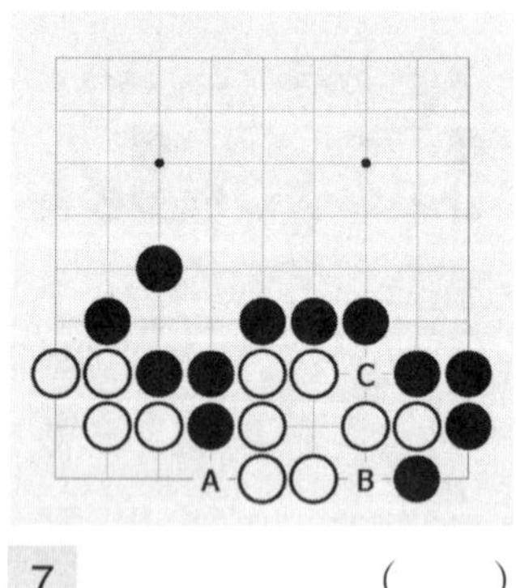

7 （　　）

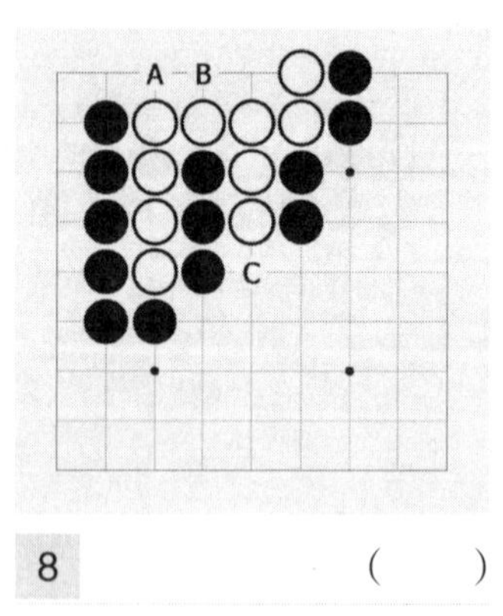

8 （　　）

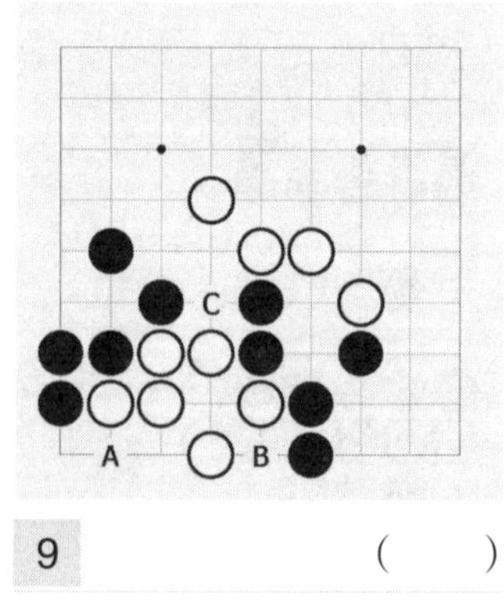

9 （　　）

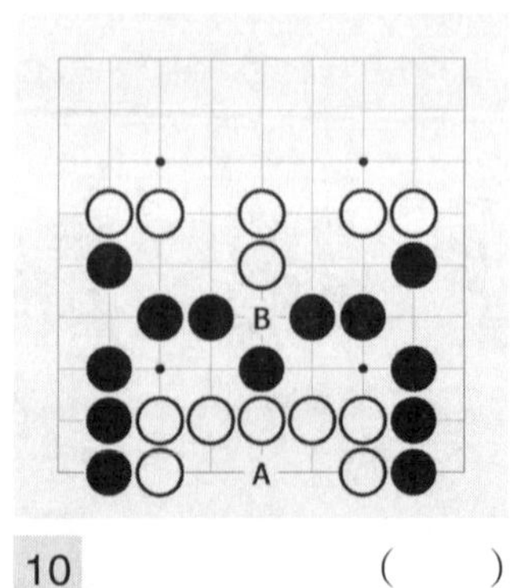

10 （　　）

扫码看答案

扫码看题

扫码看视频

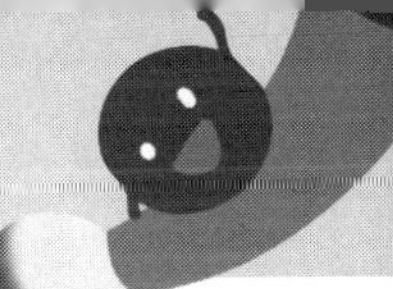

4.杀棋目标

帮黑棋选择正确的杀棋目标。

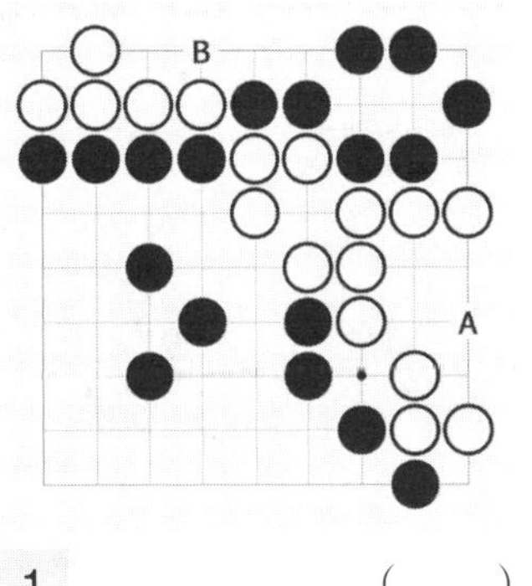

1 （ ）

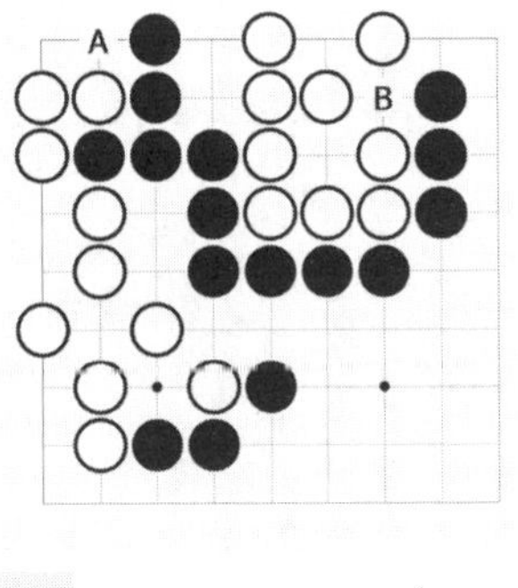

2 （ ）

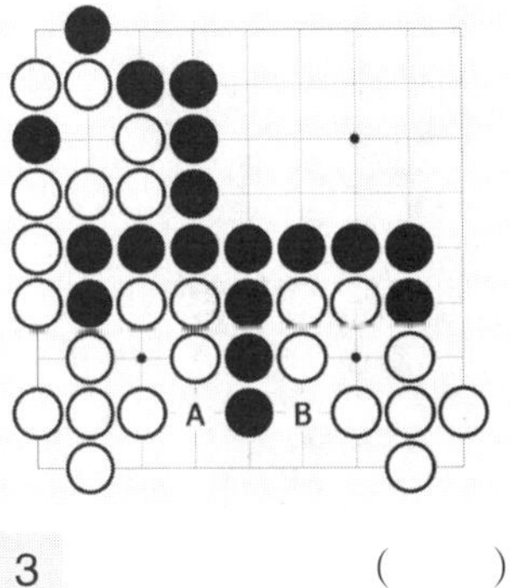

3 （ ）

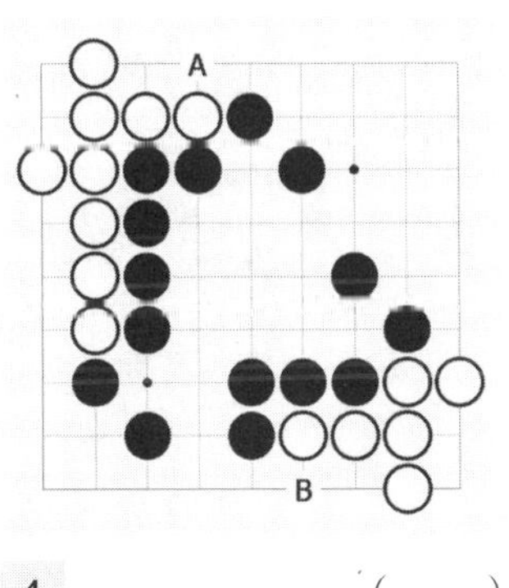

4 （ ）

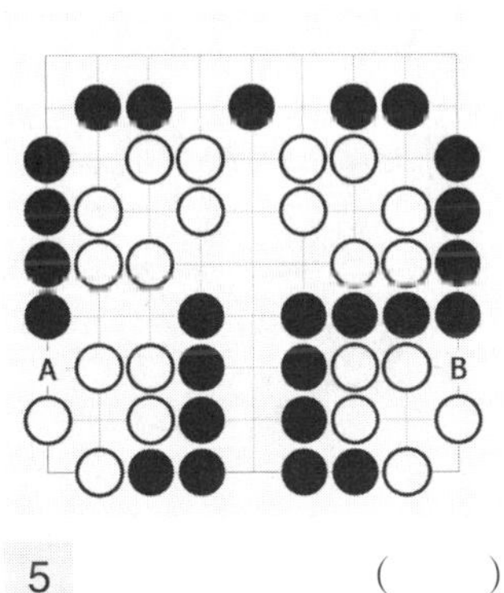

5 （ ）

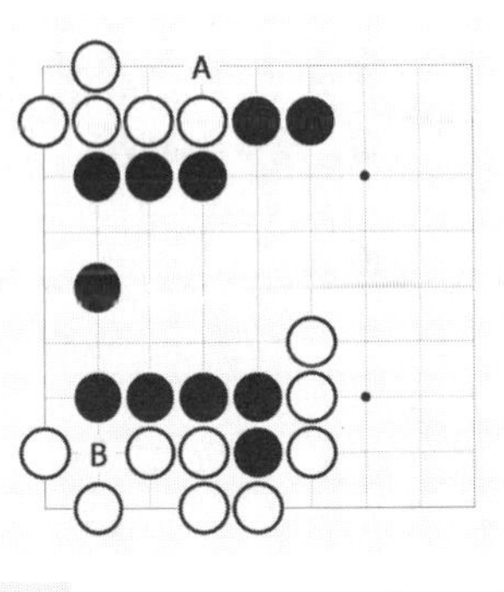

6 （ ）

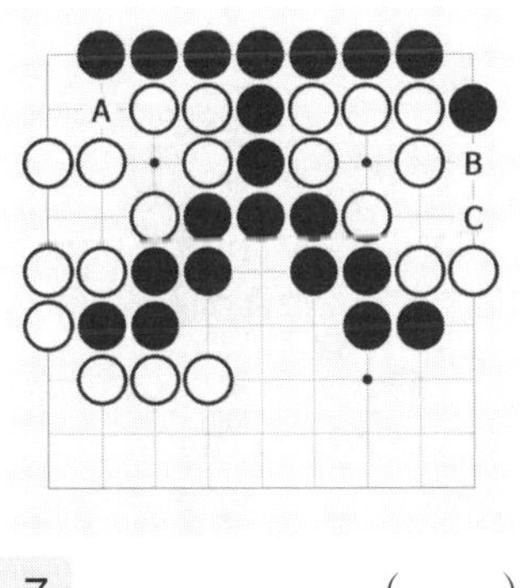

7 （ ）

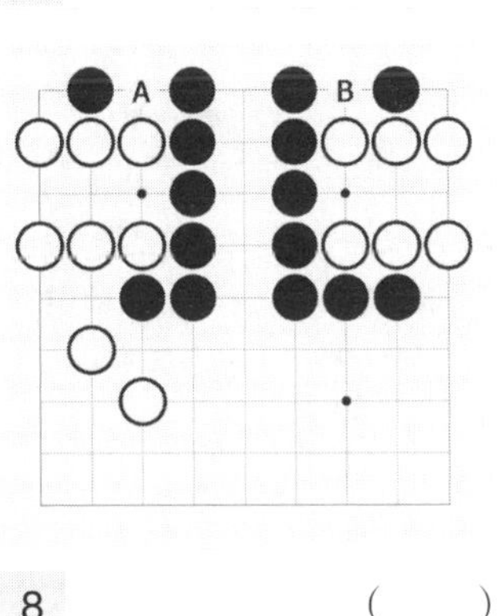

8 （ ）

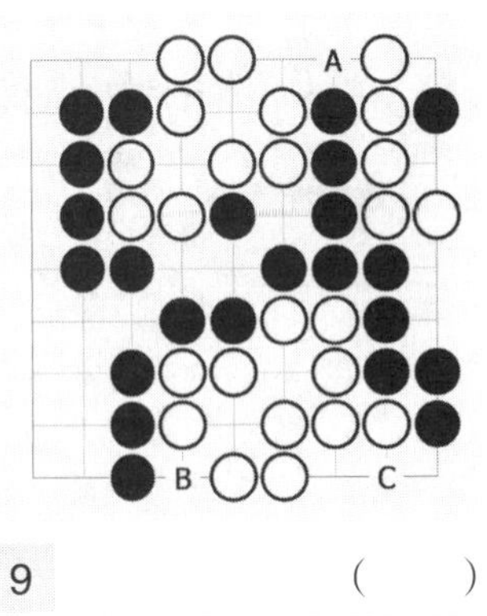

9 （ ）

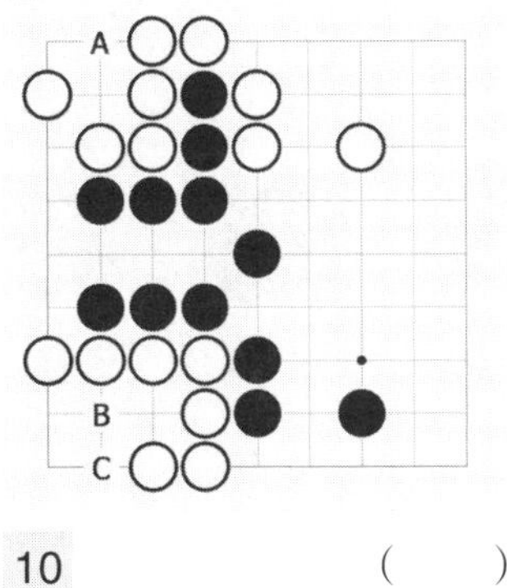

10 （ ）

扫码看答案

扫码看题

扫码看视频

5.实战运用(一)

黑是否应马上于标记处破眼？是√,不是×。

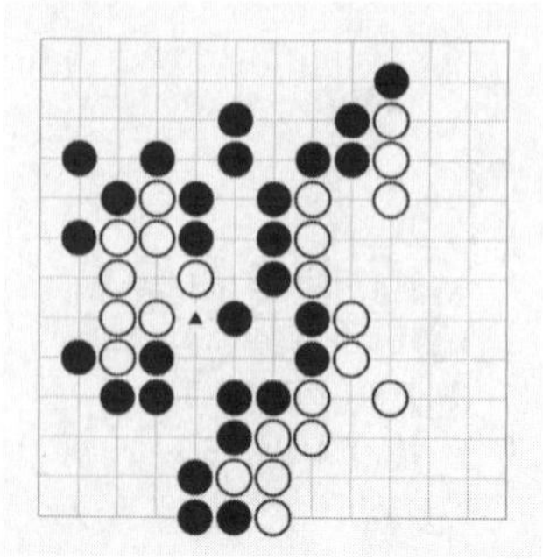

1 (　　)

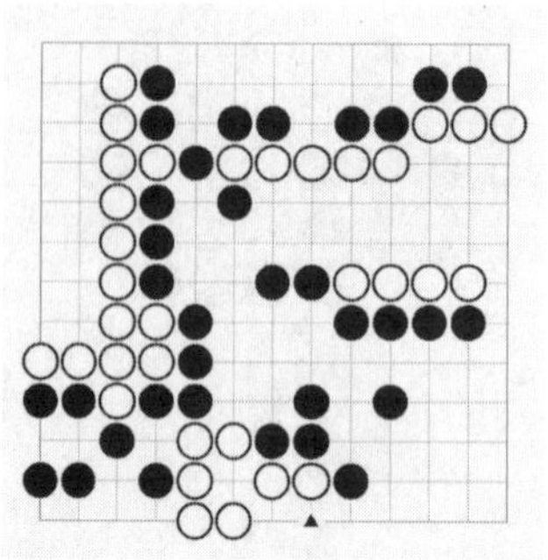

2 (　　)

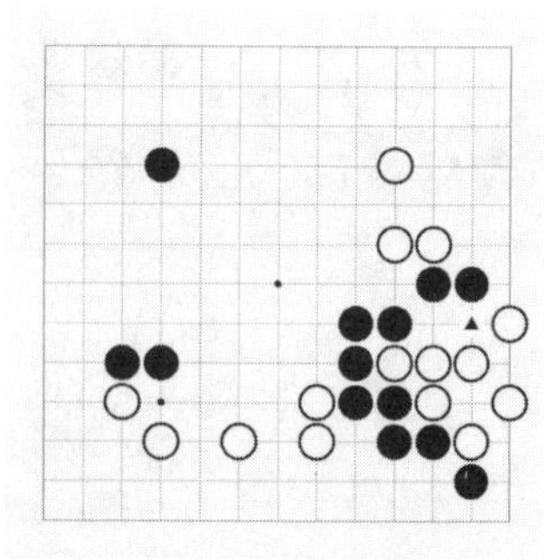

3 (　　)

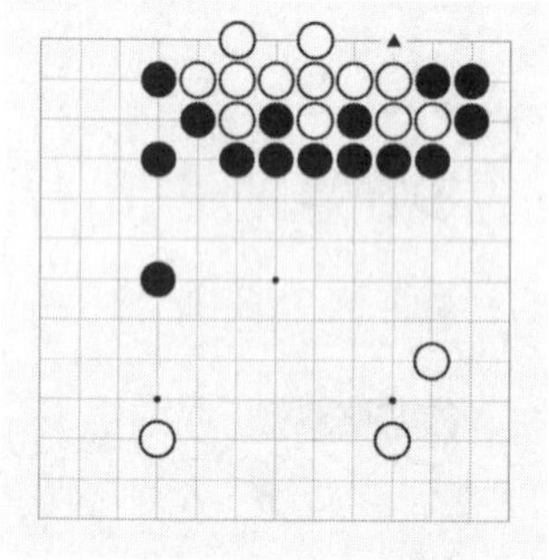

4 (　　)

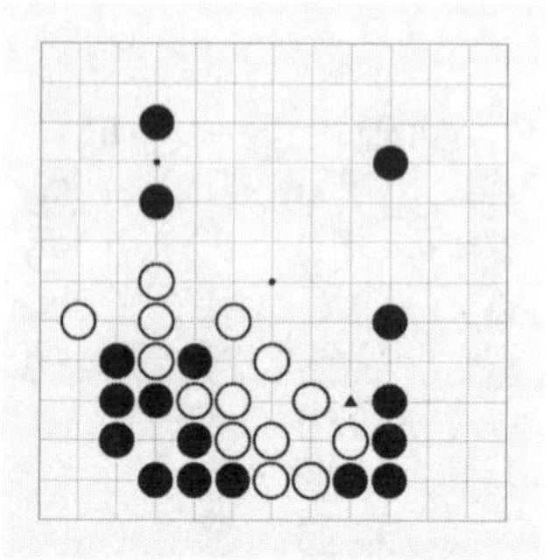

5 (　　)

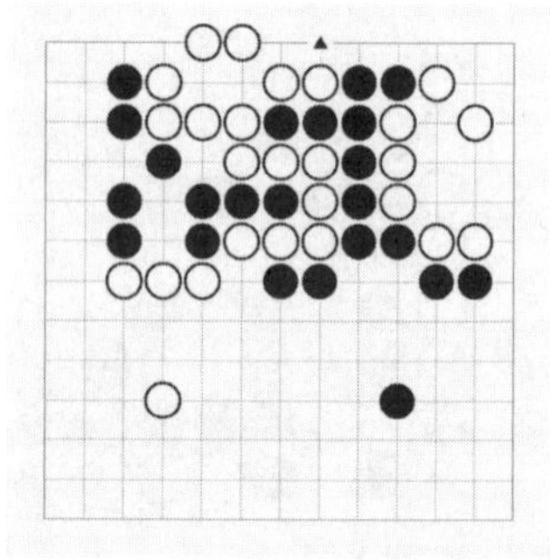

6 (　　)

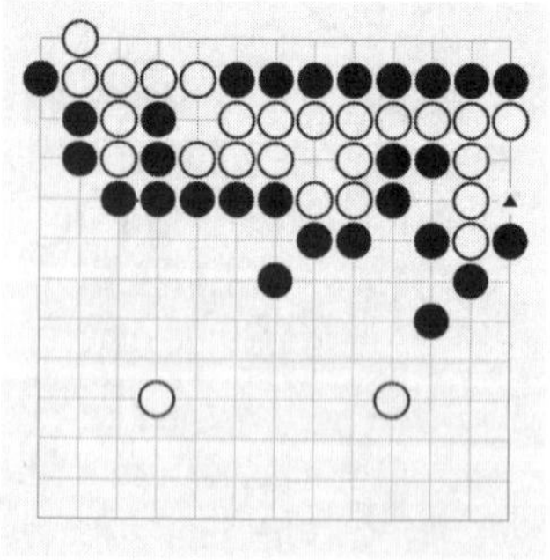

7 (　　)

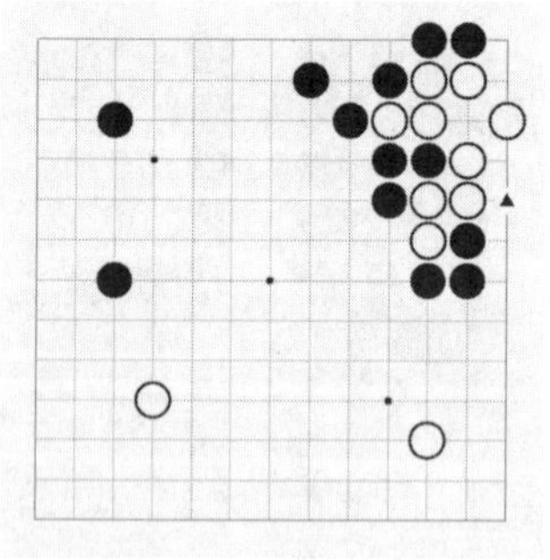

8 (　　)

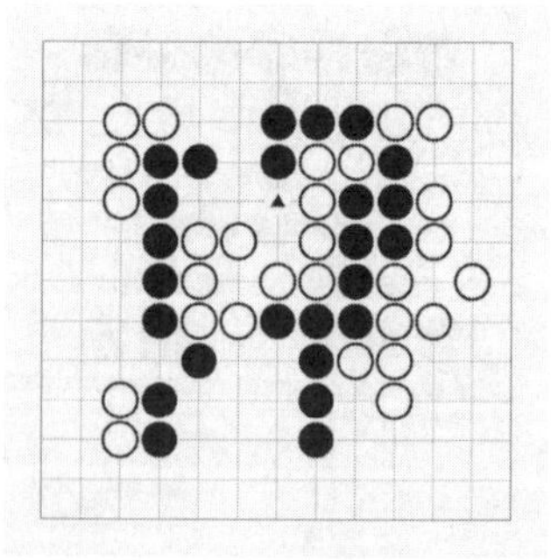

9 (　　)

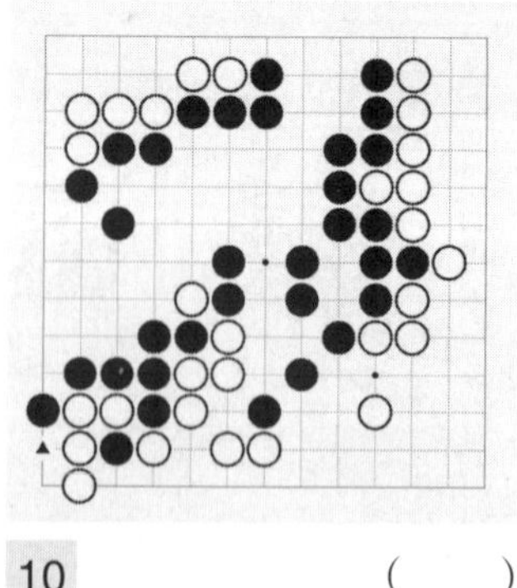

10 (　　)

扫码看答案

扫码看题

扫码看视频

6. 实战运用(二)

黑是否应马上于标记处破眼？是√，不是×。

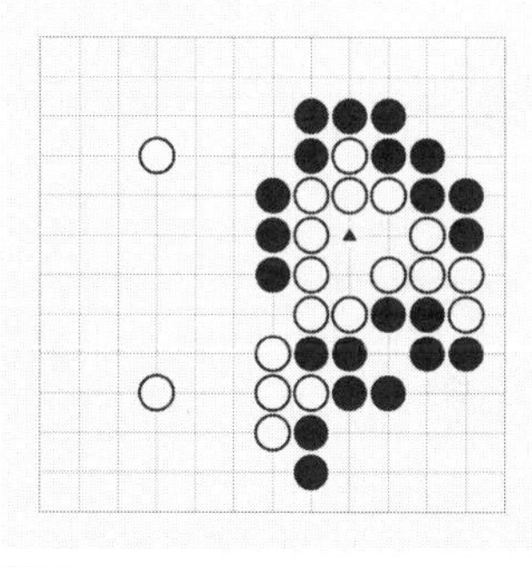

1　（　　）

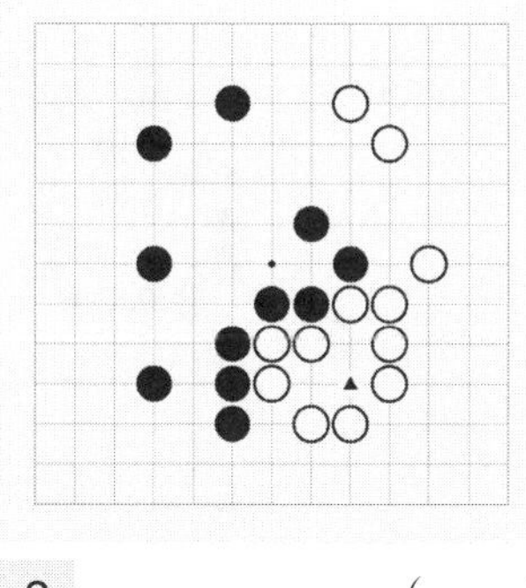

2　（　　）

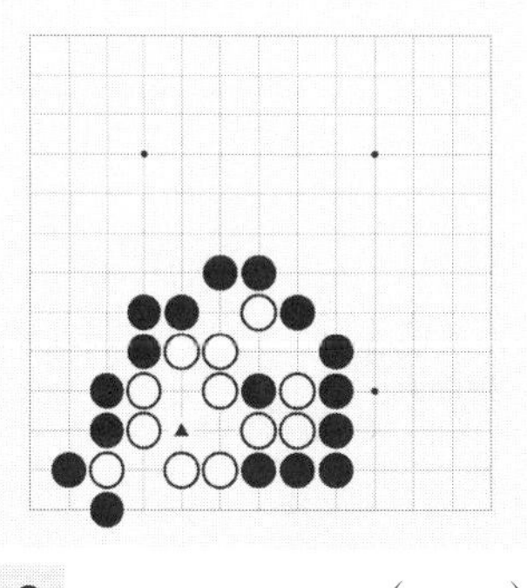

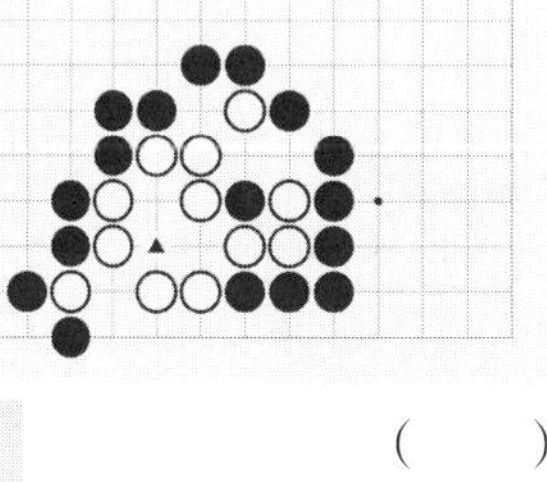

3　（　　）

4　（　　）

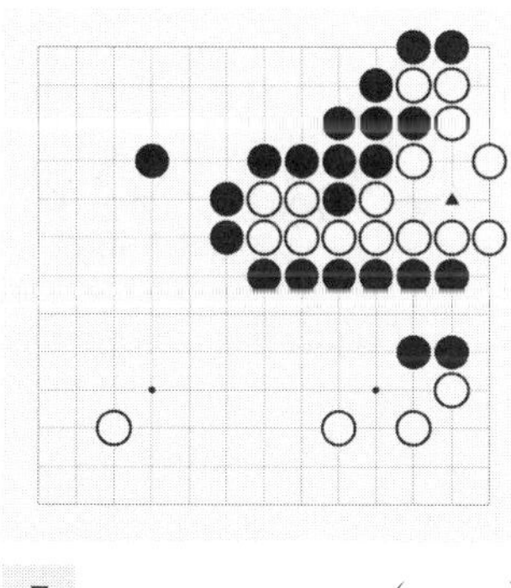

5　（　　）

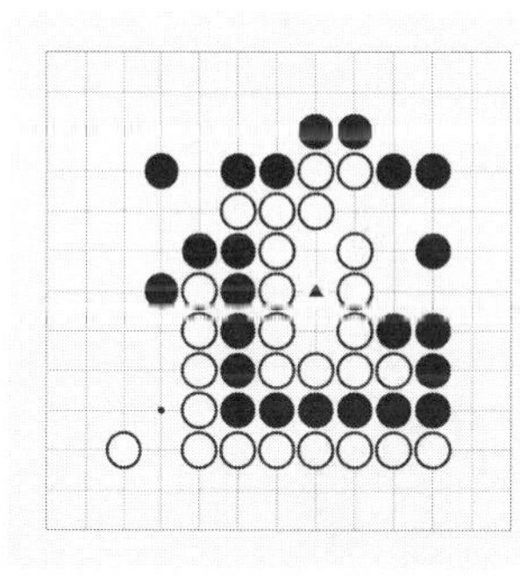

6　（　　）

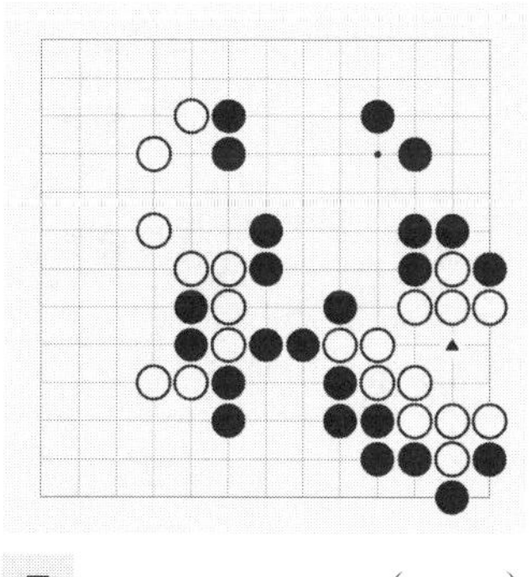

7　（　　）

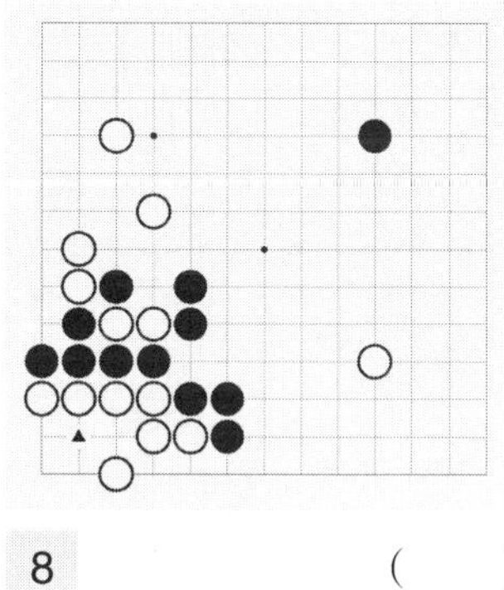

8　（　　）

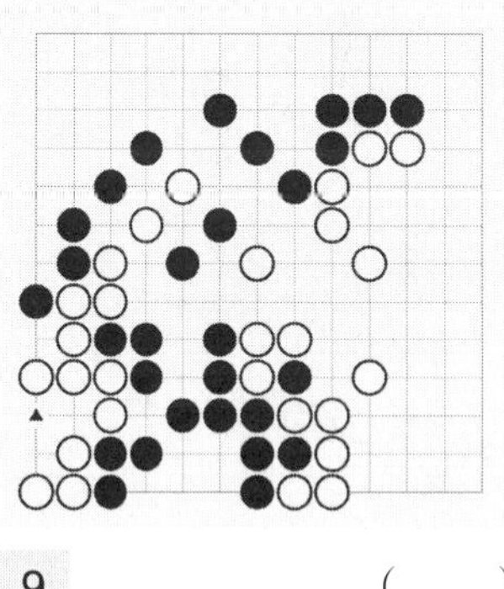

9　（　　）

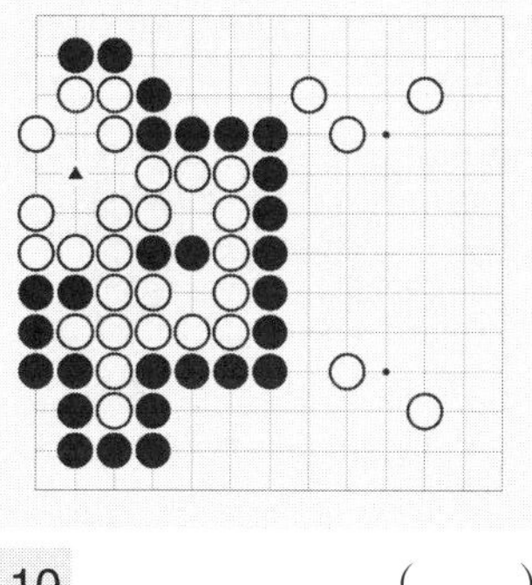

10　（　　）

扫码看答案

扫码看题

扫码看视频

7. 深度拓展

黑是否应马上于标记处破眼？是√，不是×。

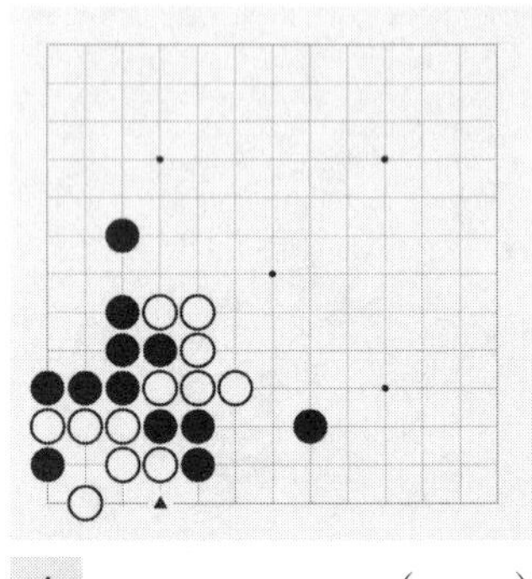

1　　（　）

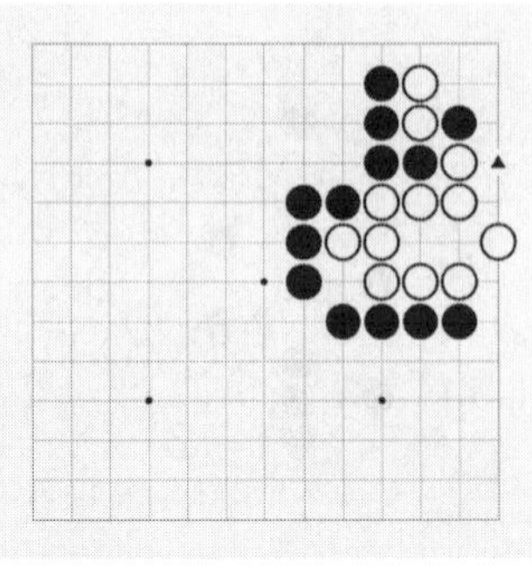

2　　（　）

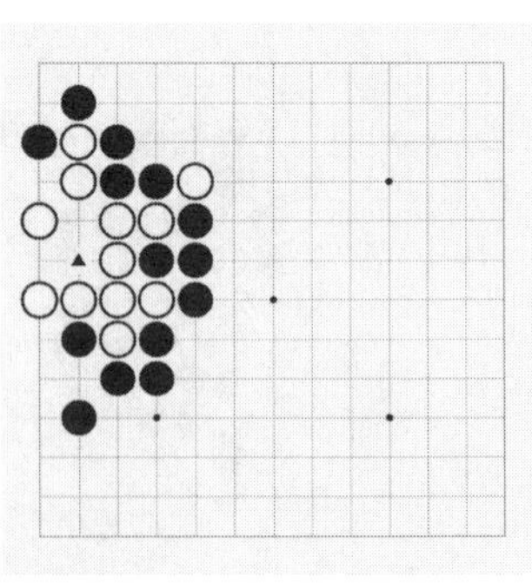

3　　（　）

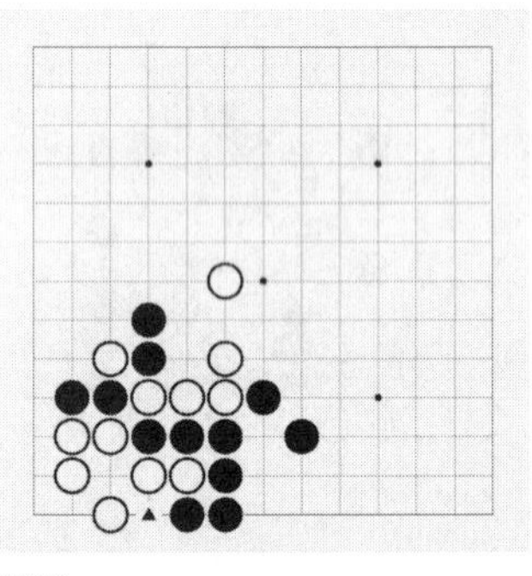

4　　（　）

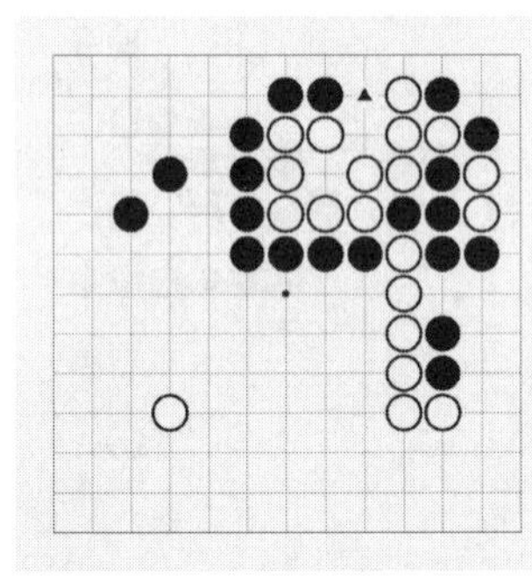

5　　（　）

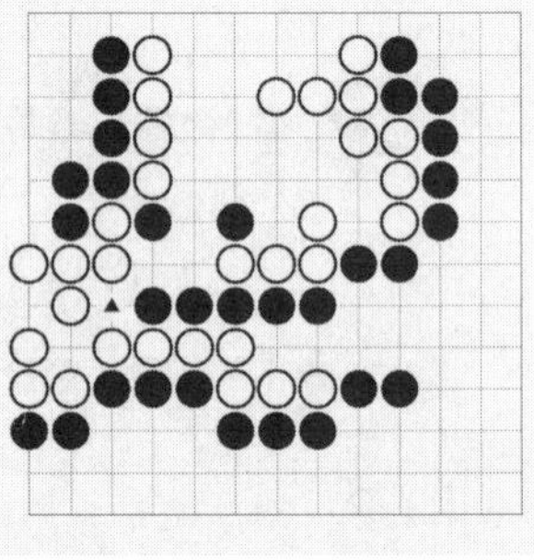

6　　（　）

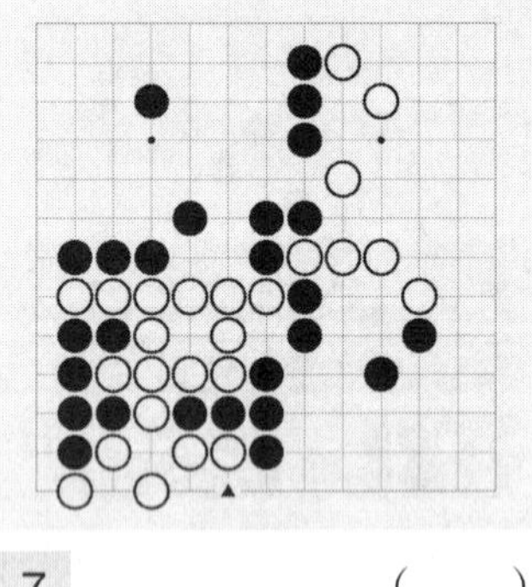

7　　（　）

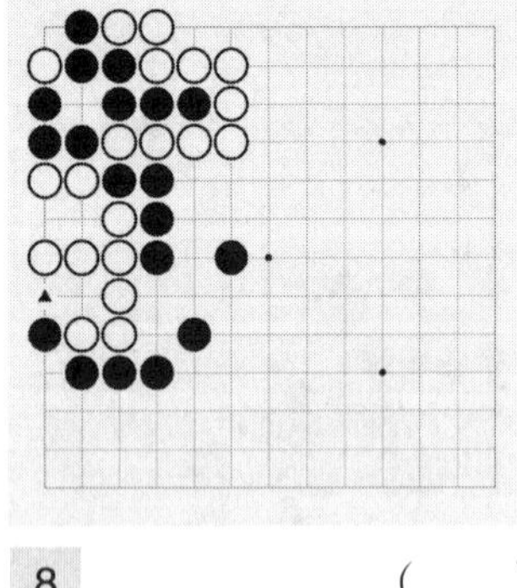

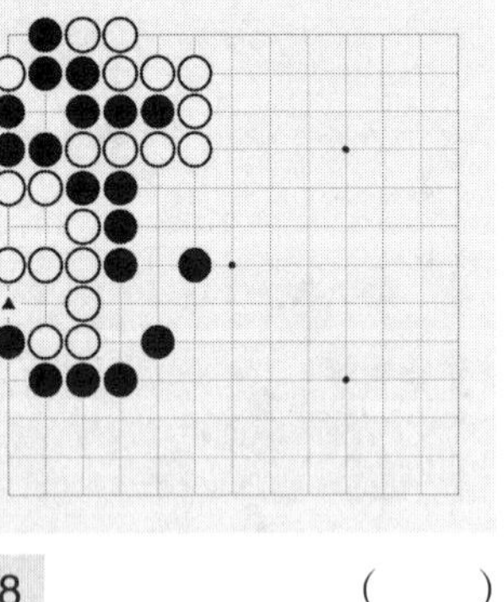

8　　（　）

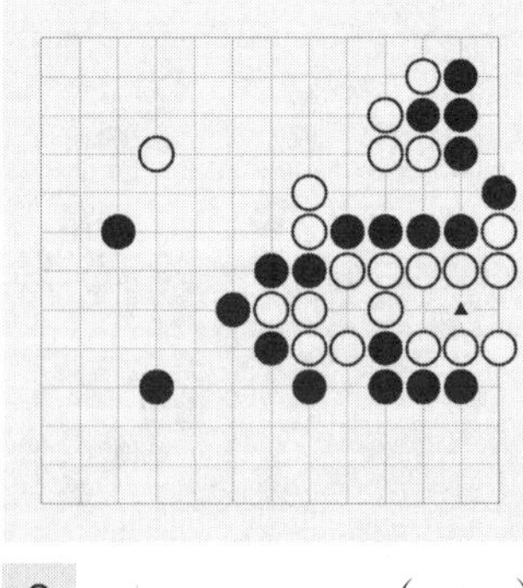

9　　（　）

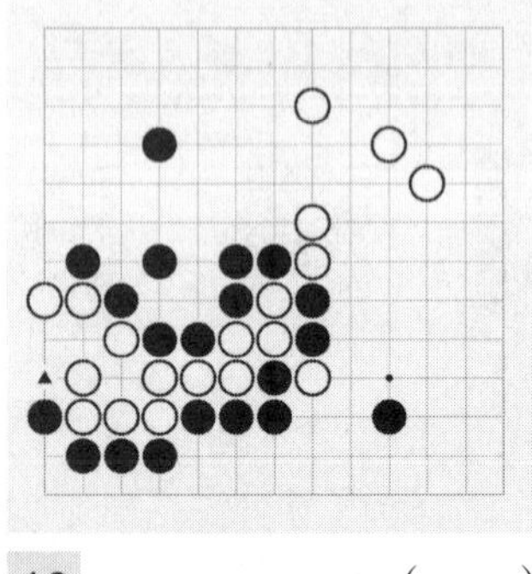

10　　（　）

扫码看答案　　扫码看题

二十　实战防守判断

1. 眼位判断

帮黑棋选择最好的下法。

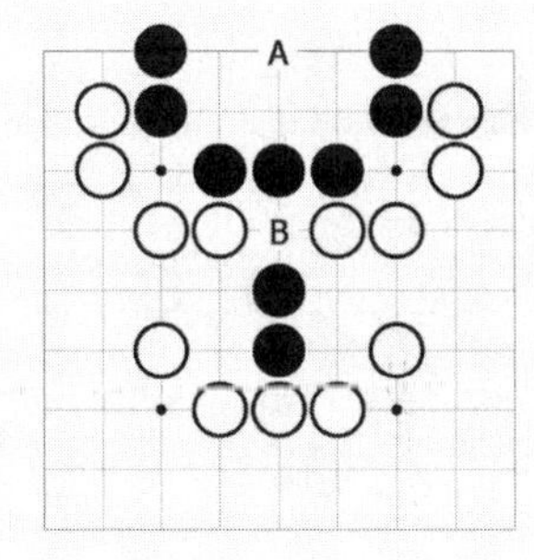

1 （　　）

2 （　　）

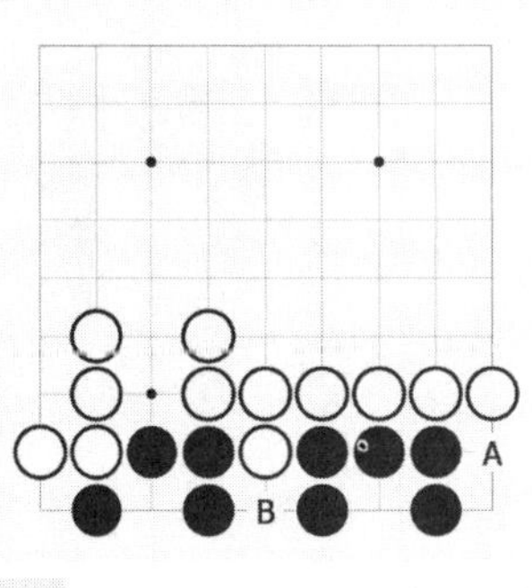

3 （　　）

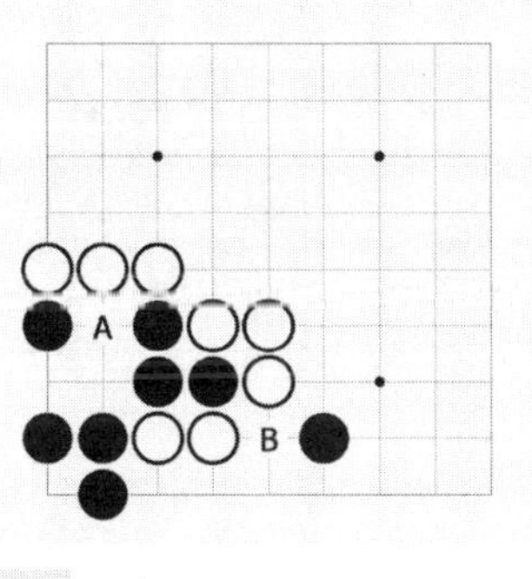

4 （　　）

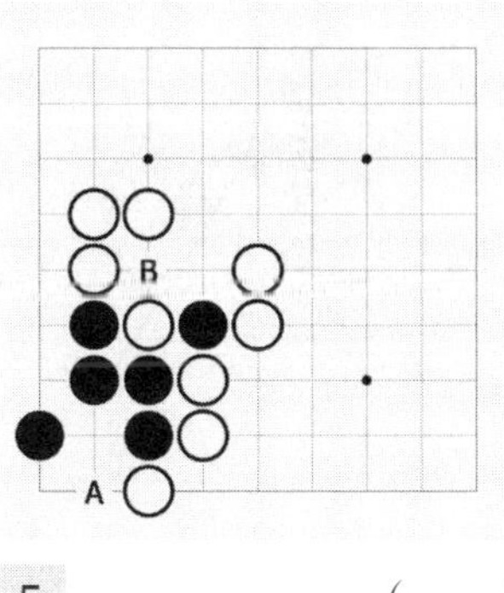

5 （　　）

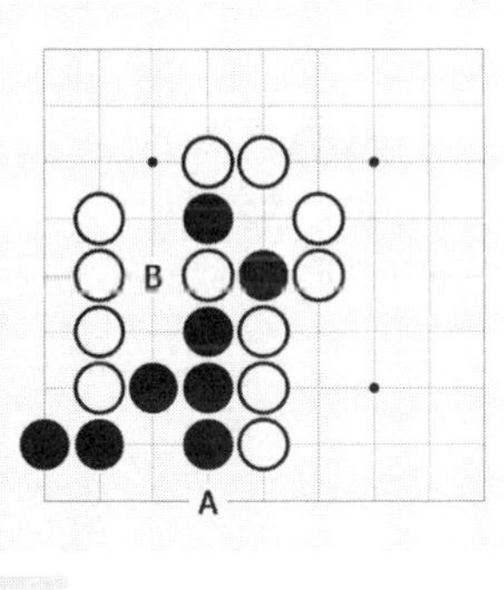

6 （　　）

帮黑棋选择正确的防守。

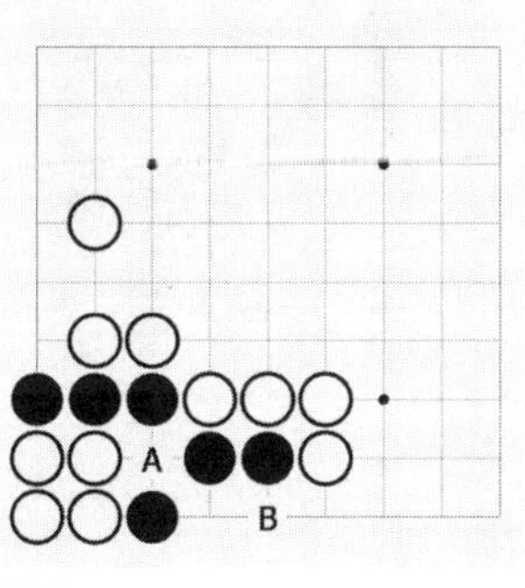

1 （　　）

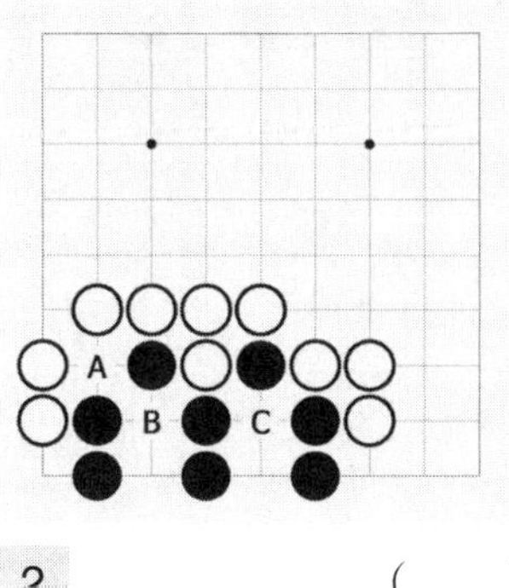

2 （　　）

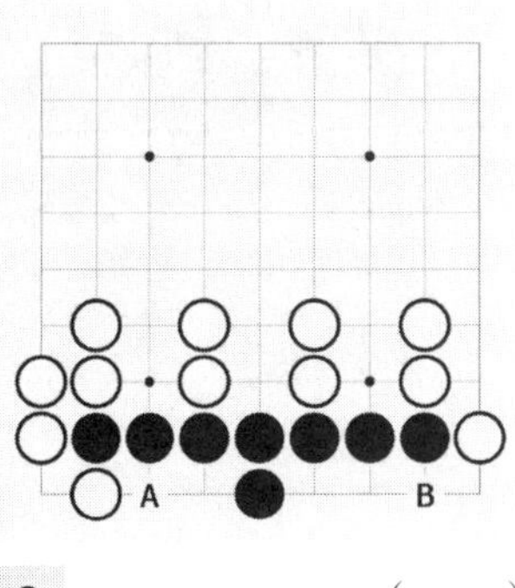

3 （　　）

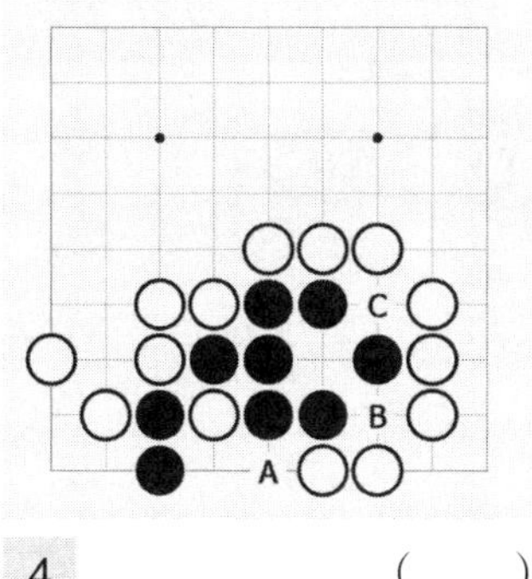

4 （　　）

扫码看答案

扫码看题

扫码看视频

2.安全性判断

黑是否应马上做眼？是√，不是×。

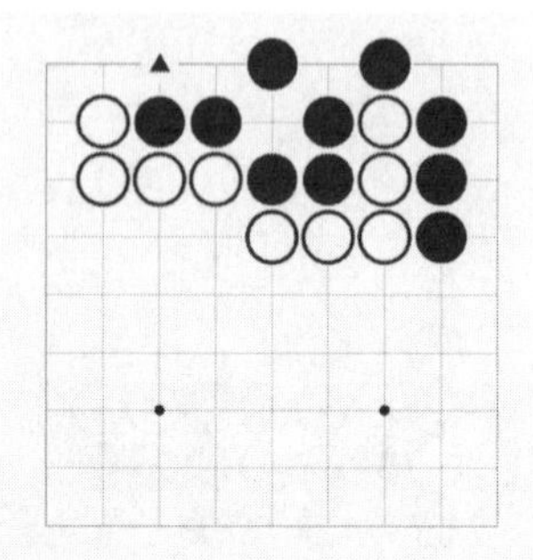

1 (　　)

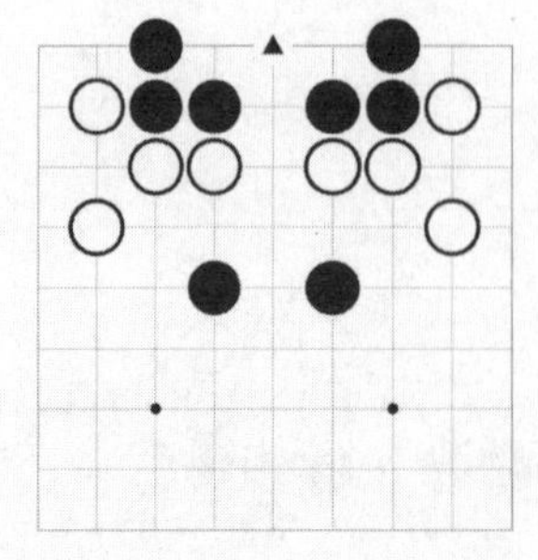

2 (　　)

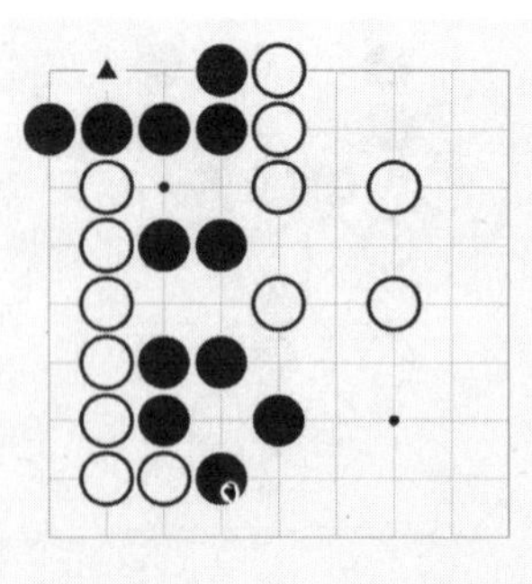

3 (　　)

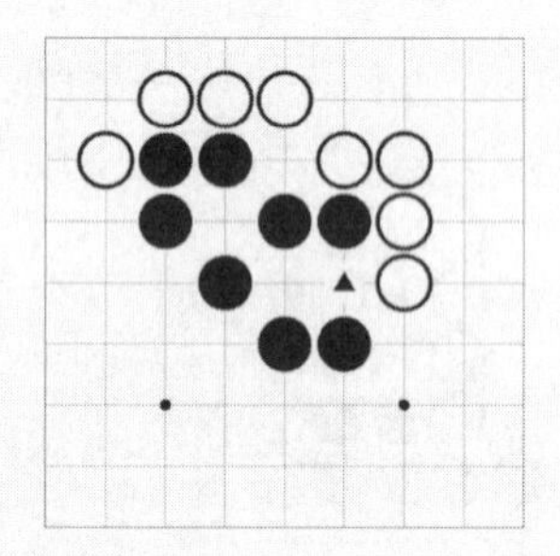

4 (　　)

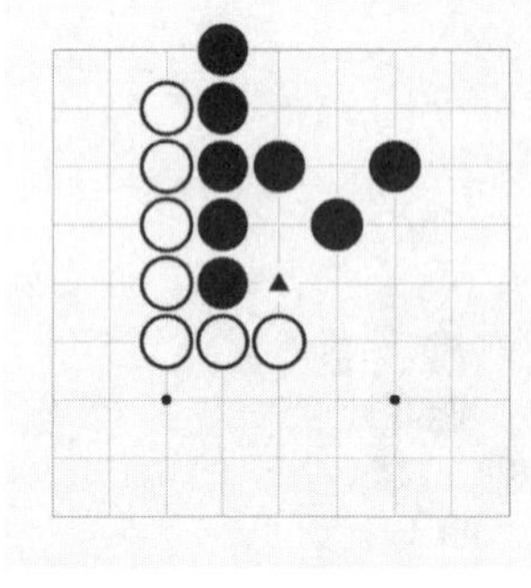

5 (　　)

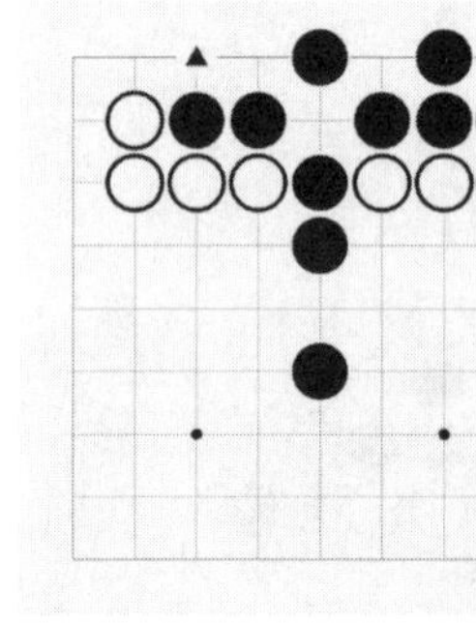

6 (　　)

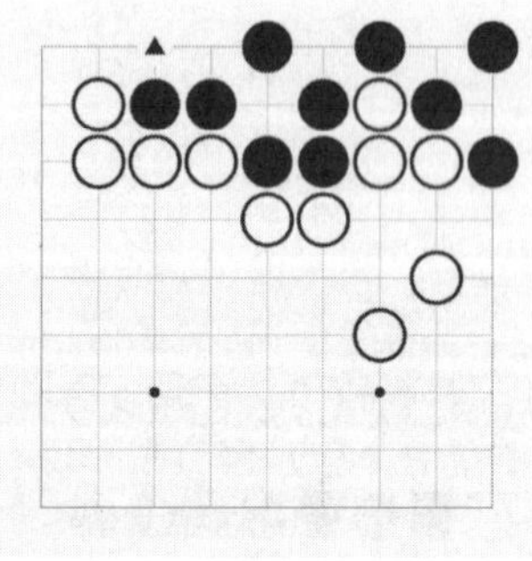

7 (　　)

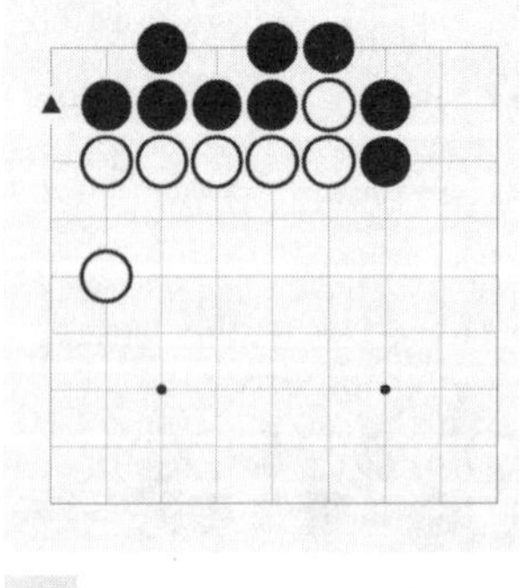

8 (　　)

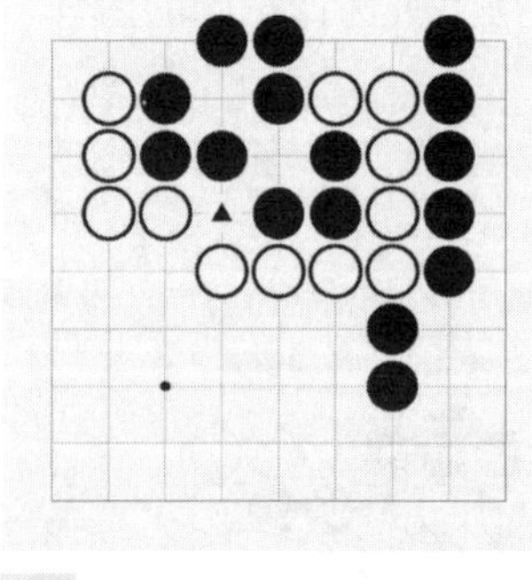

9 (　　)

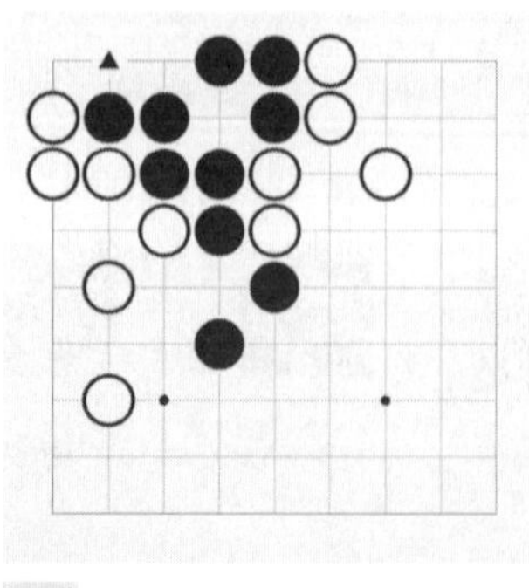

10 (　　)

扫码看答案

扫码看题

扫码看视频

3.防守目标

帮黑棋选择正确的防守目标。

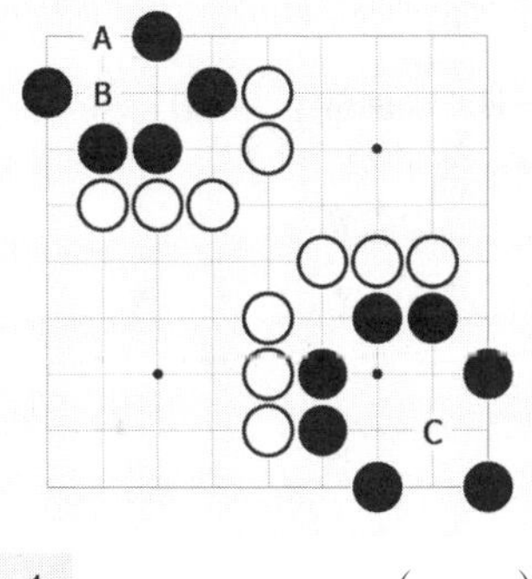

1 （ ）

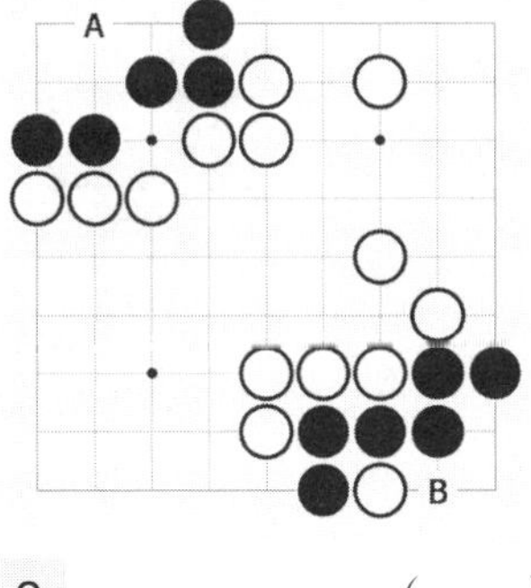

2 （ ）

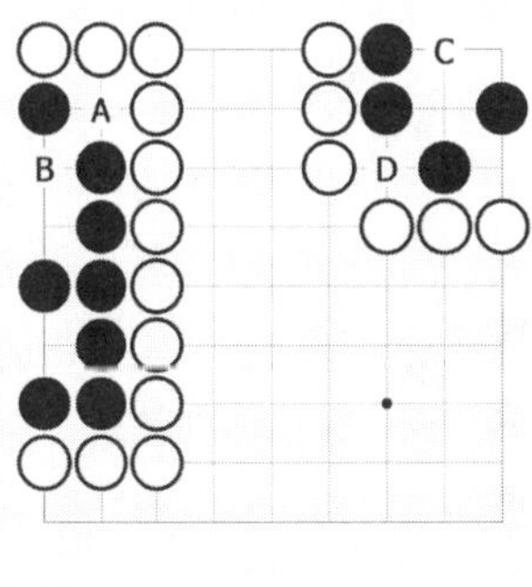

3 （ ）

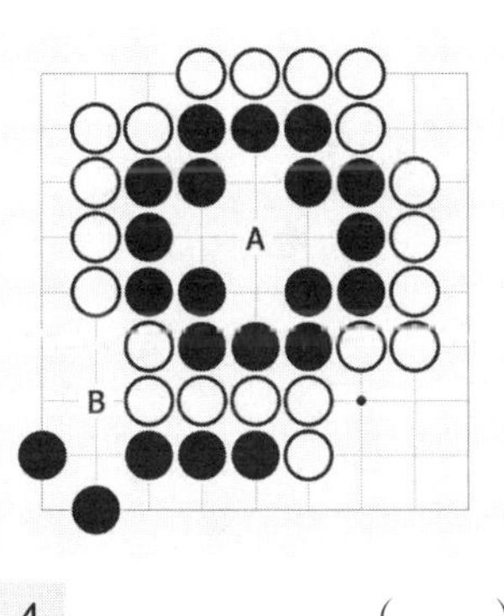

4 （ ）

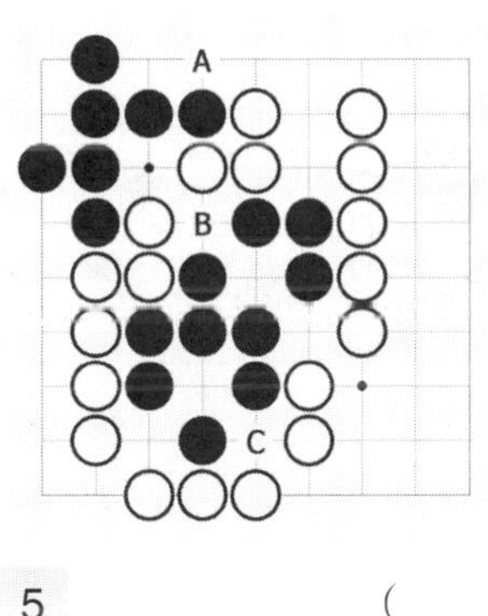

5 （ ）

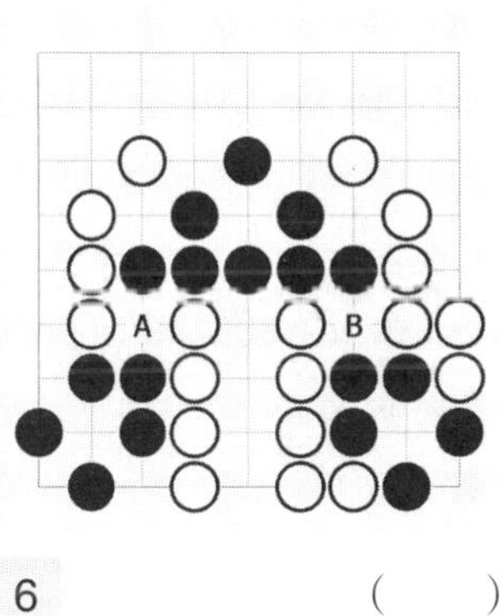

6 （ ）

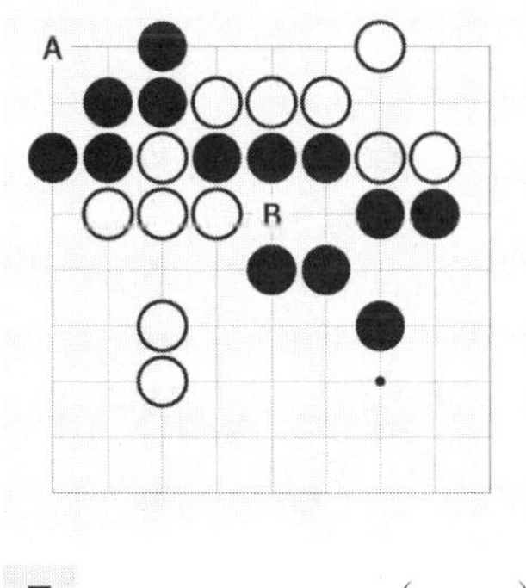

7 （ ）

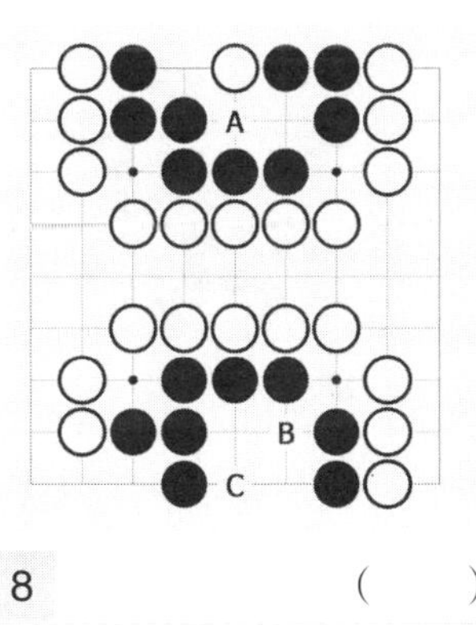

8 （ ）

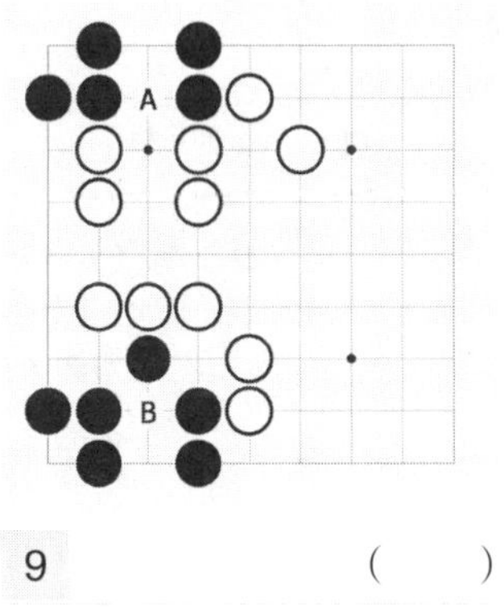

9 （ ）

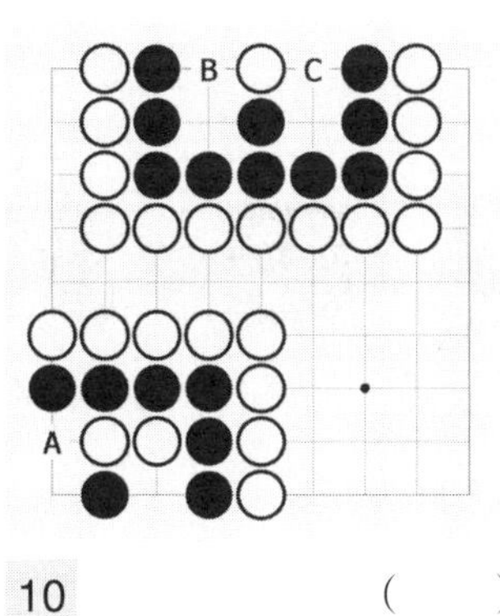

10 （ ）

扫码看答案

扫码看题

扫码看视频

4. 实战运用

黑是否应马上在标记处防守？是√，不是×。

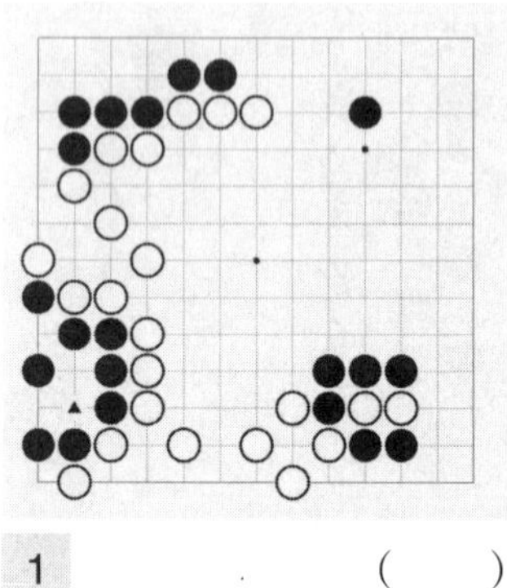

1 （　　）

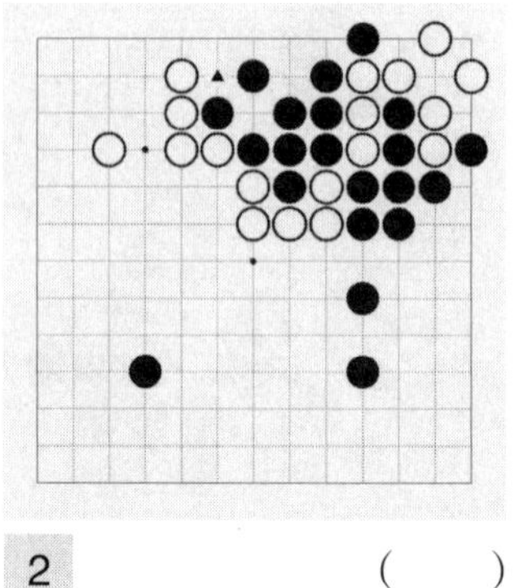

2 （　　）

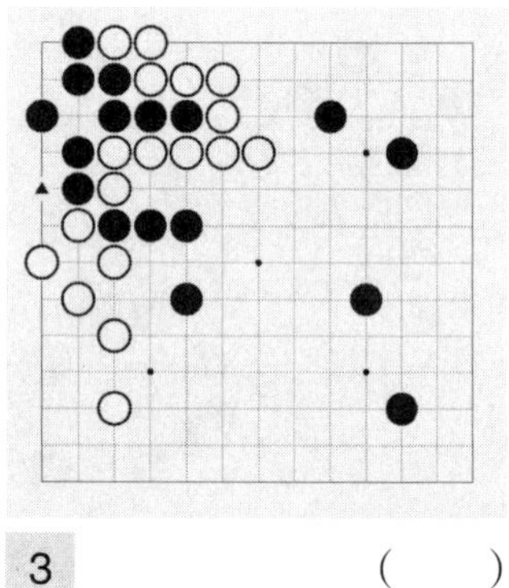

3 （　　）

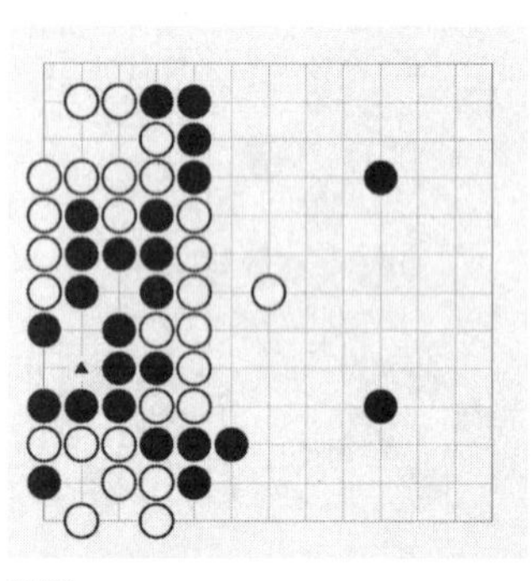

4 （　　）

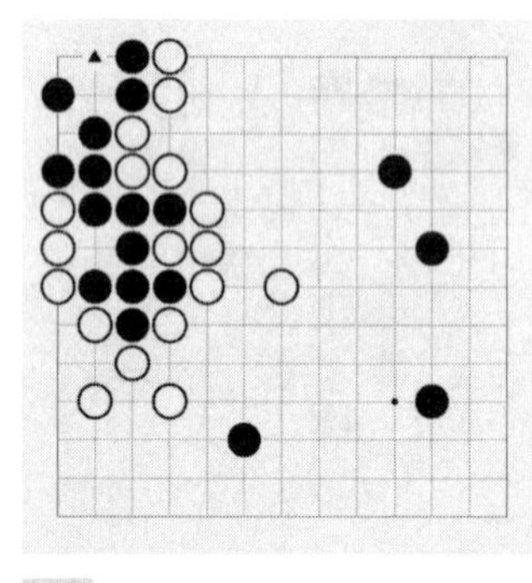

5 （　　）

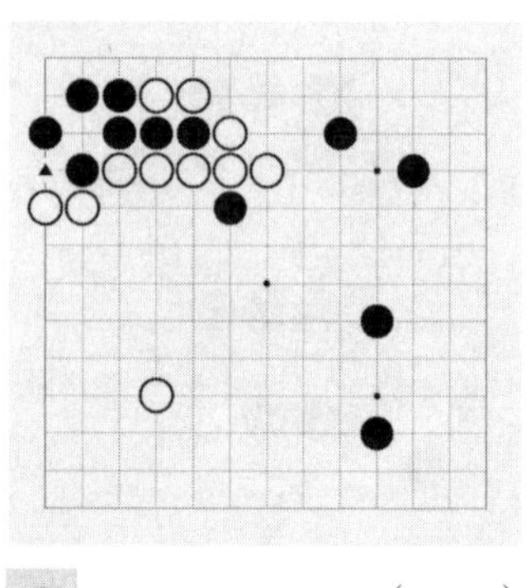

6 （　　）

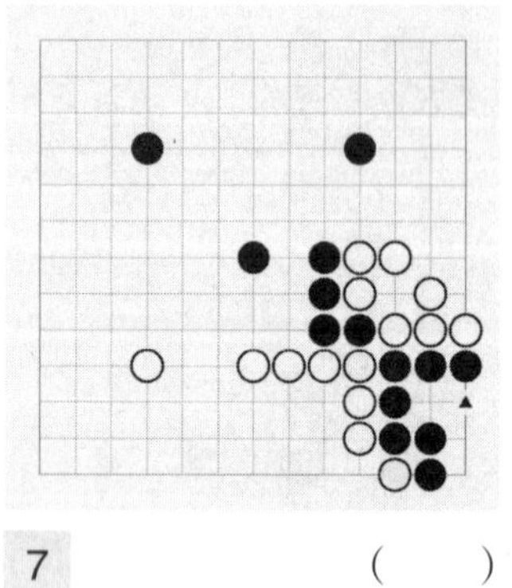

7 （　　）

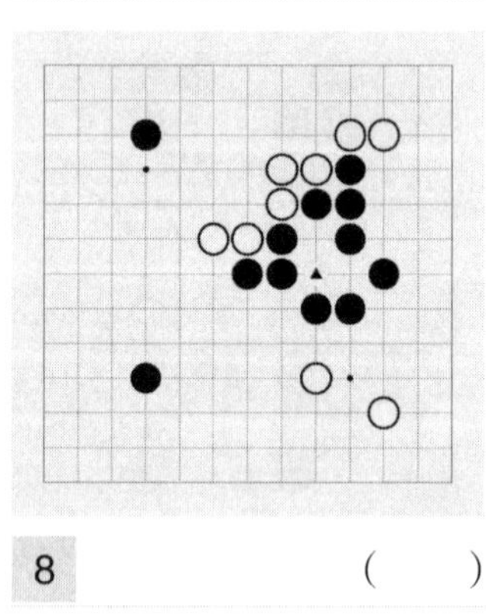

8 （　　）

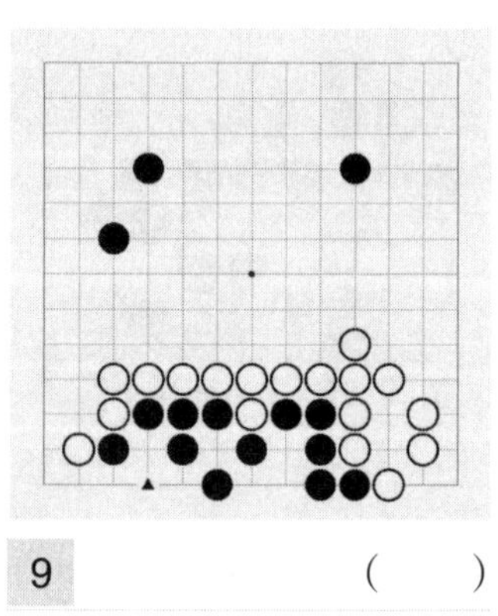

9 （　　）

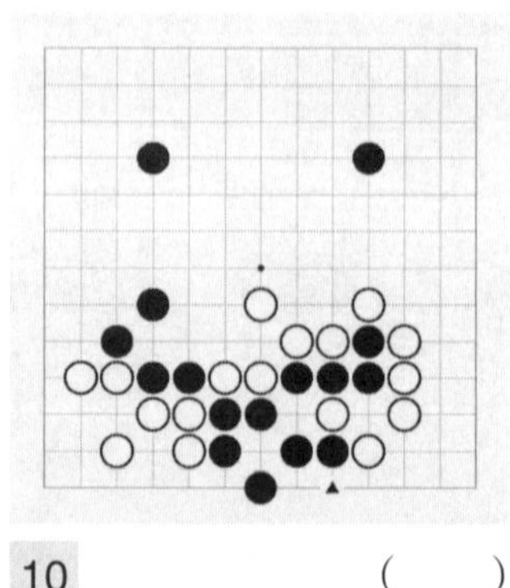

10 （　　）

扫码看答案

扫码看题

扫码看视频

5.深度拓展

帮黑棋选择正确的防守目标。

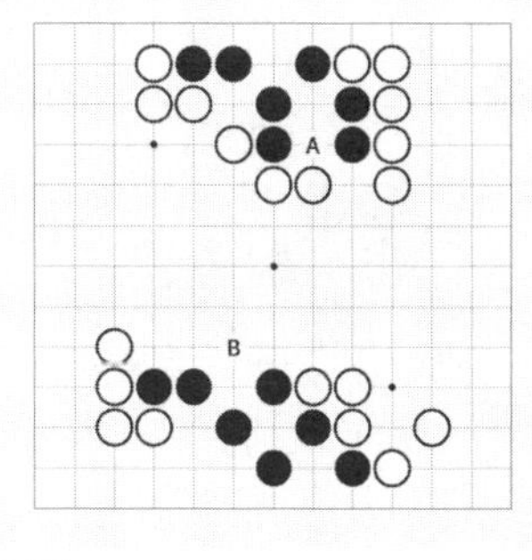

1　　（　　）

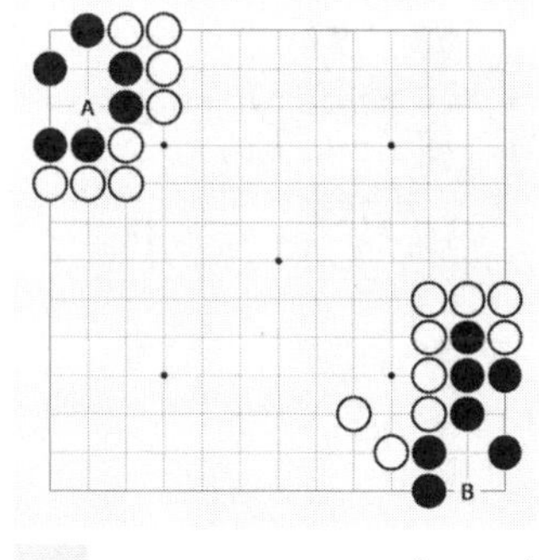

2　　（　　）

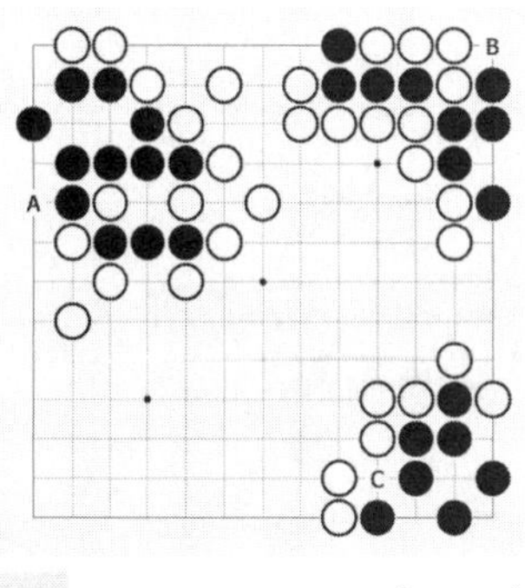

3　　（　　）

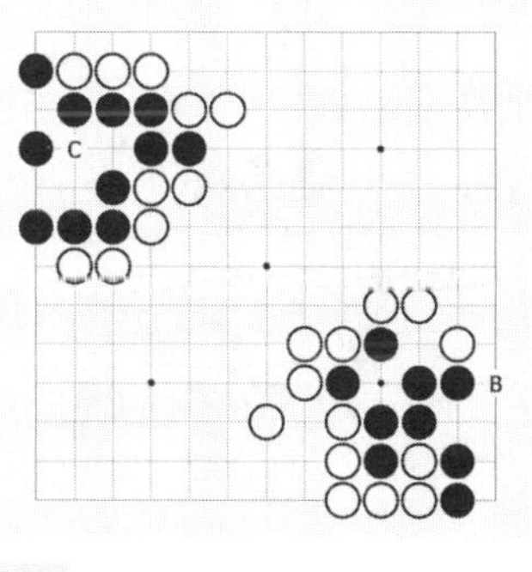

4　　（　　）

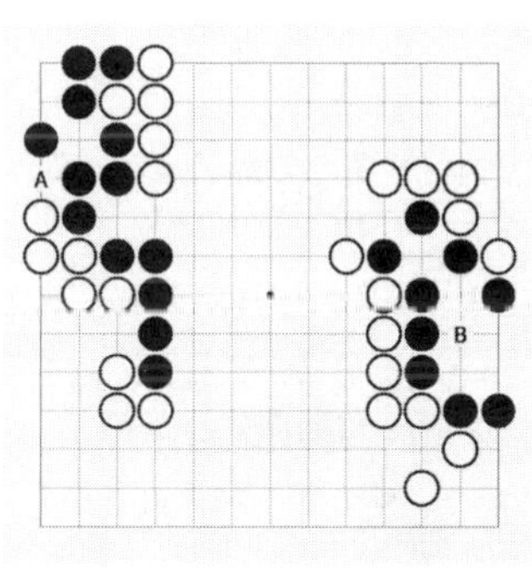

5　　（　　）

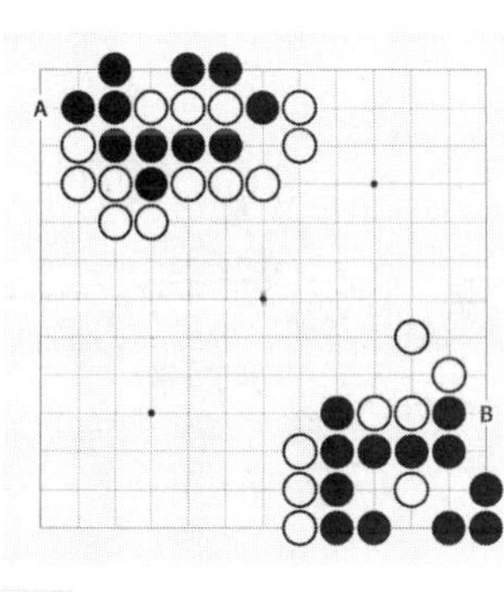

6　　（　　）

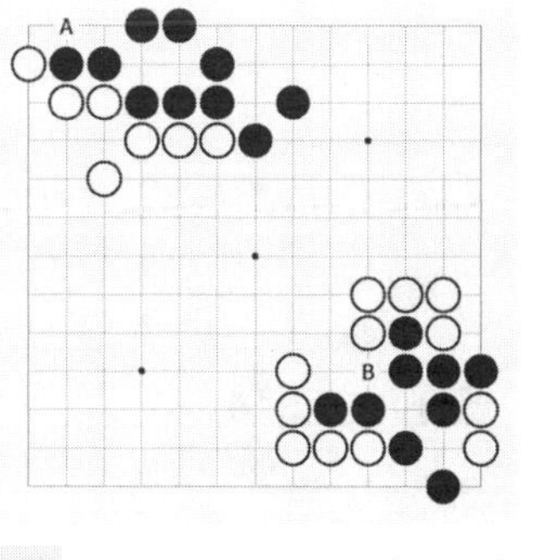

7　　（　　）

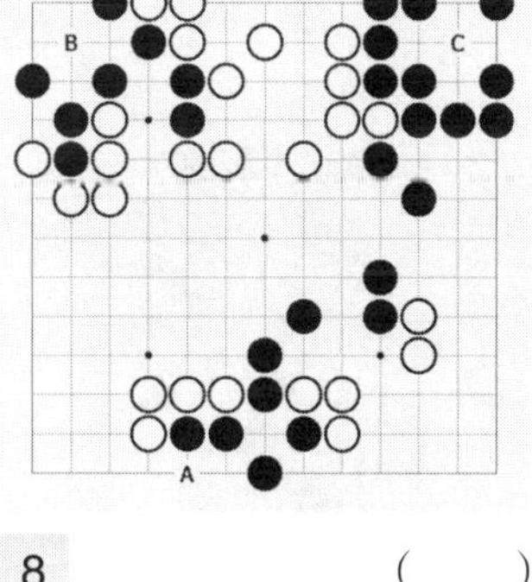

8　　（　　）

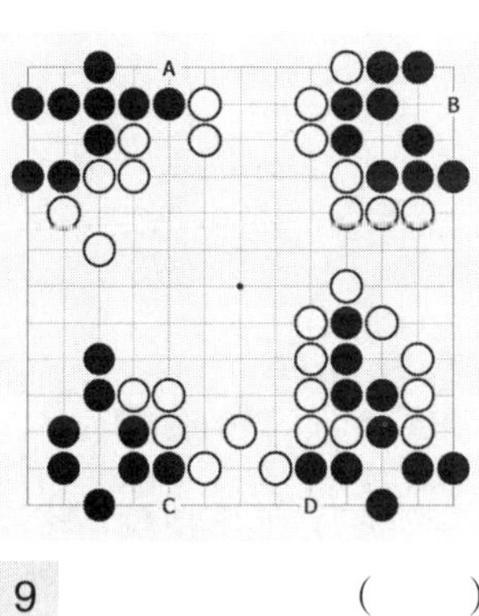

9　　（　　）

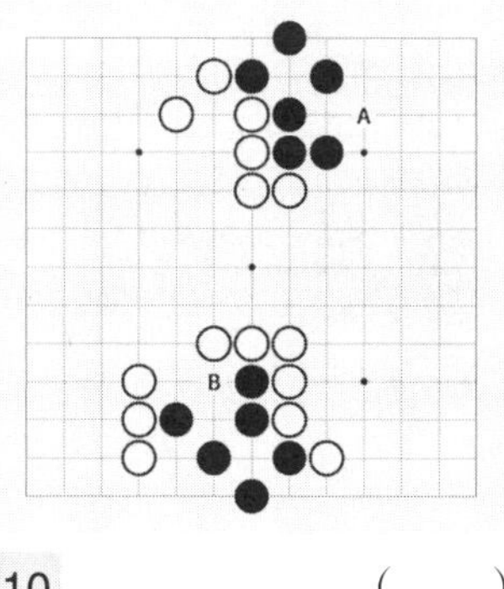

10　　（　　）

扫码看答案　　扫码看题

二十一　第四单元复习

1.综合练习(一)

黑先,写出做眼的下一手。

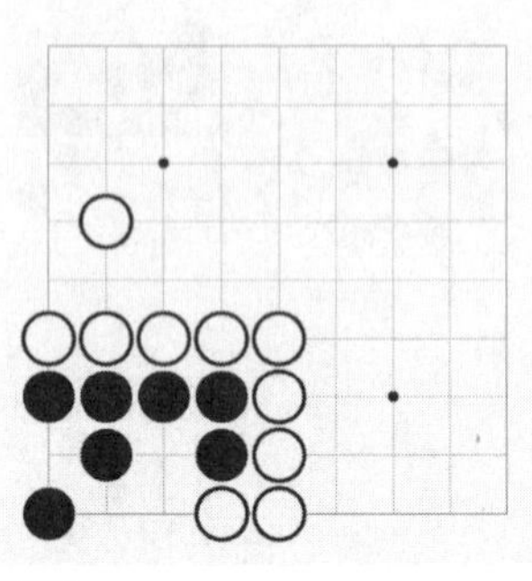

1

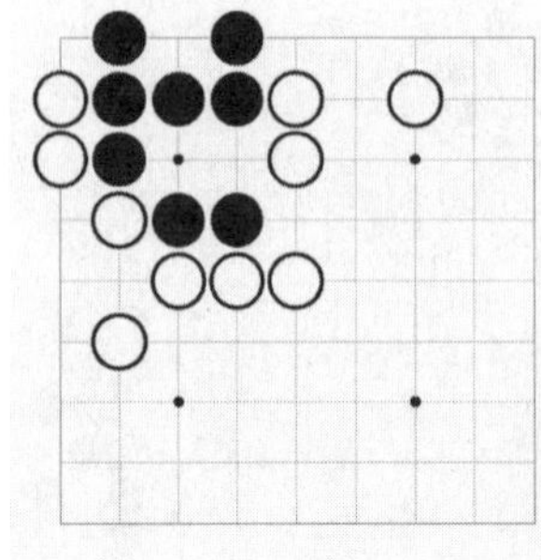

2

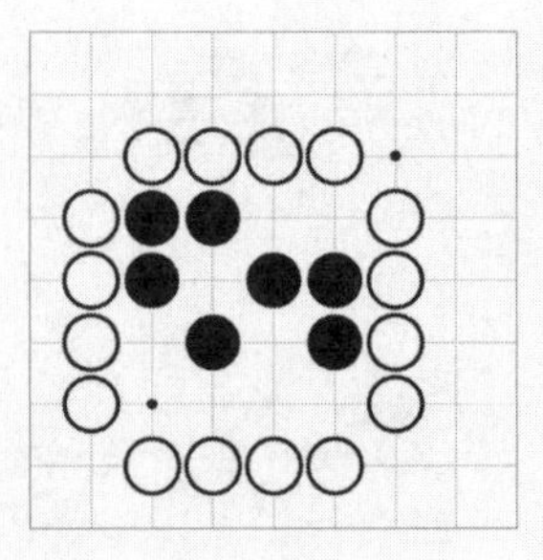

3

白先,写出做眼的下一手。

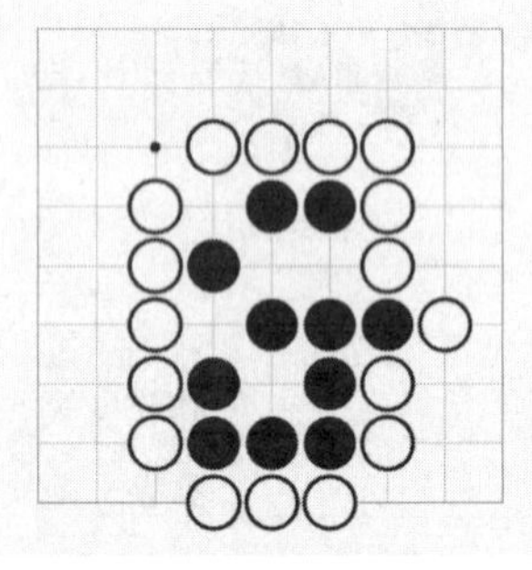

4

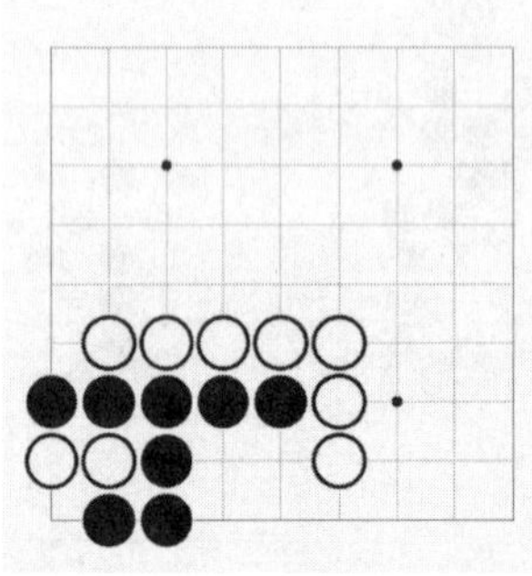

5

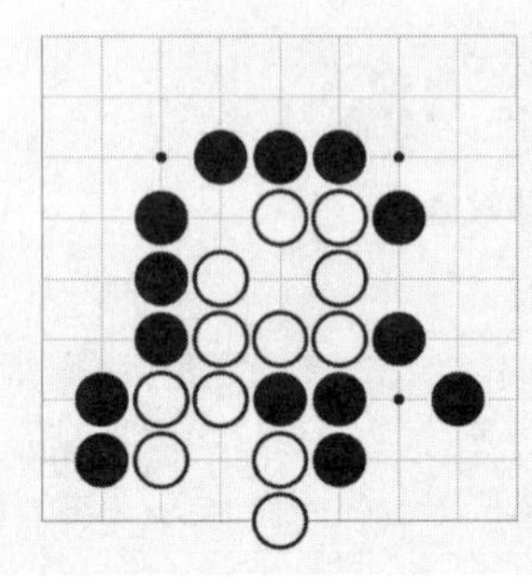

1

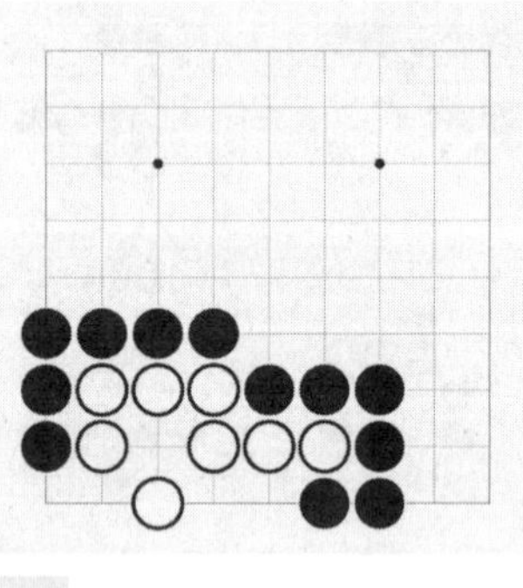

2

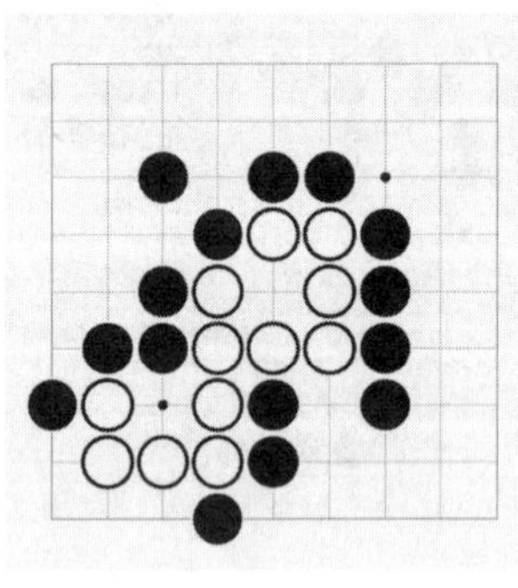

3

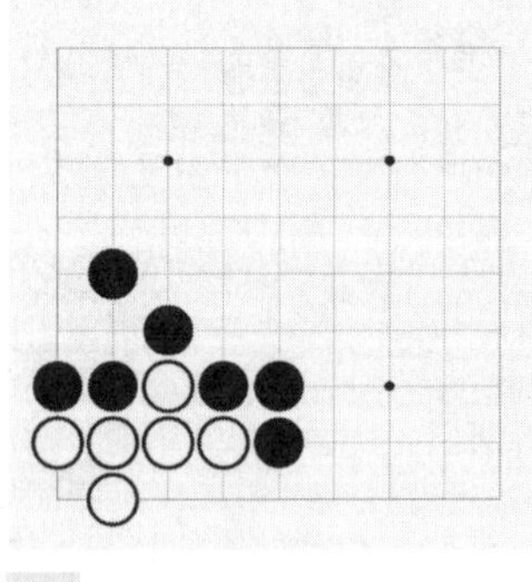

4

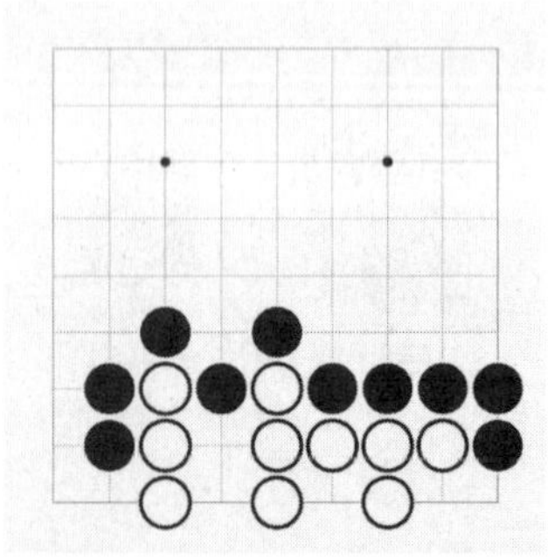

5

扫码看答案

扫码看题

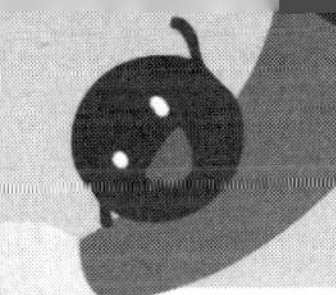

2.综合练习(二)

黑先,写出做活的下一手。

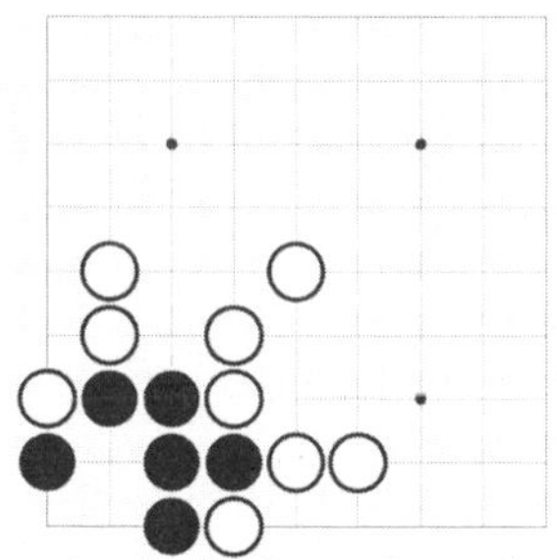

1

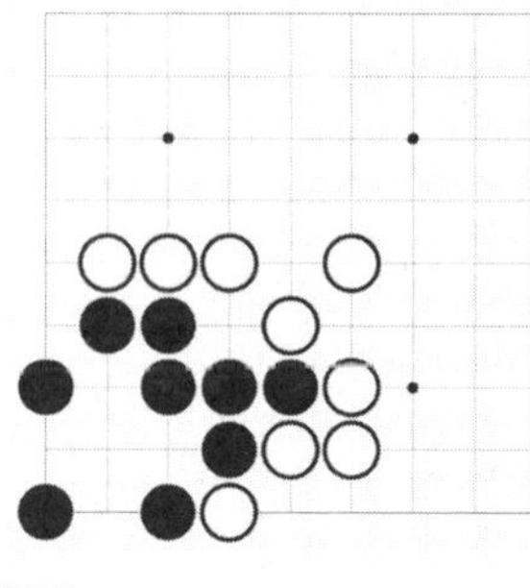

2

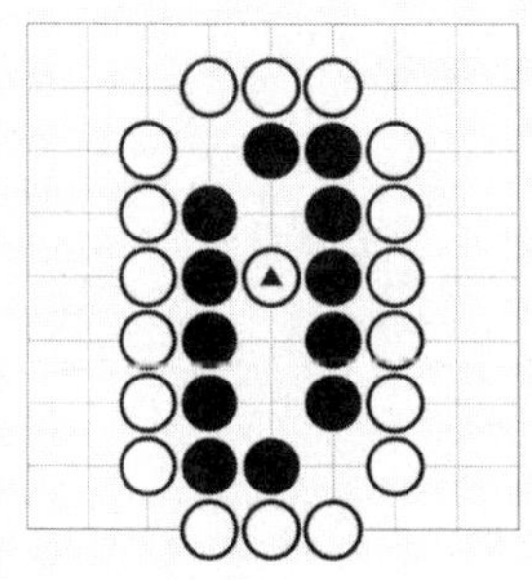

3

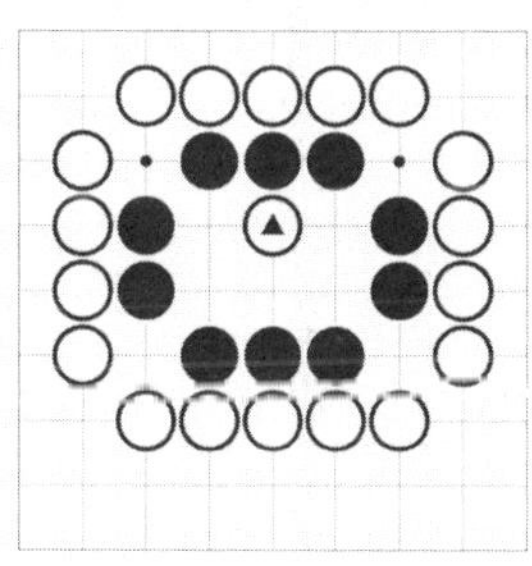

4

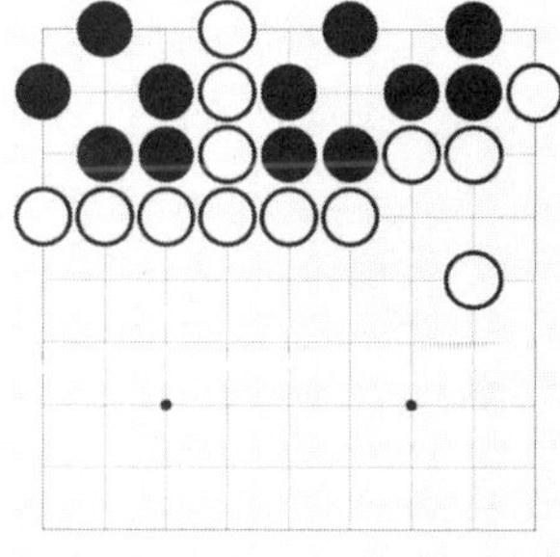

5

帮黑棋选择正确的杀棋方法。

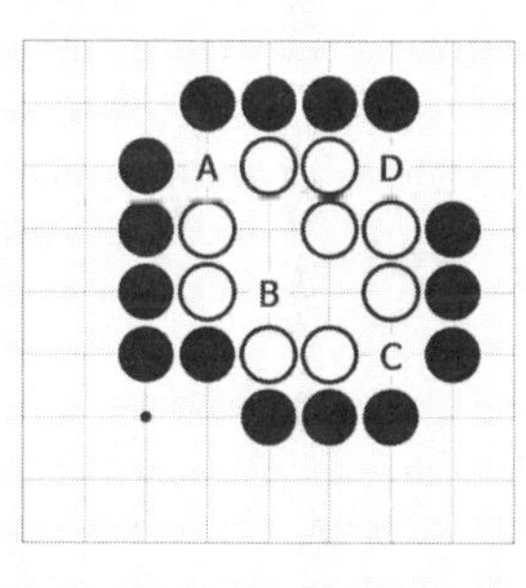

1

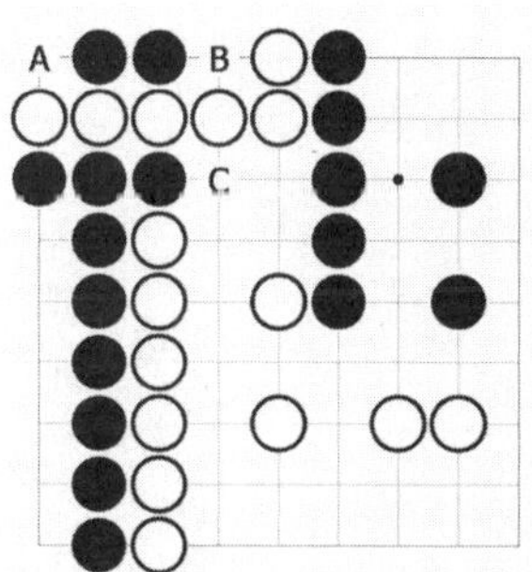

2

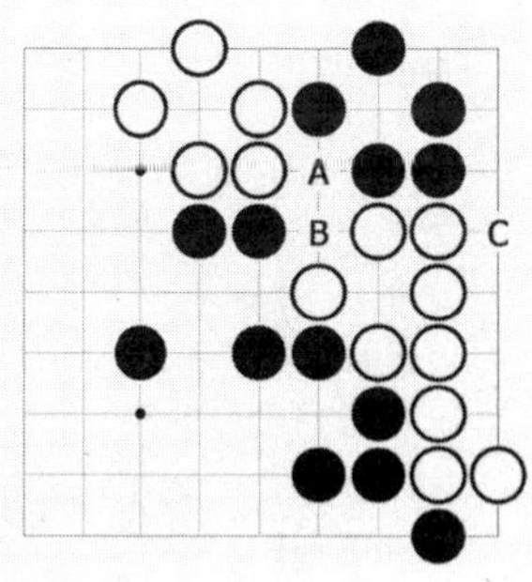

3

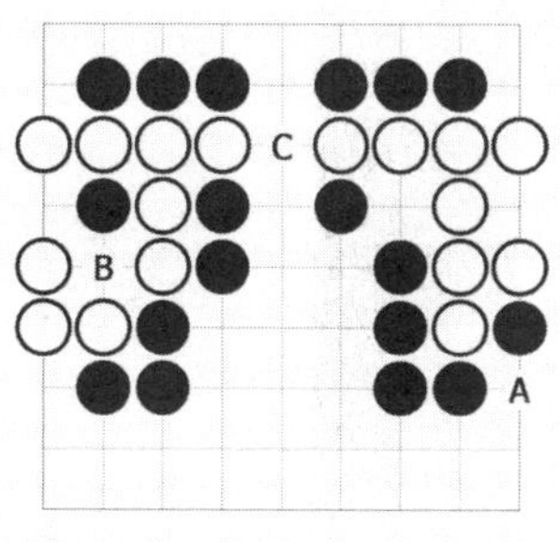

4

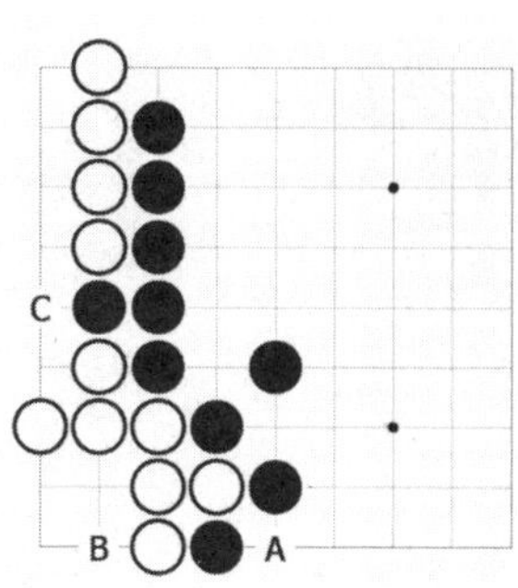

5

扫码看答案

扫码看题

3. 实战运用

黑是否应马上于标记处杀棋？是√，不是×。

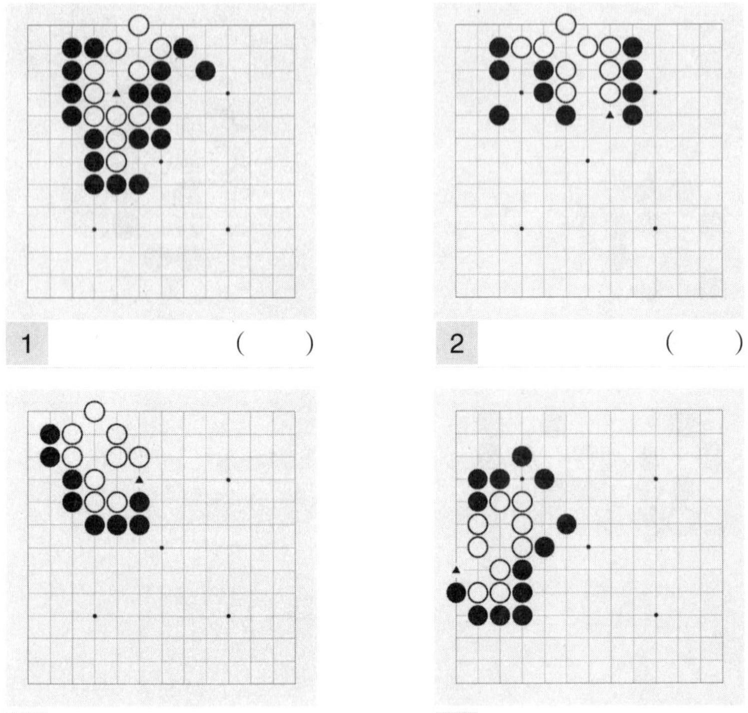

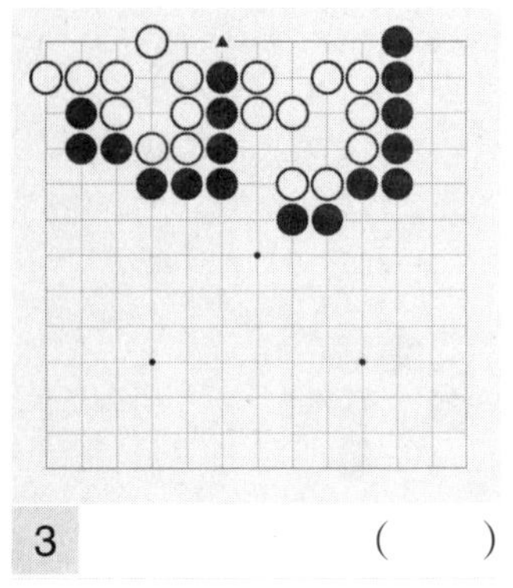

1 (　　)　　2 (　　)　　3 (　　)

4 (　　)　　5 (　　)

帮黑棋 选择正确的目标 。

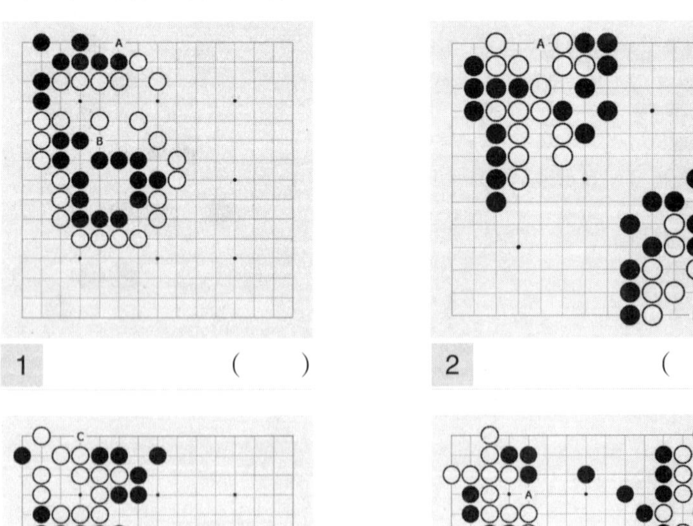

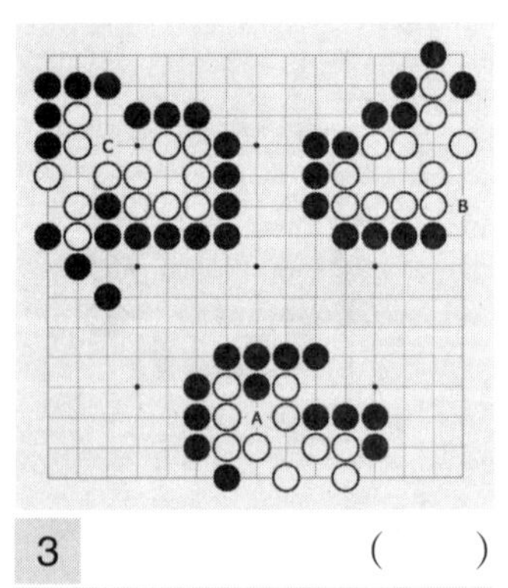

1 (　　)　　2 (　　)　　3 (　　)

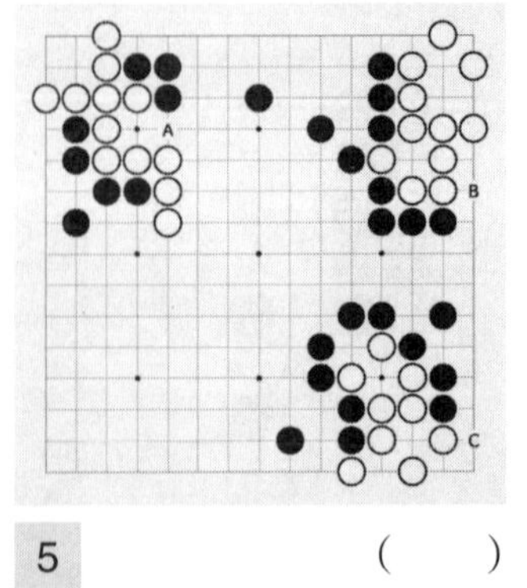

4 (　　)　　5 (　　)

二十二　弃子破眼

1.吃子眼位判断

黑提掉标记子后是真眼假眼？真眼√,假眼×。

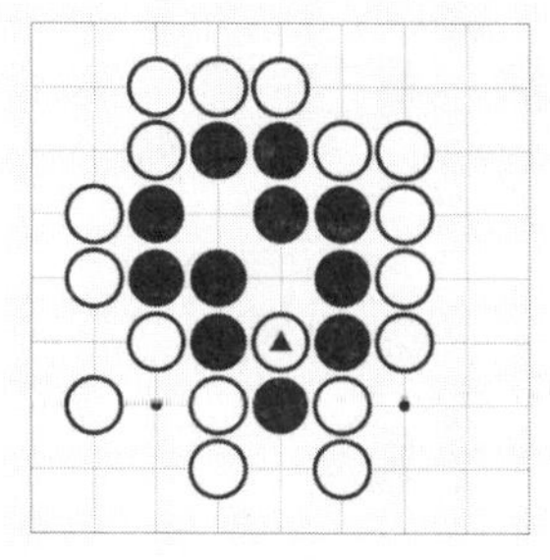

1　（　　）

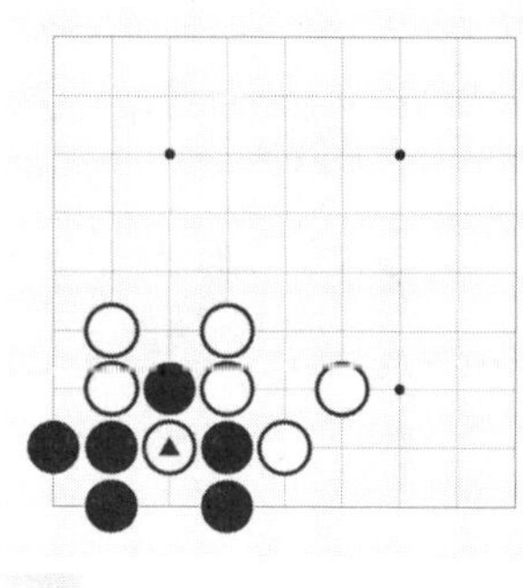

2　（　　）

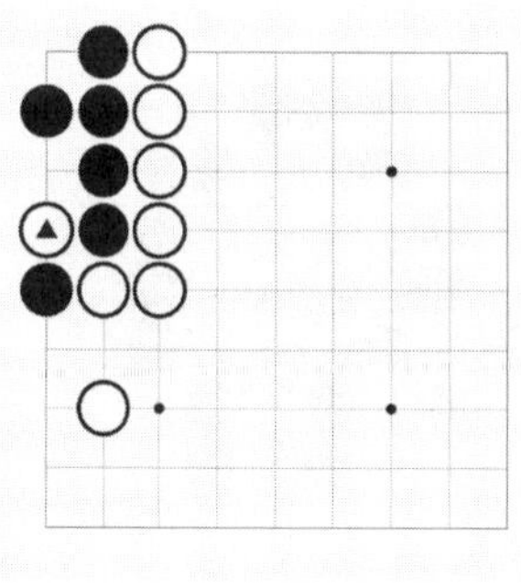

3　（　　）

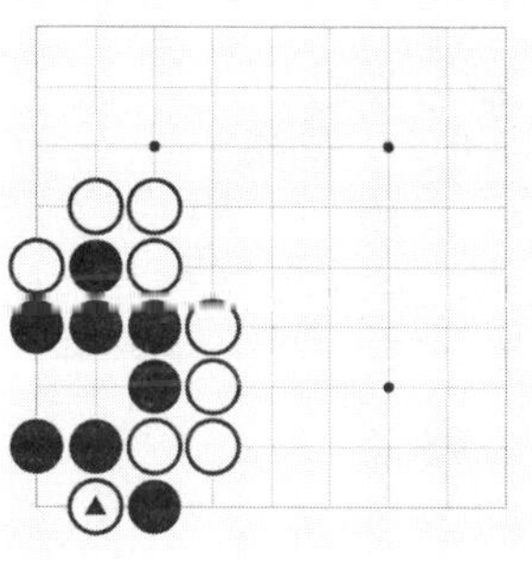

4　（　　）

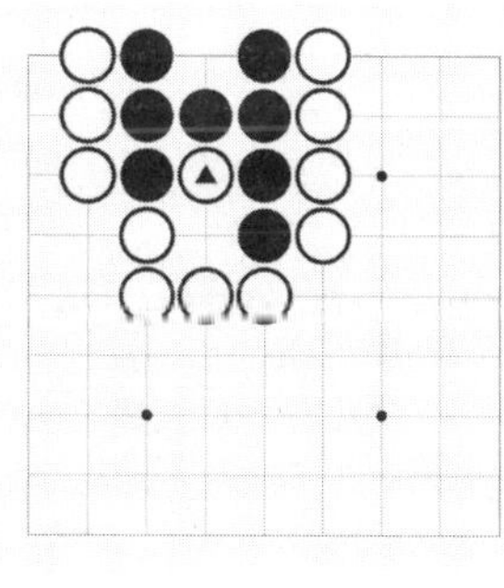

5　（　　）

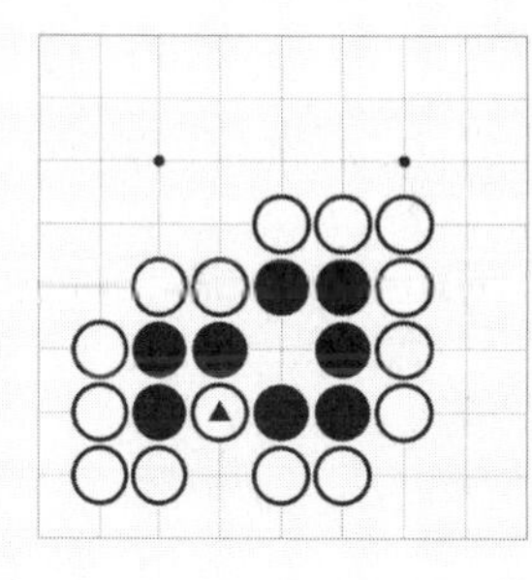

6　（　　）

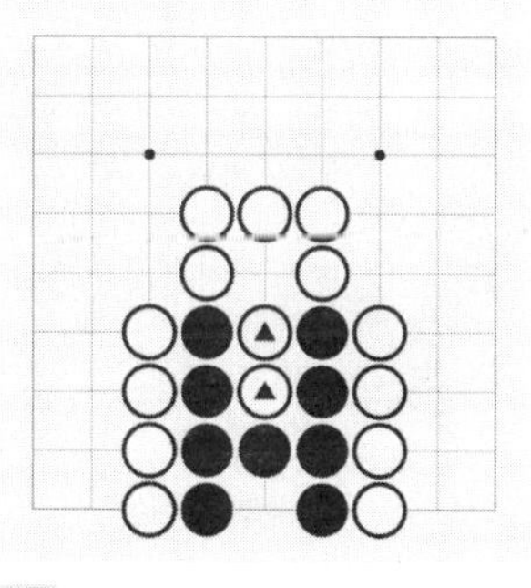

7　（　　）

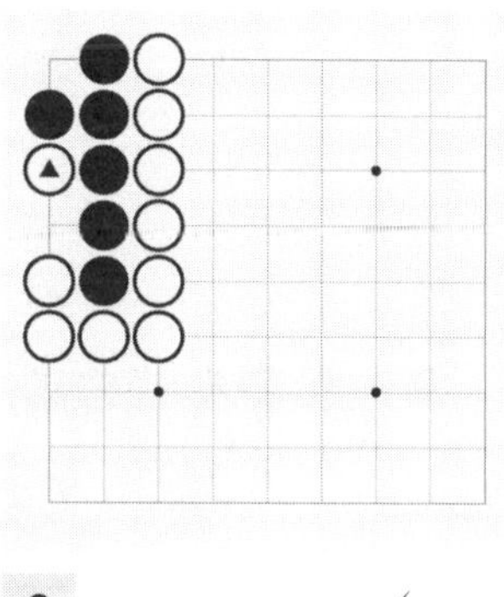

8　（　　）

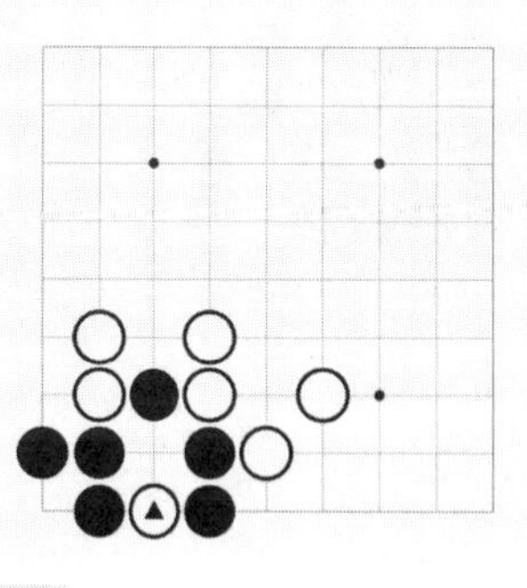

9　（　　）

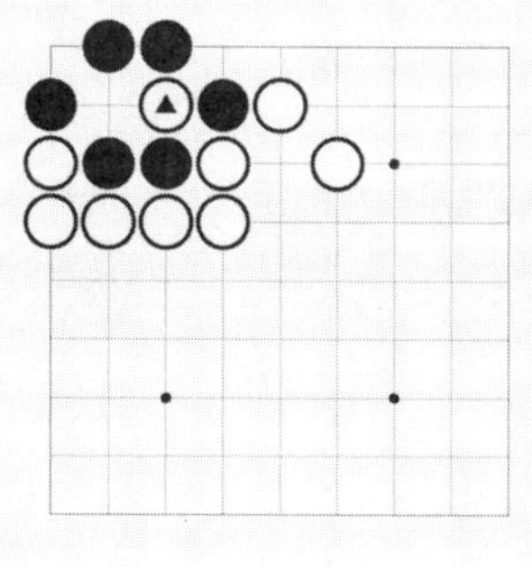

10　（　　）

扫码看答案

扫码看题

扫码看视频

2.扑破眼

帮黑棋选择正确的破眼下法。

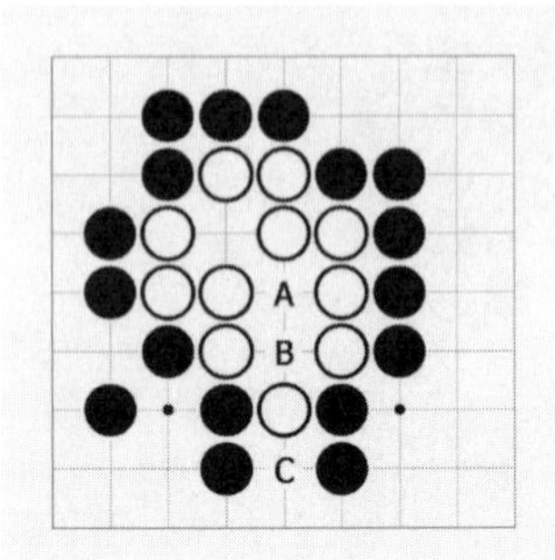

1 (　　)

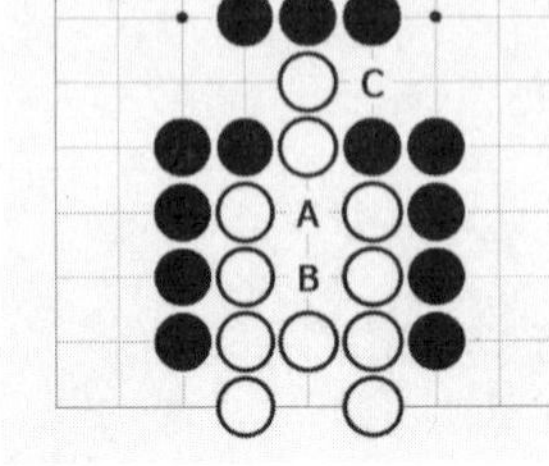

2 (　　)

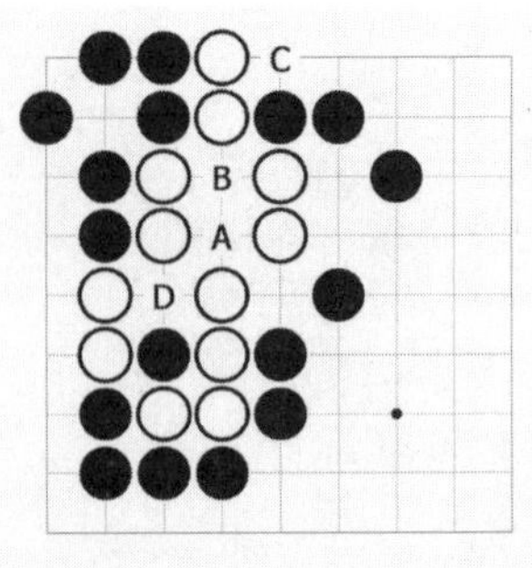

3 (　　)

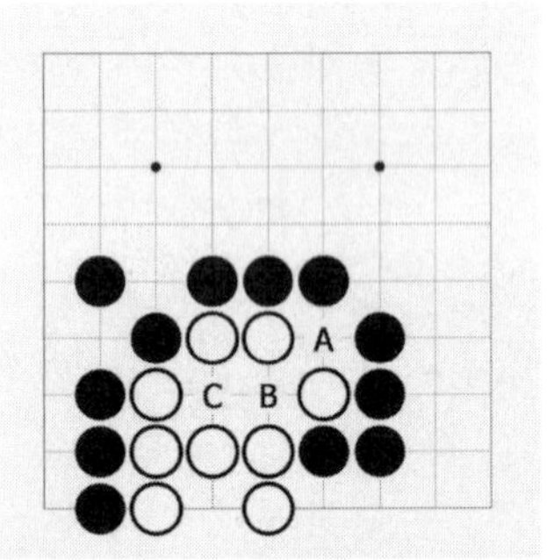

4 (　　)

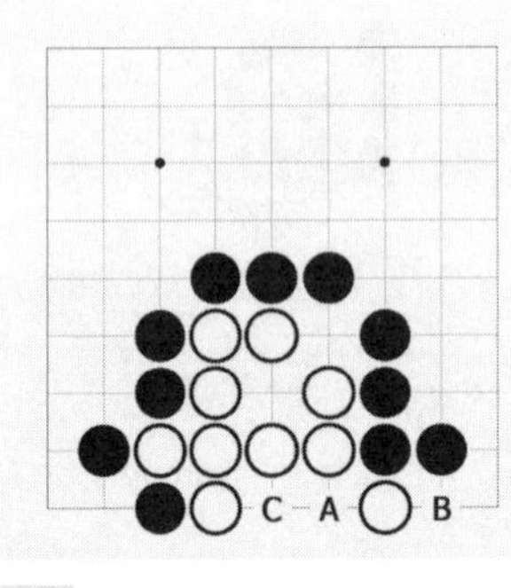

5 (　　)

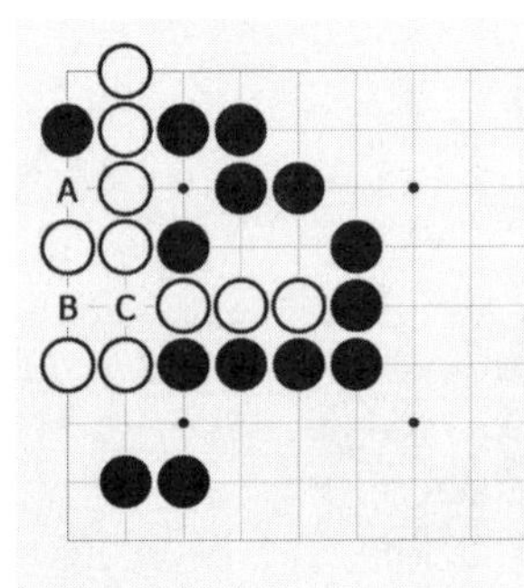

6 (　　)

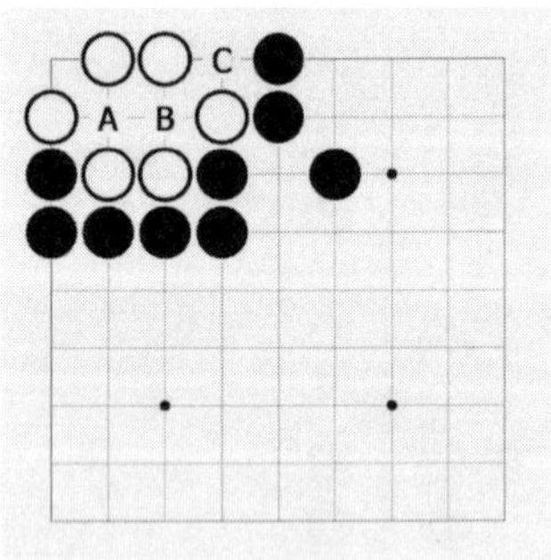

7 (　　)

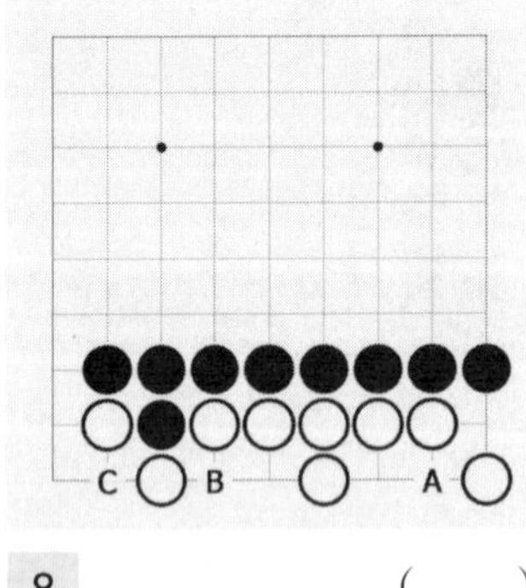

8 (　　)

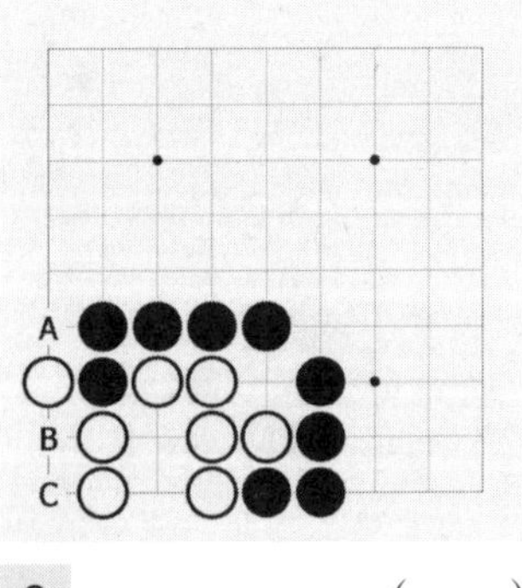

9 (　　)

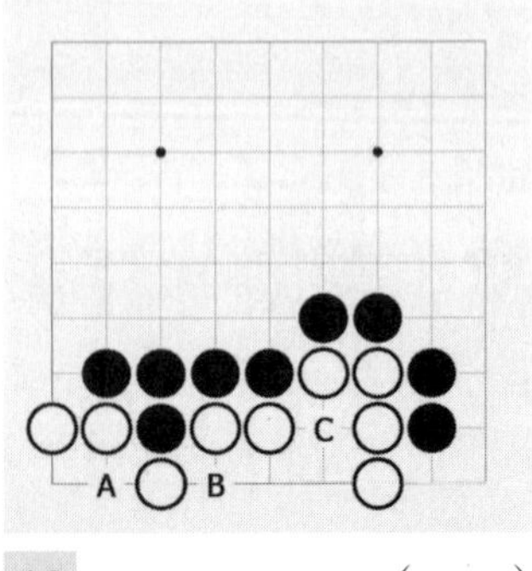

10 (　　)

扫码看答案

扫码看题

扫码看视频

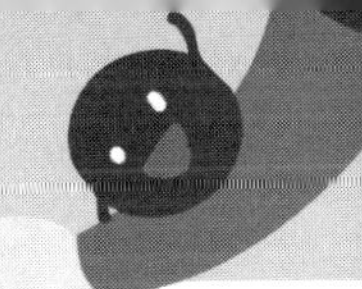

3.弃子过程

黑先,写出“扑”破眼的过程。

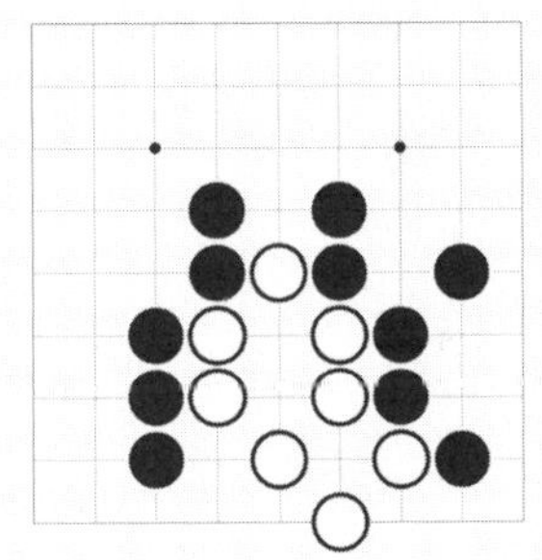

1

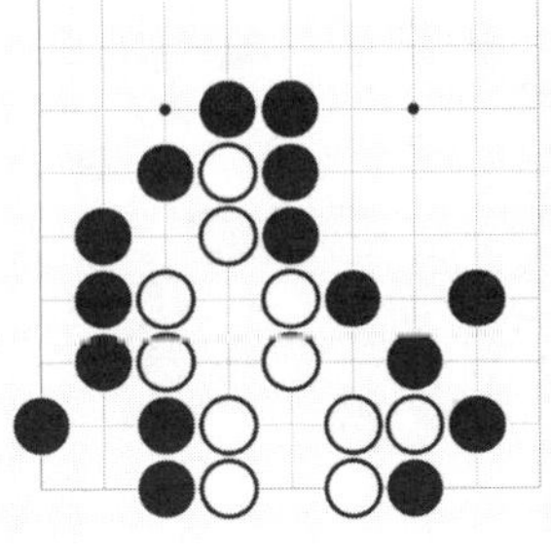

2

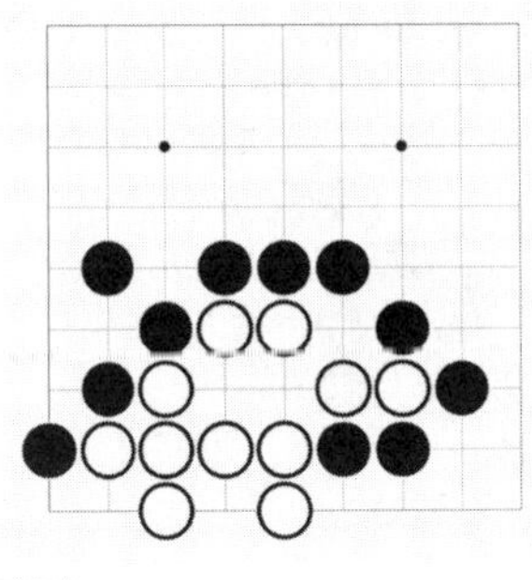

3

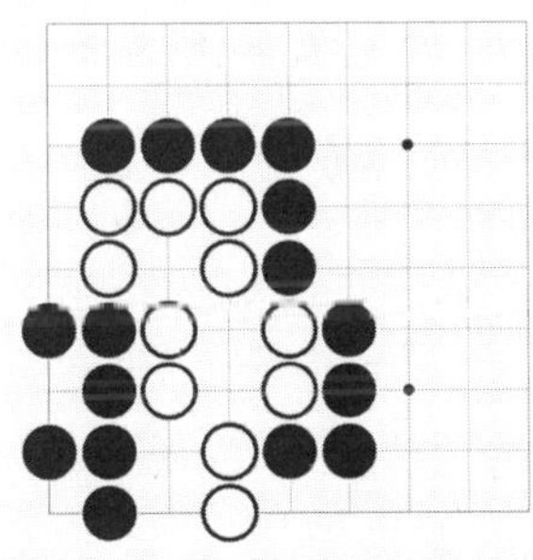

4

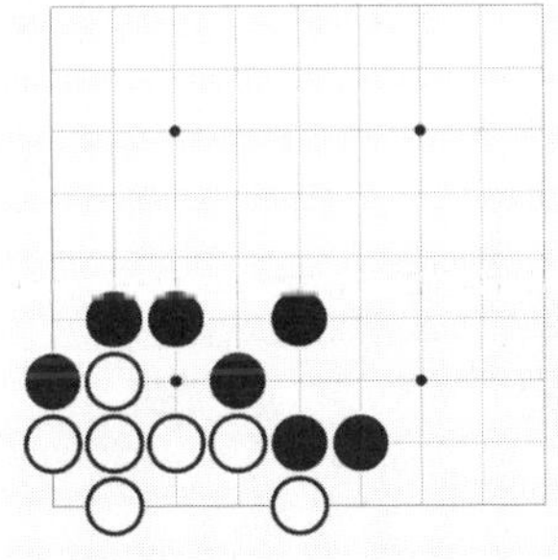

5

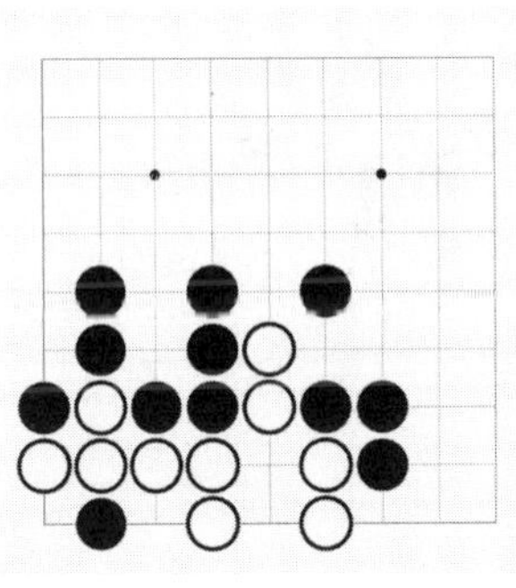

6

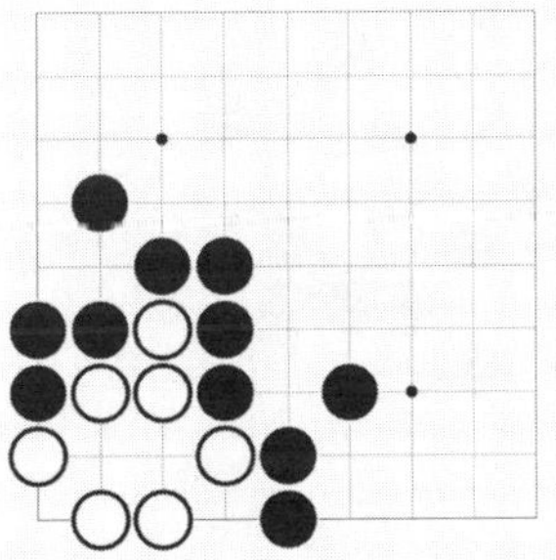

7

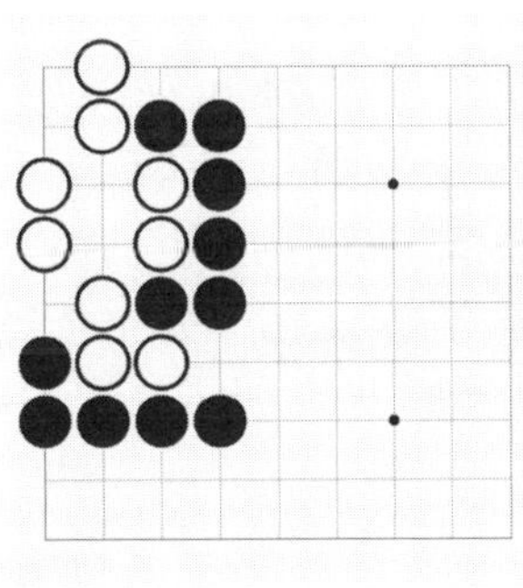

8

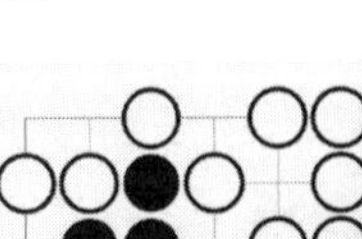

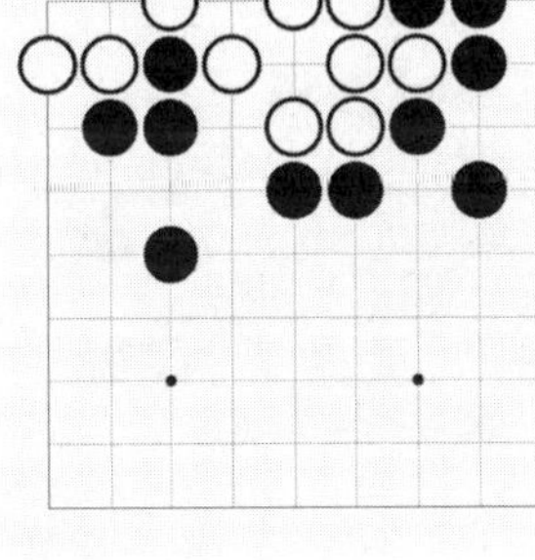

9

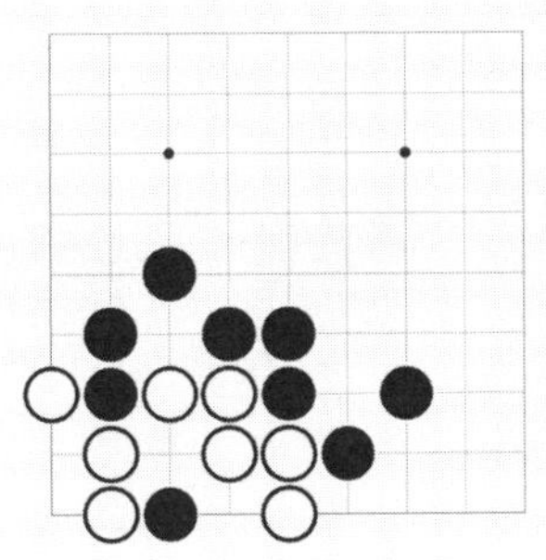

10

扫码看答案

扫码看题

扫码看视频

4. 眼位还原

帮黑棋选择正确的杀棋方法。

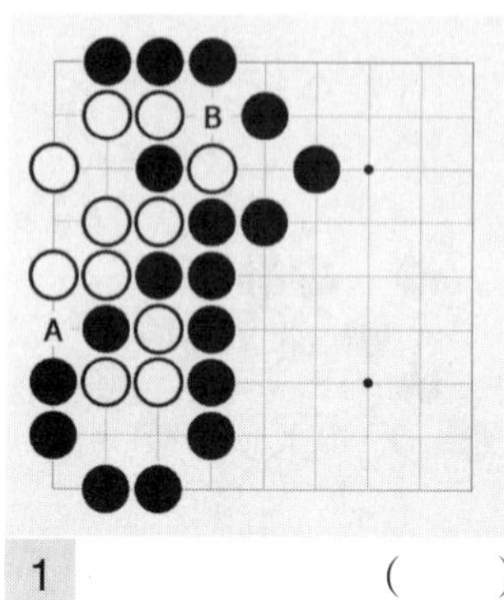

1 （ ）

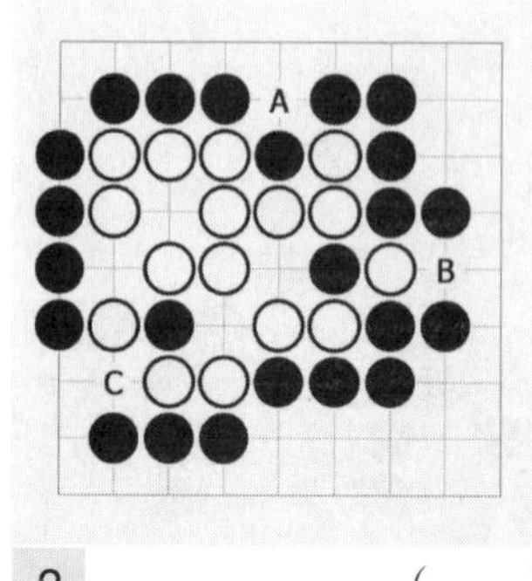

2 （ ）

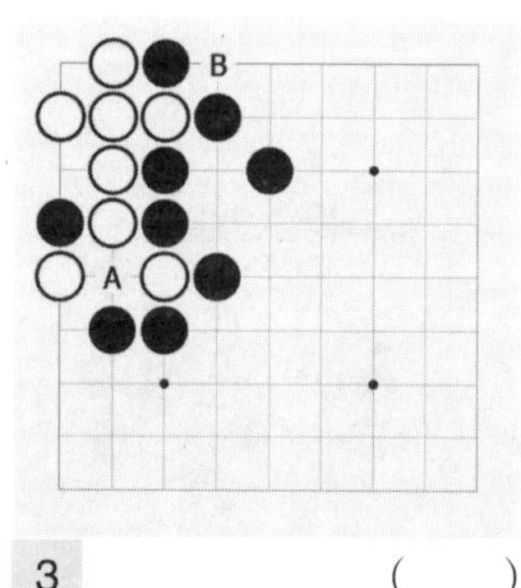

3 （ ）

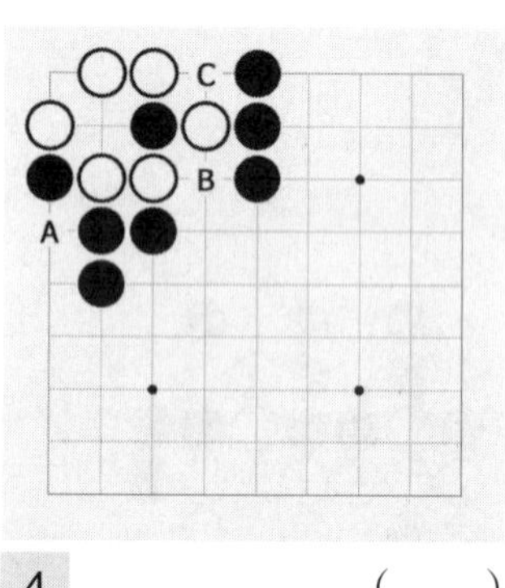

4 （ ）

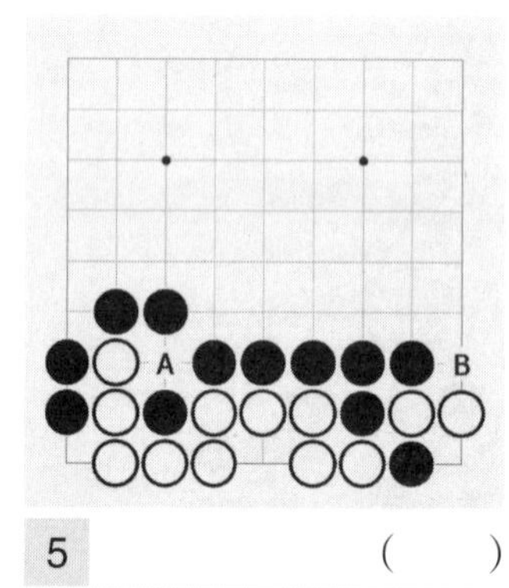

5 （ ）

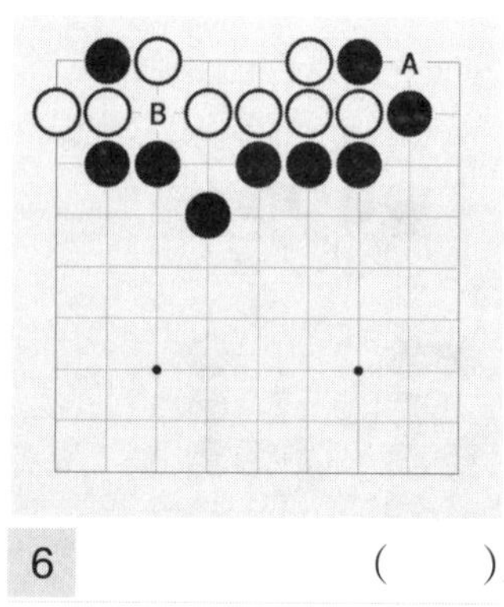

6 （ ）

黑先，写出杀棋的过程。

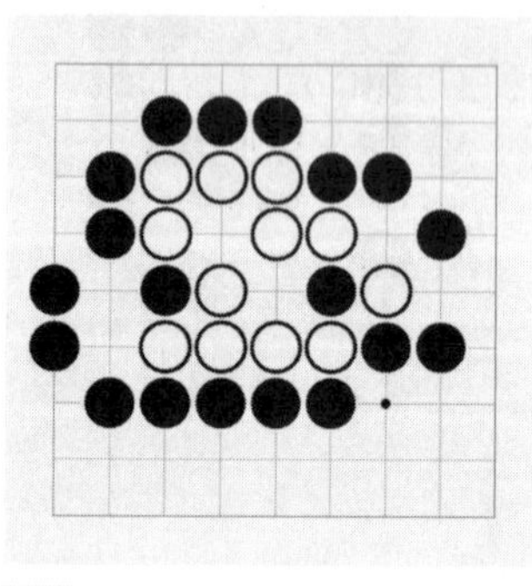

1

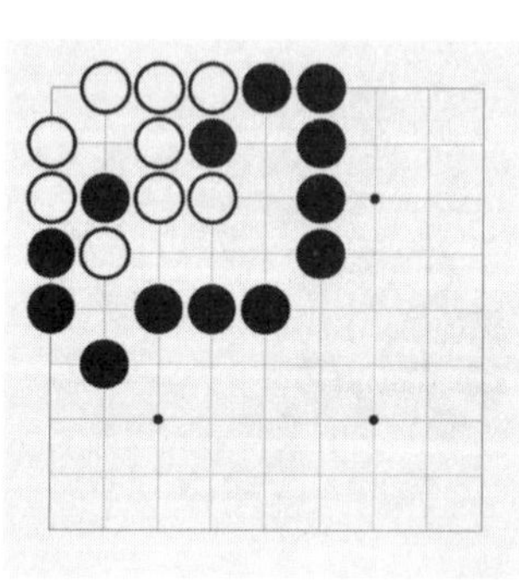

2

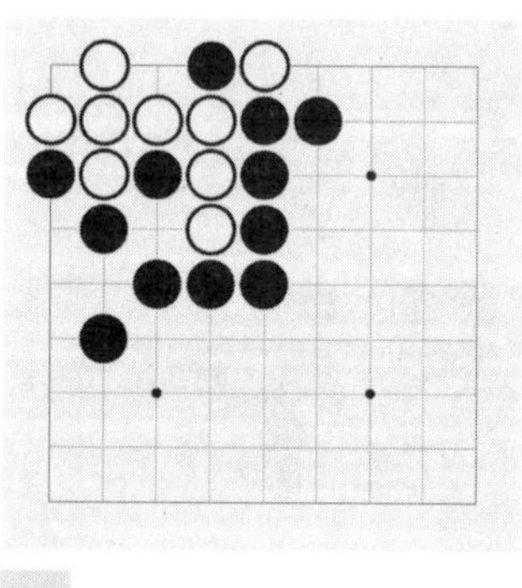

3

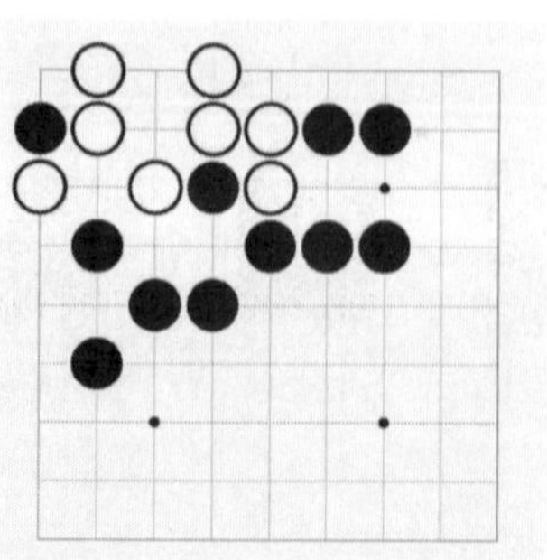

4

扫码看答案

扫码看题

扫码看视频

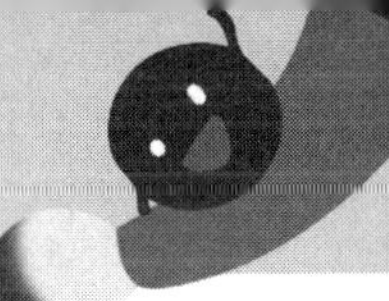

5. 实战运用(一)

黑先，写出杀掉白棋的过程。

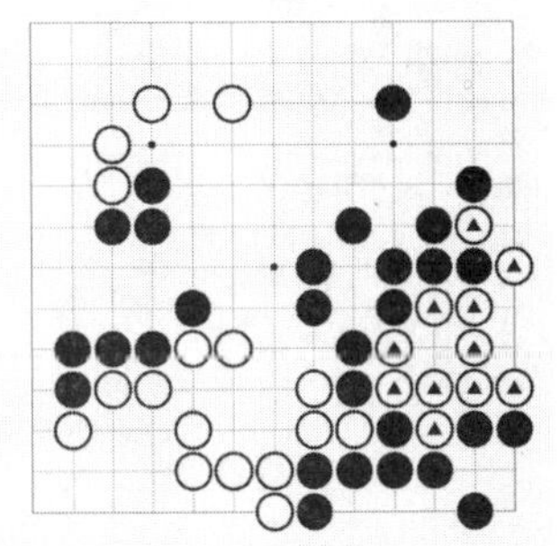

1

2

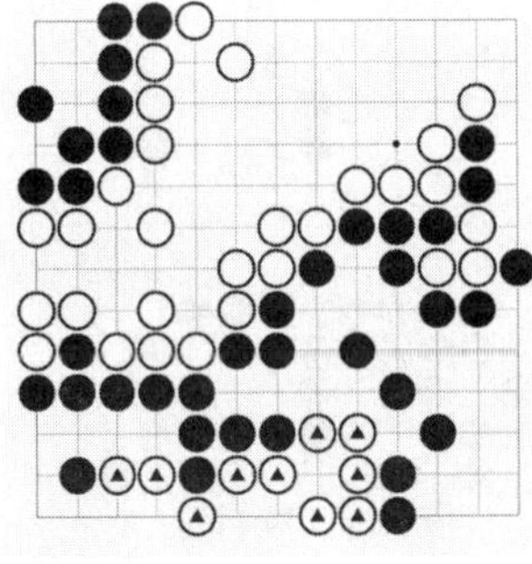

3

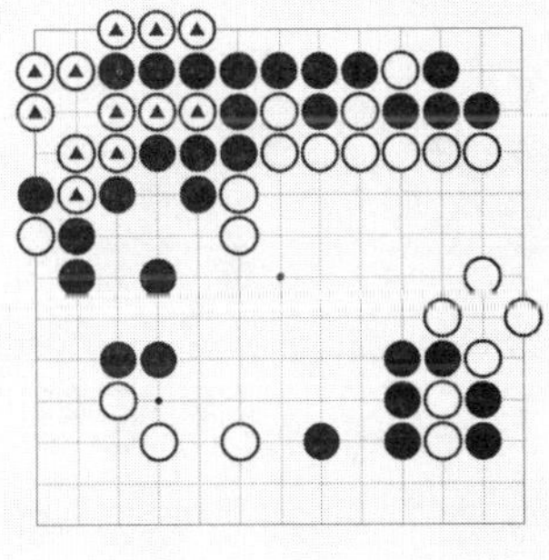

4

5

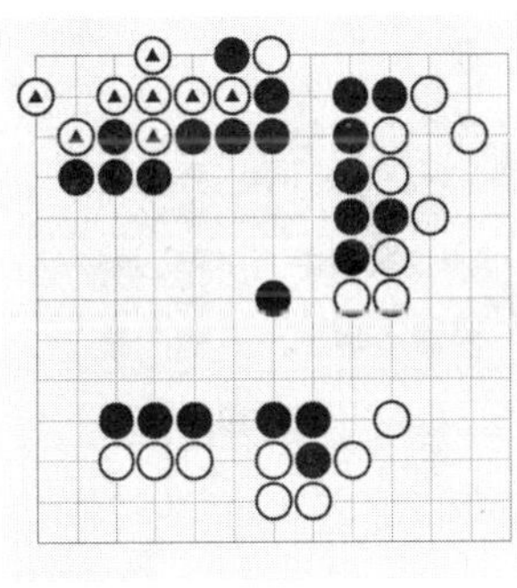

6

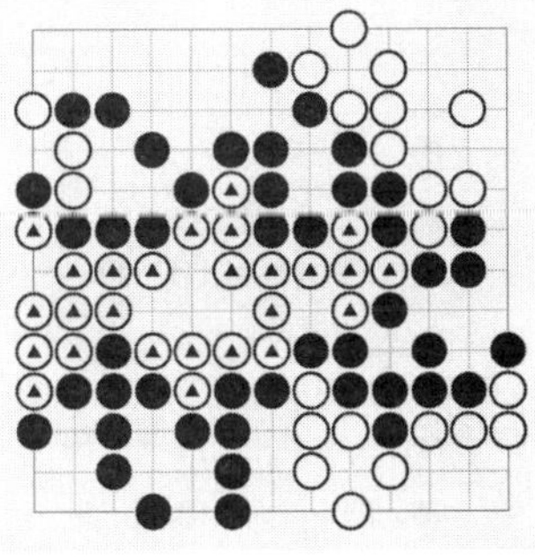

7

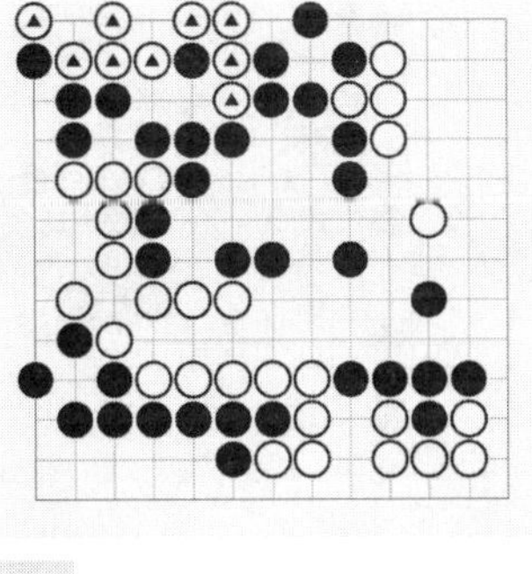

8

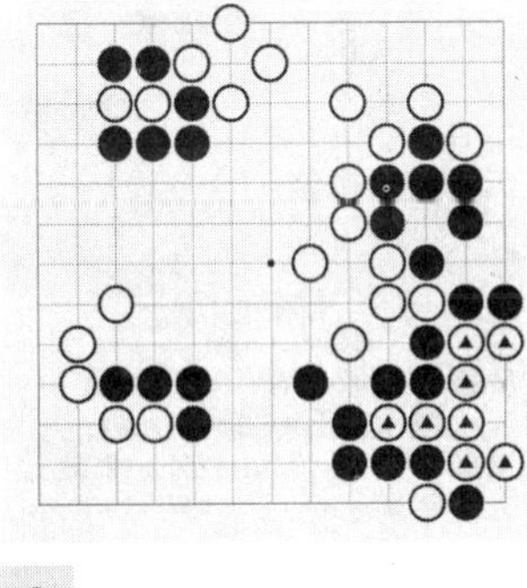

9

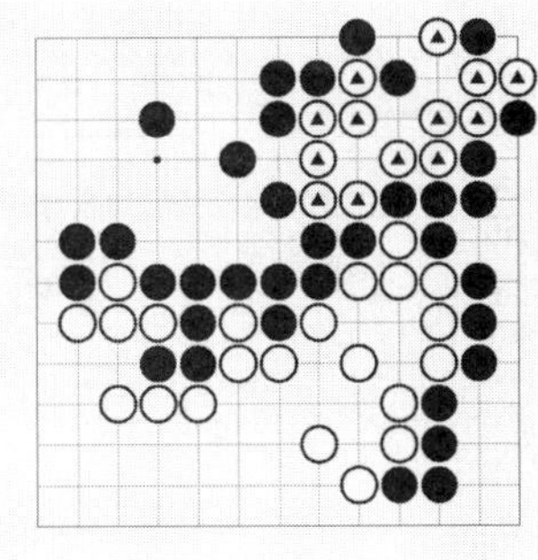

10

扫码看答案

扫码看题

扫码看视频

6.实战运用(二)

黑先,写出杀掉白棋的过程,不少于3手。

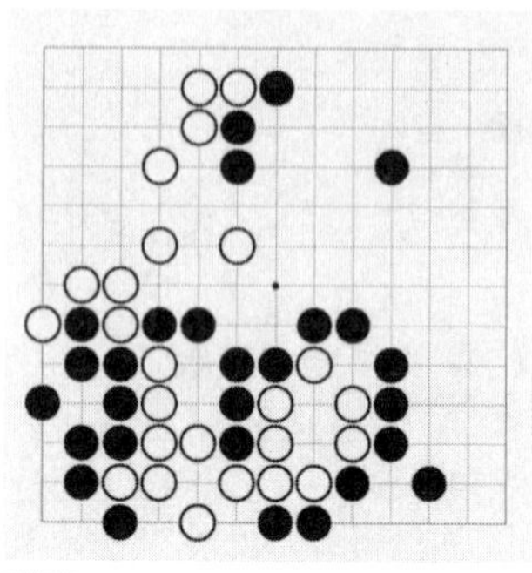

1

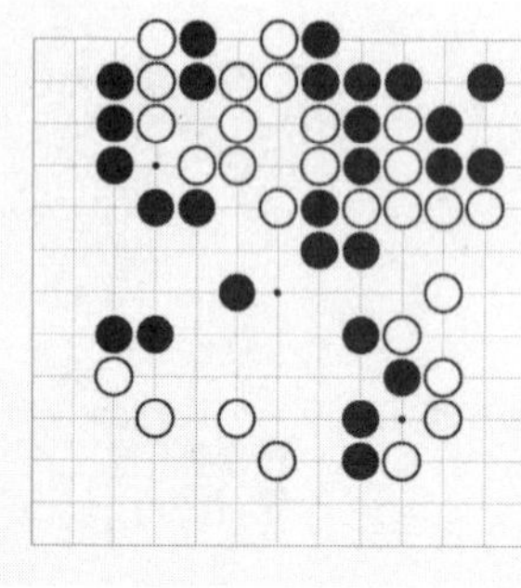

2

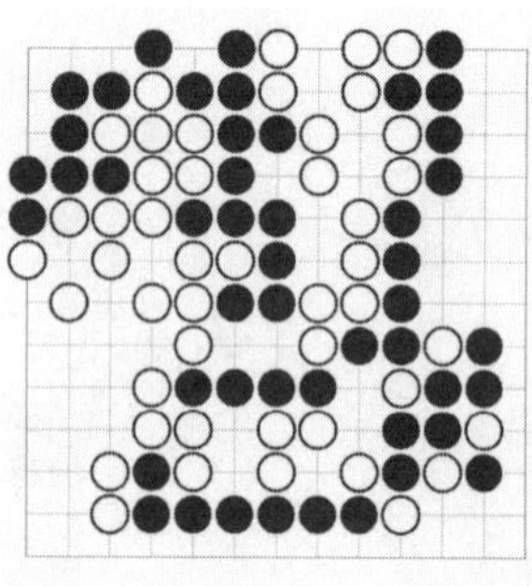

3

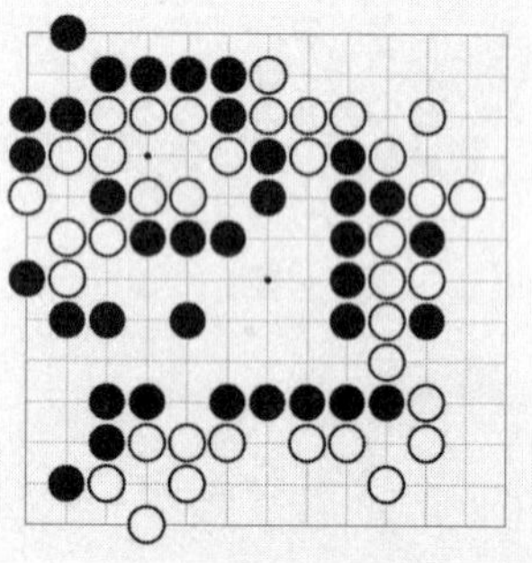

4

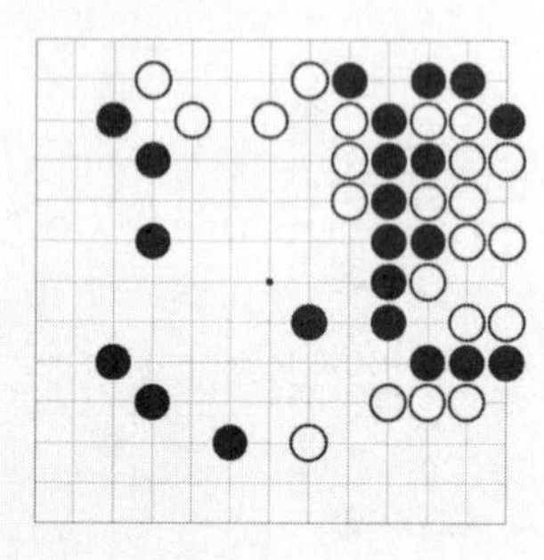

5

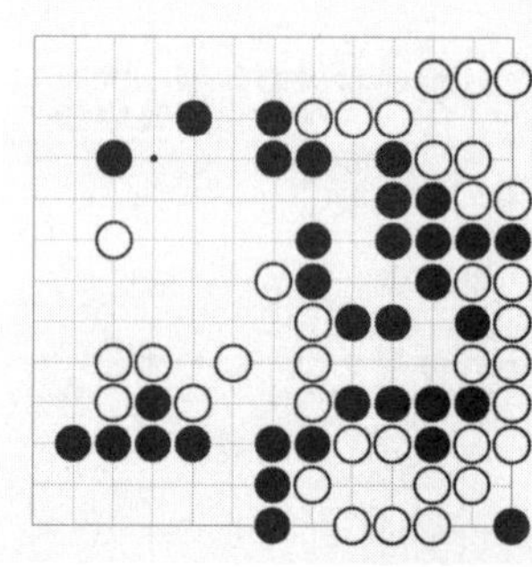

6

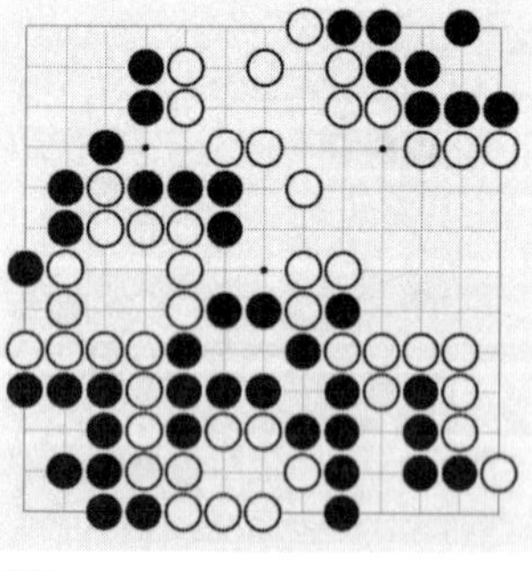

7

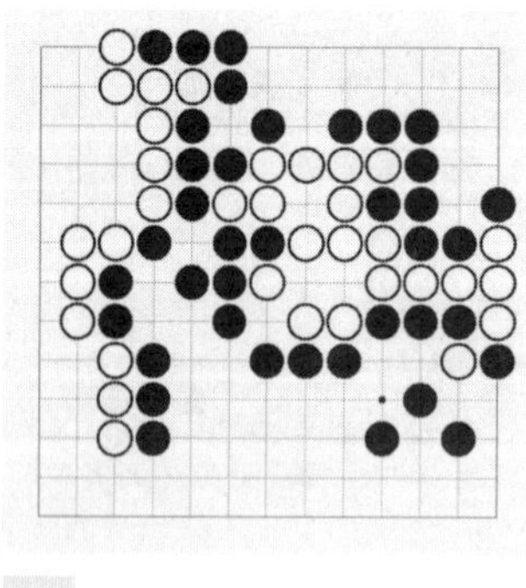

8

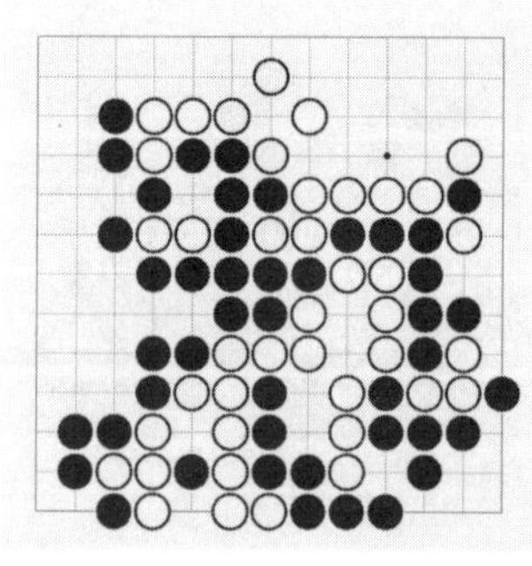

9

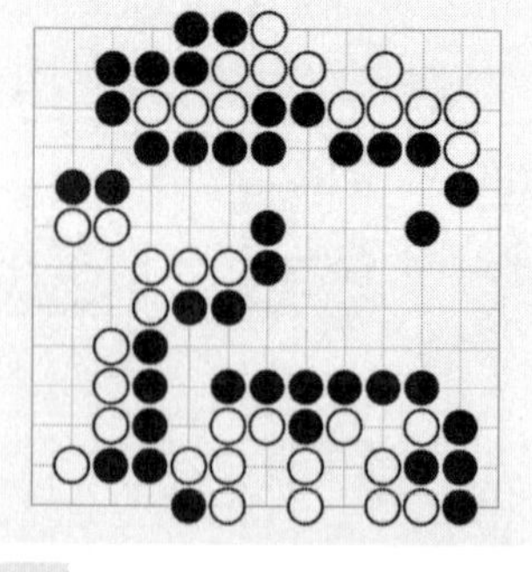

10

扫码看答案 扫码看题 扫码看视频

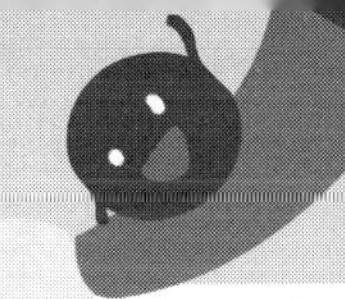

7.深度拓展

帮黑棋做出正确的选择。

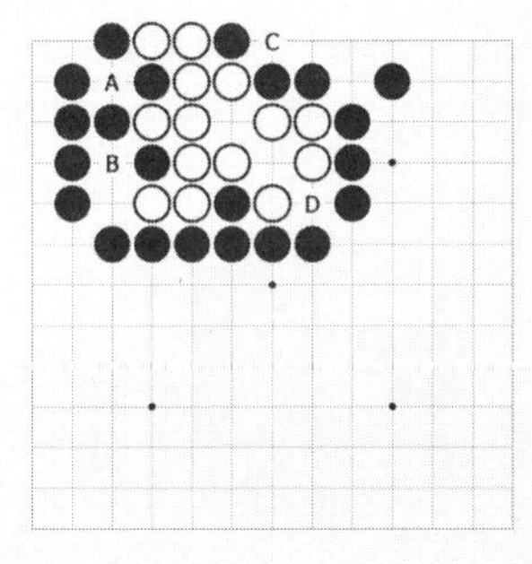

1 （　　）

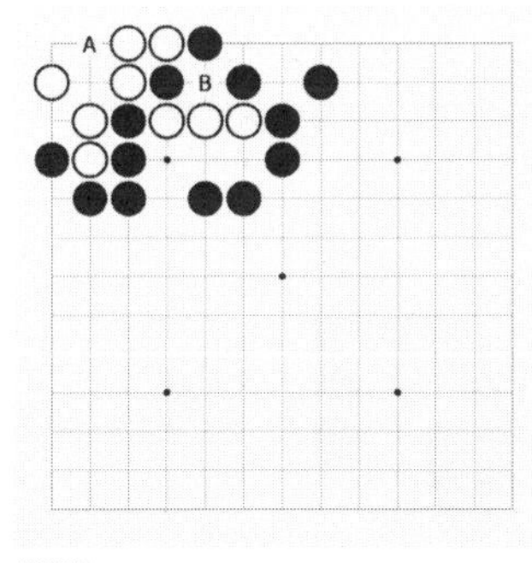

2 （　　）

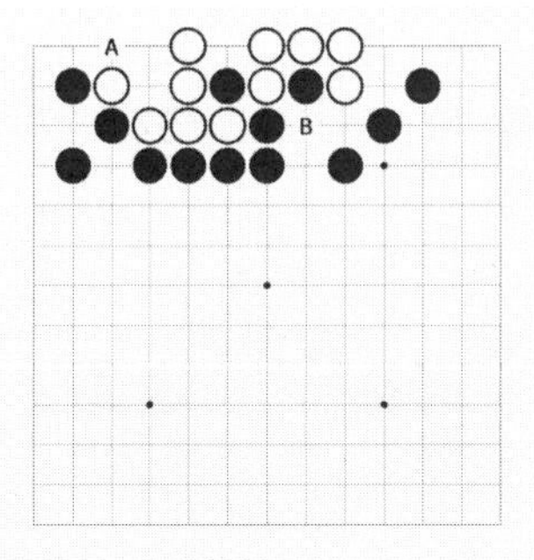

3 （　　）

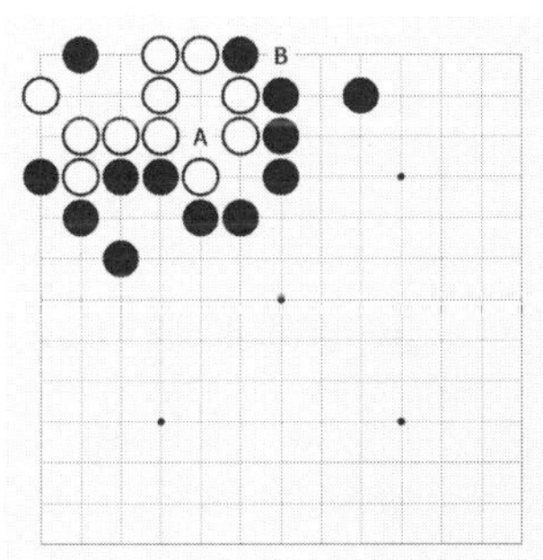

4 （　　）

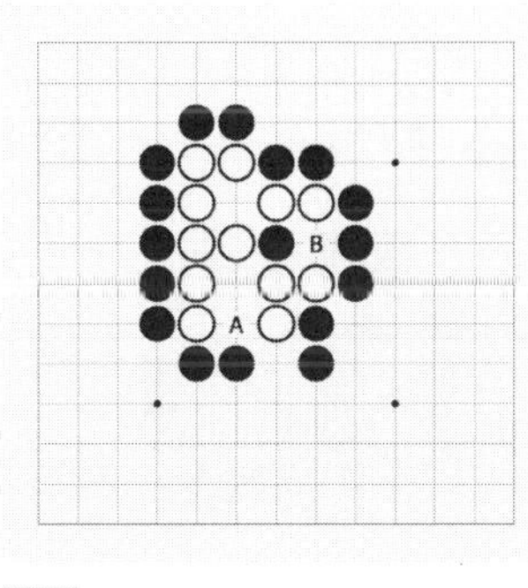

5 （　　）

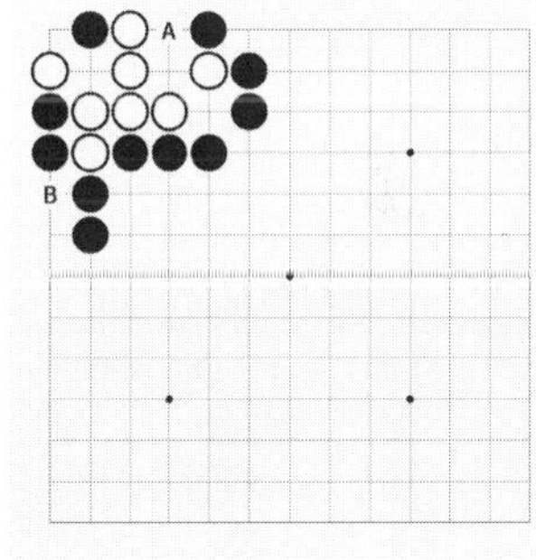

6 （　　）

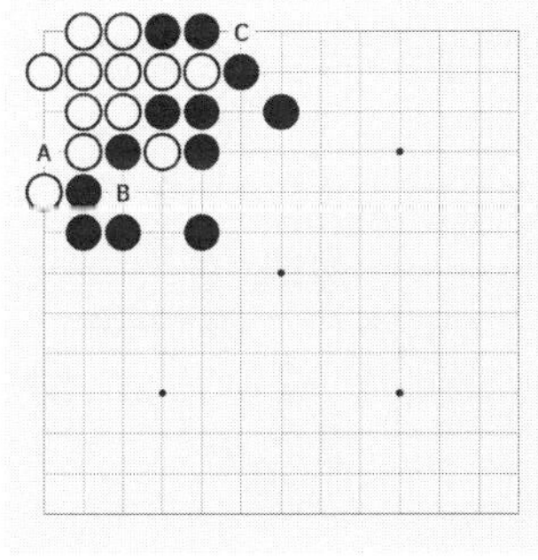

7 （　　）

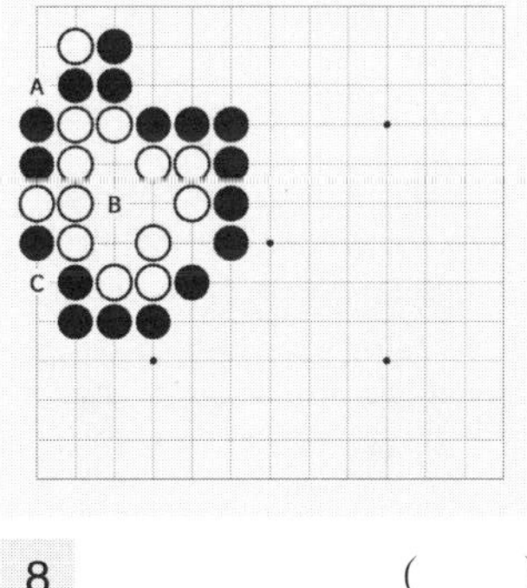

8 （　　）

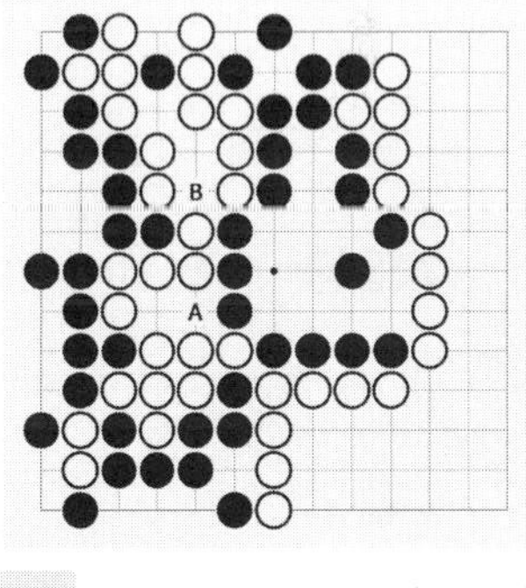

9 （　　）

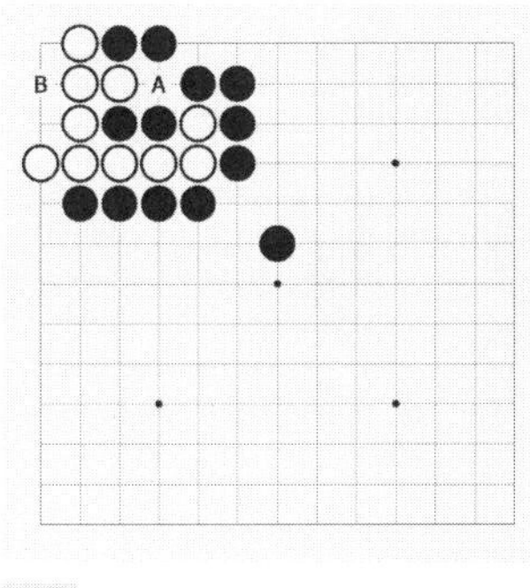

10 （　　）

扫码看答案　扫码看题

二十三　眼型判断与还原

1.提子眼型判断

白提子后的眼是什么形状？

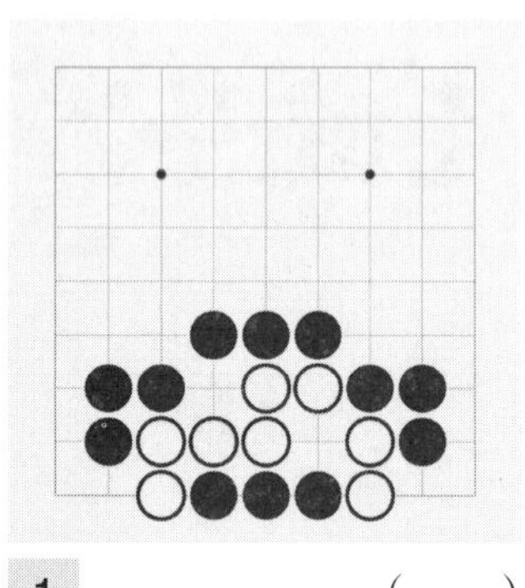

1　　（　　）

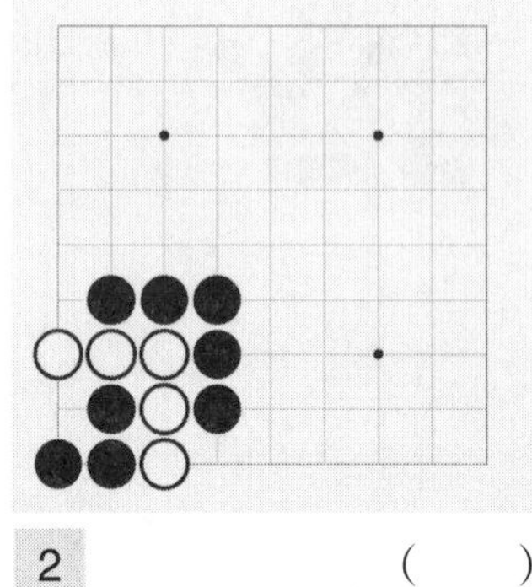

2　　（　　）

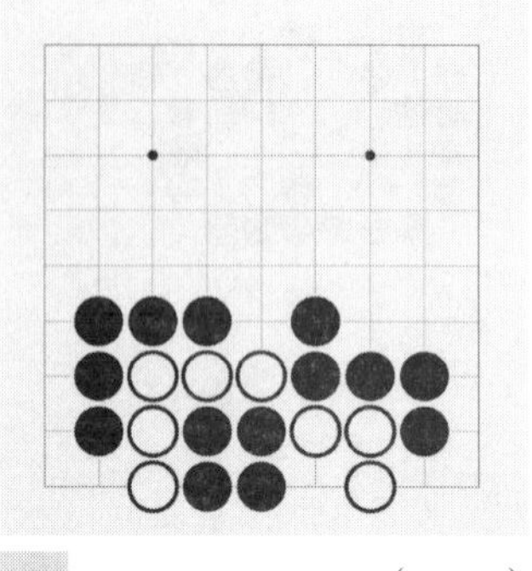

3　　（　　）

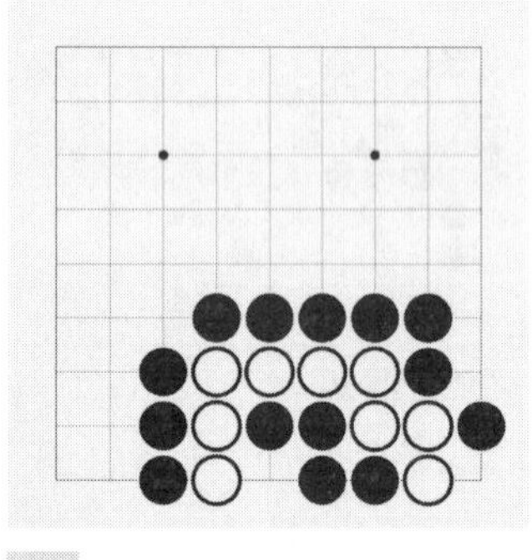

4　　（　　）

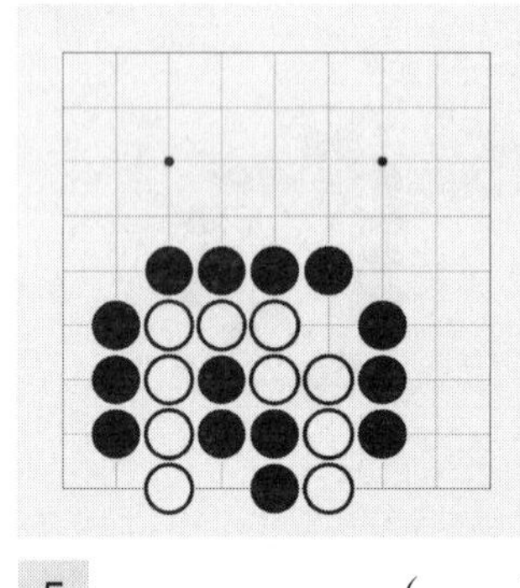

5　　（　　）

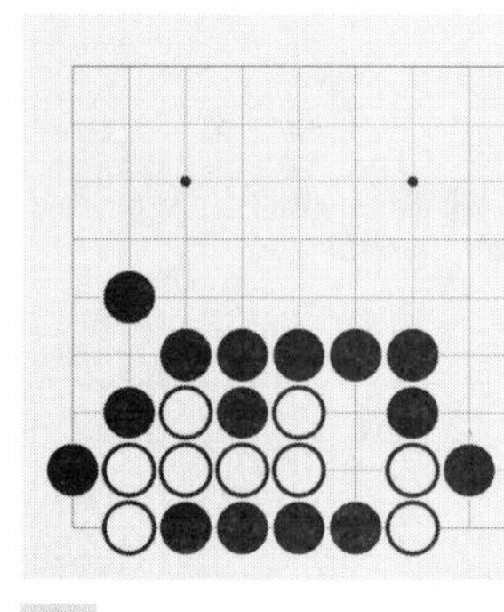

6　　（　　）

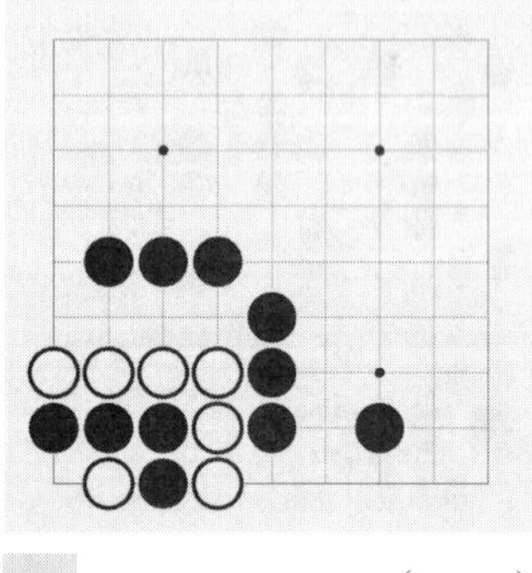

7　　（　　）

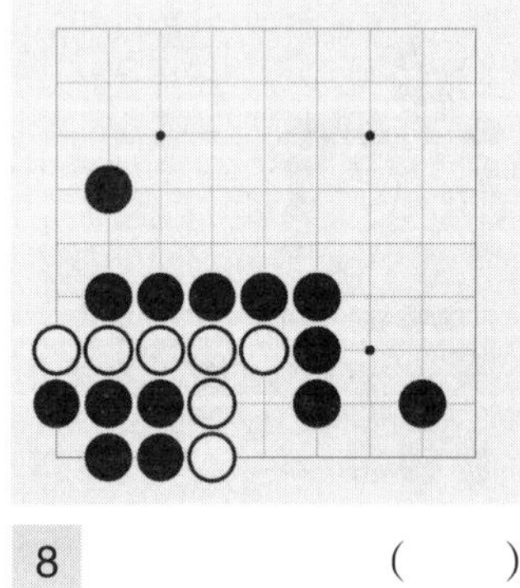

8　　（　　）

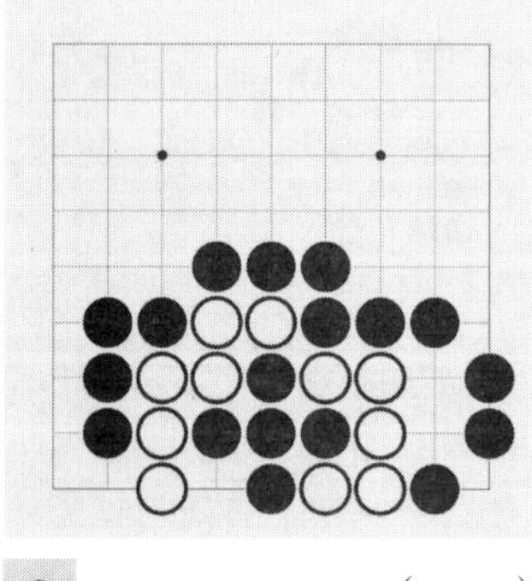

9　　（　　）

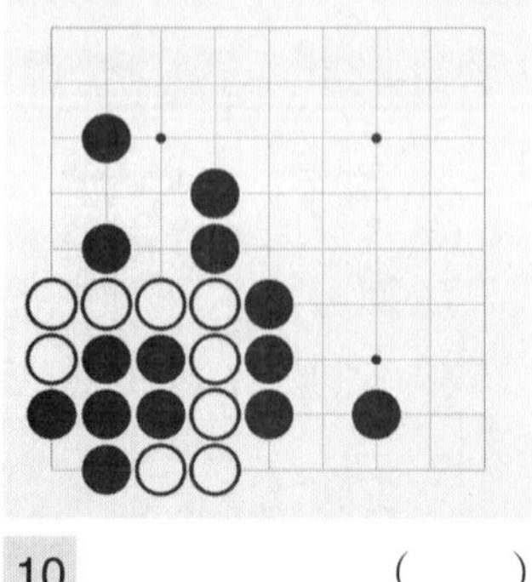

10　　（　　）

扫码看答案

扫码看题

扫码看视频

2.提子死活判断

判断白棋的死活状态。活棋√,死棋×,看谁先动手○。

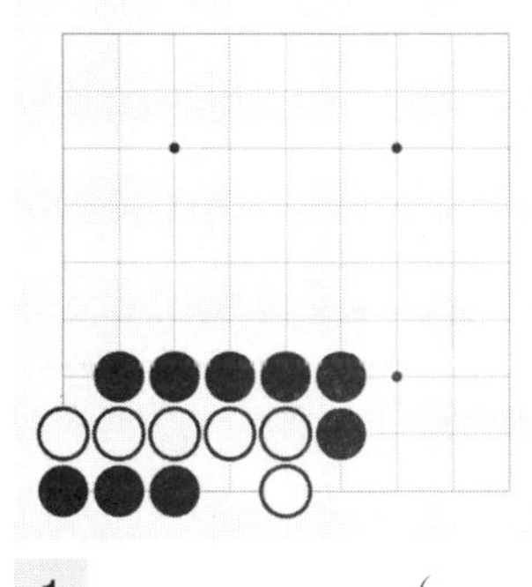

1 （ ）

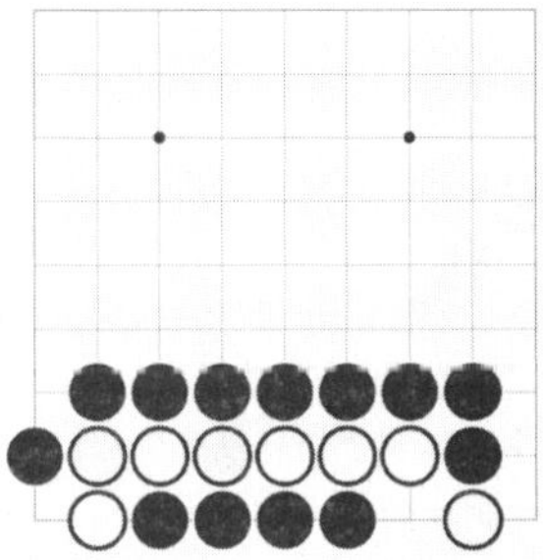

2 （ ）

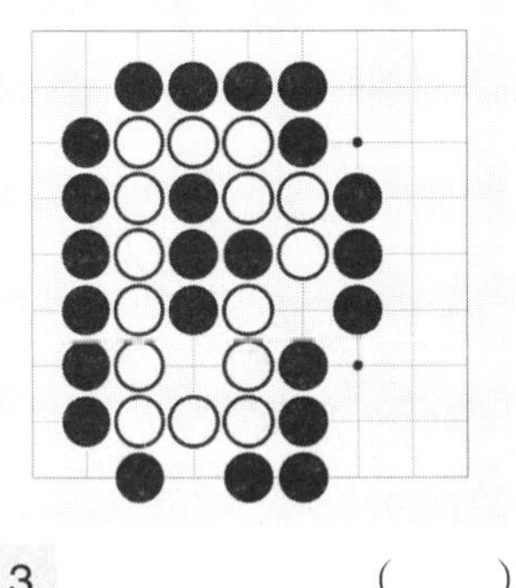

3 （ ）

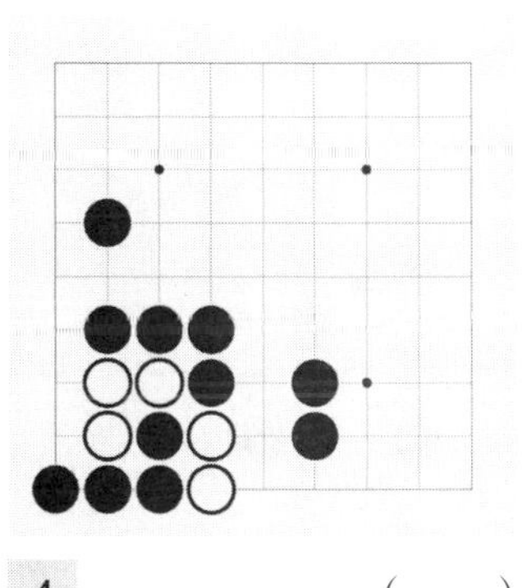

4 （ ）

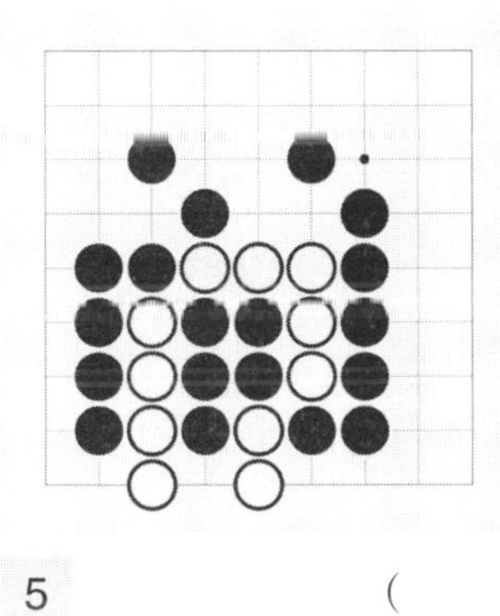

5 （ ）

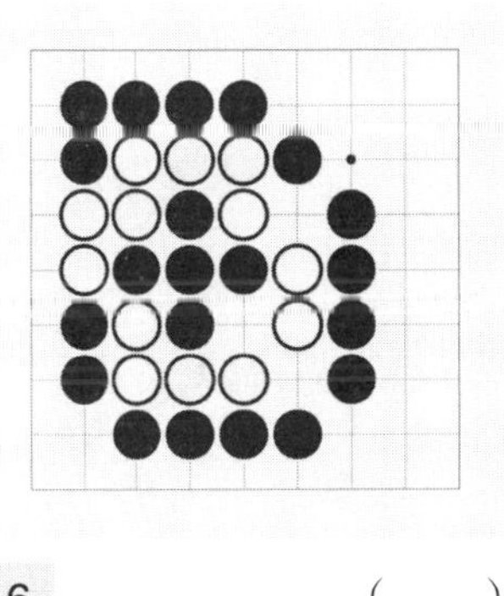

6 （ ）

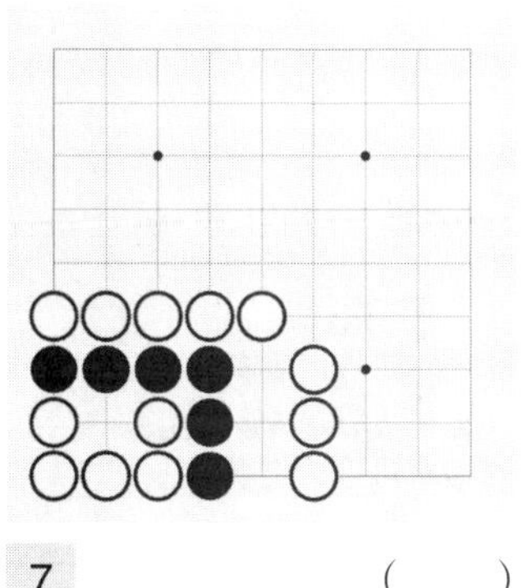

7 （ ）

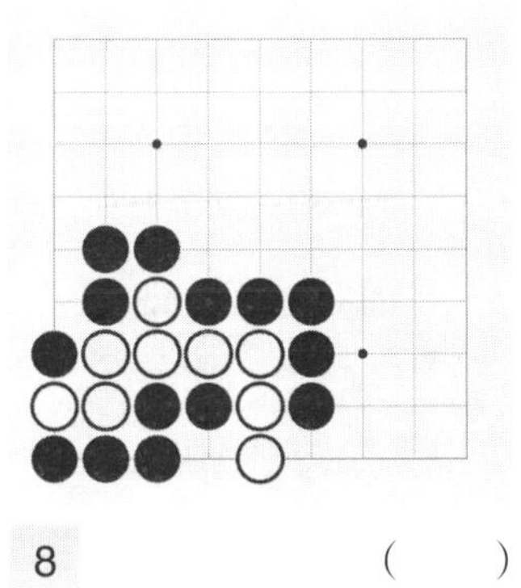

8 （ ）

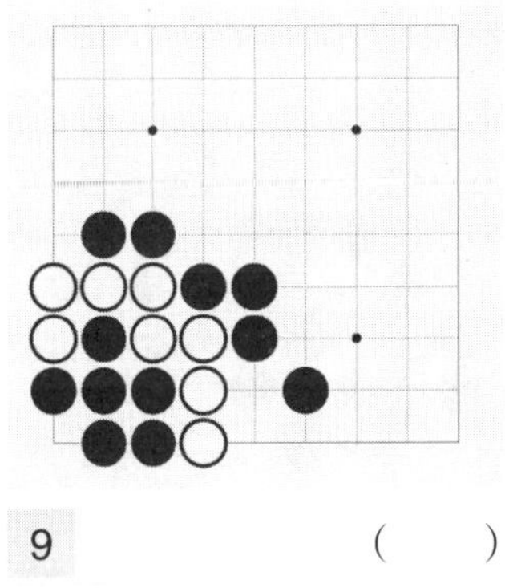

9 （ ）

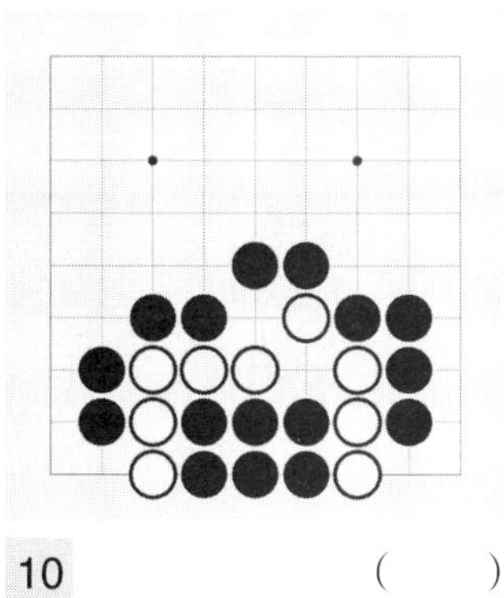

10 （ ）

扫码看答案

扫码看题

扫码看视频

3. 基础聚杀

黑先，写出还原常见死形杀棋的过程。

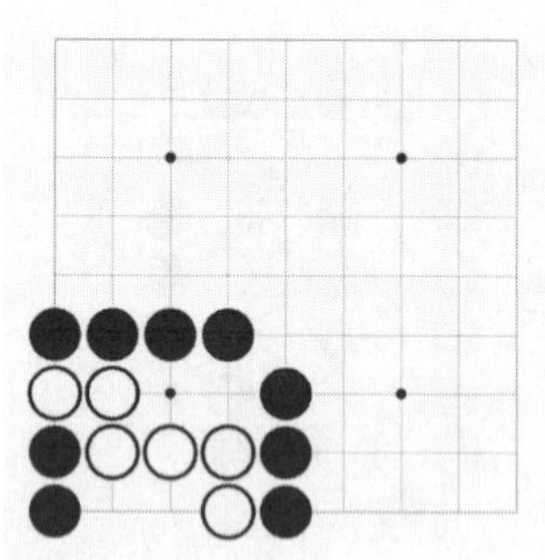

1

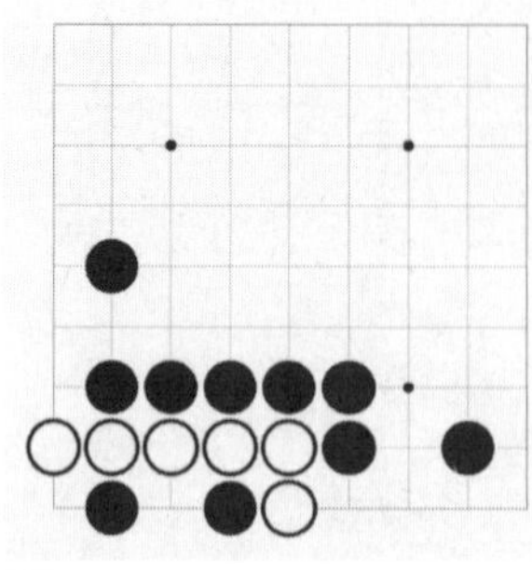

2

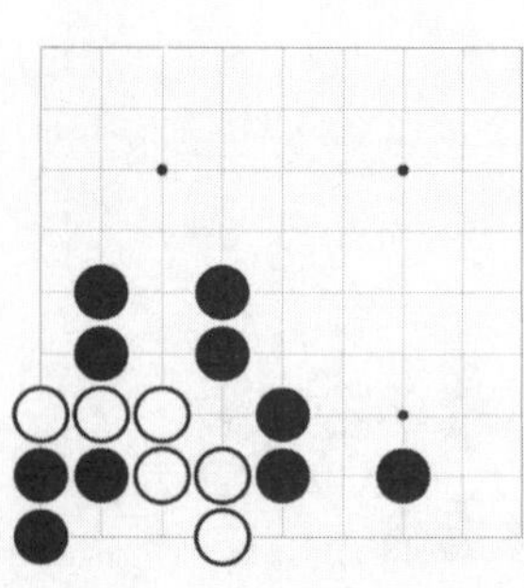

3

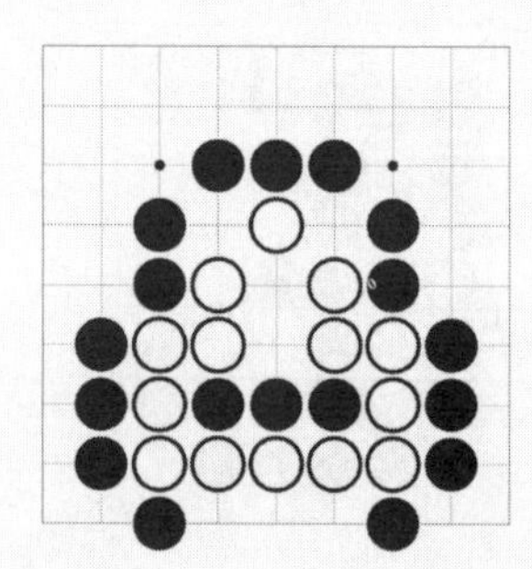

4

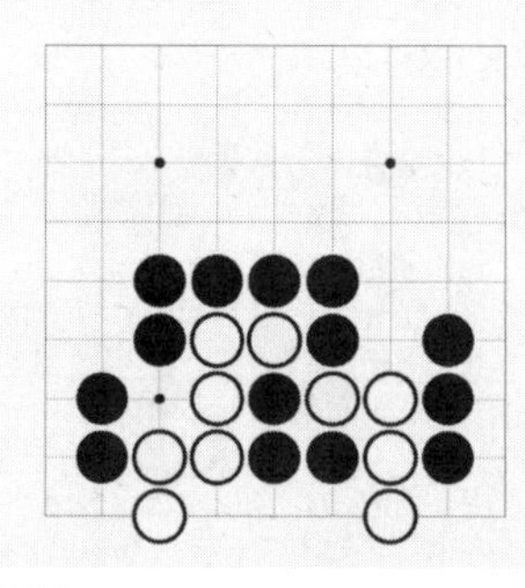

5

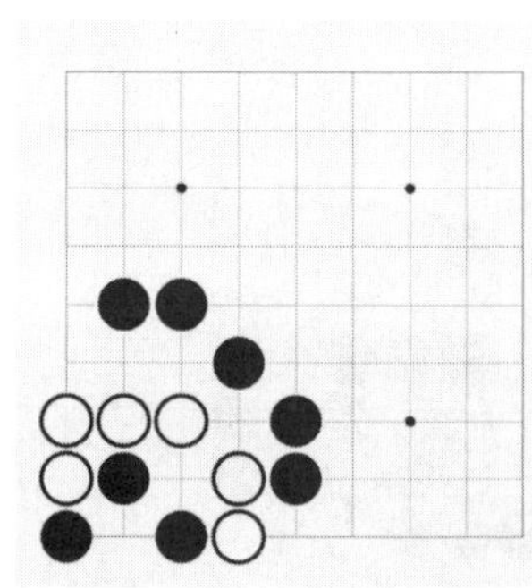

6

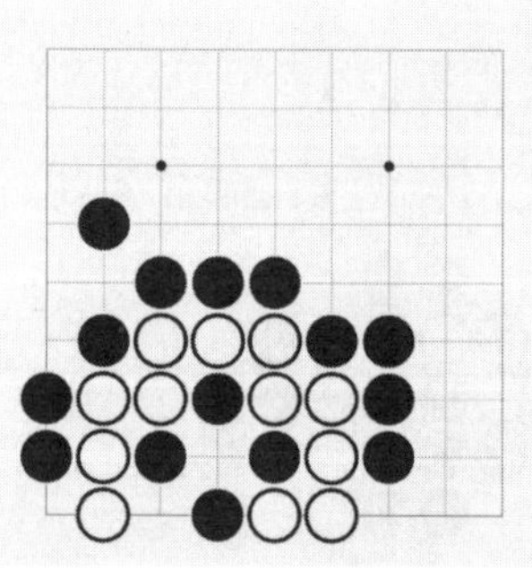

7

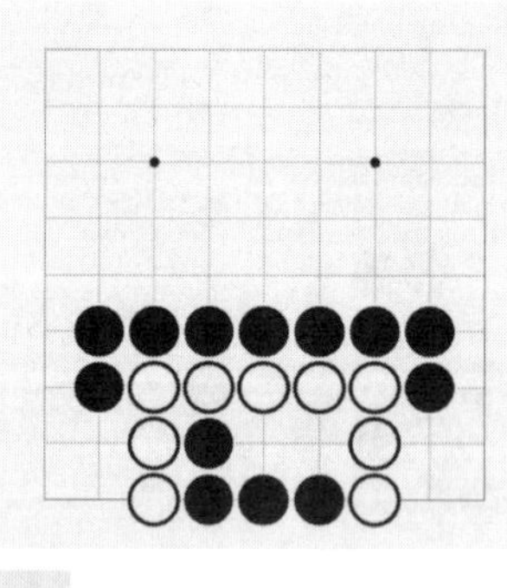

8

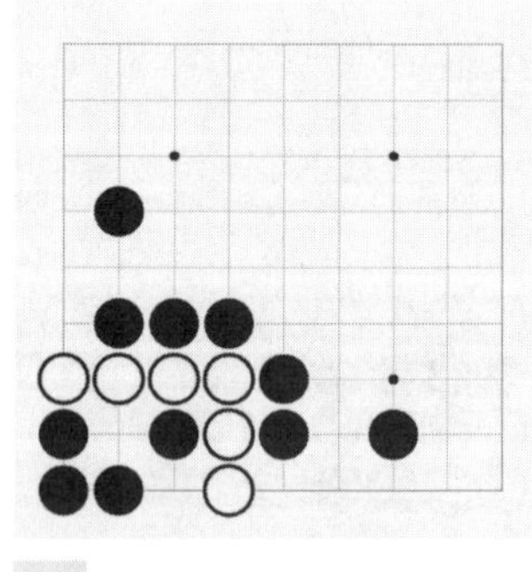

9

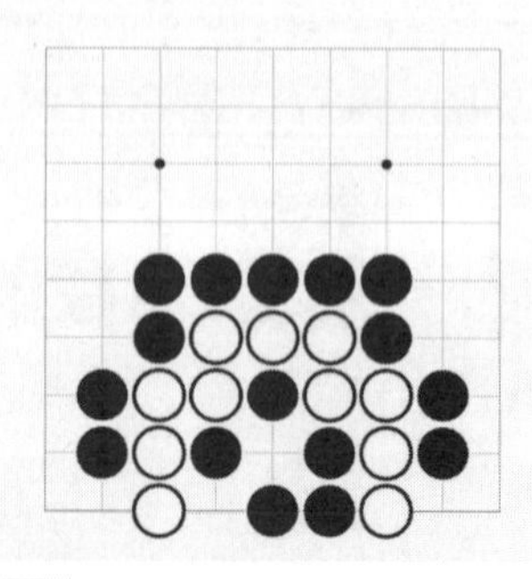

10

扫码看答案

扫码看题

扫码看视频

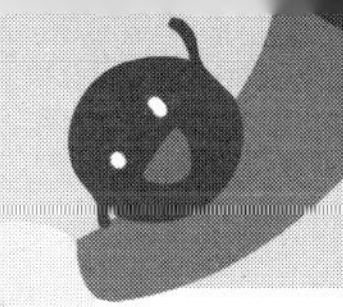

4. 避免聚杀

黑先，写出做活的过程，注意避免还原死形。

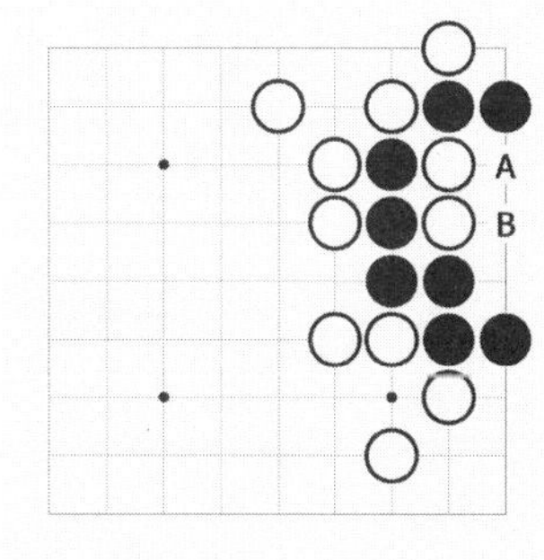

1 （ ）

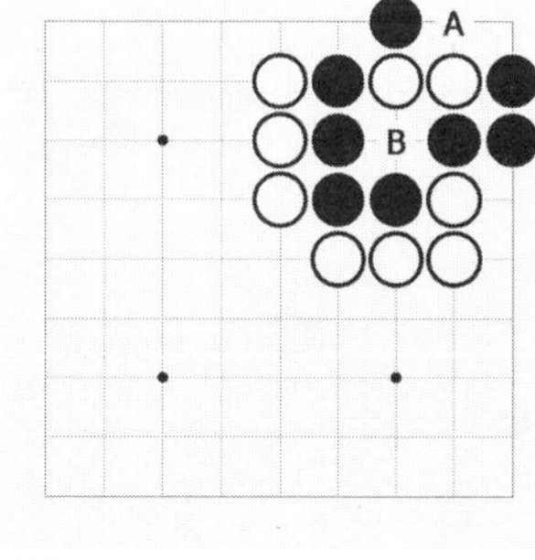

2 （ ）

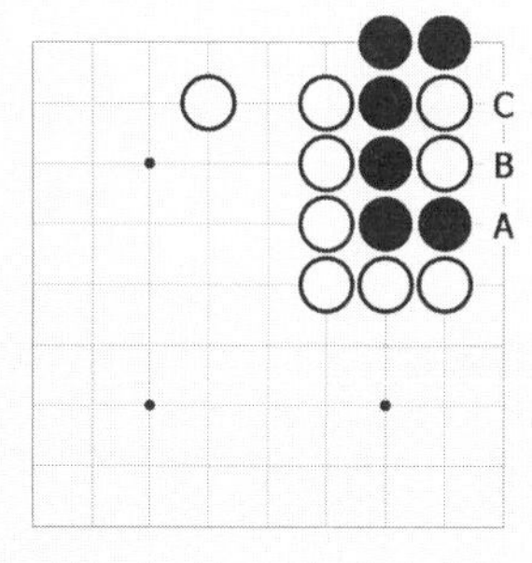

3 （ ）

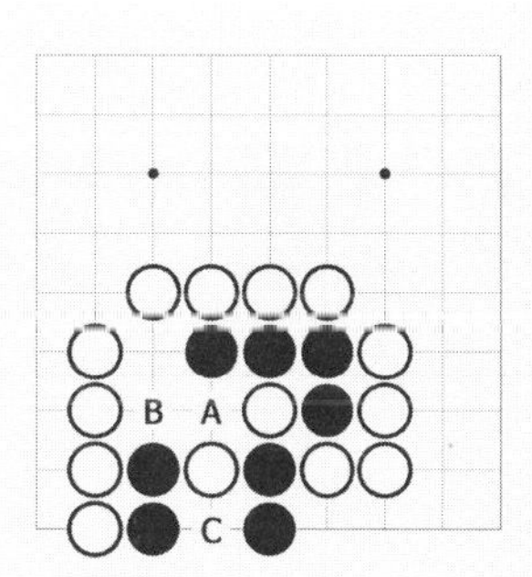

4 （ ）

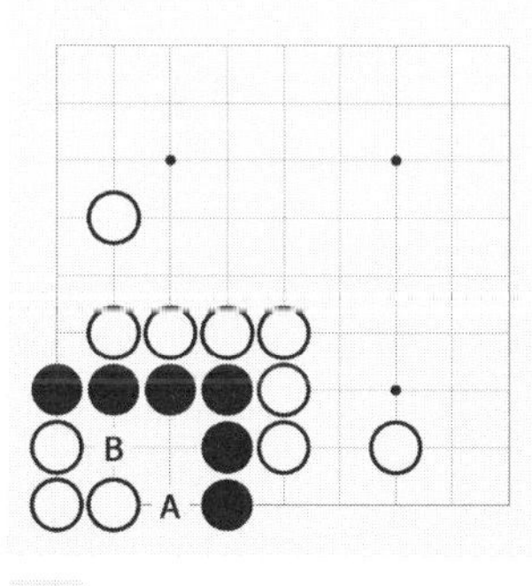

5 （ ）

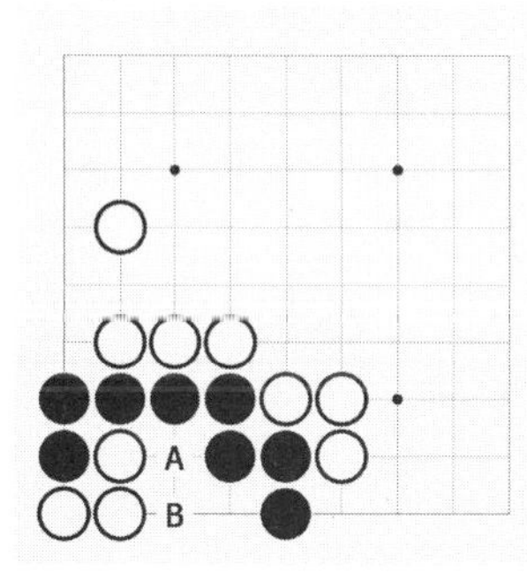

6 （ ）

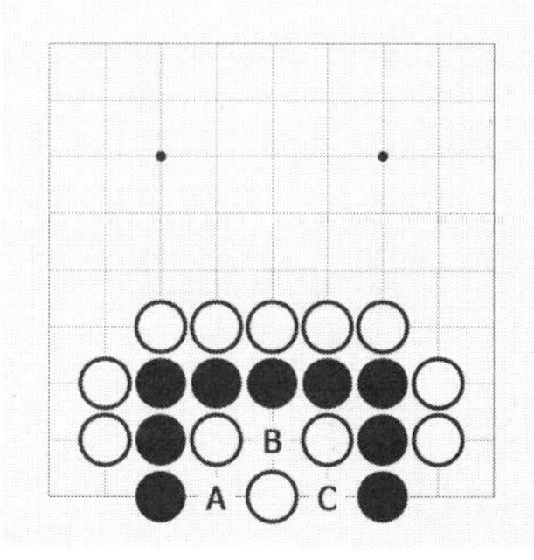

7 （ ）

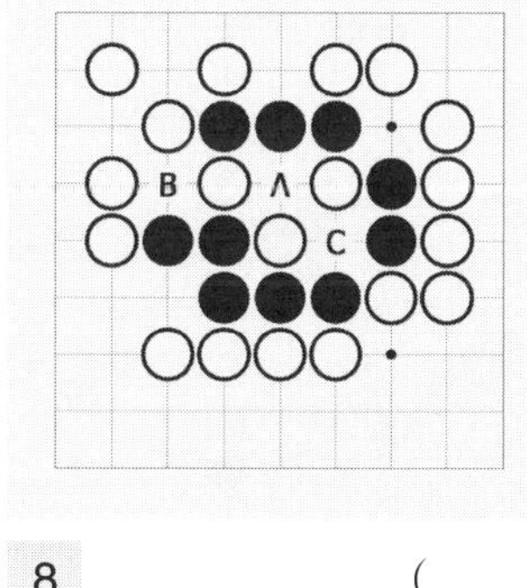

8 （ ）

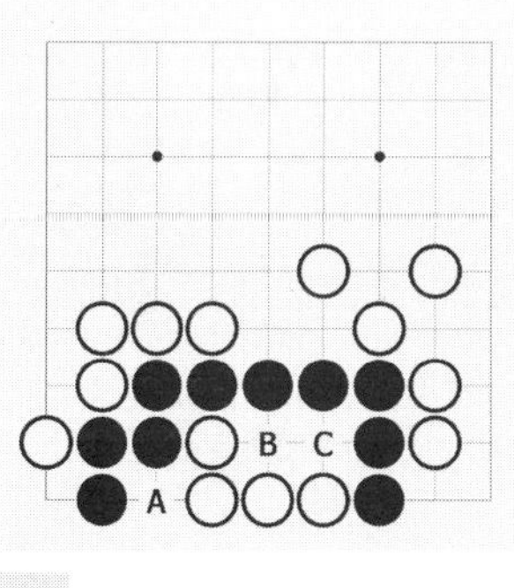

9 （ ）

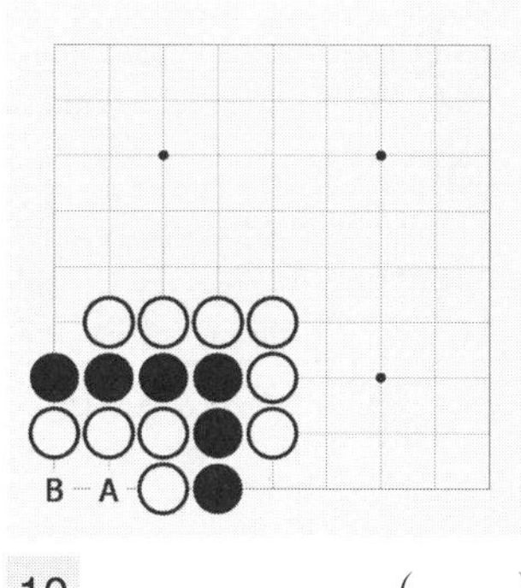

10 （ ）

扫码看答案

扫码看题

扫码看视频

5.实战运用(一)

帮黑棋选择正确的做活下法。

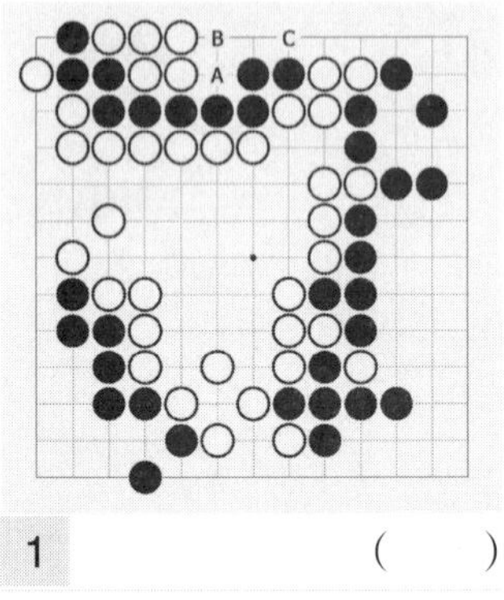

1 (　　)

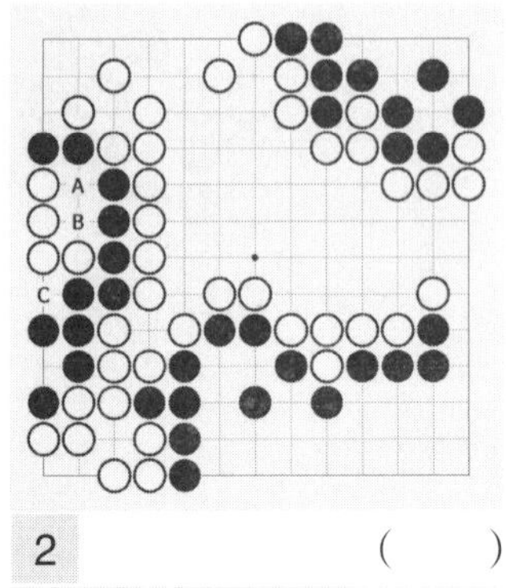

2 (　　)

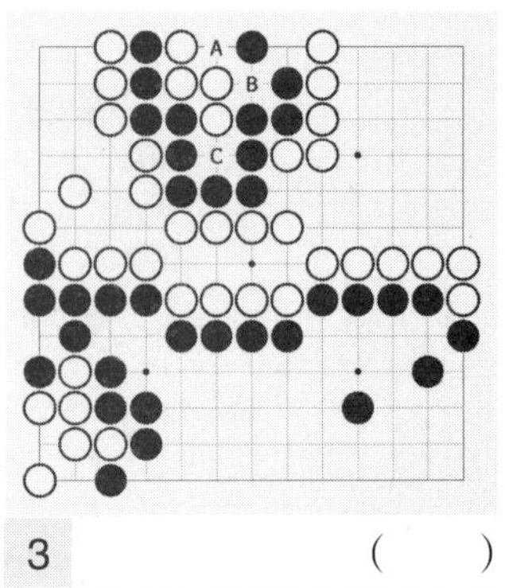

3 (　　)

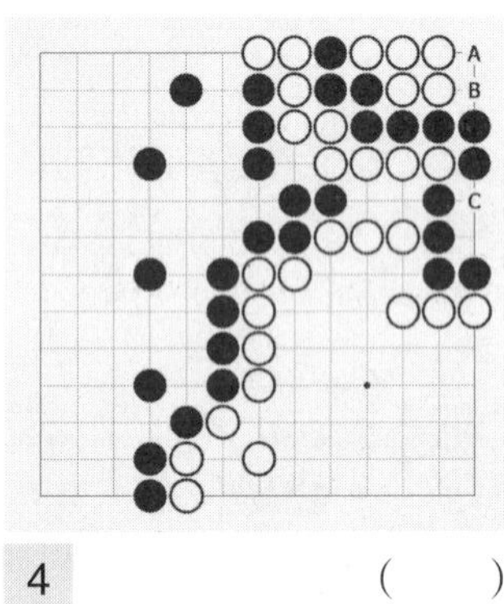

4 (　　)

扫码看答案

扫码看题

扫码看视频

黑先,写出做活的过程,注意避免还原死形。

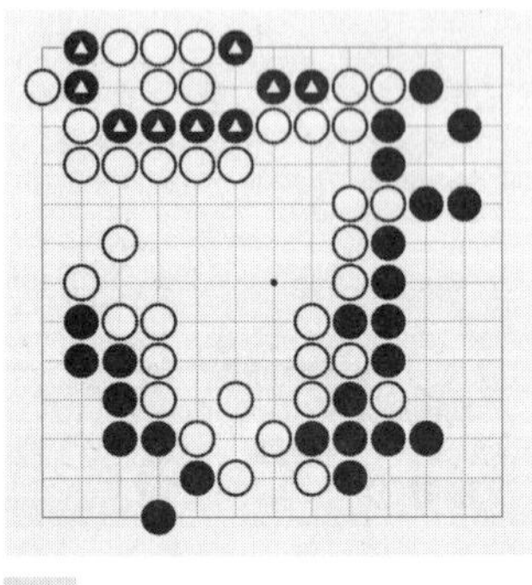

1

2

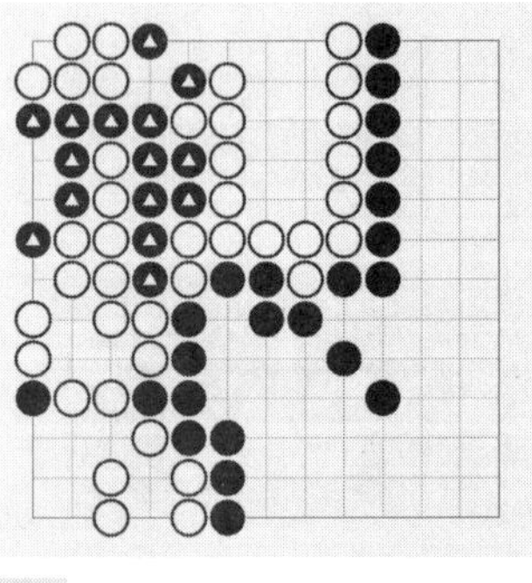

3

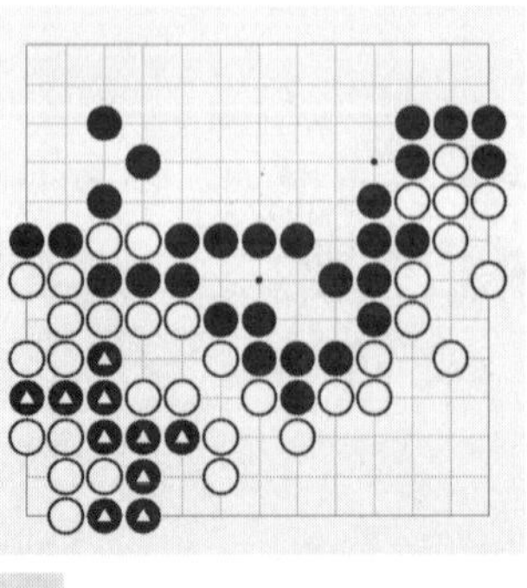

4

5

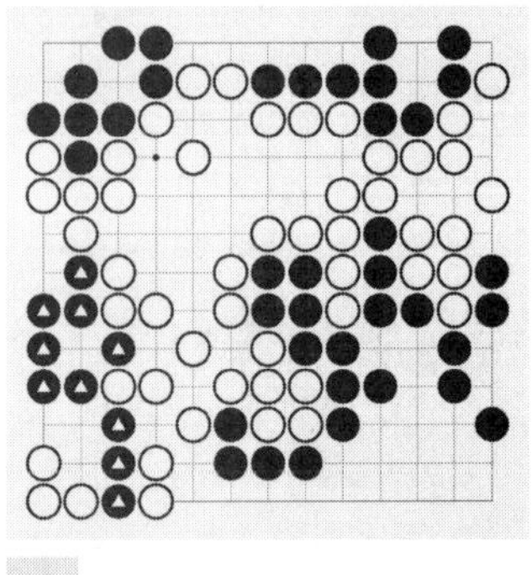

6

6.实战运用(二)

黑先,写出还原常见死形杀棋的过程。

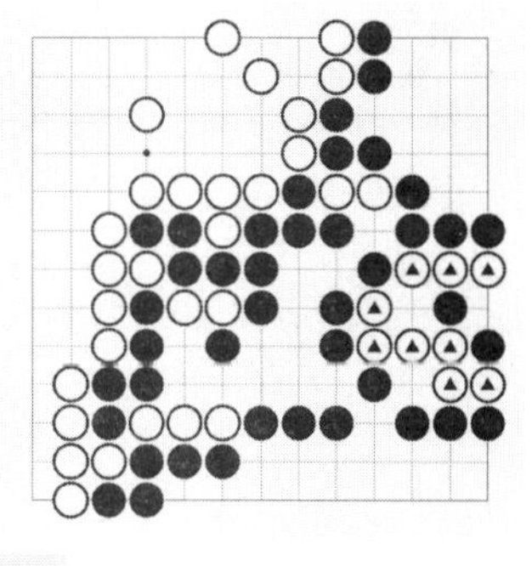

1

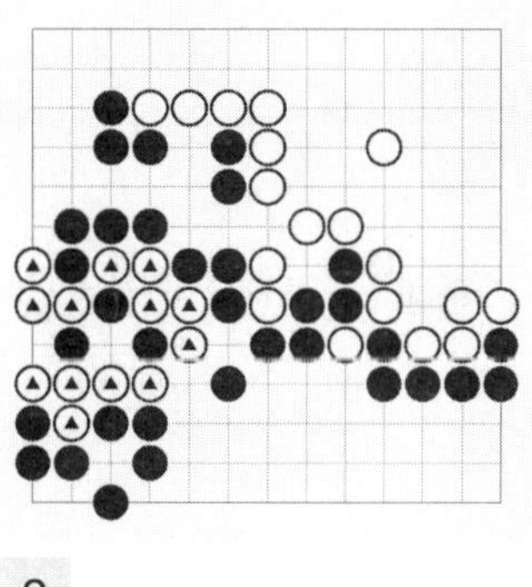

2

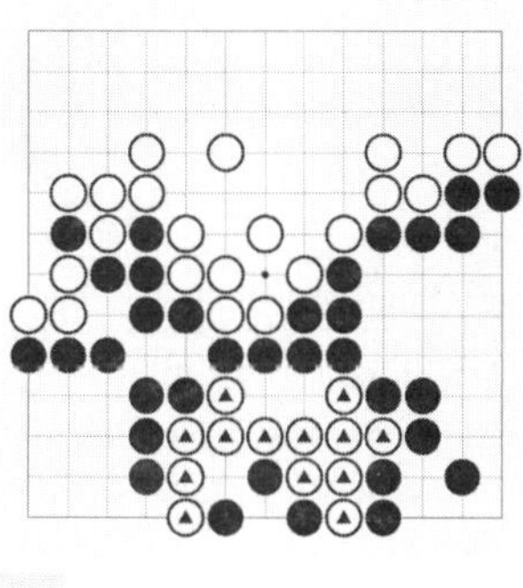

3

4

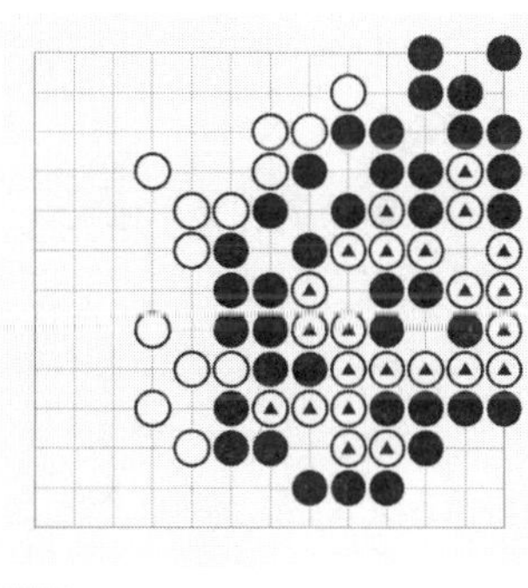

5

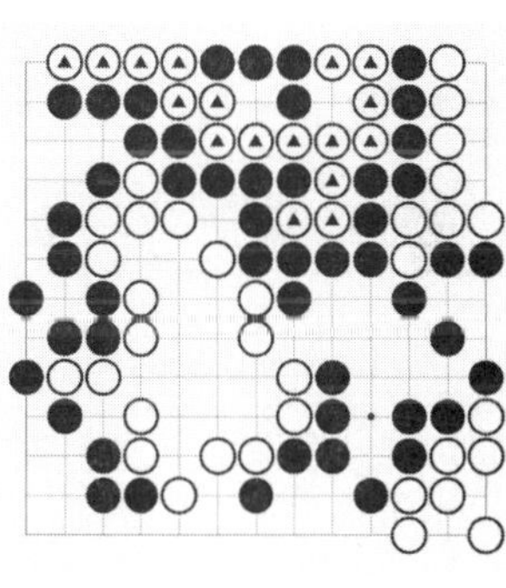

6

7

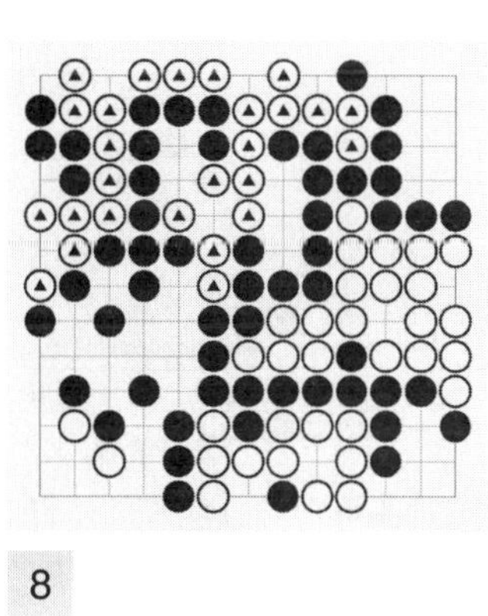

8

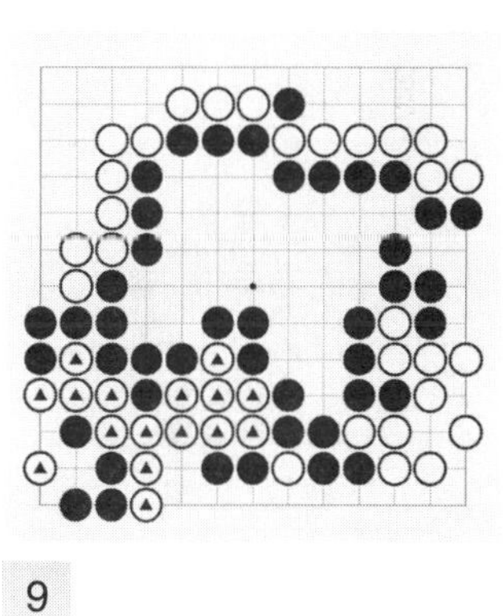

9

10

扫码看答案

扫码看题

扫码看视频

7.深度拓展

判断白棋的死活状态。活棋√,死棋×,看谁先动手○。

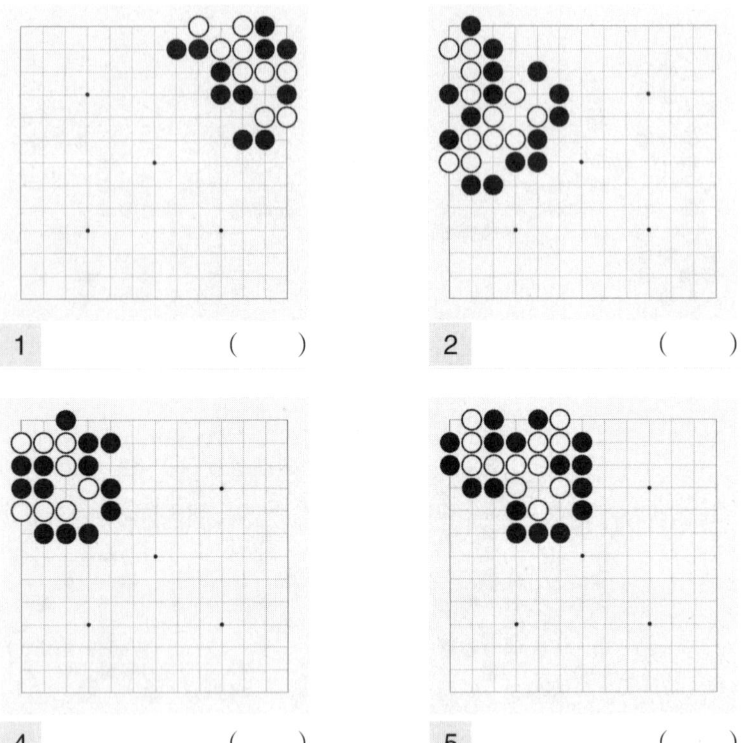

1 ( )　2 ( )　3 ( )

4 ( )　5 ( )

黑先,写出还原常见死形杀棋的过程。

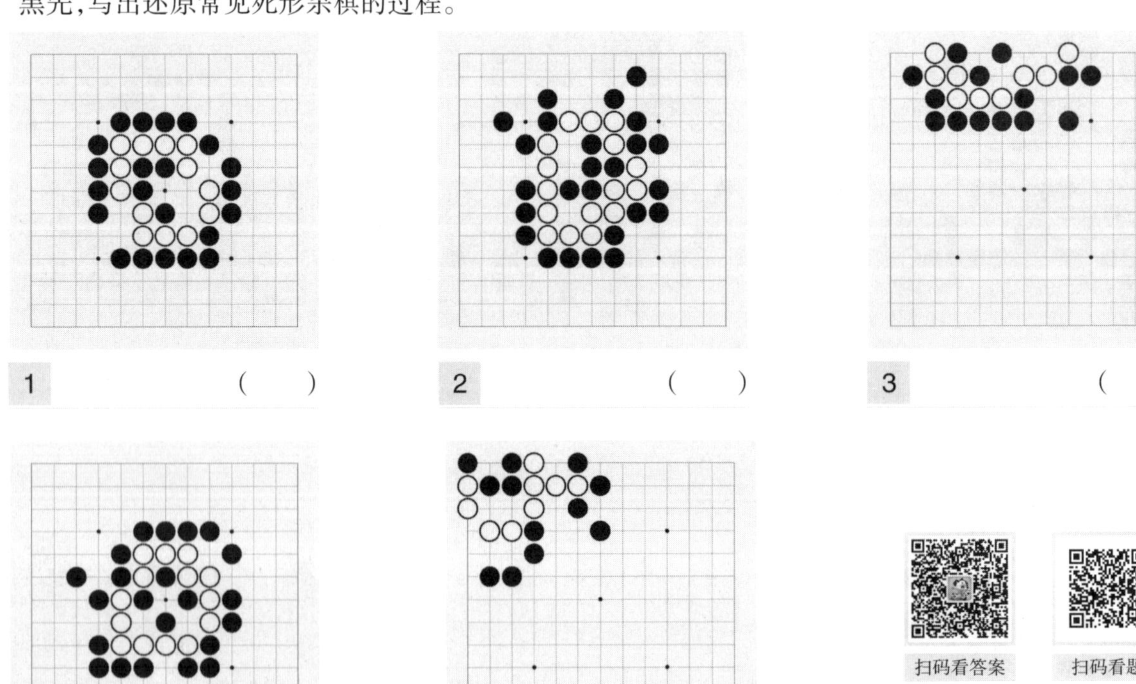

1 ( )　2 ( )　3 ( )

4 ( )　5 ( )

扫码看答案　扫码看题

二十四　做眼手法与常型

1.一路立与一路挡

黑先,写出边上做眼的下一手。

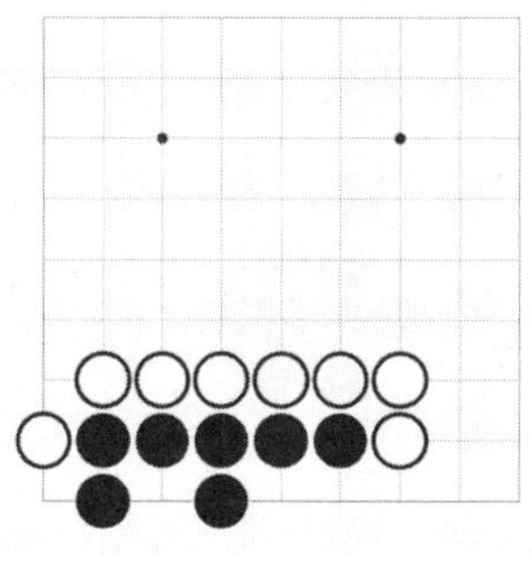

1

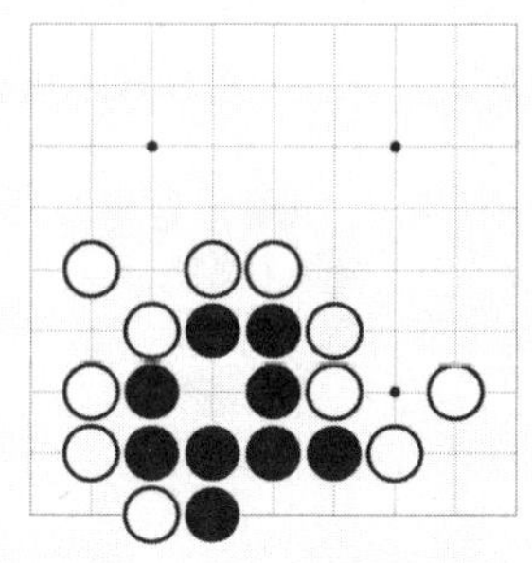

2

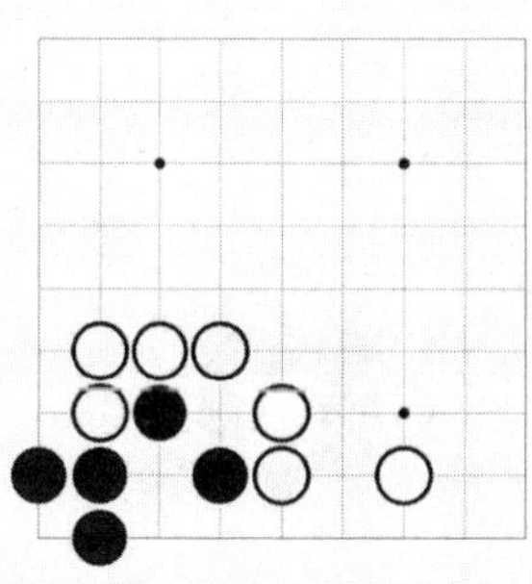

3

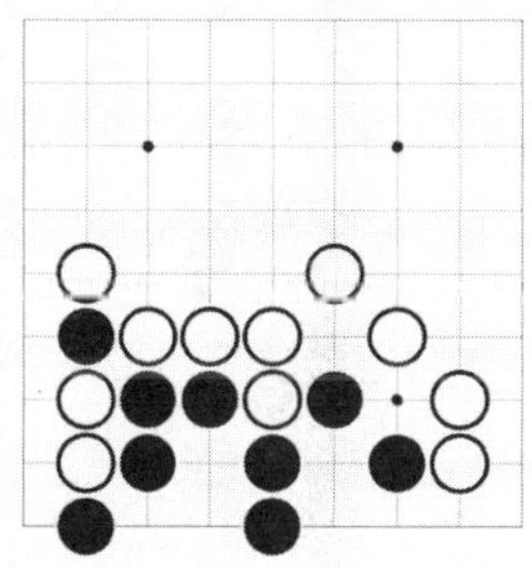

4

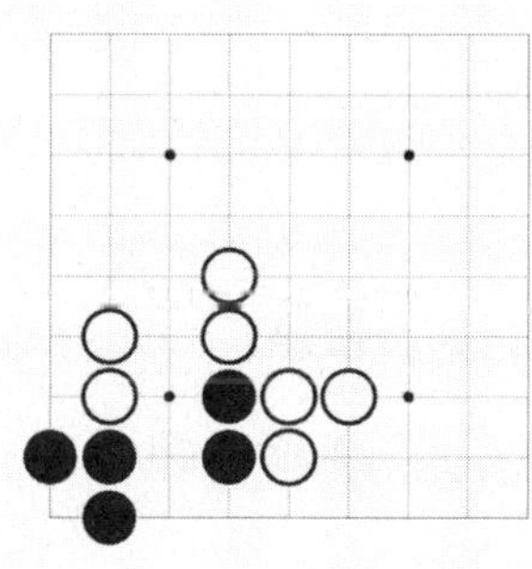

5

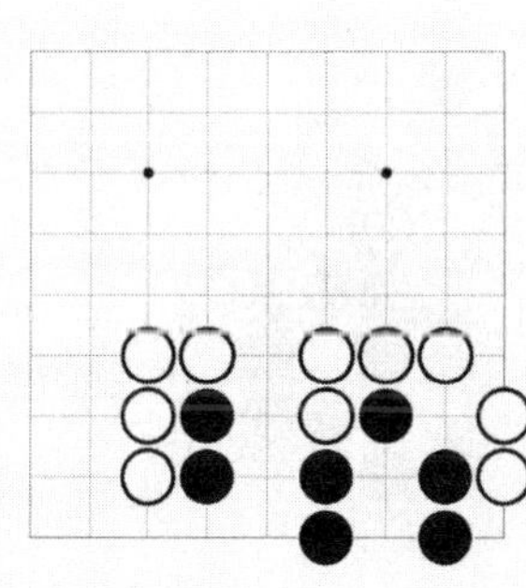

6

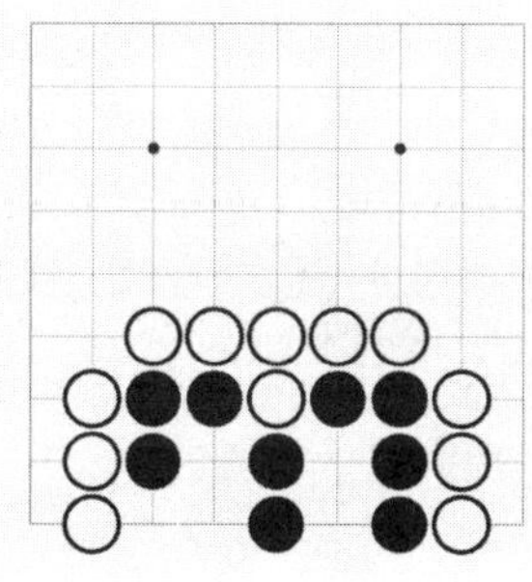

7

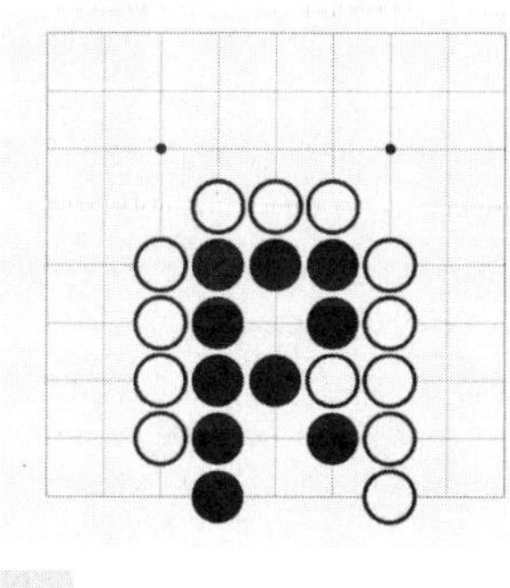

8

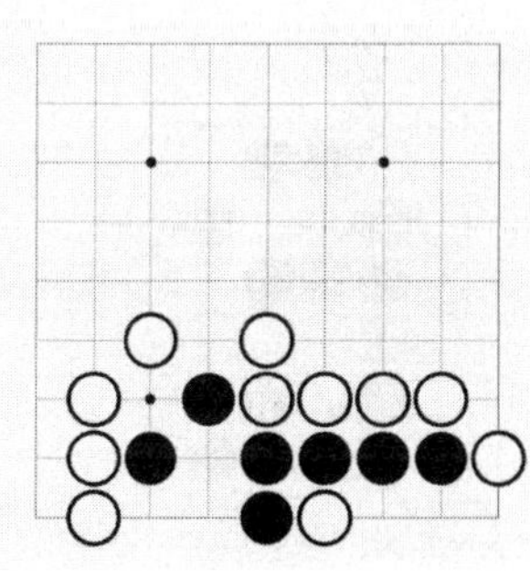

9

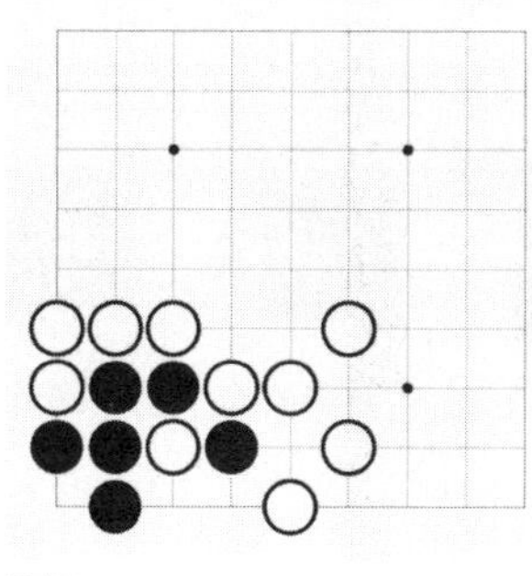

10

扫码看答案

扫码看题

扫码看视频

2. 一路尖

黑先，写出边上做眼的下一手。

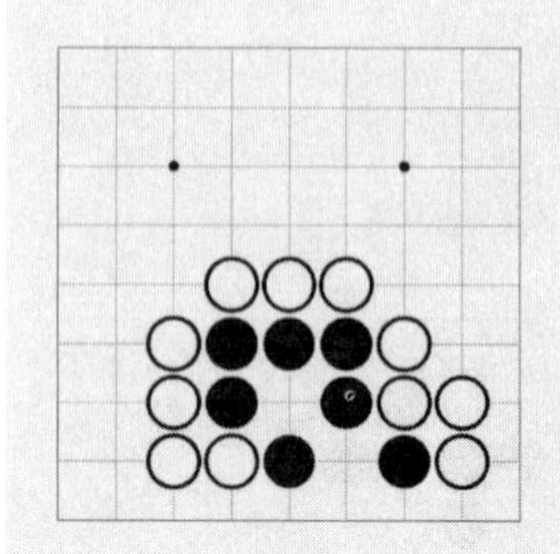

1

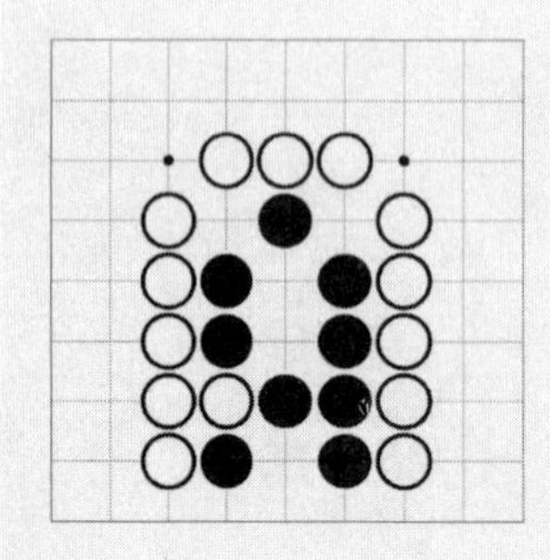

2

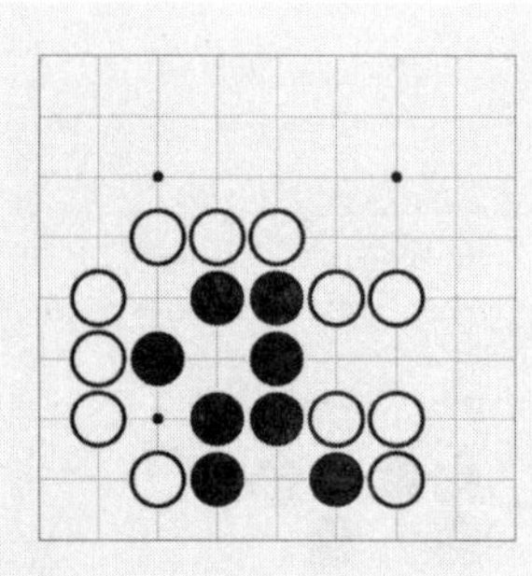

3

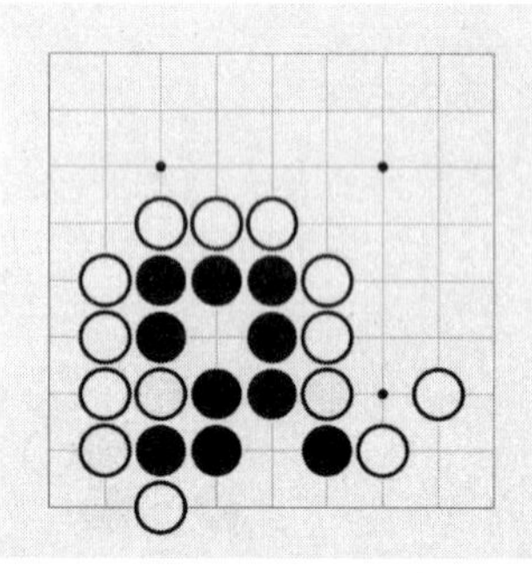

4

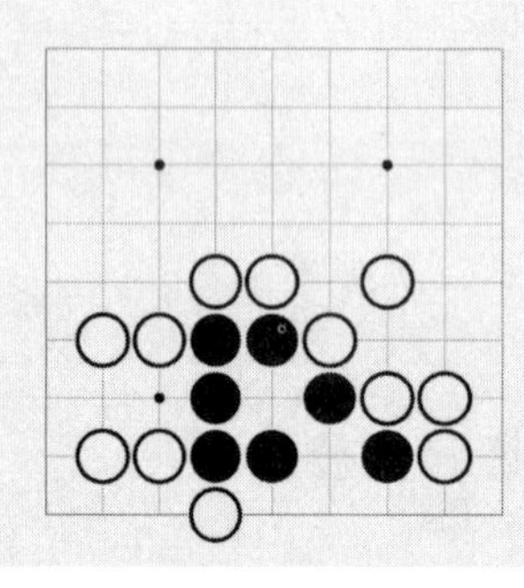

5

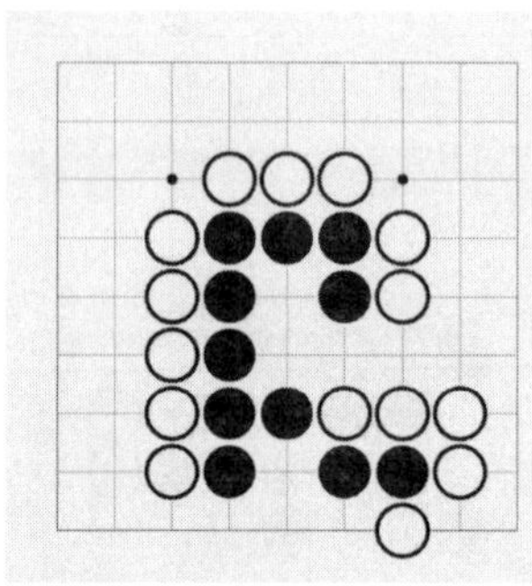

6

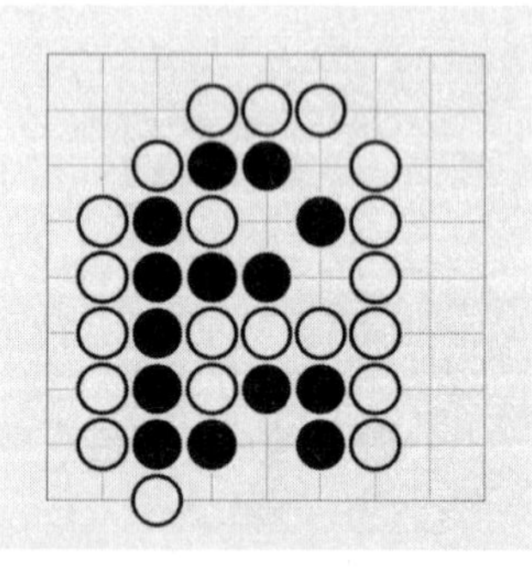

7

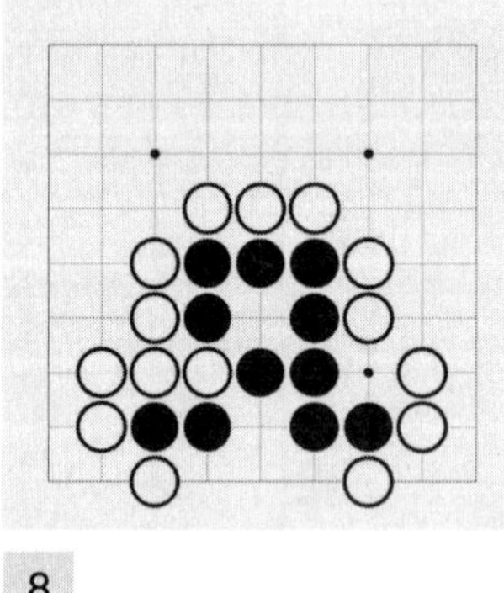

8

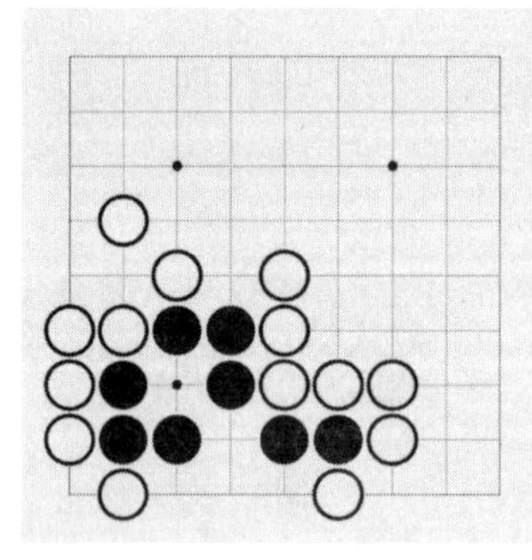

9

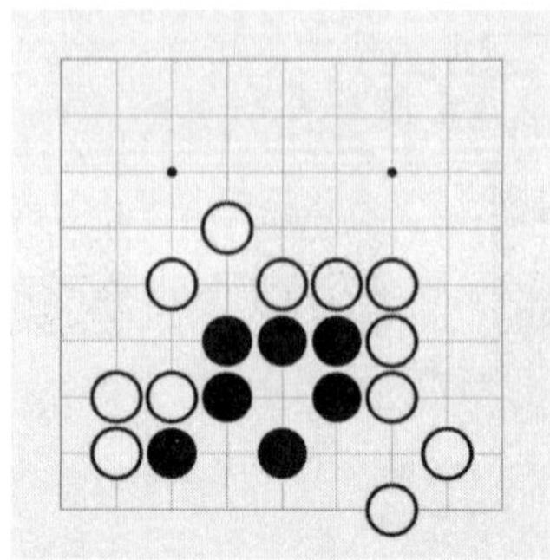

10

扫码看答案

扫码看题

扫码看视频

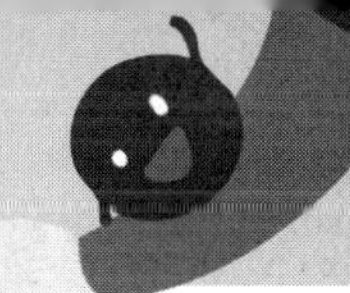

3.二路挡

黑先，写出边上做眼的下一手。

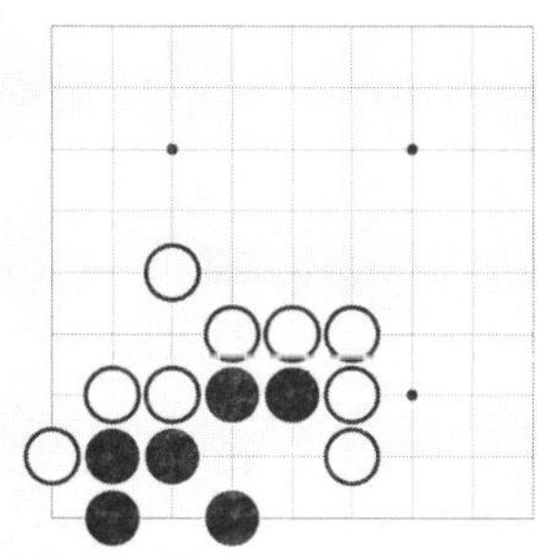

1

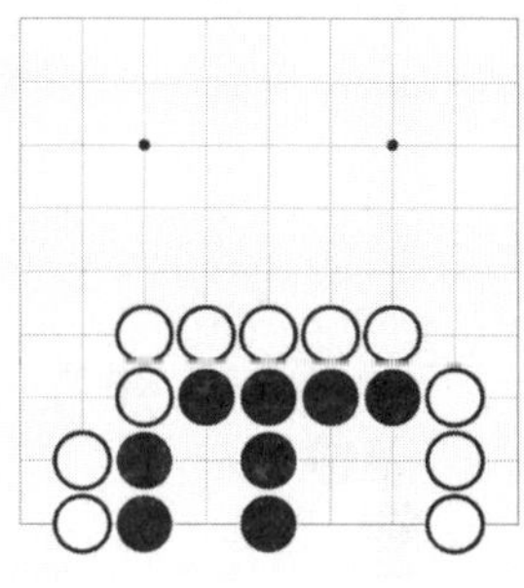

2

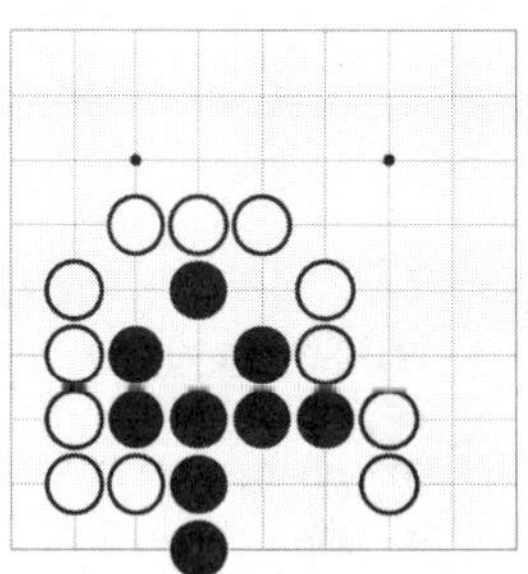

3

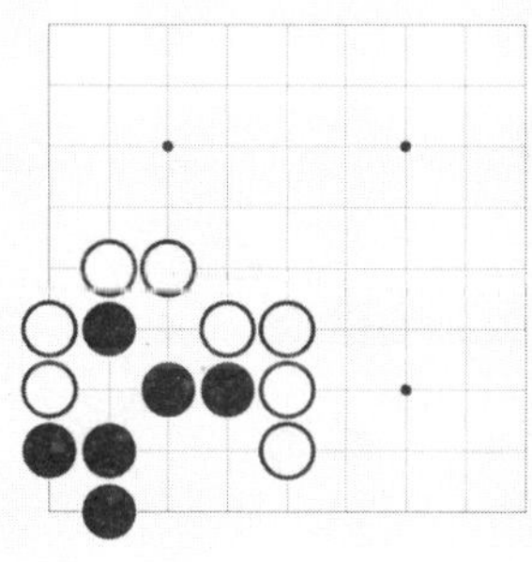

4

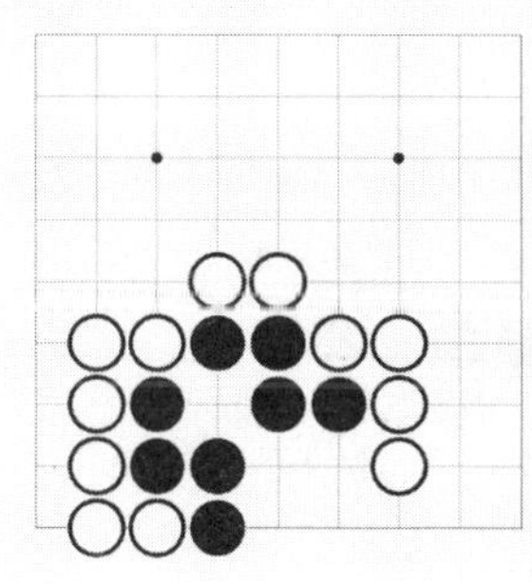

5

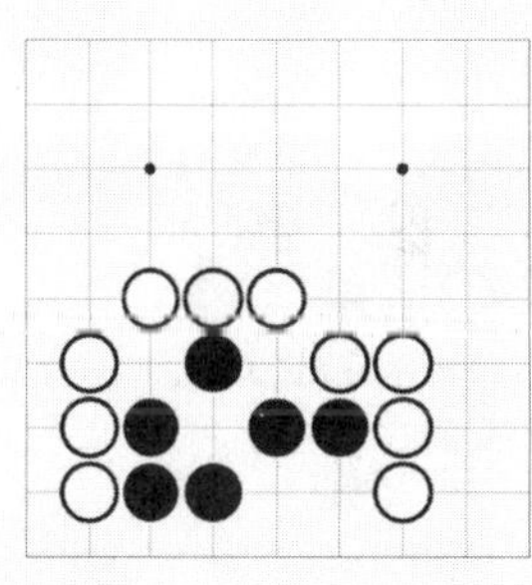

6

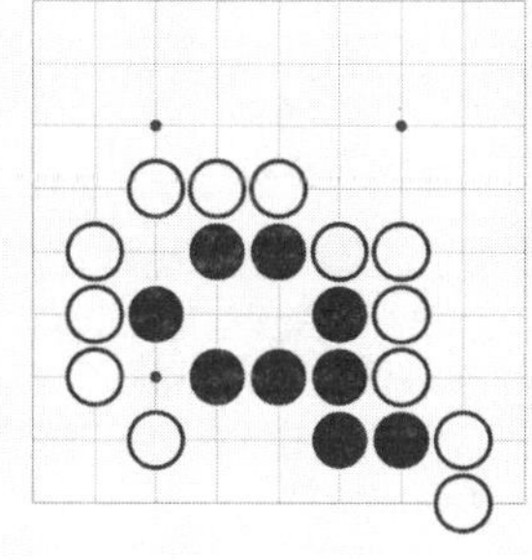

7

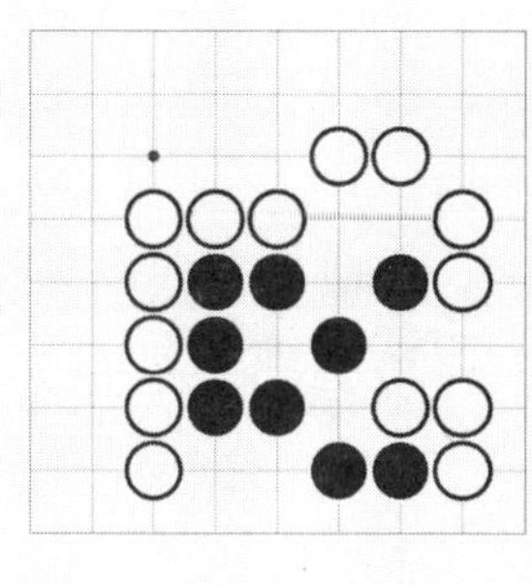

8

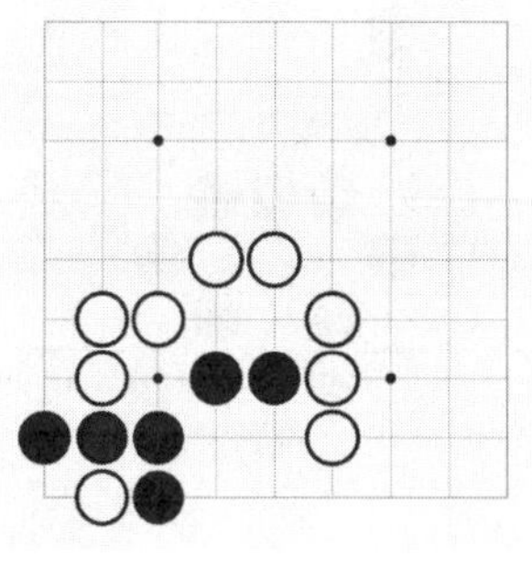

9

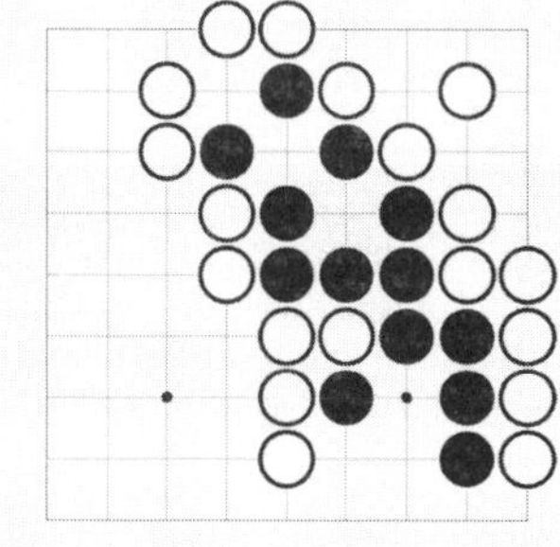

10

扫码看答案

扫码看题

扫码看视频

4. 二路虎与二路尖

黑先，写出边上做眼的过程。

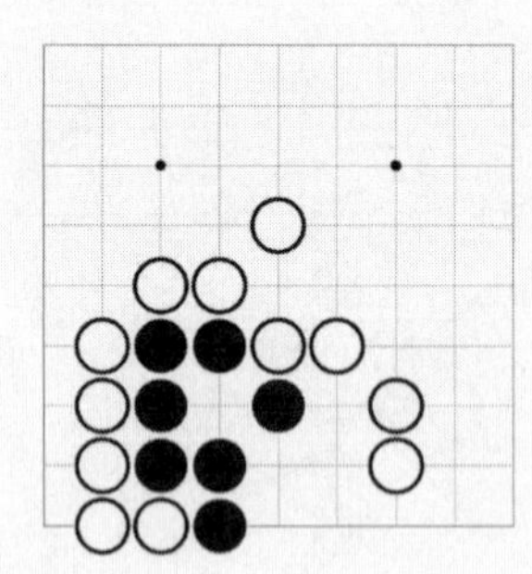

1

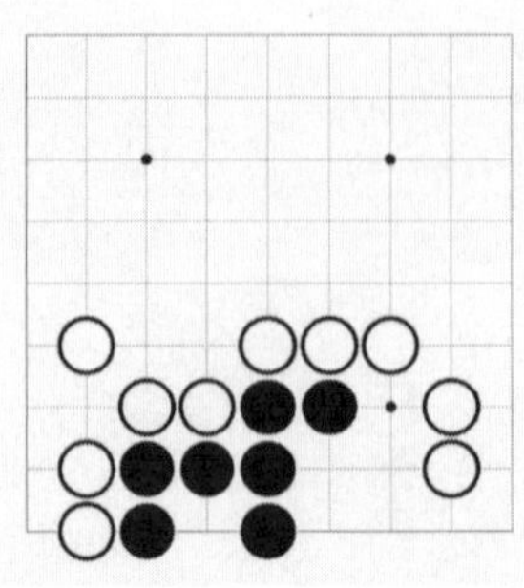

2

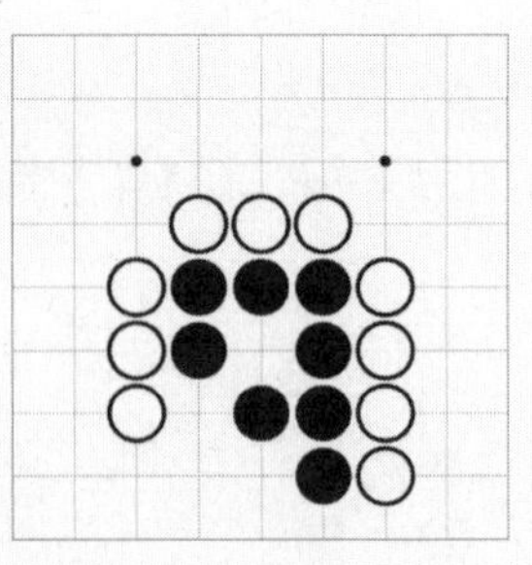

3

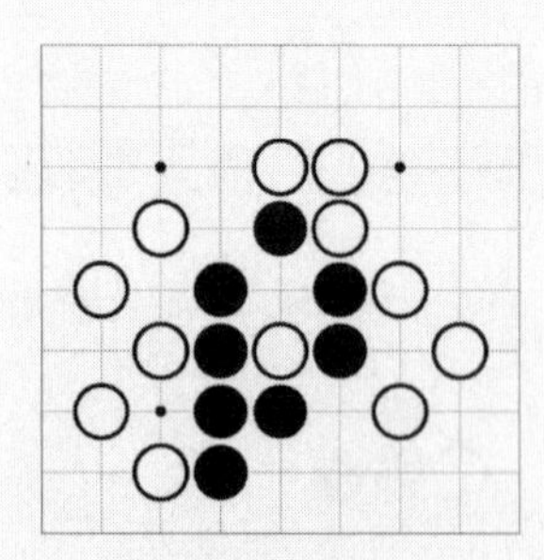

4

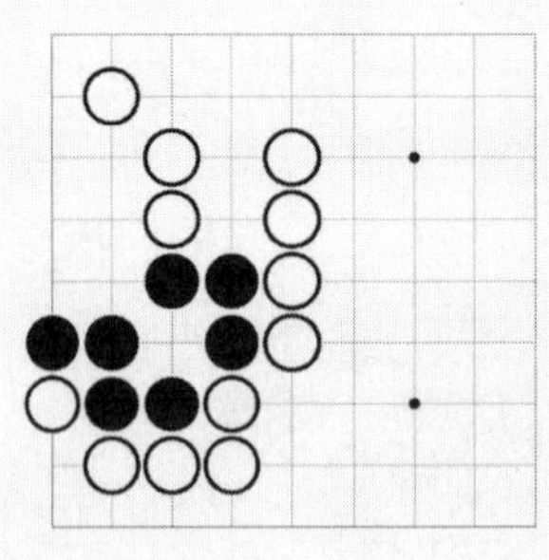

5

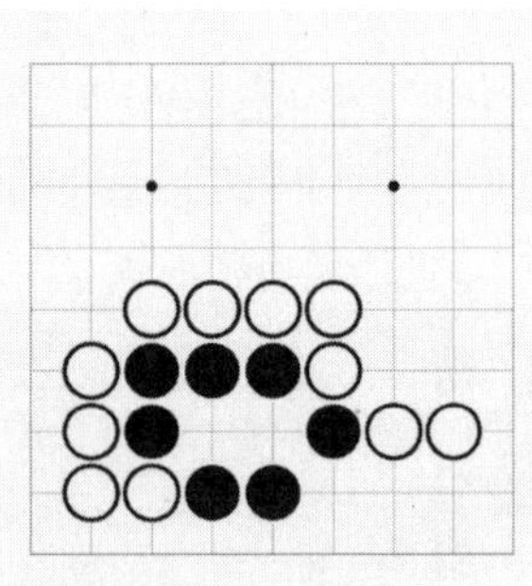

6

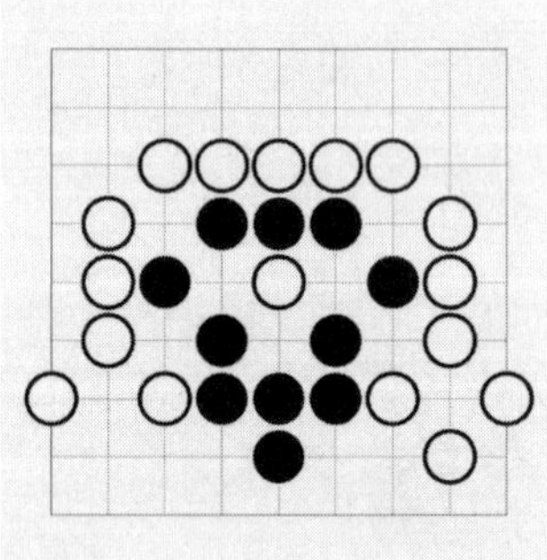

7

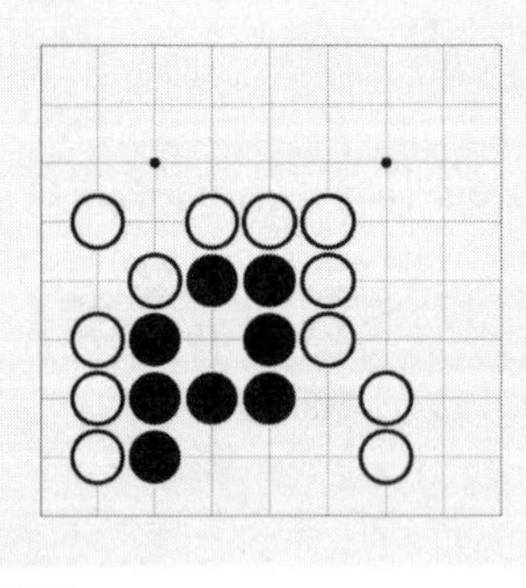

8

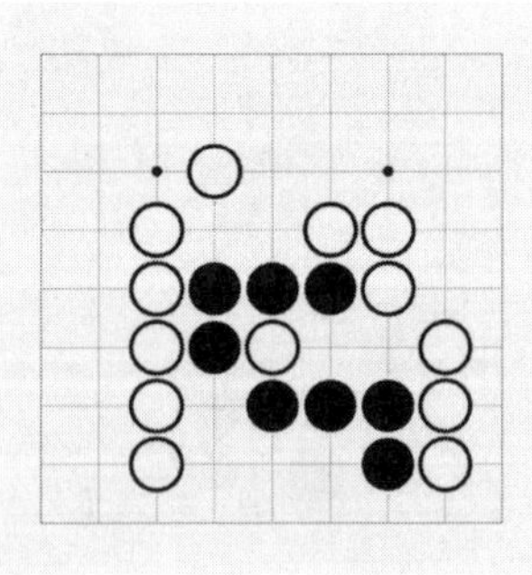

9

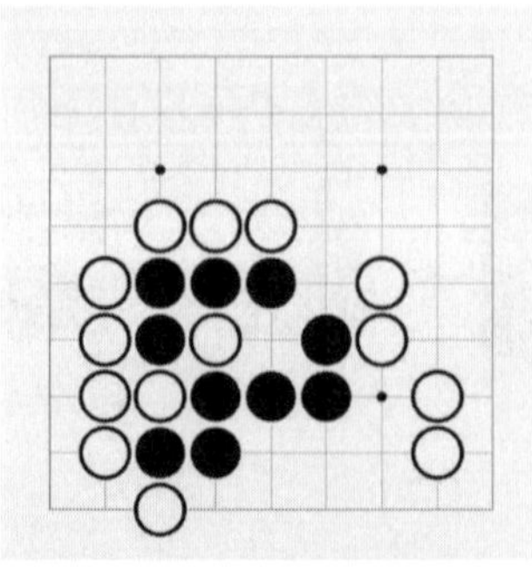

10

扫码看答案

扫码看题

扫码看视频

5.实战运用(一)

黑先，写出边上做眼的下一手。

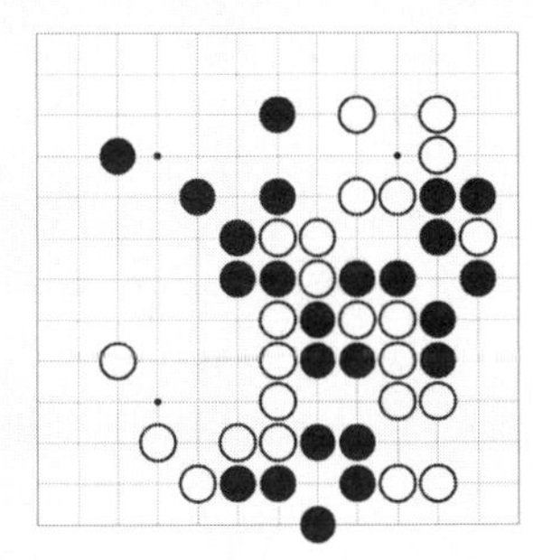

1

2

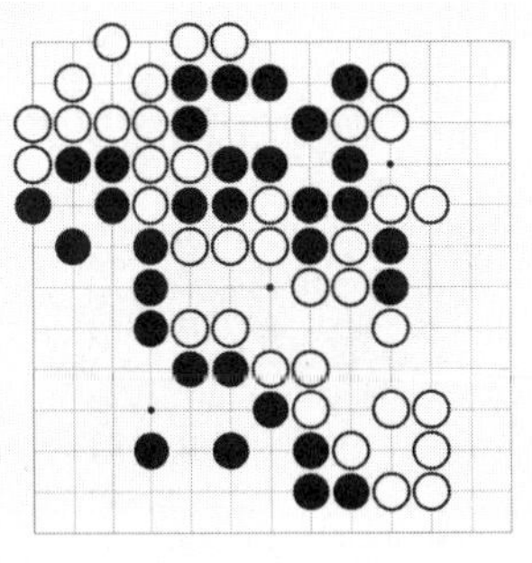

3

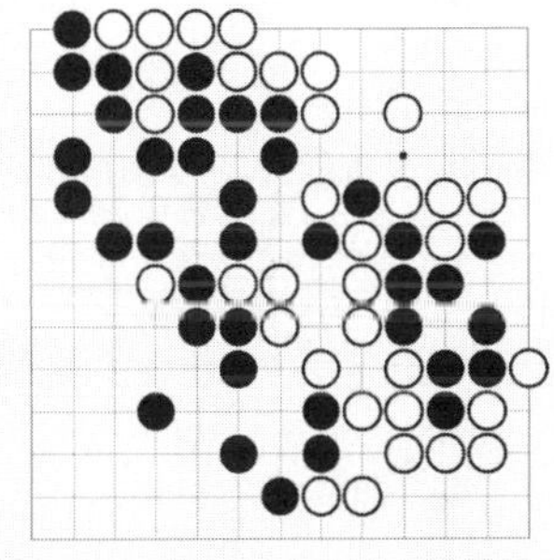

4

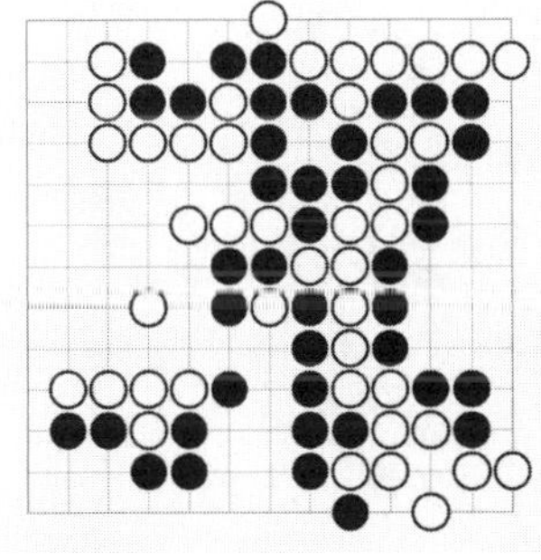

5

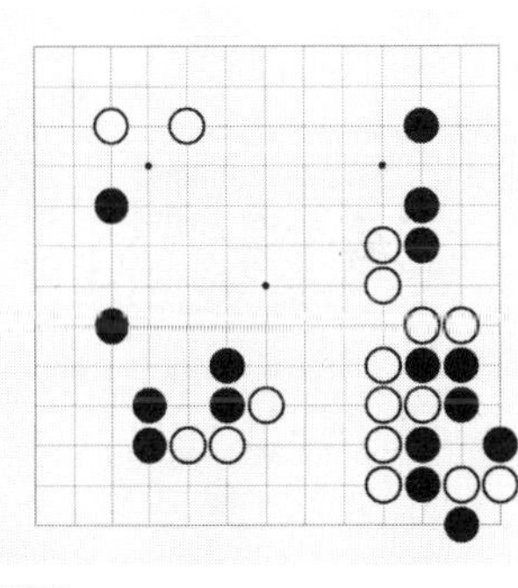

6

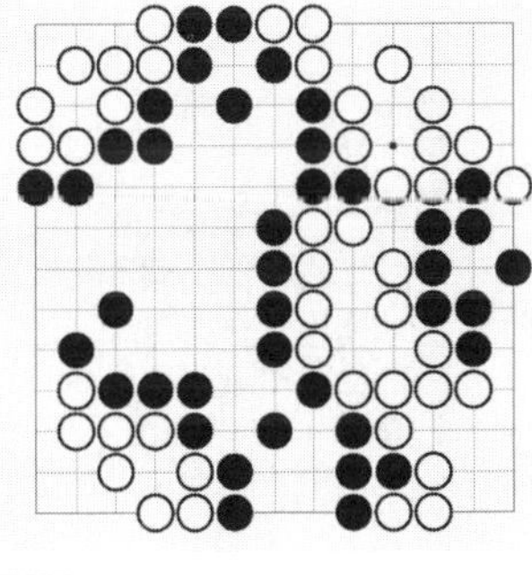

7

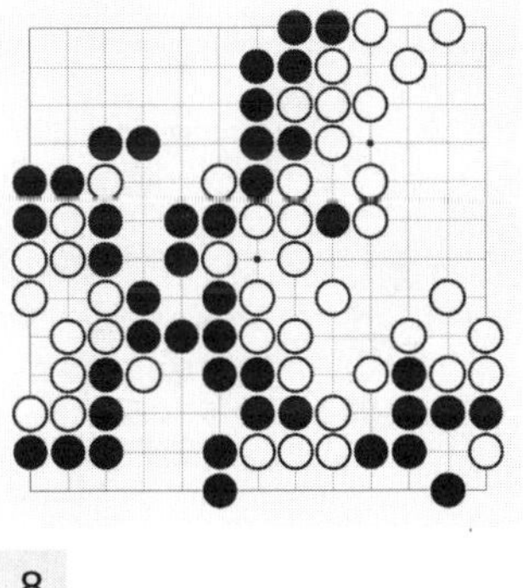

8

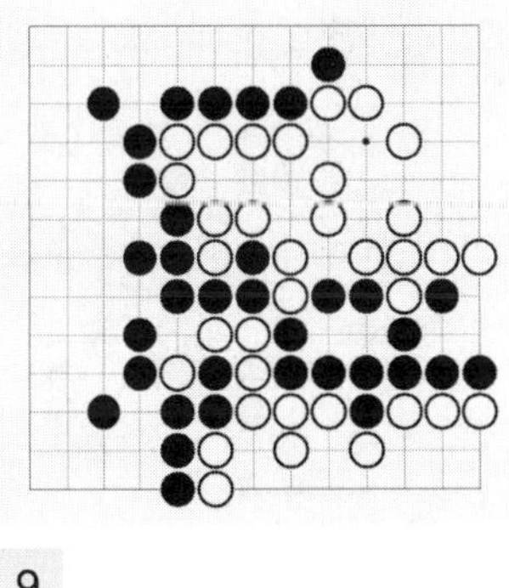

9

10

扫码看答案

扫码看题

扫码看视频

6.实战运用(二)

黑先,写出边上做眼的过程。

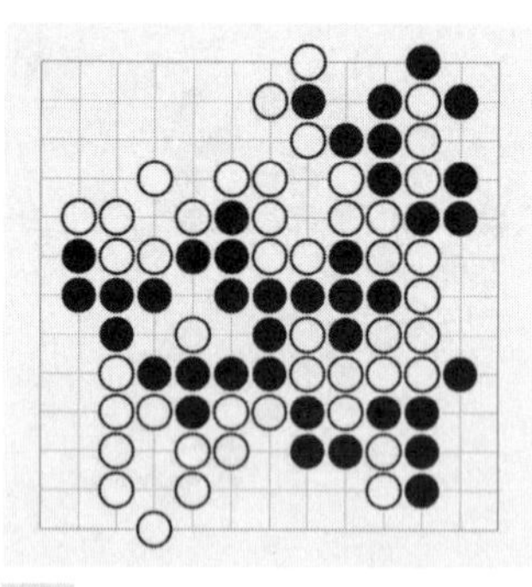

1 （ ）

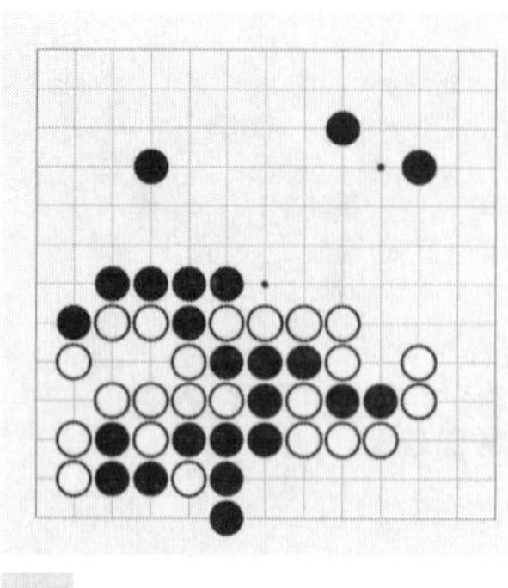

2 （ ）

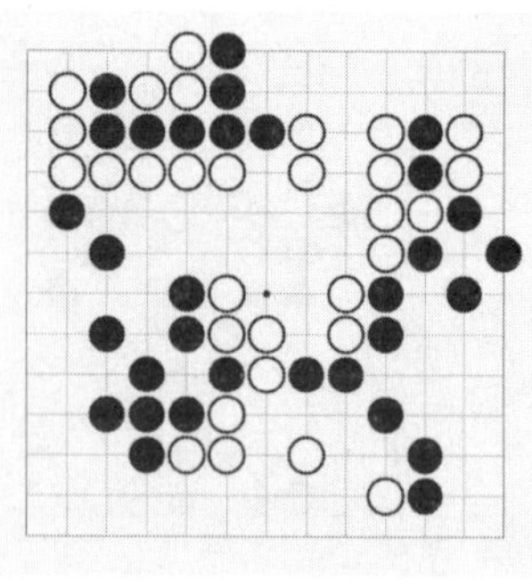

3 （ ）

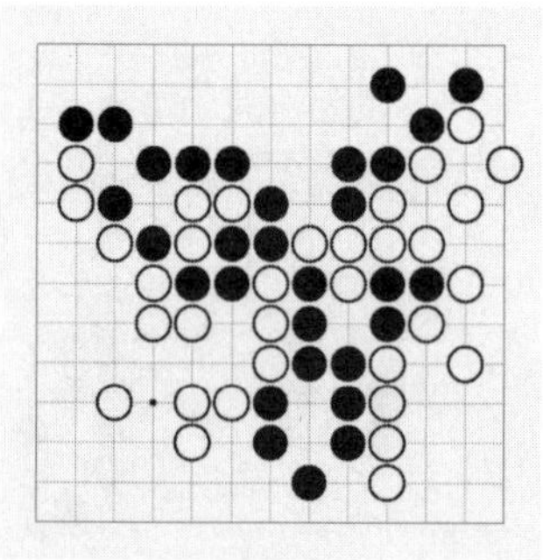

4 （ ）

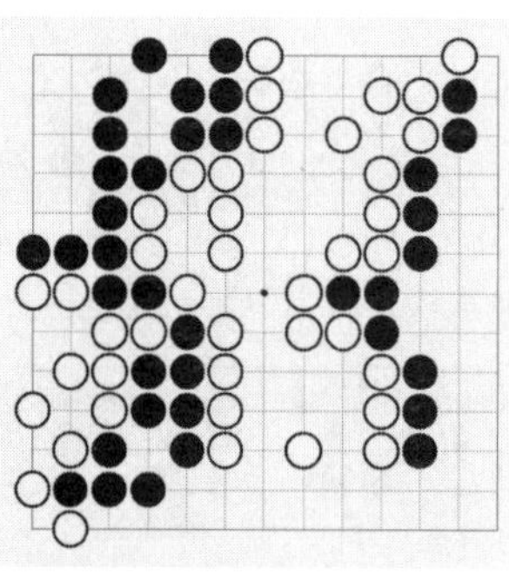

5 （ ）

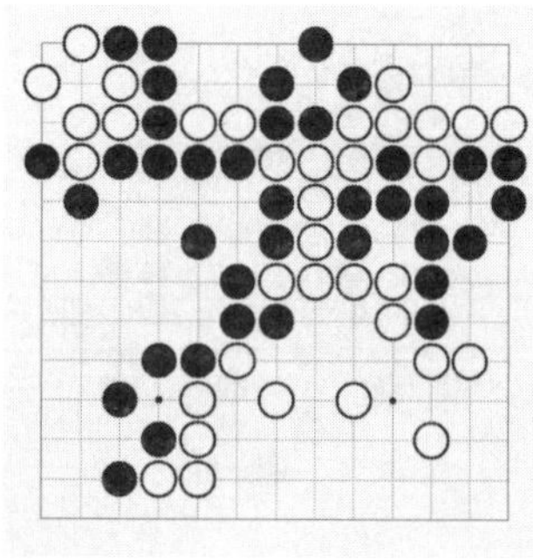

6 （ ）

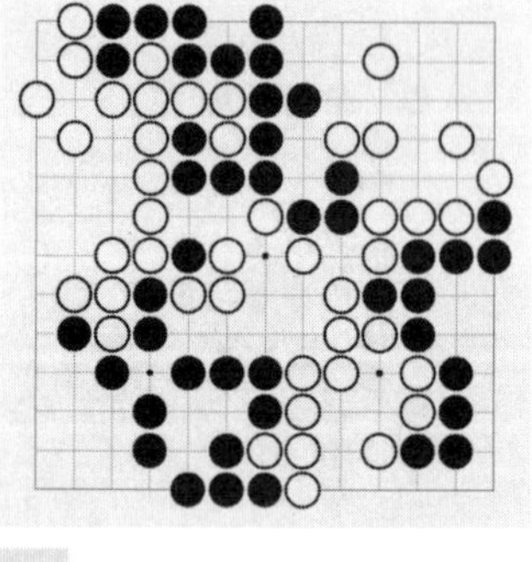

7 （ ）

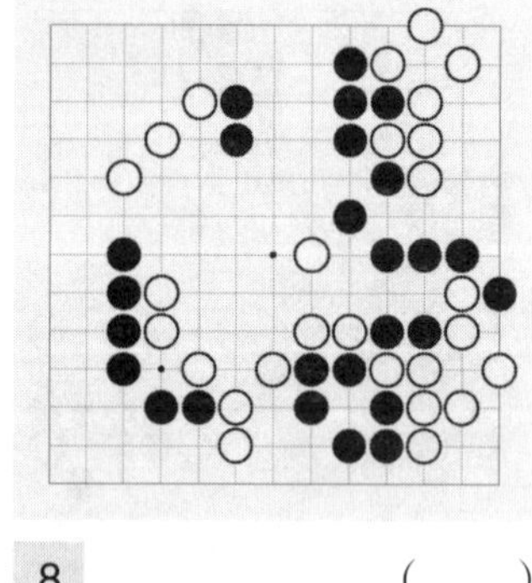

8 （ ）

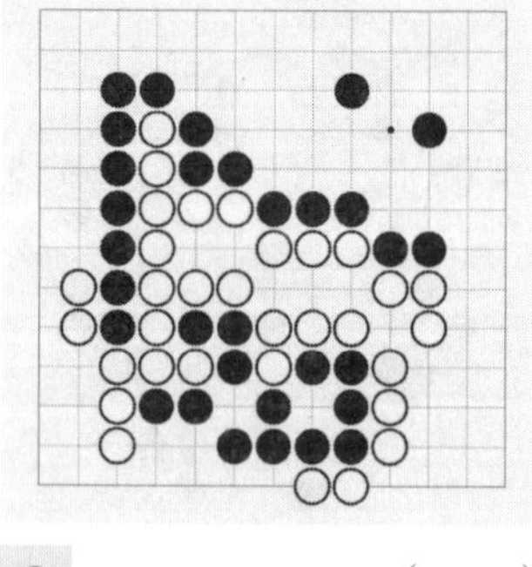

9 （ ）

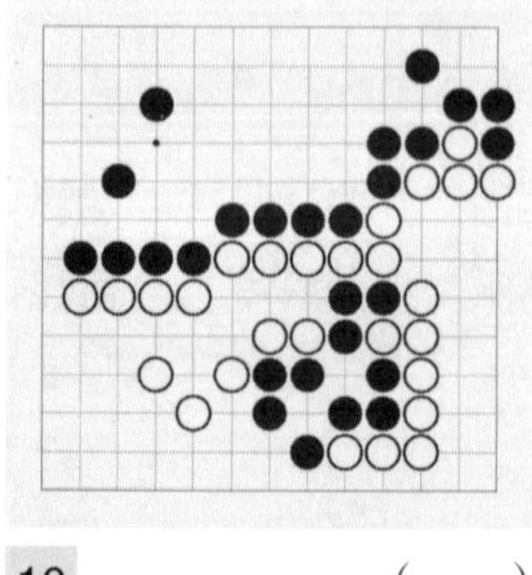

10 （ ）

扫码看答案

扫码看题

扫码看视频

7.深度拓展

帮黑棋选择正确的做眼下法。

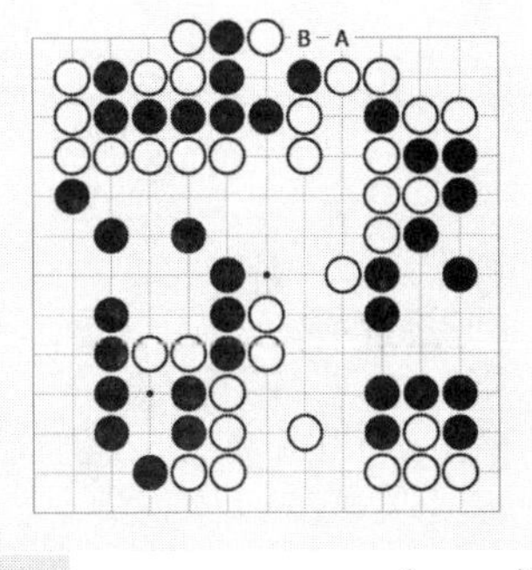

1 (　　)

2 (　　)

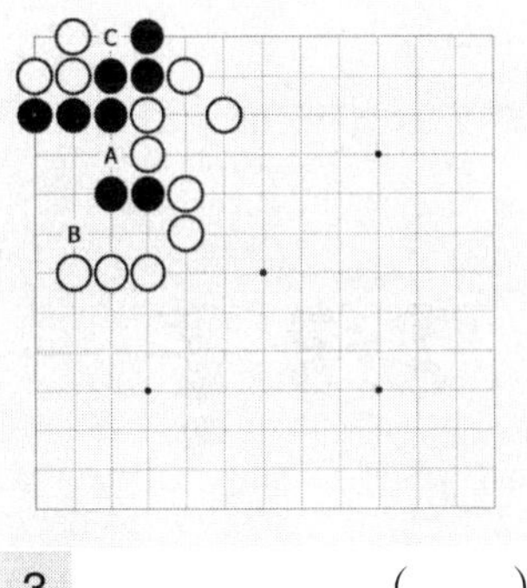

3 (　　)

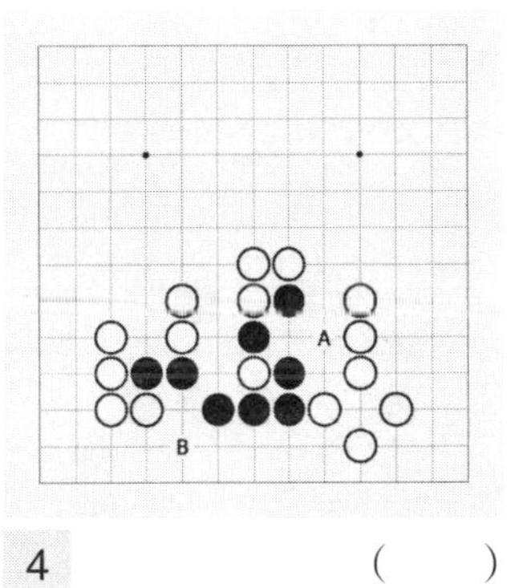

4 (　　)

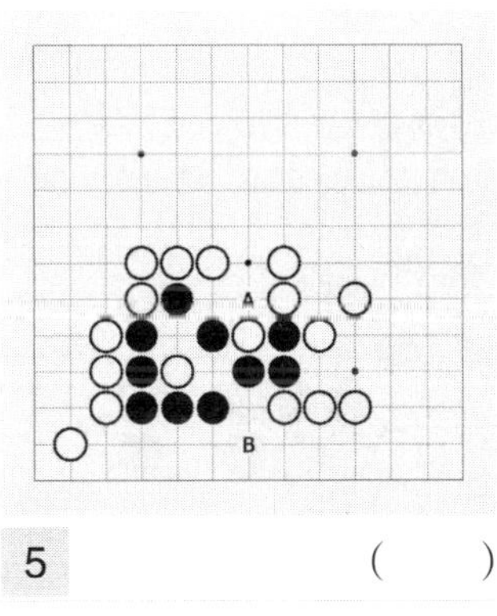

5 (　　)

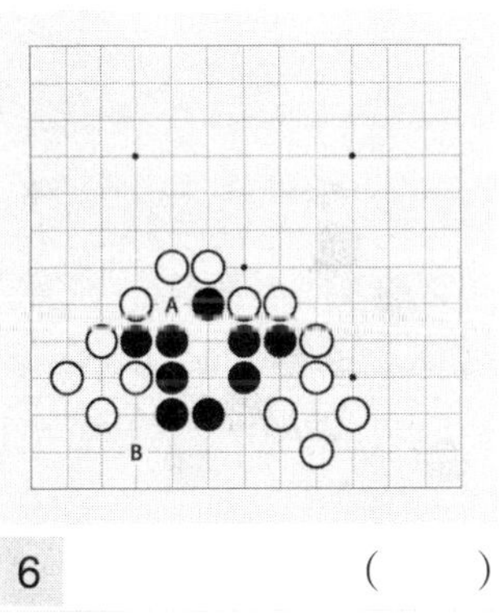

6 (　　)

黑先,写出边上做活的过程。

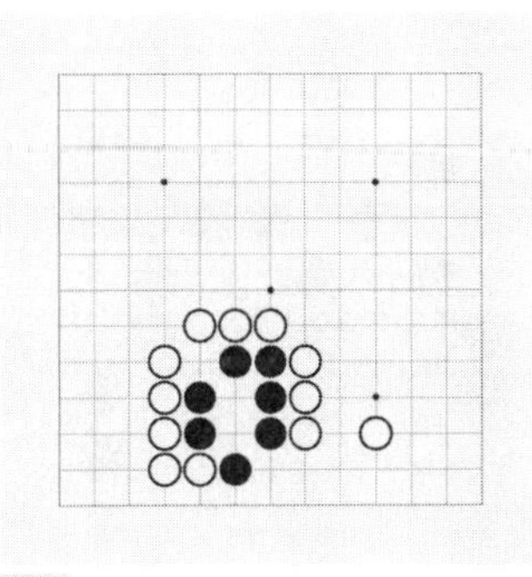

1

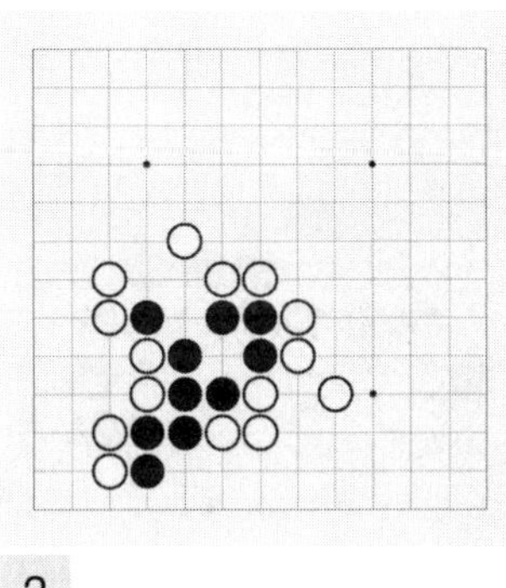

2

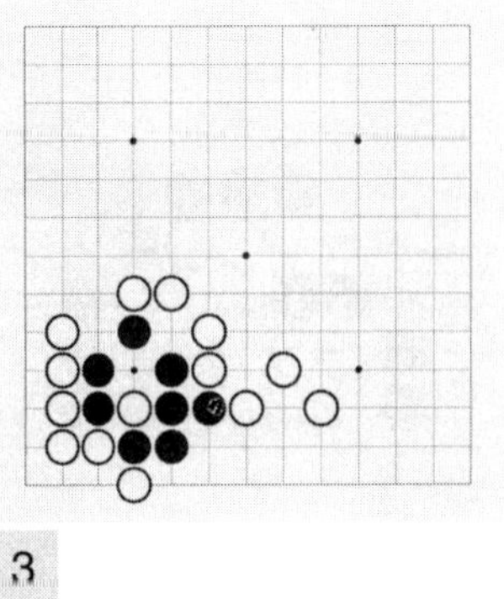

3

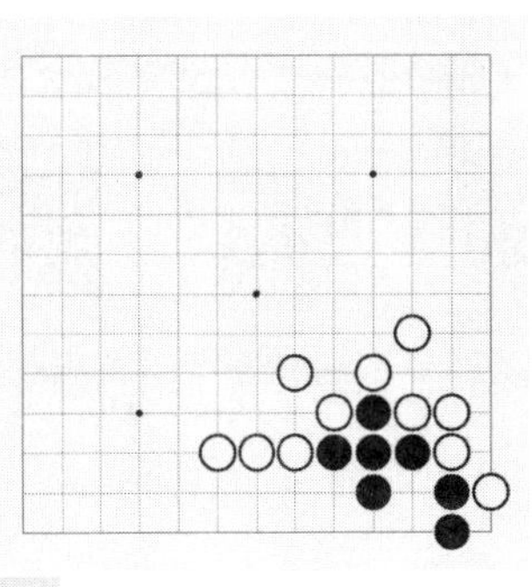

4

扫码看答案

扫码看题

二十五　破眼手法与常型

1.一路托

黑先,写出边上破眼的过程。

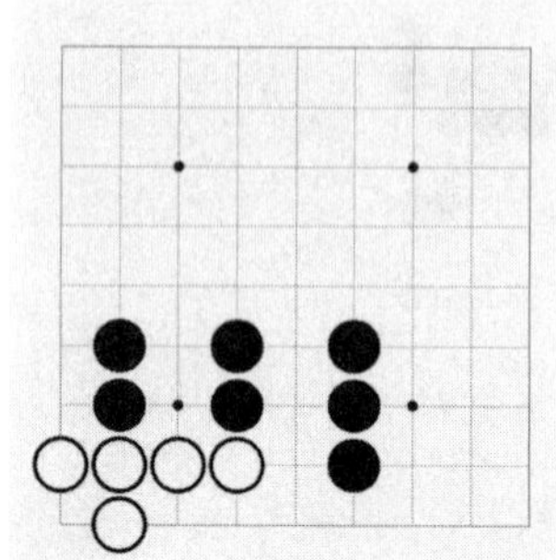

1

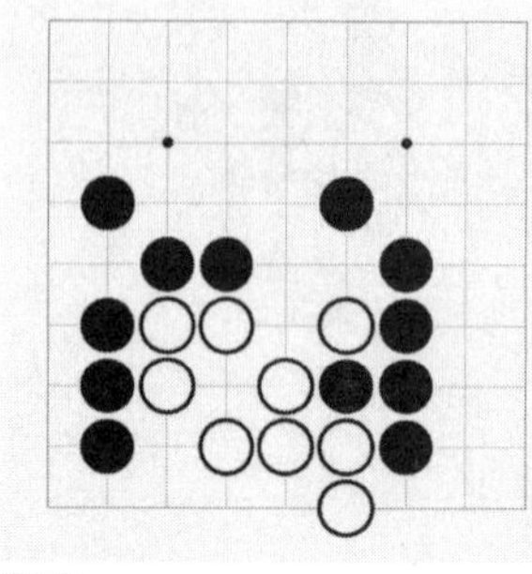

2

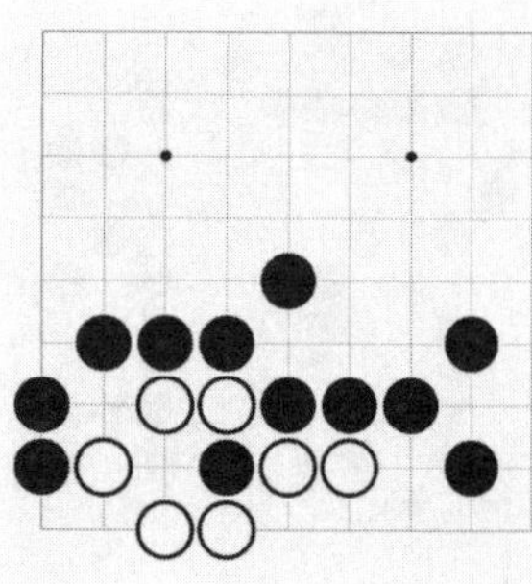

3

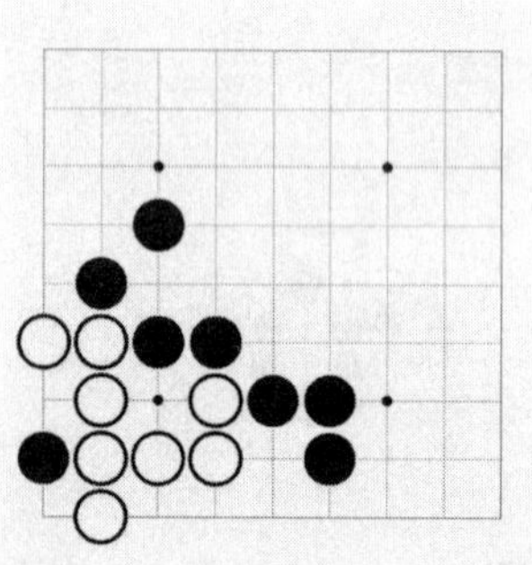

4

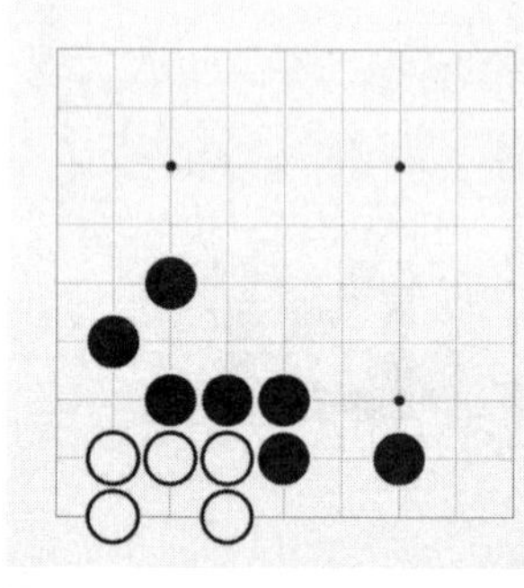

5

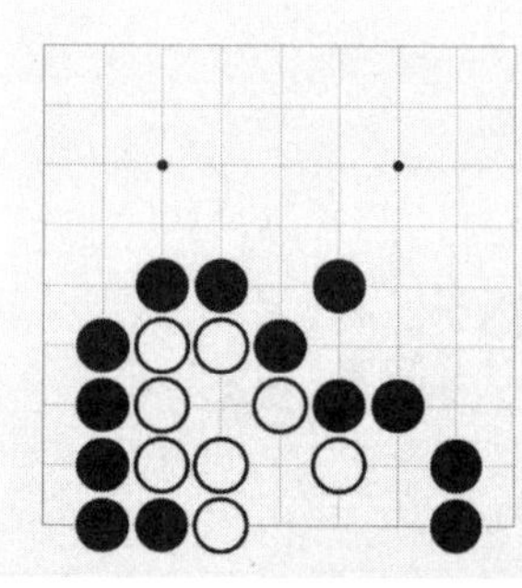

6

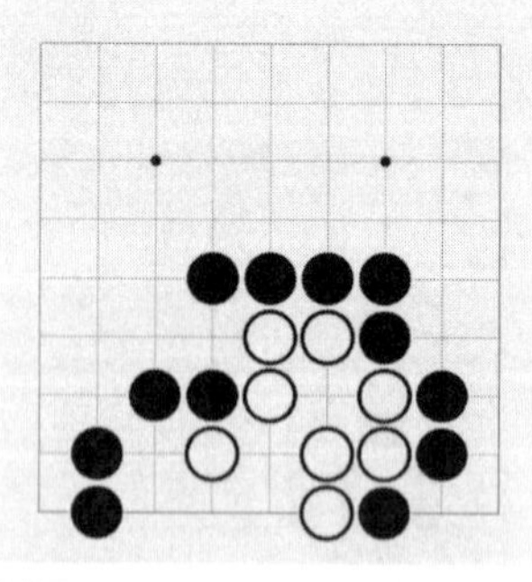

7

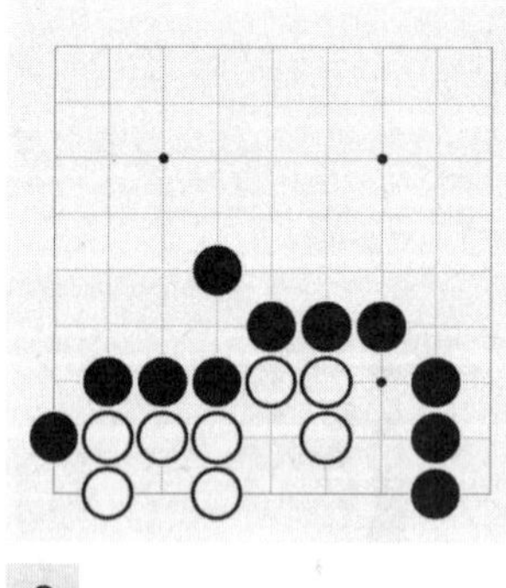

8

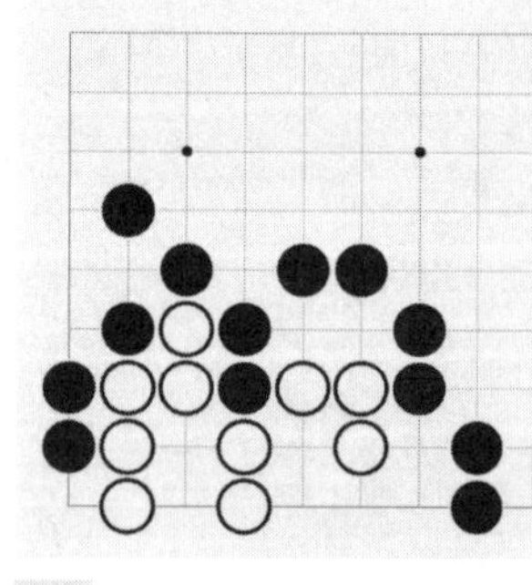

9

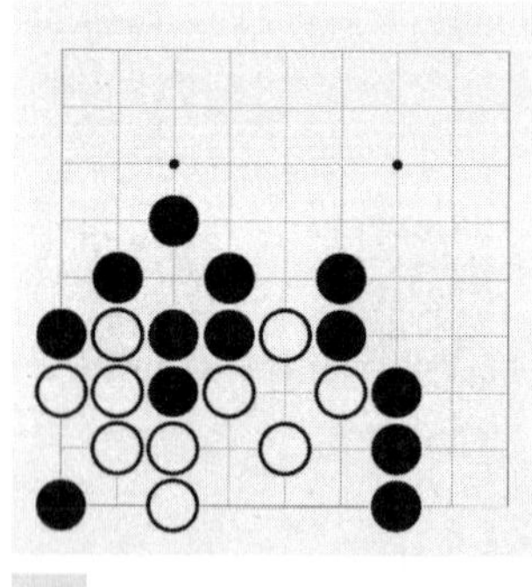

10

扫码看答案

扫码看题

扫码看视频

1. 横四子

黑先，写出边上破眼的过程。

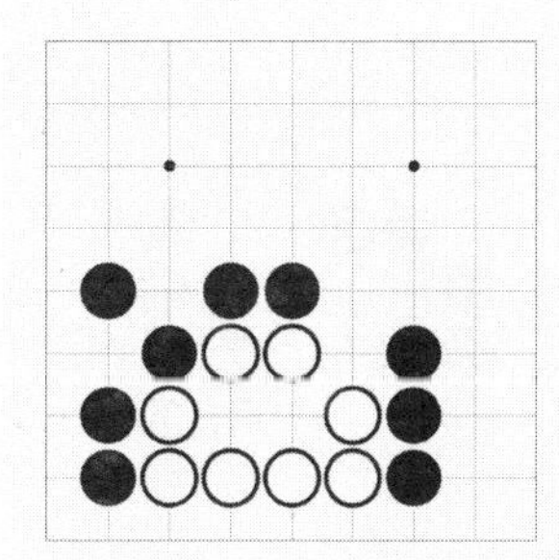

1

2

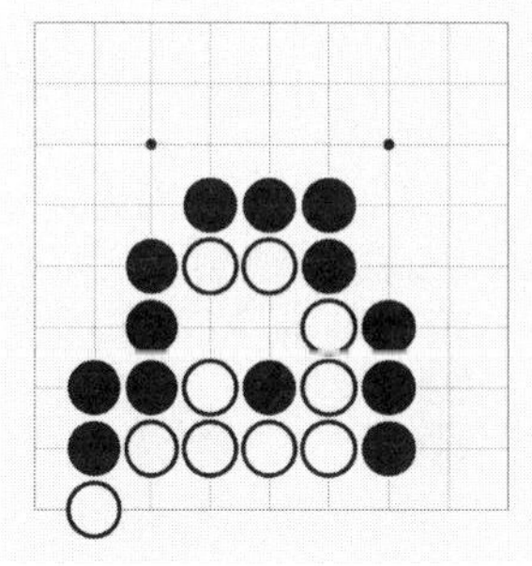

3

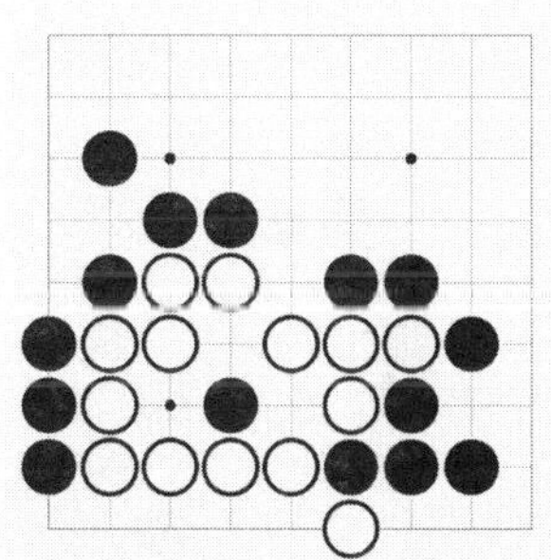

4

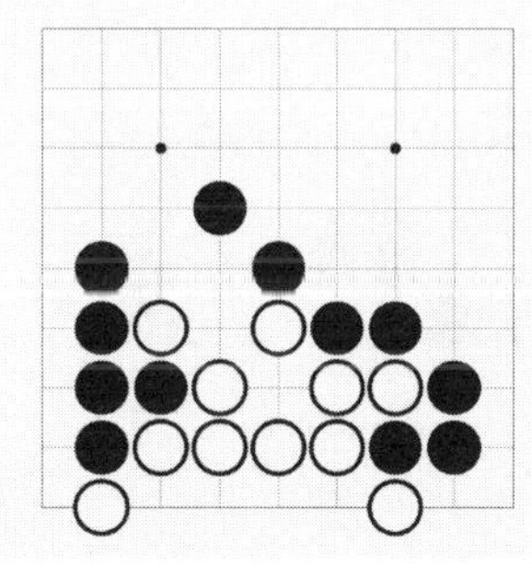

5

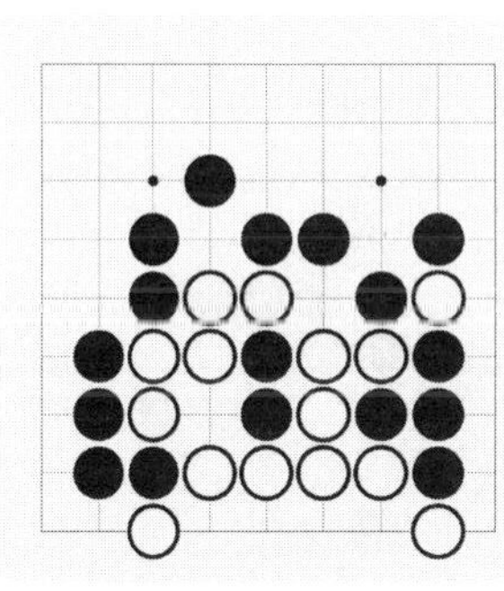

6

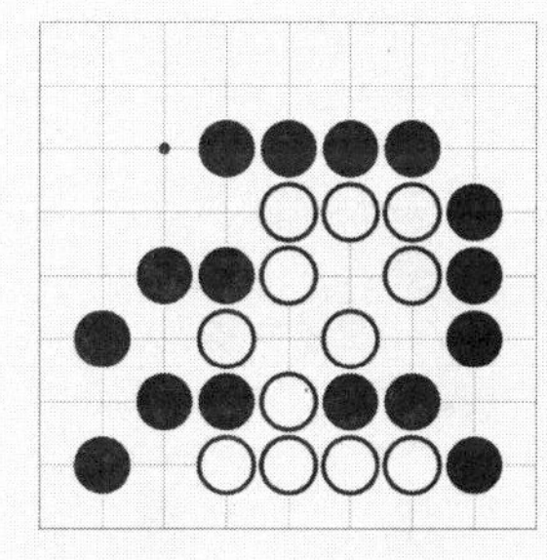

7

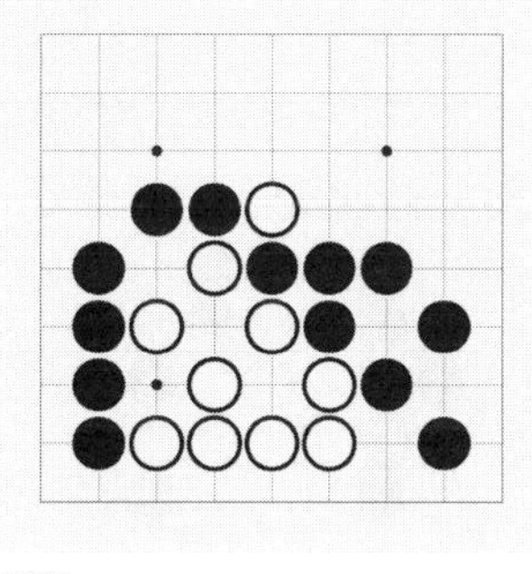

8

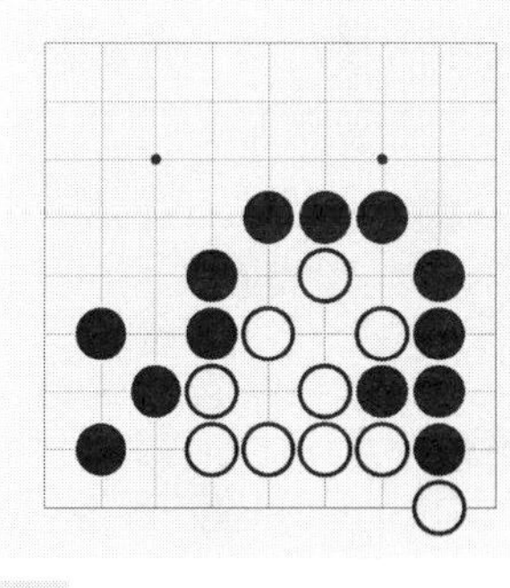

9

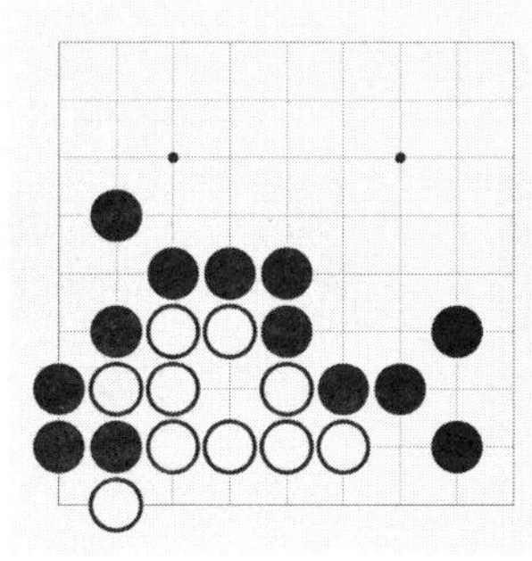

10

扫码看答案

扫码看题

扫码看视频

3.边上虎

黑先，写出边上破眼的过程。

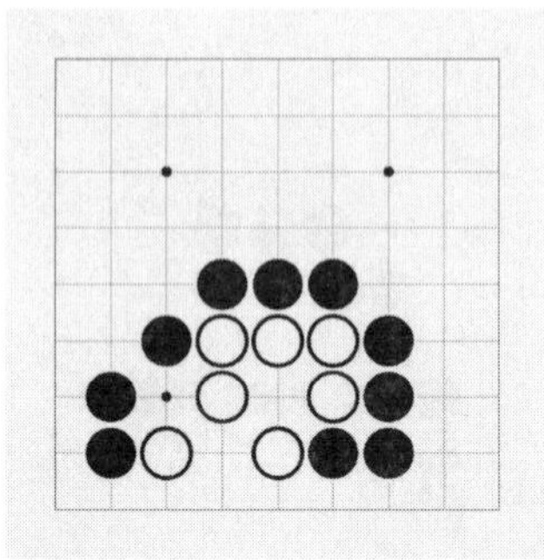

1 (　　)

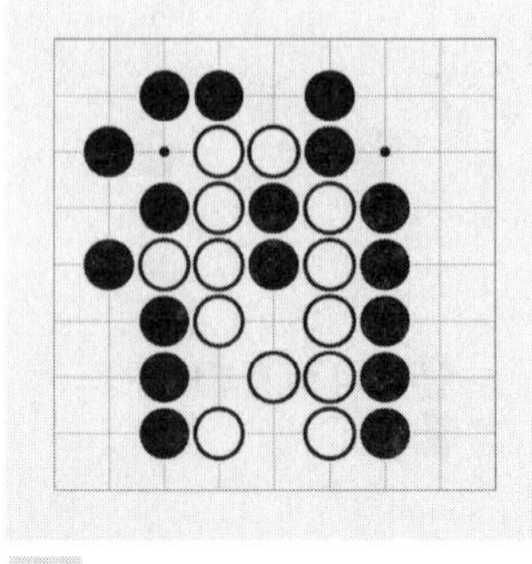

2 (　　)

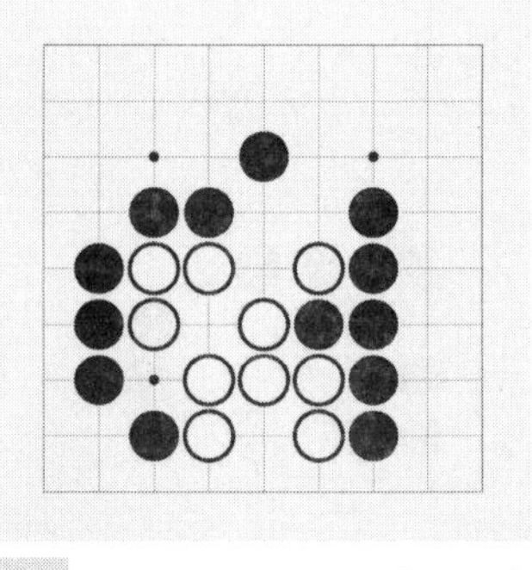

3 (　　)

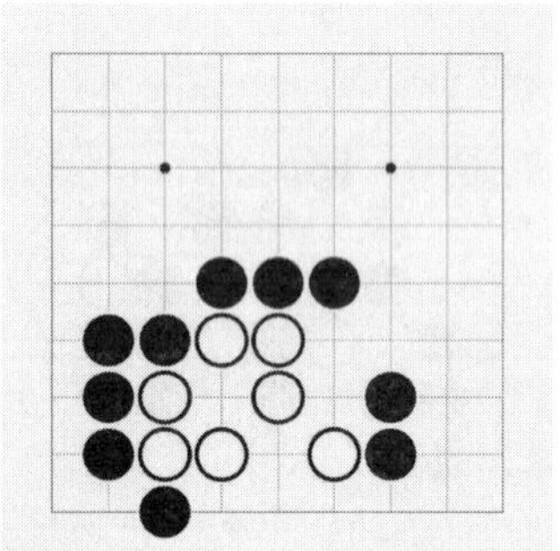

4 (　　)

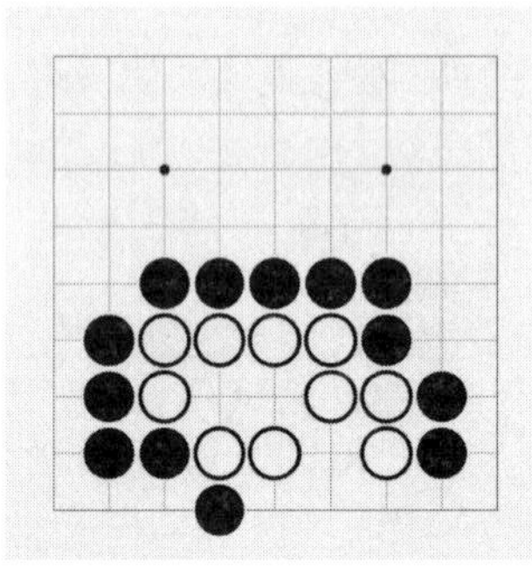

5 (　　)

6 (　　)

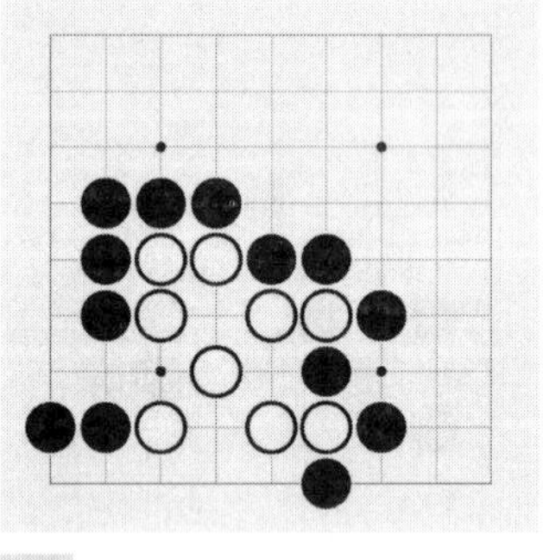

7 (　　)

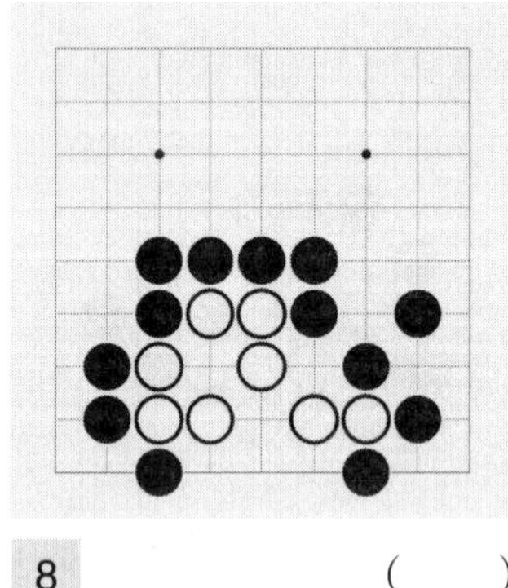

8 (　　)

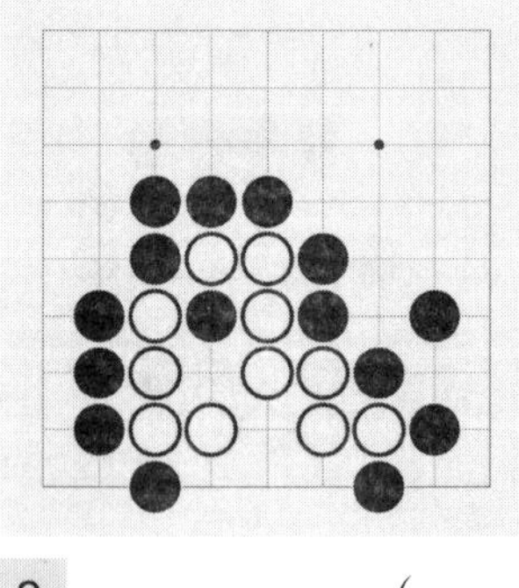

9 (　　)

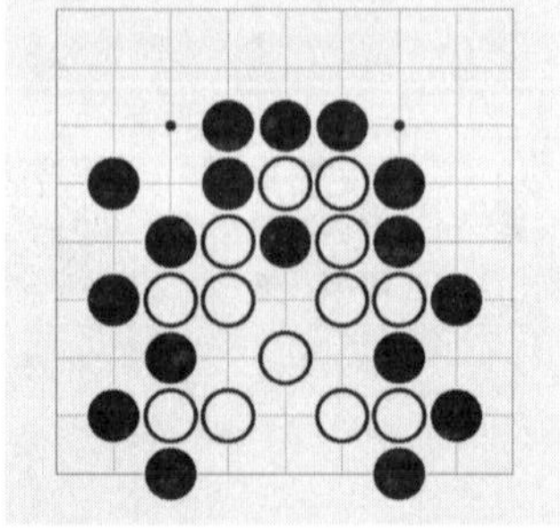

10 (　　)

扫码看答案

扫码看题

扫码看视频

4.二路尖

黑先，写出边上破眼的下一手。

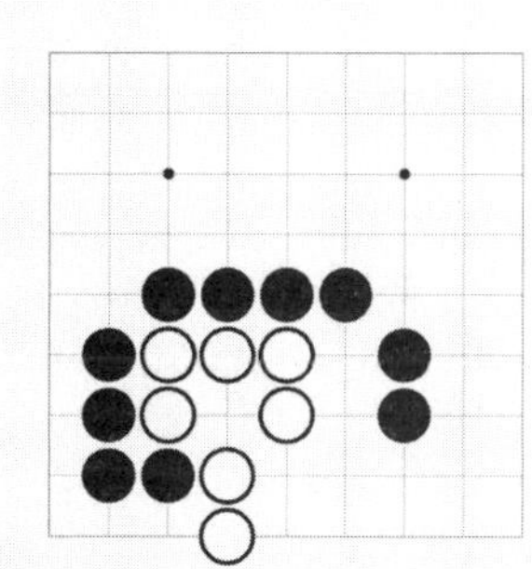

1

2

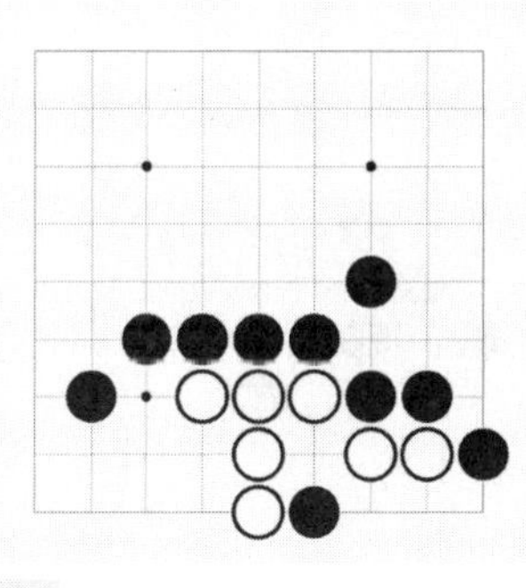

3

黑先，写出边上破眼的过程。

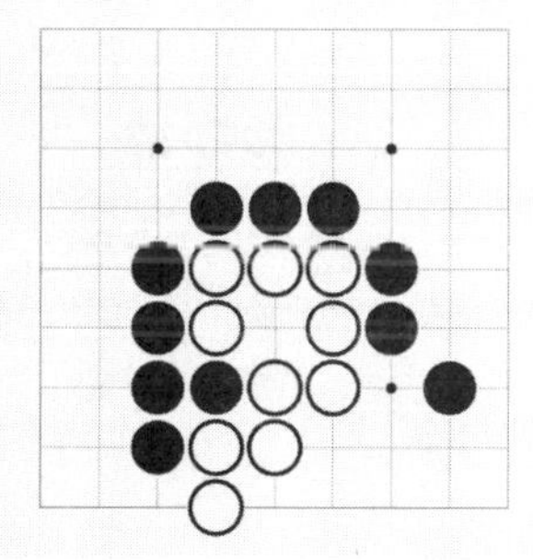

1 （　　）

2 （　　）

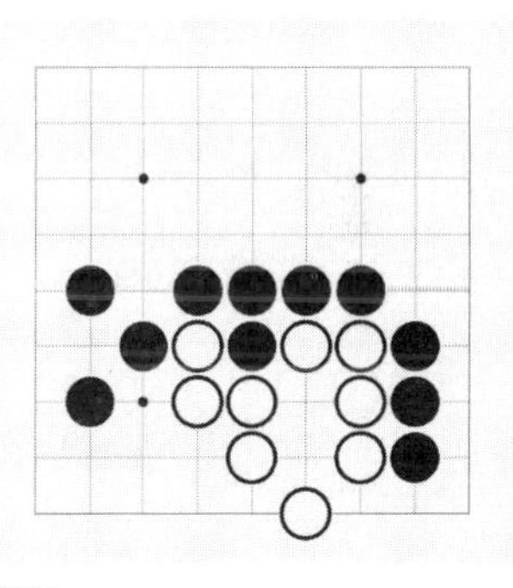

3 （　　）

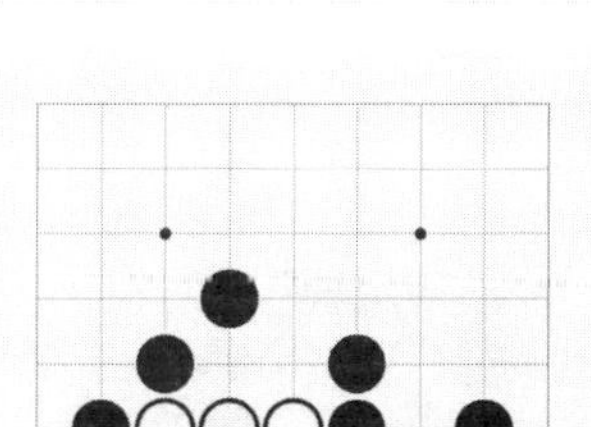

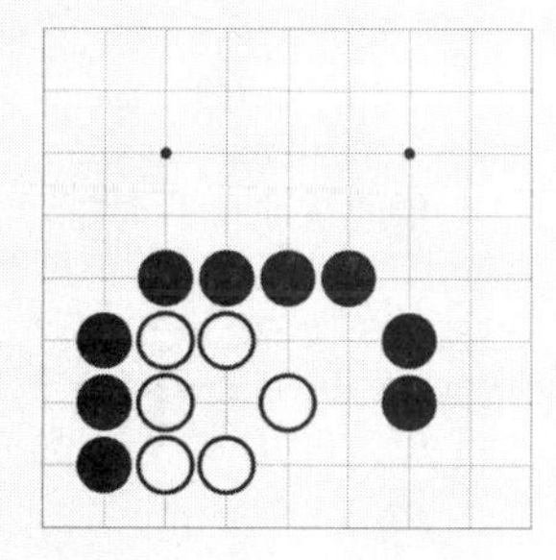

4 （　　）

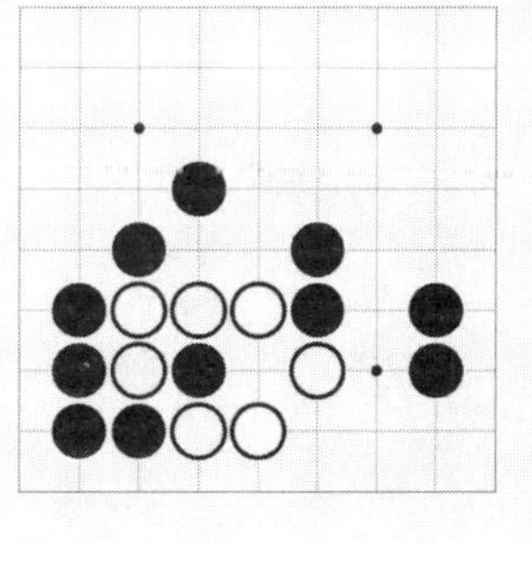

5 （　　）

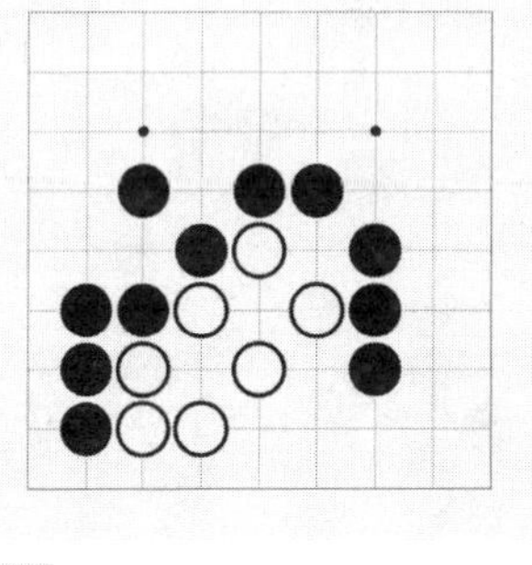

6 （　　）

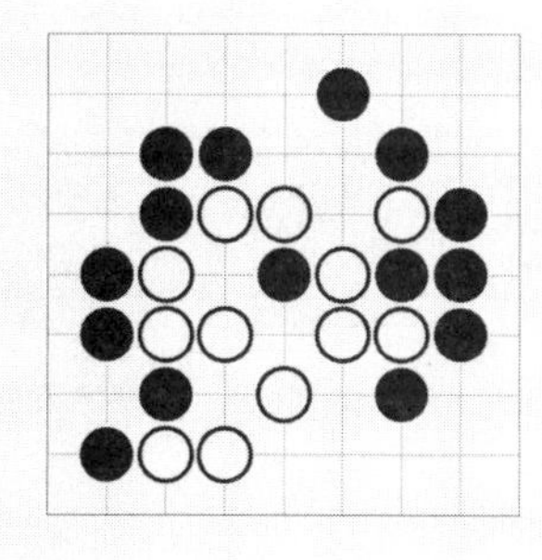

7 （　　）

扫码看答案

扫码看题

扫码看视频

5. 二路扳

黑先，写出边上破眼的过程。

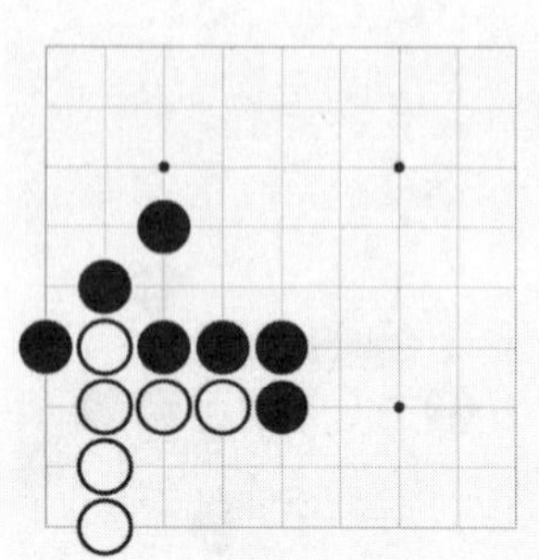

1

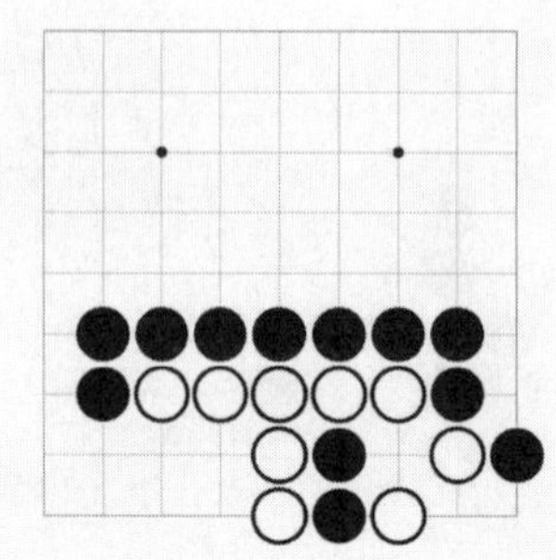

2

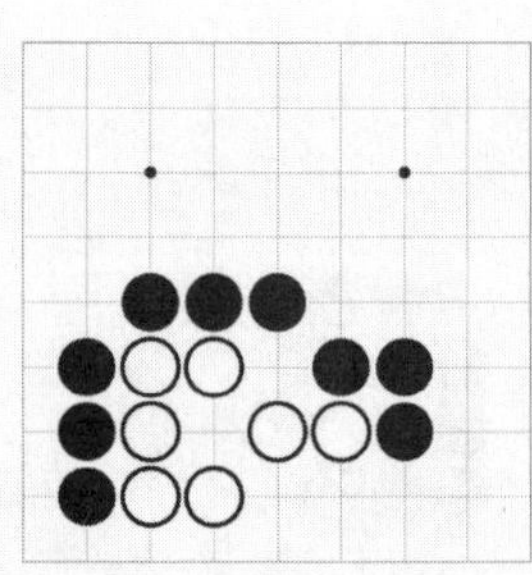

3

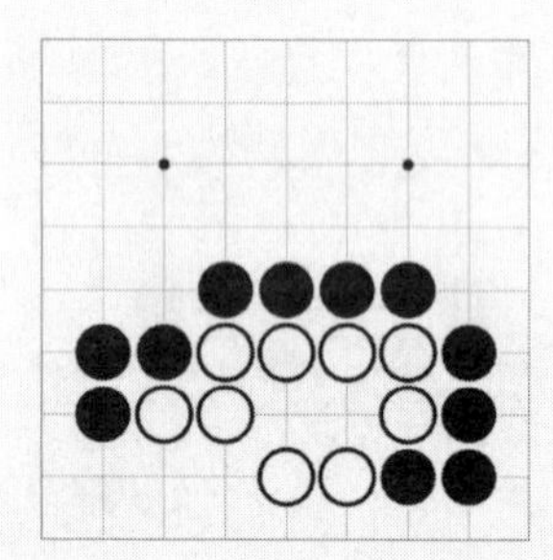

4

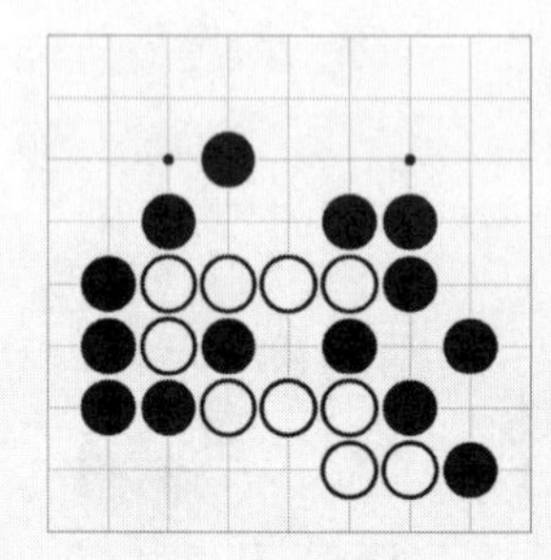

5

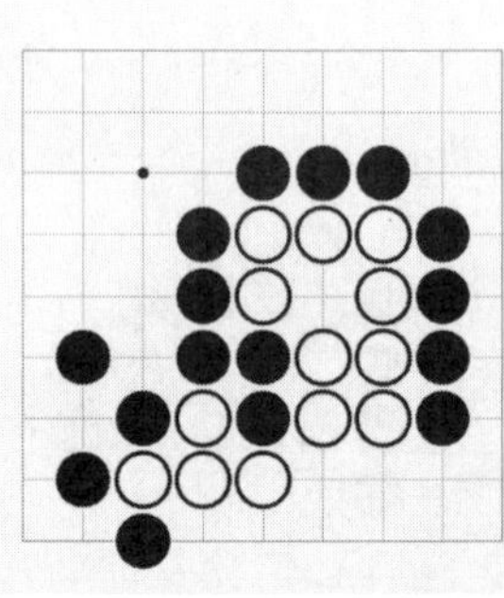

6

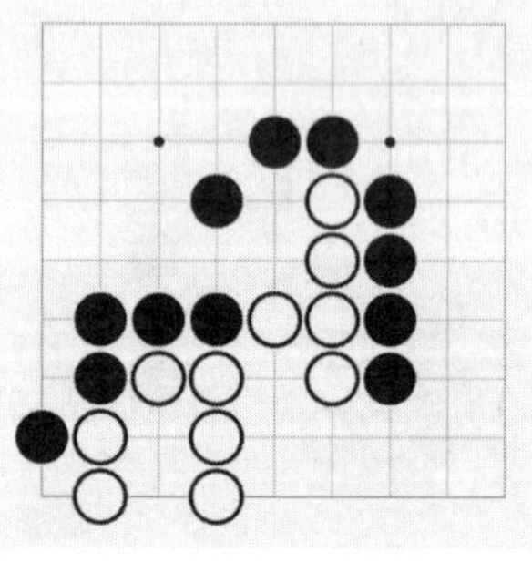

7

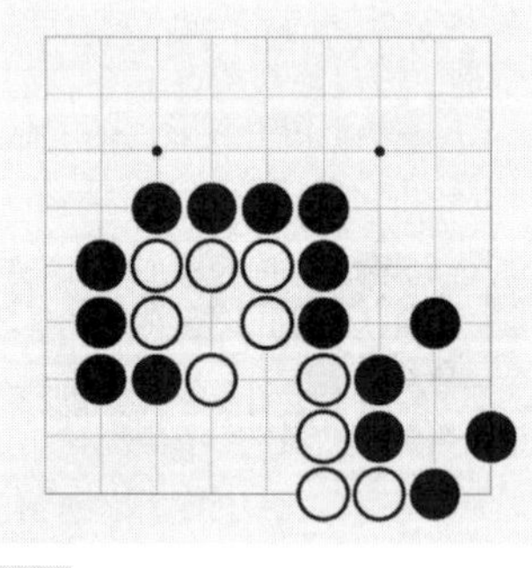

8

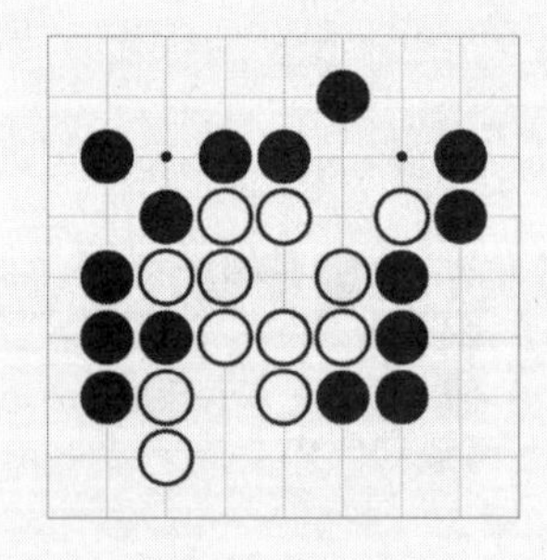

9

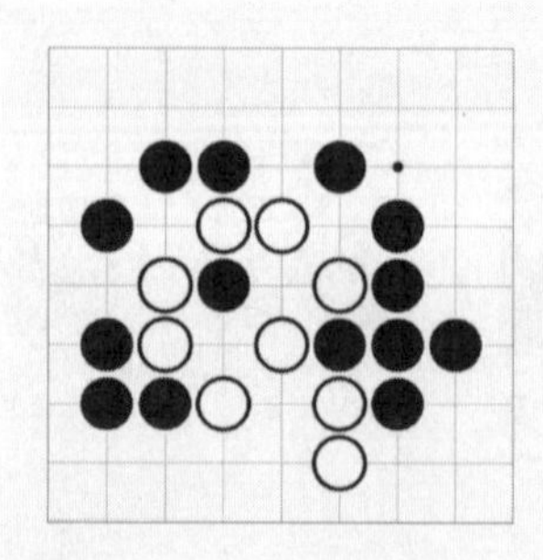

10

扫码看答案

扫码看题

扫码看视频

6.实战运用(一)

黑先,写出杀白的过程。

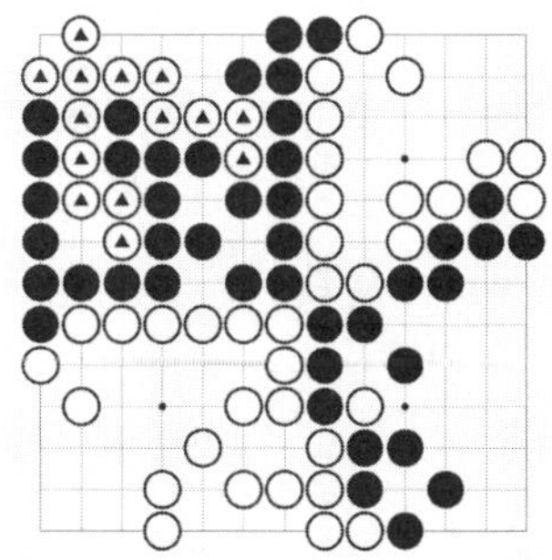

1

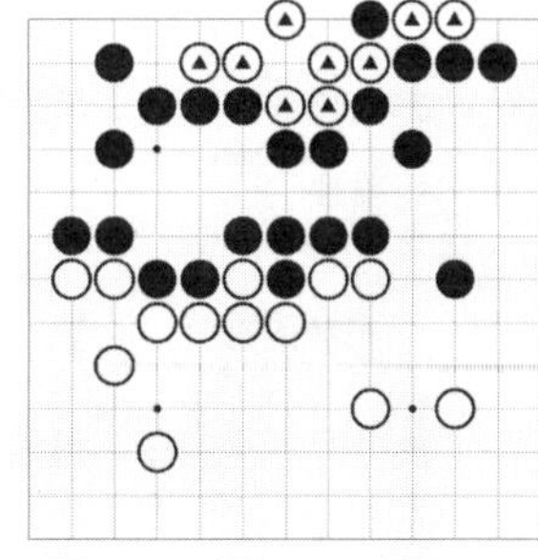

2

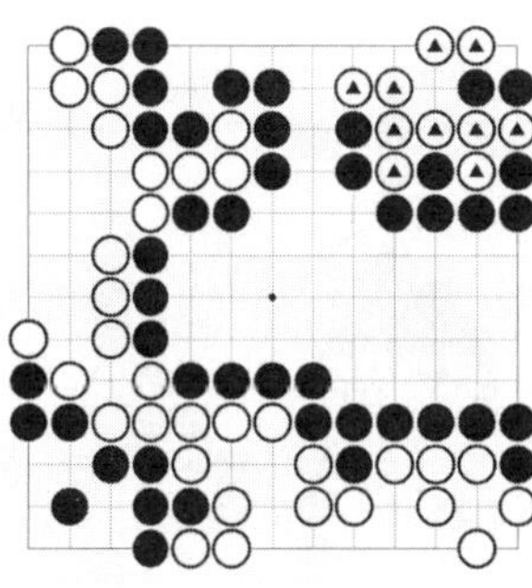

3

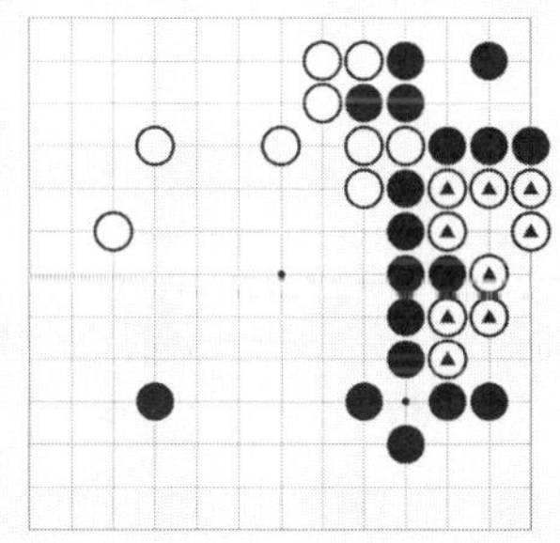

4

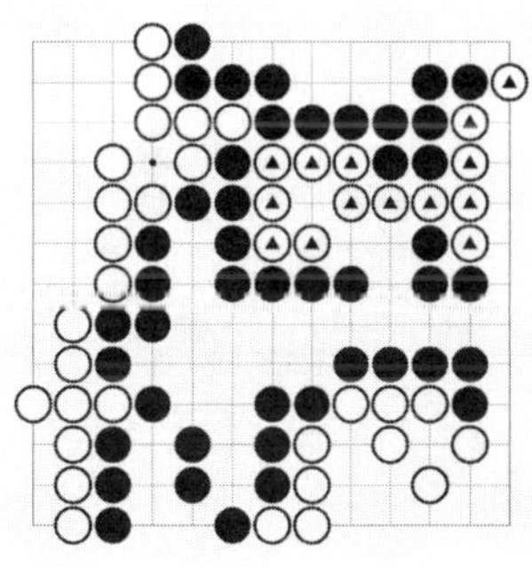

5

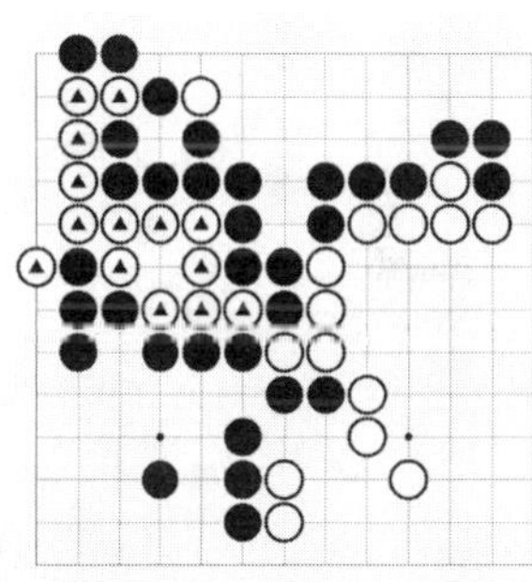

6

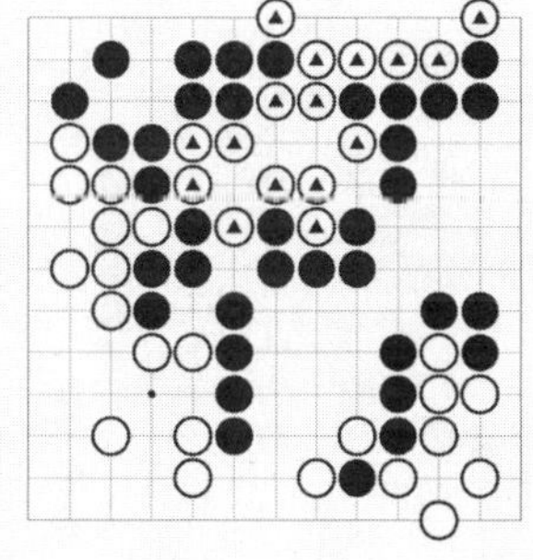

7

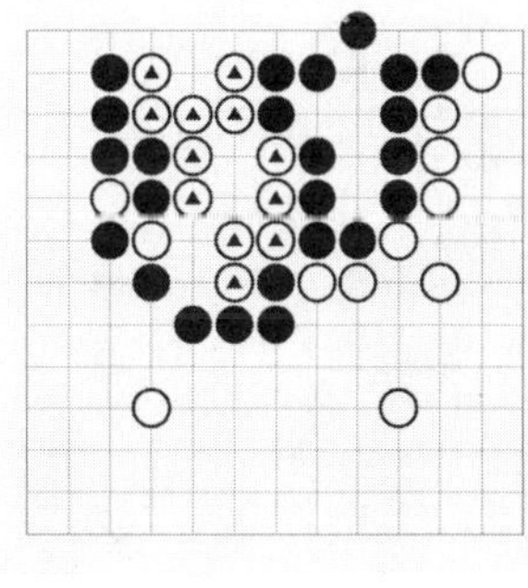

8

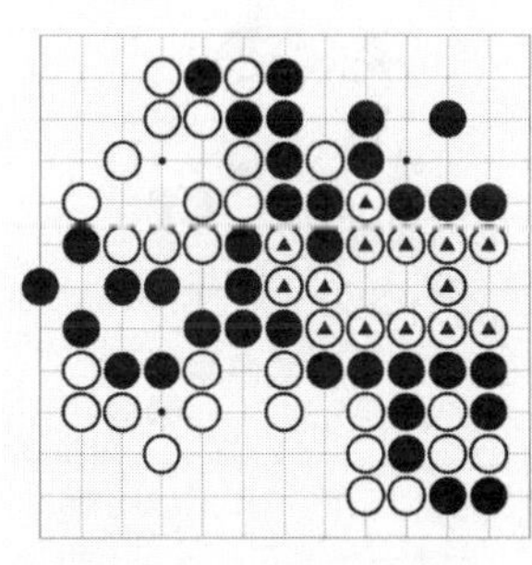

9

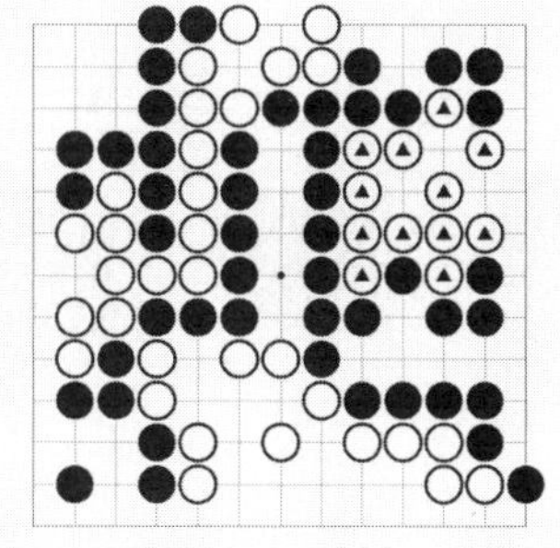

10

扫码看答案　扫码看题　扫码看视频

7.实战运用(二)

黑先,写出杀白的过程。

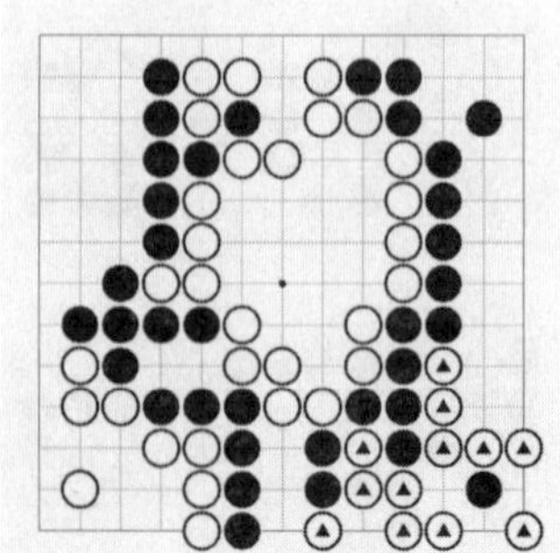

1

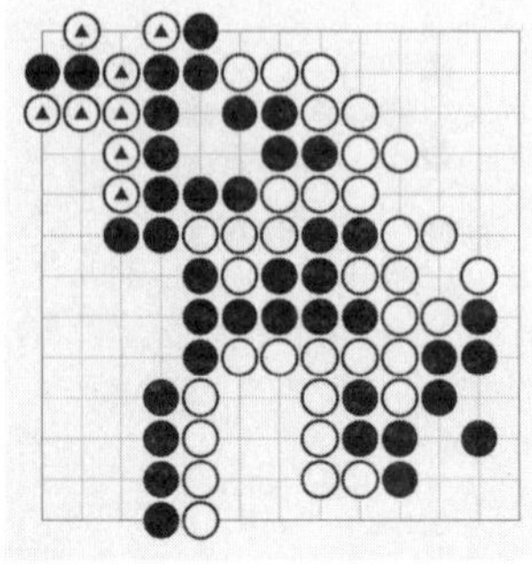

2

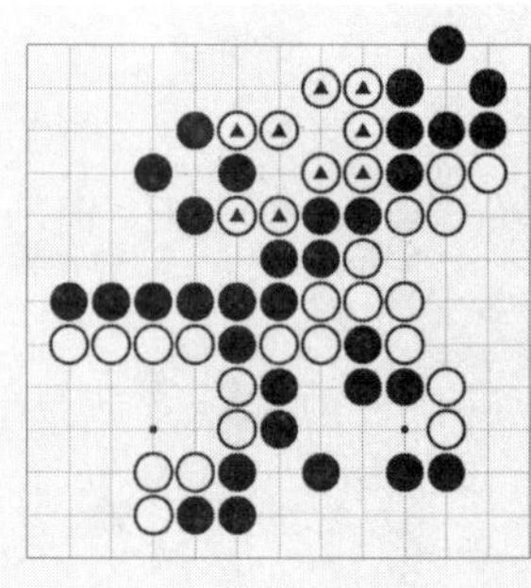

3

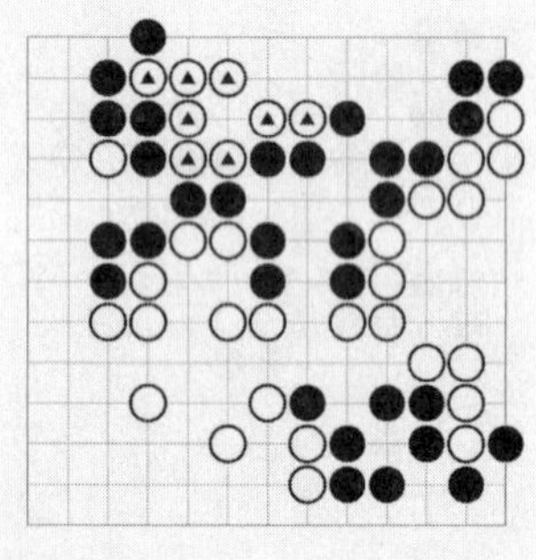

4

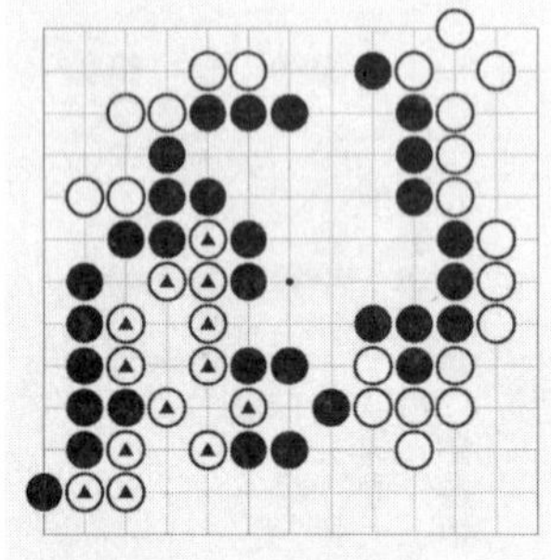

5

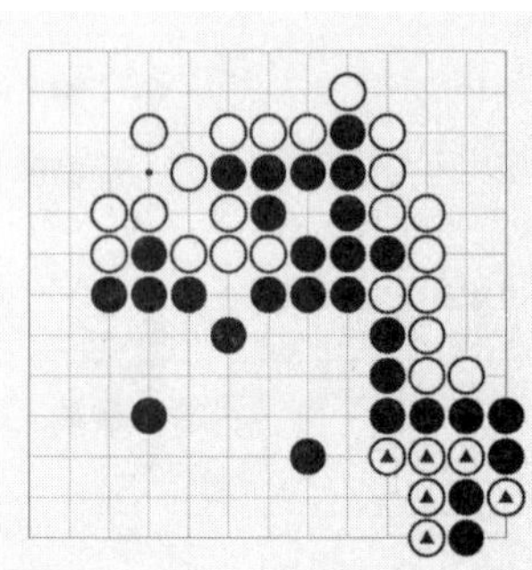

6

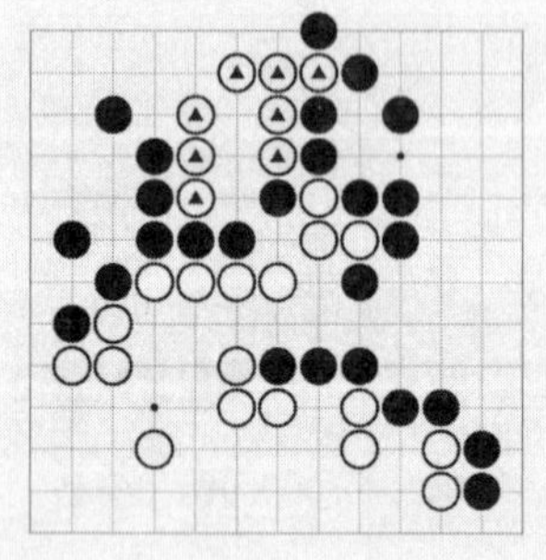

7

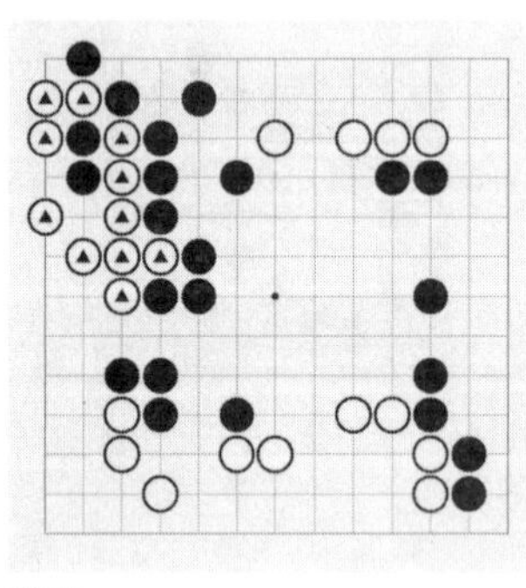

8

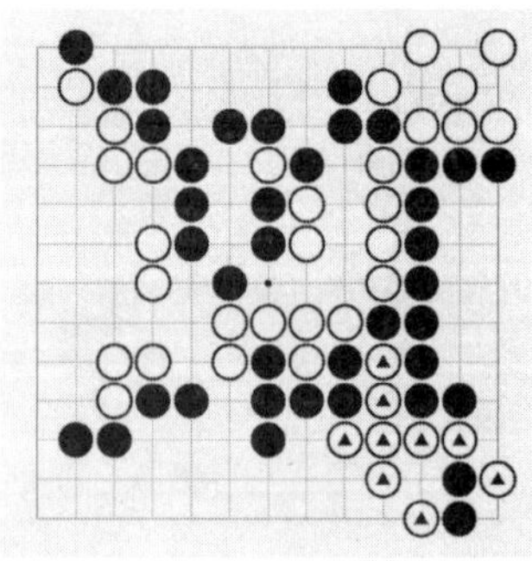

9

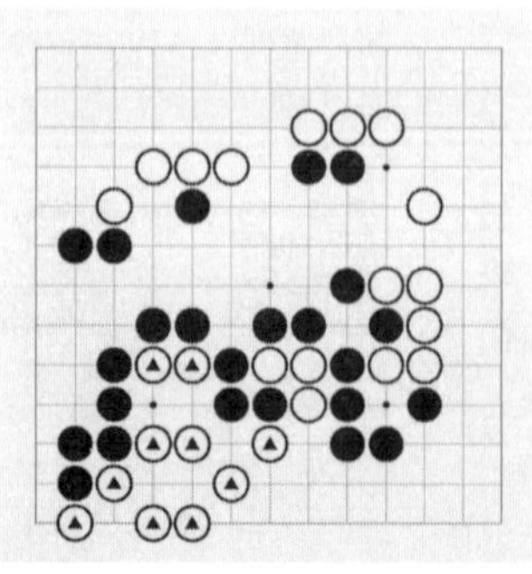

10

扫码看答案

扫码看题

扫码看视频

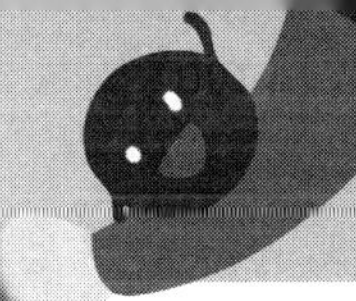

8.深度拓展

黑先，写出杀白的过程。

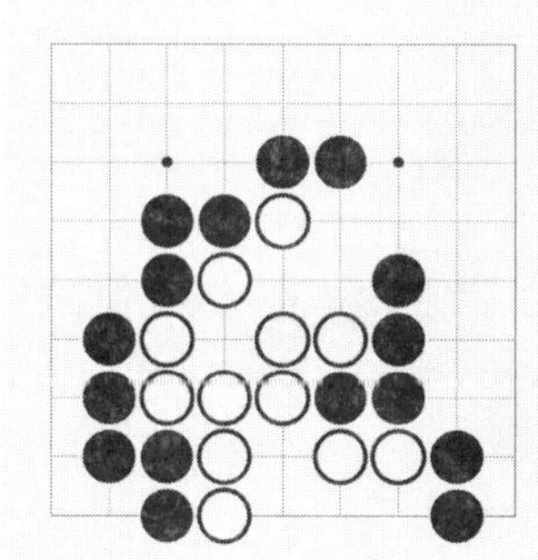

1

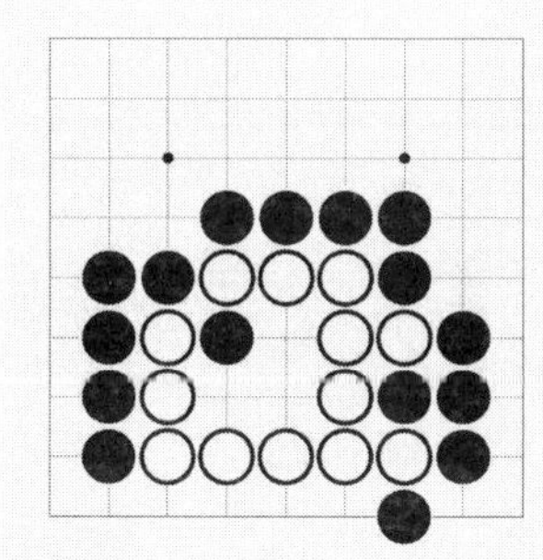

2

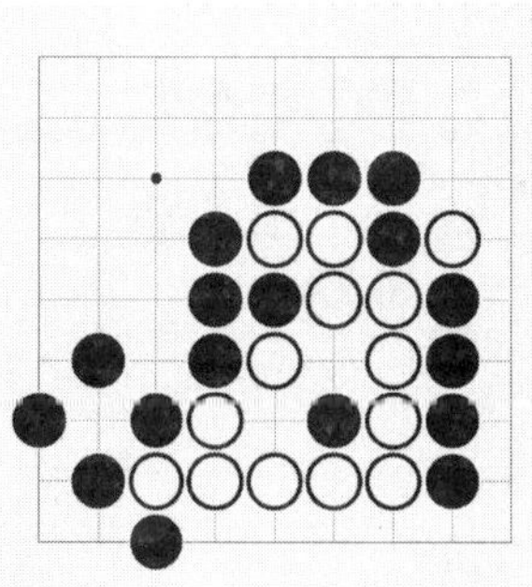

3

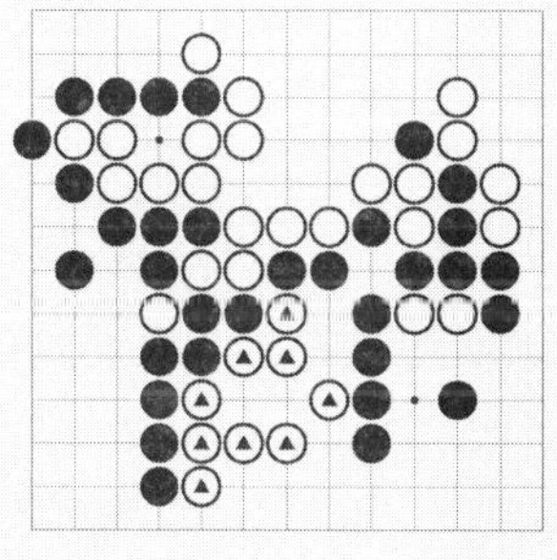

4

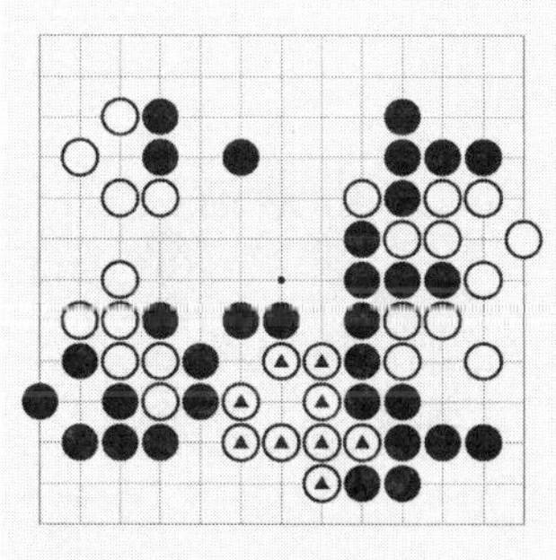

5

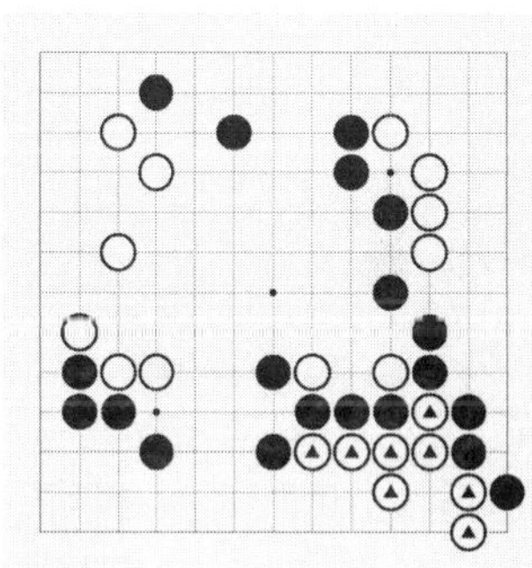

6

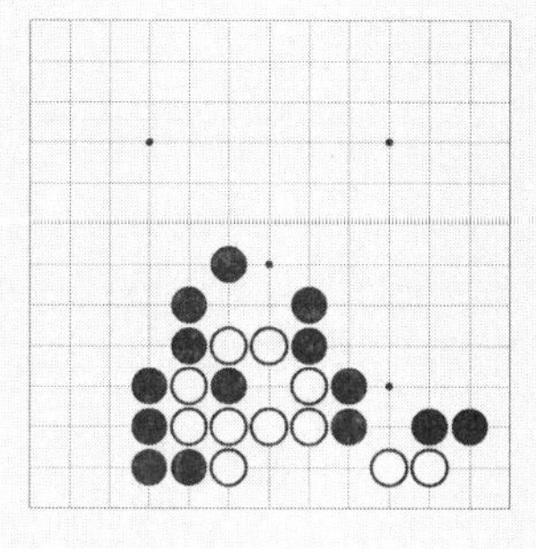

7

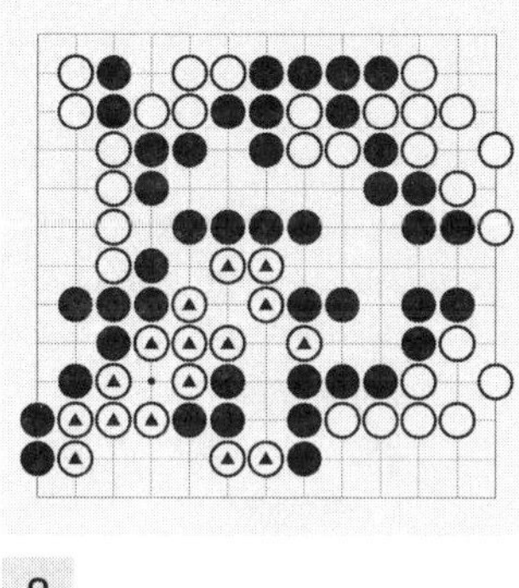

8

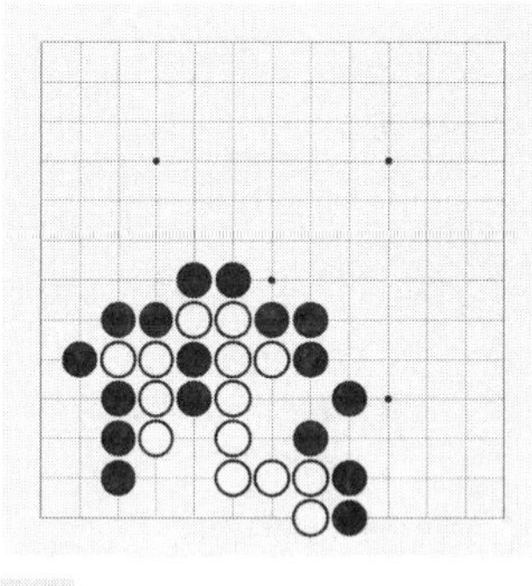

9

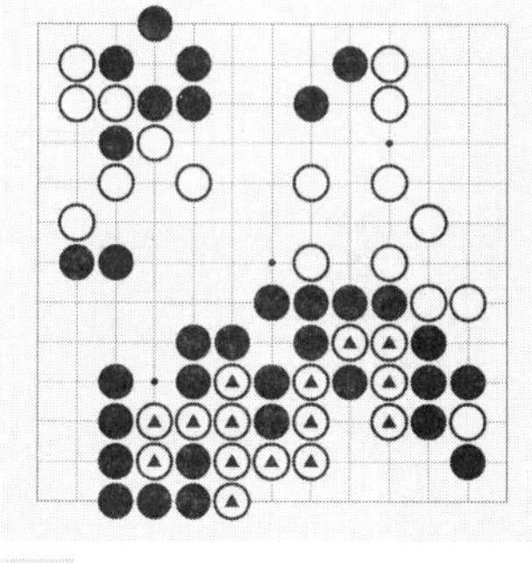

10

扫码看答案

扫码看题

二十六　第五单元复习

1.综合练习(一)

黑先，写出杀棋的过程。

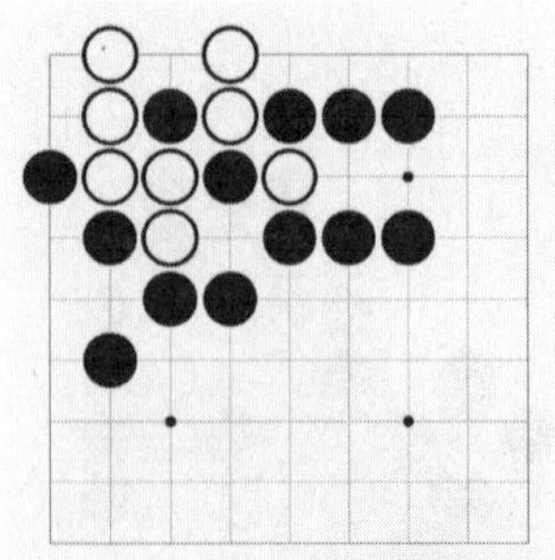

1

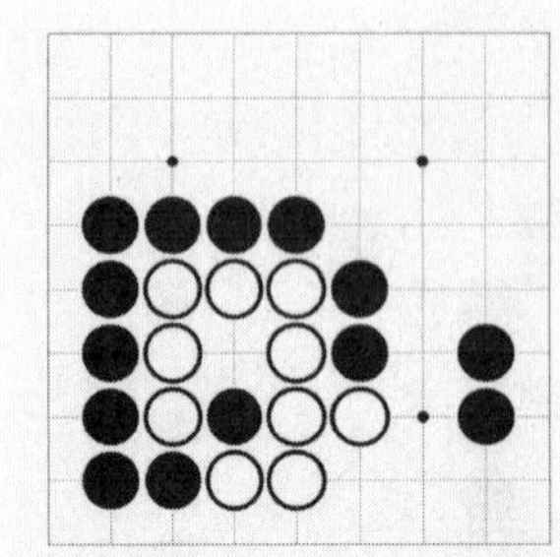

2

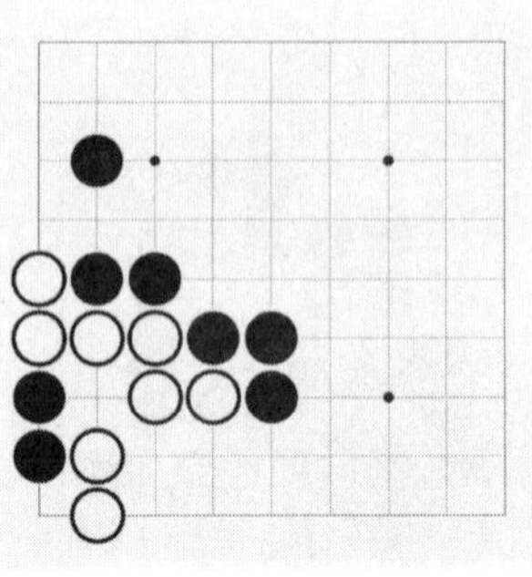

3

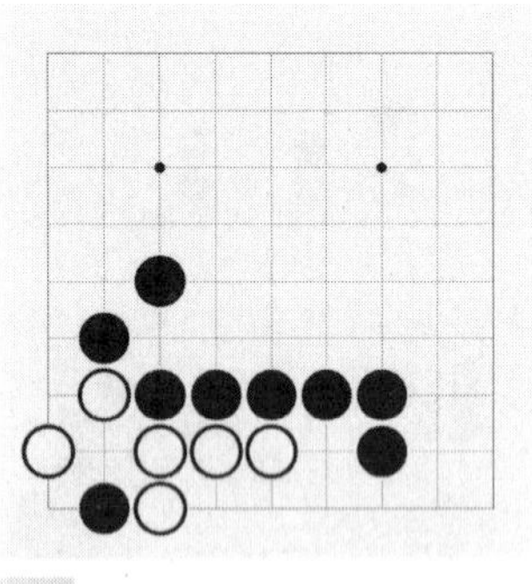

4

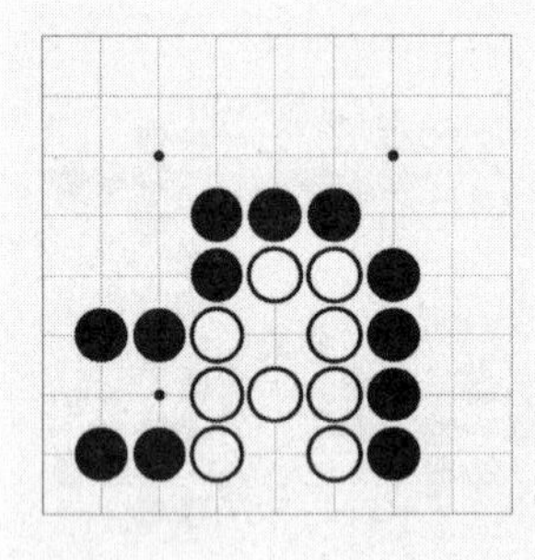

5

黑先，写出做活的过程。

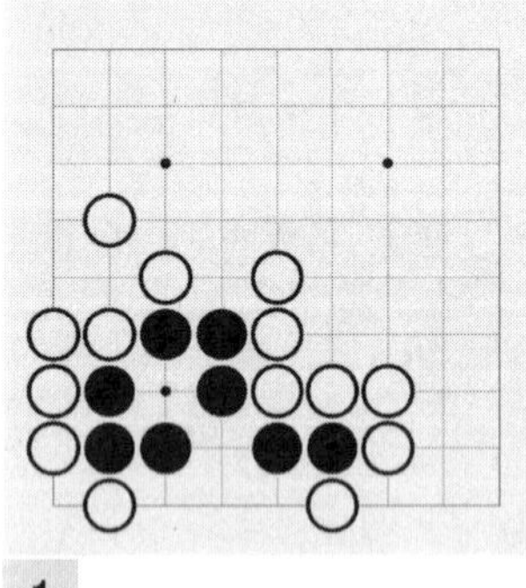

1

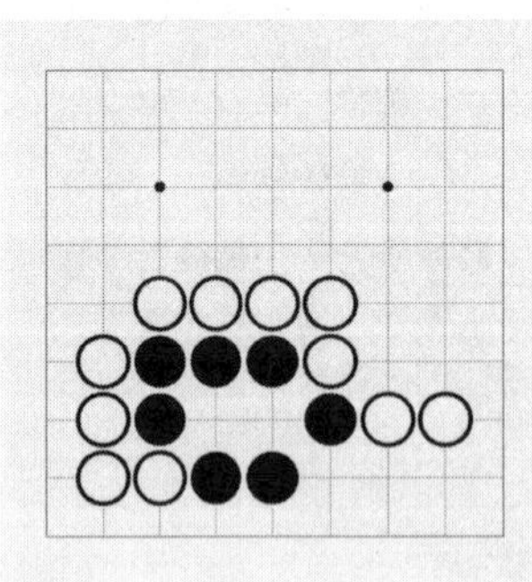

2

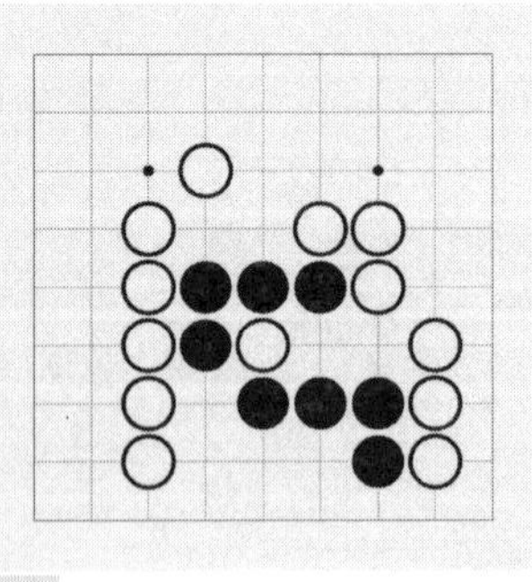

3

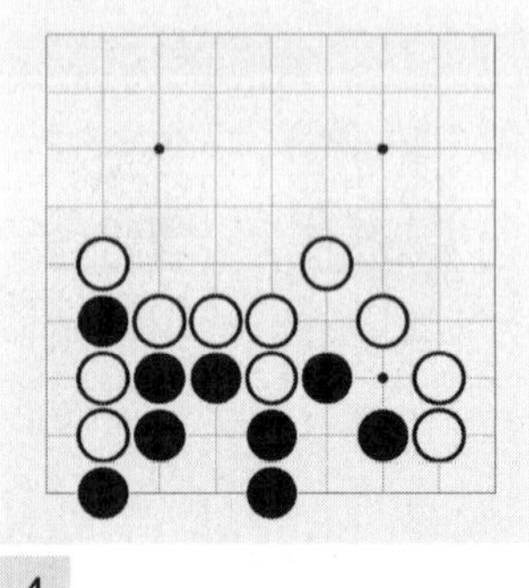

4

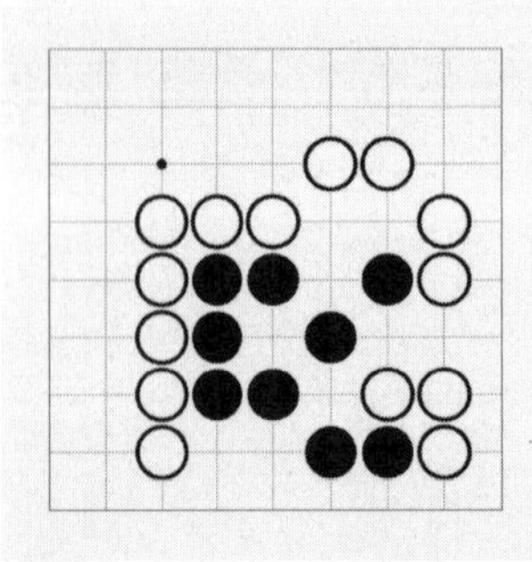

5

扫码看答案

扫码看题

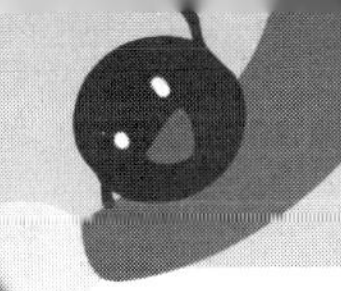

2.综合练习(二)

黑先,写出杀棋的过程。

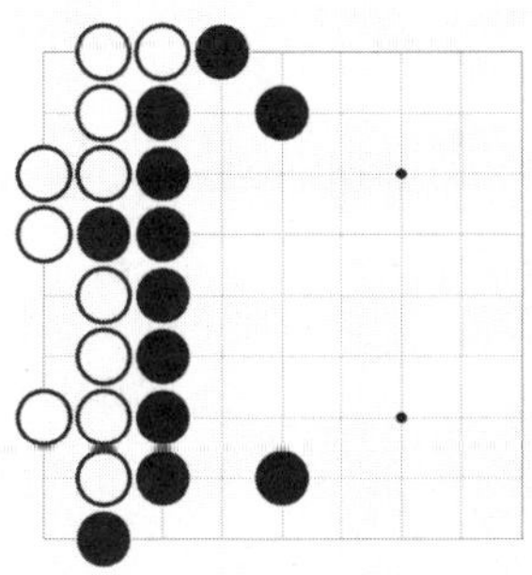

1

2

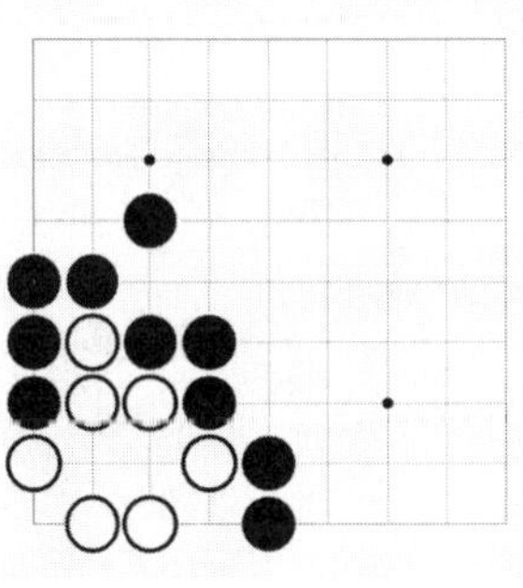

3

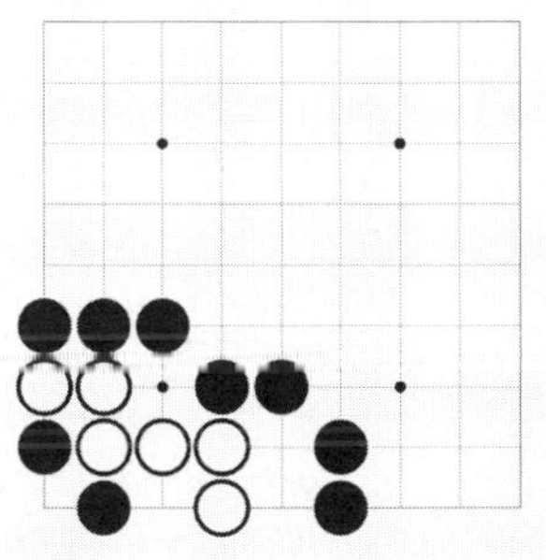

4

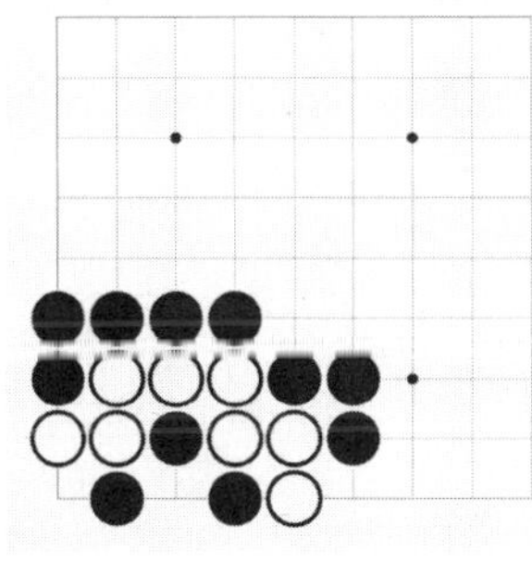

5

黑先,写出做活的过程。

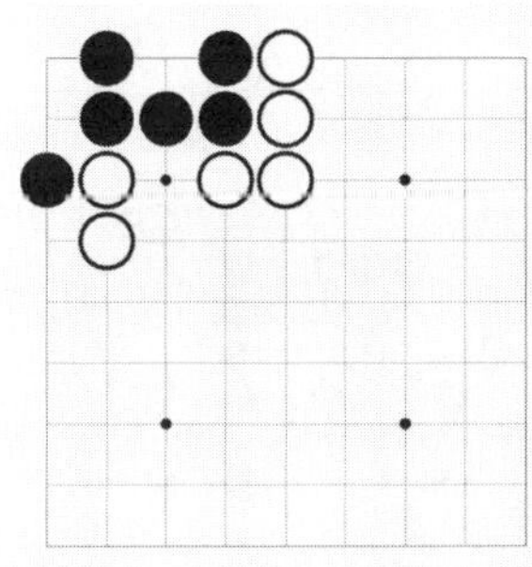

1

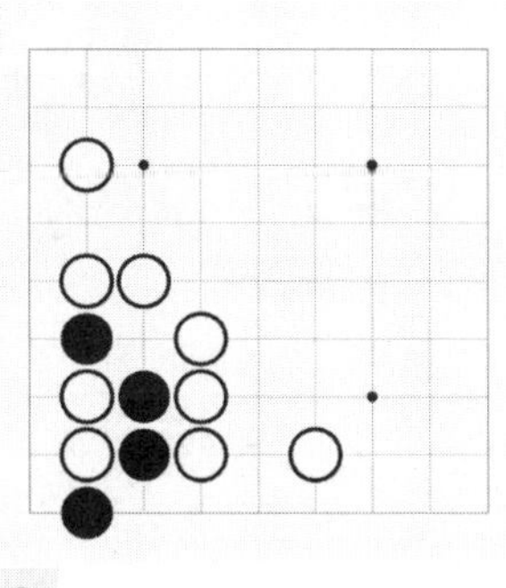

2

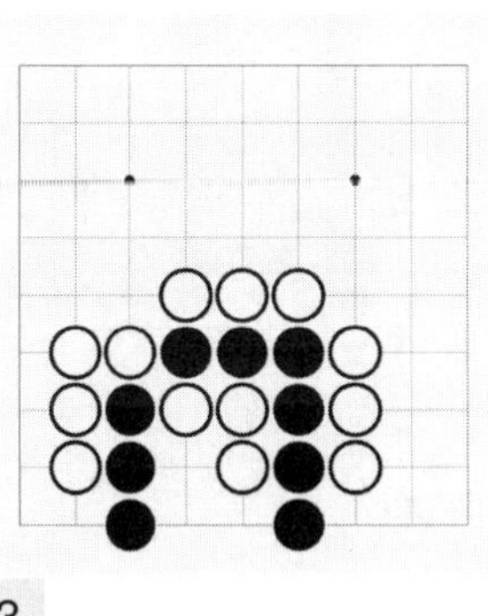

3

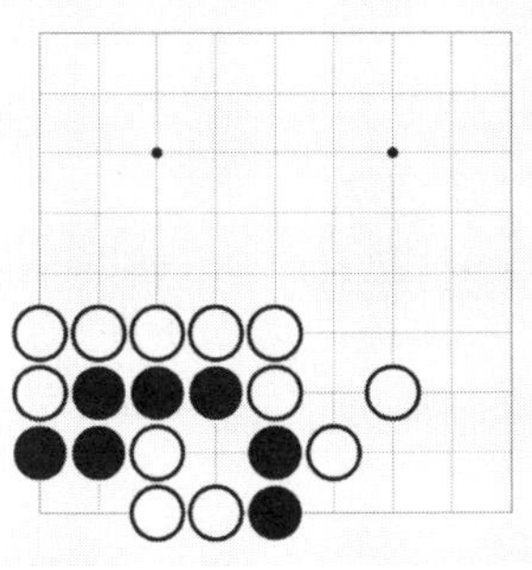

4

5

扫码看答案

扫码看题

3. 实战运用

黑先，写出做活的过程。

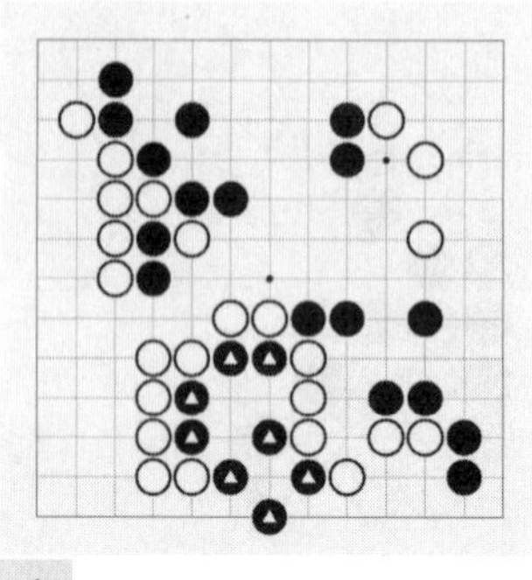

1

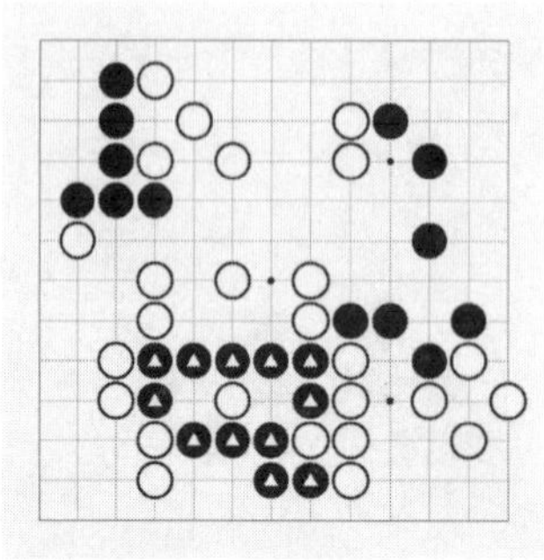

2

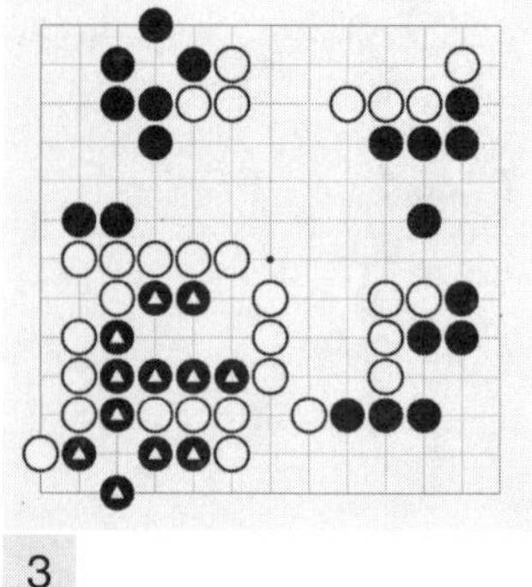

3

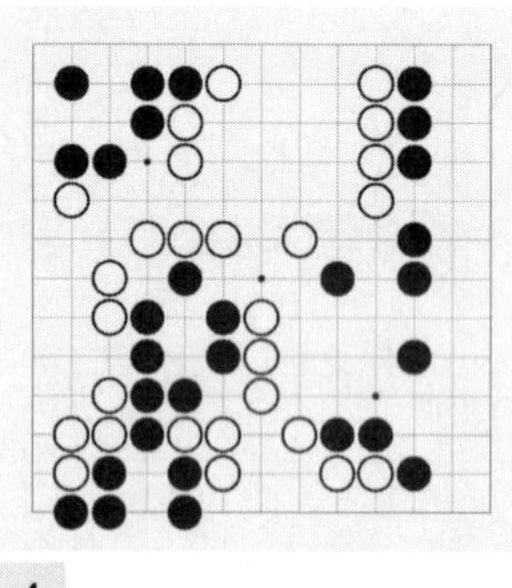

4

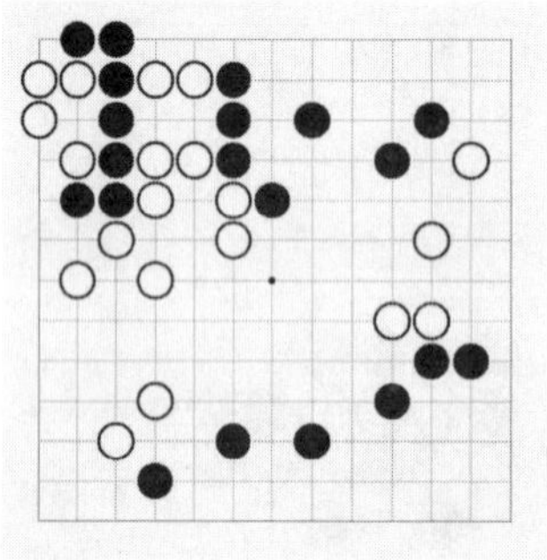

5

黑先，写出杀棋的过程。

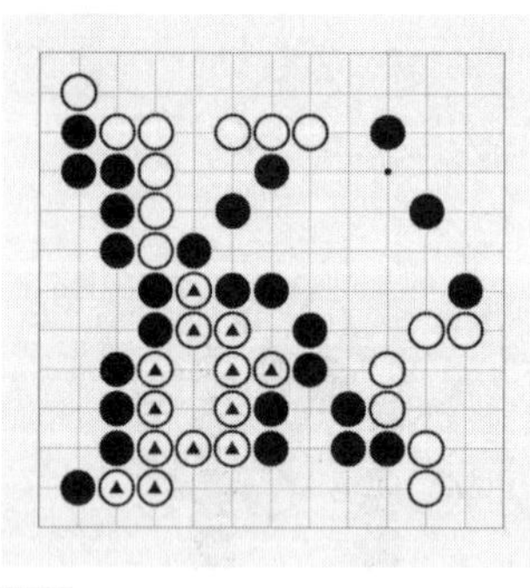

1

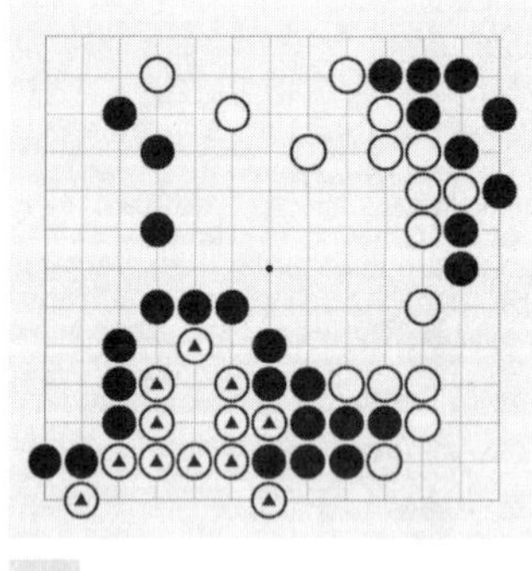

2

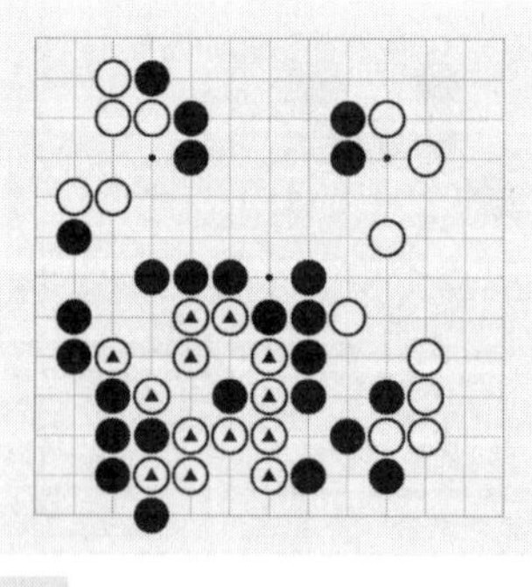

3

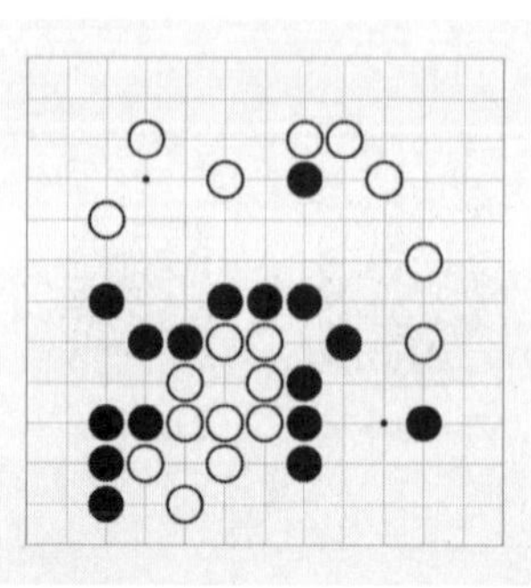

4

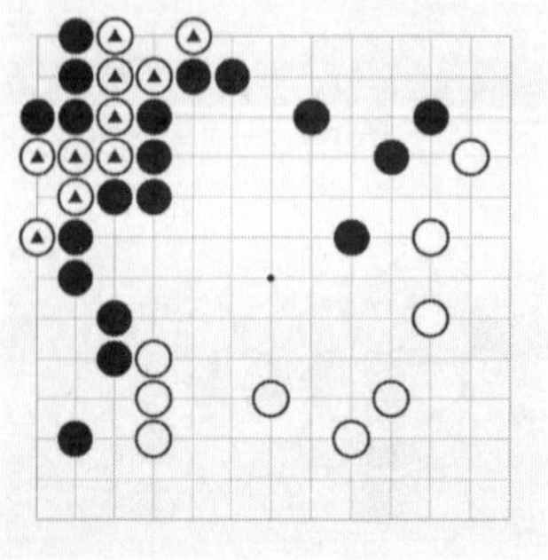

5

二十七　缺陷杀棋

1.吃子破眼

黑先，观察白弱点，写出杀棋的过程。

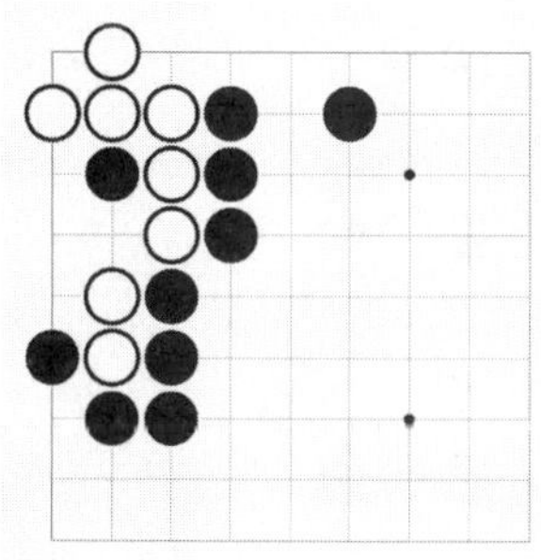

1

2

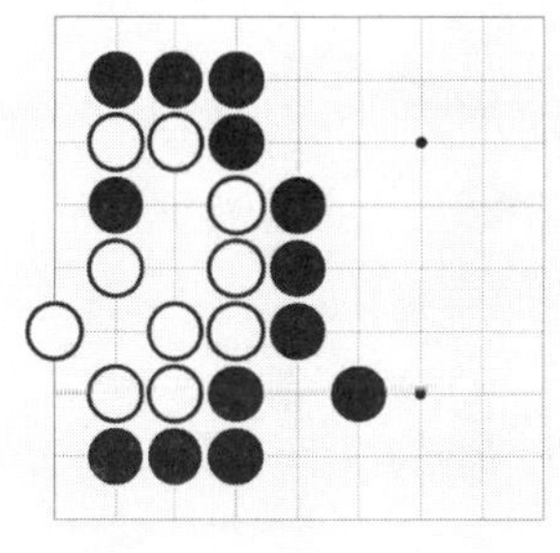

3

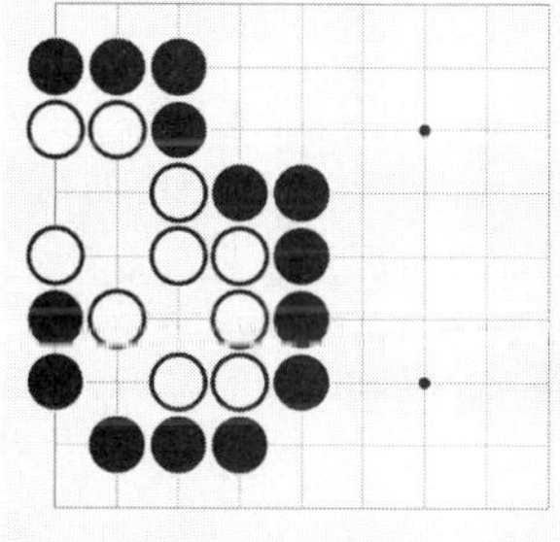

4

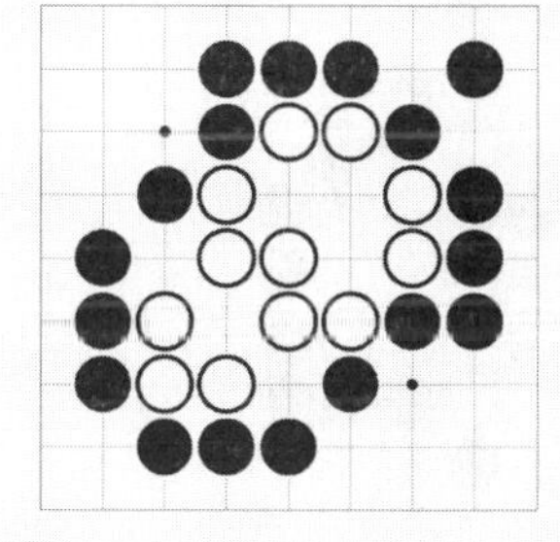

5

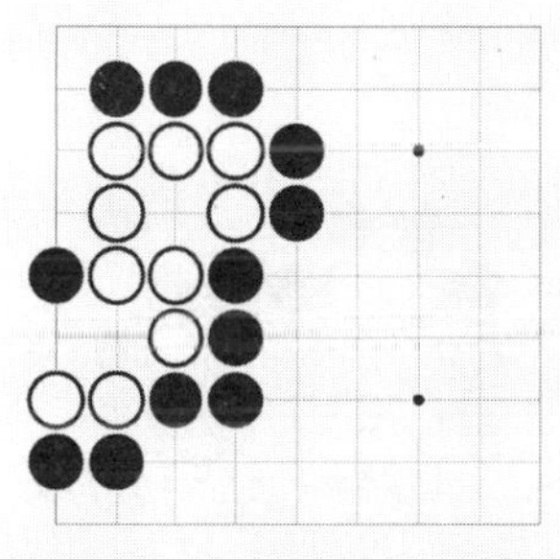

6

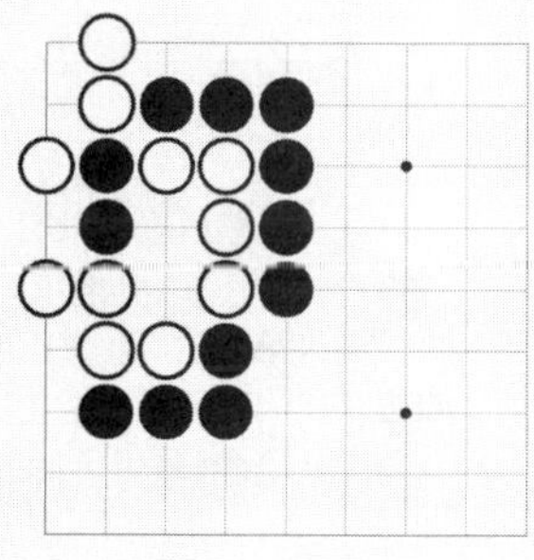

7

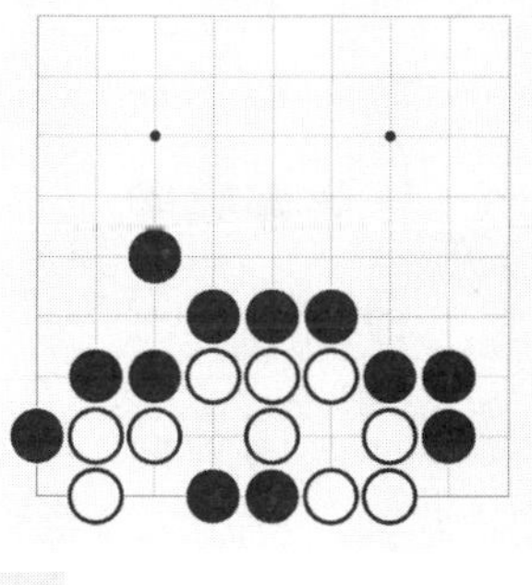

8

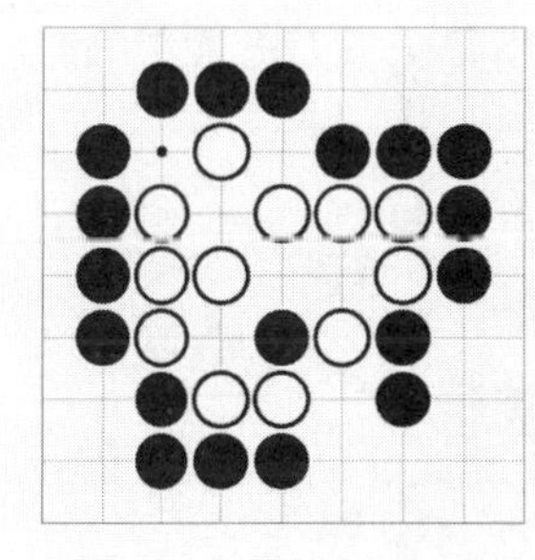

9

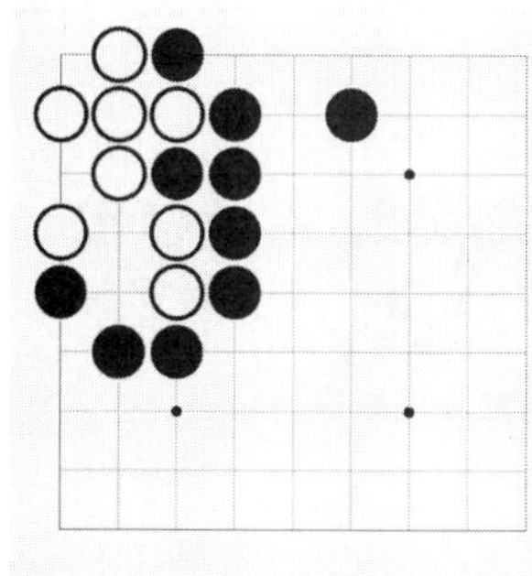

10

扫码看答案

扫码看题

2.分断对杀

黑先,观察白弱点,写出杀棋的过程。

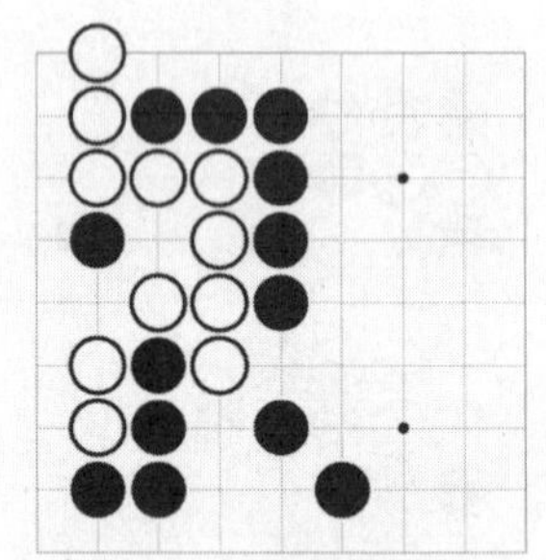

1

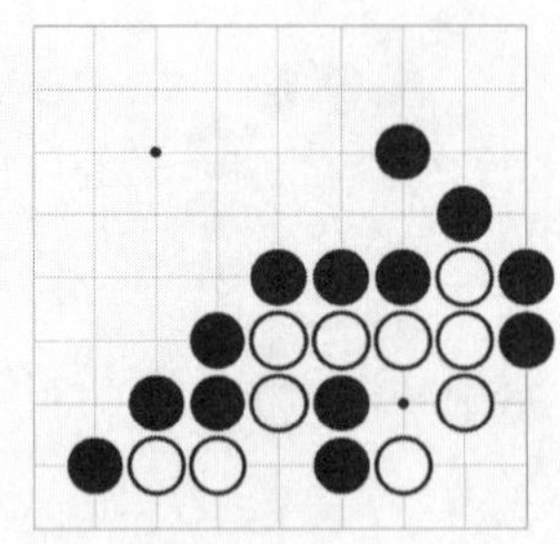

2

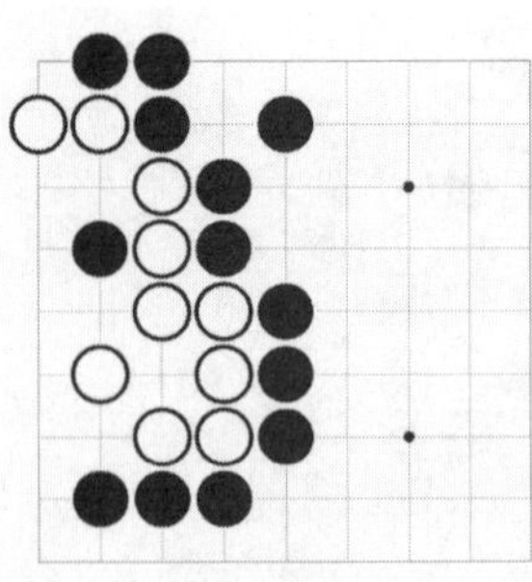

3

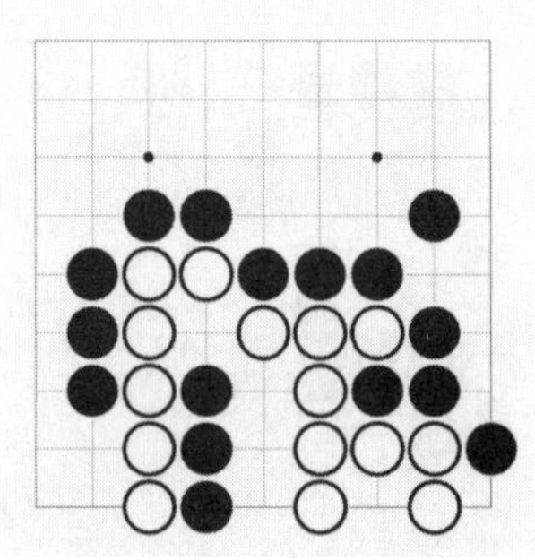

4

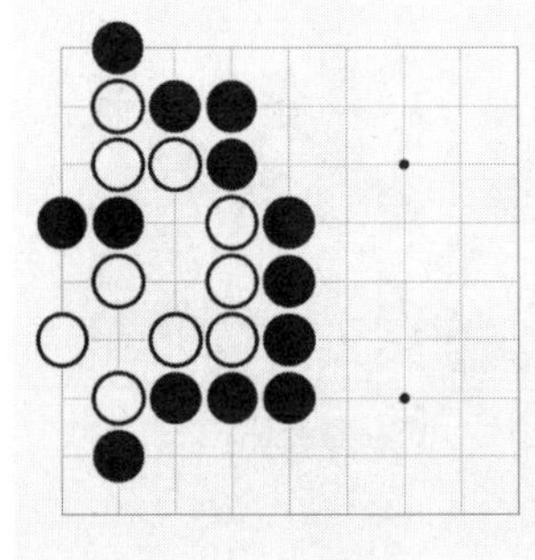

5

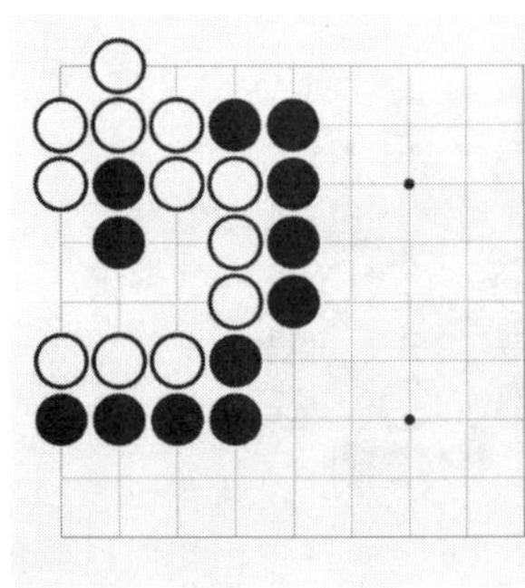

6

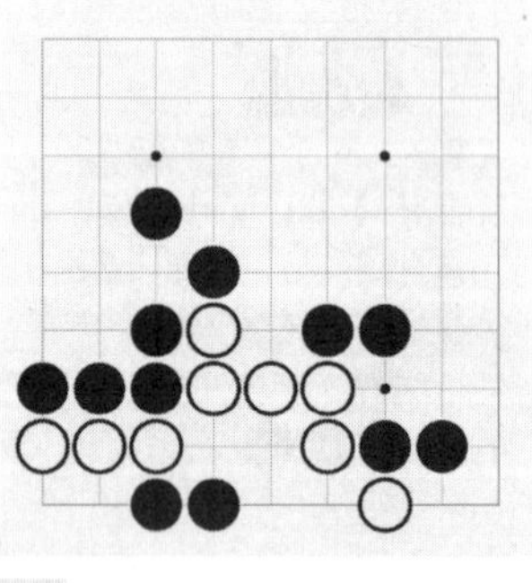

7

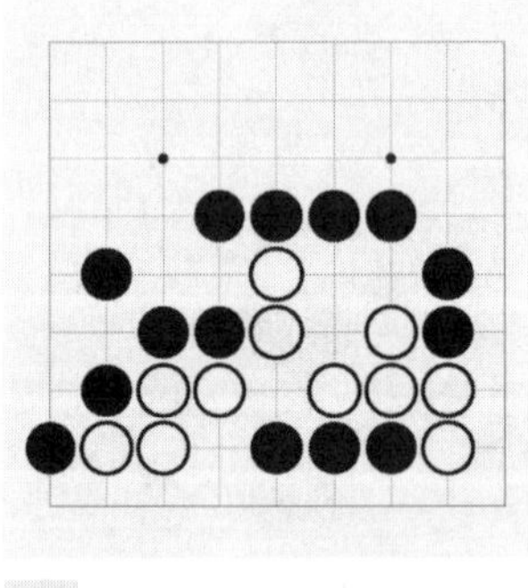

8

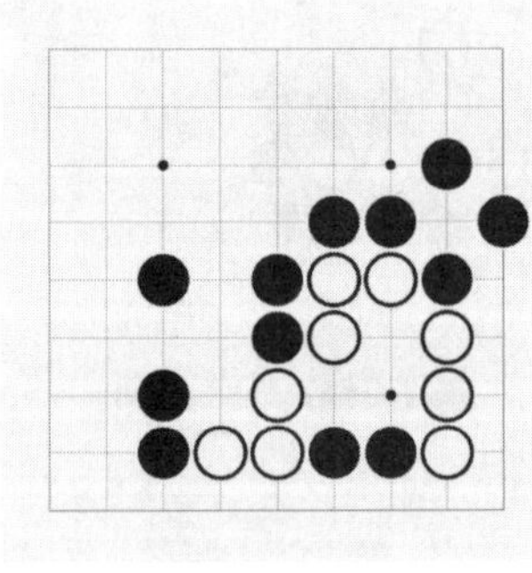

9

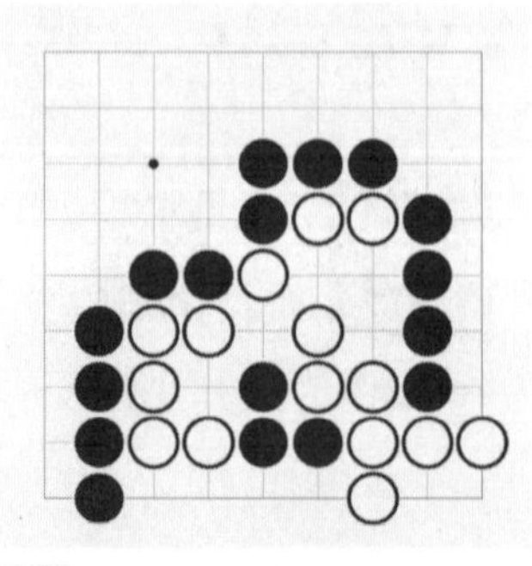

10

扫码看答案

扫码看题

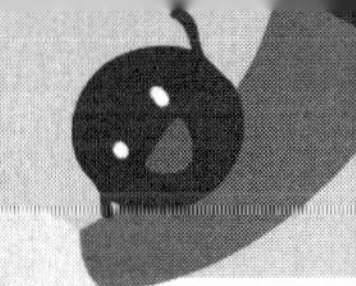

1.不入气

黑先，写出利用白气紧杀棋的过程。

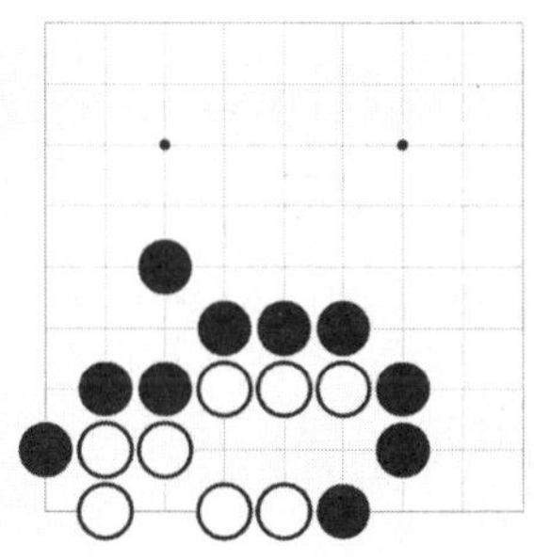

1

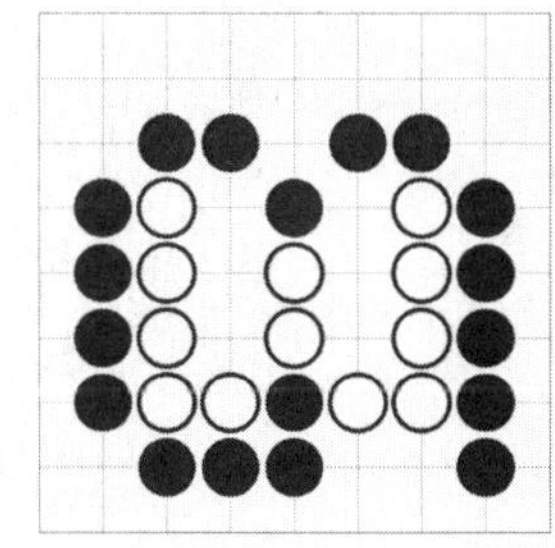

2

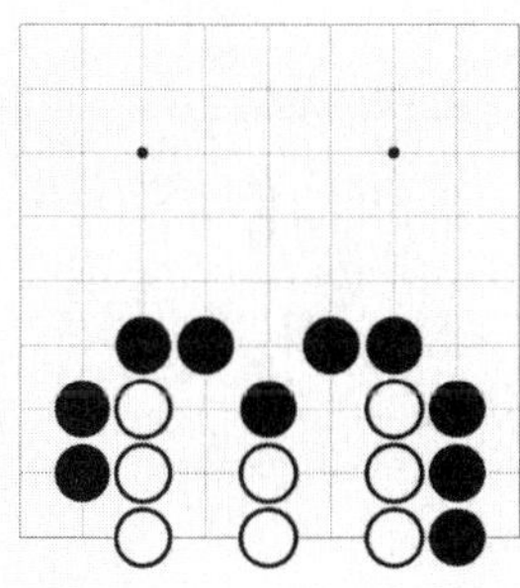

3

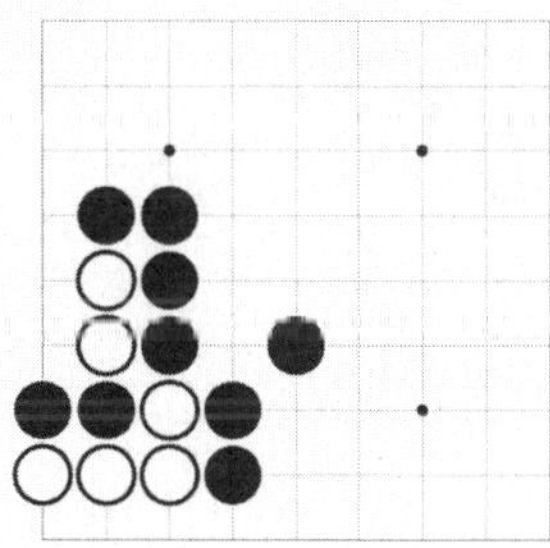

4

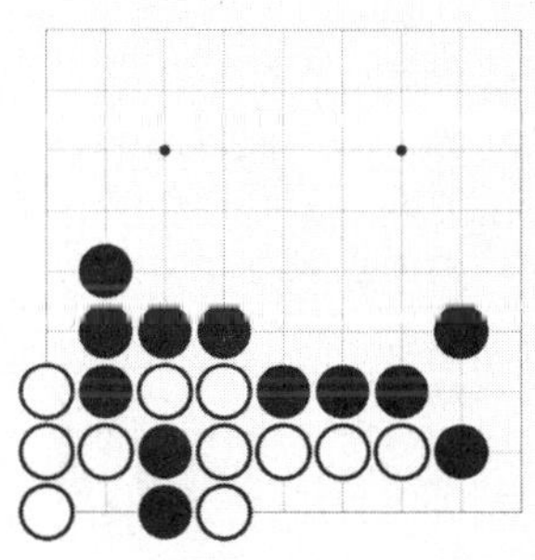

5

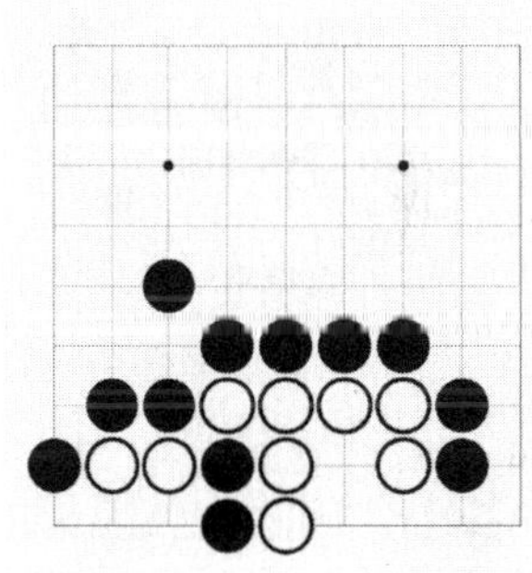

6

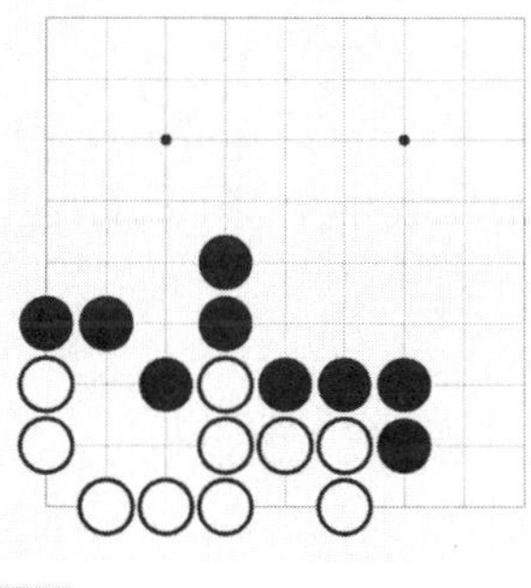

7

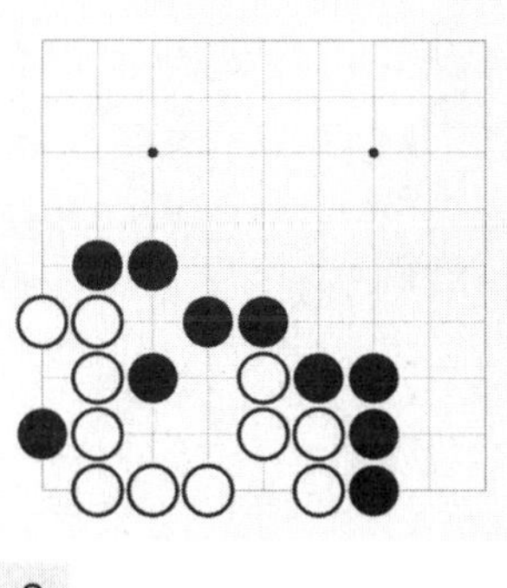

8

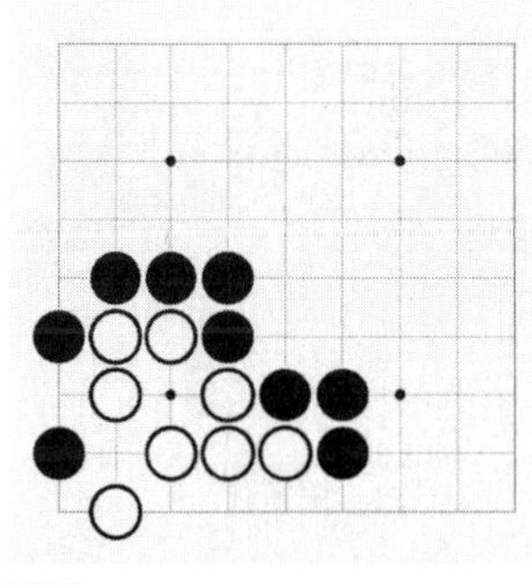

9

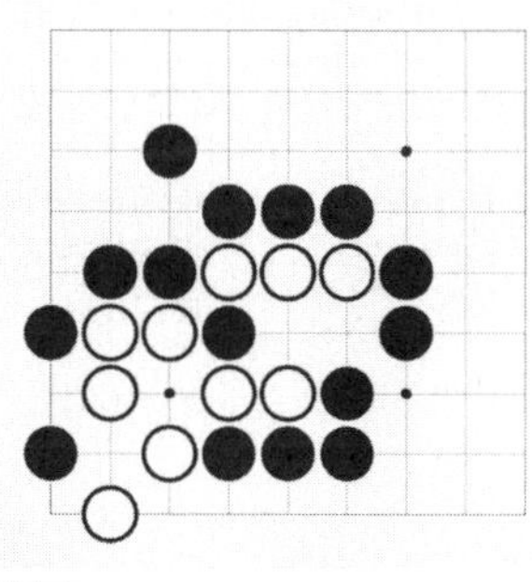

10

扫码看答案

扫码看题

4.实战运用

黑先,写出杀棋的过程。

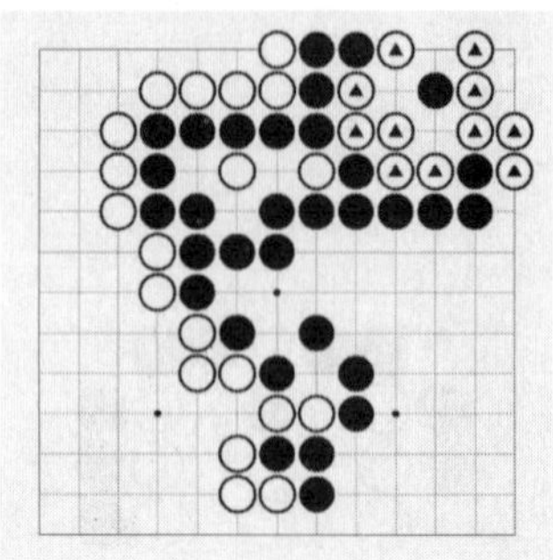

1

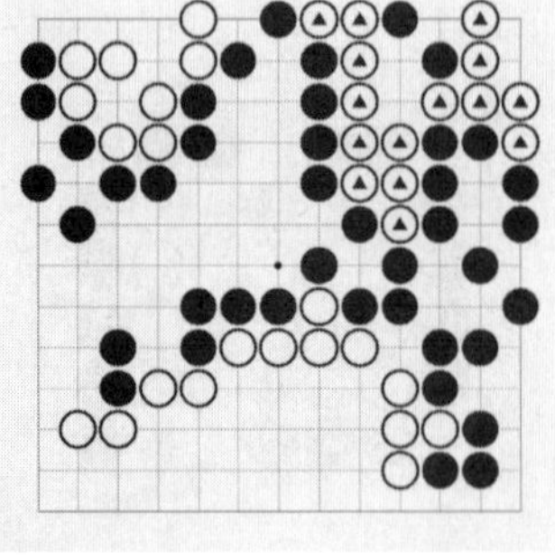

2

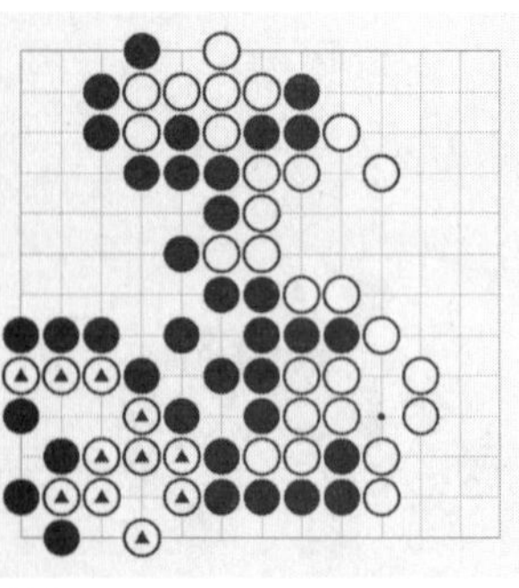

3

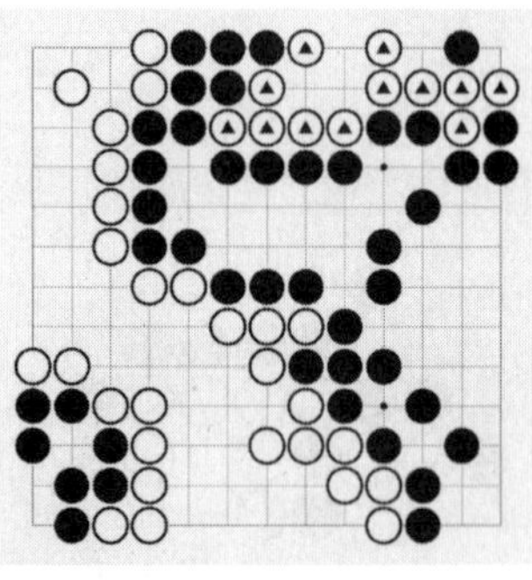

4

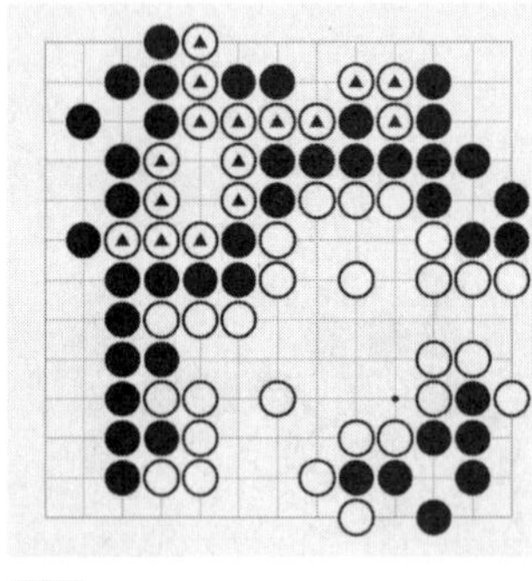

5

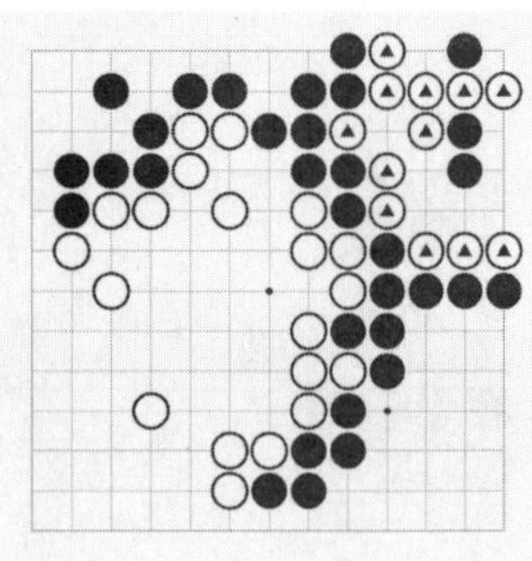

6

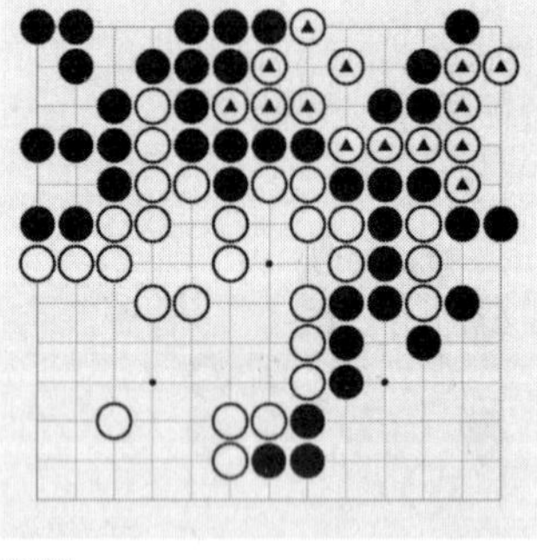

7

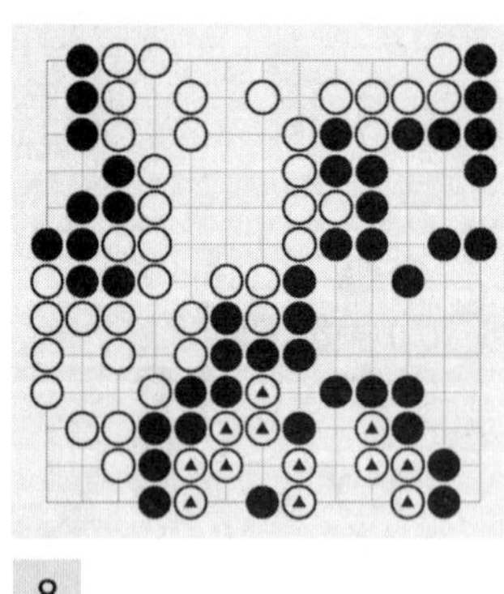

8

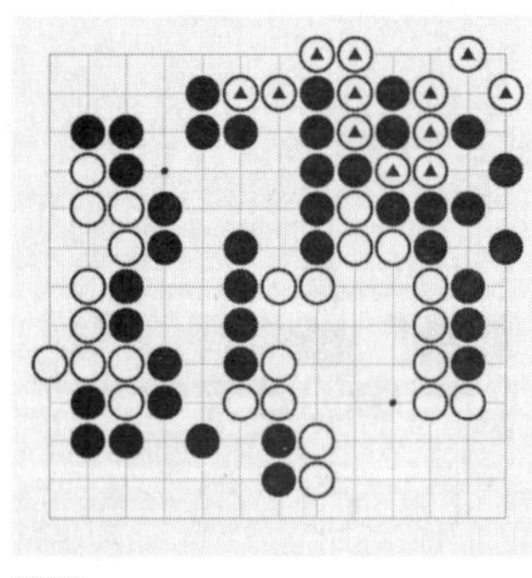

9

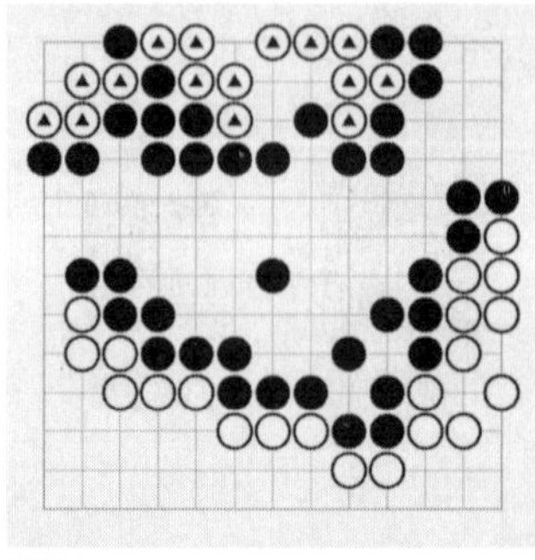

10

扫码看答案

扫码看题

5.深度拓展

黑先,写出杀棋的过程。

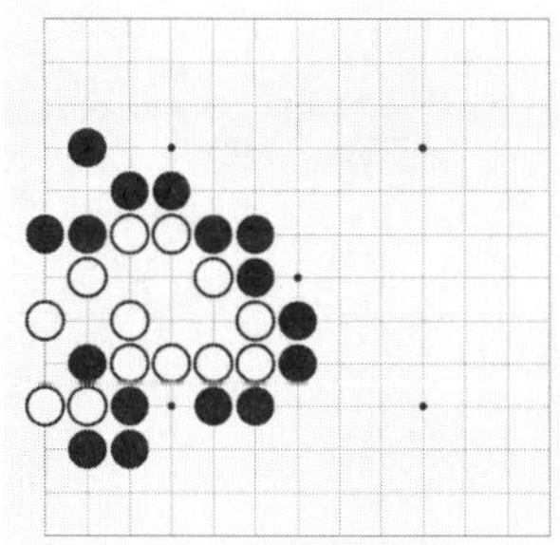

1

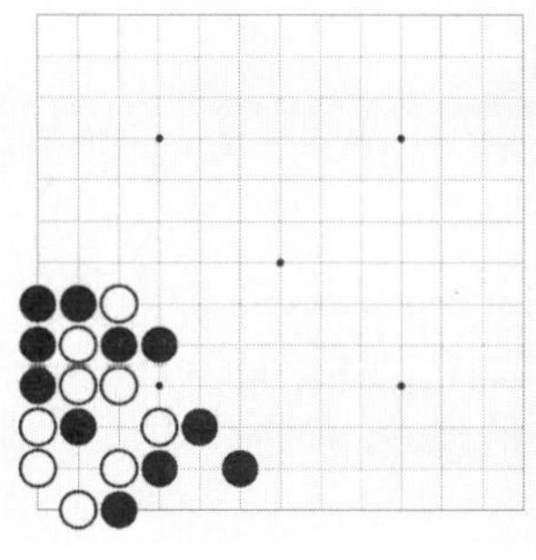

2

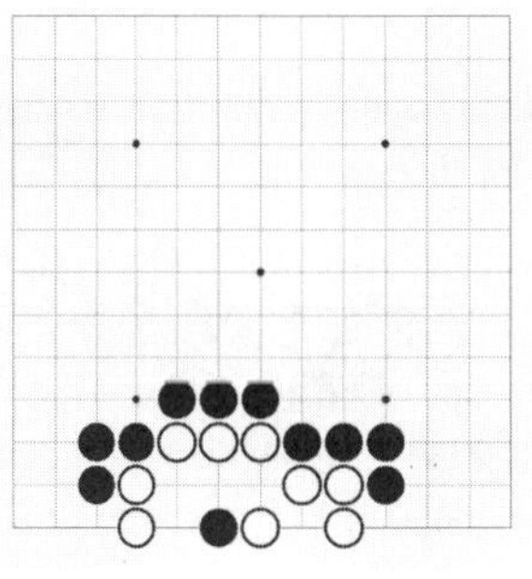

3

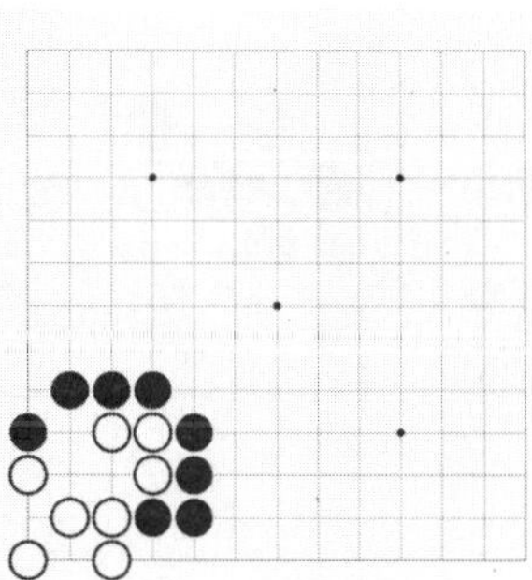

4

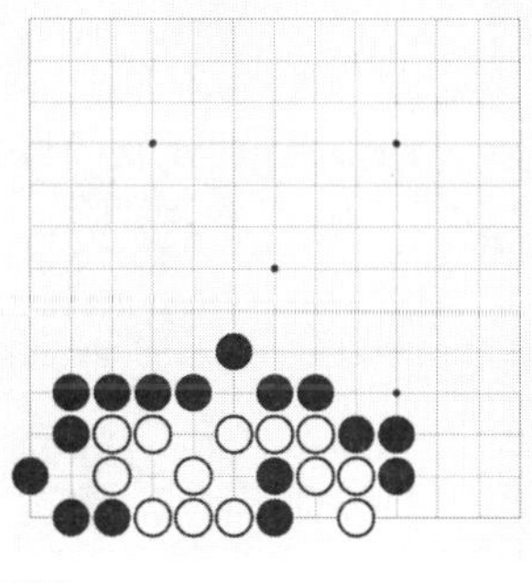

5

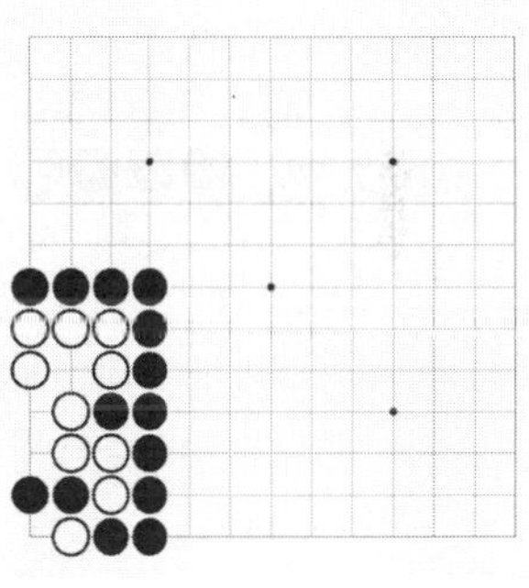

6

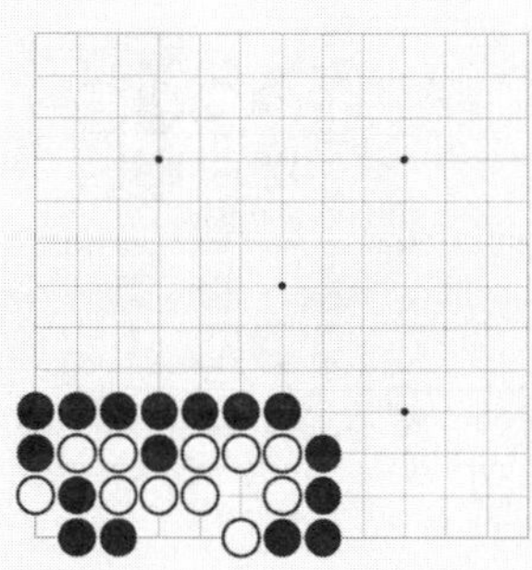

7

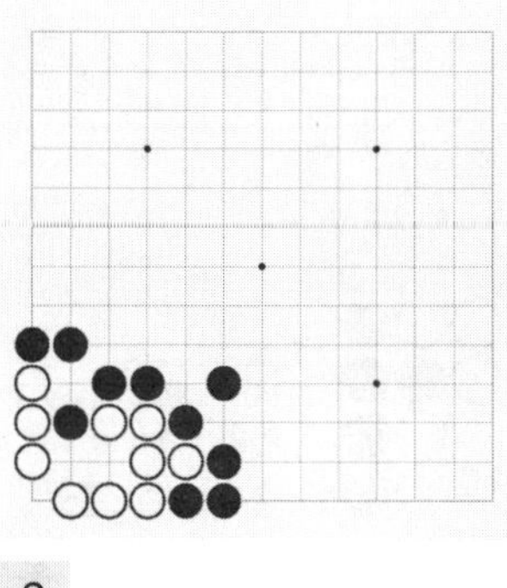

8

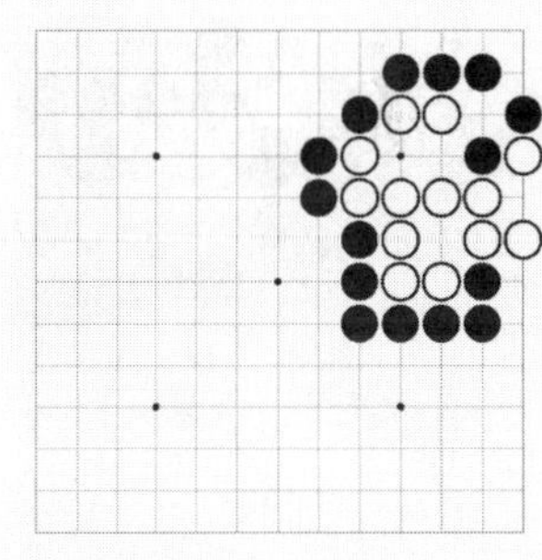

9

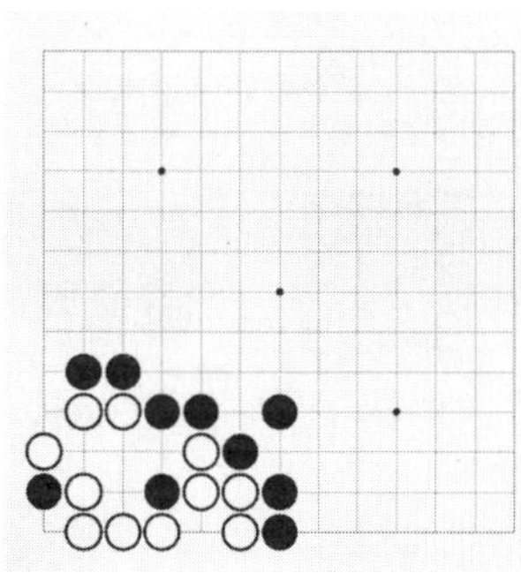

10

扫码看答案

扫码看题

二十八　吃子做眼

1.吃子做眼

黑先，写出吃子做活的过程 。

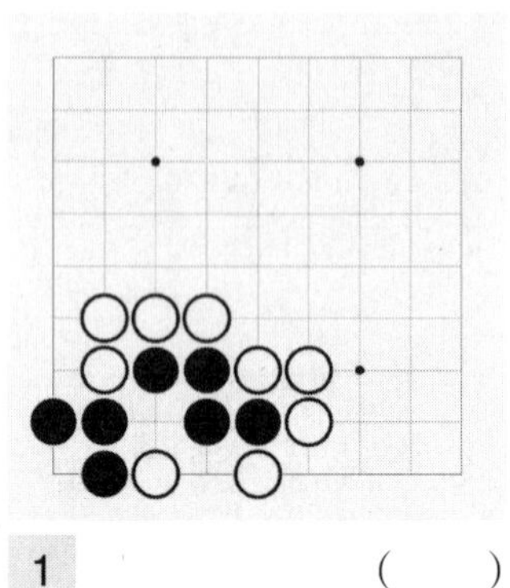

1 (　　)

2 (　　)

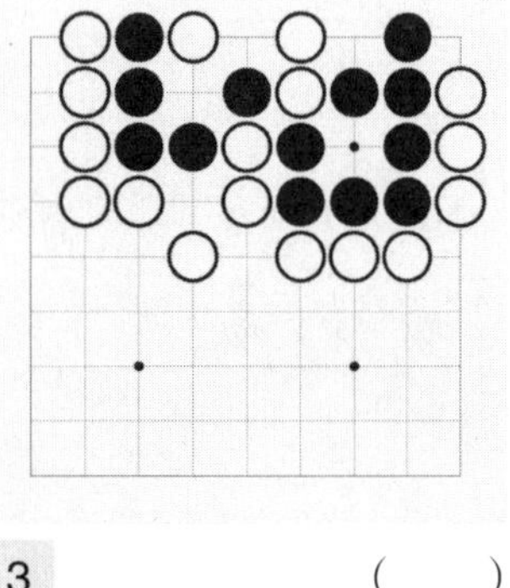

3 (　　)

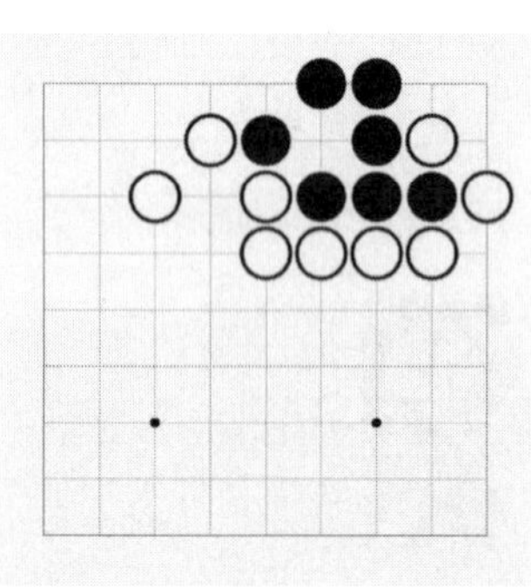

4 (　　)

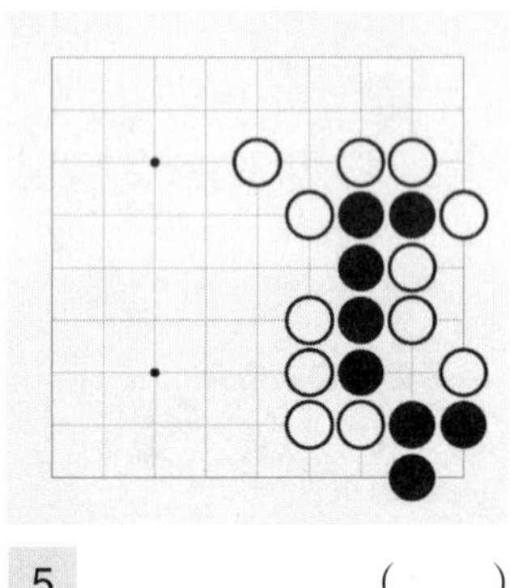

5 (　　)

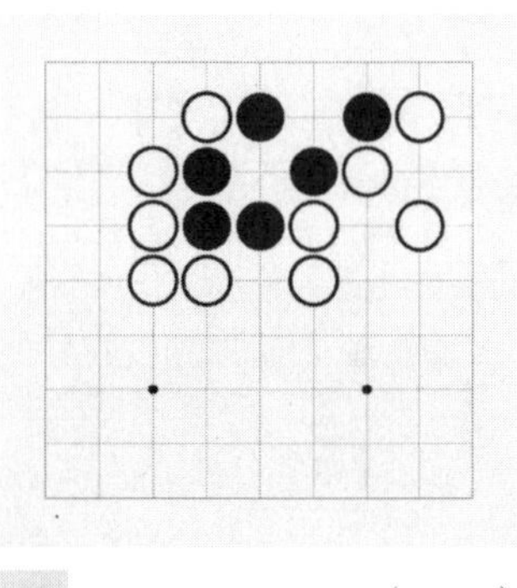

6 (　　)

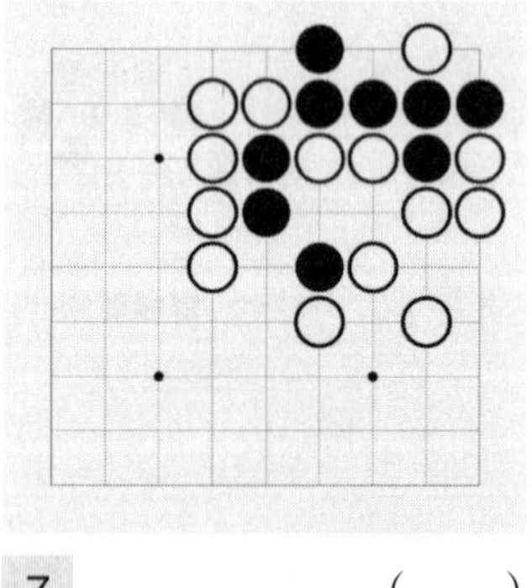

7 (　　)

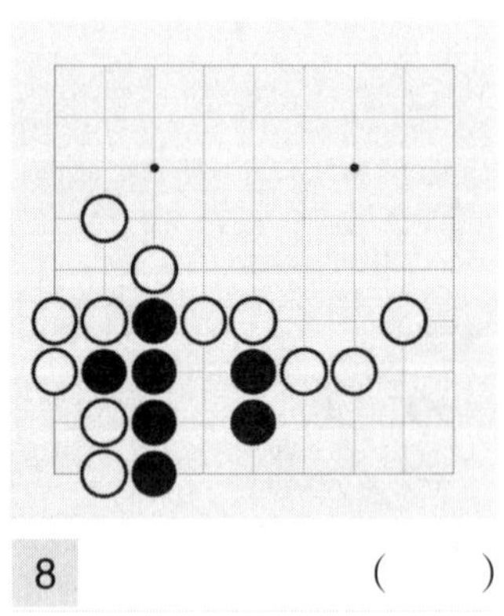

8 (　　)

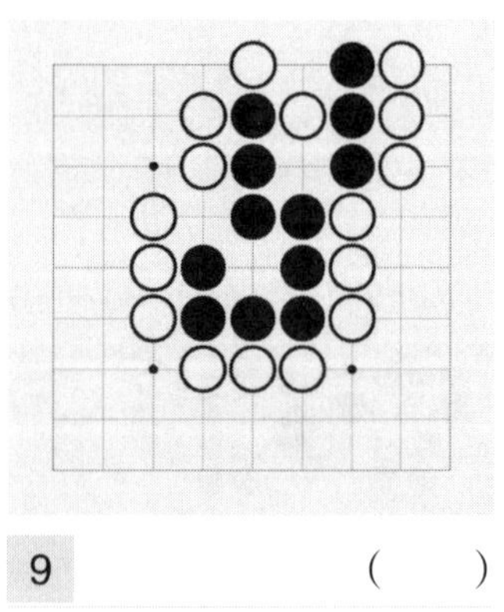

9 (　　)

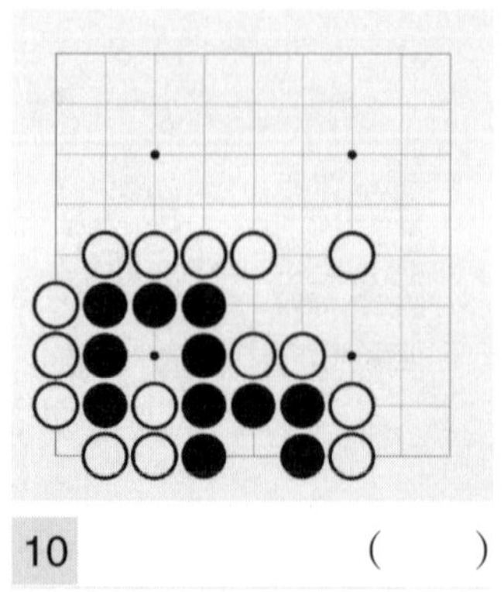

10 (　　)

扫码看答案

扫码看题

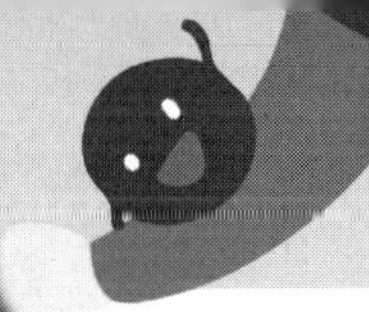

2.吃子的选择

帮黑棋选择正确的吃子。

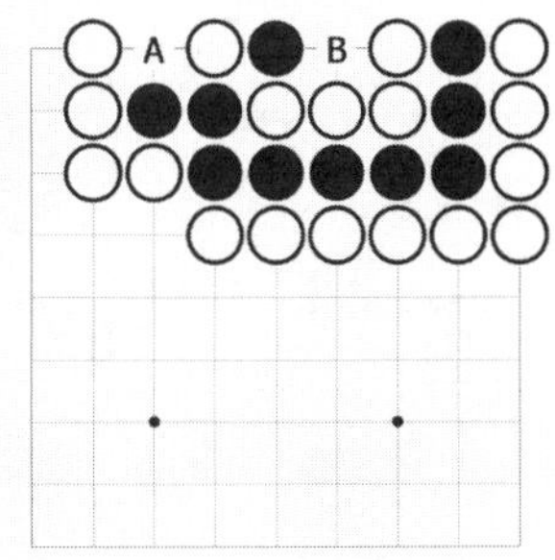

1 (　　)

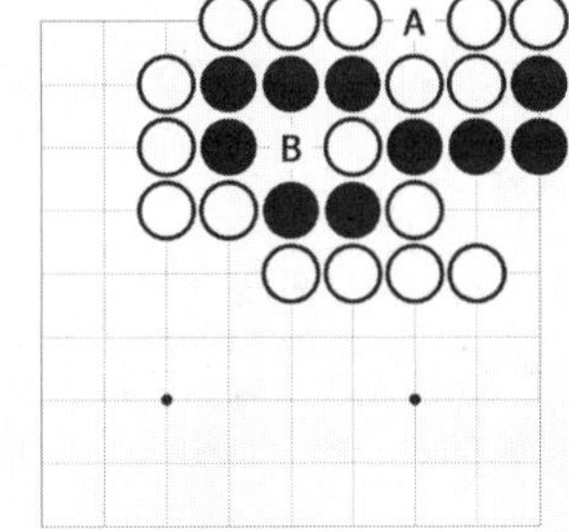

2 (　　)

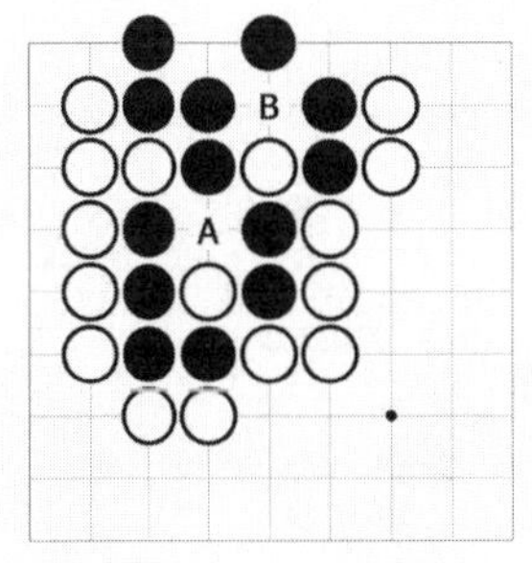

3 (　　)

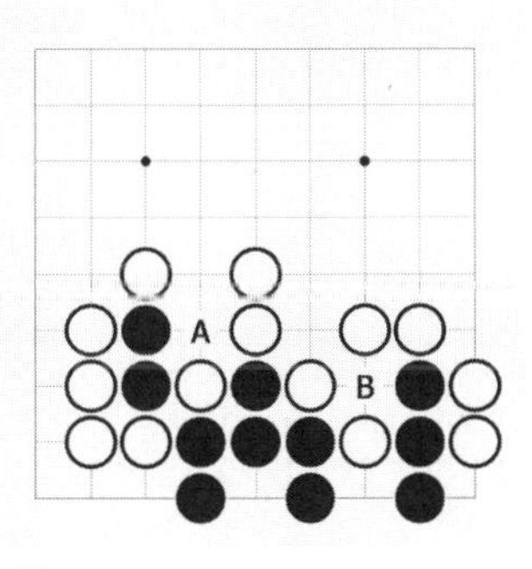

4 (　　)

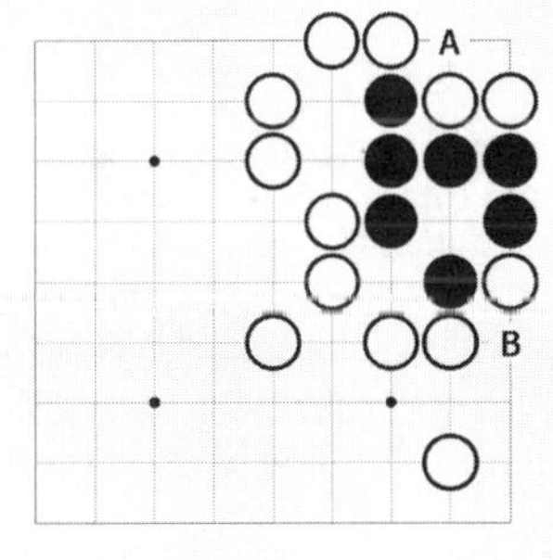

5 (　　)

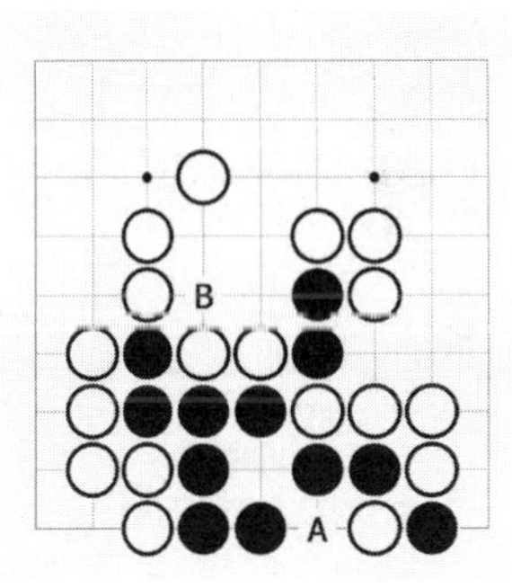

6 (　　)

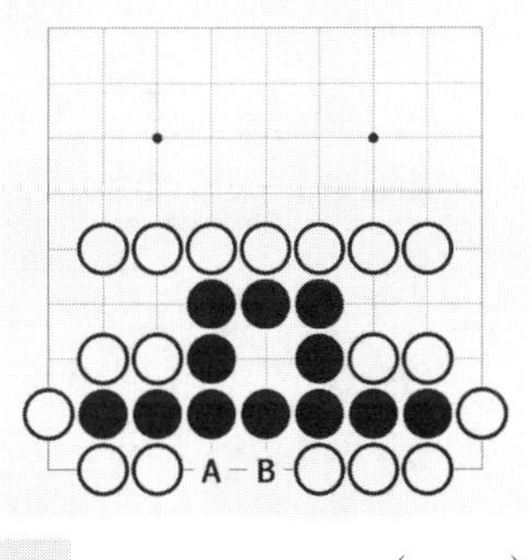

7 (　　)

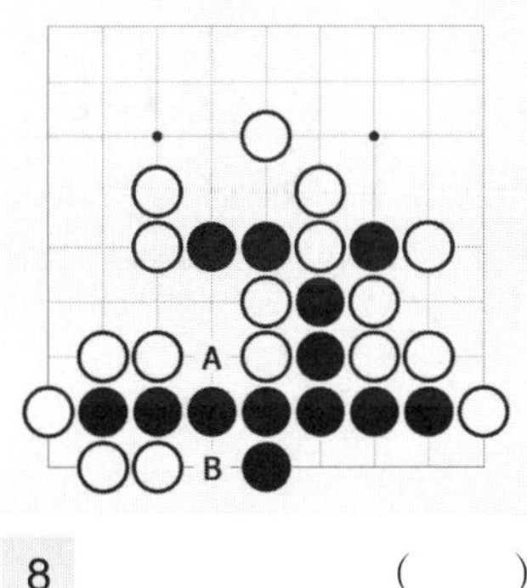

8 (　　)

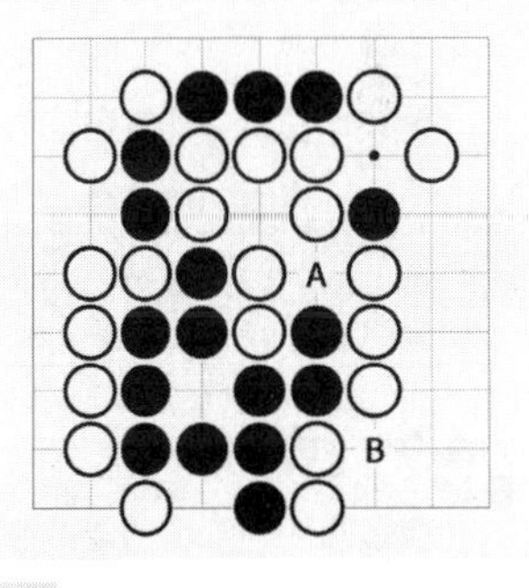

9 (　　)

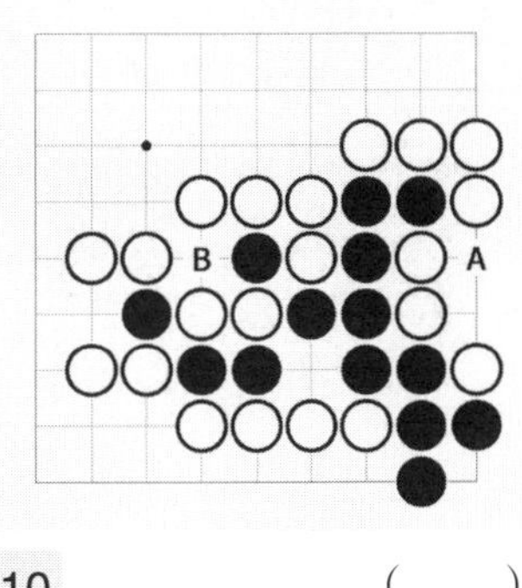

10 (　　)

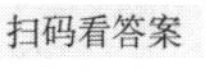
扫码看答案

扫码看题

3.实战运用

黑先，写出吃子做活的过程。

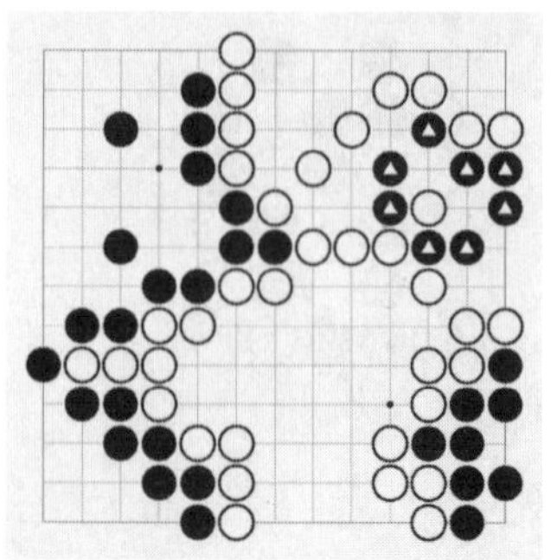

1

2

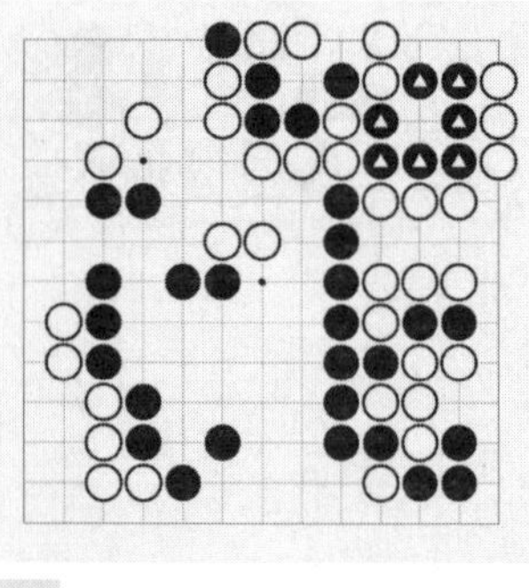

3

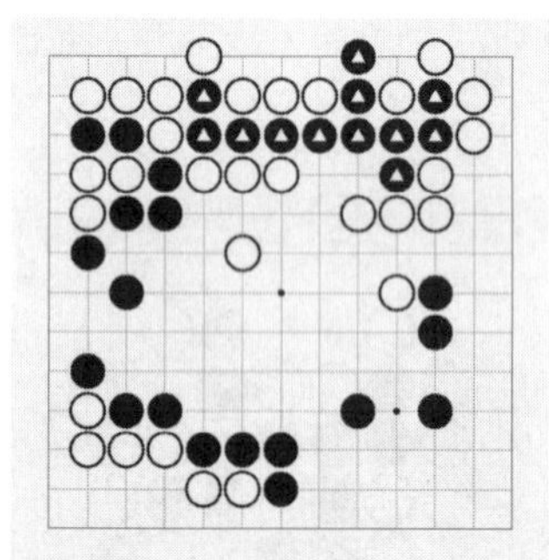

4

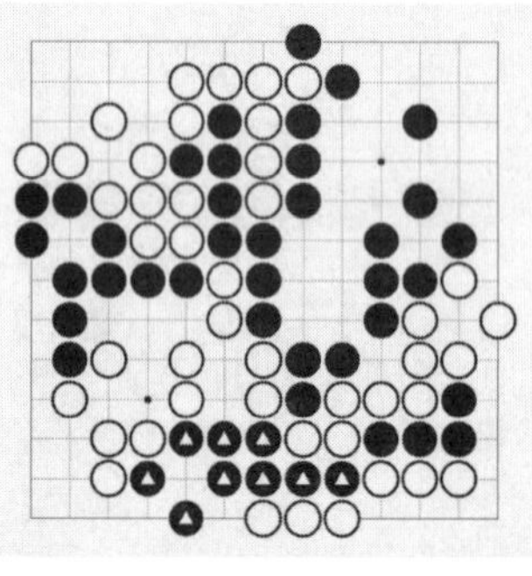

5

帮黑棋选择正确的吃子。

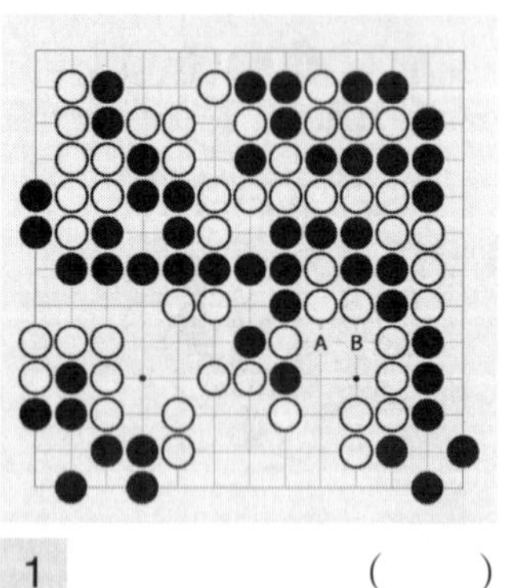

1 （ ）

2 （ ）

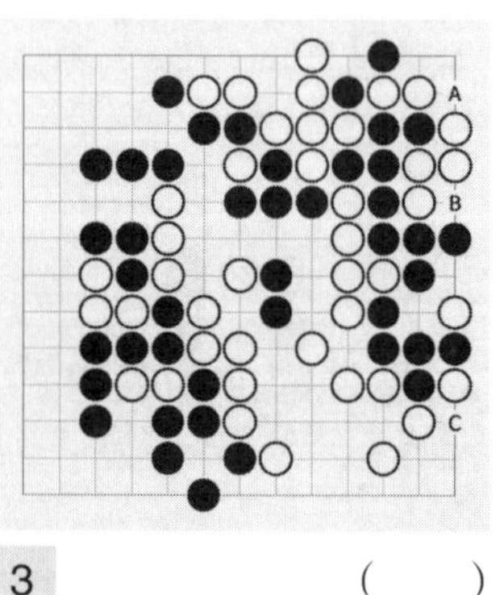

3 （ ）

4 （ ）

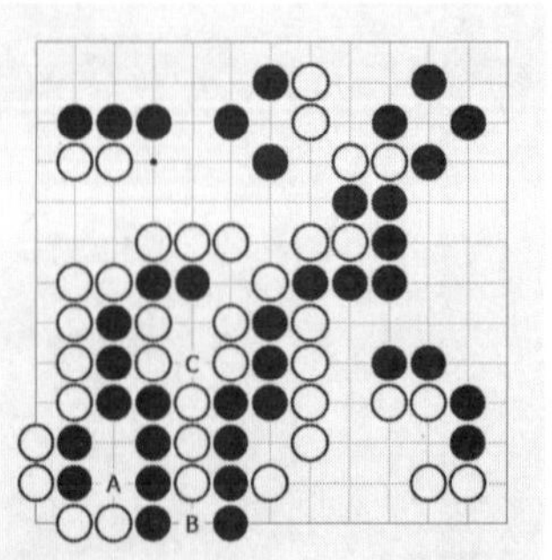

5 （ ）

4. 深度拓展

黑先，写出做活的过程。

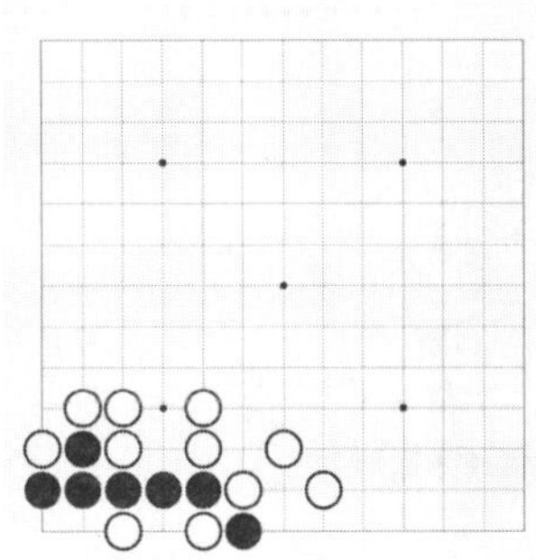

1

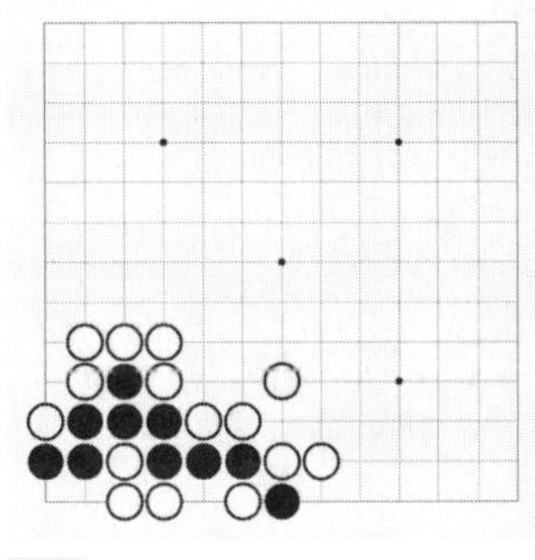

2

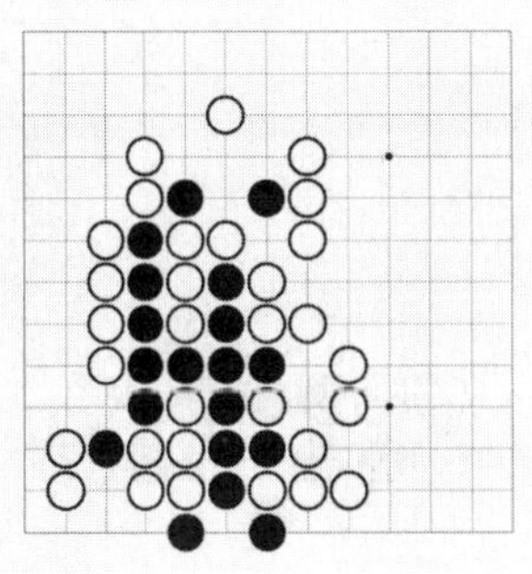

3

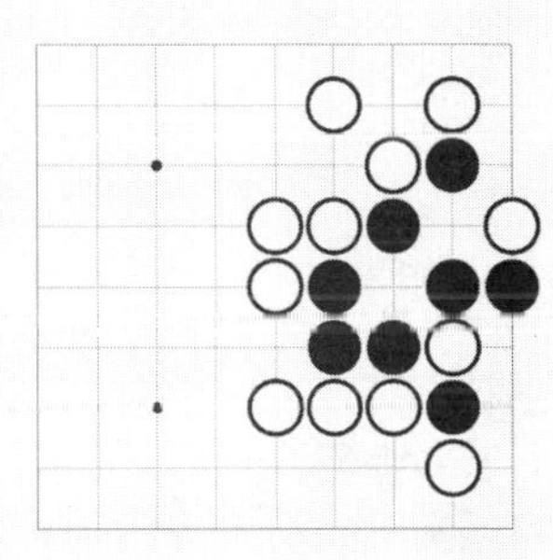

4

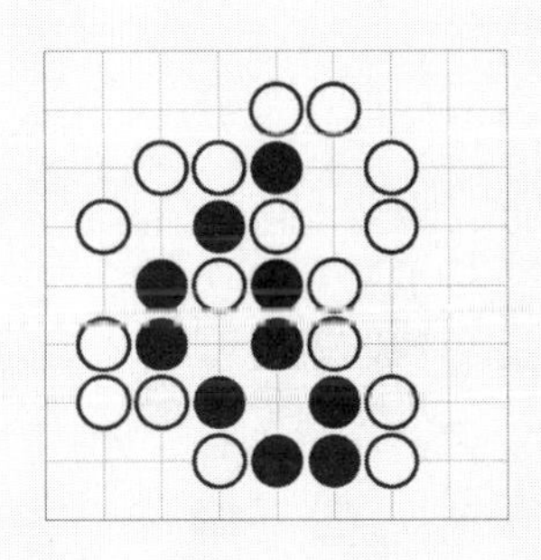

5

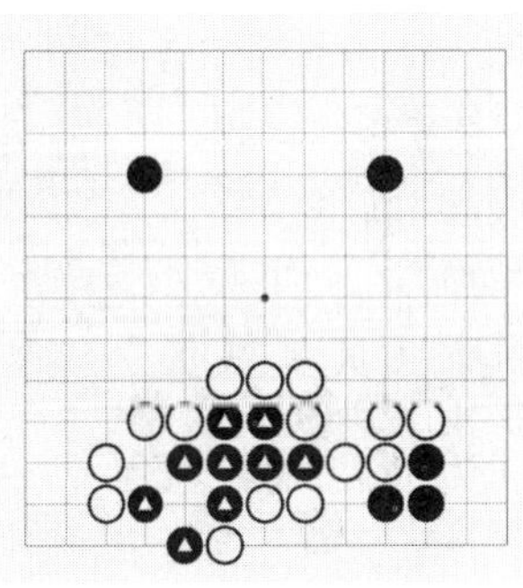

6

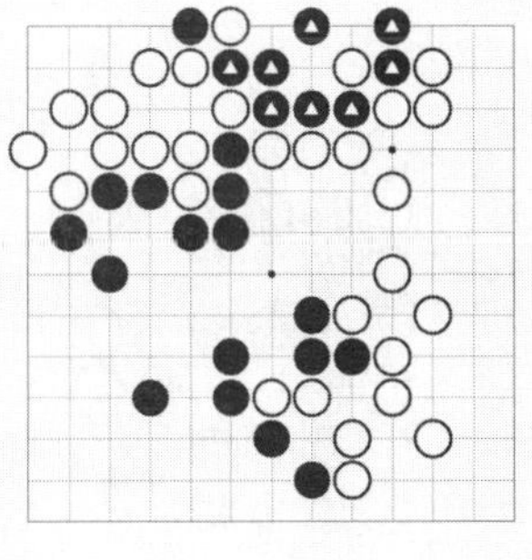

7

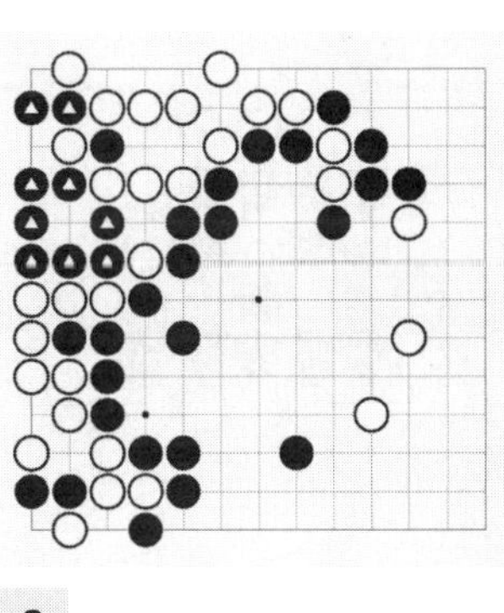

8

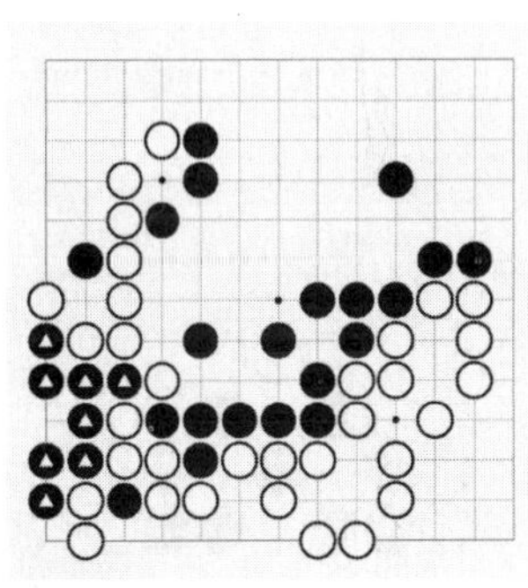

9

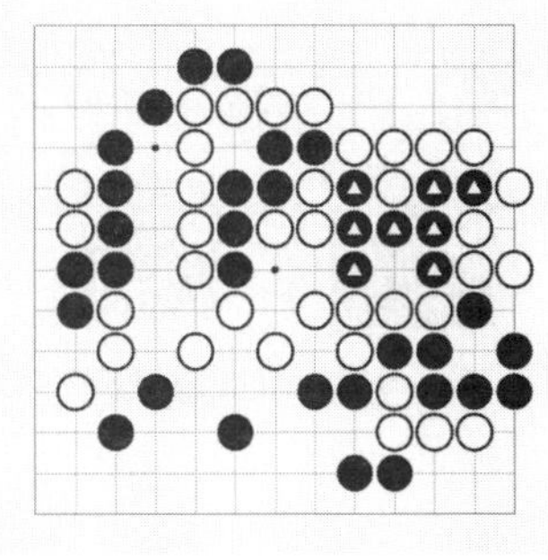

10

扫码看答案

扫码看题

二十九　死活的见合

1. 见合活棋判断

判断黑棋的死活状态。活棋√，死棋×，看谁先动手○。

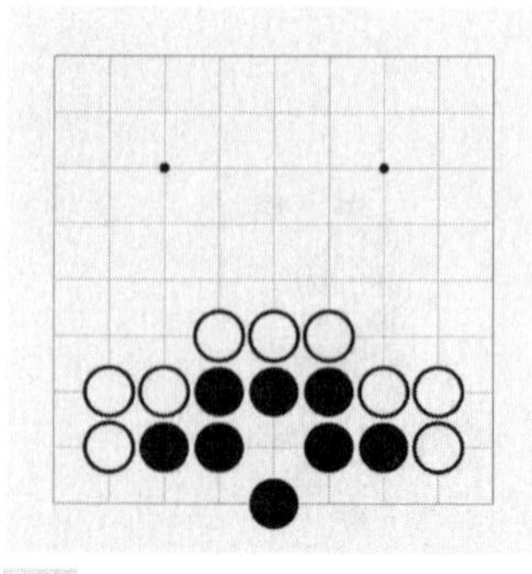

1　(　　)

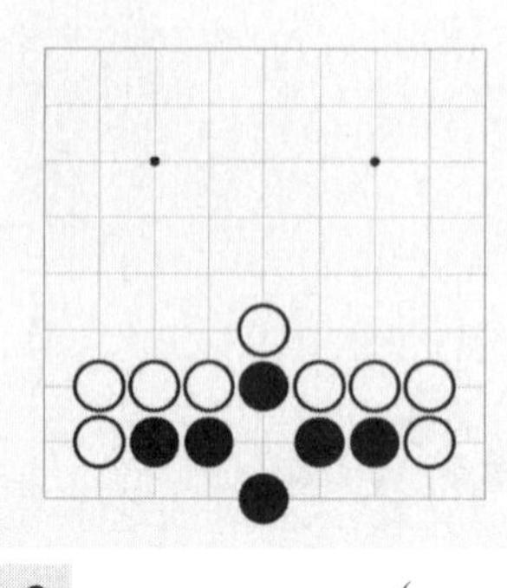

2　(　　)

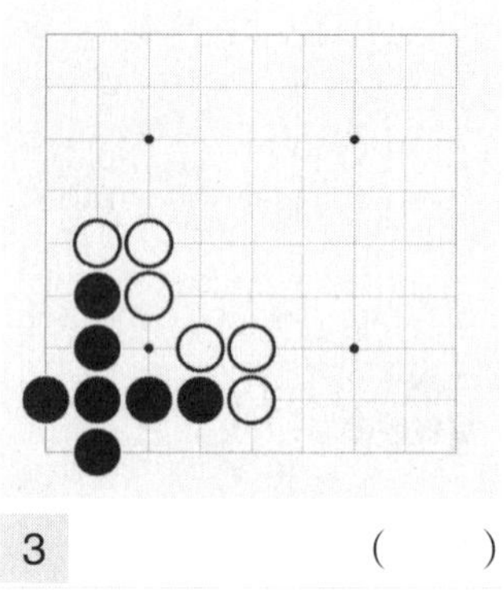

3　(　　)

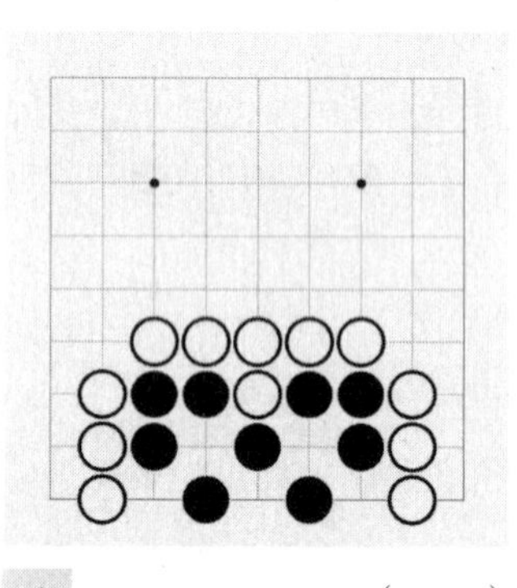

4　(　　)

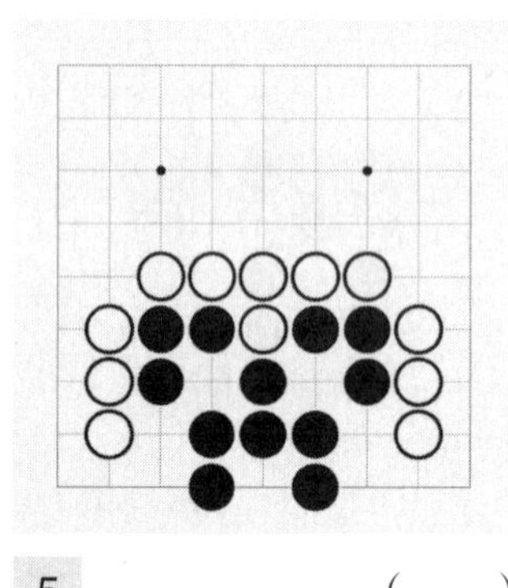

5　(　　)

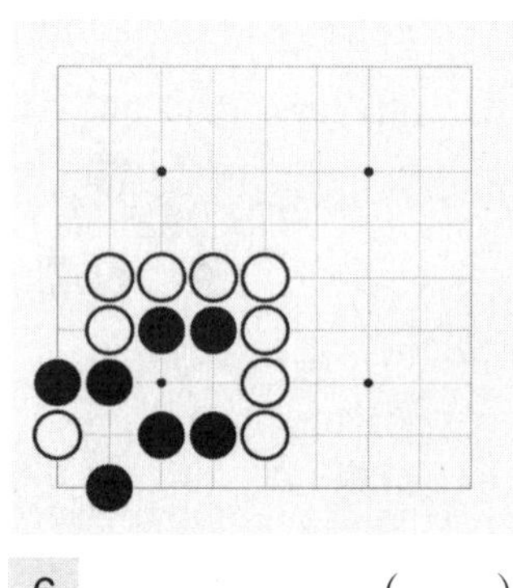

6　(　　)

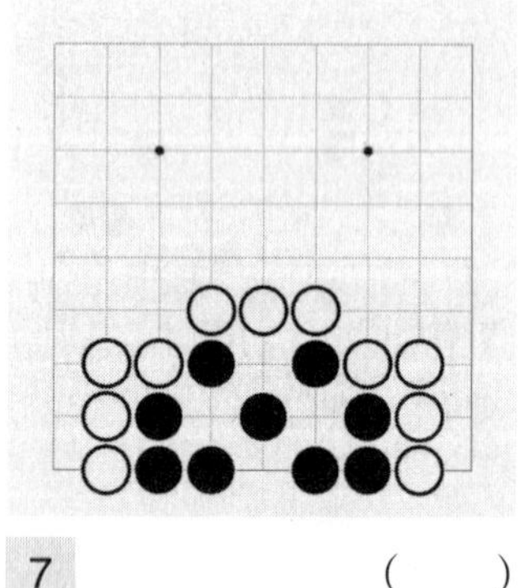

7　(　　)

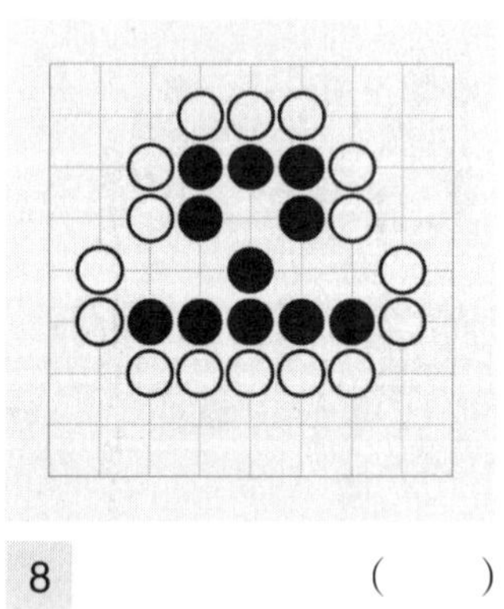

8　(　　)

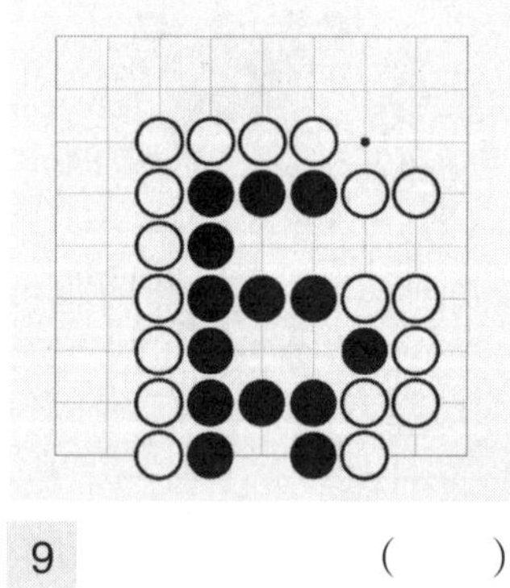

9　(　　)

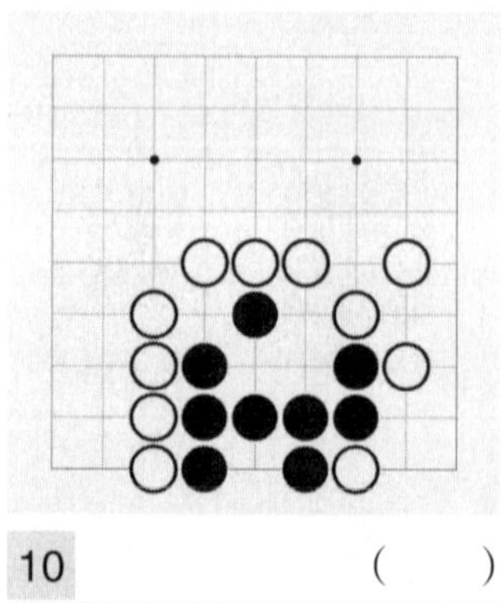

10　(　　)

扫码看答案

扫码看题

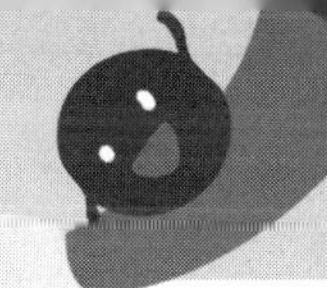

2. 见合做眼

黑先，写出运用“见合”做活的过程。

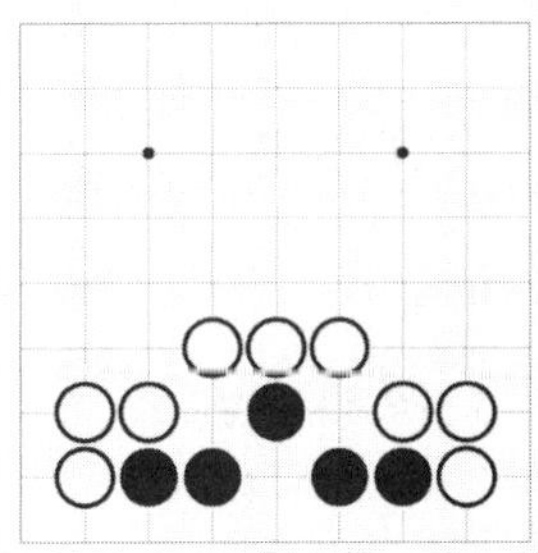

1

2

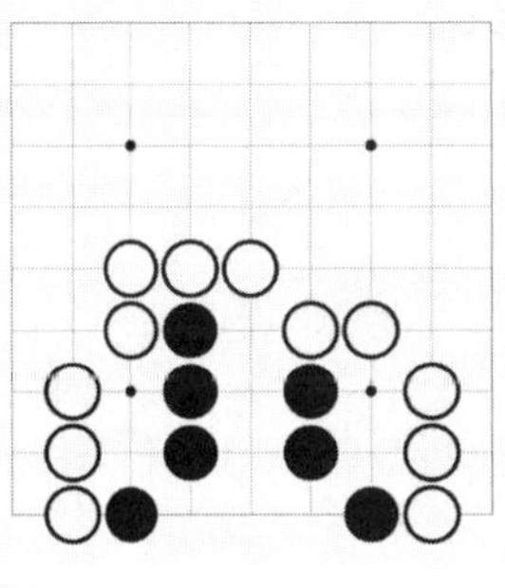

3

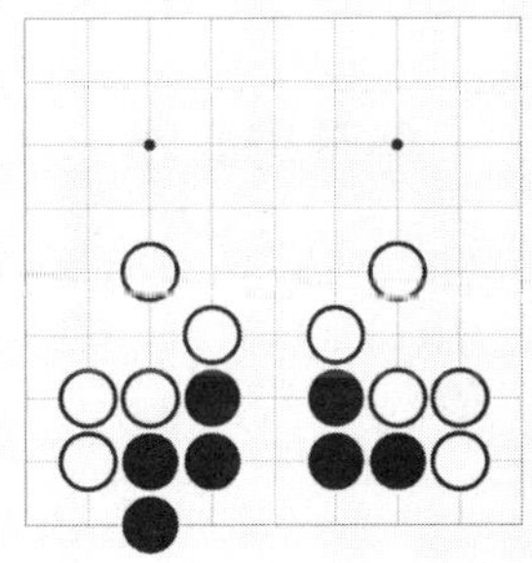

4

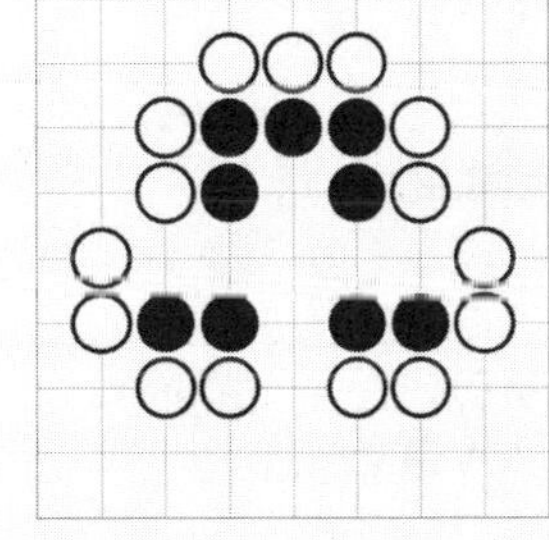

5

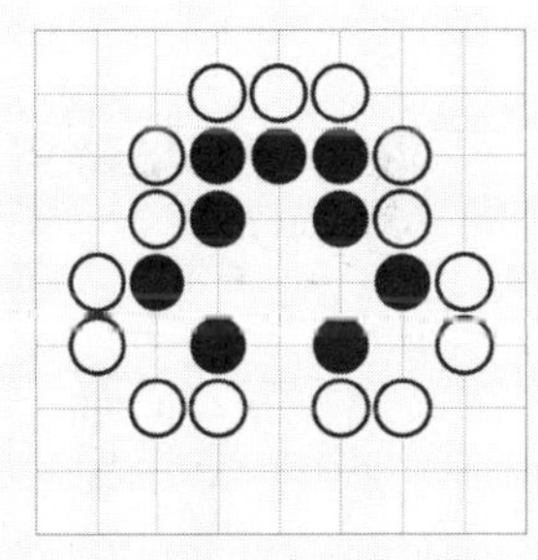

6

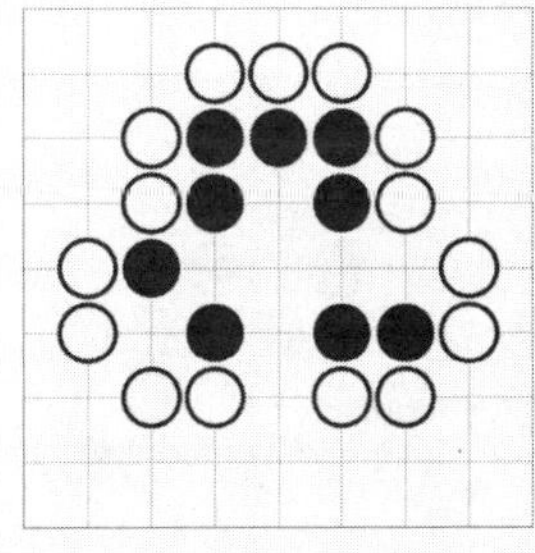

7

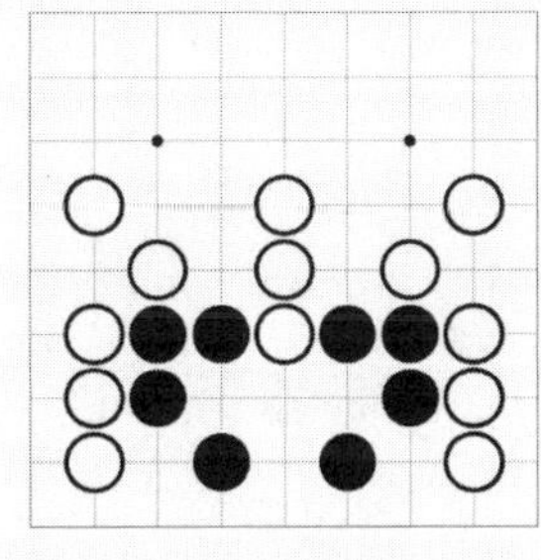

8

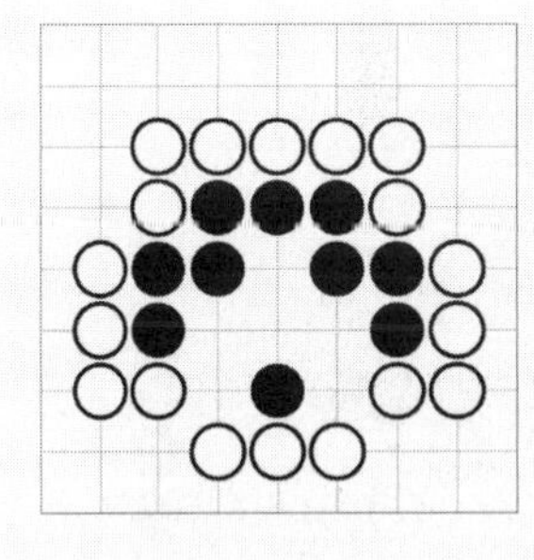

9

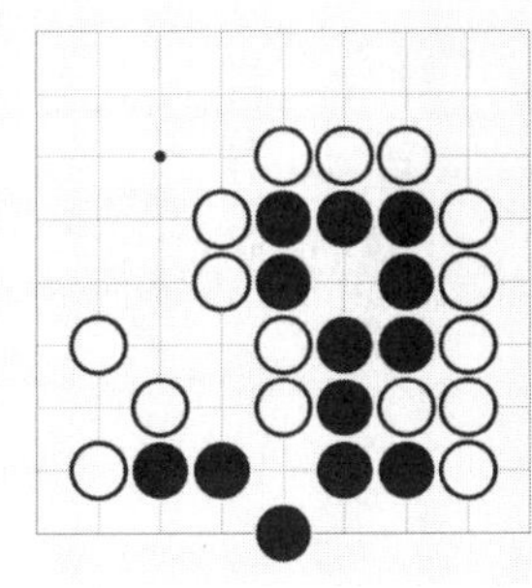

10

扫码看答案

扫码看题

3. 见合杀棋判断

黑下一手走在标记处，能杀掉白棋吗？能√不能×。

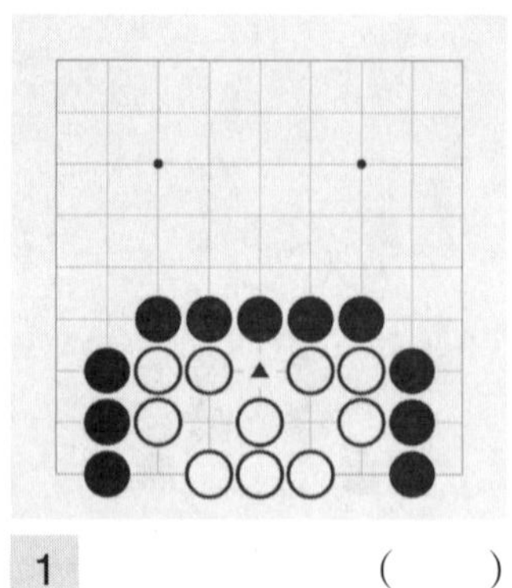

1 (　　)

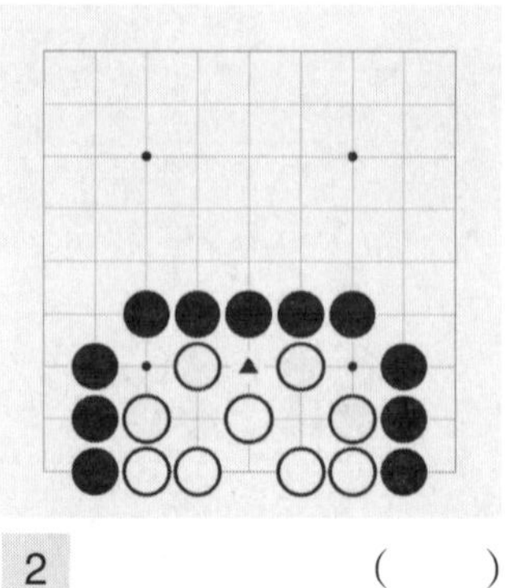

2 (　　)

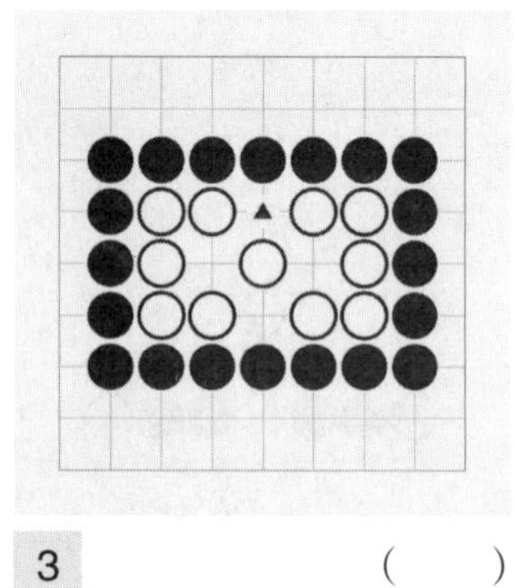

3 (　　)

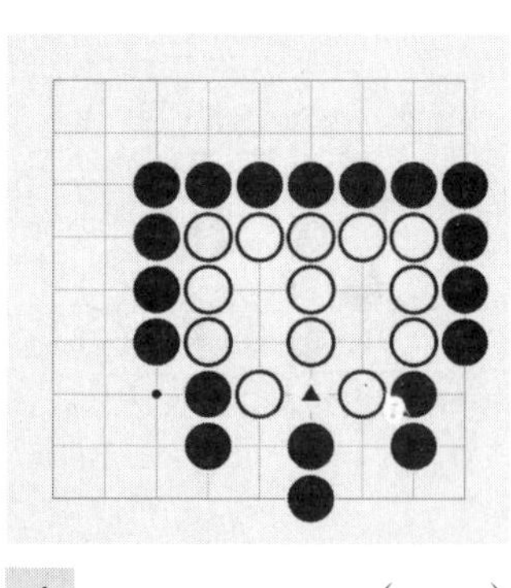

4 (　　)

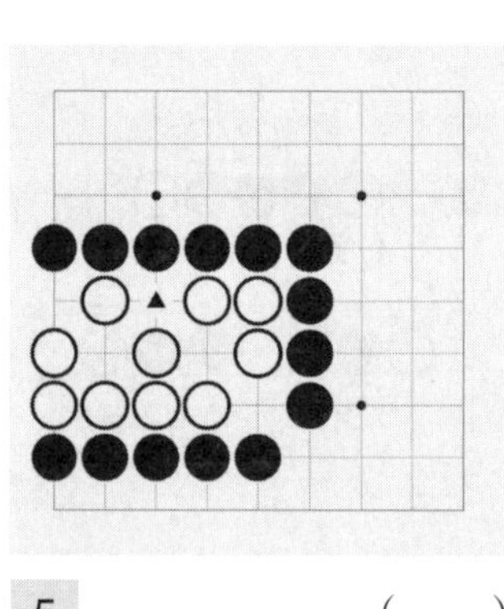

5 (　　)

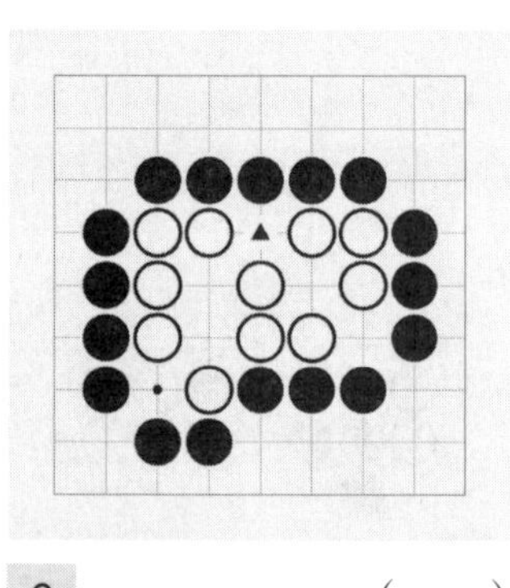

6 (　　)

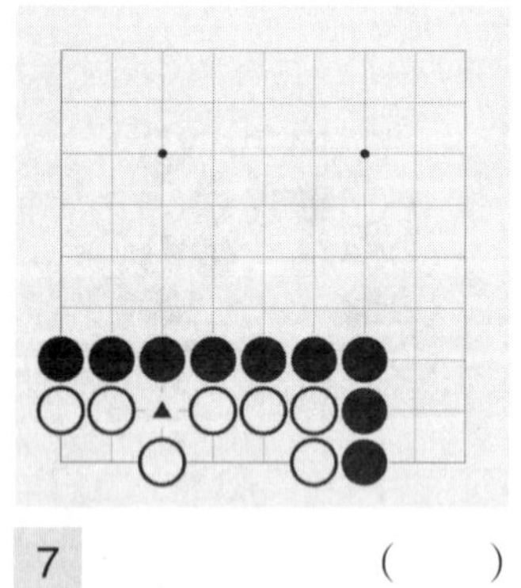

7 (　　)

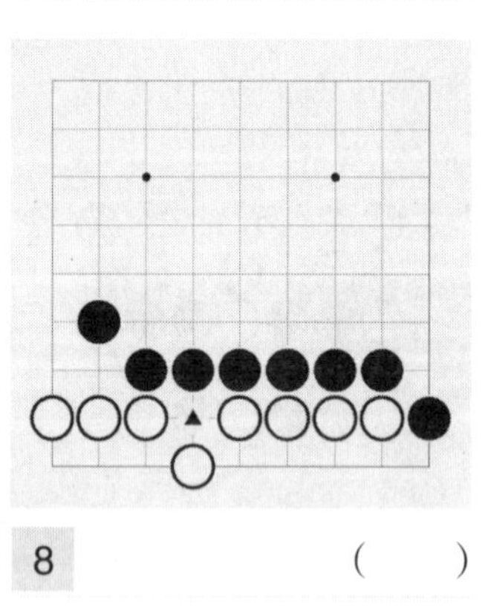

8 (　　)

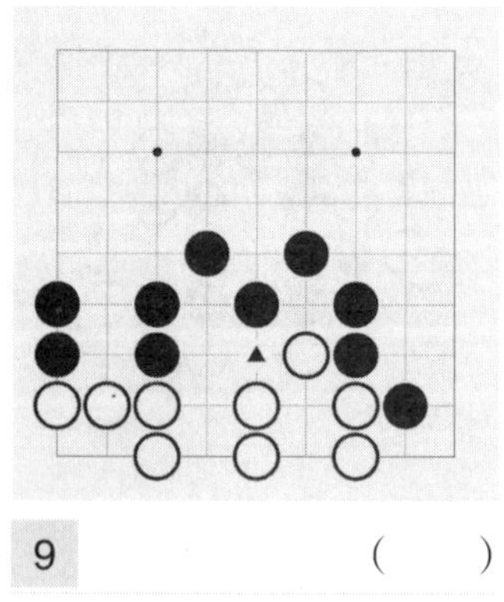

9 (　　)

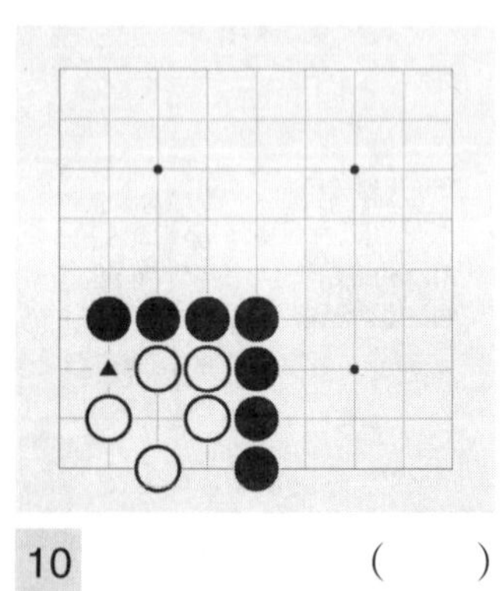

10 (　　)

扫码看答案

扫码看题

4. 见合破眼

黑先，写出运用“见合”杀棋的过程。

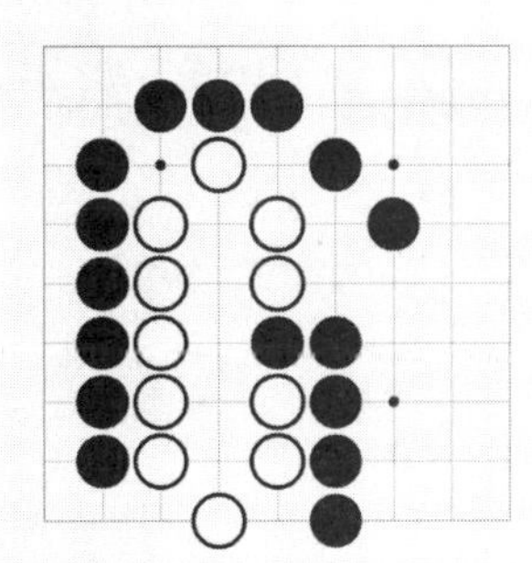

1

2

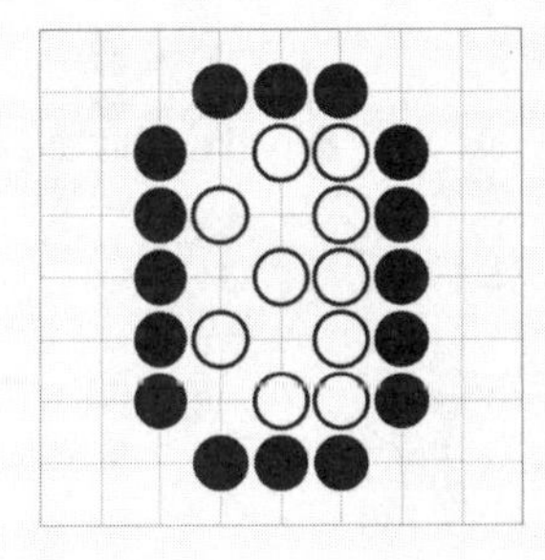

3

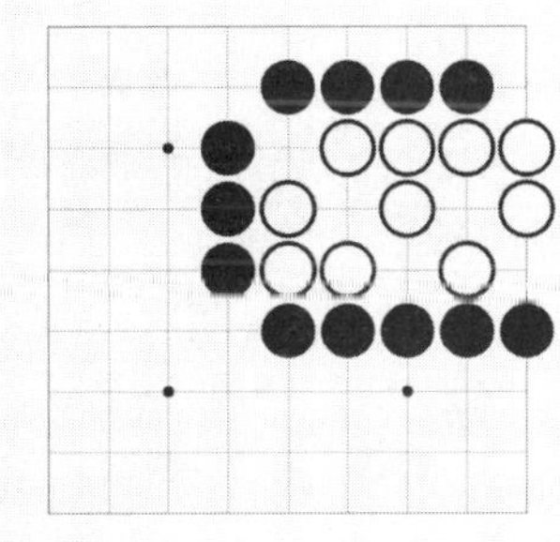

4

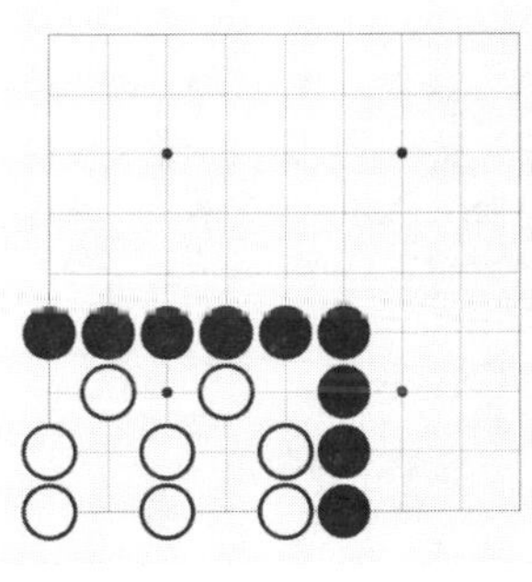

5

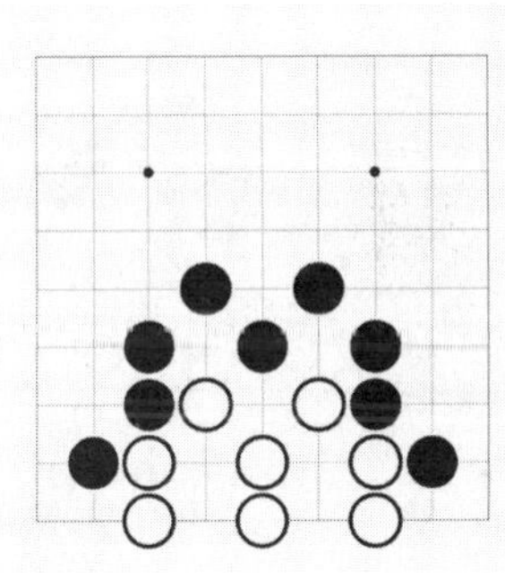

6

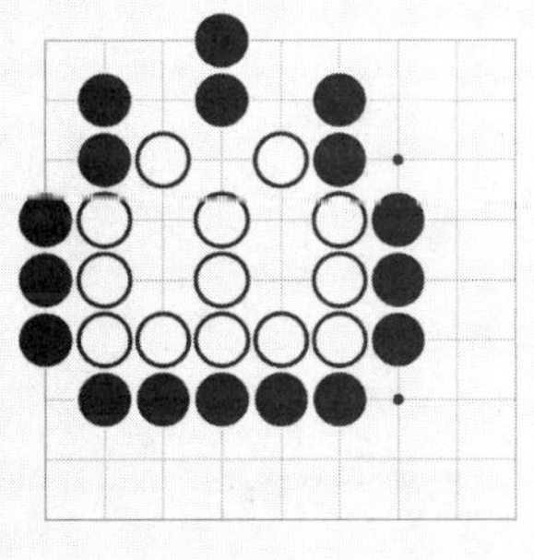

7

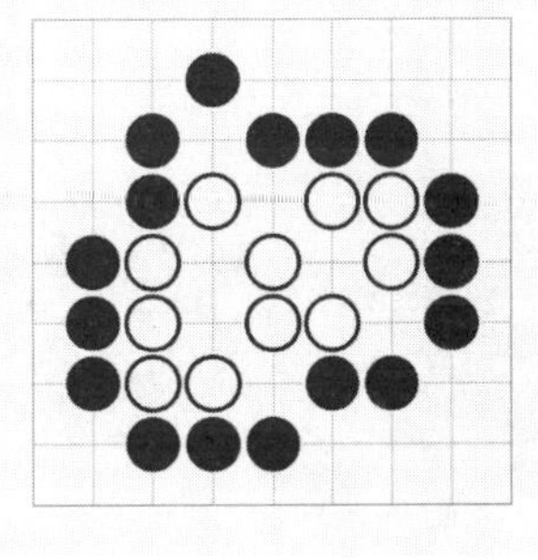

8

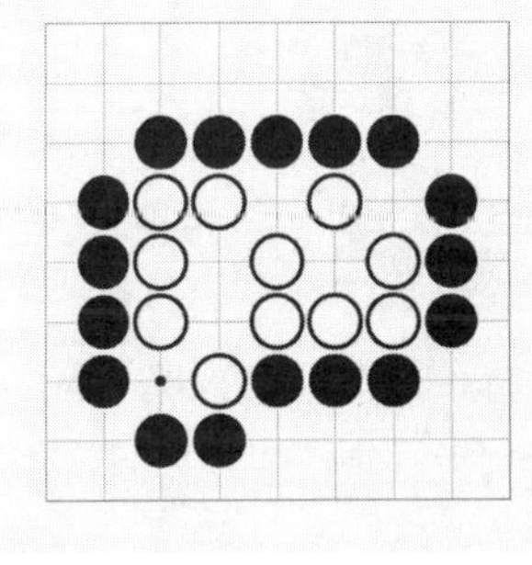

9

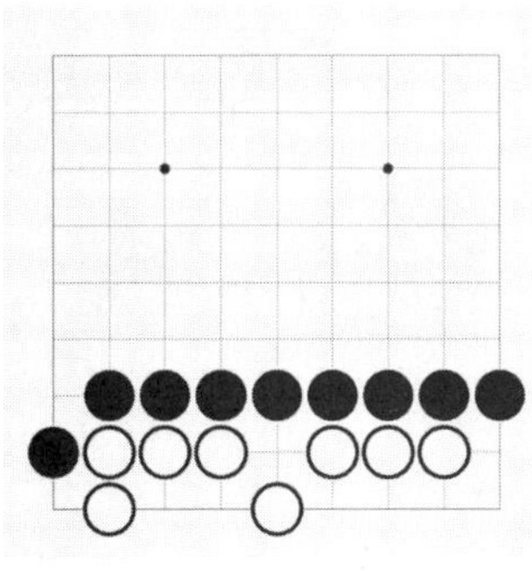

10

扫码看答案

扫码看题

5. 实战运用(一)

黑先，写出运用“见合”做活的过程。

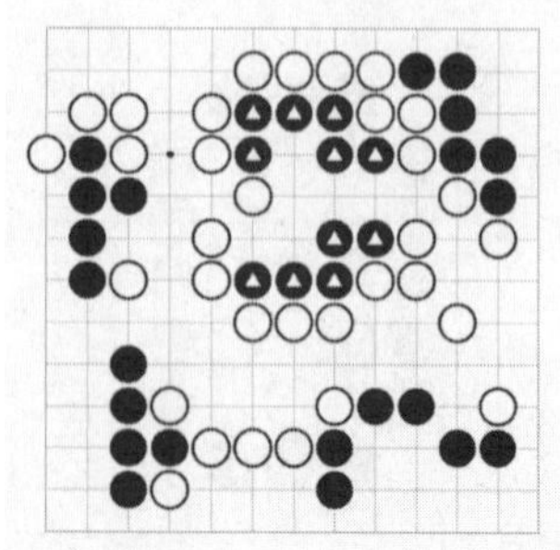

1

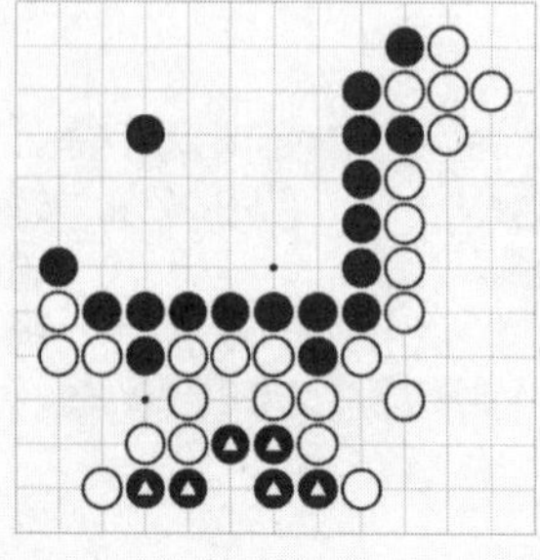

2

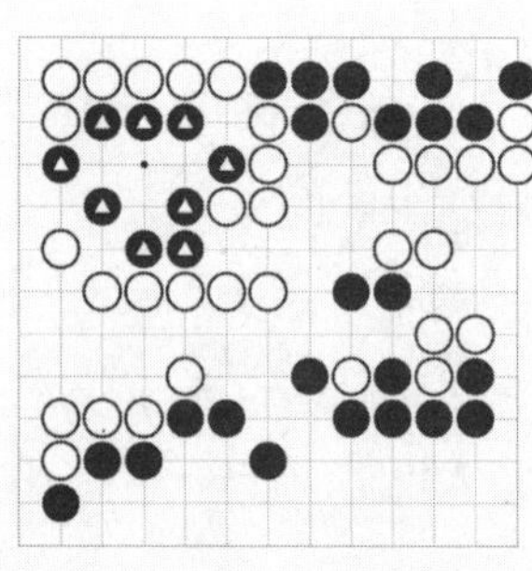

3

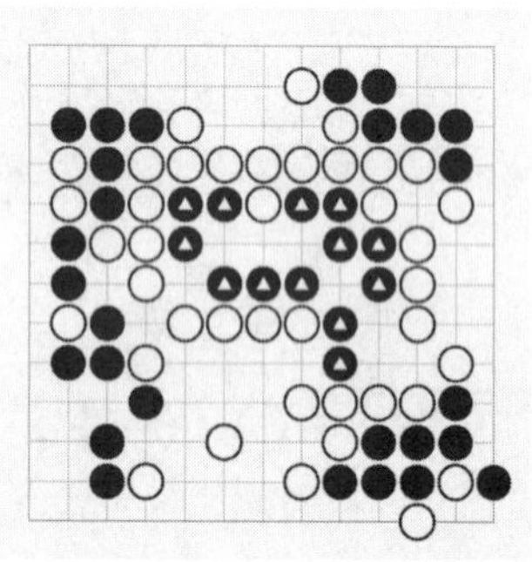

4

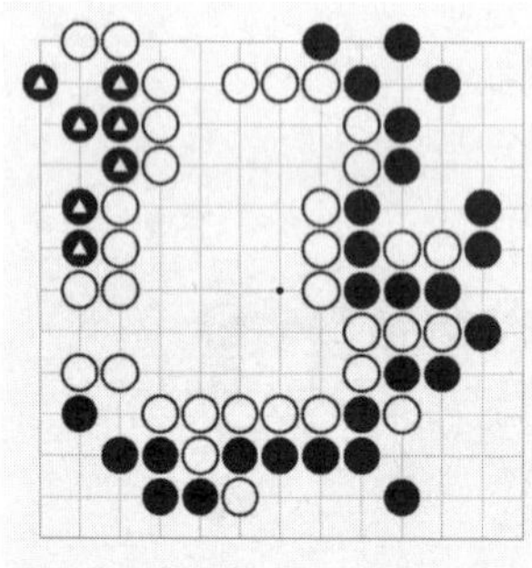

5

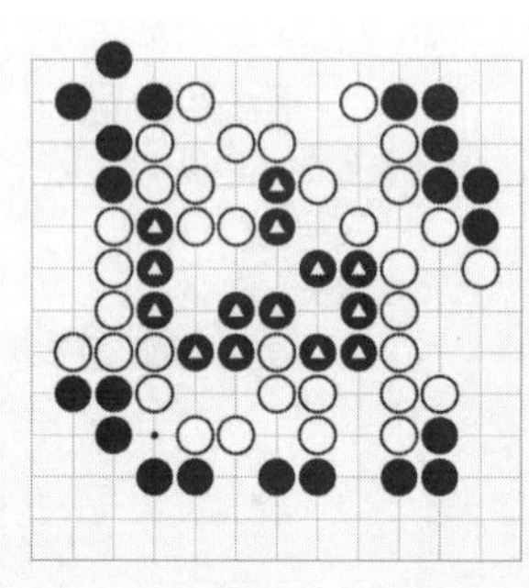

6

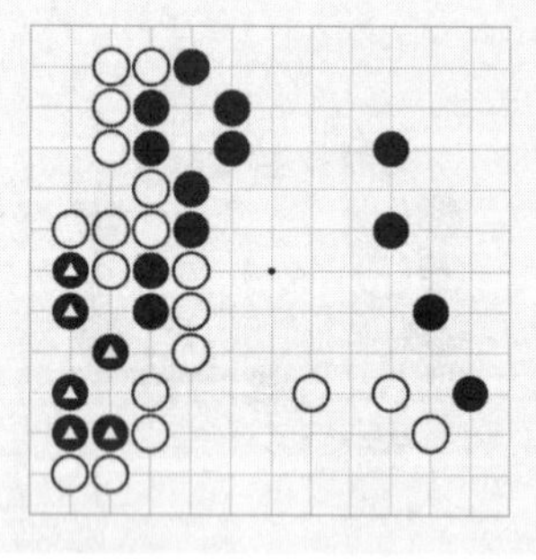

7

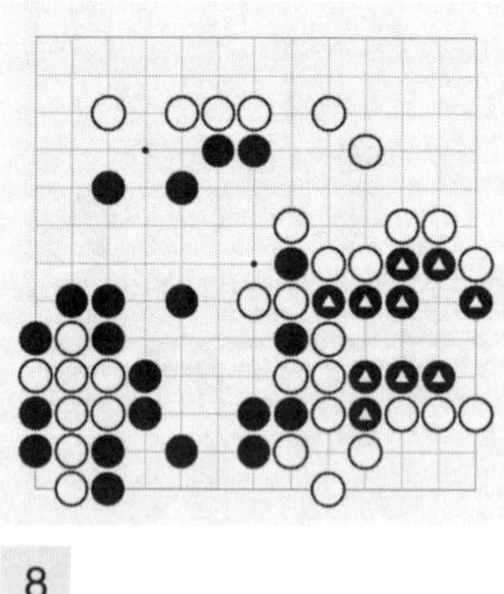

8

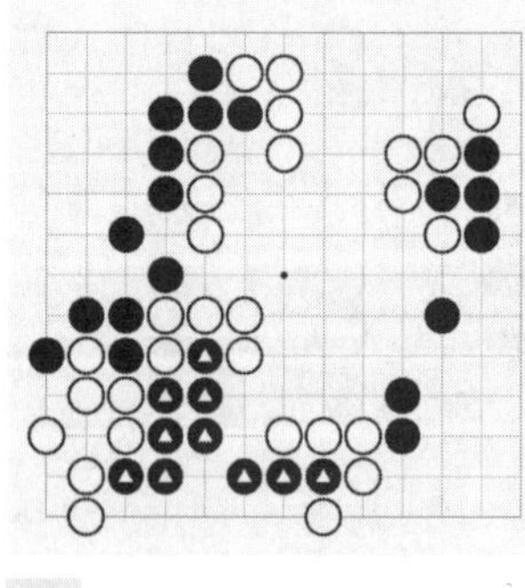

9

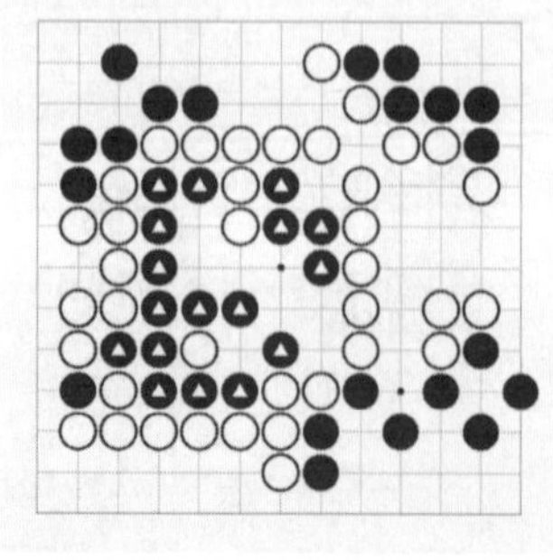

10

扫码看答案　扫码看题

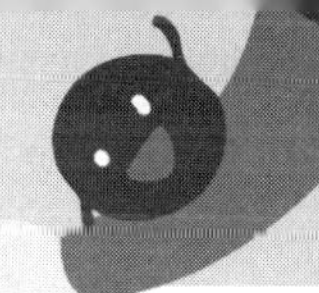

6.实战运用(二)

黑先,写出运用“见合”杀棋的过程。

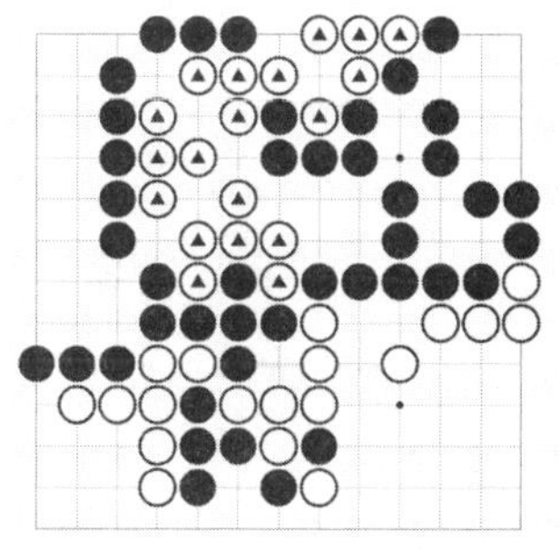

1

2

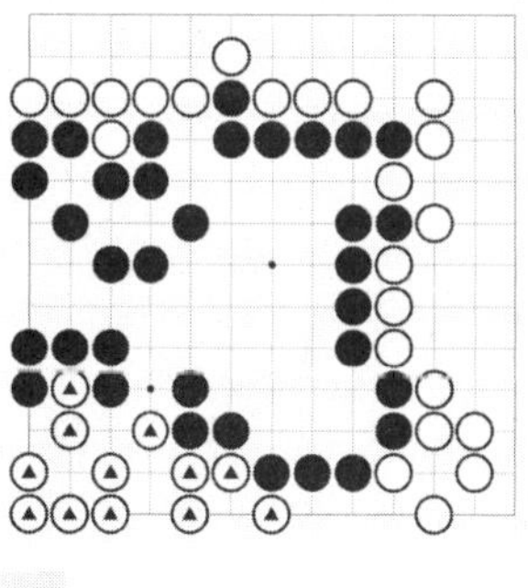

3

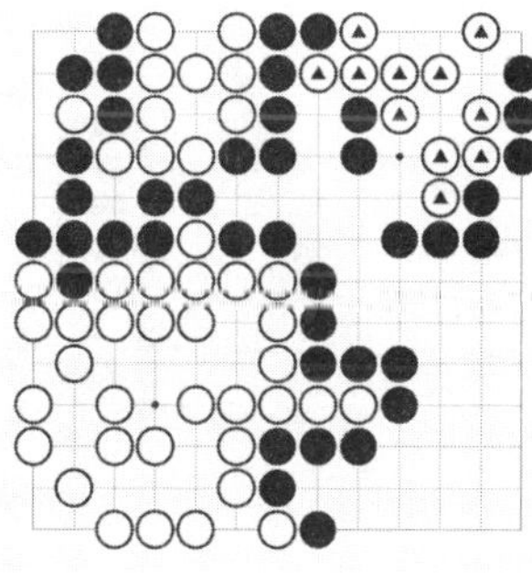

4

5

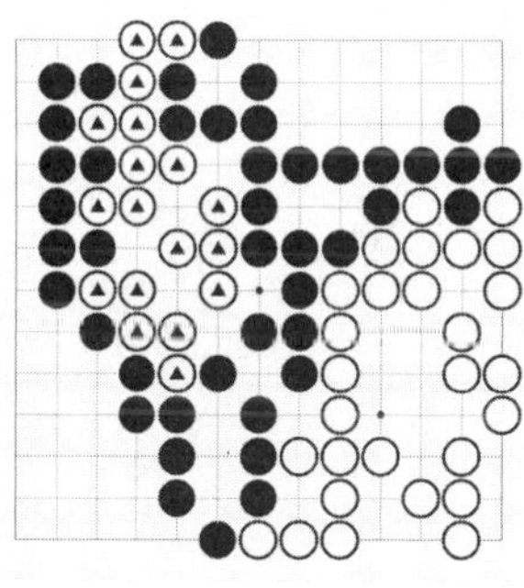

6

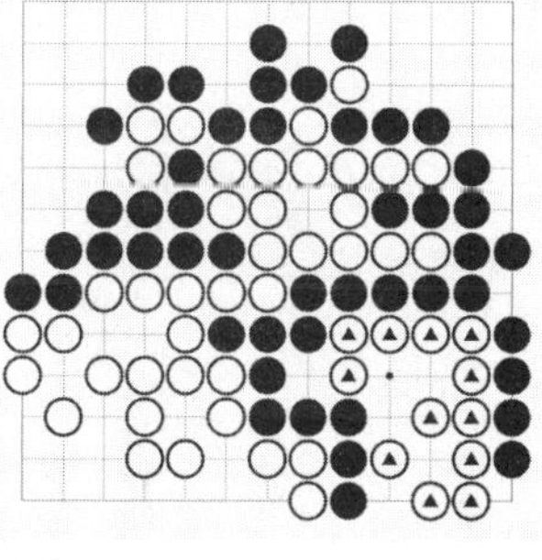

7

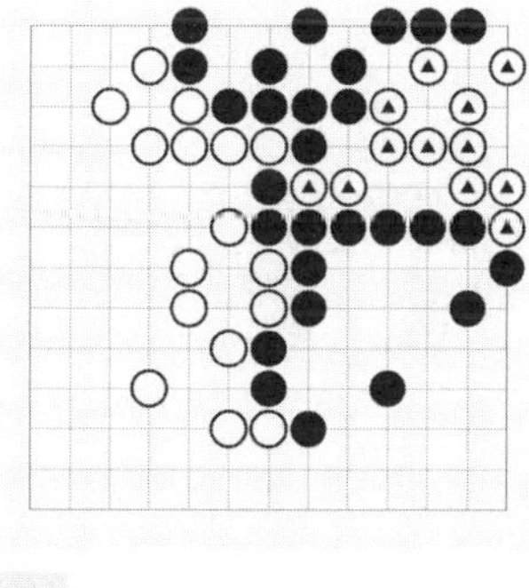

8

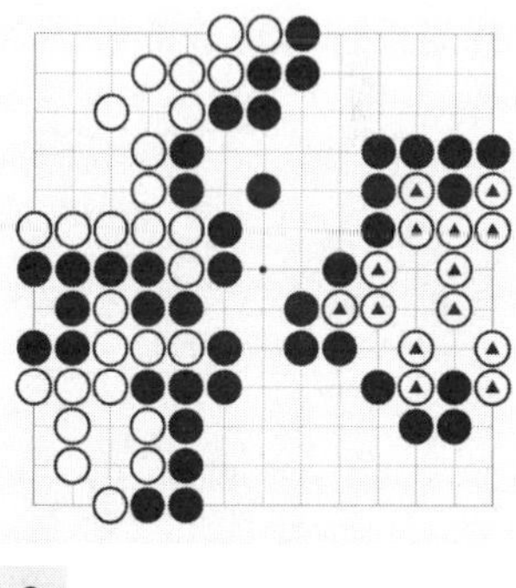

9

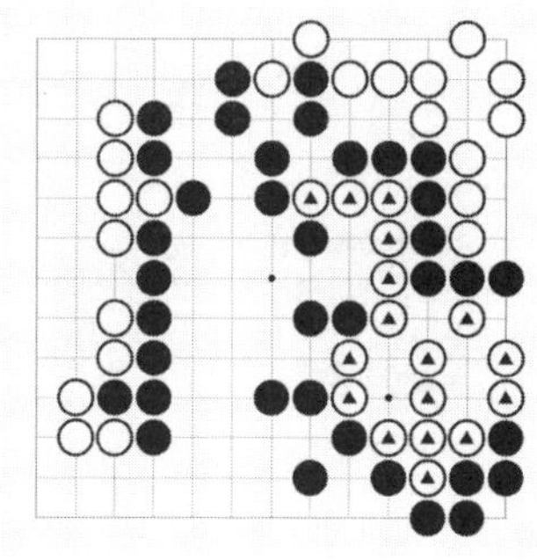

10

扫码看答案

扫码看题

7.深度拓展

判断白棋的死活状态。活棋√,死棋×,看谁先动手○。

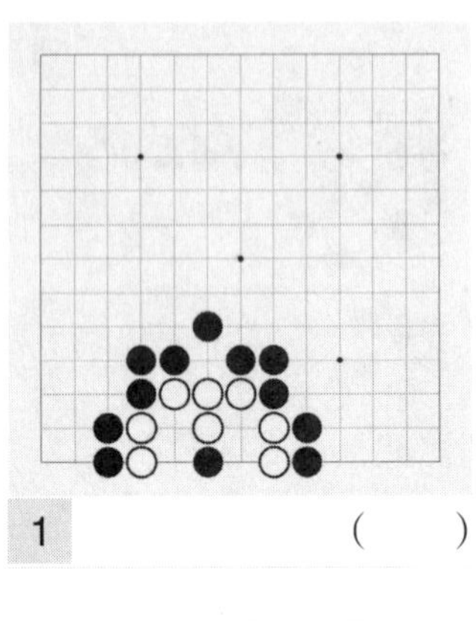

1 (　　)

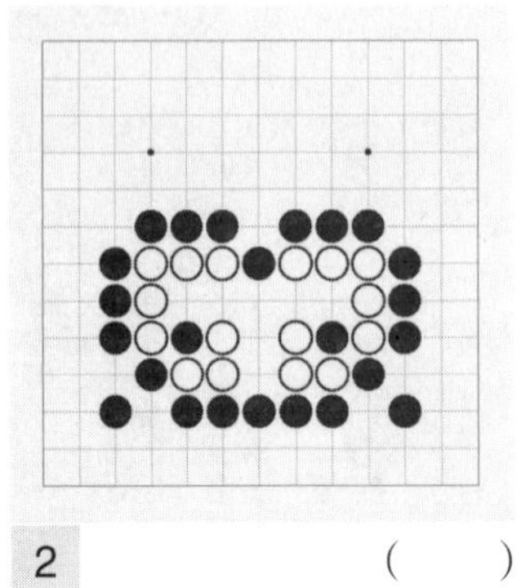

2 (　　)

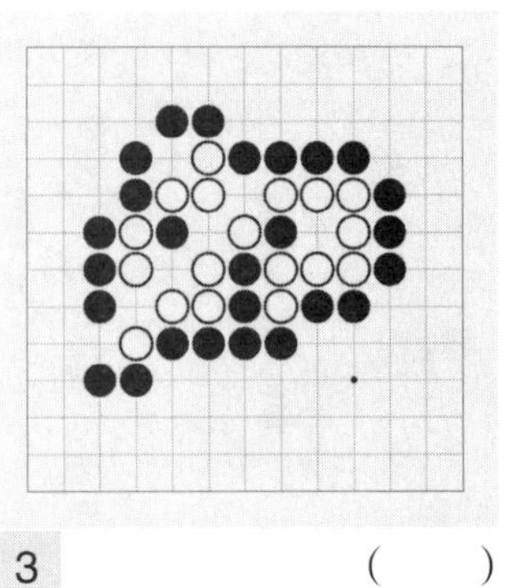

3 (　　)

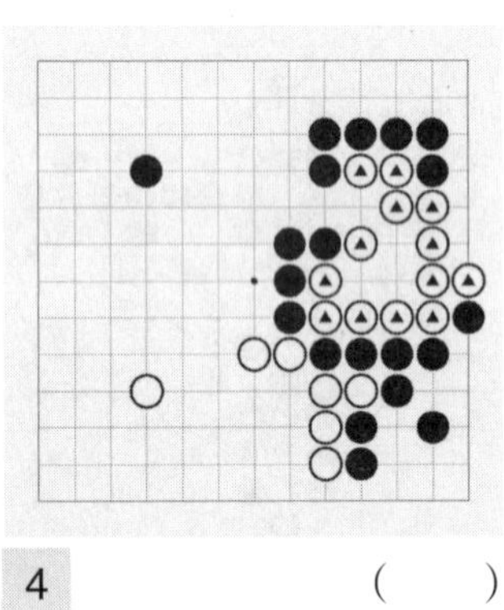

4 (　　)

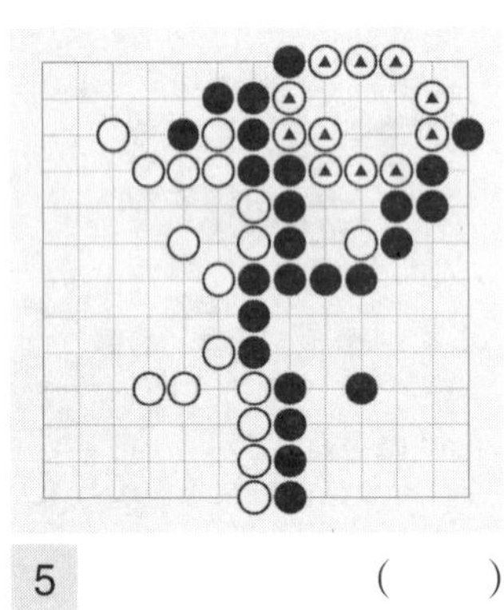

5 (　　)

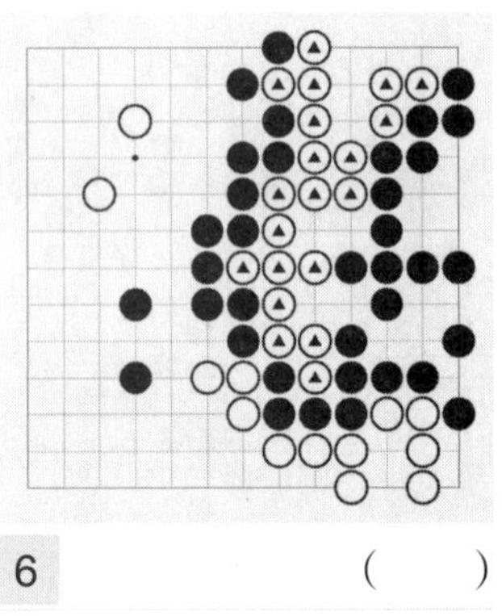

6 (　　)

帮黑棋选择正确的做活下法。

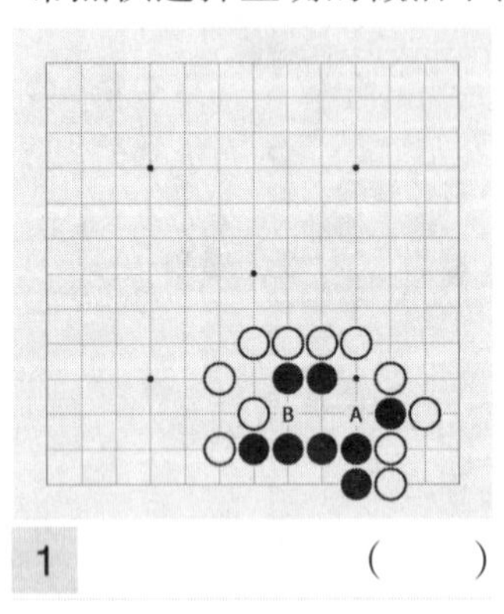

1 (　　)

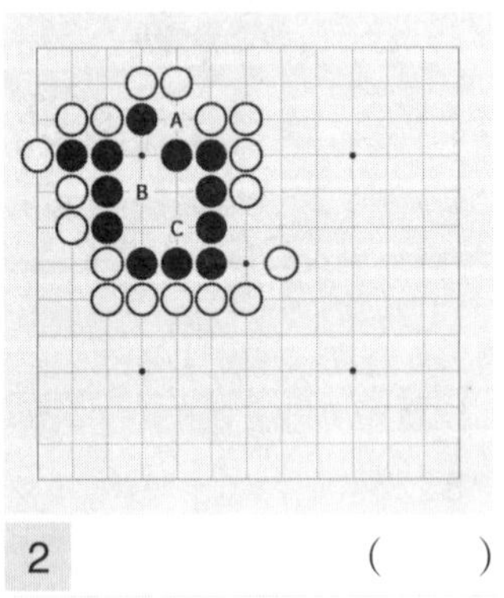

2 (　　)

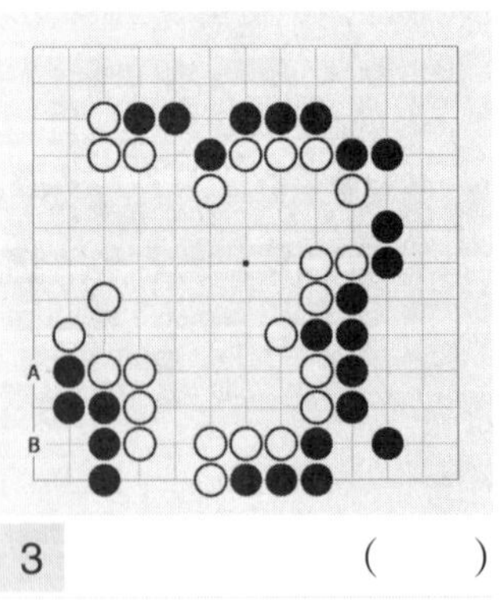

3 (　　)

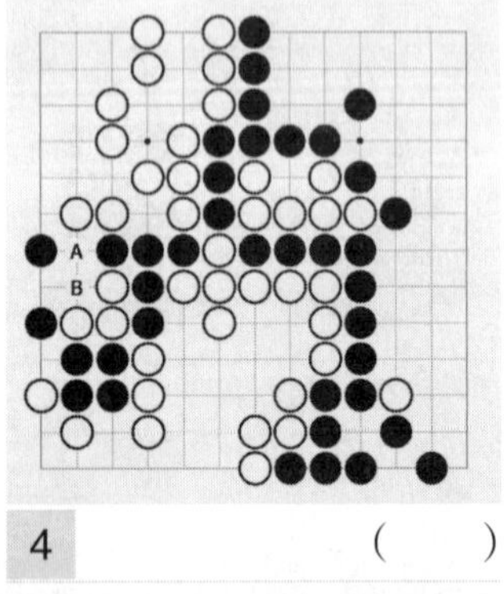

4 (　　)

扫码看答案

扫码看题

三十　死活中的劫争

1.劫争判断

判断哪一处更重要。

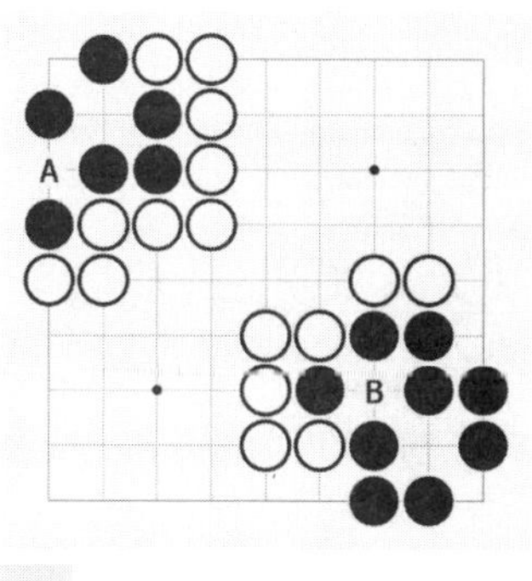

1　（　）

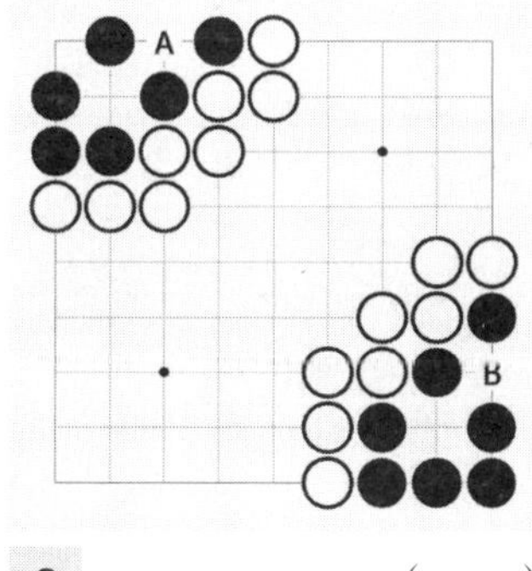

2　（　）

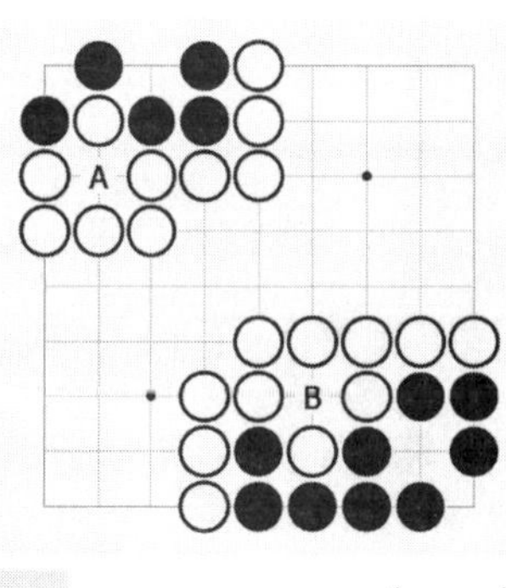

3　（　）

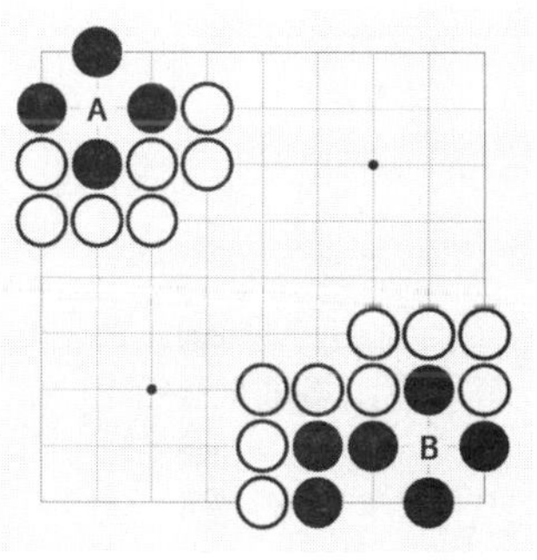

4　（　）

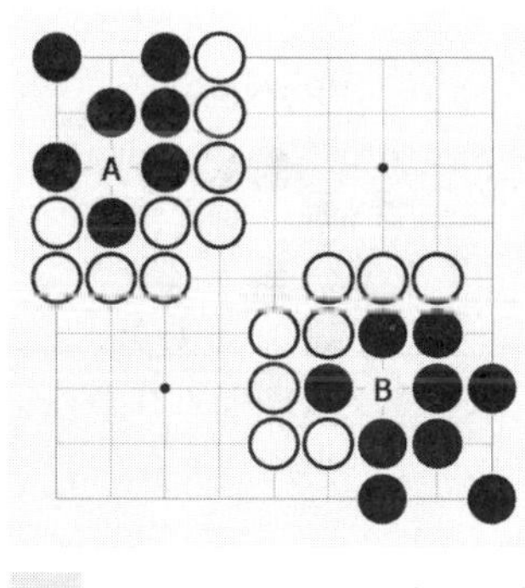

5　（　）

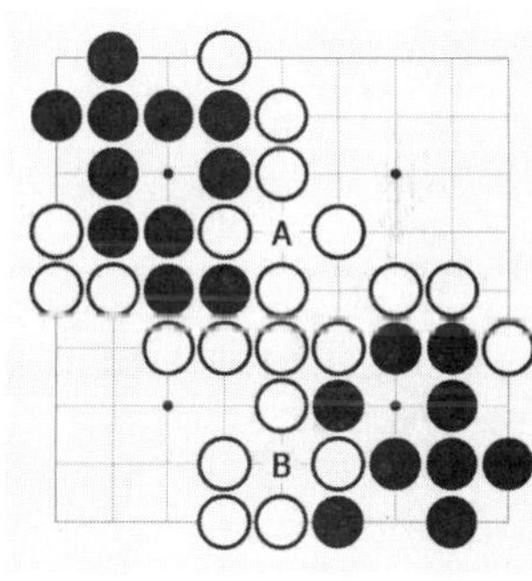

6　（　）

7　（　）

8　（　）

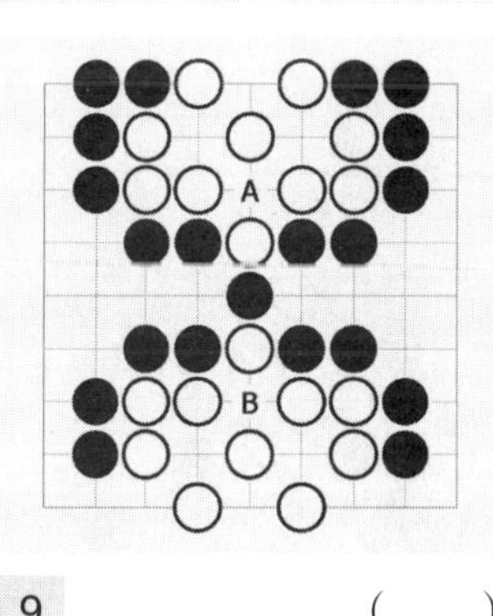

9　（　）

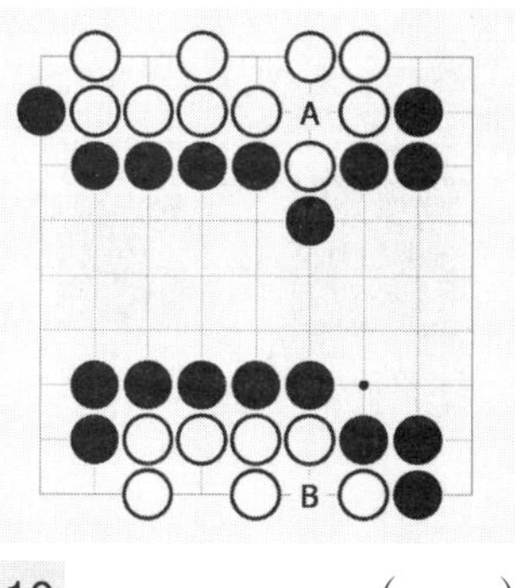

10　（　）

扫码看答案　扫码看题

2.做活劫争

黑如何运用“打劫”求生 。

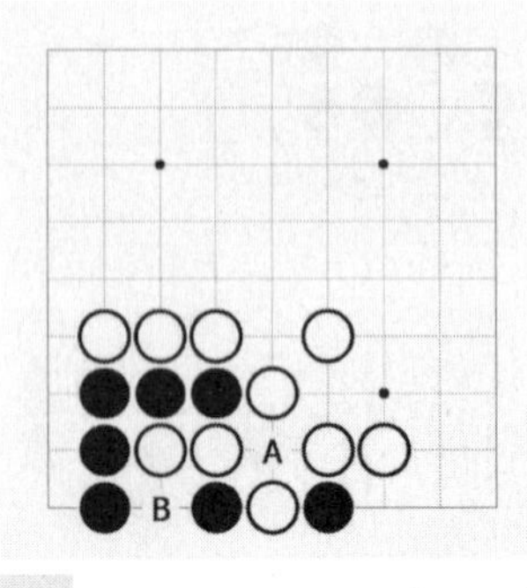

1 (　　)

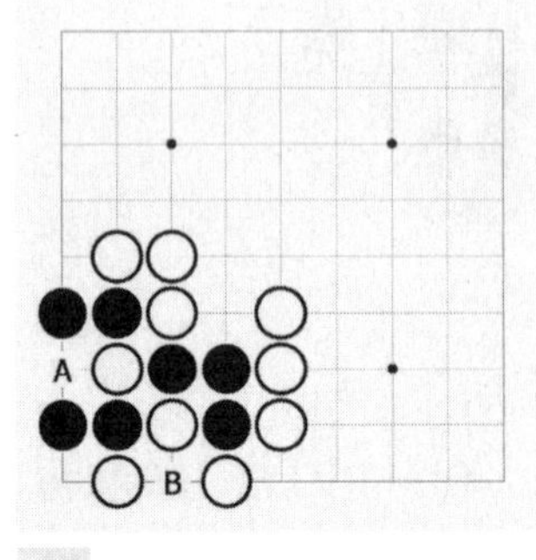

2 (　　)

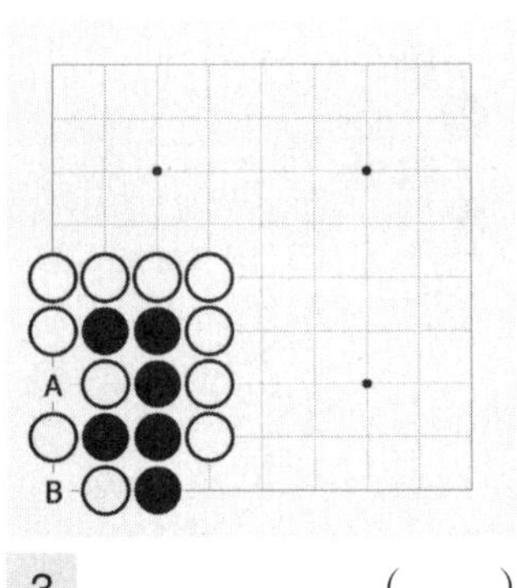

3 (　　)

4 (　　)

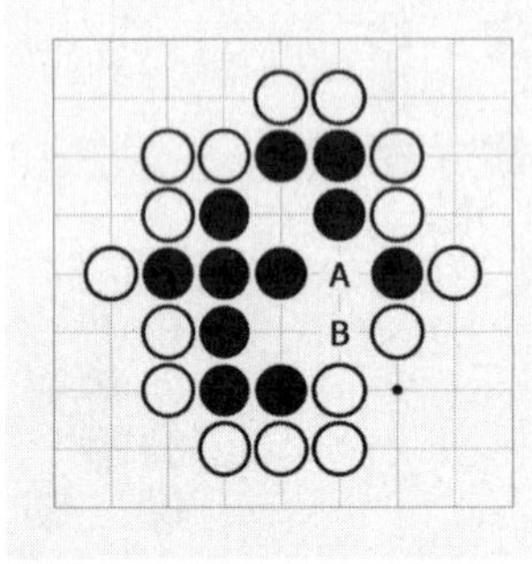

5 (　　)

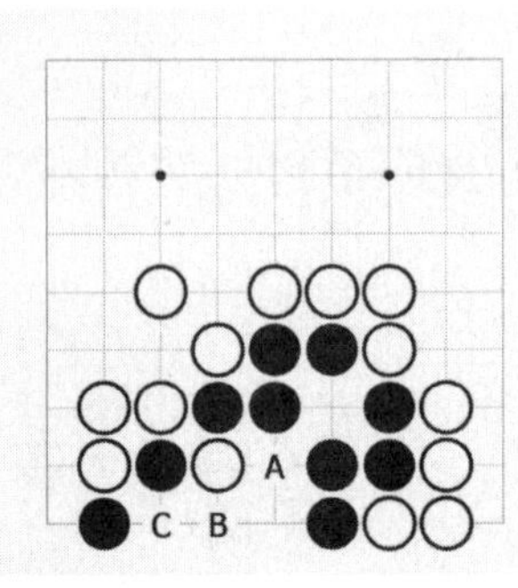

6 (　　)

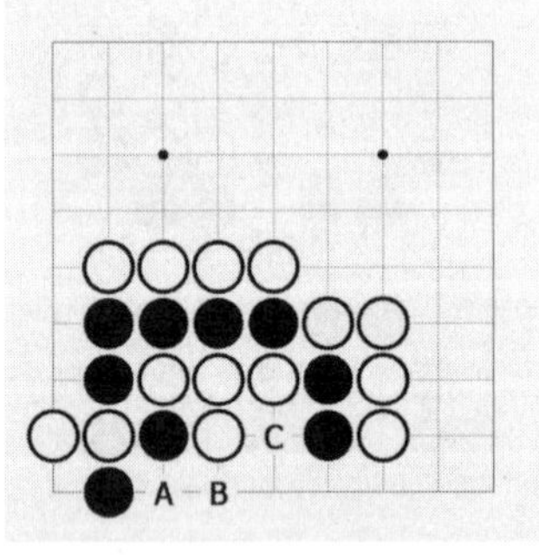

7 (　　)

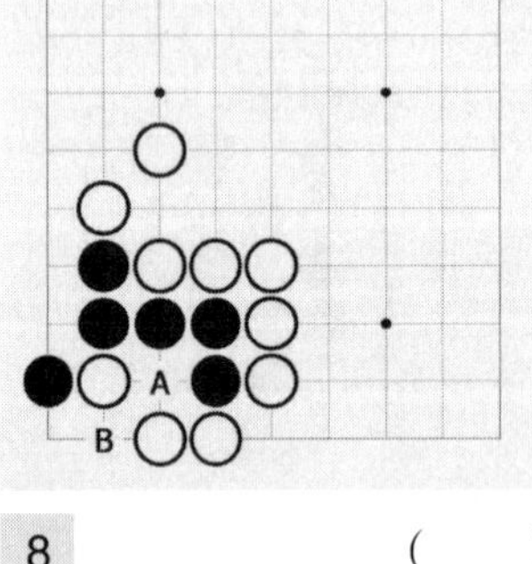

8 (　　)

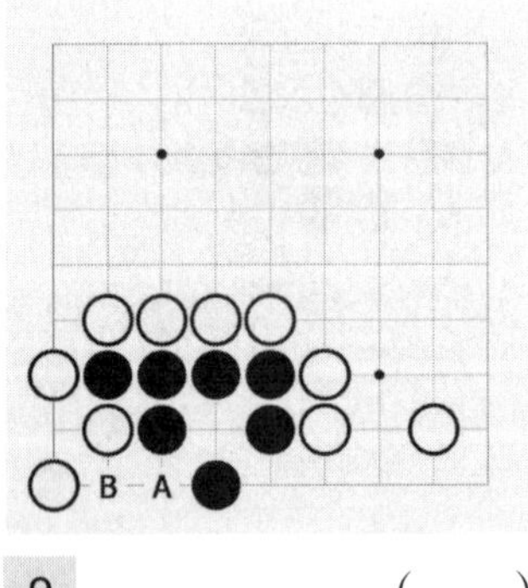

9 (　　)

10 (　　)

扫码看答案

扫码看题

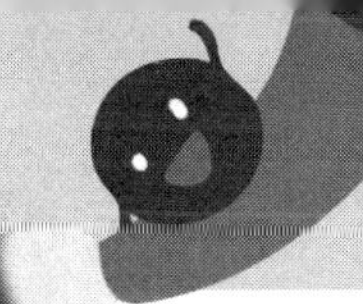

3. 杀棋劫争

黑如何运用"打劫"威胁白棋死活。

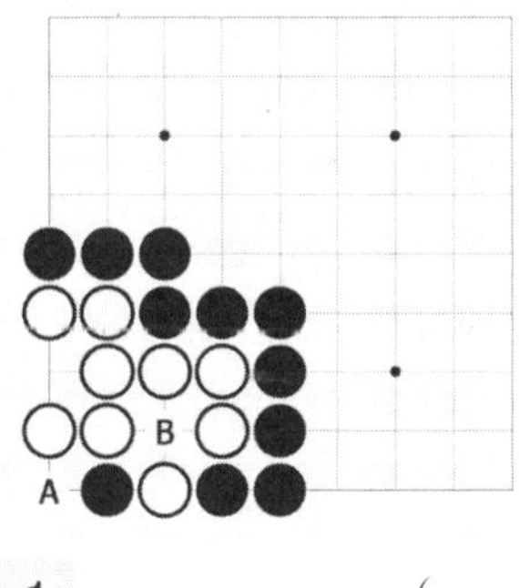

1 （　　）

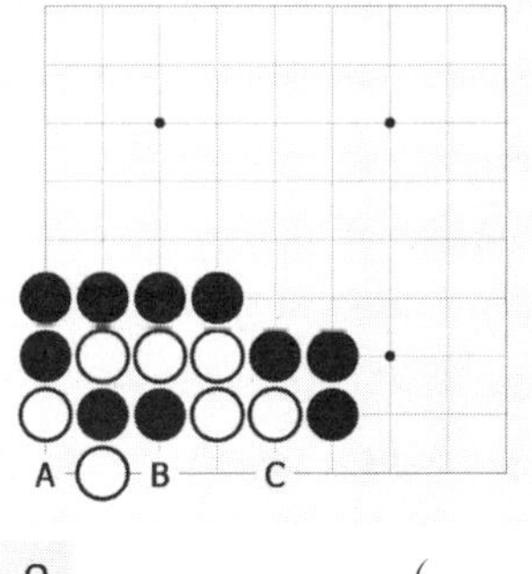

2 （　　）

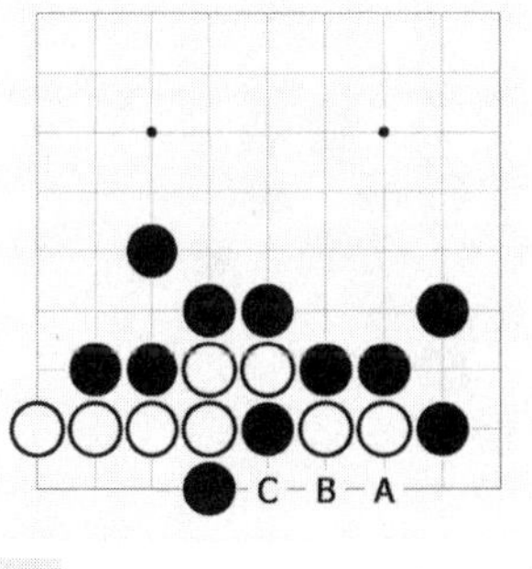

3 （　　）

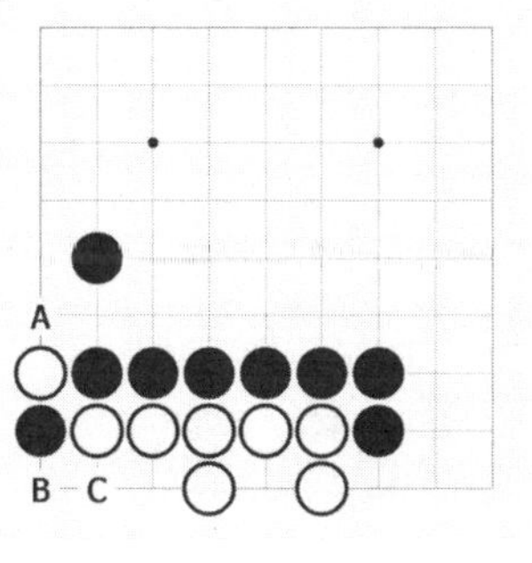

4 （　　）

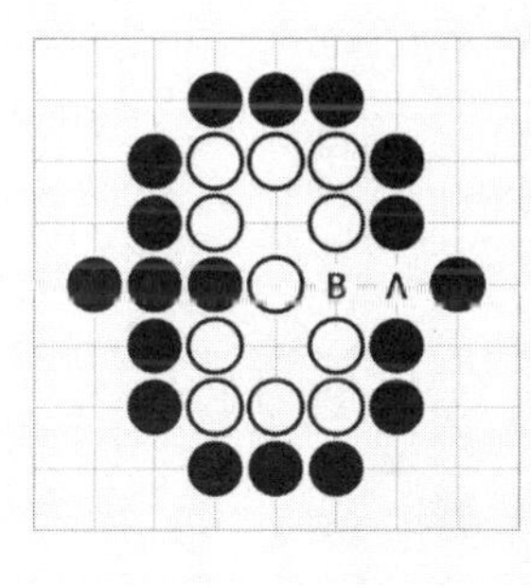

5 （　　）

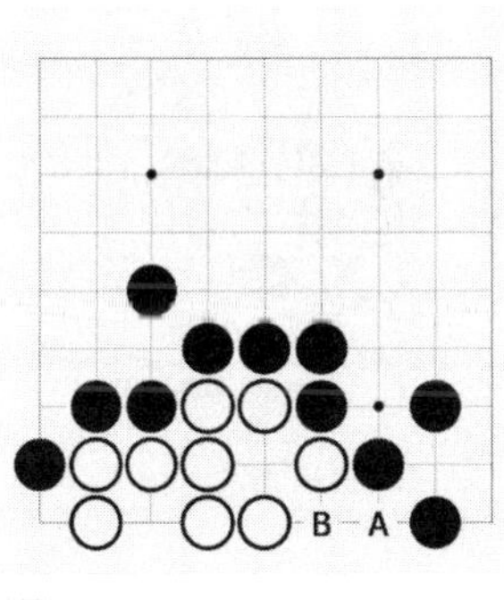

6 （　　）

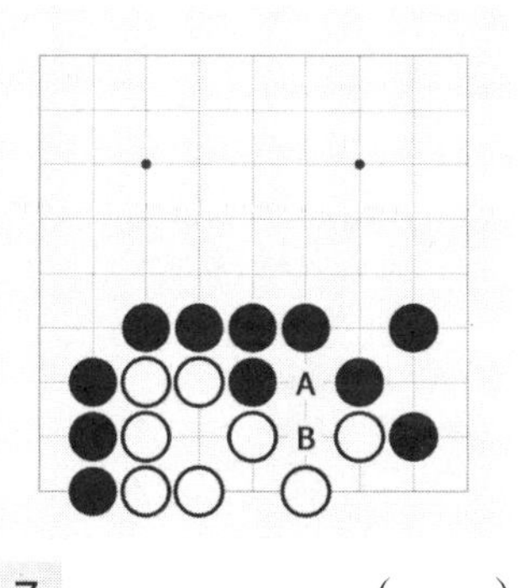

7 （　　）

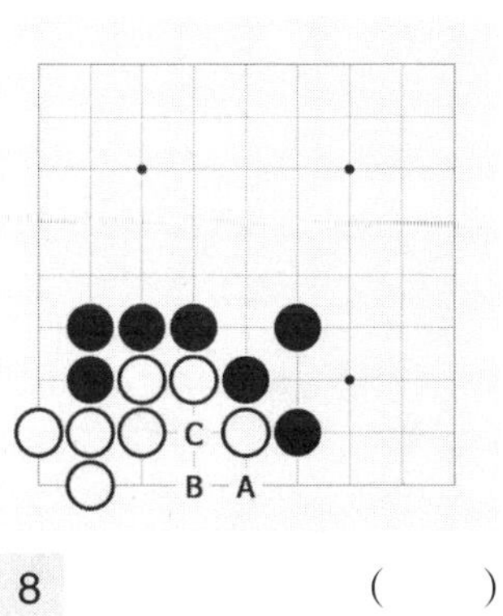

8 （　　）

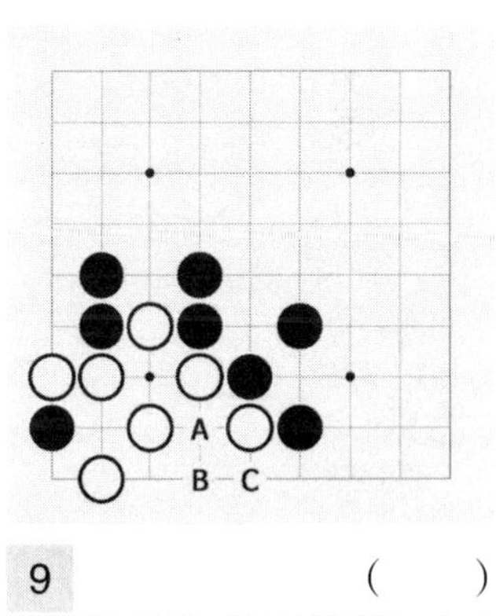

9 （　　）

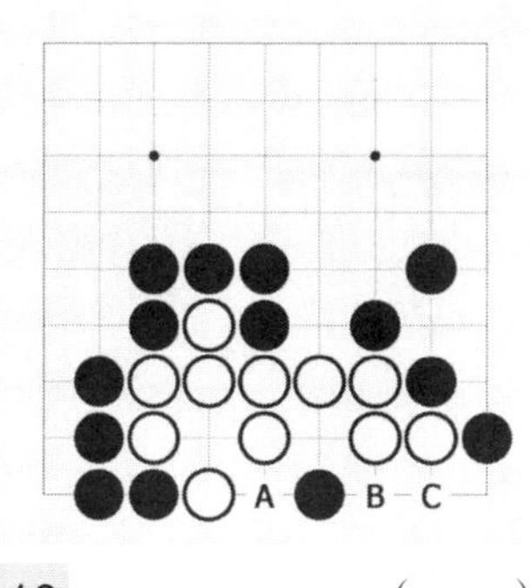

10 （　　）

扫码看答案

扫码看题

4. 做活避免劫争

帮黑棋避免打劫，形成净活。

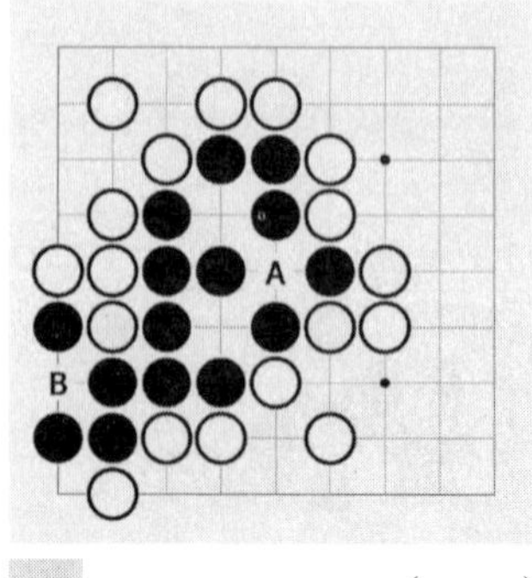

1 (　　)

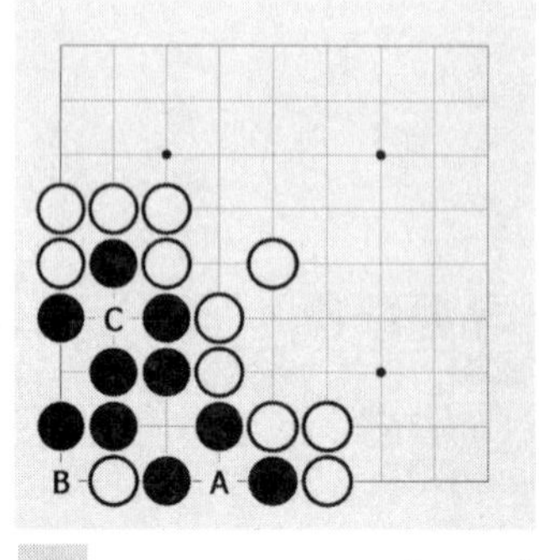

2 (　　)

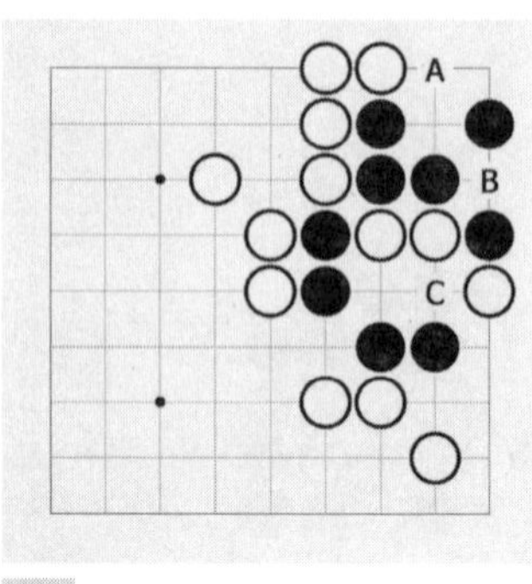

3 (　　)

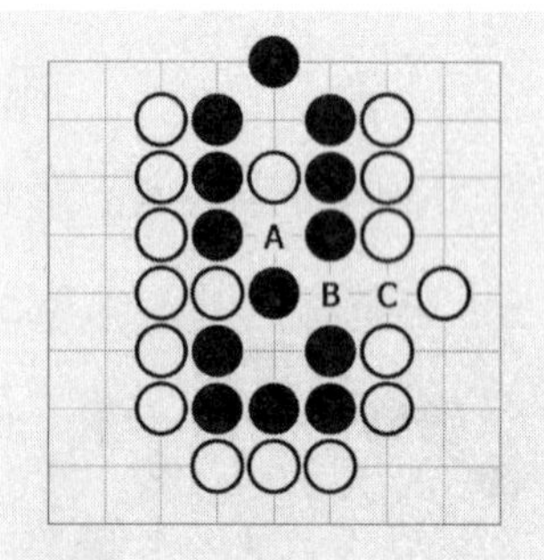

4 (　　)

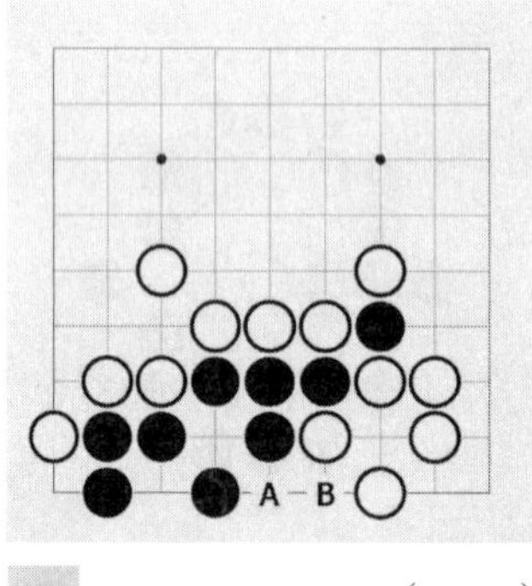

5 (　　)

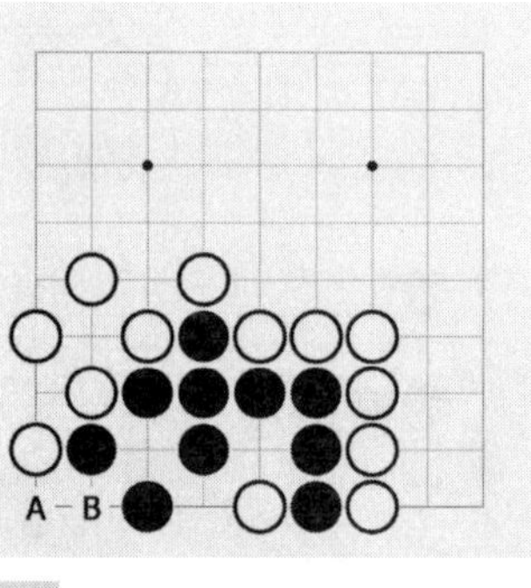

6 (　　)

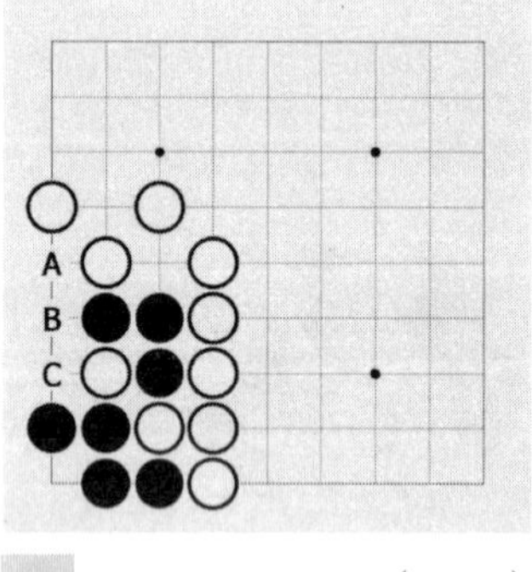

7 (　　)

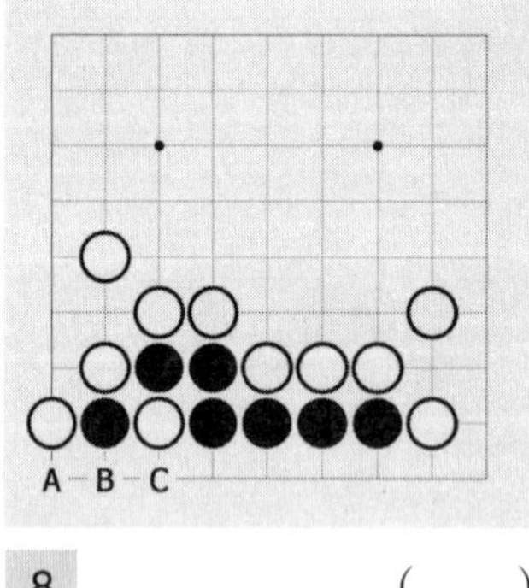
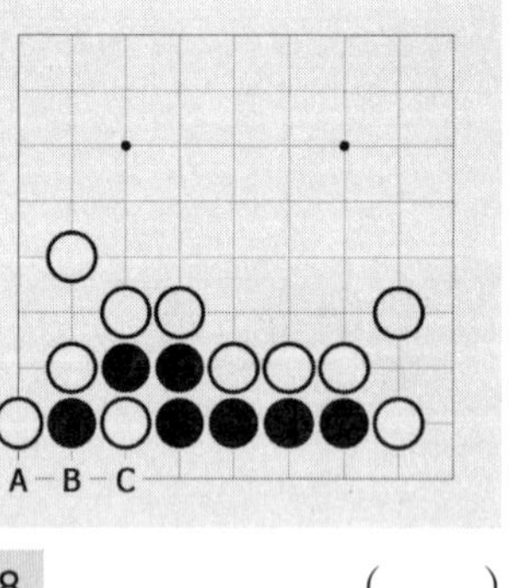

8 (　　)

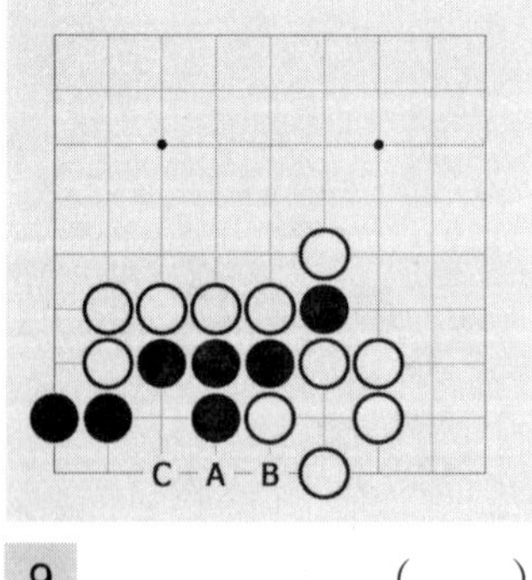

9 (　　)

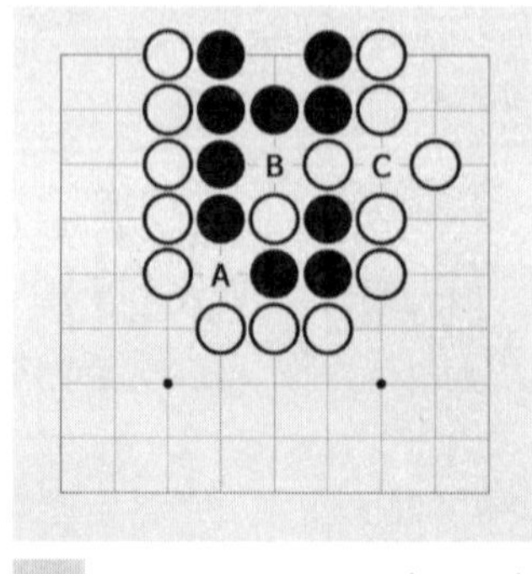

10 (　　)

扫码看答案

扫码看题

5. 杀棋避免劫争

帮黑棋避免打劫，将白净杀。

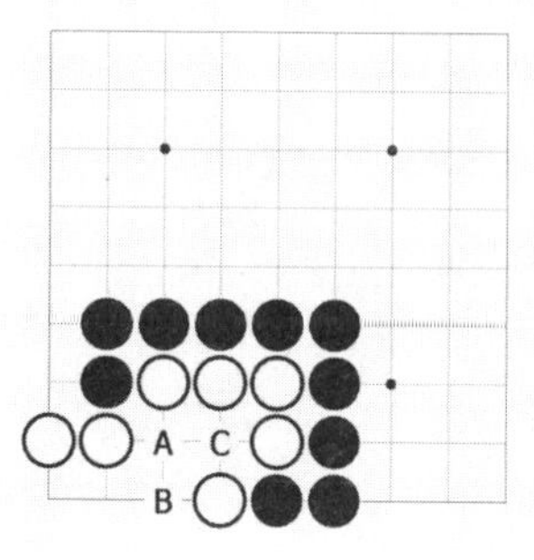

1 （ ）

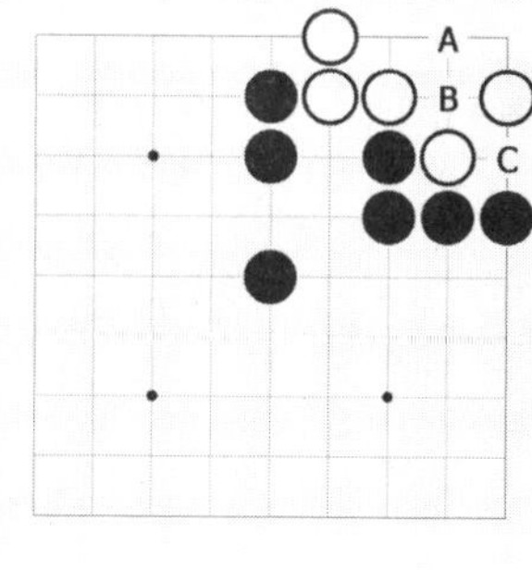

2 （ ）

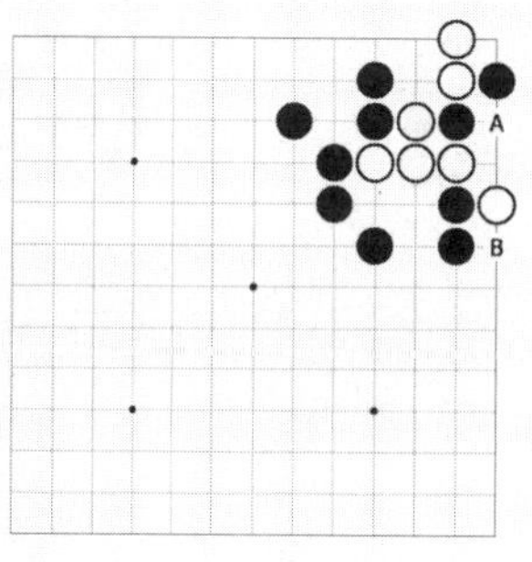

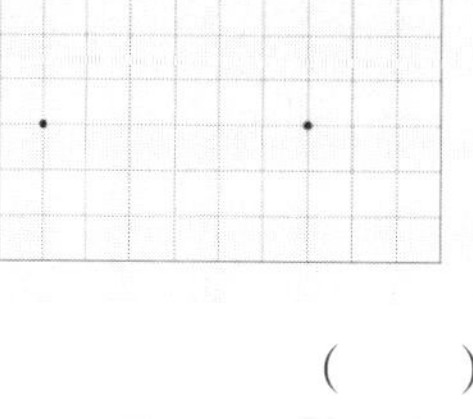

3 （ ）

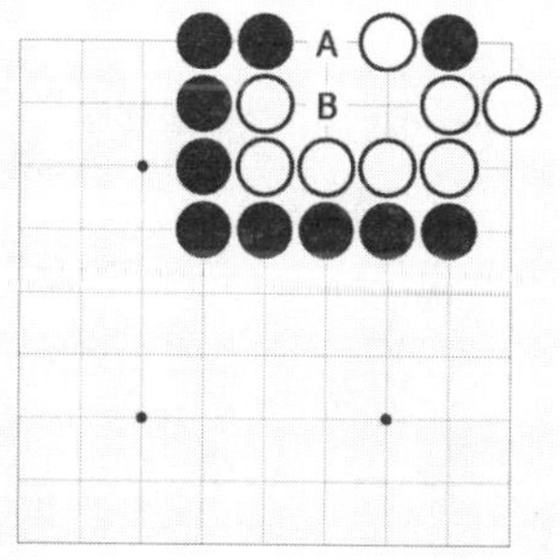

4 （ ）

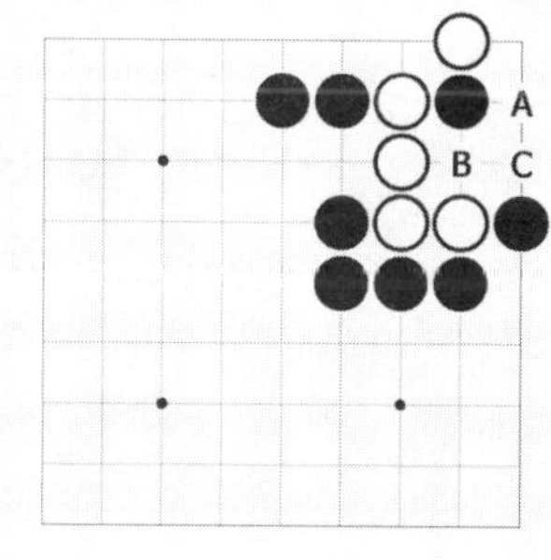

5 （ ）

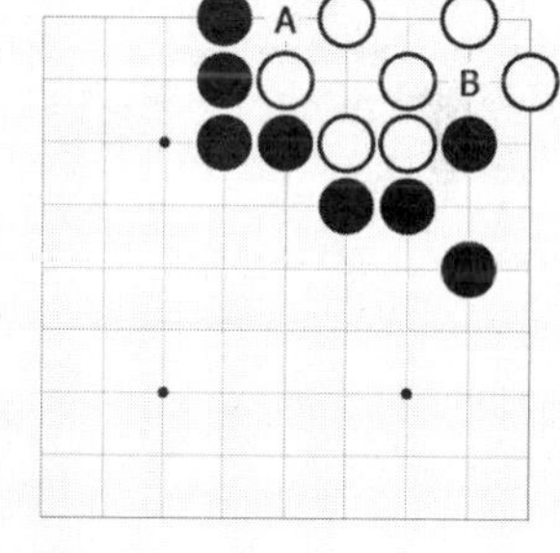

6  （ ）

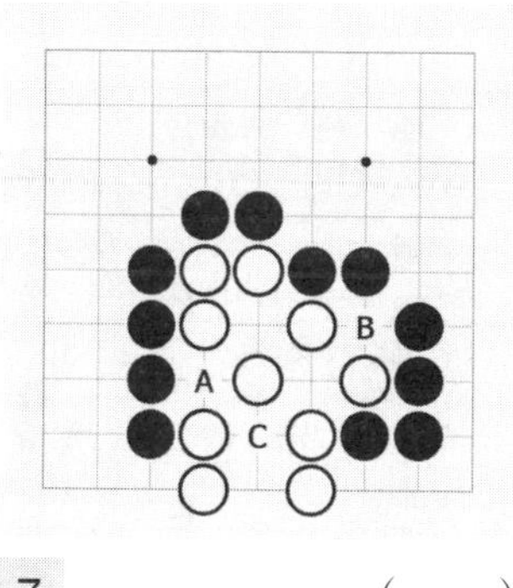

7 （ ）

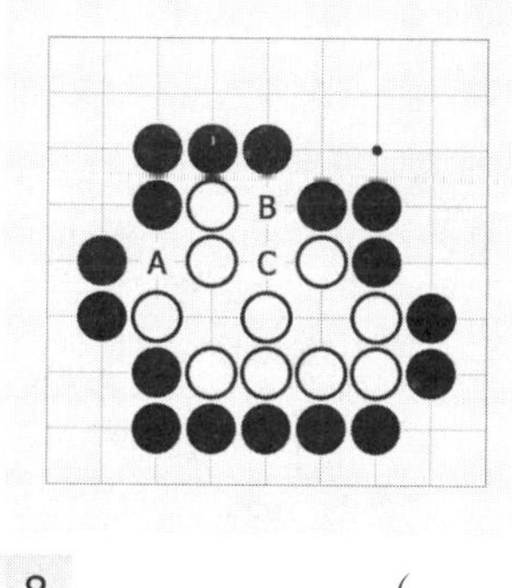

8 （ ）

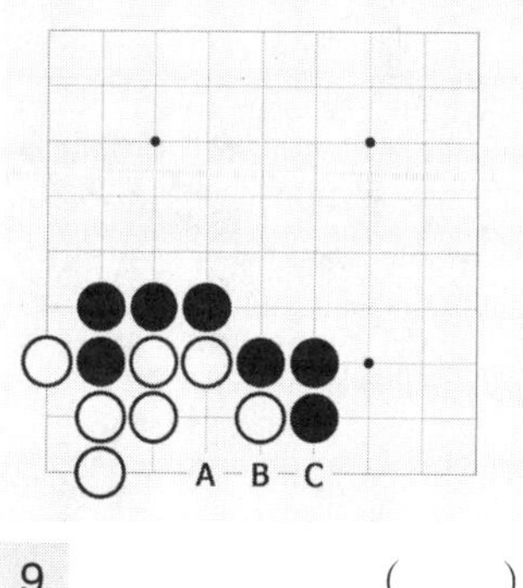

9 （ ）

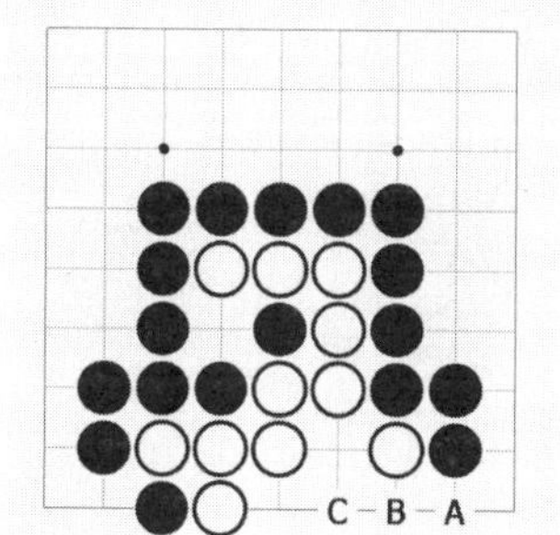

10 （ ）

扫码看答案

扫码看题

6.实战运用(一)

帮黑棋选择正确的消劫。

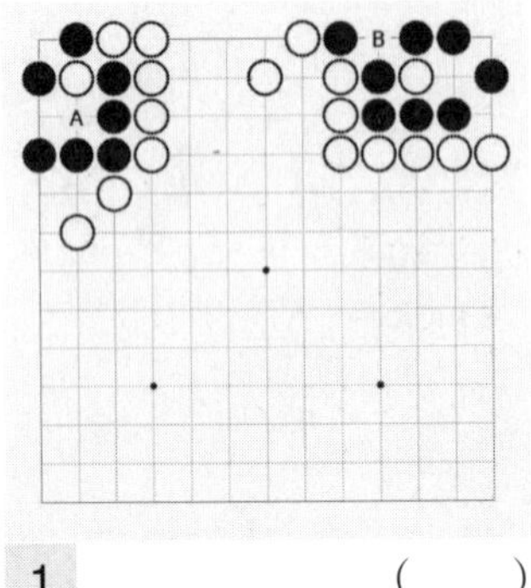

1 （　　）

2 （　　）

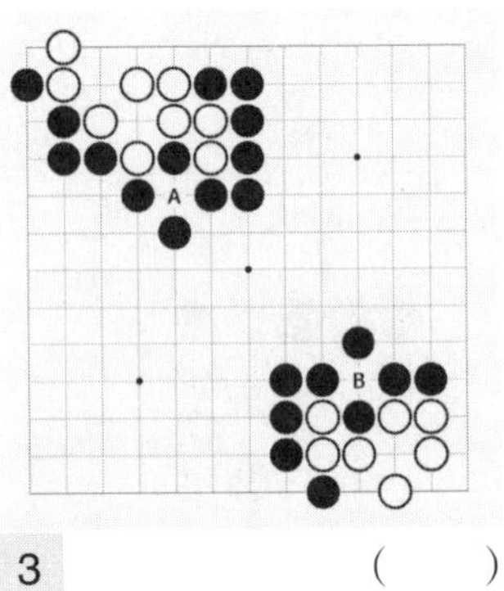

3 （　　）

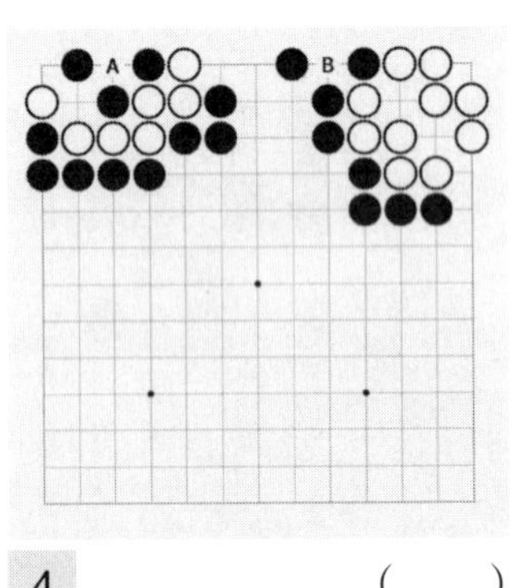

4 （　　）

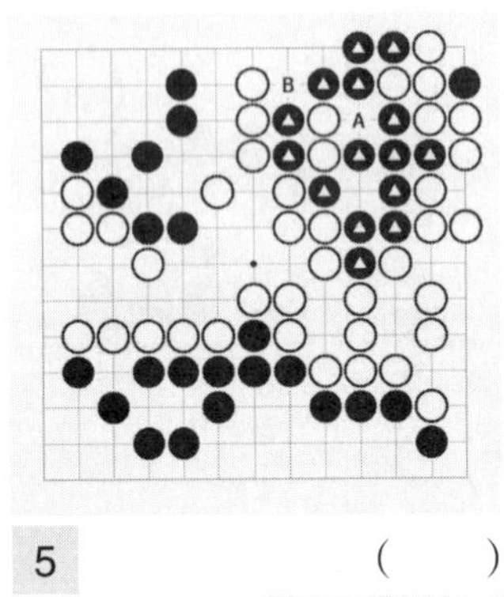

5 （　　）

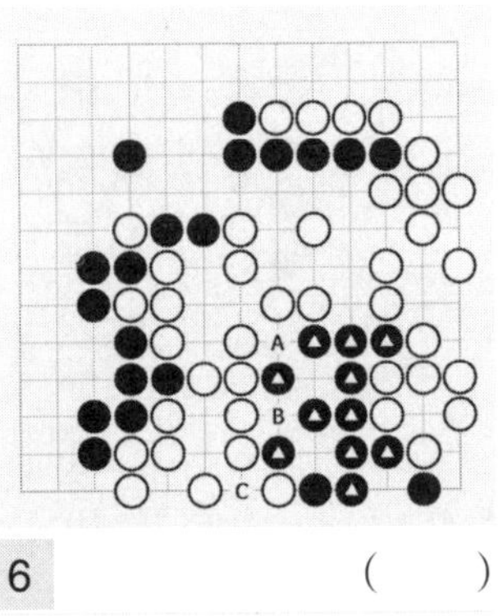

6 （　　）

帮黑棋选择正确的消劫。

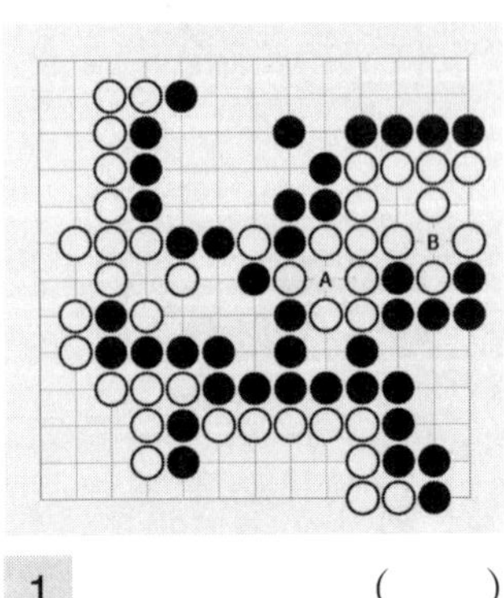

1 （　　）

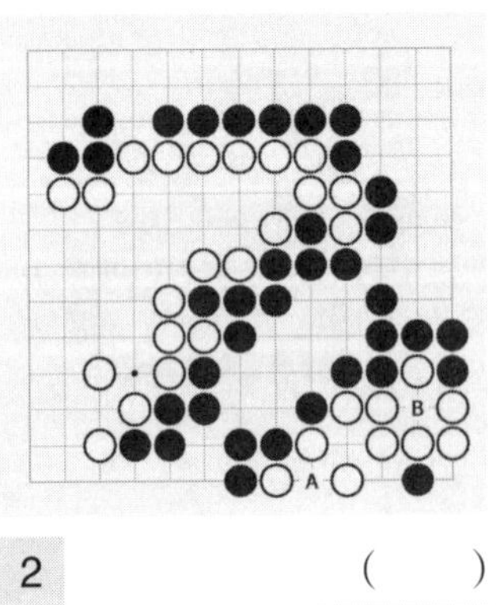

2 （　　）

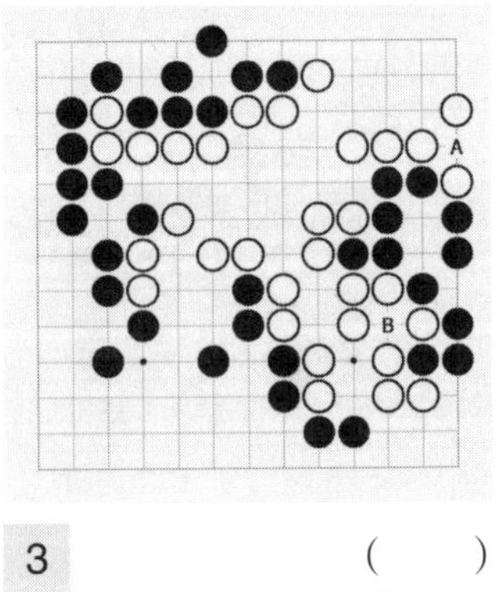

3 （　　）

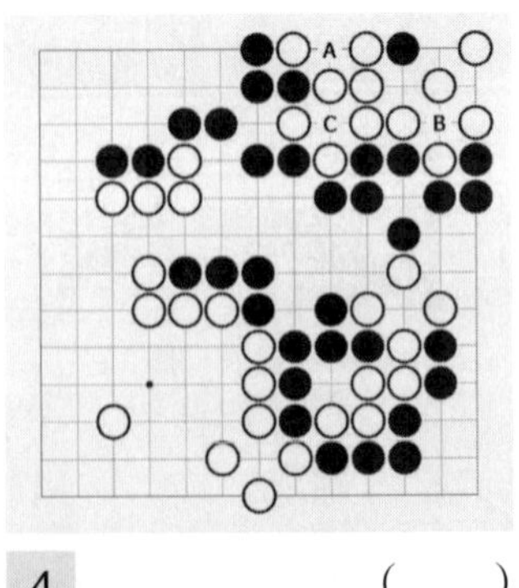

4 （　　）

扫码看答案

扫码看题

7.实战运用(二)

黑先,写出劫活的过程。

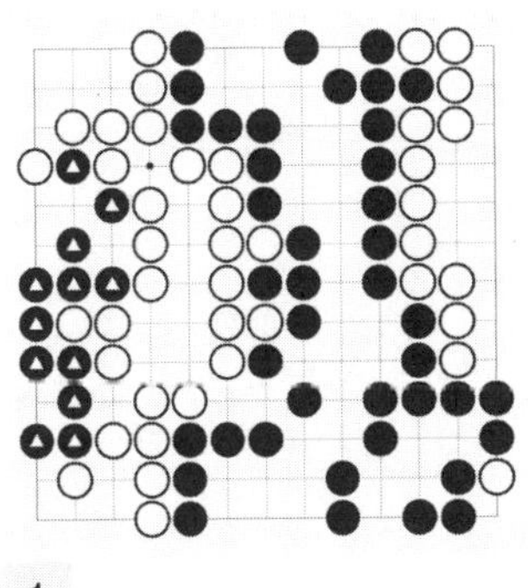

1

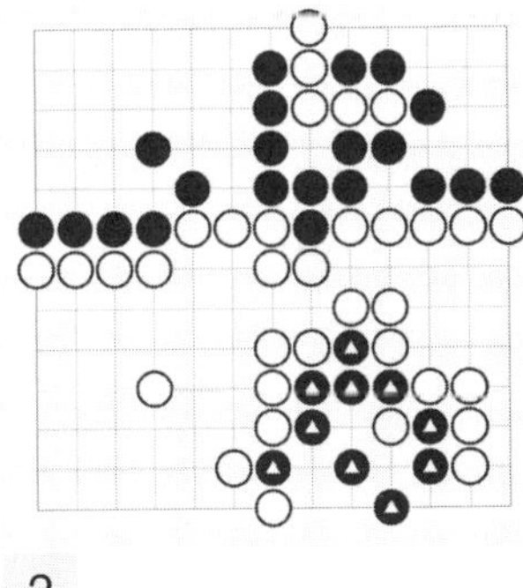

2

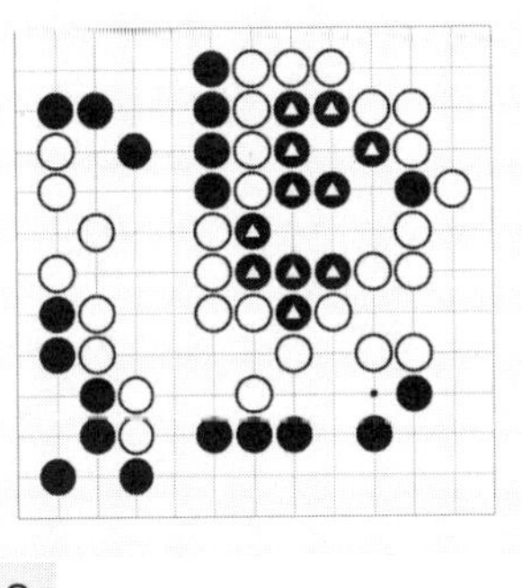

3

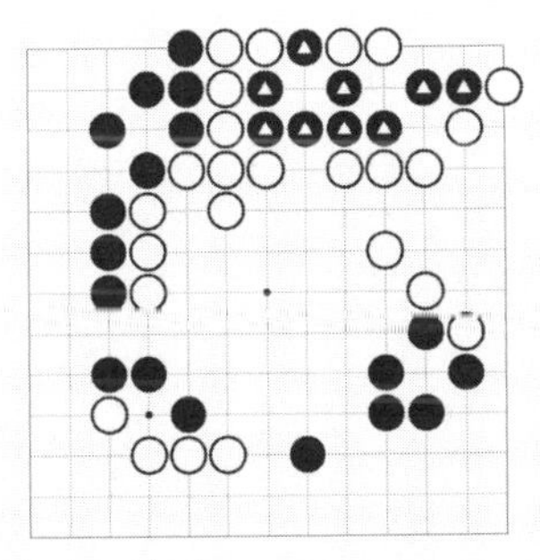

4

黑先,写出避免劫争,将白净杀的过程。

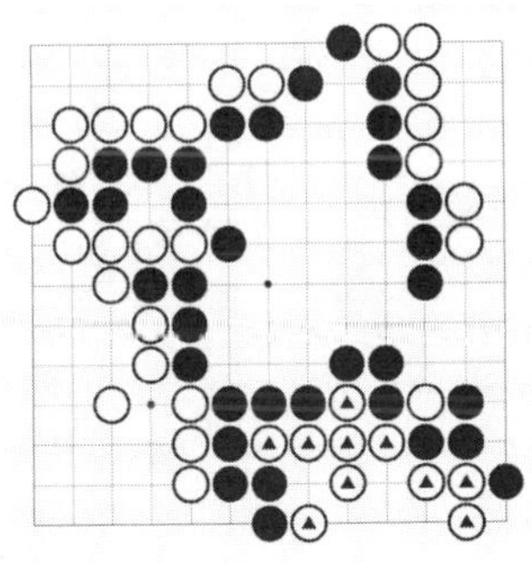

1

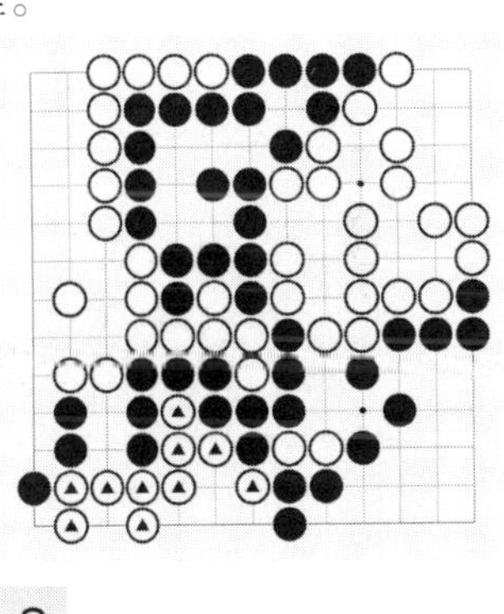

2

黑先,写出劫杀的过程。

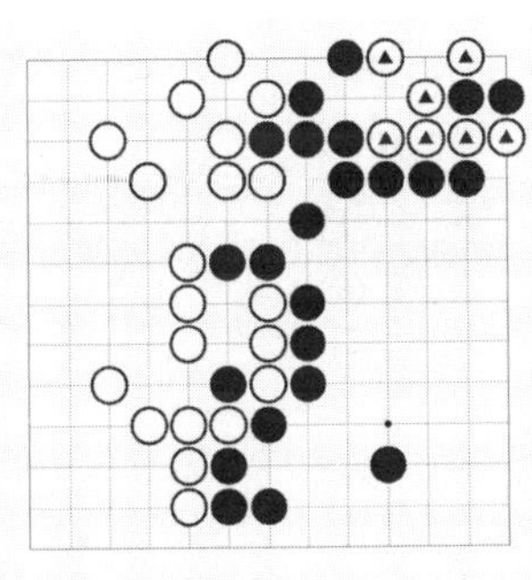

1

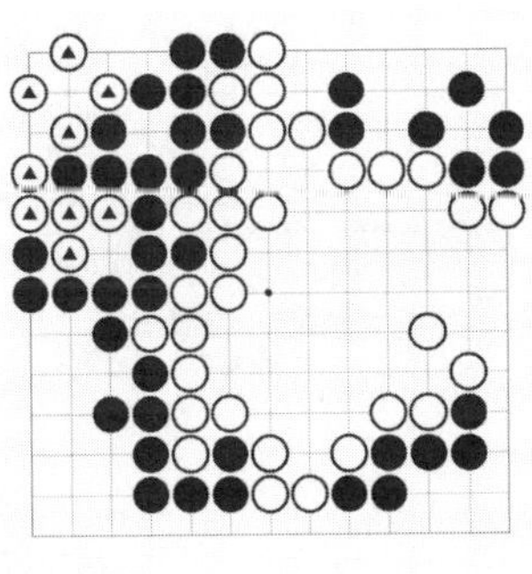

2

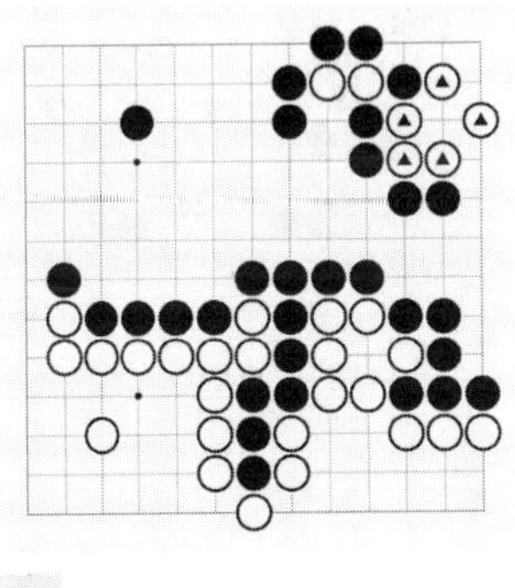

3

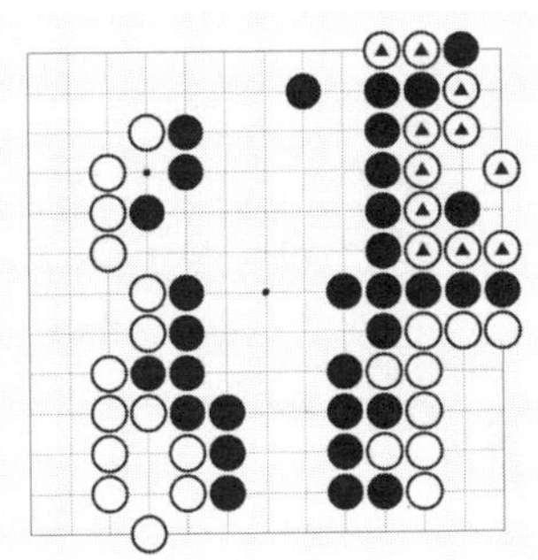

4

扫码看答案

扫码看题

8.深度拓展

帮黑棋选择劫活的下法。

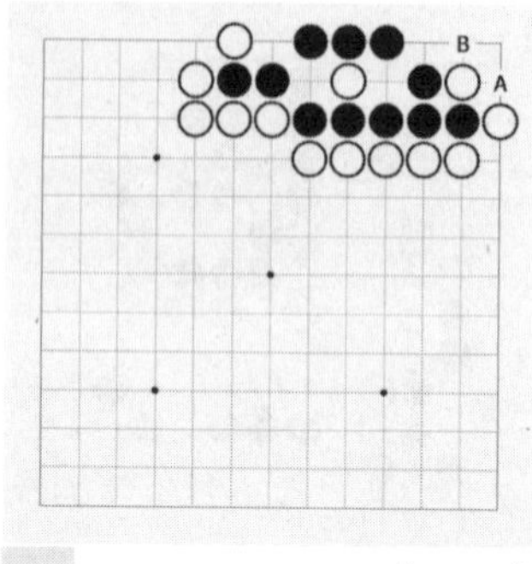

1 (　　)

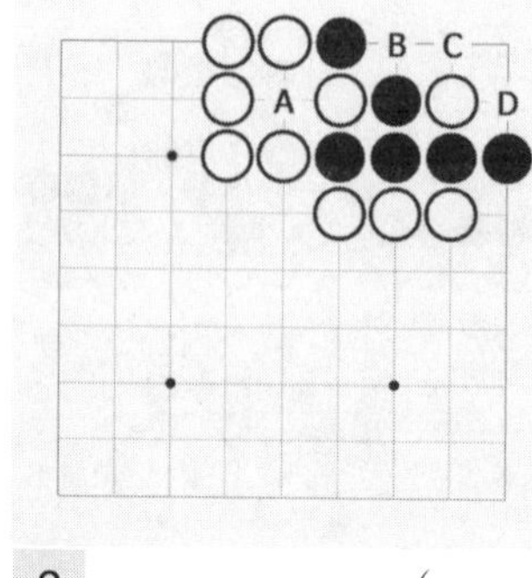

2 (　　)

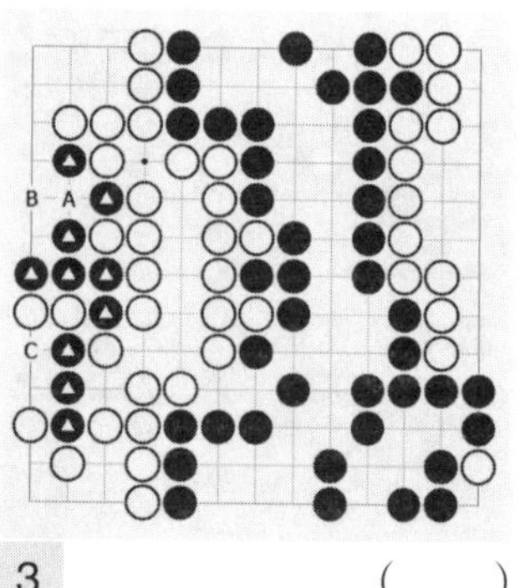

3 (　　)

4 (　　)

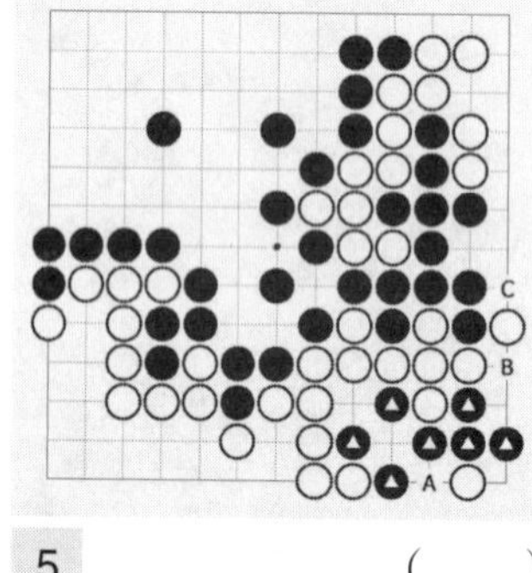

5 (　　)

帮黑棋避免打劫,形成净活。

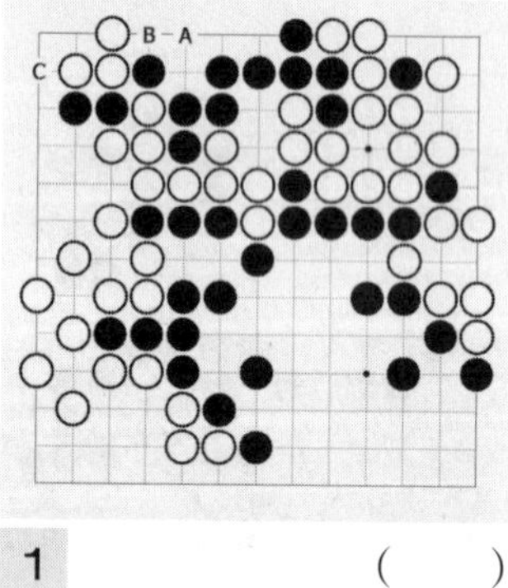

1 (　　)

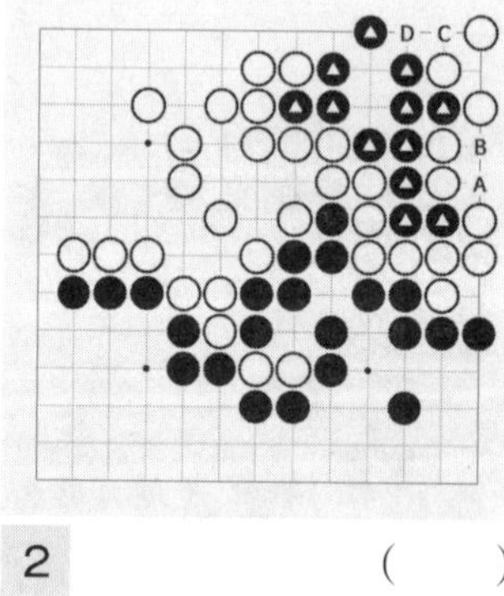

2 (　　)

扫码看答案

扫码看题

帮黑棋避免打劫,将白净杀。

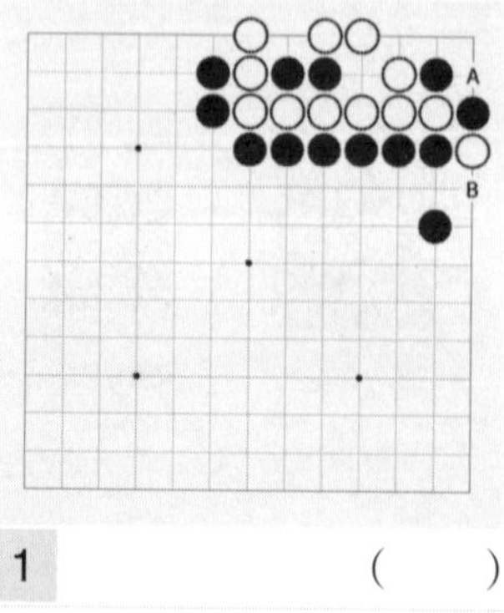

1 (　　)

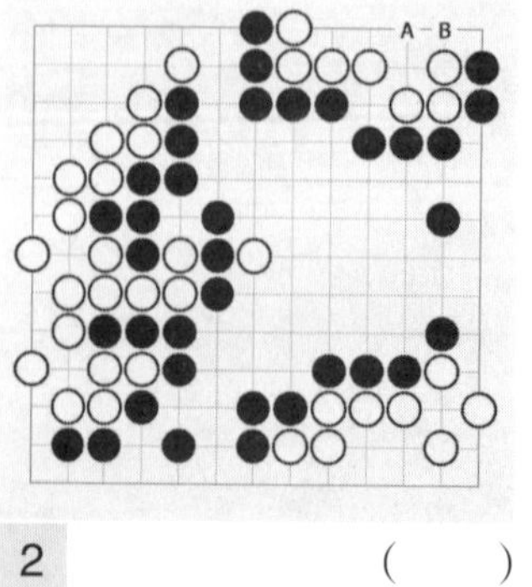

2 (　　)

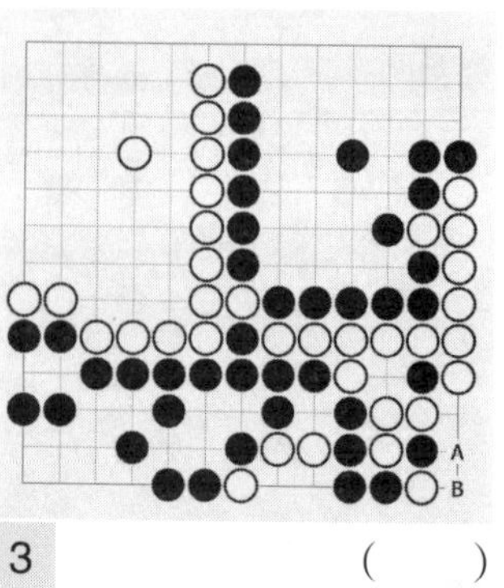

3 (　　)

三十一　第六单元复习

1.综合练习(一)

黑先,写出劫活的过程。

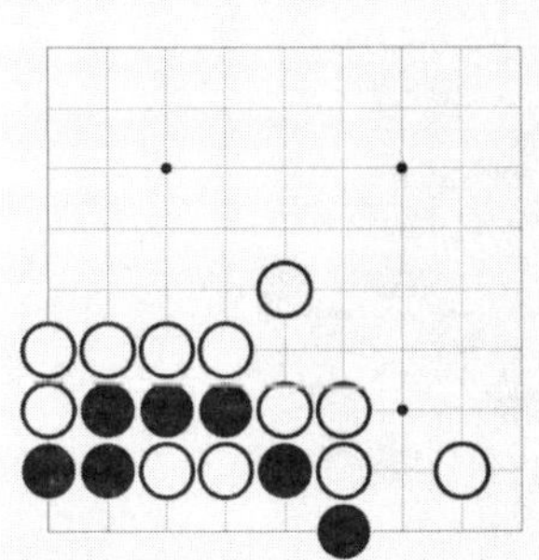

1

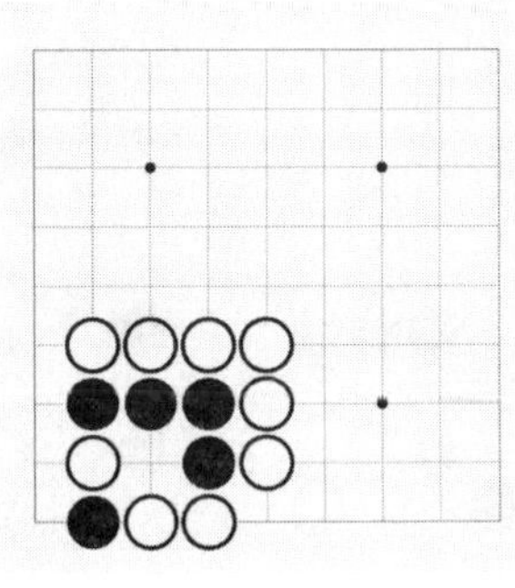

2

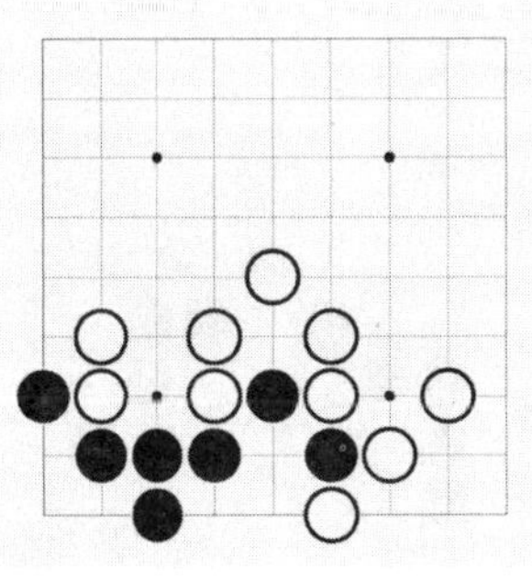

3

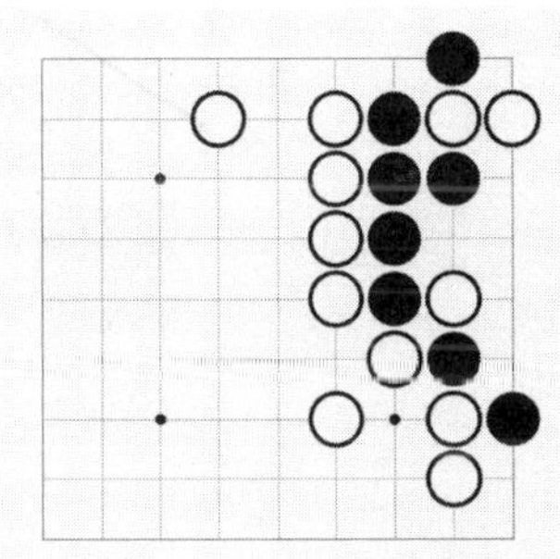

4

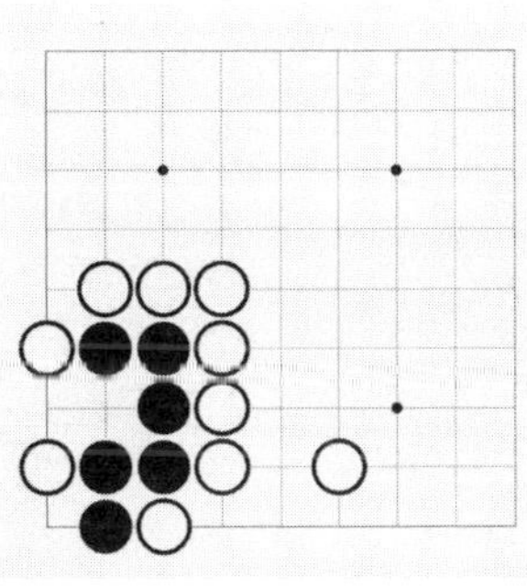

5

黑先,写出做活的过程。

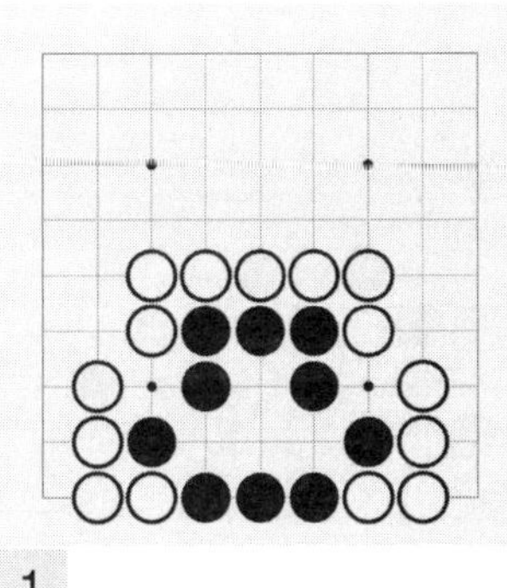

1

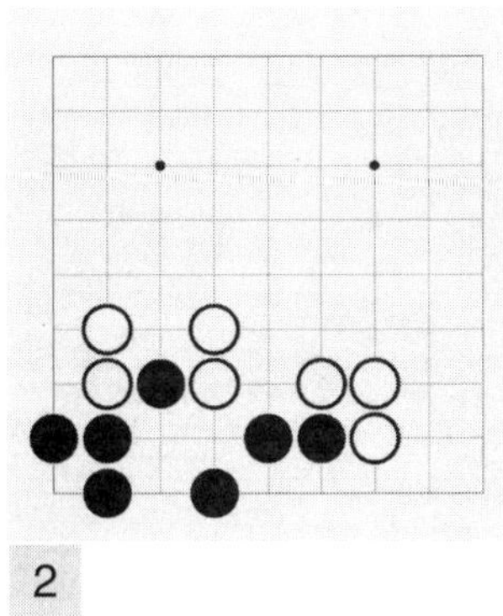

2

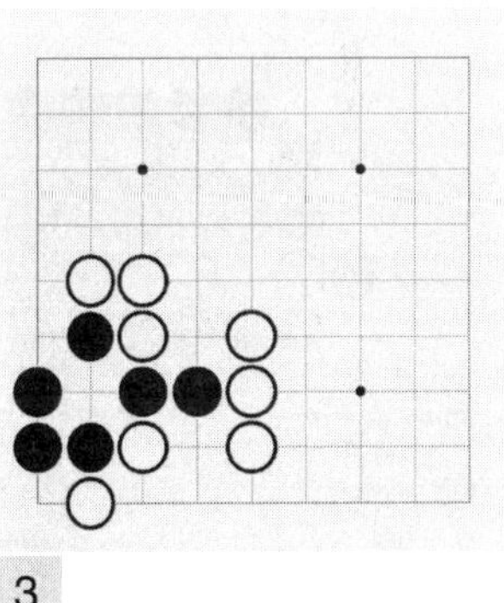

3

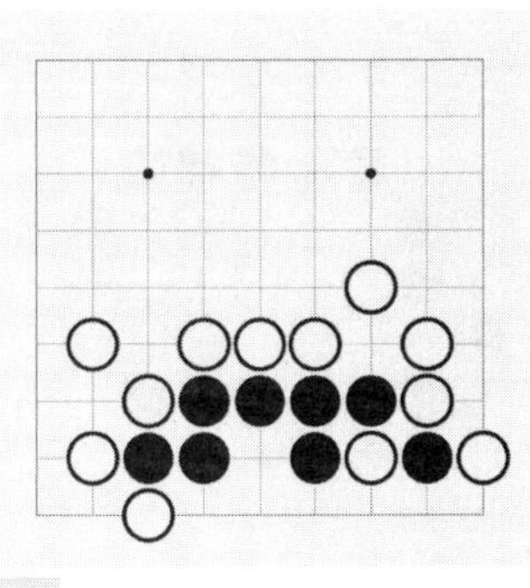

4

5

扫码看答案

扫码看题

2. 综合练习(二)

黑先，写出劫杀的过程。

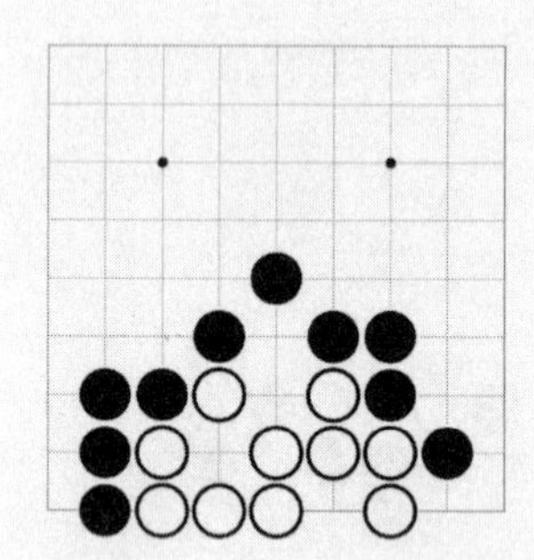

1

2

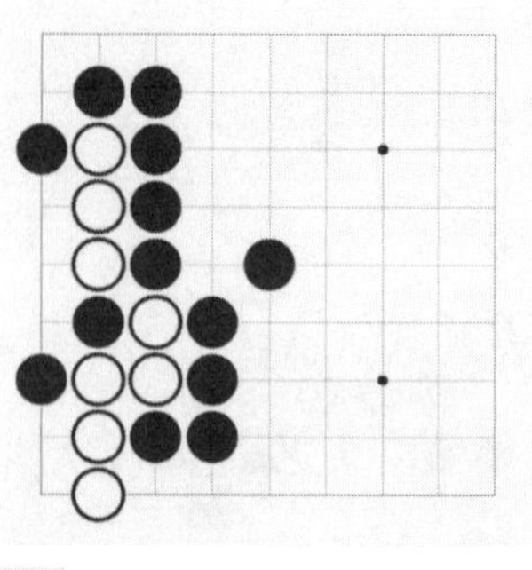

3

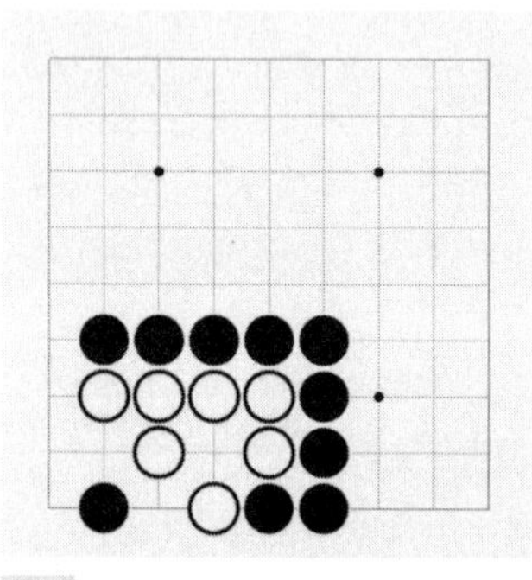

4

扫码看答案

扫码看题

黑先，写出杀棋的过程。

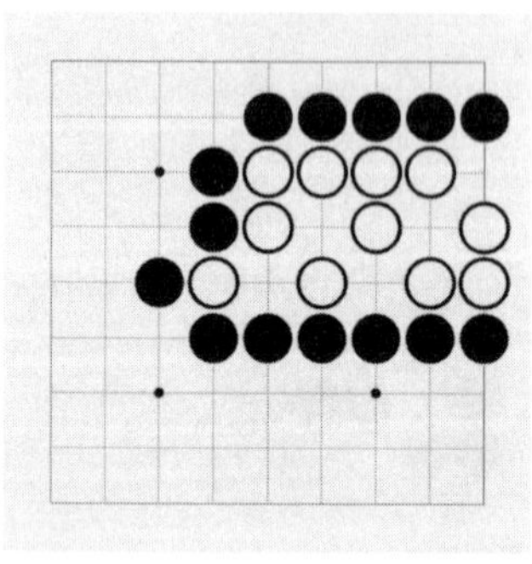

1

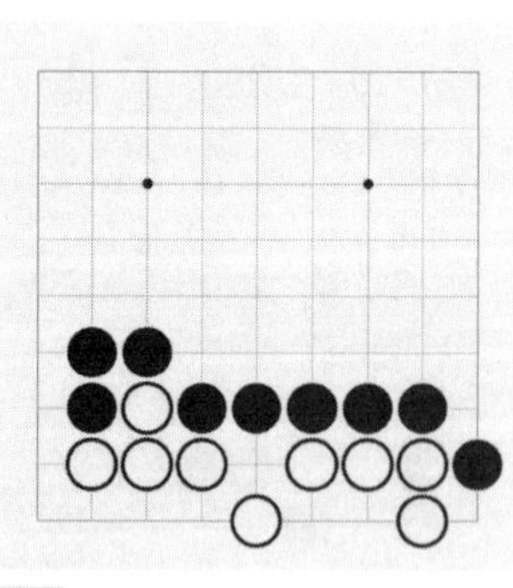

2

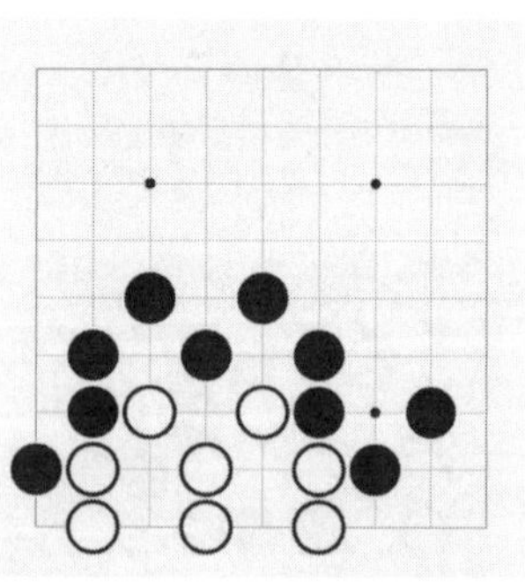

3

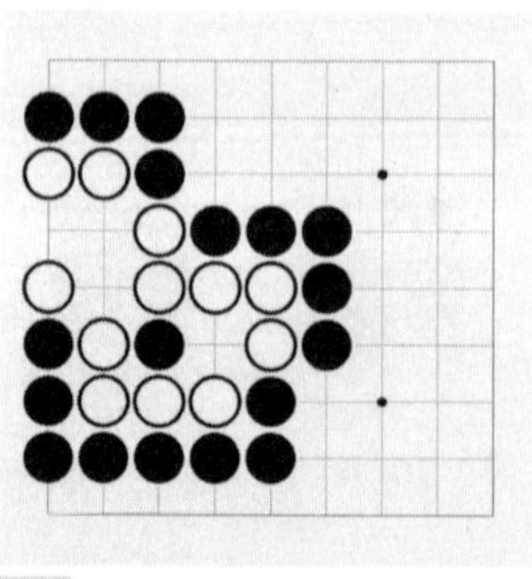

4

5

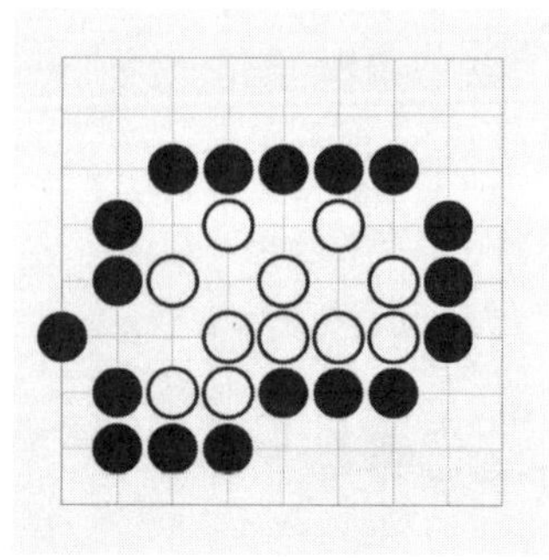

6

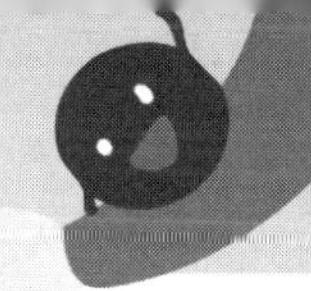

1.实战运用

黑先，写出做活的过程。

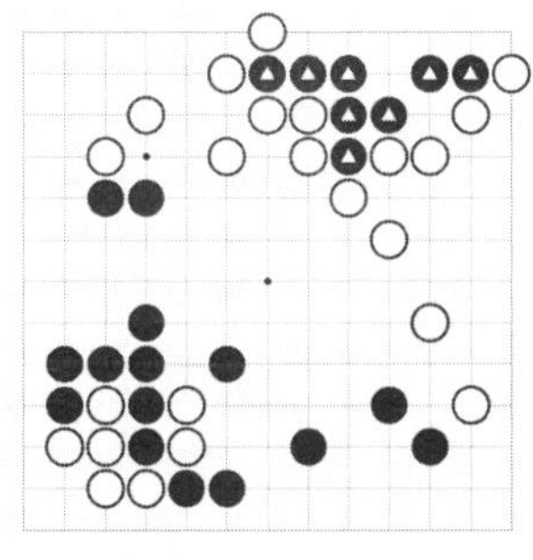

1

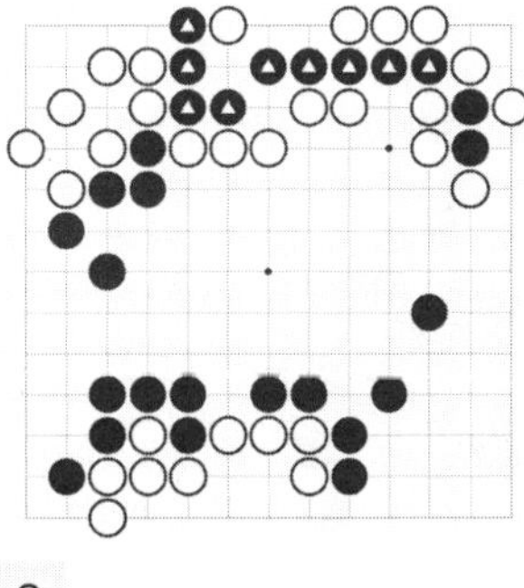

2

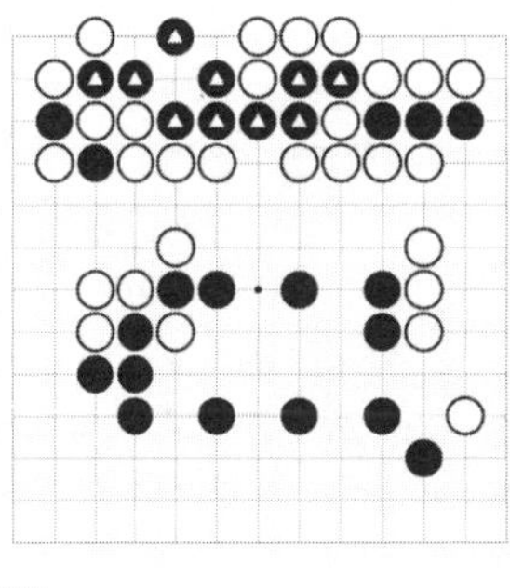

3

黑先，写出劫活的过程。

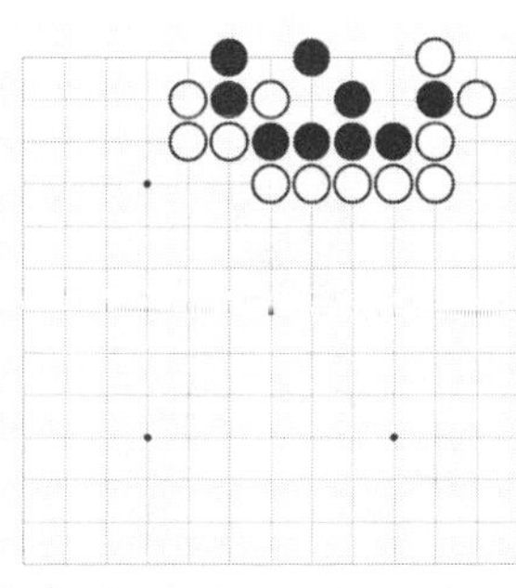

1

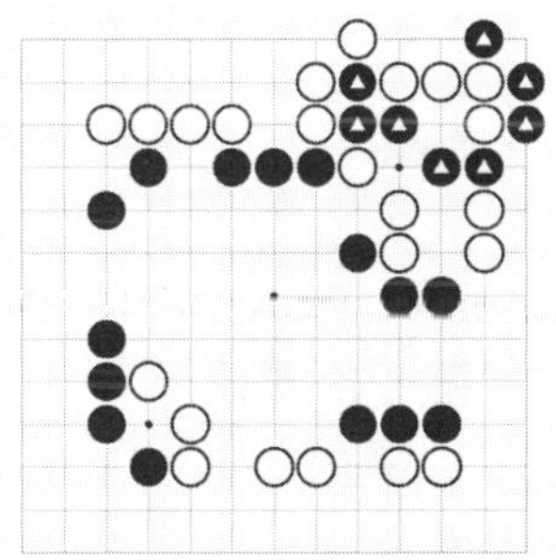

2

黑先，写出杀棋的过程。

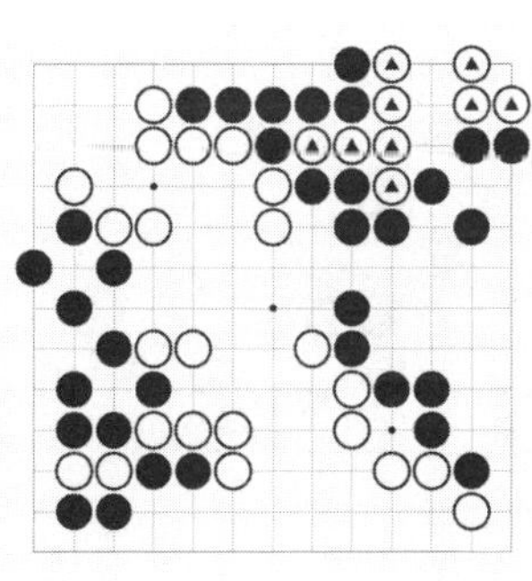

1

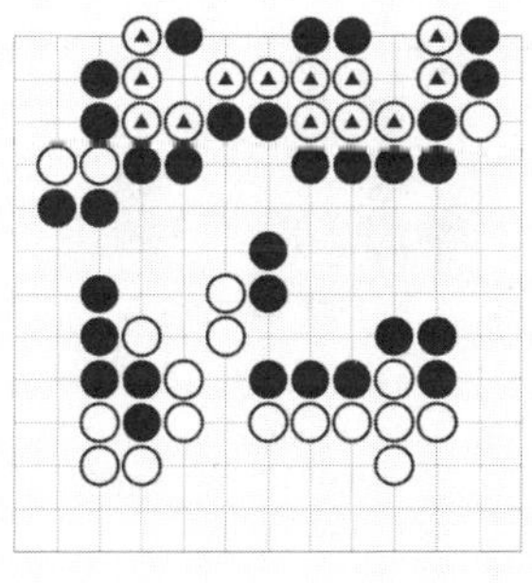

2

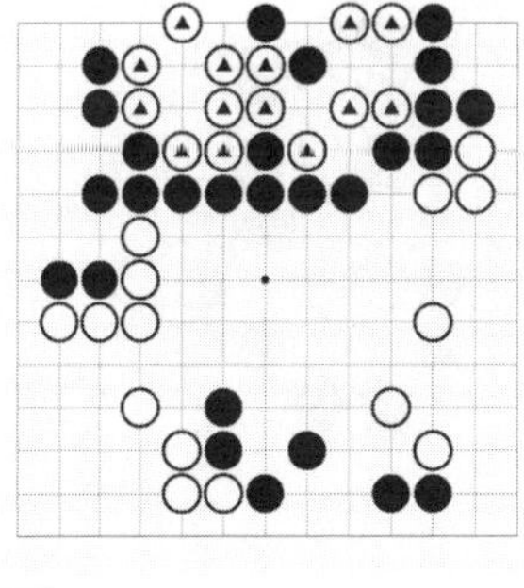

3

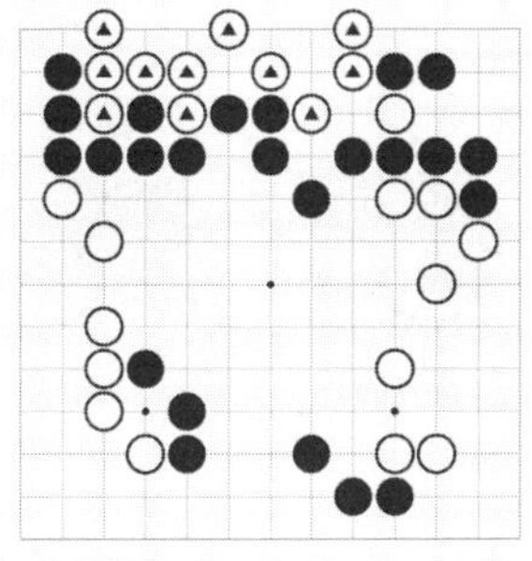

4

5

三十二　总复习

1.综合练习(一)

黑先,写出对杀获胜的过程。

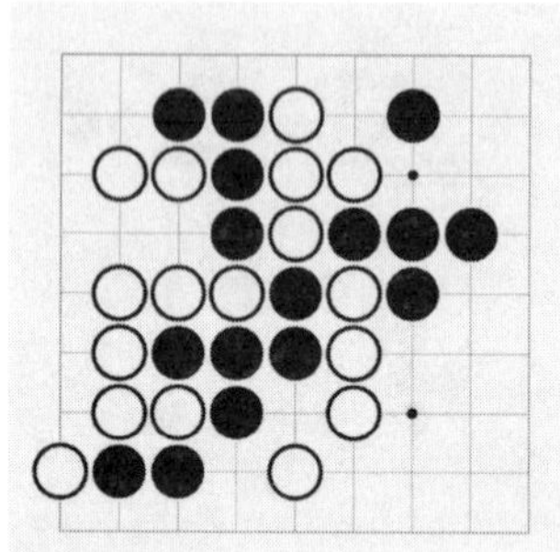
1

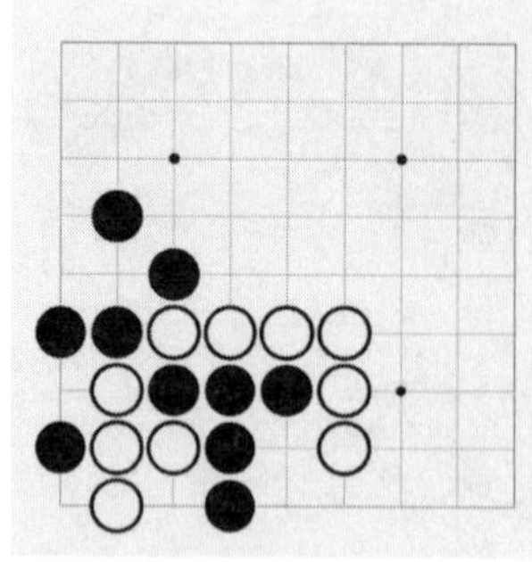
2

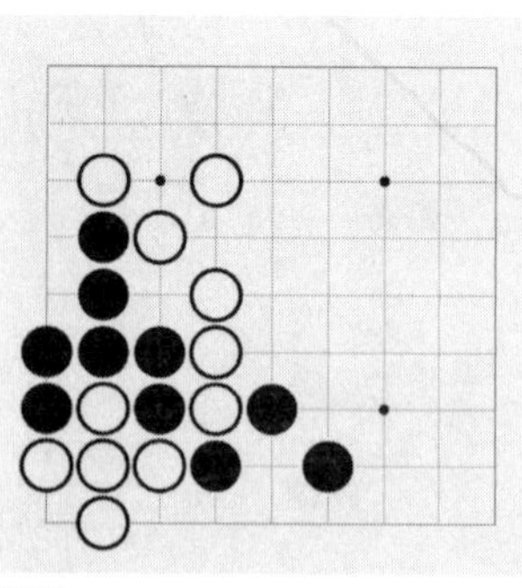
3

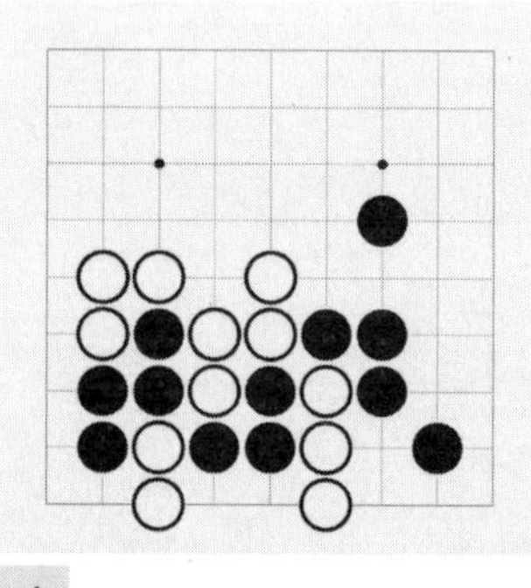
4

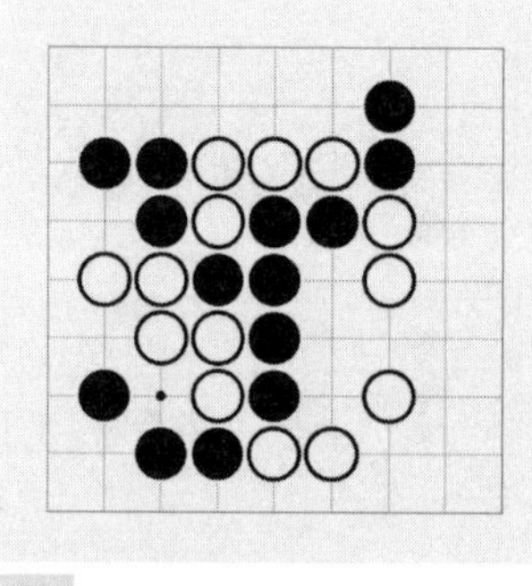
5

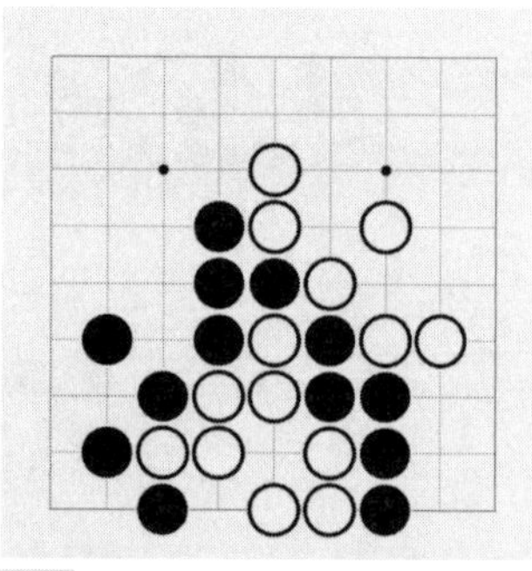
6

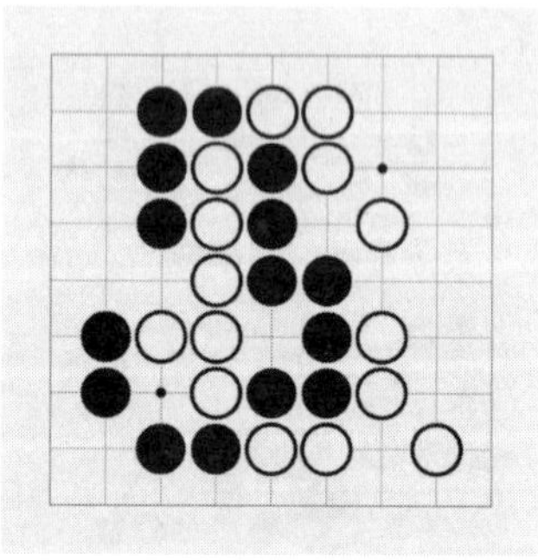
7

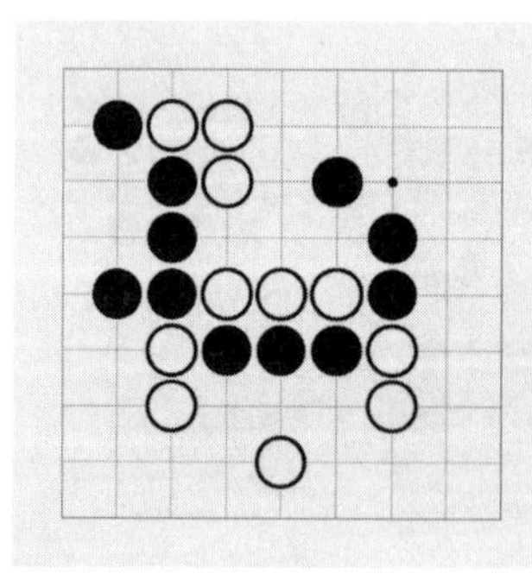
8

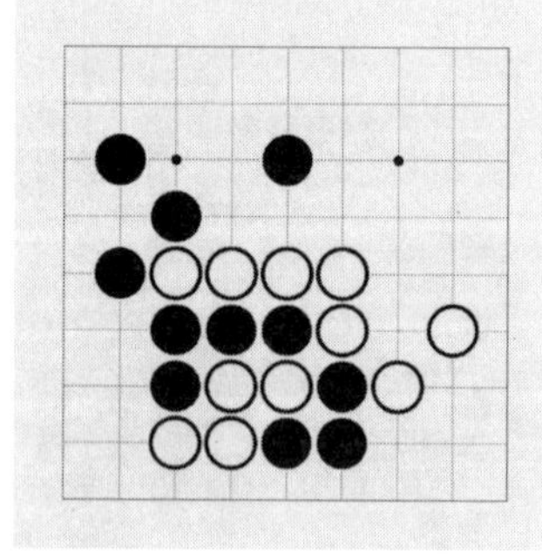
9

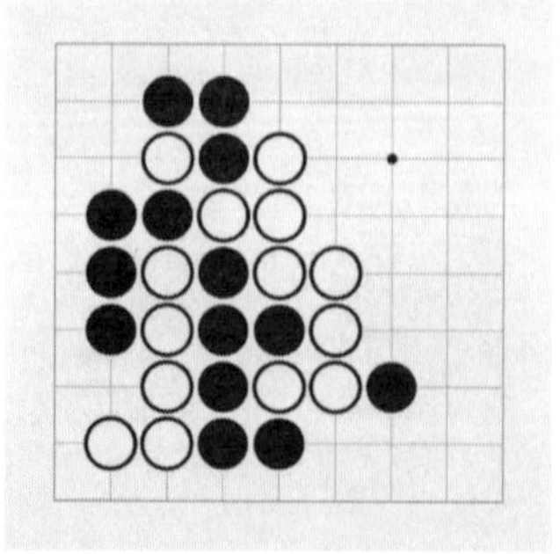
10

扫码看答案　扫码看题

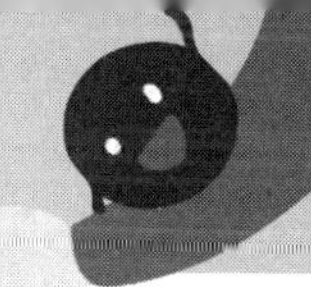

2.综合练习(二)

黑先,写出杀棋或做活的过程。

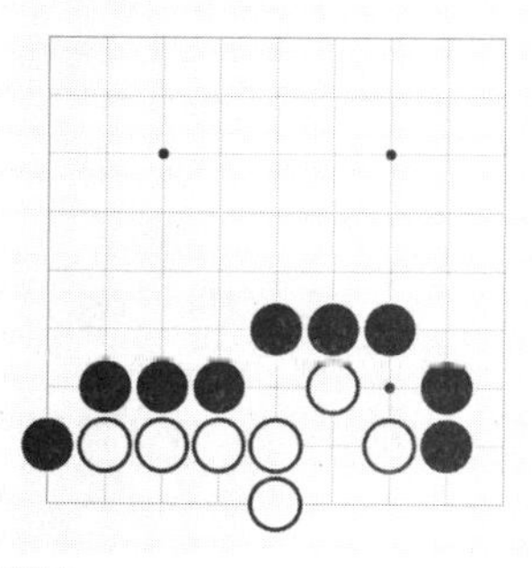

1 (　　)

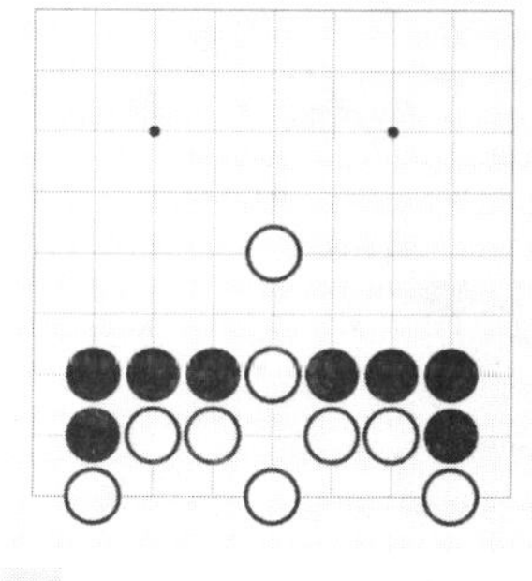

2 (　　)

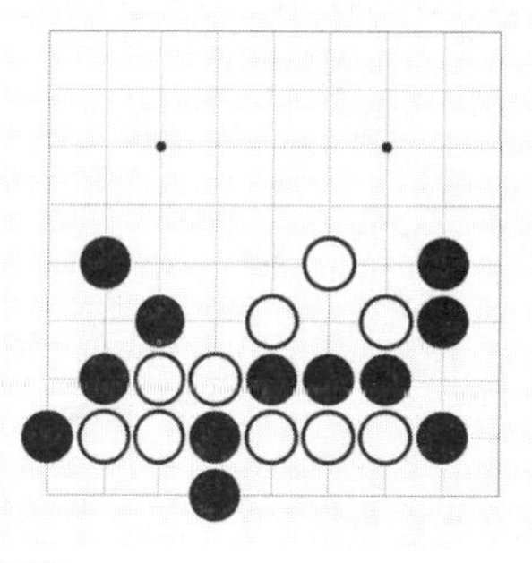

3 (　　)

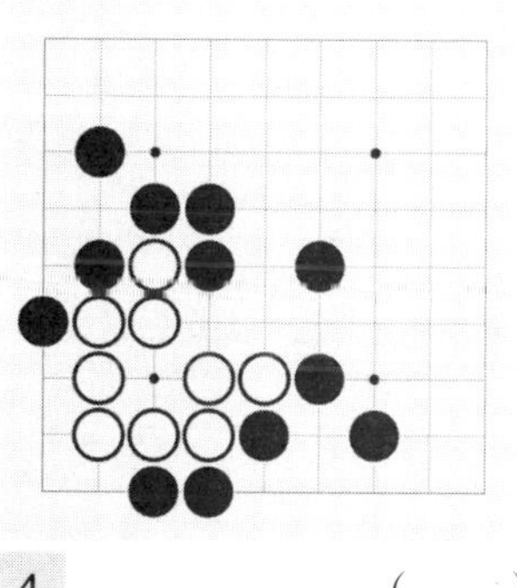

4 (　　)

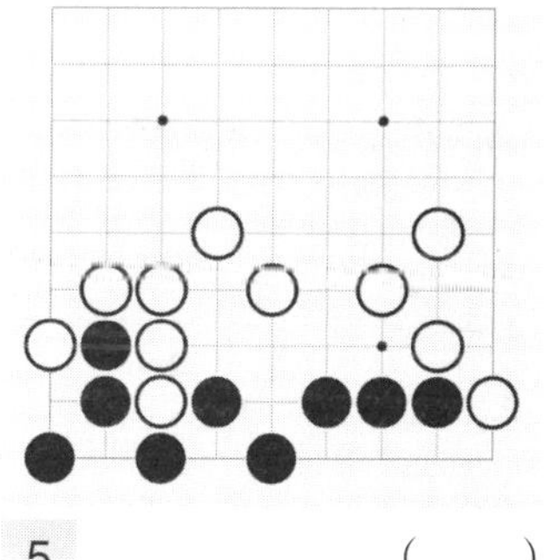

5 (　　)

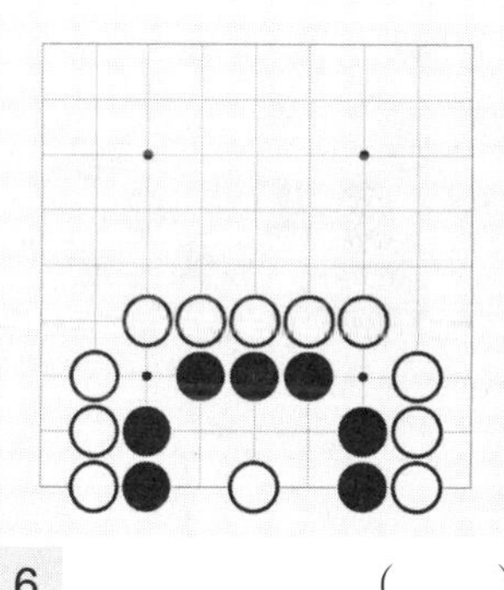

6 (　　)

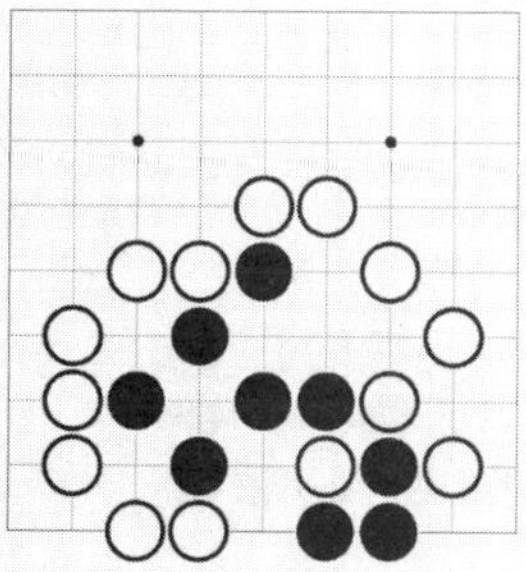

7 (　　)

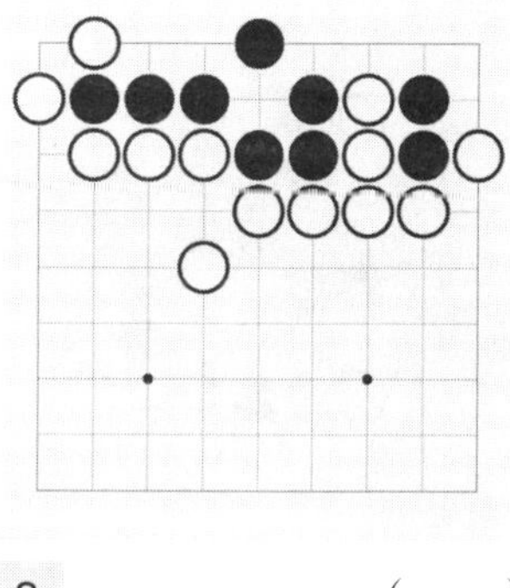

8 (　　)

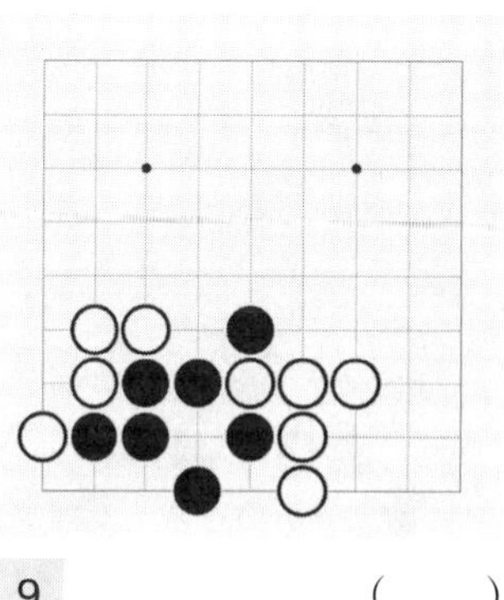

9 (　　)

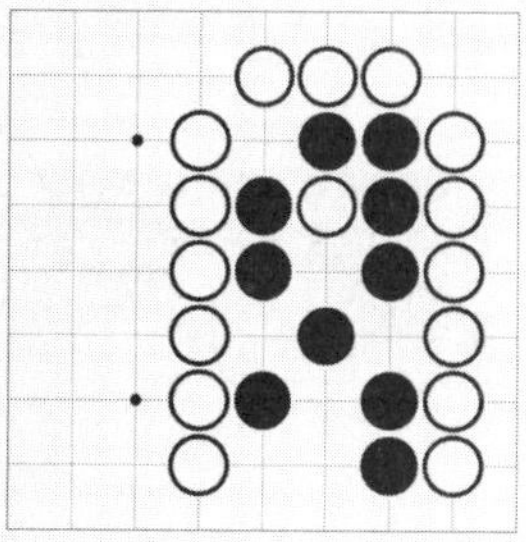

10 (　　)

扫码看答案

扫码看题

3.综合练习(三)

黑先,写出杀棋的过程。

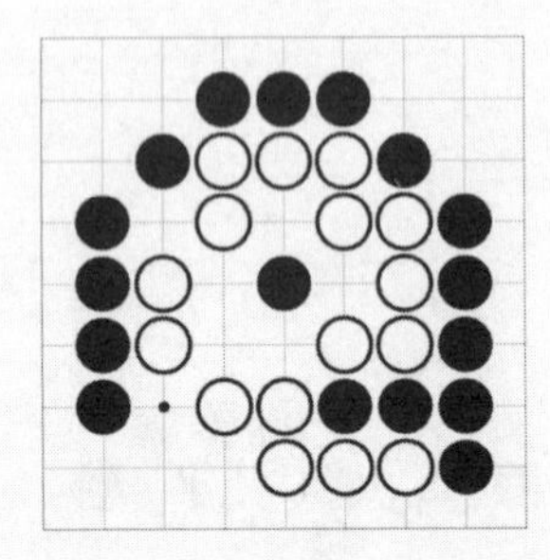

1

2

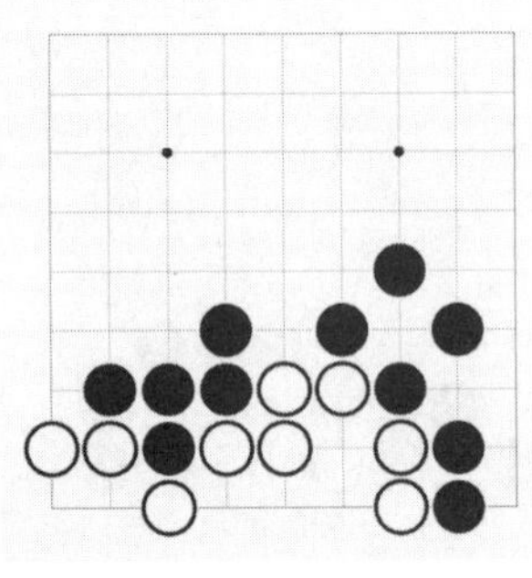

3

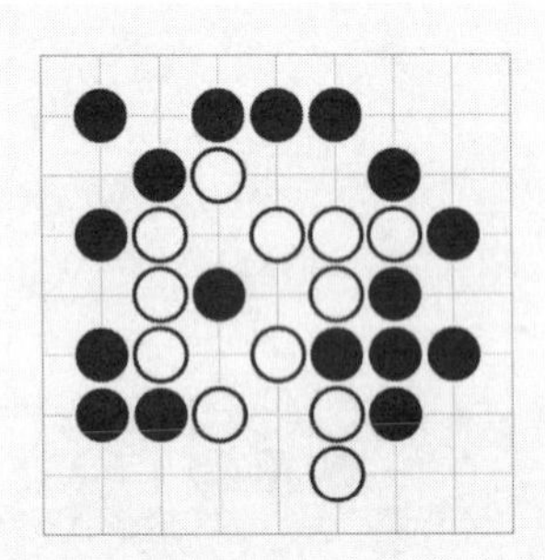

4

黑先,写出做活的过程。

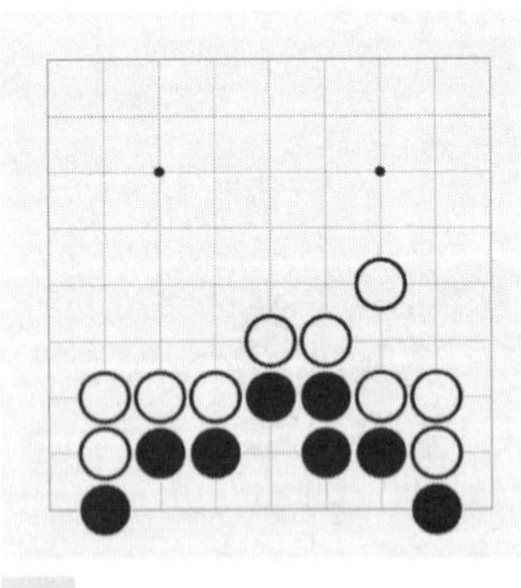

1

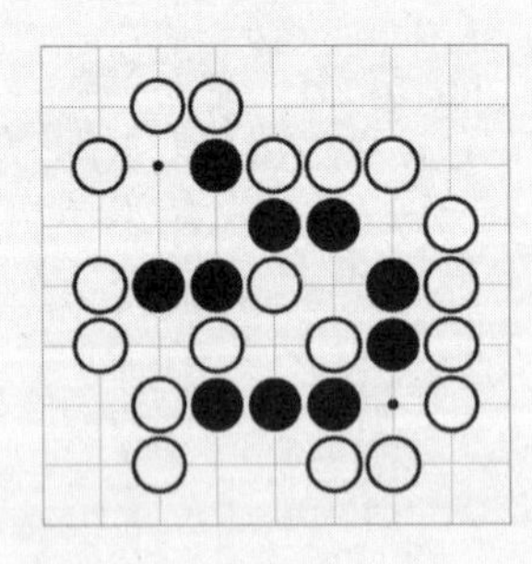

2

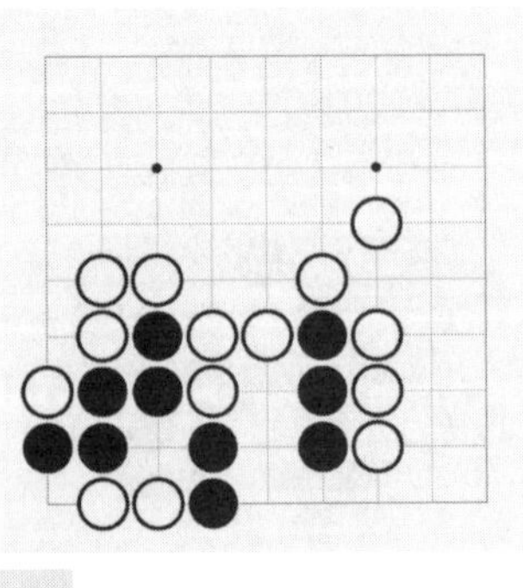

3

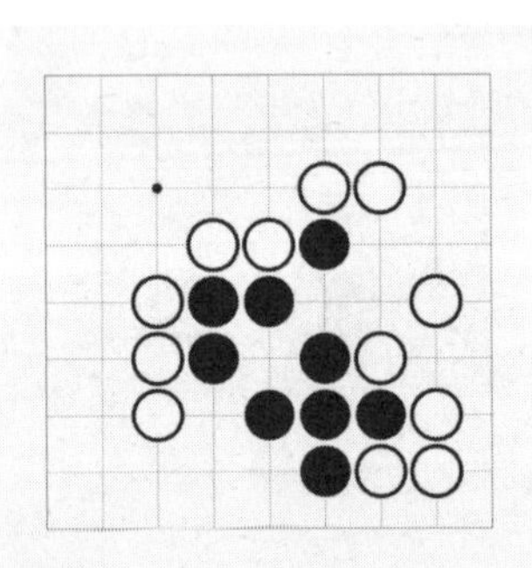

4

5

扫码看答案

扫码看题

1.实战运用(一)

黑先，写出对杀获胜的过程。

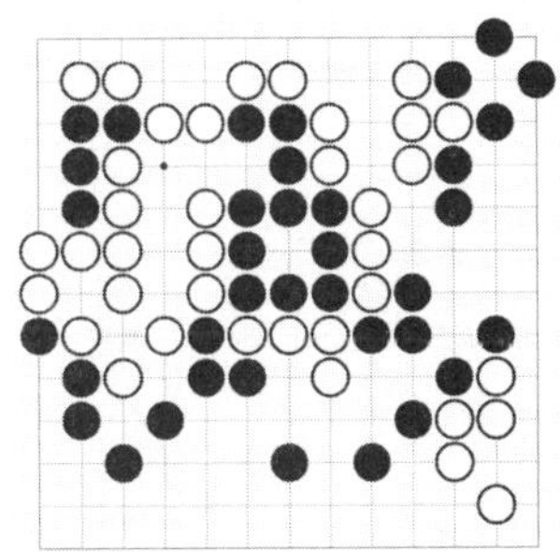

1

2

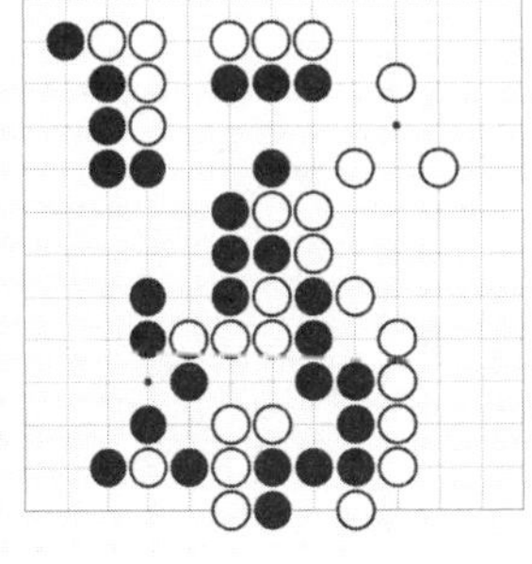

3

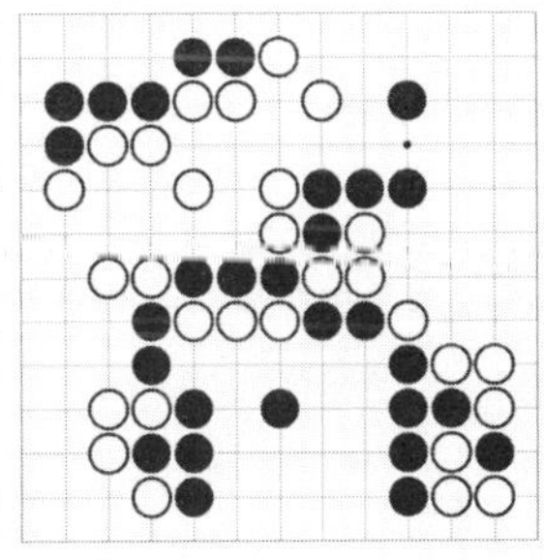

4

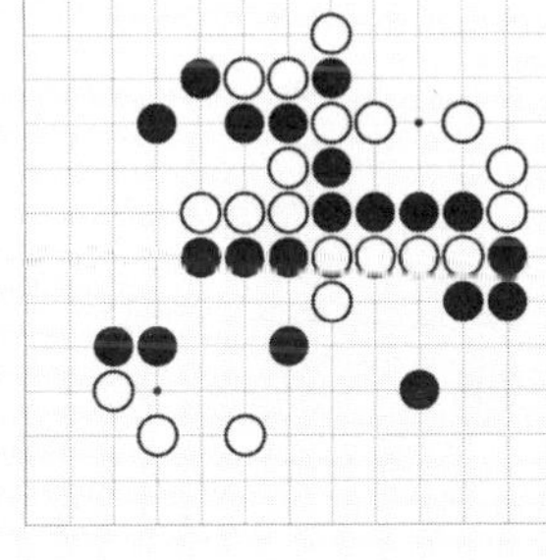

5

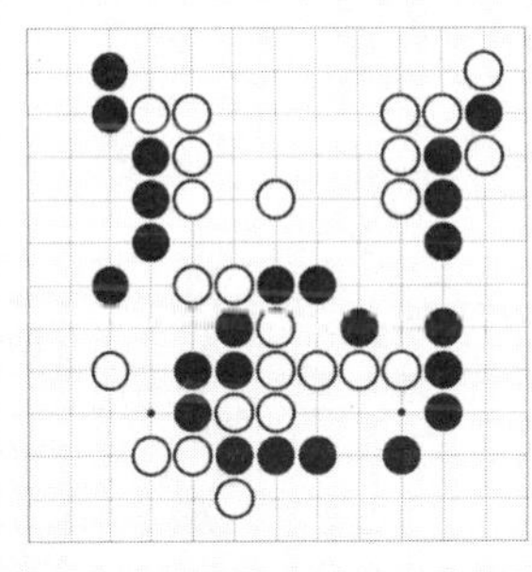

6

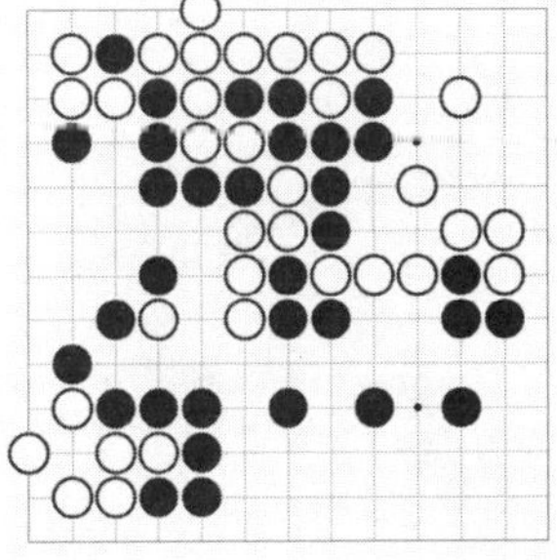

7

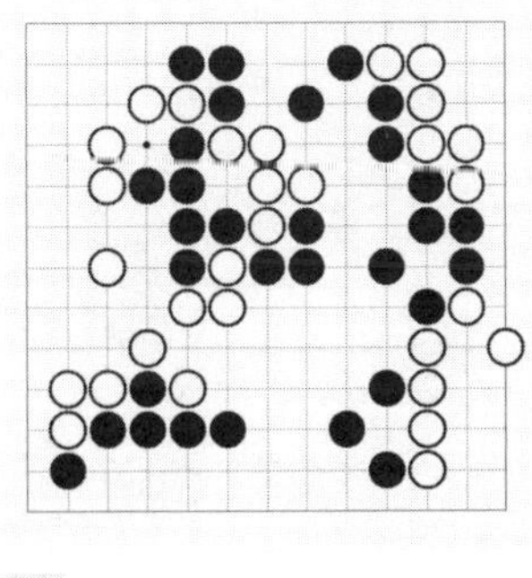

8

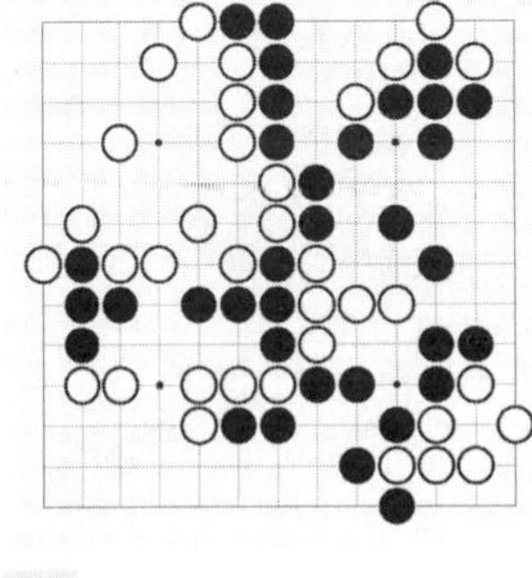

9

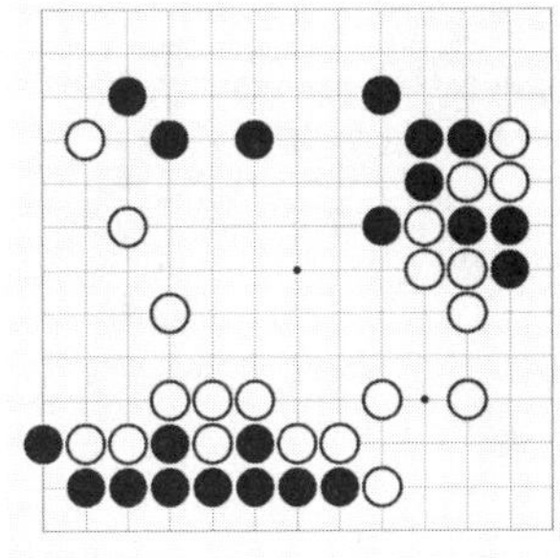

10

扫码看答案

扫码看题

2.实战运用(二)

黑先,写出做活的过程。

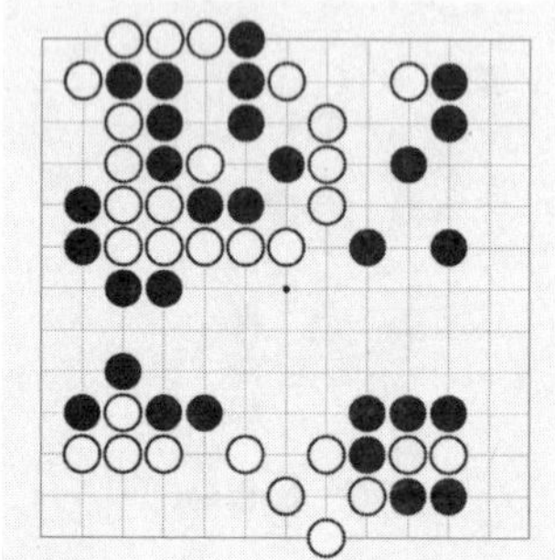

1

2

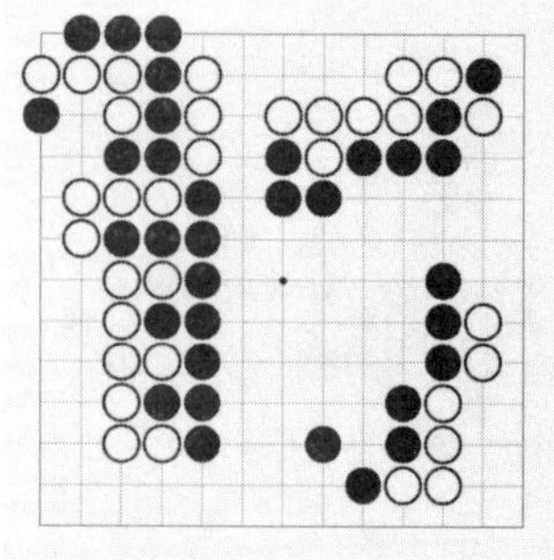

3

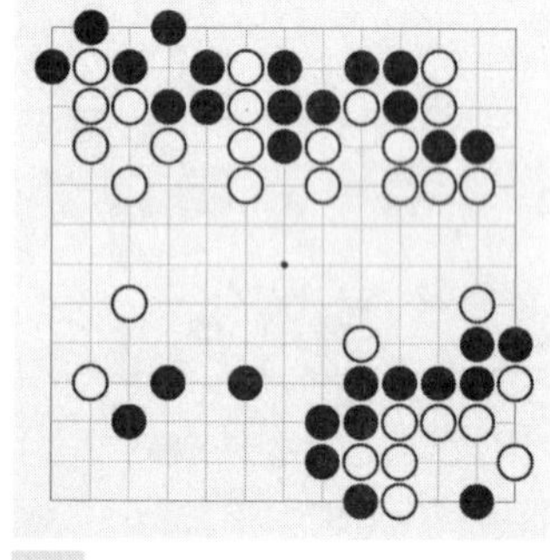

4

扫码看答案

扫码看题

黑先,写出杀棋的过程。

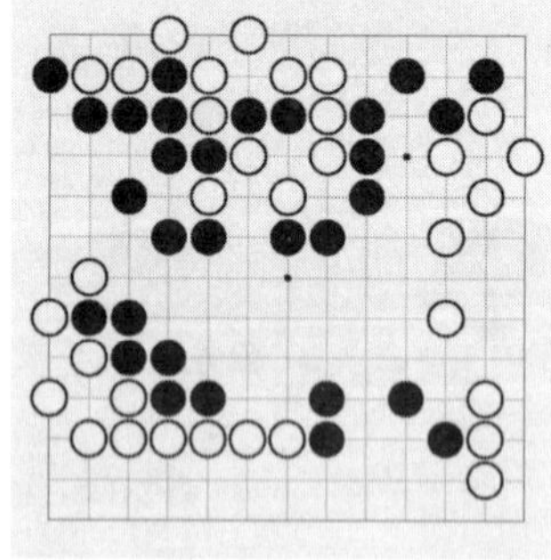

1

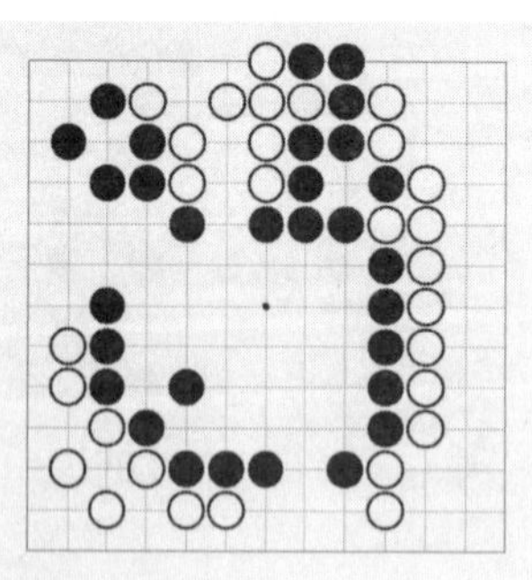

2

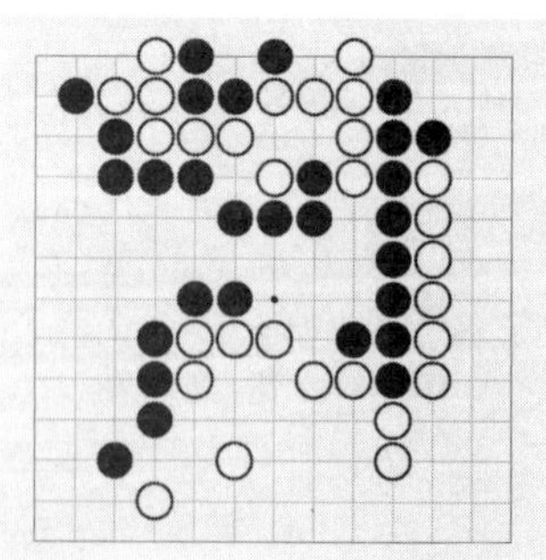

3

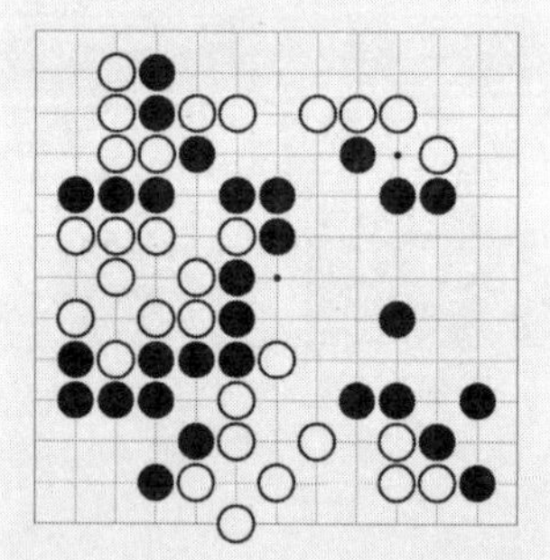

4

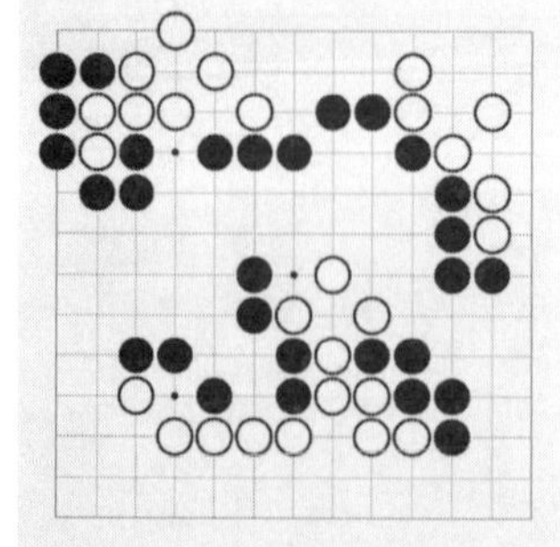

5

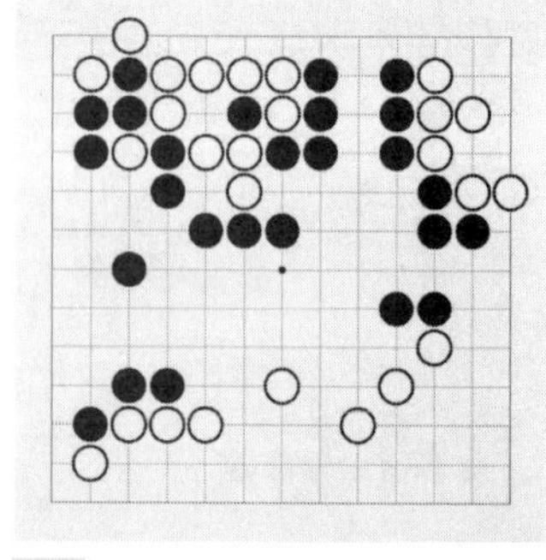

6